Wissenschaftliche Untersuchungen
zum Neuen Testament

Begründet von Joachim Jeremias und Otto Michel
Herausgegeben von
Martin Hengel und Otfried Hofius

32

Sebasmata

Studien zur antiken Religionsgeschichte
und zum frühen Christentum

Band II

von

Hildebrecht Hommel

J. C. B. Mohr (Paul Siebeck) Tübingen 1984

Das Vorwort zu Bd. I gilt auch für diesen zweiten Band. Zur Erleichterung für den Leser sei daraus lediglich ein mehr technischer Hinweis wiederholt:

Am oberen Rand sind jeweils die Seitenzahlen der Originalvorlagen in [ ] angegeben, der Beginn der betreffenden neuen Seite ist im Text durch | bezeichnet. Bei Querverweisen sind die Seitenzahlen der Vorlagen entsprechend in [ ] gesetzt. Wo dabei diese eckigen Klammern fehlen, handelt es sich um Verweise auf die Seitenzahlen der vorliegenden Sammlung.

CIP-Kurztitelaufnahme der Deutschen Bibliothek

Hommel, Hildebrecht:
Sebasmata: Studien zur antiken Religionsgeschichte u. zum frühen Christentum /
von Hildebrecht Hommel. – Tübingen: Mohr

Bd. 2 (1984).
(Wissenschaftliche Untersuchungen zum Neuen
Testament; 32)
ISBN 3-16-144723-9
ISSN 0512-1604
NE: GT

Dem Andenken meiner Eltern
Prof. D. Dr. Fritz Hommel (1854–1936)
und
Loni Hommel geb. Kaus (1857–1944)
in Dankbarkeit

Inhalt

Band II

II. Antike und Christentum

III. Nachantike

Register

zu Band I und II

Band I

I. Antike

Abbildungsverzeichnis

Die Abbildungen zu den folgenden Beiträgen
sind am Schluß des Bandes angeheftet

Juden und Christen im kaiserzeitlichen Milet

Abb. 1: Judeninschrift vom römischen Theater in Milet. Photo Agathe Hommel

Profectio Mariae
Zur Ikonographie der »Flucht nach Ägypten«

Abb. 1: Adventus des Probus. Bronze-Medaillon (nach Cohen[2] no. 33 = Bd. VI S. 259)

Abb. 2: Adventus des Trajan. Bronze-Medaillon (nach Cohen[2] no. 2 = Bd. II S. 17)

Abd. 3: Adventus des Septimius Severus. Sesterz (nach Cohen[2] no. 8 = Bd. IV S. 4)

Abb. 4: Profectio des Caracalla. Silber-Denar in 2facher Vergrößerung (Sammlung Hommel; vgl. Cohen[2] no. 521 = Bd. IV S. 197)

Abb. 5: Adventus des Septimius Severus. Silber-Denar in 2facher Vergrößerung (Sammlung Hommel; Cohen[2] no. 6 = Bd. IV S. 4)

Abb. 5a: Mars auf einem kaiserzeitlichen Bronzemedaillon des 2. Jh. n. Chr. (nach H. Cohen)

Abb. 6: Isis mit dem Horusknaben an der Brust. Marmorskulptur des 2. nachchristl. Jhdts. aus Perge in Pamphylien, Museumshof (phot. H. Hommel)

Abb. 7: Isis mit dem Horusknaben. Malerei aus Karanis in Fayum (nach Kelsey)

Abb. 8: Maria lactans. Freske der Priscilla-Katakombe des 2. Jhdts.; Ausschnitt (nach Neuss)

Abb. 9: Reise nach Bethlehem. Elfenbeinrelief aus Ravenna. Mitte 6. Jhdt. (nach Volbach)

Abb. 10 und 11: Reise nach Bethlehem. Fresko aus Castelseprio, um 700 (nach Schrade)

Abb. 12: Flucht nach Ägypten. Freske aus Münster in Graubünden, frühe Karolingerzeit (nach Schrade)

Abb. 13 und 14: Flucht nach Ägypten, Ankunft am Ziel. Byzantinisches Evangeliar des 11. Jhdts. (Paris, Bibl. Nationale)

Abb. 15: Flucht nach Ägypten. Freske aus Le Petit-Quevilly, Anfg. 12. Jhdt. (nach Gélis-Didot und Lafillée)

Das Madenhausener Gustav-Adolf-Bild des Meisters LS

II. Antike und Christentum

„der bald erhöhn, bald stürzen kann"*

J. DALFEN: *Wandlungen einer antiken Deutung menschlicher Existenz*. Salzburger Antrittsvorlesung 1973 = Salzburger Universitätsreden, H. 52. Salzburg-München (Pustet) 1974. 35 S. DM 6,20.

Es scheint dem Referenten erfreulich, daß auch heute noch, wo mehr und mehr ‚Strukturforschung' betrieben wird, und wo sozusagen die Horizontale dominiert, selbst unter der jüngeren Generation das mehr historischvertikal ausgerichtete Studium der Entfaltung literarischer Motive und ihrer Geschichte nicht ausstirbt. Gerade hierbei kann ja übrigens auch der Wandel der Strukturen beachtet und untersucht werden, wozu die hier zu besprechende Abhandlung ebenfalls Ansätze bietet, wie denn überhaupt die Verbindung beider Betrachtungsweisen in der Literaturforschung von jeher anzustreben war. Neben dem methodischen Reiz rechtfertigt aber im vorliegenden Fall auch das eigentliche Thema, die behandelte Sache, eine ausführlichere Anzeige der mit Anmerkungen ausgestatteten Vorlesung. Freilich, vom Titel der Arbeit her in seiner allenfalls die Spannung erregenden Unverbindlichkeit kann man sich keinen rechten Begriff davon machen, worum es geht. Ebenso wenig durch die S. 5 unt. formulierte Propositio: „Dieses Thema berührt die Frage, wie antike Autoren die Situation des Menschen gesehen haben"! Gäbe es zu diesem sehr allgemein gefaßten Problem doch eine Fülle von Aspekten, an denen man ansetzen könnte (man denke nur etwa an die durch das Epos und die Tragödie aufgeworfenen Fragen oder an vielerörterte Zeugnisse des Solon und des Herodot).

Der Verfasser deckt dann mit der Vorführung der ersten Beispiele seine Karten auf. Er beginnt mit dem Hinweis auf den Lobgesang der Maria Ev. Lk. 1,52f. und seiner Abhängigkeit vom alttestamentlichen Lobgesang der Hanna I Sam. 2,7[1]. In beiden Stücken geht es bei der hier ins Auge gefaßten Partie um die These, *daß Gott die Großen klein und die Kleinen groß macht, daß er erniedrigt und erhöht* (es hätte auch noch auf Davids Lobgesang II Sam. 22,28 und auf die Psalmen 75 [74], 8 und 147 [146], 6 hingewiesen werden können). Die Evidenz solcher immer wieder sich aufdrängenden menschlichen Erfahrungen und ihre Formulierung nach dem Schema des Parallelismus membrorum wie die frühe Zeit der alttestamentlichen Stellen, von

---

* Gymnasium 84. 1977, 546–551.
[1] Vgl. dazu a. J. VOGT, Ecce ancilla domini . . . In: Vigiliae Christianae 23. 1969, 241 ff., hier 243 ff. u. ö., mit einigen weiteren Belegen für die Formel (z. B. Hieronymus, Ep. 57, 8, 5).

denen Lukas abhängt, spricht hier gewiß für semitische Herkunft und Prägung des Gedankens. Nach einigen koketten und sehr allgemeinen Bemerkungen der Rechtfertigung für das Heranziehen biblischen Gutes durch den Klassischen Philologen geht D. dann zu den ältesten griechischen Beispielen des gleichen Topos über. Er zitiert Homer, Il. 15, 490 ff. und interpretiert Il. 20, 242 f. sowie Od. 16, 211 f. in größerem Zusammenhang, sodann den Anfang der hesiodischen Erga (v. 5 ff.), wo überall der gleiche Gedanke aufscheint, ebenfalls in der den | Griechen ja seit alters gemäßen Form der Antithese. So stößt denn der Verf. (S. 11 ff.) mit Notwendigkeit auf die Frage, ob Juden und Griechen, was doch das Wahrscheinlichere ist, hier unabhängig voneinander einen ‚Völker- oder Elementargedanken' gefaßt und in die dabei sich leicht anbietende antithetische Form gekleidet haben, die sie dann jeweils frei variierten[2] – oder ob Abhängigkeit vorliegt, wobei dann natürlich die Semiten hier als die Gebenden in Betracht kämen, was der Verf. keineswegs ausschließen möchte. Dann müßte, so darf man wohl einwenden, dieser Einfluß schon auf Homer gewirkt haben, wo übrigens bereits zweimal in diesem Zusammenhang das bei Hesiod (Erga 6) wiederkehrende Schlüsselwort μινύϑειν auftaucht (Gegensatz αὔξειν u. ä.). Stattdessen argumentiert D. – methodisch höchst verwunderlich – allein auf Hesiod hin, wo er mit der an sich interessanten, unsere Antithese ebenfalls enthaltenden Stelle Theog. 411–452 arbeitet, die, wie er selber betont, wegen des Hekate-Themas nachhesiodisch sein dürfte. Die Hekate nun bietet ihm den Aufhänger für mögliche orientalische Herkunft der Partie. Aber wenn diese Gottheit aus Karien stammt, wofür manches spricht, so ist damit noch längst nicht die Brücke zu den Juden geschlagen, ganz abgesehen davon, daß, wie schon angedeutet, die älteren Homerstellen nun ganz in der Luft hängen würden. Mit diesen sich so gelehrt gebenden Ausführungen ist es also nichts. Es muß wohl dabei bleiben, daß hier wirklich bei Semiten und Griechen jeweils Eigenständigkeit vorliegt. Viel vorsichtiger hat sich dazu O. SEEL geäußert (Eiresione. Ein griech. Lesebuch 1957 u. ö., Kommentar zu Poesie, Nr. 108): „Nach ‚Quellen'-Verhältnissen sei dabei nicht gefragt; aber: je selbständiger die einzelnen Stellen zu denken sind, um so nachdenkenswerter ist die sachliche Übereinstimmung."[3] Das schließt natürlich evidente Abhängigkeit einzelner Stellen voneinander innerhalb des gleichen Kulturkreises keineswegs aus, wie es für die Lobgesänge der Hanna und der Maria zutreffen dürfte, und wie es nachher auch für antike und abendländische Beispiele aufgezeigt werden soll. Aber im großen und ganzen haben wir

---

[2] Hier hätte vielleicht doch auf die oben im Text angedeutete herkömmliche Terminologie hingewiesen werden können und auf das bekannte, die Diskussion seinerzeit eröffnende Buch von A. BASTIAN, Der Völkergedanke 1881. Weiteres zum Prinzipiellen s. Würzbgr. Jbchr. 4. 1949/50. 157 ff. = H.H., Symbola I 1976, 275 ff. ZNW 57. 1966, 20, Anm. 74 = unten, S. 70 (durchwegs mit Literatur); vgl. jetzt a. W. BURKERT, Gnomon 46. 1974. 328.

[3] Dazu noch zu Nr. 119 (dem Lobgesang der Maria): „Die Übereinstimmungen (mit Hesiod) . . . sind . . . um so erstaunlicher, je weniger man mit ‚Quellenabhängigkeit' rechnet."

es wohl im Falle unseres so verbreiteten antithetisch gefaßten Topos mit einem echten ‚locus communis', einem ‚Gemeinplatz' also zu tun, der sich dem über den Wechsel der menschlichen Geschicke nachdenkenden Geist stets von neuem aufdrängt, wobei natürlich trotzdem, wie schon gesagt, der eine oder andere auch einmal mit schon geprägten Formeln, die er übernimmt, operieren kann.

Damit sind wir bei der Frage angelangt, welcher Stellenwert dem Gedanken im Rahmen „einer antiken Deutung menschlicher Existenz" zukommt, um des Verf. eigene Formulierung im Titel seiner Arbeit zu verwenden. Er selber geht S. 17f. auf das Problem ein und sucht es so zu lösen, daß die bisher von ihm behandelten Beispiele, dabei vor allem auch Archilochos (fr. 58 D.) und Herodot (I 5,3f.[4]), „in dem gottgewirkten Auf und Ab eine sinnvolle Ordnung oder wenig|stens einen Ausgleich erkannten". Dagegen beginne bei Bakchylides (Epinik. 14, 1ff.) sich die Theodizee mit dem Thema zu verbinden, und zwar als „die Klage, daß der Gute unglücklich ist, während der Schlechte vom Glück begünstigt wird, und die Frage, warum es so ist" – was dann vor allem von zahlreichen Äußerungen des Euripides im gleichen Sinn aufgenommen werde. Hier kommt also auch ein moralisches Kriterium ins Spiel, wie es denn bei Bakchylides wörtlich heißt: „das Geschick (συμφορά) . . . zermalmt den Guten, den Schlechten jedoch hebt es hoch ins Licht". Ähnlich wie D. betont O. SEEL (aO.), daß bei Hesiod (aO.), bei Pindar (vielleicht gemeint: Pyth. 2, 4, 9ff.[5]), bei Sophokles[6] und vor allem bei Horaz (c. I 34, 12ff.) eine „individuelle Religiosität" vorliege, „immer im gleichen Zusammenhang des Verzichtes auf Rechnen und Rechten mit dem Göttlichen", während „einzig Xenophon" [Anab. III 2, 10f.] „in seiner rührend redlichen Naivität" es fertig bringe, „den gleichen Gedanken ins Gegenteil umzubiegen", so nämlich, daß die Götter aus moralischen Gründen verpflichtet seien, τοὺς μεγάλους ταχὺ μικροὺς ποιεῖν καὶ τοὺς μικροὺς κἂν ἐν δεινοῖς ὦσι σῴζειν εὐπετῶς (immerhin mit der Einschränkung, ὅταν βούλωνται!). Das erinnert an die hübsche Parodie der Formel bei GOETHE im Munde des scheinheiligen Reinecke Fuchs (XI 116–118), an den von ihm hereingelegten Wolf gerichtet:

„Auf und ab, so geht's in der Welt, so geht es uns beiden.

Ist es doch also der Lauf. Erniedrigt werden die einen

Und die andern erhöht, nach eines jeglichen Tugend" –

wobei sich der Situation entsprechend zugleich auch noch die witzige und treffende Anspielung auf das ‚Auf und ab' der beiden Eimer im Ziehbrunnen einstellt.

Sowohl die DALFENsche wie die SEELsche Diagnose des Materials scheint

---

[4] Dazu jetzt auch H. DREXLER, Thukydides-Studien 1976, 107.

[5] Hierzu H. HOMMEL, in: Gymnasium 58. 1951, 219f. = oben, Bd. I 334ff.

[6] Hier denkt SEEL wohl an Antig. 1158f., aber schon im Aias v. 131ff. folgt auf das ἡμέρα κλίνει τε κἀνάγει πάλιν ἄπαντα τἀνθρώπεια die gar nicht zu seiner Deutung passende Wendung: τοὺς δὲ σώφρονας θεοὶ φιλοῦσι καὶ στυγοῦσι τοὺς κακούς. Die beiden Stellen auch bei DALFEN 31, Anm. 14.

mir allzu kurzschlüssig zu sein, obwohl beide Forscher wesentliche Grundlinien des Problems ansprechen. Aber die Frage ist so einfach nicht zu lösen; gerade die je nach Autor, Zeitlage, Lebensbereich, Stimmung und Anlaß verschiedene Anwendung einer im wesentlichen gleichbleibenden Formel schließt eine Fülle von Nuancen in sich, die es ganz undogmatisch anhand einer bedeutenden Materialfülle herauszuarbeiten gilt.

In der Tat ist die Zahl der Belege beträchtlich, und der Verfasser hat selber fleißig gesammelt und etwa eineinhalb Dutzend Stellen meist aus griechischer Dichtung beigebracht (dazu noch Herodot aO., und die wichtige spätantike Partie aus Herodian I 13,6), worunter sich manches bisher noch nicht Herangezogene findet, besonders auch aus Euripides, bei dem die Ausbeute nicht von ungefähr überhaupt ziemlich groß ist. Aus der römischen Literatur bietet D. dagegen außer ein paar Senecastellen nur einen Horazbeleg an. Es fällt zudem auf, daß er sich in der philologischen Literatur offenbar nicht umgesehen hat, so daß der Eindruck entsteht, er habe als erster das interessante Phänomen in den Blick genommen. Aber abgesehen von verstreuten Bemerkungen der Kommentatoren zu einzelnen Belegstellen[7] ist hier auf den schon genannten O. SEEL zu verweisen, in dessen | Griechischem Lesebuch von den poetischen Stücken die Nummern 108. 111. 118. 119 als Paradigmata für den Topos dienen, wozu dann der Kommentar (bes. zu 108) noch auf weitere Beispiele hinweist[8]. Vor allem aber bietet die Horazausgabe von KELLER und HOLDER in ihrer 2. Auflage (Bd. I 1899, 81) je ein gutes Dutzend Belege aus der griechischen und der lateinischen Literatur (wovon das meiste bei D. nicht erscheint). Anlaß für dieses Zitatennest bot der wohl bekannteste und einprägsamste Beleg Horaz c. I 34, 12ff. (s. u.). Daß diesen ‚locus classicus' sich der Verf. hat entgehen lassen[9], frappiert umsomehr, als er ganz in nächster Nähe fündig geworden ist: er behandelt c. I 35, 1ff., eine immerhin auch einschlägige, etwas jüngere Stelle, die Horaz bei der Redaktion des Buches gewiß mit Absicht um ihrer Verwandtschaft willen auf jene andere, bedeutendere hat unmittelbar folgen lassen.

Zu den Vorzügen der Arbeit von D. gehört unbestreitbar, daß er (17ff.) einem weiteren Aspekt seines Themas besondere Aufmerksamkeit geschenkt hat: er untersucht die jeweiligen Subjekte, die den Menschen jenem meist unberechenbaren Auf und Ab unterwerfen, und stößt dabei auf die Abfolge: Götter (bzw. Gott oder Daimon) / Schicksal (συμφορά, Τύχη bzw. τύχη und τύχαι), wofür speziell natürlich wiederum Euripides am meisten

---

[7] S. bes. KIESSLING-HEINZE zu Horaz c. I 34 und 35; weiteres neuerdings bei L. ALFONSI in: Aegyptus 53, 1973, 71ff. (Euripides, fr. 420, 2f. N.; Menander. Aspis 417f.).

[8] Vgl. a. O. SEEL, Weltdichtung Roms 1965, 373f. 511.

[9] Ein knapper Hinweis (S. 32, Anm. 18) darauf, daß ED. FRAENKEL (Horaz 1963, 300f.) „auch auf Horazens Aussagen über Fortuna in c. I 34, 12ff." eingeht, läßt nicht ahnen, wie wichtig gerade diese Stelle für das Thema des Verf. wäre, was bei FRAENKEL übrigens hinreichend deutlich betont ist. Vgl. a. V. POESCHL, Horazische Lyrik . . . 1970, 56.

hergibt; aber daneben finden sich (bes. beim Historiker Herodot) auch die Zeit, ja gelegentlich (bei Herodian) die Natur als mitwirkende Mächte.

Zum Schluß (26 f.) fragt D. nach dem Fortwirken des „Deutungsmodells" bis in unsere Zeit. Was ihm freilich dabei einfällt, ist nicht etwa bloß mager, sondern absolut fehl am Platz. Er meint nämlich, in der Antwort, die der Physiker und Philosoph C. Fr. v. Weizsäcker auf die Erfolge der modernen Naturwissenschaft und Technik gibt, eine leicht festzustellende „Übereinstimmung mit dem antiken Deutungsschema" zu entdecken: „Die Wissenschaft kann", so zieht der Verf. die Summe aus Bemerkungen v. Weizsäkkers, „menschliches Leben retten und es auf immer höheres Niveau heben, sie kann es aber auch vernichten und in die Katastrophe führen". Selbst wenn man konzedieren wollte, daß eine akademische Antrittsvorlesung bestrebt sein dürfe, dem Publikum mit einem aktuellen Schlußeffekt aufzuwarten (was philologischem Herkommen nicht unbedingt entspricht), so muß man sich fragen, wie ein derartig schiefer Vergleich auch nur im mündlichen Vortrag von denkenden Hörern aufgenommen worden sein mag: im Druck vollends sollte ein verantwortungsbewußter Gelehrter derlei nicht von sich geben. Was hier allenfalls vergleichbar wäre, könnte die äußere Form der Antithesen sein, die mit Rettung und Vernichtung, mit Hebung auf ein höheres Niveau und mit Sturz in die Katastrophe operiert. Aber damit hätte sich die Parallele auch schon erschöpft, wenn – ja wenn nicht selbst sie von D. künstlich hergestellt wäre[10]. Und zur Sache vollends muß man einwenden: ist denn die Wissenschaft etwa eine Göttin oder eine Hypo|stase des Schicksals, die mit dem Menschen nach Belieben schaltet? Vielmehr ist doch gerade der Mensch selber für sie und ihre Anwendung verantwortlich. Und wenn man dieses ernste Problem unserer Zeit mit antikem Gedankengut vergleichen will, dann kann es nur der Komplex menschlicher Verantwortung und menschlicher Hybris sein, niemals aber der Topos vom Menschen als Spielball höherer Mächte[11]. Der Verf. schränkt nachträglich selber ein mit den Worten: „Aber andererseits besteht die große Chance darin, daß diese Macht [die Wissenschaft] nicht als schicksalhaft angesehen werden muß, nicht als eine Größe, . . . auf deren Wirken er [der Mensch] keinen Einfluß zu nehmen vermag." Aber was soll dann überhaupt der Vergleich?

Fragt man nach Spuren wirklichen Nachlebens des untersuchten Modells, so wäre außer der schon erwähnten Goetheschen Parodie aus dem ‚Reineke Fuchs' an eine klar erkennbare Abfolge zu erinnern, die von Archilochos über Horaz zu einem bekannten Lied des humanistisch gebildeten Ba-

---

[10] Bei v. Weizsäcker finden sich zwar an der Stelle, auf die D. verweist, (Die Tragweite der Wissenschaft I 1971 [⁴1973], 9 f.) Wendungen wie „zur Katastrophe führt" und „Leben retten", aber sie sind dort keineswegs auch formal antithetisch gefaßt.

[11] Über diese spezielle Metapher handelt im Rahmen anderer ‚Spiel'-Vergleiche W. Kranz, Welt- und Menschenleben im Gleichnis, in der Alex. Rüstow-Festschr. 1955, jetzt in des Verf. Studien z. ant. Lit. u. ihrem Nachwirken 1967, 487 ff., wo jedoch von unserer Formel nicht die Rede ist.

rockdichters G. NEUMARK reicht (1621–1681). Ich habe die Parallelen vor Jahren gezogen und den Nachweis des Zusammenhangs zu führen versucht[12] und brauche daher hier nur die drei Texte in Erinnerung zu rufen, von denen D. lediglich den ersten in seine Bemühungen einbezogen hat:

1) τοῖς θεοῖς τέλεια πάντα[13·] πολλάκις μὲν ἐκ κακῶν
    ἄνδρας ὀρθοῦσιν μελαίνᾳ κειμένους ἐπὶ χθονί,
    πολλάκις δ' ἀνατρέπουσι καὶ μάλ' εὖ βεβηκότας
    ὑπτίους κλίνουσ'. ἔπειτα πολλὰ γίγνεται κακά.
    (Archilochos, fr. 58, 1–4 D.)

2)   *valet ima summis*
    mutare et insignem attenuat deus,
    obscura promens hinc apicem rapax
    Fortuna cum stridore acuto
    sustulit, hic posuisse gaudet.
    (Horaz, c. I 34, 12–16)|

3) Es sind ja Gott sehr schlichte Sachen
    Und ist dem Höchsten alles gleich,
    Den Reichen klein und arm zu machen,
    Den Armen aber groß und reich.
    Gott ist der rechte Wundermann,
    Der bald erhöhn, bald stürzen kann.
    (G. NEUMARK, 6. Strophe
    des Liedes ‚Wer nur den
    lieben Gott läßt walten')

Abschließend läßt sich sagen, daß der Verf. mit seiner anregenden Studie ein äußerst fruchtbares Thema aufgegriffen hat, zu dem seinem Spürsinn manches neue Material beizubringen gelang. Auch hat er dem behandelten Komplex wichtige Aspekte abgewonnen, die freilich einigermaßen abschließend nur auf viel breiterer Basis erörtert werden können. Wenn er uns, aufbauend auf seinen und anderer Forscher Vorarbeiten, was zu hoffen ist,

---

[12] Theologia Viatorum 1. 1949, 122ff. (hier 127–129 = unten, S. 305–307). Angesichts der Abgelegenheit dieses Fundorts für den Philologen habe ich wiederholt anderwärts auf die Arbeit hingewiesen: Gymnasium 58. 1951, 224 u. Gnomon 36. 1964, 166 = H.H., Symbola I 1976, S. 321). Danach auch O. SEEL, Eiresione aO. Nr. 108 u. 111 mit Kommentar zu 108, wenn auch zurückhaltender, was die jeweilige ‚Quellenfrage' anlangt.

[13] Überliefert ist τοῖς θεοῖς τειθειαπαντα, was man, sofern man sich nicht wie DIEHL mit einer crux begnügte, bisher meist in τοῖς θεοῖς τίθει ⟨τ⟩ὰ πάντα (GROTIUS) oder τοῖο⟨ι⟩ θεοῖο' {τε} ἰθεῖα πάντα WILAMOWITZ) korrigiert hat, während sich DALFEN für eine zweite, nur zögernd vorgetragene Konjektur von WILAMOWITZ entscheidet (τοῖς θεοῖοι ῥεῖα πάντα). Aber wenn D. 14 schlichtweg behauptet: „In einem der erhaltenen Fragmente [des Archilochos] (58 D) lesen wir [!] . . . ‚Für die Götter ist alles leicht' . . .", so muß gegen solche Irreführung des Lesers schärfstens protestiert werden. Meinen Vorschlag τέλεια πάντα, der dem paläographischen Befund am nächsten kommt und im Gegensatz zu den bisherigen Konjekturen auch syntaktisch einwandfrei ist, sich außerdem durch zahlreiche Parallelen stützen läßt, habe ich Gymnasium 58. 1951, 219f. 223f. ausführlich begründet. (= ob. I 334ff.). Er hat u. a. auch die Billigung von O. SEEL gefunden (aO., Nr. 111 mit Kommentar).

eine ausführliche Monographie über den antiken Topos vom Auf und Ab im Menschenleben schenkt, so hofft man außerdem, daß er dabei Flüchtigkeiten, Fehler und vorschnelle Urteile vermeidet, wie sie hier angemerkt werden mußten, und wie sie den Wert des vorläufigen Versuchs stark beeinträchtigt haben.

Nachwort 1981

Diese Rezension erweitert und ergänzt meine Ausführungen in: Theologia Viatorum 1. 1949, S. 127–129, die unten S. 305–307 im Rahmen des Aufsatzes ‚Antikes Erbgut im evangelischen Kirchenlied‘ abgedruckt sind.

Nachtrag 1981

Zu Anm. 1:
Vgl. a. Paulus, I Kor 1, 26–29.

Zu Anm. 2:
H. HÄUSLE, Das Denkmal als Garant des Nachruhms . . . in lateinischen Inschriften 1980, S. 7 f.

Zu Anm. 9:
Zu ED. FRAENKELS Interpretation von c. I. 34 und zu J. DALFENS Vortrag siehe auch R. MUTH, Grazer Beiträge 4. 1975, 190 f. und 193 im Rahmen einer Monographie des horazischen Gedichts. Wenn MUTH in einem Nachtrag dazu Horaz c. I. 34,16 das *posuisse* (s. ob. S. 8) mit „(aufs Haupt) gesetzt zu haben" wiedergibt, so scheint mir vielmehr der auch sonst sich findende Gebrauch des Infin. perf. für „das Resultat der vollzogenen Handlung" vorzuliegen (so KIESSLING-HEINZE zu sat I 2,28 *nolint tetigisse*), ob es sich dabei nun um „altlateinischen Sprachgebrauch" handelt (HEINZE ebenda) oder, wie ich annehmen möchte, um einen Gräzismus nach dem Vorbild des Infin. aor., der die Aktionsart, nicht das Zeitverhältnis bezeichnet (siehe KÜHNER-GERTH, Griech. Satzlehre ³1898, I 194).

Zu Anm. 13:
Als „the best" der bisherigen Verbesserungsvorschläge bezeichnet den von mir vorgelegten M. L. WEST, Studies in Greek Elegy and Iambus 1974, 132 (zur Stützung vgl. a. denselben 94); er schlägt seinerseits freilich vor πείθοι’ ἅπαντα, put your trust in the gods‘.

Das Wort Karban und seine Verwandten*

Wilhelm Süß zum 70. Geburtstag
in Freundschaft.

Im Eingangslied der aischyleischen ›Hiketiden‹, die man in die 90er Jahre des 5. Jh. zu setzen pflegt[2], wenden sich die aus Ägypten vor ihren Vettern, den Aigyptossöhnen, geflohenen Danaostöchter an ihre Ahnenheimat Argos, deren Schutz sie erflehen. Da heißt es in einem durch Wiederholung besonders einprägsam gemachten liturgischen Ephymnion[3]:

ἱλεῶμαι | μὲν ᾿Απίαν	ion a min + ia
βοῦνιν. ϰαρ|βᾶνα δ᾿αὐ-	ion a min + cret
δᾶν εὖ, γᾶ, | ϰοννεῖς. πολ-	ion a min + chori
λάϰι δ᾿ἐμπί|τνω ξὺν λαϰίδι	ion a min + ia
λινο{ι}σινεῖ| Σιδονίᾳ	ion a min + chori
ϰαλύπτρᾳ.	ba als Klausel[4].

---

* Philologus 98. 1954, 132–149 = Wege zu Aischylos I 1974, 368–389.

[1] Vortrag, in verkürzter Form gehalten am 9. 4. 1951 auf dem 8. Internationalen Byzantinistenkongreß in Palermo.

[2] Die Frühdatierung des Stückes hat freilich jetzt „einen schweren Schlag bekommen": Br. Snell, Gnomon 25, 1953, S. 438 f. A. Lesky, Hermes 82, 1954, S. 1—13.

[3] Aischylos, ›Hiketiden‹ 118—121 = 129—132.

[4] Ich versuche hier zugleich auch, das viel mißhandelte Metrum herzustellen. Die Vertikalstriche bezeichnen jeweils die Halbierung, also die Metrongrenze der ionisch-iambischen Dimeter. Ionici a minore in dem Stück auch v. 1018 ff. Baccheische Klausel öfters bei den Tragikern; natürlich will in der Verbindung Σιδονίᾳ ϰαλύπτρᾳ auch zugleich der Pherecrateus herausgehört werden.

Gnädig will ich mir stimmen den apischen (= argivischen) Hügel. Den barbarischen Laut (meiner Stimme), wohl kennst du ihn, Land. Oft fall' ich mit linnenzerstörendem Reißen über meinen Schleier aus Sidon her[5].

καρβάν (gen. -ᾶνος) steht also hier adjektivisch für 'barbarisch, fremdländisch', ebenso das offenbar daraus weitergebildete Synonym κάρβανος im ›Agamemnon‹ des gleichen Dichters, wo die fremdländische Kassandra von Klytaimestra mehrfach vergeblich aufgefordert ist, vom Wagen zu steigen und sich am Heimkehropfer zu beteiligen. Da sagt die Königin[6]:

εἰ δ'ἀξυνήμων οὖσα μὴ δέχῃ λόγον —
σὺ δ'ἀντὶ φωνῆς φράζε καρβάνῳ[7] χερί.

Wenn du aber nicht verstehst und (daher) meine Rede nicht aufzunehmen imstande bist, so — und damit wendet sich Klytaimestra zum Chorführer — sprich *du* anstatt mit der Stimme (zu ihr) vermittels einer auch für Barbaren verständlichen Zeichensprache.

Kurz vorher[8] hatte Klytaimestra die troische Königstochter schon vermutungsweise als eine

ἀγνῶτα φωνήν βάρβαρον κεκτημένη

bezeichnet, als eine,

die nur über unverständlichen Barbarenlaut verfügt.

An den beiden bisher betrachteten Aischylosstellen heißt somit das Adj. καρβάν bzw. κάρβανος soviel wie 'barbarenhaft redend'

---

[5] λινοσινεῖ (zu λίνον und σίνομαι) ist von Bücheler hergestellt. Ausdrucksweise und Situation ganz ähnlich ›Perser‹ 125. 537 f. 834 ff. 1060. ἐμπίτνειν (= -πίπτειν) m. Dat. wie πολεμίοις oder στρατῷ ἐμπίπτειν. Die Zwangsvorstellung, die in dem Zerreißen des Schleiers unter der notvollen Gewalt des Schmerzes liegt, ist fein durch das ἐμπίπτειν wiedergegeben, vgl. a. Xenoph., Memorab. II 1, 4 von brünstigen Vogelmännchen, die sich besinnungslos in die Fangnetze verstricken: τοῖς θηράτροις ἐμπίπτουσιν.

[6] Aischylos, ›Agamemnon‹ 1060 f.

[7] Das Schol. umschreibt hier ausdrücklich mit βαρβάρῳ.

[8] Aischylos, ›Agamemnon‹ 1051.

oder 'nur für Barbaren verständlich', kurz 'barbarisch'. Wir stellen hier schon fest, daß es sich dabei jeweils um orientalische Barbaren handelt, und daß speziell die Danaiden durch ihren Kopfschmuck als zu Phoinikien in Beziehung stehend gekennzeichnet sind[9].

κάρβανος wird in gleicher Bedeutung von Aischylos in den ›Hiketiden‹ auch substantivisch gebraucht, und zwar im Munde des Argiverkönigs Pelasgos gegenüber dem ägyptischen Herold, der am Schluß des Stückes die Herausgabe der flüchtigen Mädchen fordert[10]:

κάρβανος ὢν ῞Ελλησιν ἐγχλίεις ἄγαν
für einen Barbaren läßt du an Griechen allzusehr deinen Übermut aus.

Ebenso gilt καρβάν gleich βάρβαρος nach einer Glosse des Hesych, aus der wir auch das abgeleitete Verbum καρβανίζειν 'barbarisch, fremdländisch reden' kennenlernen:

ἐκαρβάνιζεν· καρβὰν γὰρ ὁ βάρβαρος. τὸ δ' αὐτὸ καὶ ἐκαρβάνιζεν.

Und entsprechend glossieren Hesych und Photios καρβανίζει mit βαρβαρίζει.

Auch die griechische Prosaparaphrase zu Lykophrons ›Alexandra‹ v. 1387 gibt καρβάνων mit βαρβάρων wieder. Aus dem hiermit glossierten Gen. Plural von καρβάν erklärt sich vielleicht auch die irrtümliche Ableitung eines κάρβανος anstatt des zweifellos älteren καρβάν[11]. Stellen wie Aischyl. ›Hiket.‹ 914. ›Agam.‹ 1061 würden

---

[9] Dabei ist zu bedenken, daß die Danaiden durch ihren Vater Danaos Enkelinnen des Belos sind, dessen Name als Küstenfluß in Phoinikien wiederkehrt, und der schon in der Antike mit dem semitischen Gott Baal-Bel identifiziert wurde (Benzinger und Tümpel RE III 259 ff.). Vielleicht ist darin ein Niederschlag historischer Beziehungen der Phoiniker zu Ägypten zu erblicken, wie sie aus Herodot II 54 ff. und vor allem II 112 zu entnehmen sind. [Jetzt ist das Wort im Sinn von 'fremdländisch' auch für Sophokles belegt: ›Inachos‹ Ox. Pap. 23. 2369, col. II 26 κάρβανος αἰθός 'exotischer Schwarzhäuter', wie in Aisch., ›Hiketiden‹ im Zusammenhang mit der Io-Sage; s. dazu G. Neumann, Untersuchungen zum Weiterleben hethitischen ... Sprachgutes ... 1961, S. 93 m. Anm. 1.]

[10] Aischylos, ›Hiket.‹. 914.

[11] Vgl. dazu aber auch unten S. 373 f. mit Anm. 18.

dann beweisen, daß dieses Mißverständnis schon früh erfolgt wäre, daß also das Wort viel öfter gebraucht worden sein müßte, als wir nach unserer dürftigen Überlieferung glauben möchten.

So hat der Ausdruck denn auch in der weiteren Geschichte der griechischen Sprache seine Lebensfähigkeit bewiesen: noch bis in neuere Zeit hat sich das Wort καρβαν(ος) im sizilischen Dialekt forterhalten als *carvanu* = goffo (plumper Tölpel), *carvanitati* = goffaggine (Plumpheit, Tölpelei)[12].

Früh hat sich die Volksetymologie des eigenartigen Wortes bemächtigt, indem man καρβανίζειν offenbar als Καρικῶς βάζειν = „karisch reden" verstand[13], so daß aus dem καρβανίζειν etymologisierend ein καρ-βά(ι)ζειν wurde:

> Hesych. s. καρβάζοντες· βαρβαρίζοντες. —
> καρβαῖζει· Καρικῶς λαλεῖ καὶ βαρβάρως. —
> καρβανίζει· βαρβαρίζει (s. oben).

Daß diese Etymologie von ernsthaften Gelehrten der Antike für abwegig gehalten wurde, scheint sich aus den gleich zu erörternden Äußerungen von Aristoteles und Theophrast über καρβάς zu ergeben, die auf phoinikischen Ursprung hinauswollen, karischen aber überhaupt nicht erwähnen.

Zunächst muß noch auf eine weitere Glosse des Hesych eingegangen werden, durch die jene oben bereits vermerkte Spezialbedeutung „Orientalen" für κ. eine weitere Stütze erhalten mag:

> κάρβανοι ...[14] οἱ ἀλφὸν (= weiße Hautflecken) ἢ λέπραν ἔχοντες (Ἕλληνες δὲ τοὺς βαρβάρους, οἱ δε τοὺς Κᾶρας).

---

[12] Jo. Vinci, Etymologicum Siculum. Messanae 1759. Dazu A. Pagliaro in: Ricerche Linguistiche I 1950, S. 141 ff. P. Kretschmer, Gr. karbanos. Glotta 31. 1951, S. 250. [Vgl. jetzt auch G. Neumann a. O. (Anm. 9), S. 94₁.]

[13] So Lykophron a. O. (›Alexandra‹ 1387, wo darauf angespielt zu sein scheint vgl. v. 1384 τὸν πρωτόμισθον Κᾶρα δηώσας στρατόν).

[14] Mit den dazwischen stehenden Worten καὶ Περσαῖοι (Περγαῖοι?) und mit einer anderen Glosse des Hesych κάρβανοι· τὰ τῶν σφενδονῶν † καφία (καρφία Musuros), ὡς Σέλευκος weiß ich vorerst nichts anzufangen.

Denn die mit Aussatz Behafteten dürften ihre Bezeichnung Karbanoi, „Ostbarbaren", daher erhalten haben, daß diese Krankheit
aus dem Orient in die griechische Welt kam [15], wohl vorwiegend von
phoinikischen Händlern eingeschleppt wurde.

Nun aber zu Aristoteles und Theophrast. Bei Aristoteles, ›De
ventis‹ p. 973 b 5 Bekker steht über den Ostwind zu lesen:

Εὖρος ... καλεῖται ... ἐν ... Κυρήνῃ Καρβάς, ἀπὸ τῶν Καρβάνων
τῶν κατὰ Φοινίκην· δι' ὃ καὶ τὸν αὐτὸν Φοινικίαν καλοῦσί τινες.

Der Euros heißt in Kyrene Karbas nach den Karbanoi in Phoinikien [16];
daher nennen denselben manche auch Phoinikias.

Etwas voreilig schließt daraus des Aristoteles Schüler Theophrast,
›De ventis‹ 62 (III p. 115 Wimmer)

τὸν ἀπηλιώτην ... καρβᾶν ... Φοίνικες (καλοῦσιν)
Den Ostwind nennen die Phoiniker Karbas;

denn es ist unwahrscheinlich, daß einen von Phoinikien her wehenden und nach den phoinikischen Barbaren bezeichneten Wind
(Καρβάς bzw. Φοινικίας nach Aristot. a. O.) eben diese Phoiniker
selber mit dem gleichen Namen bezeichnet haben sollten. In Aristoteles' ausführlicherer Erörterung steht davon jedenfalls nichts, ja
mit ihr ist die Behauptung des Theophrast nicht vereinbar. Hätte
er recht, dann ergäbe sich die gleiche Kuriosität, wie wenn etwa der
Golfstrom seinen Namen in Mexiko erhalten hätte.

---

[15] Die Belege bei Schrader-Nehring, Reallex. d. idg. Altertumskunde [2]I
(1923), S. 645 (Herod. I 138; Galen ed. Kühn, T. XI p. 142).

[16] Phoinikien liegt in der Tat genau östlich von Kyrene, was aber nicht
ohne weiteres für exakte Nomenklatur zu sprechen braucht, da der Euros
bei Aristoteles genaugenommen unseren Ostsüdost bezeichnet; s. A. Rehm
RE VI Sp. 1312 u. vgl. die Windrose bei Schrader-Nehring, Reallex, [2]II
S. 659. Freilich scheint Theophrast (s. dazu gleich unten im Text) den
hier von Aristoteles Εὖρος genannten Wind mit ἀπηλιώτης, dem genauen
Ostwind, wiederzugeben. Dies wiederum muß wohl dazu zwingen, die
Äußerung des Theophrast von der des Aristoteles — die er zweifellos
kennt — zu trennen (gegen O. Regenbogen RE S VII 1412, der es für
möglich hält, daß das betr. Bruchstück des Aristoteles „an den verstüm-
melten Schluß von [Theophrasts] π. ἀνέμων gehört"; im übrigen vgl. über

Hier muß kurz über die Form des Wortes καρβάς gesprochen werden. Die bei Theophrast sich findende Akkusativform καρβᾶν weist auf einen Vokalstamm καρβα-[17]; nachdem Aristoteles, wie wir sahen, das καρβάς einleuchtend mit καρβαν(ος) zusammenbringt, wird es wohl so gewesen sein, daß diese Form καρβάς die Gräzisierung des für das Griechische ungewöhnlichen καρβάν[18]

---

die Windlehren des Aristoteles und des Theophrast H. Strohm, Philol. Suppl. 28, 1. 1935, S. 42 ff. Philol. 92. 1937, S. 251 ff.). Ein nahe beim Ost belegener Wind wiederum heißt bei Vitruv. I 6, 10 *carbas*, während Sueton bei Isidorus, De natura rerum 37, 5 (Suet. p. 232, 5 Reiff.) einen *carbasus* als spezifisch kilikischen Wind nennt (falsch das Zitat im Thes. 1. Lat. III 429 a, Z. 74 *in Syria Carbasus*, vielmehr: *in Syria Syrius, Carbasus in Cilicia*). Wenn dieser Name sich, was wahrscheinlich ist, als Weiterbildung zum καρβάς stellt und damit ebenfalls auf die Richtung von Phoinikien her weist, dann muß er hier einen Südostwind bezeichnen. — *carbasus*, griech. κάρπασος, sanskr. *karpása-h*, „orientalisches Baumwollgewebe, Nesseltuch, Segel", hat in unserem Zusammenhang zunächst wohl auszuscheiden, obwohl bemerkenswert bleibt, daß Vulg. Esther 1, 6 das καρπάσινος der LXX („baumwollen") als Farbbezeichnung für „rot" auffaßt *(color carbasinus)*, wobei sich der Vergleich mit φοῖνιξ = „phoinikischrot, purpurrot" aufdrängt. Zu κάρπασος vgl. a. Heinr. Lewy, Die semit. Fremdwörter im Griech. 1895, S. 126, der für das Eindringen des Sanskritworts ins Griechische hebräische Vermittlung annimmt.

[17] Kühner-Blass [3]I S. 367. So scheint auch die bei Vitruv (s. die vorige Anm.) überlieferte Genitivform *carbae* auf einen vorausgesetzten Vokalstamm hinzudeuten.

[18] Die seltenen Parallelbeispiele mit genau gleicher Endung und Akzentuierung finden sich merkwürdigerweise, soviel ich sehe, nur im Dorischen: παιάν, -ᾶνος und Ποτειδάν, -ᾶνος (K.-Bl. I 424 f.). Ob freilich daraus der Schluß zu ziehen ist, daß καρβάς anstatt καρβάν nicht im dorischen Kyrene entstanden, sondern von den Kyreneern aus nichtdorischem Sprachgebiet übernommen ist, erscheint fraglich. Aber man glaubt gerne, daß das Wort — gerade in der Form καρβάν — zu jahrtausendelangem Weiterleben (dazu s. oben S. 370 ff.) durch peloponnesische Dorier nach Sizilien gebracht worden sei, wie P. Kretschmer, Gl. 31, 250 ansprechend vermutet, nur daß er dort nicht die Form κάρβανος zugrunde legen durfte, sondern eben καρβάν. Einer nichtdorischen Entstehung von καρβάς würde

durch Anhängung eines Endungssigma darstellt, also aus — καρβανς entstanden ist[19] und dann in der das ν vor ς ausstoßenden Form καρβάς als Vokalstamm mißverstanden wurde, der im Gegensatz zu der bei Aischylos, ›Hiket.‹ 119 = 130 erhaltenen richtigen Akk.-Form καρβᾶνα den Akk. καρβᾶν bildete[20]. Das καρβά(ν)ς des Aristoteles und Theophrast ist also ganz ebenso eine gräzisierende Weiterbildung des als fremdartig empfundenen καρβάν wie die schon von Aischylos und dann von Aristoteles selber gebrauchte Form κάρβανος[21], unterschieden lediglich durch die Angleichung an eine andere griechische Deklination.

Daß es sich bei der Ausgangsform καρβάν um ein *Fremdwort* handelt, drängt sich nach alledem schon vom lexikalischen Befund her auf.

Wir entnehmen aus den Notizen des Aristoteles und des Theophrast außerdem zusammenfassend als für uns wesentlich:

Wenn der von Osten her wehende Wind in Kyrene nach den Karbanoi in Phoinikien, d. h. nach den phoinikischen Barbaren, benannt ist und daher auch mancherorts Phoinikerwind heißt, so ist damit mindestens für den vorliegenden Fall der Name Karbanoi

---

es zunächst nicht widersprechen, daß das daraus weitergebildete *carbasus* nach Sueton (s. oben Anm. 16) in Kilikien gebräuchlich war, wo wir neben einigen dorischen mindestens zwei namhafte altionische (samische) Kolonien kennen: Nagidos und Kelenderis (Mela I 77, s. W. Ruge RE XVI 1582; vgl. auch IV A 2416 f.).

[19] Wie das Adj. μέλας aus μέλανς — mit anderem Vokal in der Endsilbe z. B. auch δελφίς, ῥίς, κτείς. Aber die Stämme auf ν tragen im allgemeinen keine Neigung, das Sigma anzunehmen: K.-Bl. I 424. Vgl. auch Schwyzer I 569.

[20] Wie die Vokalstämme κίς (Kornwurm), Akk. κῖν, und λίς (Löwe), Akk. λῖν, s. K.-Bl. I 438. Schwyzer I 570 f. — Als entfernte Parallele für das Nebeneinander von Nominativ mit und ohne Sigma (καρβάς und καρβάν) könnte ὀδούς und ὀδών gelten (K.-Bl. I 42), wenn der Nom. ὀδούς nicht überhaupt erst bei den LXX bezeugt wäre (Schwyzer I 566 f.).

[21] Dazu s. auch die oben S. 370 f. vorgetragene Vermutung, die dem hier Erschlossenen nicht unbedingt widerspricht. Übrigens stellt die Form *carbasus* bei Sueton (oben Anm. 16) die gleiche Weiterbildung von καρβάς dar wie κάρβανος von καρβάν.

eindeutig auf die Phoiniker eingeschränkt, und wir dürfen wohl daraus die Vermutung ableiten, *daß der Name* καρβάν (κάρβανος, καρβάς) *für „Orientalen" irgendwann und irgendwie auf die Phoiniker bezogen war*[21a]. Dabei erinnern wir uns daran, daß auch in der ältesten uns erhaltenen Bezeugung von griech. καρβάν — bei Aischyl., ›Hiket.‹ 118 ff. = 129 ff. — mit der Erwähnung des sidonischen Schleiers die Beziehung auf Phoinikien den exotischen Hintergrund abgab. Und wir vergessen dabei auch nicht der durch Hesych überlieferten Bezeichnung κάρβανοι für die Träger der Aussatzkrankheit, die von κάρβανοι οἱ κατὰ Φοινίκην (mit Aristoteles zu reden) aus dem Osten eingeschleppt worden sein dürfte.

Im Markusevangelium sagt Jesus zu den Pharisäern und Schriftgelehrten, die seinen Jüngern wegen der Nichtachtung der παραδόσεις τῶν πρεσβυτέρων, des „von den Alten tradierten Gebots", Vorwürfe gemacht hatten, indem er zum Gegenangriff übergeht (Ev. Mc. 7, 9—13):

9 καλῶς ἀθετεῖτε τὴν ἐντολὴν τοῦ θεοῦ, ἵνα τὴν παράδοσιν ὑμῶν τηρήσητε. 10 Μωϋσῆς γὰρ εἶπεν· τίμα τὸν πατέρα σου καὶ τὴν μητέρα σου, καὶ· ὁ κακολογῶν πατέρα ἢ μητέρα θανάτῳ τελευτάτω. 11 ὑμεῖς δὲ λέγετε· ἐὰν εἴπῃ ἄνθρωπος τῷ πατρὶ ἢ τῇ μητρί· 'κορβᾶν, ὅ ἐστιν δῶρον, ὃ ἐὰν ἐξ ἐμοῦ ὠφεληθῇς', 12 οὐκέτι ἀφίετε αὐτὸν οὐδὲν ποιῆσαι τῷ πατρὶ ἢ τῇ μητρί, 13 ἀκυροῦντες τὸν λόγον τοῦ θεοῦ τῇ παραδόσει ὑμῶν ᾗ παρεδώκατε· καὶ παρόμοια τοαῦτα πολλὰ ποιεῖτε.

9 Fein[22] beseitigt *ihr* das Gebot *Gottes*, um nur *eure* Tradition zu retten. 10 Denn Mose hat gesagt 'ehre deinen Vater und deine Mutter', und 'wer Vater oder Mutter verflucht, der soll des Todes sterben'. 11 Ihr aber lehrt so, daß wenn ein Mensch zum Vater oder zur Mutter sagt 'Korban, das heißt Opfergabe, soll sein, was du von mir als Nutz-

---

[21a] Einer der bisher für fingiert gehaltenen Namen von Dialogpersonen in Ps.-Aristot., Liber de pomo („After-Phaidon") lautet Qarbānās (= der 'Orientale'?); s. dazu Jörg Kraemer, Festschr. Della Vida I 1956, S. 499₄.

[22] Erich Klostermann, Das Markusevangelium erklärt ⁴1950, S. 68 faßt den Satz als Frage: „Setzt ihr etwa mit Recht ... außer Kraft, ...?" Das ist unwahrscheinlich wegen der fehlenden Fragepartikel bzw. μή.

nießung hast', 12 daß ihr ihn dann weiter überhaupt seinem Vater oder seiner Mutter nichts mehr zukommen laßt[23], 13 und so setzt ihr das Gebot Gottes durch eure überkommene Tradition außer Kraft; und dergleichen tut ihr viel.

Im Matthäusevangelium ist ganz offensichtlich der gleiche Bericht verkürzt wiedergegeben (Ev. Mt. 15, 3—6):

3 ... διὰ τί καὶ ὑμεῖς παραβαίνετε τὴν ἐντολὴν τοῦ θεοῦ διὰ τὴν παράδοσιν ὑμῶν; 4 ὁ γὰρ θεὸς εἶπεν· τίμα τὸν πατέρα καὶ τὴν μητέρα, καί· ὁ κακολογῶν πατέρα ἢ μητέρα θανάτῳ τελευτάτω. 5 ὑμεῖς δὲ λέγετε· ὃς ἂν εἴπῃ τῷ πατρὶ ἢ τῇ μητρί· δῶρον ὃ ἐὰν ἐξ ἐμοῦ ὠφεληθῇς, 6 οὐ μὴ τιμήσει τὸν πατέρα αὐτοῦ ἢ τὴν μητέρα αὐτοῦ. καὶ ἠκυρώσατε τὸν λόγον τοῦ θεοῦ διὰ τὴν παράδοσιν ὑμῶν.

---

[23] Das Satzgefüge ὑμεῖς δὲ λέγετε· ἐὰν εἴπῃ ἄνθρωπος ..., οὐκέτι ἀφίετε ... ist ein dem Sinn nach klares, aber grammatisch unübersichtliches Anakoluth (vgl. auch Klostermann a. O. S. 69), wie unsere Übersetzung sich aufzuzeigen bemüht. Weder brauchte also die Urschrift des Sinaiticus an der Parallelstelle Ev. Mt. 15, 6 zwischen ὠφεληθῇς und οὐκέτι ἀφίετε ein οὐδέν ἐστιν zu ergänzen, noch durfte Luther an der gleichen Stelle in der Übersetzung ein „der thut wohl" einschmuggeln. Dagegen hat er richtig empfunden, daß der Nebensatz ὃ ἐὰν ἐξ ἐμοῦ ὠφεληθῇς (in dem das ἐάν nach dem bekannten ntl. Sprachgebrauch für ἄν steht: Blass-Debrunner, Gramm. des ntl. Griech. [7]1943, § 107. 371) eigentlich den Sinn hat: „das dir *sollte* von mir zu Nutz kommen". Denn Vater und Mutter bekommen durch die Korban-Erklärung des Unterhaltspflichtigen ja gerade das entzogen, was ihnen dieser zu leisten schuldig war. Es klingt mit dem „was du von mir als Nutznießung *hast*" (statt „haben solltest") wohl ein sozusagen 'platonischer' Gebrauch von ὠφελεῖν etc. mit an: Auch und gerade wenn dein Unterhalt der Gottheit geweiht ist, ist er dir im Grunde als Wohltat von mir zugute gekommen — denn was der Gottheit gegeben wird, muß Segen bringen. Vgl. etwa Platon, Euthyphron 15, 13 C ἡ ὁσιότης θεραπεία οὖσα θεῶν ὠφέλειά τέ ἐστι θεῶν καὶ βελτίους τοὺς θεοὺς ποιεῖ. Euthydem 292 B ἔδει δὲ (scil. τὴν βασιλικὴν) σοφοὺς ποεῖν καὶ ἐπιστήμης μεταδιδόναι, εἴπερ ἔμελλεν αὕτη εἶναι ἡ ὠφελοῦσά τε καὶ εὐδαίμονας ποιοῦσα. LXX Sapientia 6, 25 παιδεύεσθε τοῖς ῥήμασίν μου. καὶ ὠφεληθήσεσθε. Und Plutarch, Mor. 145 B werden die Lehrer der Philosophie schlechthin οἱ ὠφελοῦντες genannt. — Genauere Erklärung des κορβάν s. weiter unten im Text.

3 ... Warum übertretet vielmehr[24] ihr das Gebot *Gottes* um *eurer*
Tradition willen? 4 Denn Gott hat geboten: 'ehre deinen Vater und
deine Mutter' und 'wer Vater oder Mutter verflucht, der soll des Todes
sterben'. 5 Ihr aber lehrt so, daß wer zum Vater oder zur Mutter sagt:
'Opfergabe soll sein, was du von mir als Nutznießung hast', 6 daß der
dann bestimmt seinen Vater oder seine Mutter nicht (mehr) ehren wird;
und so habt ihr denn das Gebot Gottes durch eure Tradition außer Kraft
gesetzt.

Der im Mittelpunkt des Berichts stehende merkwürdige Ausdruck
κορβάν findet sich danach lediglich in der Version des Markus; Matthäus begnügt sich mit dem griechischen Äquivalent δῶρον, das
Markus als Übersetzung hinzufügt. Daß Markus das semitische
Wort anführt, beweist den formelhaften Gebrauch, der sich in der
Tat auch sonst nachweisen läßt. Das hebräische κορβάν ist ein Terminus des im Alten Testament eingeprägten religiösen Rechts,
jener παράδοσις τῶν πρεσβυτέρων (Ev. Mc. 7, 3. 5, vgl. v. 4. 8. 9.
13)[25], die Jesus im Anschluß an Jes. 29, 13 als ἐντάλματα ἀνθρώπων,
als „Menschengebot" dem Gebot Gottes abwertend gegenüberstellt.
Wir finden das Wort in dem hier in Frage kommenden Sinn
Levit. 27, 1 ff. und Numeri 30, 3 als *korbān* belegt[26]. Die erste dieser
Stellen wird durch Josephus, Antiquitates IV 73 näher erläutert:

καὶ οἱ κορβὰν αὑτοὺς ὀνομάσαντες τῷ θεῷ, δῶρον δὲ τοῦτο σημαίνει
κατὰ Ἑλλήνων γλῶτταν, βουλομένους ἀφίεσθαι τῆς λειτουργίας τοῖς
ἱερεῦσι καταβάλλειν ἀργύριον, ...
Und die sich selber als Korban bezeichnen für den Gott — δῶρον

---

[24] καί, eigentlich „auch", d. h. so wie *ihr uns* die Übertretung *eures*
Gebotes vorwerft.

[25] E. Lohmeyer, Das Ev., das Markus übers. u. erklärt 1937, S. 139 mit
Anm. 2, verweist (mit weiteren Literaturangaben) für die in den Evangelien nur hier erscheinende „Überlieferung der Alten" auf die LXX, die
jüdischen Apokryphen, Paulus und die rabbinischen Schriften und erinnert gut an Joseph., Antiquitat. XIII 297 νόμιμά τινα παρέδοσαν τῷ
δήμῳ οἱ Φαρισαῖοι ἐκ πατέρων διαδοχῆς, ἅπερ οὐκ ἀναγέγραπται ἐν τοῖς
Μωϋσέως νόμοις.

[26] Vgl. assyr. ḳurbânu, „Gabe, Opfergabe", zu hebr. ḳorbān, assyr.
ḳarâbu, „sich nähern, sich der Gottheit (opfernd) nahen".

heißt das auf griechisch —, müssen, wenn sie von ihrer Dienstleistung freikommen wollen[27], den Priestern Geld dafür bezahlen. . . .

Hier ist κορβάν also die Bezeichnung für Personen, die eine sie betreffende Verpflichtung durch eine Geldgabe an den Tempel ein für allemal ablösen, deren Höhe des weiteren im Leviticus wie bei Josephus für einen erwachsenen Mann mit 50, für eine Frau mit 30 Schekel angegeben wird.

Etwas anders drückt sich Numeri 30, 3 aus, wo κορβάν für das bei dieser Gelegenheit abgelegte und durch einen Eid bekräftigte Gelübde steht. Hierzu bietet uns wiederum Josephus nähere Aufklärung (Jos., Contra Apionem I 166 f.):

ἦν δὲ καὶ κατὰ πόλεις οὐκ ἄγνωστον ἡμῶν πάλαι τὸ ἔθνος, καὶ πολλὰ τῶν ἐθῶν εἴς τινας ἤδη διεπεφοιτήκει καὶ ζήλου παρ' ἐνίοις ἠξιοῦτο. δηλοῖ δὲ ὁ Θεόφραστος ἐν τοῖς περὶ νόμων· (167:) λέγει γάρ, ὅτι κωλύουσιν οἱ Τυρίων νόμοι ξενικοὺς ὅρκους ὀμνύειν, ἐν οἷς μετά τινων ἄλλων καὶ τὸν καλούμενον ὅρκον κορβὰν καταριθμεῖ. παρ' οὐδενὶ δ'ἂν οὗτος εὑρεθείη πλὴν μόνοις Ἰουδαίοις, δηλοῖ δ' ὡς ἂν εἴποι τις ἐκ τῆς Ἑβραίων μεθερμηνευόμενος διαλέκτου δῶρον θεοῦ.

Es war aber auch seit alters unser Volk (scil. das Volk der Juden) in den (hellenistischen) Städten nicht unbekannt, und viele von seinen Gewohnheiten hatten sich bis in manche (von den Städten) bereits verbreitet und wurden bei einigen der Nachahmung gewürdigt. Das bezeugt Theophrast in seinem Werk 'Über die Gesetze'[28] (167:) Denn er sagt, daß die Gesetze der Tyrier fremdländische Eide zu schwören verbieten, wobei er unter anderen auch den sogenannten Eid 'Korban' aufzählt. Bei niemandem anderen aber dürfte dieser (ursprünglich) gefunden werden als allein bei den Juden; er bedeutet sozusagen aus dem Hebräerdialekt übersetzt 'Gabe für die Gottheit'.

---

[27] Der Satz, in dem das βουλομένους merkwürdigerweise dem αὐτούς angepaßt ist anstatt dem οἱ . . . ὀνομάσαντες, bildet ein Anakoluth. Grammatisch korrekt müßte er heißen: καὶ τοὺς κορβὰν αὐτοὺς ὀνομάσαντας . . . καταβάλλειν (χρή) . . .
[28] Das Fragment fehlt bei F. Wimmer, Theophr. Opera III (1862) fr. 97—106. Herman Hager, Theophrastus περὶ νόμων. Journal of Philology 6. 1876, S. 1—27 hat die Zahl der Fragmente des betr. Werks auf 30 erhöhen können und führt unsere Stelle aus Josephus als fr. 25 auf,

Im Sinne von „Opfergabe" schlechthin, aber auch erweitert zu *korbanas,* „Opferkasten, Opferstock" findet sich dann der Ausdruck gelegentlich im Alten wie im Neuen Testament, in der rabbinischen wie in der spätantiken und frühchristlichen Überlieferung[29].

Wir verfolgen also deutlich die Bedeutungsentwicklung des Terminus Korban von „Opfer, Geschenk an die Gottheit" zunächst zu den Nebenbedeutungen a) der Opfernde selber, indem er seine eigene Person zum Korban weiht und durch einen entsprechenden Geldbetrag ablöst, b) Summe aller dargebrachten Opfer: Opferkasten, Opferstock, Tempelschatz (hier meist in der erweiterten Form Korbanas). Weiterhin schreitet die Bedeutung fort zu der Schwurformel, mit der sich der Opfernde zu seinem Opfer verpflichtet (so Ev. Mc. 7, 11. Joseph., Contra Apion. I 167).

Die Evangelienstellen (Ev. Mc. 7, 11 ff. Mt. 15, 5 f.), an denen das Wort bzw. der Begriff in dieser Bedeutung begegnet, sowie die alttestamentlichen Hauptbelege (Levit. 27, 2 ff. Num. 30, 3) in Verbindung mit der rabbinischen Überlieferung beweisen klar und unzweideutig, daß es sich beim Korban-Eid um ein Gelübde handelt, das den Gegenwert der eigenen Person oder einen Vermögenswert an die Gottheit bzw. den Tempel übereignet und damit jedem anderen Zugriff und jeder sonstigen, vielfach auch der ursprünglich gedachten Verwendung entzieht. Ferner geht vor allem aus den

---

leider ganz aus dem Zusammenhang gerissen. S. 23 eine knappe, ganz allgemeine Erklärung unter Hinweis auf *ḳorbān.*

[29] Im AT jedoch nur in Levit., Numeri und bei Ezechiel, im NT nur Ev. Mt. 27, 6 in der mit hellenistischem Suffix versehenen Form κορβανᾶς = „Gotteskasten" bei der Erzählung von Judas' Silberlingen, vgl. Constitutiones Apostolorum II 36, 8 κορβανᾶς „Opferkasten" als Summe der δῶρα, ähnlich Joseph., Bell. Jud. II 175 die v. l. κορβωνᾶς = „Tempelschatz". Dafür auch *corban* bei Cyprian, De opere et eleemosynis 15. Weiteres s. Thes. l. Lat. IV s. *corbona.* — CGlLat. V 495, 47. 531, 30 (freundl. Hinweis von Fr. Lammert). Vgl. durchwegs, bes. auch zur rabbinischen Überlieferung, die erschöpfende Monographie über κορβάν und κορβανᾶς von K. H. Rengstorf in: Kittels Theol. Wörterbuch z. NT III 1938, S. 860 ff. Noch im Syrischen, Arabischen und Türkischen heißt kurbân „Opfer" (christlich auch „Meßopfer") — freundlicher Hinweis von Franz Babinger.

Evangelienstellen wie aus der rabbinischen Überlieferung und aus Josephus, Contra Apionem I 167 eindeutig hervor, daß mit dem Gelübde allmählich mehr und mehr Mißbrauch getrieben wurde, indem man sich menschlichen Verpflichtungen dadurch entwand, daß man den Gegenstand der Verbindlichkeit feierlich als Korban erklärte und dies durch den Korban-Eid bekräftigte. Dabei ergibt sich als zwingender Schluß, daß sich hinterher Mittel und Wege fanden, etwa durch Akkordieren mit dem Tempelpersonal, wenigstens einen Teil des Gelobten wieder an sich zu bringen[30]. Daß die Rabbinen nach Möglichkeiten suchten, derartige Gelübde überhaupt wieder rückgängig zu machen, ist uns in der rabbinischen Überlieferung ausdrücklich bezeugt[31]. Das Wort ist also nachgerade zu einer Art Zauberformel geworden, die man nur auszusprechen brauchte, um irgendeine Sache jeglichem Anspruch von menschlicher Seite zu entziehen[32].

Die häufige mißbräuchliche Anwendung des Korban-Gelübdes besonders im Geschäftsleben mußte infolgedessen dazu führen, diesen Eid allmählich zu entwerten und alle diejenigen in Mißkredit zu bringen, die sich seiner immer wieder, ja vielleicht gewohnheitsmäßig bedienten. Wir gehen wohl kaum fehl in der Annahme, daß

---

[30] Noch weiter geht Klostermann a. O., S. 69 mit der nicht unbegründeten Annahme, daß das mit Korban Bezeichnete überhaupt gar nicht „wirklich dem Tempel als Weihegabe zugeführt zu werden brauchte". In diesem Fall müßte wohl die Priesterschaft für solche „Gefälligkeiten" laufend auf andere Weise entschädigt worden sein. Ähnlich auch Rengstorf a. O., S. 861 ff. mit den rabbinischen Belegen.

[31] Rengstorf a. O., S. 863 f. Zum Gesamtkomplex der Frage vgl. außer Rengstorf a. O., S. 860—866 vor allem noch Heinr. Laible, Korban. Allgem. Ev.-luth. Kirchenzeitung 54. 1921, Sp. 597—599. 613 f. Strack-Billerbeck, Komm. z. NT aus Talmud und Midrasch I 1922, S. 711—717. Für wertvolle Hinweise bin ich meinem Kollegen L. Rost zu Dank verpflichtet. — Spielt übrigens auch Eccles. 5, 3—5 (ca. 3 Jahrh. v. Chr.) auf Korban-Mißbrauch an?

[32] Umgekehrt kam es aber auch vor, daß ein Gläubiger die einzufordernde Schuld auf dem Wege des Korban-Gelübdes dem Opferstock übermachte, so daß gewissermaßen der Tempel vom Schuldner das Inkasso eintrieb. Das berichtet Origenes zu Ev. Mt. 15, 5; s. H. Laible a. O., Sp. 614.

hierin der Grund zu erblicken ist, warum die phoinikischen Tyrier
nach dem Bericht des Josephus bzw. des Theophrast diesen von den
Juden übernommenen Eid wieder verboten. Denn sein Mißbrauch
konnte in der Tat dazu dienen, den phoinikischen Handel mit den
internationalen Geschäftspartnern schwer zu schädigen.

Nach alldem scheint die jüdische Herkunft des zum Schlagwort
gewordenen Begriffs Korban nach Inhalt und Bezeichnung sowie
die jüdisch-phoinikische Ausbildung seiner Bedeutung bis zu Mißbrauch und Entstellung ebensogut bezeugt wie die Tatsache, daß
es Phoiniker waren, die für die Verbreitung der Kenntnis jener
merkwürdigen Zauberformel gesorgt haben [33].

Lenken wir von hier den Blick wieder zurück zum καρβάν bzw.
καρβάς der Griechen. Wir erinnern uns dabei an die festgestellte
Fremdartigkeit des Wortes, an seine Verwendung zur Charakterisierung orientalischer Barbaren und ihrer Sprache, zur Bezeichnung
Aussatzbehafteter, wie zur Benennung östlicher Winde. Und wir
denken vor allem daran, daß sowohl Aischylos wie Aristoteles und
Theophrast dabei ganz deutlich auf phoinikische Beziehungen aufmerksam machten [34]. Es wird daher nun nicht mehr verwundern,
wenn wir den Schluß wagen, daß καρβάν und κορβάν letztlich
identisch sind, indem beide auf das semitische *ķorbān* zurückgehen.

Auch vom Sprachlichen her wird dagegen nichts eingewendet
werden können. Denn der erste Vokal des hebräischen Wortes ist
durch ein Qāmez chāṭûph dargestellt, hat also zwischen dumpfem a
und o geschwankt, wie schon daraus hervorgeht, daß die Massoreten
für das lange a (Qāmez) das in der Form völlig gleiche Zeichen —
anwandten wie für diesen zwischen a und o stehenden dumpfen

---

[33] Auch in diesem Einzelfall also zeigen sich — wie auf allen Gebieten
auch im großen (dazu V. Ehrenberg, Karthago 1927, S. 11 f.) — die
Phoiniker als unschöpferisch, aber als tüchtig im Entwickeln und Ver-
breiten. [L. Rost teilt mir brieflich seine auf sprachlichen Indizien be-
ruhende Vermutung mit, daß das Wort von den Griechen seit dem ausgehenden 7. Jh. v. Chr. aus dem Aramäischen übernommen worden ist,
wobei freilich, wie er zugibt, die Phoiniker als Vermittler fungiert haben
mögen.]
[34] Oben S. 370 ff.

Zwischenvokal (Qāmez chātûph). Die erste Silbe des Wortes konnte also von den Griechen sowohl — wie üblich — als o gehört (κορβάν), als auch mit α wiedergegeben werden (καρβάν)[35]. Freilich muß die Übernahme in den beiden Formen getrennt erfolgt sein, so daß die Griechen später die sprachliche Identität beider Wortprägungen nicht mehr erkannten; für Theophrast, den wir in περὶ ἀνέμων und περὶ νόμων je eine der beiden Formen (καρβάς und κορβάν) anwenden sahen, hat dies sicherlich bereits gegolten. Wir dürfen nach dem oben vorgelegten Befund mit einiger Gewißheit annehmen, daß die normale Transskription *ḳorbān* > κορβάν die wissenschaftlich literarische darstellt (für uns sichtbar bei Theophrast, Josephus, Ev. Mc. usw.), während die Umsetzung von *ḳorbān* in καρβάν die volkstümliche Version repräsentiert (mit ihrem Niederschlag vor allem bei Aischylos und in den Windnamen, die dann freilich auch die Wissenschaft — Aristoteles, Theophrast, Varro usw. — in dieser Form registriert).

Wie aber ist es gekommen, daß bei dieser zweiten zeitlich zweifellos älteren Übernahme *ḳorbān* > καρβάν der semitische Terminus für „Opfergabe, Korban-Eid" im Griechischen zu der Bedeutung „barbarisch, östlich, orientalisch, phoinikisch (?)[36]" bzw. „Barbar, Ostfremdling, Aussätziger, Phoiniker (?)[37]" gelangt ist? Wir haben oben[38] mit einiger Sicherheit erschließen können, daß phoinikische Händler mit der bequemen Beteuerungsformel *ḳorbān* = κορβάν ihren Geschäftspartnern gegenüber bereits den gleichen oder einen ähnlichen Mißbrauch zu treiben pflegten, der aus der rabbinischen Überlieferung bekannt ist, und den auch Jesus im Evangelium geißelt. Den dadurch immer und immer wieder betrogenen Griechen mußte sehr bald deutlich werden, daß das ihnen bei solchen Gelegenheiten beteuernd zugerufene καρβάν soviel besagen wollte als:

---

[35] So wurde sogar offenbar auch umgekehrt das lange Qāmez gelegentlich als langes o mißverstanden, wie die oben Anm. 29 mitgeteilte Form κορβωνᾶς (statt des ebenfalls überlieferten κορβαυᾶς) beweist.

[36] Vgl. oben S. 368 f. u. ö. zum sidonischen Kopfschmuck der Danaiden.

[37] Die Annahme dieser Bedeutung darf gewagt werden im Blick auf die durch Aristoteles (oben S. 372) belegte Gleichung καρβάς = Φοινικίας für den Ostwind = Phoinikerwind.

[38] S. 378 ff.

„diese strittige Sache, diese Ware, diese Geldsumme kannst du mir
nicht abnehmen — sie ist sozusagen 'tabu', ich habe sie — oder gar
mich samt allem, was ich habe — mit dieser Beteuerung feierlich als
Gottes Eigentum erklärt". So mußten diese phoinikischen Kaufleute
als unzuverlässig und unreell in Verruf kommen [39] — ein Umstand,
der zu dem gesetzlichen Verbot der Schwurformel bei den phoinikischen Tyriern geführt haben wird, wovon uns Theophrast berichtet. Sie erhielten daher — dieser Schluß scheint unabweislich —
den Spitznamen καρβάν, der sich zu einer Art generellen Bezeichnung für orientalische Herkunft ausweitete [40]. Im Sinne eines ver-
ächtlichen Necknamens also — 'Levantiner', wie wir heute vielleicht
sagen würden — hat das sechste vorchristliche Jh. offenbar das
Wort eingebürgert und weiterhin gebraucht. Aischylos, dessen
besonderes Interesse für orientalisches Wesen bekannt ist [41], hat es
bereits mehrfach aufgegriffen. Es diente dann ferner auch als Bezeichnung für Träger der aus dem Osten eingeschleppten Aussatzkrankheit wie — in der Form καρβάς — für den vom Orient her
wehenden, 'östlichen' Wind.

Wir brauchen dabei nicht einmal besonderen Ton darauf zu legen,
daß nach Levit. 27, 2 ff. und Josephus, Antiquit. IV 73 der Ausdruck Korban auf die ganze Person dessen bezogen wird [42], der die

---

[39] Allgemein vergleichbar ist der Hinweis auf betrügerische Praktiken
gerissener Geschäftsleute, Plautus, Rudens 557 f.; da sagt der Spitzbube
Charmides zu seinem Kumpan, dem Mädchenhändler Labrax, der sich
wegen einer nicht eingehaltenen geschäftlichen Verpflichtung zu ängstigen
beginnt:

> *quid, stulte, ploras? tibi quidem edepol copiast,*
> *dum lingua vivet, qui rem solvas omnibus.*

„Was jammerst du, Dummkopf? Beim Pollux, du hast doch, solange
deine Zunge noch geht, Ausreden genug, um alle Gläubiger zu befriedigen."
Weitere Parallelen bei Fr. Marx, zu der Stelle und zu v. 46. Vgl. auch
Sallust, Catilina 14, 3 *quos manus atque lingua periurio ... alebat.*

[40] Bei der Klärung dieser Zusammenhänge war mir ein Gespräch mit
meinem Heidelberger Kollegen Richard Kienast förderlich.

[41] W. Kranz, Stasimon 1933, S. 75 ff. 83 ff.

[42] Henri Grégoire, der in der Sektion des 8. Internationalen Byzanti-
nistenkongresses, in der dieser Vortrag gehalten wurde, den Vorsitz

Verpflichtungsformel gebraucht. Denn die Verwendung einer häufig im Munde geführten Beteuerung oder eines oft gebrauchten Ausrufs kann allein schon genügen, um dem Betreffenden einen Spitznamen anzuhängen, der ihm unablöslich verbleibt.

Beispiele sind jedem geläufig. Erinnert sei vor allem an den Babenberger Markgrafen Heinrich XI., der seit 1156 der erste Herzog von Österreich war[43]; er erhielt wegen der ständig im Munde geführten Beteuerungsformel „Ja, so mir Gott helfe!" den Beinamen „Jasomirgott". Reinhard Herbig macht außerdem freundlich auf einen Necknamen der schweizerischen Tessiner aufmerksam; da sie beim Morraspiel[44] durch den häufig gebrauchten Ruf 'cinque' auffallen, werden sie von ihren deutschschweizerischen Nachbarn die „Tschinkh" genannt. Gerade diese Parallele dient, indem hier ein Ausruf fast unverändert als Name für eine fremde Volksgruppe übernommen wird, besonders gut zur Illustration des „Karban".

Die etymologische Deutung von καρβαν(ος) hatte man bisher mit Zurückhaltung behandelt[45], oder man dachte vorzugsweise an klein-

---

führte, machte in der Diskussion auf die Parallelen der Hierodulie (s. H. Hepding RE VIII 1459 ff.) aufmerksam — auch sie ist übrigens da und dort zur reinen Fiktion im Dienst der Erreichung profaner Zwecke ausgeartet, s. RE VIII 1467, 18 ff. — wie auf das vergleichbare Verhalten des als lydischer Priester verkleideten Dionysos vor Pentheus: Euripides, Bakchen 493 ff. (treffend sagt E. Bruhn zu v. 496 „Da der Thyrsos dem Dionysos gehört, so würde der Lyder, indem er ihn dem Pentheus gäbe, dem Gott sein Eigentum nehmen").

[43] Enkel Kaiser Heinrichs IV., Bruder Ottos von Freising.

[44] Es handelt sich um das heute noch vor allem in Italien *(morra)* und in Frankreich *(mourre)* beliebte Fingerspiel, das auf die Antike zurückgeht und bei den Griechen λαχμός (Losspiel), bei den Römern *micare digitis* (= Fingerschnellen) hieß (s. K. Schneider RE XV 1516 f.).

[45] E. Boisacq, Dict. étymologique de la langue grecque ³1938, S. 412 „Etym. inconnue; -ā- dor. ou éol.". — J. B. Hofmann, Etymolog. Wörterbuch des Griechischen, 1949, S. 133 „Herkunft unbekannt". — A. Pagliaro in: Ricerche linguistiche I. 1950, S. 141 ff. „Sull' etimo non e stata fatta alcuna ipotesi" (falsch; s. die nächsten beiden Anmerkungen). [Neuerdings äußert sich Hj. Frisk, Griech. etymol. Wtrbch. I 1960, S. 786

asiatische, immerhin en passant auch schon an phoinikische Herkunft [46]. Nun hat neuerdings Paul Kretschmer ägyptisch-libyschen
Ursprung vermutet [47], indem er offenbar annahm, Aischylos habe in
den „Hiketiden" den Ausdruck καρβᾶνες bzw. κάρβανοι für die
flüchtigen Danaiden erst geprägt oder aus der Danaidensage entnommen. Er versucht nämlich, „das Wort kárbanos auf den Ort
Qarbana" zurückzuführen, „von dem aus vermutlich die von den

---

zu meiner Etymologie von καρβάν und sagt, „die dafür gegebene seman-
tische Begründung ist kaum überzeugend". Dieses Urteil scheint P. Chan-
traine, Dict. étymol. de la langue grecque ... II 1970, S. 497 unbesehen
übernommen zu haben („Peu vraisemblable"); denn gleich darauf trägt
er die eigene Vermutung vor, das Wort könne mit dem von Aristoteles
und Theophrast überlieferten Windnamen Κάρβας zusammenhängen. Er
hat also offenbar meine Ausführungen nicht gelesen, wandelt aber gleichwohl faktisch auf meinen Spuren (s. oben S. 372 m. Anm. 16). Auch
Günter Neumann, Untersuchungen zum Weiterleben hethitischen und
luwischen Sprachgutes ... 1961, der S. 93 f. vermutungsweise eine
seinem Thema entsprechende Erklärung des Wortes vorschlägt, und Emilia
Masson, Recherches sur les plus anciens emprunts sémitiques en grec 1967,
S. 107 lehnen meine Hypothese ab, während ich von alttestamentlicher
Seite mehrfach Zustimmung erhielt (so brieflich von L. Rost und
Kl. Westermann). NB: „Als weithergeholt bezeichnen die Gegner die-
jenigen unserer Argumente, die ihnen ferne liegen" P. Maiwald, Stuttg.
Ztg. 27. 1. 1973.]

[46] Nachdem O. Schrader, Reallex. d. idg. Altertumskde. [2]II 1929,
S. 659, der bloß die lateinische Windbezeichnung *carbas* (s. oben
Anm. 16) im Blick hatte, an Zusammenhang mit *carbo* „Kohle" dachte (!),
hat der Neubearbeiter A. Nehring a. O., S. 660 richtig an καρβάς,
κάρβανος, καρβάν erinnert und die Vermutung ausgesprochen: „Vielleicht
liegt letzten Endes ein kleinasiatisches Wort zugrunde"; A. Walde-
J. B. Hofmann, Latein. etymolog. Wörterbuch [3]I 1938, S. 165 schließen sich
dem an. — Und Groeneboom zu Aischyl. Agam. 1061 (Ausgabe mit
Komm. von 1944) äußert sich: „etymologie onbekend: de lexicographische
overlevering wijst op een Karisch-Phoenicische origine". — H. Lewy,
Die semitischen Fremdwörter im Griechischen 1895 bietet weder καρβάν
noch merkwürdigerweise auch κορβάν.

[47] P. Kretschmer, Die Danaver. Anz. d. Wien. Akad. 1949, S. 199,
A. 17 und ausführlicher derselbe, Gr. kárbanos. Glotta 31, 1951, S. 250.

Ägyptern kriegsgefangenen Danaer nach dem Peloponnes geflüchtet
sind, die in den ›Hiketiden‹ als barbarische Exoten geschildert werden"[48]. Aber Qarbana war ein unbedeutender, selbst in der
ägyptischen Überlieferung nur ganz selten belegter Ort am Ausgang der herakleotischen Nilmündung[49] (griech. Herakleion östl.
v. Alexandrien?), so daß die Kretschmersche Deutung doch wohl der
in griechischen Quellen sonst nirgends begegnenden Siedlung zuviel
Bedeutung beimißt, ohne daß seine scharfsinnige Vermutung irgendwie vom Sachlichen her gestützt werden könnte.

Unsere Deutung von καρβάν könnte angesichts der in der Orien-
talistik schwankenden Etymologien gegenüber einem Wort wie
'Karawane' dazu verführen, auch diese wohl ursprünglich persische
Bezeichnung (kārwān) für wandernde Händler (?) in den gleichen

---

[48] Offensichtlich schließt sich hier Kretschmer an die unsichere Hypothese von M. P. Nilsson an (z. B. in: The minoan-mycenaean religion &
its survival in greek religion 1927, S. 38. The mycenaean origin of greek
mythology 1932, S. 66 f.), wonach die Danaidensage die historische
Reminiszenz der Zurücktreibung einer Danaerinvasion aus Ägypten durch
Ramses III. ca. 1190 darstellt. Dagegen schon H. Hommel, Neue Jahrbücher für Antike … 1940, S. 291, Anm. 90.

[49] Belege bei Kretschmer, Glotta a. O.; davon wiederhole ich die
wichtigsten, berichtigt und ergänzt nach freundlichen Mitteilungen von
Siegfr. Morenz: ḳrbn, Papyrus Harris I 77, 1 (Bericht über die Regierung
Ramses III., 20. Dynastie, um 1180 v. Chr.). Wenn, was unsicher ist, ḳrb
(Karba) mit ḳrbn gleichgesetzt werden darf, kommt ein etwas älterer Beleg
dazu (Pap. Leiden I 350 Rs. IV 28) und ferner ein ptolemäischer (Kano-
pusdekret). Der Name Kar-ba-ni-ti, der in den Annalen Assurbanipals
(7. Jh.) über seinen Feldzug gegen Tirhaka erscheint, wird außerdem
offenbar allgemein mit ḳrbn identifiziert. Vgl. bes. H. Brugsch, Dictionnaire géograph. 1879, S. 854 ff. H. Gauthier, Dictionn. des noms géograph.
contenus dans les textes hiéroglyphiques 5. 1928, S. 156. Sir Alan Gardi-
ner teilt mir auf Anfrage freundlichst seine Skepsis gegenüber „all ety-
mologies based on nothing more than consonantical resemblance" mit;
er hält, wie ja auch schon bei P. Kretschmer a. O. angedeutet, den Namen
ḳrbn für nichtägyptisch, und zwar eher für libysch als semitisch, während
M. Burchardt, Altkanaanäische Fremdworte II S. 47 semitische Herkunft
annahm.

Zusammenhang zu rücken. Da es jedoch die Kompetenz des Gräzisten übersteigt, hier eine Entscheidung zu fällen, so hat sich durch freundliche Vermittlung von Franz Altheim ein Kenner wie Oswald Szemerényi gütigst bereit gefunden, seine Auffassung mitzuteilen, die solche Kombinationen von vornherein unwahrscheinlich macht, indem sie eine innerlich und äußerlich einleuchtendere Hypothese bietet. Sie sei hier mit freundlicher Erlaubnis des Urhebers im Wortlaut mitgeteilt:

"NPers. *kārvān* was derived by Fr. Müller, WZKM 5, 1891, 354, from OPers. *kāra-pāna-* 'die den Schutz Bewaffneter genießende (Händlerschar)'. As was pointed out by Hübschmann, Persische Studien 85, this derivation cannot be upheld since the Armenian loanword *karavan* 'Karavane, Heerhaufen' shows that v of the Middle and New Persian forms cannot be traced to OPers. p. However, it can be taken as established that the first part of the word: *kār* represents the OPers. word *kāra-* 'Heer'. It is for this very reason that Bailey's more recent attempt (BSOS 7, 1933, 76) to analyze the word as *kāra* with the suffix *văn* cannot be accepted, this suffix being ascertained for none of his examples, see my note further on. In these circumstances I suggest *that kār-vān*, which in Paikuli has the meaning 'das Heer im Felde' (see Herzfeld, Altpersische Inschriften, 1938, 311), is a compound with OPers. *kāra-* 'Heer' as first, and *vāna-* 'abode, quarters' as second member. The latter word represents OIran. *vāhana-* 'Wohnung', the Iranian correspondence to Skt. *vasana-* 'id.', see Herzfeld, o. c., 122. OIran. *kāra-vāhana*, or Middle Iran. *kār-vān*—the date of the new coinage cannot be ascertained—is therefore 'quarters' where troops are stationed; the modern, especially Western meaning, of the word is a later development, characteristic of the history of travelling merchants in the Iranian world [50]."

---

[50] Amongst Bailey's instances which, l. c., are adduced as proof of the existence of a suffix *-van*, *b'myw* 'shining, bright, radiant' and Armen. *azniu* can more easily be explained as containing the suffix *-vant* in the nominative form, cf. NPers. *farrux* from OIran. nom. *xvarnaxvā* to the stem *xvarnaxvant-* NPers. *dīvān*, if containing OPers. *dipi-* 'tablet, document', is also more readily explained as *dipi-vāna-* 'depository of

Wir kehren zu unserer Deutung von καρβάν = κορβάν < *korbān* zurück und fragen abschließend nach dem Ertrag der hier zur Diskussion gestellten These im Falle ihrer Bewährung. Folgendes wäre dabei wohl als Gewinn zu buchen:

Ein bisher unerklärter, seit Aischylos belegter und weiterhin von Griechen mehrfach gebrauchter Ausdruck fände — ein gewiß einzigartiger Fall — aus einem Jesuswort der Evangelien seine Erklärung, wie auch umgekehrt dieses Jesuswort und die von ihm bekämpfte παράδοσις τῶν πρεσβυτέρων, die buchstabenmäßig gehaltene Tradition der Vorfahren, ein klareres Relief erhielte. Denn es zeigt sich, daß, wenn unsere Deutung richtig ist, der von Jesus getadelte Mißbrauch des Korban-Eides, von dem auch die jüngere rabbinische Tradition weiß, und auf den Josephus anspielt, von dem aber die alttestamentliche Überlieferung noch nichts sagt, bereits mindestens um die Wende des 6./5. Jh. sein Wesen getrieben und seine Folgen gezeitigt haben muß, also zur Zeit Jesu schon über ein halbes Jahrtausend alt war.

Überdies fällt ein wenigstens schwacher Lichtstreif auf eine bedeutende Epoche phoinikisch-griechischer Handelsbeziehungen, deren Bestehen niemals angezweifelt war, von denen wir aber im einzelnen so wenig wußten[51]. Wenn wir jetzt jene Notiz des Theophrast bei Josephus über das Verbot des jüdischen Korban-Eides bei den Tyriern mit hoher Wahrscheinlichkeit als staatliche Schutzmaßnahme zugunsten der Kreditwürdigkeit des phoinikischen Handels zu deuten vermögen, so lernen wir zugleich, mit welcher

---

documents'. As to his remaining example: *niśtavāna-*, I propose to give a new explanation in another paper.

[51] Wie lebhaft gleichwohl phoinikische Handelsmacht und Handelspraktiken diskutiert wurden, lehren uns Berichte wie Ezechiel 27 und 28, hier bes. v. 15 f. u. 18 (Anfang des 6. Jahrh.) oder Herodot I 1 ff. IV 196 (dazu H. Francotte RE IX 1408 f.). Schon in der ›Odyssee‹ werden einmal (14, 288 f. 15, 415 f.) die Phoiniker stereotyp als betrügerische Halsabschneider (τρῶχται, eigentl. Nager, 'Ratten', Wucherer) gebrandmarkt — der Sauhirt Eumaios verdankt ja ihren dunklen Machenschaften sein Knechtsdasein —, während ihnen ein andermal (13, 277) ihre Ehrlichkeit bescheinigt wird.

weitblickenden Verantwortlichkeit die Regierung phoinikischer
Städte über den moralischen Voraussetzungen für das Gedeihen der
lebenswichtigen Überseebeziehungen wachte, auf denen ihre wirt-
schaftliche Macht gründete[52].

Nachträge 1981

Zu Anm. 2:
Die Datierung auf die Zeit zwischen 467 und 458 (genauer 463?) v. Chr.
hat sich jetzt weithin durchgesetzt; s. dazu Wege zu Aischylos II 1974,
S. 81 ff. 101 ff.

Zu Anm. 48 am Ende:
Der betreffende Aufsatz (,Gedanken zur griechischen Tragödie') ist jetzt
mit Ergänzungen wieder abgedruckt in H. HOMMEL, Symbola I 1976,
S. 91 ff.; s. dort S. 114, Anm. 89.

---

[52] In der modernen Literatur (vorbildlich zusammengefaßt, weiter-
geführt und belegt bei Fritz M. Heichelheim, Wirtschaftsgeschichte des
Altertums 1938, S. 226 ff. 230 ff. 234 ff. 320 ff. 335. 998 ff. 1032 f. 1038 f.,
von früherer Literatur vgl. vor allem H. Knorringa, Emporos 1926,
S. 2 ff. 9 u. ö.) spielt die Beurteilung der phoinikischen Handelsmoral,
über die sich schon die Alten nicht einig waren (s. die vorige Anm.), eine
geringe Rolle; doch vgl. etwa A. Köster, Schiffahrt und Handelsverkehr
des östlichen Mittelmeers ... 1924, S. 38.

Delphisch–sokratische und neutestamentliche Moral*

In dieser sogenannten Ringvorlesung, eigentlich eher einer Kette vergleichbar, deren zwölftes und letztes Glied ich heute schmieden soll, in
ihr stand schon bisher durchweg, vom Thema ‚Religion und Moral‘ vor-
gegeben, die Frage nach dem gegenseitigen Verhältnis dieser beiden Begriffe oder besser dieser beiden Sphären obenan – manchmal ausgesprochenermaßen, manchmal mehr hintergründig. In meiner Jugend, vor mehr
als einem halben Jahrhundert, verschaffte sich wieder einmal die Parole
Geltung, die seitdem von Zeit zu Zeit wiederkehrt, daß die Religion absolut zweckfrei sei[1], ähnlich wie man der Kunst jede Tröstungs-, Erbau-
ungs- oder gar Besserungsfunktion absprach und noch heute gern ab-
spricht (wofür das Schlagwort ‚l'art pour l'art‘[2] in Schwang kam). Dieses
Freihalten der Religion von jedem moralischen Anspruch schien im Blick
aufs Christentum begünstigt durch die paulinische Rechtfertigungslehre
‚sola fide‘, ‚allein durch den Glauben‘, vor allem in ihrer Wiederaufnah-
me und Auslegung durch Martin Luther, dessen Position sich zudem von
Anfang an in bewußten Widerspruch setzte zu einer allzu unbesorgten
Werkgerechtigkeit, mit der man sich durch ‚gute Werke‘, also durch mora-
lisches Handeln, den religiösen Wunschtraum der ‚ewigen Seligkeit‘ ver-
wirklichen zu können meinte. Des Reformators absichtlich überspitzte Parole ‚pecca fortiter!‘[3], sündige nur fest drauf los!‘ (denn die Gnade Gottes

---

* Religion und Moral (Sammelwerk) 1976, 203–220.

1 Bei dem Bemühen, dieser Anschauung historisch beizukommen, pflegt man auf Shaftesbury, also bis in die Zeit um 1700, zurückzugehen und die Linie dann über Schleiermacher, Joh. Friedr. Fries, Leonard Nelson zu Rudolf Otto hin zu verfolgen; vgl.
dazu etwa *K. Beth*, in: Die Religion in Geschichte und Gegenwart (RGG) IV ²1930,
Sp. 1883.

2 Geprägt von Victor Cousin 1836.

3 *M. Luther*, Brief an Ph. Melanchthon, von der Wartburg 1. 8. 1521: Esto peccator et
pecca fortiter, sed fortius fide et gaude in Christo! Weimarer Ausgabe, Briefe II S. 372,
Z. 84ff.; dazu *K. Holl*, Gesammelte Aufsätze ... I ³1923 (Neudruck 1948), 235,f. –
Die Nachweise verdanke ich der Freundlichkeit von H. Jürgens und W. Werbeck in
Tübingen.

ist mächtiger als alle Sünde), dieses Schlagwort gab seiner Lehre den fast
etwas reißerisch anmutenden Akzent, ließ aber doch zugleich durchblik-
ken, daß auch bei solcher scheinbaren Trennung von Religion und Moral
das Verhältnis der beiden Größen niemals außer Acht gelassen, vielmehr
stets als Problem empfunden wurde. Ja, bei näherem Zusehen zeigt sich,
daß die paulinisch-reformatorische Lehre sogar sehr eng mit dem moralischen Kardinalproblem der Sünde verknüpft ist, daß sie jedoch eine Besse-
rung oder gar Vervollkommnung aus eigener Kraft als Illusion verwirft,
dafür aber im Opfertod Christi die für alle bußfertigen Menschen gültige stellvertretende Sühne ihrer Verfehlungen erblickt. So ist die Kausalkette: menschliches Fehlverhalten – Gericht und Bestrafung (bis hin zur
Verdammnis) keineswegs völlig außer Kraft gesetzt, sie nimmt allerdings
eine ganz neuartige Wendung, und zwar gerade von der Religion her, indem die Sprengung jener Kausalkette auf den Stifter der neuen Religion
bezogen wird und sich nur dem anbietet, der im Glauben an diesen Christus seine Verfehlungen bekennt. Ist also auch hier im paulinisch-reforma-
torisch verstandenen Christentum die enge Verflechtung von Religion und
Moral, wenn auch auf ganz unerhört neue Weise, vollzogen, so verstehen
wir, daß für das alttestamentliche Sittengesetz im Christentum immer noch
Raum bleibt. Das Gesetz ist zwar entschärft und letztlich überwunden,
aber keineswegs aufgehoben. Bis dahin hatte die Satzung des Alten Bundes freilich in viel schlichterer, um nicht zu sagen gröberer Weise jene enge Verbindung der beiden Sphären, der moralischen und religiösen, zum
Ausdruck gebracht. Nahm sie doch ihren Ausgang von der von Gott an
Mose übergebenen Gesetzestafel mit den zehn Geboten, die noch in Luthers Katechismus den imponierenden Auftakt bilden. Ihre Sätze prägen
sich ganz klar und deutlich als Gottes Gebot ein, wenn es zum Beispiel
heißt: Du sollst (so spricht der Herr) deinen Vater und deine Mutter ehren; du sollst nicht töten; du sollst nicht ehebrechen, du sollst nicht steh-
len.[4] Ebenso besteht die – allerdings letztlich eben doch vorpaulinische –
Lehre Jesu, wie sie in zahlreichen Aussagen der an sich jüngeren Evangelien niedergelegt ist, ihrerseits weithin aus detaillierten Anweisungen zu
einem moralischen Lebenswandel, gipfelnd in der die Hauptregeln zusammenfassenden Bergpredigt und dort zum Teil gekleidet in die mildere
Form von Seligpreisungen mit dem Resümee einer religiös begründeten
Moral: „Darum sollt ihr vollkommen sein, wie euer himmlischer Vater

---

[4] II Mose 20; die Gesetzestafeln: 24,12, 31,18, 32,15f., 34,28f.; dazu W. *Kranz*, Studien zur antiken Literatur . . ., 1967, 411f.

vollkommen ist" (Ev. Matth. c. 5). Auf einen dieser markanten Sätze werden wir nachher noch zu sprechen kommen.

Soviel mag zur Einstimmung in unser Thema dienen, wobei ich mir bewußt bin und in Kauf genommen habe, daß diese einleitenden Bemerkungen der Kürze halber die verwickelten Probleme der Beziehung von Religion und Moral im Christentum sehr vereinfacht, vielleicht vergröbert angesprochen haben.

Wie stehen aber nun die alten Griechen, deren Position ich heute vor Ihnen von meinem Fach her zu vertreten habe, zu der entscheidenden Frage dieser Vortragsreihe? Rund heraus gesagt haben sie eine enge Verbindung der beiden zur Rede stehenden Sphären nie geleugnet, oft einfach als selbstverständlich vorausgesetzt, oft auch mit Nachdruck vertreten.[4a] Selbst da wo die Griechen gelegentlich die Gesetze der Moral, der Ethik – um in ihrer Sprache zu reden-betont als Menschenwerk hinzustellen trachteten, kamen die Götter beinahe notwendig ins Spiel. Dafür präsentiere ich zunächst ein bezeichnendes Exempel.

Gegen Ende des 5. vorchristlichen Jahrhunderts, als Sokrates ein reifer Mann war und Platon heranwuchs, wurde in Athen einmal einer Tragödienaufführung wie üblich ein Satyrspiel angehängt, von dem uns durch einen spätantiken Philosophen ein längeres Fragment erhalten ist.[5] Das Stück galt unter den Philologen meist als ein Werk von Platons Onkel Kritias, einem Politiker und Schriftsteller, der als überzeugter Aristokrat aufgeklärten Anschauungen huldigte. Heute denkt man eher wieder an Euripides als Autor.[6] Das Satyrspiel war nach einem Erzfrevler des antiken Mythos ‚Sisyphos‘ benannt, der auch bei uns noch als Büßer im Hades sprichwörtlich fortlebt. Er war vielleicht auch der Sprecher der folgenden Verse, die ich in iambische Trimeter übersetzt habe, um dem Original auch im Versmaß wenigstens einigermaßen nahezukommen.[7] Da heißt es:

> Es gab einst eine Zeit, da war der Menschen Leben
> Chaotisch, tierhaft, ausgeliefert der Gewalt.
> Da gab es für den Schweiß der Edlen keinen Preis
> Und keine Züchtigung für den, der Böses tat.

4a Vgl. *W. Heisenberg,* Der Teil und das Ganze . . . (dtv 1973), 248: „. . . letzten Endes geht es wohl in den meisten alten Religionen . . . um den gleichen Inhalt . . ., der an zentraler Stelle mit der Frage der Werte zusammenhängt."

5 *Diels-Kranz,* Fragmente der Vorsokratiker (FVS) II no. 88,25 (S. 386ff.) mit deutscher Prosaübersetzung.

6 *A. Dihle* in der Zeitschrift Hermes. 105, 1977, 28–42.

7 Eine Übersetzung in iambischen ‚Blankversen‘ findet sich bei *W. Nestle,* Vom Mythos zum Logos, 1940 u. ö., 413 f.

5 Dann aber haben welche, so seh ich es an,
   Das Strafgesetz begründet und damit das Recht
   Zum Herrn gemacht und ihm den Frevel unterjocht.
   Wer fortan sich verging, der ward dafür bestraft.
   So hielten zwar Gesetz und Recht den Menschen fern
10 Vom offenen Gewalttakt, doch wer insgeheim
   Desgleichen tat, blieb ungestraft. Da, mein ich, faßt'
   Ein schlauer und gedankenkluger Mann den Plan,
   Die Götterfurcht den Menschen zu erfinden als
   Ein Schreckmittel für alle Bösen, auch wenn sie
15 Auf heimliche Gedanken, Wort' und Werke sannen.
   So führt' er denn die Vorstellung der Gottheit ein:
   Ein Daimon sei es, prangend in Unsterblichkeit,
   Der hört und sieht und denkt durch Geists Gewalt,
   Dem nichts entgeht durch seine göttliche Natur,
20 So daß er jedes menschliche Gespräch vernimmt
   Und auch imstand ist, jede Tat genau zu sehn.
   Selbst wenn du im geheimen etwas Böses planst,
   Wird dies den Göttern nicht verborgen bleiben, denn
   Zu groß ist ihr Verstand. – Mit solcher Lehre Wort
25 Empfahl sich jener Mann aufs angenehmste und
   Verbarg die Wahrheit hinter lügnerischem Trug.
   Es wohnten, fügte er hinzu, die Götter dort
   (Und damit schüchtert' er die Menschen vollends ein),
   Von wo, wie man ja weiß, den Sterblichen erscheint
30 Sowohl Verderb wie Hilfe in des Lebens Not:
   Vom drehenden Gewölb des Himmels, wo den Blitz
   Er wahrnimmt und des Donners schreckliches Getös –
   Das sternenäugige Gesicht des nächtlichen
   Gezelts, dort angebracht als buntes Werk der Zeit,
35 Und wo das leuchtende Gestirn der Sonne zieht,
   Von wo sich feuchter Segen auf die Erde senkt. –
   Auf solche Art versah der Mann die Sterblichen
   Mit Schauder und mit Furcht, indem dem Daimon er
   Die Wohnung zuwies an dem bestgewählten Ort,
   Zugleich das Chaos überwindend durch Gesetz.
   So stell ich es mir vor, daß einst ein schlauer Mann
   Die Menschen überzeugt hat, daß es Götter gibt.

Hier werden also unmißverständlich von einem Aufklärer (hinter dem nicht unbedingt die eigene Überzeugung des betreffenden Dichters stehen muß, heiße er nun Kritias oder Euripides) die allwissenden Götter ‚erfunden‘, um durch ihre Autorität das Moralgesetz einzuprägen, und es den Menschen auch da verbindlich zu machen, wo keine mitmenschliche Kontrolle zur Verfügung steht.

Natürlich knüpft die Geschichte in Wirklichkeit daran an, daß seit alters bei den Griechen die Götter als Autorität auch in Sachen Moral galten (auch wenn sie selbst sich vielfach über deren Vorschriften hinwegsetzten). Dabei lassen wir es dahingestellt, ob diese Auffassung wirklich eine Erfindung schlauer Gesetzgeber ist (was uns heute an verwandte Thesen von Friedrich Nietzsche erinnert),[8] oder ob nicht vielmehr das religiöse Bedürfnis der Menschen einerseits und ihr Streben nach geordnetem Zusammenleben auf der anderen Seite von Anfang an sich bedingen oder doch zueinander konvergieren – eine Auffassung, der ich eine weit über die Griechen hinaus reichende Geltung zuerkennen möchte. Für die uralte Verbindung beider Sphären im Glauben der Hellenen gibt es jedenfalls eine Fülle von Zeugnissen, von denen ich manchen wichtigen Komplex wie die Orphik, den Pythagoreismus, die Mysterien heute beiseite lassen muß. Ich gehe lediglich kurz auf eine der eindrucksvollsten Erscheinungen ein, die uns jene Verbindung der beiden Größen Religion und Moral besonders deutlich zeigt. Es ist die apollinische Religion, wie sie schon bei Homer aufscheint und wie sie im Bereich des griechischen Nationalkults im Apollon-Heiligtum von Delphi ihre schönste Ausprägung erfahren hat. Nach den Worten von Wolfgang Schadewaldt in einem vor 12 Jahren gehaltenen und eben jetzt wieder gedruckten Vortrag über den Gott von Delphi und die Humanitätsidee[9] haben die „ebenso frommen wie geisteskräftigen Männer der delphischen Priesterschaft" diese Religion des Gottes Apollon „zu einer ausgesprochenen… ‚Theologie‘" geformt, die mit mächtiger erzieherischer Kraft auf das ganze griechische Leben ausgestrahlt hat, da sie nach einem Wort von Wilamowitz den Menschen vorschrieb, „wie sie zu handeln und zu leben haben". Die Gestalt, die hinter dem allen stand, war ein Gott von flammender Erscheinung, unnahbarer

---

8 F. *Nietzsche*, Jenseits von Gut und Böse, 1885. – Zur Genealogie der Moral, 1887. = Werke I. Abtlg., Bd. 7. – Daß die Götter der Griechen sich nach Bedarf ‚jenseits von gut und böse‘ stellten, kann man nicht gegen ihre Zuständigkeit auf dem Gebiet der Ethik ins Feld führen. Verglichen werden darf vielleicht von fern die griechische Lehre vom selbst unbewegten göttlichen Beweger (dazu W. *Schadewaldt*, Eudoxos von Knidos und die Lehre vom unbewegten Beweger, 1952; jetzt in: Hellas und Hesperien I ²1970, 635ff.).

9 Bibliothek Suhrkamp, Bd. 471, 1975, hier bes. 17ff.

adeliger Distanz, gebieterischem Stolz, vorbildhafter Reinheit und musischer Schöpferkraft, aber auch von grausamem Zorn, wenn es galt, Übertretungen seiner Gebote zu bestrafen. Diese gipfelten im Einprägen „des Abstandes zwischen Göttlichkeit und Sterblichkeit", den der Mensch in der Besinnung auf die ihm gesteckten Grenzen einzuhalten hatte. Die Gebote waren in Sprüche gefaßt, deren Hauptstücke am Tempel in Delphi angebracht waren, während andere uns etwa als Aussprüche der Sieben Weisen überliefert sind. Das bekannteste und wichtigste Gebot heißt *gnōthi sautón* – ‚erkenne dich selbst!' und ist apollinisch zu interpretieren als ‚erkenne dich in deiner Sterblichkeit (*thnētòn ónta*), mit allen ihren Konsequenzen!'. Verwandte Vorschriften lauteten: *mēdèn ágan* ‚nichts übertreiben!'. *kairòn hórā* ‚schau daß du den Augenblick nützest!', *métron áriston* ‚auf das rechte Maß kommt es an', und all das knapp zusammenfassend *sōphrónei* ‚sei klug und bescheide dich!'. Knappe Lebensregeln also, die samt und sonders den Menschen in seine Schranken weisen, innerhalb deren er aber auch sein Menschsein zu erfüllen aufgerufen ist.

Wir wissen, daß Sokrates sich in besonderem Maß mit Delphi verbunden fühlte und dort vom Orakel das Zeugnis erhielt, kein anderer sei weiser als er, was er selbst sich nach langen Erwägungen in dem gewiß nicht undelphischen Sinn auslegte, daß er als Mensch zwar letztlich nichts wisse, aber über dieses sein Unwissen im Gegensatz zu den anderen sich wenigstens im klaren sei, also das alte apollinische Hauptgebot des Sichselbsterkennens und des Sichbescheidens aufs beste erfüllte.[10]

Daß Sokrates diese seine ethische Grundüberzeugung mit allen ihren Konsequenzen in ausführlichen Gesprächen, Prüfungen und Paränesen an die athenische Jugend weitergab, daran kann kein Zweifel sein. Die Anklage seiner Gegner, denen diese seine aufsässige Art unbequem und lästig war, eine Anklage, die ihn schließlich zu Verurteilung und Tod geführt hat, lautete neben den auf sein Verhältnis zur offiziellen Religion bezogenen Vorwürfen auf ein Verderben der Jugend.[11] Wie auch immer diese Pervertierung seiner Absichten aufzulösen sein mag, sie muß sich auf seine ethisch bestimmte Lehre bezogen haben, die bei allen seinen Anhängern, die von ihm in unterschiedlicher Weise berichten, in durchaus positivem Licht erscheint. Die so verschieden gearteten und in ihrer eigenen Bedeutung ungleichartigen Zeugen Platon und Xenophon stehen dabei obenan.

---

10 *Platon*, Apologie des Sokrates, c. 5–8 (11 A ff.); vgl. a. *Xenophon*, Memorabilien IV 2, 24ff.
11 *Platon*, Apol., c. 11 (24 B).

Man hat Sokrates seit den Zeiten der frühen christlichen Kirchenväter immer wieder mit Jesus verglichen, in manchen Einzelzügen sicher mit Recht.[12] Dazu gehören die falsche Anschuldigung und die Verurteilung zum Tod; die ungeheure Wirkung erst auf einen verhältnismäßig kleinen Kreis von Jüngern, dann aber in die Weite und Breite ebenso wie in die Tiefe; die so verschieden akzentuierten Berichte und Würdigungen von seiten derjenigen, die von der Lehre und Persönlichkeit des Meisters im Innersten getroffen waren (was natürlich in beiden Fällen auf den Reichtum der Persönlichkeit und die Vielseitigkeit und Fülle der von ihr ausgehenden Anregungen und Impulse schließen läßt). Um da anzusetzen, so haben hier wie dort die weitaus bedeutendsten Zeugen – hier Platon, dort Paulus – der Lehre ihres großen Anregers weithin ihr eigenes Gepräge gegeben, während der Berichterstatter Xenophon einerseits, die drei synoptischen Evangelien anderseits schlichter und bescheidener, auch wohl weniger kongenial, aber doch mit einiger Authentizität die Lehre des Meisters wiedergeben, ohne daß auch sie vor Mißverständnissen gefeit gewesen wären. Auf die gleichwohl bestehenden Unterschiede kann ich hier nicht eingehen, will auch den mit aller Vorsicht angedeuteten Vergleich in keiner Weise pressen.

Worauf ich vielmehr hinaus will, zielt dahin, aufgrund neuer Bobachtungen und eigener Forschung an einem Beispiel zu zeigen, wie gelegentlich die ethischen Lehren des Sokrates vor allem nach Xenophons Bericht und die Lehre Jesu nach den Evangelien einander näher stehen, als man bei oberflächlicher oder nur einseitiger Betrachtung ahnt, ja wie sie geeignet sind, sich gegenseitig zu interpretieren. Für den folgenden Fall kann ich auf meine Ausführungen in einem Aufsatz in der Zeitschrift für Neutestamentliche Wissenschaft verweisen,[13] wo manches näher ausgeführt und im einzelnen belegt ist, was ich jetzt nur andeuten kann.

Es herrscht heute bei den Theologen i. a. Einverständnis darüber, daß diejenigen Partien der Evangelien, die Jesu Lehre in kurz und prägnant gefaßten Sprüchen darbieten, auf eine gemeinsame ältere, die sogenannte Spruch-Quelle zurückgehen, in der schon früh solche Aussprüche gesammelt wurden und in die sich dann natürlich auch einiges unechte Gut eingeschlichen haben mag.[14]

---

12 Vgl. bes. *E. Benz*, Christus und Sokrates in der alten Kirche: Zeitschrift für die Neutestamentliche Wissenschaft (ZNW) 43 (1952) 195–224. Weiteres bei *H. Hommel*, ZNW 57 (1966) 22, Anm. 78, s. unten S. 72.

13 Herrenworte im Lichte sokratischer Überlieferung: ZNW 57 (1966) 1–23, s. unt. S. 51 ff.

14 Darüber informiert kurz und präzise *G. Bornkamm*, RGG II ³1958, Sp. 754ff. (vgl. auch Sp. 1000f.).

Im ersten Teil der Bergpredigt im 5. Kapitel des Mattäus-Evangeliums, da wo Jesus einige Vorschriften und Gebote des Alten Bundes zwar nicht außer Kraft setzt, vielmehr seinerseits noch viel empfindlicher und schärfer auslegt mit der immer wiederkehrenden Wendung „Ihr habt gehört, daß zu den Alten gesagt ist: . . . ich aber sage euch: . . .", da geht es in den Versen 27–32 im Anschluß an das 6. Gebot um Ehebruch und Ehescheidung. Mitten hinein zwischen diese beiden Abschnitte der Predigt (zu denen sich übrigens einige merkwürdige antike Parallelen nachweisen ließen[15]), da ist ein eigenartiger nicht minder radikaler Spruch ohne ersichtlichen Zusammenhang sozusagen als erratischer Block recht unorganisch eingefügt, den wir jetzt näher betrachten wollen. Er lautet (v. 29 u. 30): Wenn dich dein rechtes Auge ärgert (*skandalízei*), so reiß es aus und wirf es von dir. Denn es ist dir nützlich (*symphérei*), daß eines deiner Glieder verdirbt und nur nicht dein ganzer Leib in die Hölle geworfen wird. Und wenn dich deine rechte Hand ärgert, so hau sie ab und wirf sie von dir. Denn es ist dir nützlich, daß eins deiner Glieder verdirbt und nur nicht dein ganzer Leib in der Hölle verschwindet. Die Stelle begegnet, wie manches andere aus der alten Spruchquelle geschöpfte Gut, bei Mattäus noch einmal an anderer Stelle 18,8–9 und in anderem Zusammenhang, und ganz ähnlich auch bei Markus 9,43 ff. Die Textvarianten sind gering, bemerkenswert allenfalls, daß der Begriff des Nützlichen (*symphéron*) in der Bergpredigt an den beiden anderen Stellen durch den des Guten (*kalón*) ersetzt wird; also „es ist dir gut" anstatt „es ist dir nützlich". Auch ist in diesen beiden Fällen – anders als in der Bergpredigt – das *skándalon*, der Begriff des Anstoßes, des Ärgernisses, wenigstens schon im vorangehenden Text als Anknüpfungswort gegeben. Bei diesem Wort *skándalon* handelt es sich um die griechische Übersetzung eines hebräischen Begriffs, wie denn auch sonst unser Passus semitisches Kolorit aufweist. So mit den auffallend symmetrisch gebauten Satzgliedern, dem sogenannten Parallelismus membrorum, und mit der Erwähnung der Hölle. Aber die Isolierung der Verse im übrigen Kontext und das Fehlen wirklich stimmiger alttestamentlicher und rabbinischer Parallelen, wie sie sich sonst bei Jesusworten häufig anbieten, legt bereits die Möglichkeit nahe, daß die semitische Einkleidung dem Spruch auch erst nachträglich zugekommen sein könnte. So macht auch seine Interpretation im Kontext, besonders in der Bergpredigt Mt 5, den Erklärern die größten Schwierigkeiten, und ihre krampfhaften Versuche in dieser Richtung, auf

---

15 Siehe dazu ZNW 57, 4–6, s. unten S. 54 ff.

die wir hier nicht näher eingehen wollen, so lehrreich dies wäre,[16] befriedigen samt und sonders nicht. Wir lassen die Deutung des Spruches einstweilen offen, halten jedoch, bevor wir uns einem anderen Herrenwort aus
dem Evangelium zuwenden, noch einmal das Gemeinsame der drei Fassungen fest. Es läßt sich so formulieren: ‚Ist dir eines deiner Glieder (etwa
Hand, Fuß, Auge) Anstoß zu strafwürdigem Tun (*skandalízei*), so wirf es
ab; denn es ist für dich nützlicher (*symphérei*) bzw. besser (*kalón estin*),
ohne dieses Glied ins Leben, d. h. in Gottes Reich einzugehen, als daß mit
ihm der ganze Leib der Hölle, d. h. dem ewigen Feuer überantwortet
wird.' Übrigens hat ein gebildeter griechischer Christ des 2. Jahrhunderts
namens Sextus in einer von ihm redigierten Spruchsammlung, die auch
heidnische Leser ansprechen sollte, den Satz seines eschatologischen, d. h.
jenseitsbezogenen Gehaltes entkleidet und mit starker Betonung des ethischen Moments so formuliert:

> Jedes Glied deines Leibes, das dich zur Unbeherrschtheit überreden will,
> wirf von dir, denn es ist besser (*ámeinon*) ohne dieses Glied zuchtvoll
> zu leben als mit ihm in verderbenbringender Weise.[17]

Wir lenken nun aber unsere Aufmerksamkeit auf einen anderen Komplex
von Herrenworten, der auf den ersten Blick nichts mit dem eben Besprochenen zu tun zu haben scheint. Es ist die in den Evangelien häufig und
in verschiedener Form wiederkehrende Forderung Jesu an seine Jünger,
die Pflichten gegenüber ihren Familien hintanzustellen, indem es vielmehr
darum geht, ihm nachzufolgen. Die zentrale Aussage steht bei Mt 10,37
mit der Parallele Lk 14,26, beide Male in ungefähr dem gleichen Zusammenhang. Voraus geht das erregende Wort Jesu: Ich bin nicht gekommen,
um Frieden zu bringen, sondern Schwert und Zwietracht selbst innerhalb
der Familie. Bei Lukas folgt die berühmte Mahnung, daß wer sein Leben
zu erhalten sucht, es verlieren wird, aber wer es meinethalben, d. h. um Jesu
willen, verliert, der wird es recht eigentlich finden (vgl. Joh 12,25). Alle
drei synoptischen Evangelien, Mattäus, Markus und Lukas, zitieren dieses
Wort an anderer Stelle noch einmal präziser und lassen dann den bekannten
Spruch folgen: „Was hülfe es dem Menschen, wenn er die ganze Welt gewänne und nähme doch Schaden an seiner ‚Seele'"[18], ein Wort übrigens, das

---

16 Davon handelt *H. Hommel*, a. a. O. 7, s. unten S. 57.
17 *Sextus*, Sententiae 13; Ausgabe von H. Chadwick, 1969, 12f.
18 Mk 8,34ff. – Mt 16,24ff. – Lk 9,23ff. Die korrekte Übersetzung muß übrigens lauten: ‚Schaden an seinem Leben', da das griechische *ten psychen autu* bei Mk und Mt
das vorangehende Wort vom Behalten und Verlieren der *psyché* (= ‚Leben') wieder
aufnimmt, während bei Lukas das *ten psychen autu* paraphrasiert ist durch *heautón* =
‚sich selbst'.

in der platonischen Apologie des Sokrates als Ausspruch des Meisters seine
von Philologen längst beachtete Parallele hat, die sogar noch weitere Anklänge einschließt, wie jenes sokratische ‚Man muß Gott mehr gehorchen
als den Menschen‘, das der gebildete Hellenist Lukas zweimal in seiner
Apostelgeschichte zitiert.[19]
Aber es geht uns hier ja um das Jesuswort über die Einstellung des Menschen zu seiner leiblichen Verwandtschaft. Es lautet bei Mt 10,37:

> Wer Vater oder Mutter mehr liebt als mich, ist mein nicht wert; und
> wer Sohn oder Tochter mehr liebt als mich, ist mein nicht wert.

Bei Lukas fehlt der semitische Parallelismus der Glieder; es heißt dort in
breiterer, zum Teil noch entschiedenerer sachlicher Formulierung 14,26:

> Wenn einer sich mir anschließt und nicht seinen Vater hintansetzt und
> seine Mutter und sein Weib und seine Kinder und seine Brüder und seine
> Schwestern, dazu sogar sein eigenes Leben, der kann nicht mein Jünger
> sein.

Der Zusatz „dazu sogar sein eigenes Leben" wird uns noch beschäftigen
müssen. Der gleiche Gedanke kehrt in den Evangelien mehrfach wieder,
und es kann kaum ein Zweifel darüber sein, daß Jesus ihn selbst wiederholt eingeprägt hat, so in der bei allen drei Synoptikern sich findenden
Geschichte vom reichen Jüngling,[20] wo Mattäus und Lukas etwa folgenden Wortlaut bieten:

> Wahrlich, ich sage euch, wer Haus und Acker oder Eltern, Brüder,
> Schwestern, Weib oder Kinder verläßt um meines Namens willen, der
> wird’s hundertfältig empfangen in dieser Zeitlichkeit und in der zu
> künftigen Welt das ewige Leben erben.

So Mattäus, während es bei Markus statt ‚um meines Namens willen‘
heißt: ‚um meines und des Evangeliums willen‘ und bei Lukas: ‚um des
Reiches Gottes willen‘.
Eine ganz konkrete Situation greifen schließlich Mt 8,21 f. und Lk 9,59 f.
heraus, wo bei Lukas in sinnvoller Einordnung des Spruches in Jesu Reden
über Jüngerschaft und Nachfolge, bei Mattäus dagegen wiederum ganz
unzusammenhängend die Bitte eines Jüngers um Urlaub zur Beerdigung
seines Vaters den schroffen Bescheid erhält: ‚folge *mir* nach und laß die
Toten ihre Toten begraben!‘ (wohl so zu verstehen, daß die geistlich Toten ihre leiblichen Toten begraben sollen); Lukas fügt noch hinzu: ‚du
aber mache dich auf und verbreite die Botschaft vom Reich Gottes!‘

---

19 *Platon*, Apologie, c. 17 (29 D f.). – Lukas, Apostelgeschichte 4,19 und 5,29. Näheres
   s. ZNW 57, 9, s. unten S. 59.
20 Mk 10,29f. Mt 19,28f. – Lk 18,29f. (ZNW 57, 10, s. unten S. 60).

Der Sinn all dieser Worte ist eindeutig und klar. Die Nachfolge Jesu beansprucht den Vorrang vor aller Pietät gegenüber Vater, Mutter, Familie
überhaupt, also natürlich auch vor Haus und Acker, ja, nach Lk 14,26
sogar vor dem eigenen Leben. Der Gegensatz ist stets – meist in der Ichform bezeichnet – Jesus selbst, dem die uneingeschränkte Nachfolge zu
gelten hat, oder das von ihm verkörperte Evangelium oder das Reich Gottes. Als Lohn für den damit gegebenen zeitlichen Verzicht steht in der zukünftigen Welt das ewige Leben bereit. Für all diese Forderungen eines
unerhörten Anspruchs, den Jesus für seine Sache erhebt, lassen uns die alttestamentlichen und rabbinischen Zeugnisse im Stich.[21] Zumal das Versäumen der Bestattung des Vaters muß dem Judentum als ein Verstoß gegen ein unabdingbares Pflichtgebot erschienen sein. So bliebe hier die Beschränkung auf eine Exegese rein von der aufrüttelnden Gewalt der Botschaft Jesu her, und sie wird theologisch wie verkündungsmäßig auch das
Feld behaupten müssen.[22]
Aber es soll nun daneben doch der Blick zurückgelenkt werden auf die alten Griechen, wo dieselbe Lehre von der Unwichtigkeit der leiblichen Verwandtschaft gegenüber höheren Gütern immer wieder im Lauf der Jahrhunderte in aufschlußreichen Varianten begegnet. Ich greife die früheste
und ausführlichste Erörterung dieser Frage heraus, die uns zugleich auf
Sokrates zurückführt und auf die ‚Erinnerungen‘ an ihn, die sein Schüler
Xenophon aufgezeichnet hat. Im 1. Buch, Kap. 2 werden Punkt für Punkt
die Vorwürfe zurückgewiesen oder entkräftet, die der Rhetor Polykrates
von Athen in einer ca. 393/2 verfaßten postumen und rein literarischen
Anklageschrift gegen Sokrates erhoben hatte, die wir nur aus den erhaltenen Gegenäußerungen rekonstruieren können.[23] Eine von diesen Beschuldigungen lautete offenbar, der Meister habe seine „Schüler veranlaßt,
eher ihm zu gehorchen als ihren Vätern", Verwandten und Freunden.
Xenophon, der hier – selbst nach dem Urteil eines Skeptikers wie Olof
Gigon[24] – zweifellos aus einem echten sokratischen Gespräch schöpft,
gibt den Inhalt dieses Vorwurfs zu, aber erklärt ihn damit, daß nach Sokrates' Überzeugung verwandtschaftliche und freundschaftliche Bindungen und Sympathien hinter dem Nutzen zurückzutreten haben, den der

---

21 Alttestamentliche Stellen wie I Mose 3,16 gg. E. und 12,1 wird man in ihrer ganz allgemeinen Formulierung kaum als Anregung für Jesu präzise und differenzierte Forderung ansehen dürfen.
22 Über all dies ausführlicher ZNW 57, 10ff., s. unten S. 60ff. (auch zum Folgenden).
23 Dazu *K. Gaiser*, Festschrift R. Hanslik, 1977, S. 90$_{24}$.
24 Kommentar zum ersten Buch von Xenophons Memorabilien 1953, 36 u. ö.

Sachkenner stiftet, der das Rechte weiß und anderen mitzuteilen versteht. In den Paragraphen 51 bis 55 heißt es wörtlich:

51 Sokrates, so sagte der Ankläger, ließ nicht nur die Väter, sondern auch die übrigen Verwandten in Mißachtung bei seinen Anhängern stehen, indem er sagte, daß die Verwandten (z. B. ja auch) weder den Kranken noch den in einen Rechtsstreit Verwickelten helfen könnten, sondern vielmehr den einen nur die Ärzte, den anderen nur die Rechtskundigen.

52 Und auch im Hinblick auf die Freunde sage er, so betonte der Ankläger, daß ihr Wohlwollen keinen Zweck habe, wenn sie nicht auch (wirklich) *Nutzen* stiften könnten. Er sage, nur die seien der Achtung wert, die das *Notwendige* wüßten und es auch auseinandersetzen könnten. Er überrede nun die jungen Menschen, daß *er selbst* am weisesten und am besten imstande sei, andere weise zu machen, und so bringe er seine Freunde dahin, daß die anderen bei ihnen nichts gälten ihm gegenüber.

53 Ich weiß durchaus, daß er über die Väter und über die anderen Verwandten und Freunde derart sprach und überdies auch noch hinzufügte, daß man ja, wenn die Seele, in der allein die *Vernunft* (phrónēsis) wohnt, den Leib verlassen habe, diesen schnellstens hinaustrage und bestatte, auch wenn es sich um den nächsten Angehörigen handle.

54 So meinte er auch, daß jedermann schon während seines Lebens bei aller Liebe zu seinem Körper doch das *Unnütze* und *Unbrauchbare* entweder selbst entferne oder dies einem anderen überlasse; man entferne nicht nur selbst die eigenen Nägel, Haare und Schwielen, sondern lasse auch die Ärzte unter Qualen und Schmerzen schneiden und brennen, und dafür glaube man ihnen noch Dank und Bezahlung schuldig zu sein. Auch den Speichel spucke man ja aus dem Munde so weit wie möglich aus, weil er darin verbleibend einem *nichts nütze,* sondern vielmehr *schade.*

55 Dies sagte er nun allerdings nicht, um zu lehren, man solle seinen Vater noch bei Lebzeiten begraben und sich selbst verstümmeln, sondern vielmehr, um zu zeigen, daß Unverstand keine Achtung verdient, und er ermahnte dazu, sich darum zu bemühen, so verständig und *nützlich* wie möglich zu werden, damit man, wenn man von seinem Vater, von seinem Bruder oder sonst von jemandem geachtet zu werden wünsche, *nicht* im Vertrauen auf *das nahe Verhältnis* nachlässig sei, *sondern* vielmehr versuche, denen *nützlich* zu sein, von denen man geachtet werden wolle.

(Die Übersetzung frei nach E. P. Jaerisch, 1962 bei Heimeran).

Die Nähe dieses sokratischen Logos zu den Logien Jesu über die Irrelevanz verwandtschaftlicher Bindungen an sich im Verhältnis zu dem einen, was not tut, ist ohne weiteres evident. Was nun dabei besonders erstaunt, ist dies, daß auch der Topos von der Beerdigung des Vaters nicht fehlt, und noch mehr, daß jenes andere, im Evangelium ganz getrennt erscheinende Wort vom Abstoßen unnützer bzw. „skandalöser" Glieder des Leibes hier mit dem Gedanken vom Versäumen der leiblichen Verwandtschaft in eine nahe und sinnvolle Beziehung gesetzt ist.

Hier also hat dieser merkwürdige Gedanke, der im Evangelium da, wo er begegnet, als Fremdkörper erscheint und daher bis heute keine befriedigende Erklärung gefunden hat, hier bei Sokrates hat er seinen „Sitz im Leben" (wie das die Theologen nennen),[25] d. h. hier wird er voll verständlich, weil er sich in einen großen Gedankengang organisch einfügt, nämlich: man soll auf die nächsten Verwandten und Freunde um höherer Zwecke willen keine Rücksicht nehmen, wo man ja sogar das noch näher mit der Existenz Verbundene, wie z. B. Teile des eigenen Körpers, dann abstößt, wenn sie einem keinen Nutzen mehr bringen, sondern eher störend und nachteilig sind. Das wird in Xenophons Bericht ausgesprochenermaßen nur auf Nägel, Haare, Schwielen und auf den Speichel bezogen; aber indem er das Schneiden und Brennen der Ärzte nennt und auf die Selbstverstümmelung anspielt, hat Sokrates das auch im Evangelium begegnende Wegnehmen von Auge und Hand im Blick gehabt, ja wohl ursprünglich auch ausdrücklich erwähnt. Und in der Tat findet sich das Vermißte in einigen anderen kürzeren, aber nicht minder wichtigen Zeugnissen dieser Überlieferung, die samt und sonders – mit oder ohne namentliche Berufung – auf Sokrates zurückweisen. So läßt der Meister im platonischen ‚Symposion' auf seine eigene Frage „was bringt der Eros für *Nutzen?"* die weise Frau Diotima antworten, daß dieser Nutzen sich durchaus auf das *Schöne* und *Gute*, das *kalón* und *agathón* beziehe, und daß er Glück, besser göttliche Begnadung (*eudaimonía*) im Gefolge habe. Weiter heißt es da, daß man, um das durch den Eros vermittelte geistige Gut zu erlangen, sich auch eventueller Hindernisse entledigen müsse, selbst wenn diese im Bereich des Allernächsten lägen. Wörtlich fährt Diotima fort (205 E 3 ff):

Lassen doch die Menschen sich sogar ihre eigenen Hände und Füße ab-

---

25 Der treffende Ausdruck stammt von dem Alttestamentler Herm. Gunkel, wurde aber dann vor allem von der neutestamentlichen Forschung, insbesondere der sogenannten ‚formgeschichtlichen Schule' aufgegriffen; s. **K. L. Schmidt**, RGG II ²1928, Sp. 639. **C. Kuhl**, RGG II ³1958, Sp. 998f.

schneiden, wenn dieses ihr Eigentum ihnen schädlich erscheint. (*dokēi
... ponerà einai*). Denn nicht die Zugehörigkeit ist das Kennzeichen des
Beglückenden, es sei denn, daß einer das Gute, das *agathón*, als sich zugehörig und eigen nennen darf und das Schlechte, das *kakón,* als sich
wesensfremd. Verlangt es ja doch die Menschen nach nichts anderem
als dem *agathón.*

Aristoteles in seinen Ausführungen über die Freundschaft in der Eudemischen Ethik 7,1 argumentiert – wiederum unter Berufung auf Sokrates
– in der gleichen Weise, nennt seinerseits Speichel, Haare und Nägel,
ferner die unnütz gewordenen Glieder, und fügt auch noch „den Leib,
wenn er stirbt" hinzu; „denn der Leichnam ist nichts nütze", wie er sich
unmißverständlich ausdrückt.

Nicht von ungefähr ergibt sich bei Aristoteles mit der bei ihm gewohnten
Begriffsschärfe eines aus dem anderen, so daß wir aus seinem Exposé den
ursprünglich zugrundeliegenden Gedankengang, vielleicht sogar im Anschluß an das sokratische Vorbild, am besten rekonstruieren können. Das
heißt dann etwa so:

Nach der Maßgabe des Nutzens treffen wir unsere Wahl und Entscheidung über das, was wir annehmen bzw. behalten, oder was wir ablehnen
bzw. ausscheiden: so bei den Verwandten und Freunden, so selbst bei Bestandteilen unseres Ich, angefangen von Speichel, Haaren und Nägeln bis zu Gliedmaßen und zum ganzen Körper, je nachdem er lebt und nützt oder aber tot ist und
darum unnütz geworden.

Wir halten vor allem das immer wieder eingehämmerte Kriterium des
Nützlichen oder Unnützen (des *symphéron* bzw. *chrésimon* und des *áchrē-
ston*) fest, das bei Platon als *kalón* und *agathón* interpretiert wird. Denn
damit sind wir bei dem gleichen Vokabular angelangt, das uns in der eingangs zitierten Stelle aus der Bergpredigt und ihren Parallelen begegnet
war und das sich zunächst einer sinnvollen Erklärung im dortigen Rahmen verschlossen hatte. Die ist jetzt wiedergewonnen, und zwar mit Hilfe
der heidnisch-sokratischen Überlieferung, wo der Nutzen (das *symphe-
ron*) und der Wert (das *kalón* bzw. *agathón*), sei es des eigenen Körpers
und seiner Teile, sei es der Mitmenschen aus der nächsten Umgebung, das
Kriterium abgibt, nach welchem entweder an den genannten Gütern und
Bindungen festgehalten werden kann oder aber sie preisgegeben werden
müssen zugunsten entscheidenderer und wichtigerer Größen wie der Nachfolge des Herrn und Meisters, die ein neues Leben verbürgt.

Es muß rühmend hervorgehoben werden, daß da und dort in der theologischen Forschung auch ohne das antike Vergleichsmaterial, lediglich aus

textimmanenten Erwägungen heraus, bereits der Weg zu einer richtigen Interpretation der untereinander räumlich getrennten und auf den ersten Blick auch verschieden anmutenden Evangelienstellen beschritten wurde. So faßt z. B. Rudolf Bultmann in seiner Theologie des Neuen Testaments 1953 beide Gruppen von Herrenworten wenigstens unter dem Oberbegriff der eschatologischen Verkündigung zusammen. Und schon vorher hatte Friedrich Horst im Artikel μέλος (Glied) im Theologischen Wörterbuch zum Neuen Testament noch präziser angemerkt: „Ebenso, wie Jesus bedingungslose Abkehr ... von der Familie ... fordert, ja die Preisgabe des eigenen Lebens, wenn diese Güter von der Nachfolge abhalten, so selbstverständlich auch die unbedingte Preisgabe der sündigen ... Glieder."[26]

Wir suchen abschließend eine Erklärung für das merkwürdige Phänomen einer Übereinstimmung der Gedanken und ihrer Formulierungen bei so unterschiedlichen und entfernten Textgruppen, wie es die sokratische Überlieferung und die Evangelien sind. Zunächst ist festzustellen: Die frappante Ähnlichkeit der beiden Gruppen von Logoi, der sokratischen und der neutestamentlichen im Evangelium, beruht keineswegs durchaus auf Allgemeinheiten, wie sie da und dort aufgrund vergleichbarer menschlicher Situationen immer von neuem und unabhängig voneinander wieder konzipiert werden können – also das, was man Konvergenz, Völker- oder Elementargedanke zu nennen pflegt –, sondern die nahe Vergleichbarkeit im Sinn einer Verwandtschaft manifestiert sich in der Wahl der Antithesen und ihrer Begründung ebenso wie in der Bemühung der nicht alltäglichen Beispiele vom Gliederabstoßen und von der Bestattung des Vaters sowie in ihrer gegensätzigen Inbeziehungsetzung und Verkoppelung.[27] Also ist das Postulat einer Abhängigkeit unabweisbar, und als der gebende Teil kommt dabei natürlich nur die viel ältere sokratische Über-

---

26 *R. Bultmann,* Theologie des Neuen Testaments, 1953 (u. ö.), 8f. – *F. Horst,* Theolog. Wörterbuch zum Neuen Testament IV 1942, 564.

27 ZNW 57, 20 m. Anm. 74, s. unten S. 70, dort auch weitere Literatur zu diesem methodischen Zentralproblem historischer und literaturwissenschaftlicher Forschung. Vgl. jetzt auch *W. Burkert,* in: Gnomon 46 (1974) 328. – Wieder etwas anders als im vorliegenden Fall stellt sich das Problem bei einer neuerdings geglückten Beobachtung von *K. Gaiser,* aaO. (oben Anm. 23), S. 92ff., wonach das isolierte, nur bei Lukas 23,34 unsicher überlieferte Wort Jesu ‚Vater, vergib ihnen, denn sie wissen nicht, was sie tun!‘ in einem sokratischen Geist atmenden Ausspruch vorgebildet ist, von dem *Xenophon,* Kyrupädie III 1, 38ff., berichtet. Hier wäre die Ähnlichkeit des Gedankens allenfalls durch Konvergenz zu erklären, um so mehr, als die Formulierung hier und dort keine nahe Übereinstimmung bietet. Aber die Gleichheit der zugrundeliegenden, sonst in diesem Zusammenhang nicht begegnenden Situation gibt doch zu denken, da nämlich in beiden Fällen angesichts des eigenen Todes für Verzeihung plädiert wird, weil die Täter ‚nicht wüßten, was sie tun‘.

lieferung in Betracht. Wenn dem aber so ist und wenn wir konstatieren
müssen, daß die beiden Beispielreihen – Abwertung der leiblichen Verwandtschaft und Abwertung des eigenen Leibes und seiner Glieder – im
Evangelium auseinandergerissen und damit ihrer gegenseitigen Beziehung
und logischen Verknüpfung beraubt sind, so möchte ich hier die folgende
Erklärung als eine wenn auch nicht strikt beweisbare, aber doch vielleicht
plausible Arbeitshypothese in Erwägung ziehen, während ich vor 10 Jahren noch zwischen mehreren sich anbietenden Möglichkeiten der Interpretation die Wahl gelassen hatte.[28] Ich stelle mir die Sache jetzt so vor, daß
die christlichen Sammler und Formulierer der überlieferten Aussprüche Jesu
den Kreisen der jüdischen Synagogenschulen nahestanden, die von hellenischer Bildung berührt waren und daher über die Kenntnis der sokratischen
Überlieferung verfügen konnten, und sei es auch nur in einem abgeleite-
ten Rinnsal. In der mündlichen oder schriftlichen Tradition von Jesus fanden sie wohl die einem von seiner Sache erfüllten Lehrer sich immer wieder leicht aufdrängende und also auch hier zweifellos authentische Mahnung, man müsse im Zweifelsfall zugunsten der Nachfolge des Meisters
sogar auf nahe verwandtschaftliche Bindungen verzichten. Die gleichen
Redaktoren erinnerten sich dabei einer auffallenden Parallele aus sokra-
tischem Traditionsgut, wo sich aber außerdem noch der verstärkende Hinweis fand auf den notwendigen Verzicht unnütz gewordener Glieder des
eigenen Leibes bis hin zur Preisgabe des Leichnams nach seinem Tod. Sie
übernahmen auch diesen eindrucksvollen Topos, aber im weiteren Verlauf
der Redaktion der Sprüche Jesu wurde er fatalerweise von seinem eigentlich unverzichtbaren Bezugspunkt räumlich getrennt – vielleicht gerade
deshalb, weil er in der echten Tradition der Jesus-Sprüche nicht fest verankert war – und er gewann so sein isoliertes Eigenleben, das ihn zugleich seiner unmittelbaren Verständlichkeit beraubte.
Das sei, wie gesagt, nur als Hypothese vorgetragen. Sie dürfte uns freilich auch im Fall ihrer Annahme nicht vergessen lassen, daß es doch auch
ganz entscheidende Besonderheiten sind, welche die Herrenworte vor dem
sokratischen Logos auszeichnen; und gerade das macht ja den Vergleich
erst religionsgeschichtlich interessant und fruchtbar.[29] So wird aus dem
bláptein, der Schädigung durch die unnützen Glieder, im Evangelium das
skandalízein, der Anstoß zur Sünde, von wo der Weg ohne die empfohlene Radikalkur geradewegs in die Hölle führen muß. Das Beispiel hat
überhaupt, indem es sich bei den Synoptikern verselbständigte, an Ent-

---

28 ZNW 57, 20ff., s. unten S. 70ff.
29 Ebenda 19f., s. unten S. 69f.

schiedenheit gewonnen, und aus der Feststellung vom bloßen Sachverhalt ist ein Bußruf von größter Eindringlichkeit geworden. Ganz ähnlich bei dem Motiv von der Bestattung des Vaters; auch hier anstelle der einfachen Konstatierung von mangelndem Nutzen beim entseelten Leichnam vielmehr der fordernde Aufruf, die Konsequenzen zu ziehen im Sinn der unbedingten und sofortigen Nachfolge Jesu. Der Herr verfügt ja auch über die Vollmacht (die *exusía*) zur Gleichsetzung seiner göttlichen Person und ihres Namens mit dem Evangelium und dem Reich Gottes (der *basileía tu theū*), während der Vorläufer Sokrates die *eudaimonía* von *phrónēsis*, *kalón* und *agathón* in den Vordergrund zu stellen hat und diese Werte nur zögernd und zaghaft mit seiner eigenen Person verbindet. Dort philosophische Reflexion, wenn auch gewiß mit starkem sittlichem Anspruch und Aufruf, hier die existenzverwandelnde Predigt vom Reich Gottes.

Wir verbinden also in unserer Hypothese die Anerkennung unbezweifelbarer Originaltität des Gedankens und seiner Anwendung mit der Postulierung formaler Abhängigkeit von einer alten Tradition. Das verträgt sich nicht recht mit unserem Originalitätsbegriff, der vielmehr den sauberen Nachweis des Nochnichtdagewesenen verlangt und gegebenenfalls sogar die Pflicht des Zitats auferlegt, womit es dann um die Originalität sowieso bereits geschehen ist. Läßt sie sich jedoch festhalten, dann erwarten wir auch eine kongeniale eigene Formulierung des betreffenden Gedankens. Ganz anders zu jenen Zeiten. Hier bürgte die Erlebnisfrische des Augenblicks und die Überzeugungskraft des Vortrags auch für die subjektive Originalität, die dann, ohne sich das Geringste zu vergeben, zu bereits anderweit geglückten Prägungen greifen konnte, dabei den Urheber gar nicht zu zitieren brauchte, ja für den Kenner, der die Anleihe durchschaute, gar noch im Licht eines dankbaren Benützers stand, der dem ersten Erfinder mit seinem heimlichen Zitat eine artige Reverenz erwies. „Originalität ist nicht angewiesen auf Priorität", wie es einmal Emma Brunner-Traut formuliert hat.[30]

Daß aber selbst Sokrates keine Originalität im modernen Sinn für den Kerngedanken jener Lehre, um die es hier geht, beanspruchen kann, dafür bürgt ein Wort des gleichzeitig außerhalb Athens lehrenden Demokrit, das er kaum von Sokrates bezogen haben kann und das kurz und bündig lautet: „Uns eigentlich angehörig sind nicht die *Verwandten* alle, sondern nur die, welche mit uns übereinstimmen in der Beurteilung dessen, was

---

30 In: Saeculum 10 (1959) 176. – Zum ganzen Abschnit und zum Folgenden vgl. ZNW 57, 21 f., s. unten S. 71 f.

nützlich ist."[31] Mit seinem entschlossenen Zugriff hat Sokrates diese theoretische Maxime in praktische Lebensweisheit umgemünzt und unter Zuhilfenahme der schon vom alten Heraklit bemühten Beispiele vom Unwert des Leichnams und vom Abstoßen lästig gewordener Körperteile[32] einen zugkräftigen Topos geschaffen, der zunächst unter Berufung auf seinen Namen, d. h. als sokratisch weitergegeben wurde, um dann allmählich zum anonymen hellenistischen Gemeinbesitz zu werden. Es dürfte uns nach all dem keineswegs verwundern, wenn sich auch das Evangelium diese geprägte Form angeeignet und mit neuem Leben erfüllt hätte.

Damit bin ich am Ende meiner Ausführungen zum Verhältnis von Religion und Moral im delphisch-sokratischen und im neutestamentlichen Bereich. Ich habe dabei weniger reflektiert und räsoniert als vielmehr einige konkrete Beispiele der Überlieferung geboten, die ich durch vergleichende Interpretation aufzuhellen versucht habe. Daneben hatte es natürlich der klassische Philologe auch gern darauf abgesehen, die enge Verbindung selbst des frühen Christentums mit der hellenischen Antike an einem Paradigma aufzuzeigen. Da die Historie zwar manches Licht verbreitet, aber nicht die letzten Fragen lösen kann, so bleibt das Hauptproblem dieser Vorlesungsreihe noch in mancher Hinsicht offen, ohne daß ich es vermocht hätte, es auch nur unter meinem begrenzten Aspekt endgültig zu beantworten. Aber ein altes Sprichwort lautet: ,Ein Schelm gibt mehr, als er hat', und daran habe ich mich gehalten.

Der vorangehende Text entspricht der am 5. Febr. 1976 in Tübingen gehaltenen Vorlesung im Wortlaut. Zugefügt sind im Druck die Anmerkungen, in denen auch die auf den Vortrag folgende Diskussion verarbeitet ist.

---

31 *Demokrit*, fr. 107 D. Zur abderitischen (nichtathenischen) Tradition der betreffenden Spruchsammlung vgl. *H. Diels* in: FVS II 154.

32 *Heraklit*, fr. 96 und 58 D. In den gleichen Bereich gehört auch die alte, in der Antike ungeheuer weitverbreitete Fabel (Corp. fab. Aesop, 120, zahlreiche weitere Fundstellen bei *M. Wellmann* in Pauly, Wissowa's Real-Encyclopädie III 1899, Sp. 400f.), der Biber (lat. *fiber*, griech. *kastor*) habe bei der Verfolgung durch die Jäger, die ihn wegen seines Hodensekrets, des heilkräftigen Bibergeils, zu erlegen trachteten, sich selbst die Hoden abgebissen und ihnen hingeworfen, um so sein Leben zu retten. Von jeher hat man daraus die moralische Maxime abgeleitet, die bei *Joach. Camerarius*, Symbolorum et Emblematum ... Centuria 1595, Bl. 94f. – deutsch 1671, 186f. – so lautet (s. a. bei *A. Henkel* und *A. Schöne*, Emblemata 1967, Sp. 460):

Ut vivat castor sibi testes amputat ipse,
Tu quoque, sie qua nocent, abjice, tutus eris.
Wenn ich nur mag das Leben davon tragen,
So will ich gern ein liebes Glied dran wagen.
(Frdle. Mitteilung von W. Simon in Tübingen)
Noch heute leiten manche Sprachforscher das Wort ,kastrieren' (lat. *castrare*) von jener „naturgeschichtlichen Fabel" ab (vgl. a. *O. Keller*, Die antike Tierwelt I 1909, 188).

Nachträge 1981

Obwohl der zweite Teil dieses Vortrags weiter unten (S. 54ff.) – in der Abhandlung ‚Herrenworte im Lichte sokratischer Überlieferung' – in ausführlicherer Form und mit stärkerem wissenschaftlichem Ballast erscheint, habe ich doch hier einmal den etwaigen Vorwurf, mich zu wiederholen, nicht gescheut; denn die beiden Fassungen stehen hier und dort in einem ganz verschiedenen Koordinatensystem und sind jeweils an ihrem Ort unentbehrlich. Auch trägt die im Vorangehenden präsentierte kürzere und jüngere Fassung am Schluß die Spuren meiner fortgesetzten Beschäftigung mit dem Problem und führt insofern über die ältere hinaus.

Zu [S. 204 f.]:
Je und je sah die ‚Aufklärung' in der Moral sogar den Hauptzweck der Religion, wie es besonders prägnant in einem der Kernsätze von G. W. LEIBNIZ' Philosophie zum Ausdruck kommt: ‚Der Zweck der wahren Religion soll sein, die Grundsätze der Sittlichkeit tief in die Seele einzudrücken'.

Zu [S. 208], Z. 8–11:
Ganz anders hat GOETHE (in Wilhelm Meisters Wanderjahren) den Spruch interpretiert; er will ihn „nicht im asketischen Sinn auslegen . . . es heißt ganz einfach: Gib einigermaßen acht auf dich selbst, damit du gewahr werdest, wie du zu deinesgleichen auf der Welt zu stehen kommst" (Maximen und Reflexionen, Hecker Nr. 657). Siehe jetzt auch die dreibändige Dokumentation und Erörterung der Devise, von P. COURCELLE, „Connais-toi toi-même" de Socrate à Saint Bernard, 1974–75.

Zu [S. 217], Anm. 27 Anfg.:
Meiner Auffassung schließt sich an H. HÄUSLE, Das Denkmal als Garant des Nachruhms . . . in lateinischen Inschriften 1980, S. 7 f.

Herrenworte im Lichte sokratischer Überlieferung*

*Der Kirchlichen Hochschule Berlin gewidmet in Dankbarkeit
für die Verleihung ihrer Ehrendoktorwürde*

Der Baseler Theologe und Philologe JOHANN JAKOB WETTSTEIN hat in der nicht lang vor seinem Tode 1751—52 erschienenen kritischen Folio-Ausgabe des Neuen Testaments[1] aufgrund lebenslanger Sammlung auch einen reichen Schatz von Parallelen dargeboten, und zwar solche formaler wie sachlicher Art — freilich eine *rudis indigestaque moles*, eine rohe und verworrene Stoffmasse. Er entnahm sie einmal der altsynagogalen vorwiegend talmudischen Literatur, dann den griechischen und lateinischen Profanquellen und schließlich dem Schrifttum der Kirchenväter. Diese patristische Literatur, in ihrer Fülle und Verzweigtheit beinahe unausschöpfbar, sie zumal bildet von jeher mit Recht das Fundament der Exegese der neutestamentlichen Schriften, wie denn die frühen christlichen Väter diese Exegese ja recht eigentlich begründet haben. Seit der Mitte des vorigen Jahrhunderts liegt die Masse dieses unschätzbaren Materials im Rahmen der verschiedenwertigen, aber umfassenden Ausgabe der Kirchenväter des Abbé JACQUES-PAUL MIGNE zu bequemer Benützung bereit[2] und wird trotz der auf eine unvergleichlich höhere wissenschaftliche Qualität zielenden, aber nur langsam voranschreitenden Berliner und Wiener Kirchenväter-Corpora und verwandter Unternehmungen noch lange unentbehrlich sein. Was das schon vom Sprachlichen her weit schwerer zugängliche exegetische Hilfsmaterial aus der rabbinischen Theologie anlangt, so hat nach den Vorarbeiten des Leipziger Institutum Judaicum und seines Begründers FRANZ DELITZSCH (1886) wie von dessen Schüler FERDINAND WEBER[3] und von einigen anderen Gelehrten das erste Viertel unseres Jahrhunderts die entscheidende

---

* Zeitschr. f. die neutestamentliche Wissenschaft 57. 1966, 1—23.

[1] 2 Bde, Nachdruck 1962. Eine Neubearbeitung plant KURT ALAND in Fühlung mit dem Utrechter Corpus Pagano-Hellenisticum.

[2] J. P. MIGNE, Patrologiae cursus completus 1844—66. Series Latina in 221, Series Graeca in 162 Bdn.

[3] System der altsynagogalen palästinischen Theologie 1880, seit der 2. Aufl. 1897 unter dem Titel: Jüdische Theologie auf Grund des Talmud und verwandter Schriften.

Hilfe gebracht, die den alten WETTSTEIN weit hinter sich läßt. Das von dem Berliner Hebraisten HERMANN LEBERECHT STRACK angeregte, von dem brandenburgischen Pastor PAUL BILLERBECK seit 1906 in 20jähriger Arbeit gesammelte, dem Verständnis des NT, insonderheit der Evangelien, dienende Material aus Talmud und Midrasch in bequemer Kommentarform ausgebreitet und übersetzt[4], läßt uns seither auf sicherem Boden stehen, wo es gilt, den ntl. Text aus der geistigen Umwelt seiner jüdischen Verfasser tiefer zu durchdringen und dem Verständnis zu erschließen — eine Aufgabe, um deren Fortführung namhafte Exegeten wie JOACHIM JEREMIAS und OTTO MICHEL weiterhin bemüht sind.

Was dagegen den sozusagen profanen Mutterboden der ja durchweg griechisch abgefaßten Bücher des NT anlangt, so ist es mit unseren Hilfsmitteln weit schlechter bestellt. Gewiß haben sich viele Generationen verdienter Forscher um diesen wichtigen Zweig exegetischer Grundlegung bemüht, und der Ertrag ist nicht gering, wenn man etwa unsere Kenntnis vom Verhältnis des Paulus zur stoischen Philosophie seiner Zeit oder die Erforschung der heidnisch-christlichen Gnosis bedenkt. Aber einmal pflegt man sich i. a. damit zufriedenzugeben, die zeitgenössischen Zeugnisse jüdisch-hellenistischer Gelehrsamkeit einzusehen, wie sie uns in Philons erhaltenem Werk vorliegen, darüber hinaus vielleicht noch die Äußerungen nichtjüdischer Schriftsteller wie des Stoikers Epiktet und des Platonikers Plutarch heranzuziehen. Man vergißt dabei nur zu leicht, daß alle diese Autoren aus einem unendlich viel reicheren Erbe schöpfen, das weithin erhalten ist, oder daß sie doch durch oft verlorene Zwischenquellen von ihm zehren. Kurz, man begnügt sich mit dem Studium des Hellenismus, anstatt auf die Rüstkammer griechischen Geistes, die vom 6.—4. vorchristlichen Jahrhundert angelegt worden ist, zurückzugreifen. Zum anderen — und dieser Mangel hängt natürlich mit jenem ersten zusammen — fehlt es bis heute an systematischen Hilfsmitteln, etwa an einem Kommentar wie dem BILLERBECK'schen, für diesen wichtigen Sektor neutestamentlicher Exegese[5], obwohl WETTSTEIN seinerzeit auch die klassischen Stellen der griechischen Literatur gesammelt hat, soweit sie ihm aus den hier sehr wachsamen christlichen Vätern

---

[4] P. BILLERBECK, Kommentar zum NT aus Talmud und Midrasch 1—4. 1922—26. Auch die Parallelen zum NT in den Qumrantexten, soweit sie in der Sekundärliteratur der Jahre 1950—1959 behauptet werden, liegen bereits in bequemer dem Nestle-Text folgenden Anordnung, kritisch gewertet von HERBERT BRAUN, vor: Theol. Rundschau Band 28, 1962 — 30, 1964.

[5] Der vortreffliche KITTEL bietet hier keinen Ersatz, da die entsprechenden Einleitungen zu seinen Artikeln mehr auf Wörter und Begriffe als auf innere Zusammenhänge gehen (zu dieser Frage vgl. a. den kritischen Bericht bei R. SCHNACKENBURG, Ntle. Theologie 1963, S. 37f.).

oder aus eigener Lektüre zuflossen. Bezeichnend für die Lage der
Forschung, daß der Versuch einer Erneuerung und Erweiterung des
alten WETTSTEIN auf diesem noch offenen Felde sich als »Corpus
Hellenisticum« auf den späteren, den hellenistischen Zeitraum beschränkt und überdies mangels kräftiger Impulse und geeigneter Mitarbeiter in der Vergangenheit heute erst wieder mühsam in Gang
gesetzt werden muß[6]. Zu fordern ist darüber hinaus ein Corpus Helle-
nicum zum NT oder ein Kommentar zum NT aus der gesamthelle-
nischen Überlieferung, wobei vor allem den Vorsokratikern, Platon und
Aristoteles, aber auch der Tragödie, der Komödie, der Spruchliteratur
höchste Beachtung zu schenken wäre, und dann erst der Masse der
auf den hellenistischen Philosophenschulen wie Stoa, Epikur, Kynis-
mos und anderen basierenden Überlieferung, die ja ihrerseits allesamt
aus jenem älteren Erbe leben. Denn den hellenistisch gebildeten Gelehrten der Synagogen und rabbinischen Schulen, aber auch hervorragenden Autoren des NT wie vor allem Lukas und Paulus war
diese klassische Bildung zum großen Teil auch noch unmittelbar zugänglich[7], so daß sie wenigstens spurenweise in ihren Schriften vorauszusetzen, häufig aber auch nachzuweisen ist. Wie dieses ja in der
Grundhaltung vielfach fremde Gut im NT verwandelt und der christlichen Botschaft assimiliert wiederkehrt, das gälte es dann weiterhin
zu erforschen, da und dort und immer wieder gewiß auch mit positivem Ertrag für die eigentlich theologische Exegese.

Daß hierbei, besonders seit die Theologen nicht mehr, wie früher
einmal selbstverständlich, auch Philologen sind[7a], Anstoß und Hilfe
von seiten der Zunftphilologie nötig wäre, ist gewiß. Wenn solche
Unterstützung weithin ausbleibt[8], so hat dies mehrere Gründe[9], wie

---

[6] Ein Ansatz ist gemacht von W. C. VAN UNNIK; vgl. o. Anm. 1 und die Utrechter
Rektoratsrede VAN UNNIKS, Corpus Hellenisticum Novi Testamenti, vom 29. 3. 1963.
Der jüdisch-hellenistische Teil wird in Halle von GERHARD DELLING bearbeitet, vgl.
dessen Aufsatz ,Zum Corpus Hellenisticum Novi Testamenti' ZNW, 54, 1963, 1—15.

[7] Dies z. B. die Meinung von E. CURTIUS, Paulus in Athen, in: Sitzber. d. Preuß.
Akad. Berlin 1893, 928ff., lebhaft bestritten von P. WENDLAND, Die urchristlichen
Literaturformen 1912, S. 356. Vgl. aber dagegen wiederum H. HOMMEL, Schöpfer und
Erhalter 1956, S. 20ff. Theologia Viatorum 8, 1962, S. 104ff., ferner die Tübinger
Dissertation meines Schülers MANFRED ERB, Porosis und Ate 1964, S. 305ff. u. ö.

[7a] Siehe dazu W. ELTESTER in WZ Halle 14, 1965, 350 u. ö.

[8] Natürlich gibt es auch nach R. REITZENSTEIN und ED. NORDEN noch manche
rühmlichen Ausnahmen. Ich nenne hier nur HEINR. DÖRRIE, Leid und Erfahrung
1956, oder ALBR. DIHLE, Die goldene Regel 1962, und weise ferner auf zahlreiche
förderliche Artikel (gerade auch von philologischen Verfassern) hin, die sich im Real-
lexikon für Antike und Christentum I ff. (1950ff.) finden.

[9] Übrigens hat die Klassische Philologie — zu ihrer Entschuldigung sei es gesagt — einstweilen im eigenen Hause immer noch genug zu tun: so hat es bis heute
gedauert, daß man die homerischen Parallelstellen und Parallelstrukturen zu Vergils

die Abkehr des philologischen Interesses von der Spätantike und die ganz vorwiegende Hinwendung zur klassischen und archaischen Zeit, damit — aber nicht nur damit — im Zusammenhang die erschreckend geringe Kenntnis des NT, wie sie früher einmal schon durch Elternhaus und Schule gewährleistet war, schließlich auch das meist schwache Echo, das solchen Bestrebungen, wo sie sich regen, von theologischer Seite her antwortet.

In dieser Bresche mit schwachen und bescheidenen Kräften tätig zu sein, ist seit langem mein von Lust und Liebe genährtes Bemühen, und daß die Kirchliche Hochschule in Berlin seit meiner Zugehörigkeit zu ihr 1947/48 dieses Bestreben nicht nur ängstlich geduldet, sondern auch lebhaft gestützt und gefördert hat — ich denke dabei auch an unsere heute noch blühende Graeca oder an die von mir in jedem Semester gepflegte und von den Studenten eifrig tolerierte Lektüre einer ganzen griechischen Tragödie —, dafür bin ich dieser Hochschule dankbar, und als Zeichen für solche Ermutigung nehme ich auch die mir jetzt verliehene hohe Würde eines theologischen Ehrendoktors. So ist es denn wohl auch verständlich, ja sogar vielleicht sinnvoll, wenn die Ausführungen, die der Verleihung dieser Würde antworten, einem Ausschnitt aus jenem großen, von mir skizzierten und stets nach Kräften geförderten Thema gewidmet sind.

I

In Jesu rigoroser Beurteilung des Ehebruchs und der Ehescheidung im Rahmen seiner Bergpredigt[9a] Ev. Mt 5 27-32 fällt es auf, daß zwischen diesen beiden gleichartig gebauten Partien: jedesmal ἐρρέθη ... ἐγὼ δὲ λέγω ὑμῖν ὅτι πᾶς ὁ ... ‚es ist das Gebot ergangen ..., ich aber sage euch, daß (schon) ein jeder, der ...‘, daß also zwischen diesen beiden Gliedern der Predigt der merkwürdige, freilich nicht weniger radikale Spruch eingefügt ist: wenn dich Auge und Hand ärgern, reiß sie aus bzw. hau' sie ab und wirf sie von dir! Gleich eingangs sei hier zu jener Umrahmung vermerkt, daß nach Ausweis des Materials bei BILLERBECK zwar eine Anzahl nachchristlicher Rabbinen ähnlich wie Jesus einen strengen Standpunkt einnehmen, der vergleichbar ist seiner Warnung »wer ein Weib ansieht, ihrer zu begehren, der hat bereits Ehebruch mit ihr getrieben in seinem Herzen«, daß aber für gewöhnlich in rabbinischen Kreisen die Regel gilt, »daß nur die Absicht, etwas Gutes zu tun, der vollbrachten Tat gleich-

---

Äneis lückenlos gesammelt und erörtert hat (G. N. KNAUER, Die Äneis und Homer 1965).

9a Über Jesu Stellung zu Ehe und Familie allgemein vgl. jetzt H. GREEVEN, in: Festschrift zur Eröffnung der Universität Bochum 1965, S. 106 ff. (Evangelium und Gesellschaft in urchristlicher Zeit).

gerechnet werde, während die böse Absicht außer Ansatz zu bleiben habe«[10]. Die Exzeptionalität der Aussage innerhalb der jüdischen Tradition wird ja auch schon durch das »ich aber sage euch . . .« dieses in der Evangelien-Überlieferung isolierten Spruches unterstrichen, der übrigens nach herkömmlicher Auffassung der Spruchquelle Q zuzuweisen ist[11]. Aber ein etwa aus dem Jahre 30 v. Chr. stammendes Horazwort besagt wörtlich (Sat. II 7, 72—74) »ich bin kein Ehebrecher, behauptest du. — Und ich gewiß kein Dieb, wo ich doch wohlweislich an silbernem Geschirr vorübergehe[12]. Aber nimm das Risiko weg, flugs wird die entfesselte Natur zum Sprung ansetzen.« Hier ist, wenn auch implicite, so doch deutlich genug gesagt, daß die Anfälligkeit zum Ehebruch wie zum Diebstahl in der menschlichen Natur gleichsam lauert, um bei günstiger Gelegenheit hervorzubrechen und die Sünde zu begehen. Woher eine solche herbe Erkenntnis stammt, zeigen ein paar Verse des Kleanthes, Vertreters der älteren Stoa, aus dem 3. Jh. v. Chr. Sie lauten: »Wer sich in seine Begierde nach einer verworfenen Handlung widerstandslos schickt, der wird die Tat auch begehen, sobald er die Gelegenheit dazu erhält.«[13] Und schon vor Gründung der stoischen Schule wird von dem Schulhaupt der platonischen Akademie Xenokrates von Chalkedon der Ausspruch berichtet, es bestehe kein Unterschied, ob man in ein fremdes Haus den Fuß setze oder bloß das Auge (lenke)[14]. Nimmt man die drei antiken Zeugnisse zusammen, so wird es klar, daß sich in diese Tradition der Spruch Jesu weit besser einreiht als in all die nur sehr allgemein vergleichbaren Äußerungen, die man aus alttestamentlicher oder rabbinischer Literatur hat beibringen können[15]. Mit dem Unterschied freilich, daß bei Jesus die Radikalität der Verurteilung aufs äußerste gesteigert ist (hier »er hat bereits Ehebruch getrieben in seinem Herzen«, dort »er wird jederzeit bereit sein, den nächsten

---

[10] BILLERBECK I 298ff., das Zitat 301.

[11] Das zweite Glied der Umrahmung Mt 5 31f. von der Ehescheidung, von dem hier nicht die Rede sein soll, ist auch bei Lc 16 18 bezeugt.

[12] Daß der Topos schon rein gedanklich in einen größeren Zusammenhang gehört als bloß in die Sphäre des 6. Gebots, haben schon früh auch gebildete Christen empfunden (vielmehr: noch bewahrt), wie etwa der dem 2. Jh. angehörende Philosoph Sextus (über ihn s. unt. S. 8 u. ö.), Sententiae 233 CHADWICK: ἴσθι μοιχὸς εἶναι κἂν νοήσῃς μοιχεῦσαι· καὶ περὶ παντὸς ἁμαρτήματος ὁ αὐτὸς ἔστω σοι λόγος (Rufinus übersetzt: . . . sed et de omni peccato eadem tibi sit ratio).

[13] Kleanthes fr. 573 v. A. ὅστις ἐπιθυμῶν ἀνέχετ' αἰσχροῦ πράγματος,
οὗτος ποιήσει τοῦτ', ἐὰν καιρὸν λάβῃ.

[14] Plutarch, De curiositate 12. 521 A τὸ τοῦ Ξενοκράτους . . . . . ὃς ἔφη μηδὲν διαφέρειν τοὺς πόδας ἢ τοὺς ὀφθαλμοὺς εἰς ἀλλοτρίαν οἰκίαν τιθέναι. Vgl. Aelian, Var. hist. XIV 42.

[15] Hiob 31 1. Siracid. 9 5. Prov 6 24ff. — BILLERBECK a. O.

Schritt zu tun« — allenfalls der Platoniker Xenokrates kommt in bildlicher Verkleidung jenem rigorosen Urteil nahe).

Es soll hier nicht auf jene ganz andere, viel humanere und ebenfalls isolierte Äußerung Jesu im Johannes-Ev. 8 1-11 abgehoben werden, wo v. 7 im Blick auf die Ehebrecherin die so menschliche Mahnung steht: »Wer unter euch ohne Sünde ist, der werfe den ersten Stein auf sie!« Denn einmal hat man natürlich versucht, beide konträren Jesusworte aufs beste zu harmonisieren[16], und zum anderen ist der Überlieferungswert des nachträglich ins Joh.-Ev. eingefügten Abschnittes umstritten[17].

Wir haben jetzt und weiterhin vielmehr von jenem Einsprengsel in den Text der Bergpredigt Mt 5 29f. zu reden: »Wenn dich dein rechtes Auge ärgert (σκανδαλίζει), reiß es aus und wirf es von dir. Denn es ist dir nützlich (συμφέρει), daß eins deiner Glieder verdirbt und nur nicht dein ganzer Leib in die Hölle geworfen wird. 30 Und wenn dich deine rechte Hand ärgert, so hau sie ab und wirf sie von dir. Denn es ist dir nützlich, daß eins deiner Glieder verdirbt und nur nicht dein ganzer Leib in der Hölle verschwindet.« Die Stelle begegnet, wie manches andere zunächst aus Q geschöpfte Gut, bei Mt noch einmal an anderer Stelle 18 8-9 und in etwas anderem Zusammenhang, und ganz ähnlich auch bei Mc 9 43ff. Bei Mt findet sich da im ersten Glied Hand und Fuß, im zweiten das Auge, bei Mc ist das Stück dreigliedrig: Hand, Fuß, Auge; bei beiden Evangelisten steht hier in jedem Glied statt συμφέρει (so in der Bergpredigt) vielmehr καλόν ἐστιν — die übrigen geringen Varianten sind für uns ohne Belang. Der Zusammenhang weist ebenfalls gewisse Verschiedenheiten auf; doch ist den beiden zu vergleichenden Stellen – bei Mt und Mc – gemeinsam, daß der Begriff des σκάνδαλον, des Ärgernisses, das Anknüpfungsstichwort geboten hat[18].

---

[16] So FRIEDR. HAUCK, ThWNT IV 1942, 742. Nach den weiterführenden antiken Parallelen sucht man hier wie anderwärts vergebens. Der von KLOSTERMANN zu Ev. Mt 5 25f. nach WETTSTEIN angeführte Properzvers II 15, 12 *si nescis, oculi sunt in amore duces* besagt an sich nicht eben viel, und liest man ihn in seinem Zusammenhang, so tut sich eine völlig andere Welt auf.

[17] In 𝔓⁶⁶ und 𝔓⁷⁵, den, abgesehen von dem kleinen Fragment 𝔓⁵², ältesten Joh-Handschriften (II/III. Jahrhundert), fehlt der Abschnitt wie auch in den anderen von NESTLE im Apparat angeführten frühen Zeugen. Vgl. zur Überlieferung im übrigen ULR. BECKER, Jesus und die Ehebrecherin, 1963 (BZNW 28), S. 8—43; zu der von ihm vorgenommenen Datierung und Begründung für die Einführung der Verse in das NT siehe KURT ALAND in der Festschrift f. Ernst Haenchen, 1964 (BZNW 30), S. 7—31.

[18] σκάνδαλον mit seinen Ableitungen ist zwar ein griechisches Wort (urspr. Stellholz an der Tierfalle — also der Teil der Falle, der für das Opfer zugleich Anstoß und Verderben bedeutet —, dann die Falle selber), jedoch in der metaphorischen

Auf den ersten Blick scheint in allen drei Fassungen, mit geringen Unterschieden der Intensität, das semitische Kolorit ganz deutlich hervor: Das σκανδαλίζειν, die Hölle[19], der auffallende Parallelismus membrorum, der in der Bergpredigt sogar, wie es scheint, von der »rechten« Hand her dieses hier sinnvolle Attribut auch dem Auge hat zukommen lassen. Aber das alles könnte natürlich auch erst der Einbürgerung des Spruchs in die semitische Umwelt zuzuschreiben sein, worauf wir noch zurückkommen werden. Jedenfalls sind auch hier die atl. und rabbinischen Parallelen nicht besonders ermutigend[20]. Sie deuten fast durchwegs auf das Gebiet des Erotischen, in welchem wie wir sahen und noch weiter sehen werden, der Spruch kaum seinen ursprünglichen Sitz haben kann; denn nur in der Bergpredigt, wo er gewaltsam genug eingeschoben ist, steht er in einem solchen Zusammenhang[21]. Übrigens erscheint in diesen Parallelen das Problem nach jüdisch-gesetzlicher Weise ganz unter dem Aspekt von Schuld und Strafe, so daß — dadurch verführt — auch die modernen Ausleger, ich nenne vor allem G. STÄHLIN[22], vielfach das Gliederausreißen nicht anders als eine »radikale Selbstbestrafung«, und zwar im Sinne einer Sühne und nicht etwa bloßer Vorbeugung, glauben deuten zu müssen. Die von anderen Forschern vertretene Alternative[23] bevorzugt ein nur symbolisches Verständnis der rigorosen Aussage im Sinne einer gesteigerten Warnung angesichts des zugrunde liegenden σκάνδαλον, also ‚wenn dir deine Glieder Ärgernis verursachen, dann sind radikale Maßnahmen geboten‘ (so, wie wenn wir übertreibend von einem 'tödlichen Schrecken' sprechen oder ‚zu Tode betrübt‘ sind, oder um noch näher an unser Beispiel heranzukommen, wenn wir zu jemandem sagen ‚reiß dir keinen Fuß aus‘, damit aber lediglich meinen, er soll sich keine allzu große Mühe geben). Wir lassen die Deutung des Spruches einstweilen offen.

Bedeutung ‚Anstoß, Grund zur Bestrafung‘ ist es nur jüdisch-christlich belegt, und zwar als Übersetzung der hebr. Wörter מוֹקֵשׁ und מִכְשׁוֹל ‚Ursache des Verderbens‘; s. G. STÄHLIN, ThWNT VII 339 ff.

[19] Ganz besonders natürlich die nur bei Mc 9 48 sich findende Ausmalung der Schrecknisse der Hölle, »wo ihr (scil. der Leichname) Wurm nicht stirbt und ihr Feuer nicht verlischt«, Zitat aus Jes 66 24, dessen Berühmtheit und Verbreitung u. a. dadurch bezeugt ist, daß auch Vergil, ecl. 4, 24 darauf anspielt (vgl. H. HOMMEL in: Wege zu Vergil 1963, S. 400, Anm. 36 = oben Bd. I 280.

[20] BILLERBECK I 302 f. 779 f.

[21] Vgl. dazu Jos. SCHMID, Das Ev. nach Mt. ⁴1959, S. 101. F. V. FILSON, A Commentary on . . . St. Matthew (1960), S. 86.

[22] ThWNT III (1938) 852 f. 858 ff., vgl. VII (1964) 351 f. Wesentlich zurückhaltender sind die überlegten Ausführungen von FRIEDR. HORST, ebda IV (1942) 564 f.

[23] Z. B. von KLOSTERMANN zu Mc 9 43 ff., vorgebildet von Philon, De spec. legg. III 179 (»συμβολικῶς«). — Vgl. a. J. SCHMID a. O.

Bevor wir uns zunächst einem anderen Herrenwort zuwenden, halten wir jedoch fest, was die drei Fassungen des Spruches gemeinsam besagen: ‚Ist dir eines deiner Glieder (Hand, Fuß, Auge) Anstoß zu strafwürdigem Tun (σκανδαλίζει), so wirf es ab; denn es ist für dich nützlicher (συμφέρει) bzw. besser (καλόν ἐστιν) *ohne* dieses Glied ins Leben, d. h. in Gottes Reich einzugehen, als daß *mit* ihm der ganze Leib der Hölle, d. h. dem ewigen Feuer, überantwortet wird.‘ Lehrreich ist es übrigens zu sehen, wie ein Grieche des 2. nachchristl. Jahrh., Sextus, der christliche Verfasser oder Redaktor einer auch Heidnisches enthaltenden Spruchsammlung[24], diesen Gedankengang für gebildete Leser übersetzt, indem er ihn damit, nur scheinbar abschwächend, ins Philosophische wendet, freilich zugleich unter starker Betonung des ethischen Moments ihn seines eschatologischen Charakters weithin entkleidet: »Jedes Glied deines Leibes, das dich zur Unbeherrschtheit überreden will (ἀναπεῖθόν σε μὴ σωφρονεῖν), wirf von dir, denn es ist besser (ἄμεινον) *ohne* dieses Glied zuchtvoll zu leben (ζῆν σωφρόνως) als *mit* ihm in verderbenbringender Weise (ὀλεθρίως).«[25]

II

Wir lenken nun unsere Aufmerksamkeit auf einen anderen Komplex von Herrenworten, der auf den ersten Blick nichts mit den eben besprochenen zu tun zu haben scheint. Es ist die in den Evangelien häufig und in verschiedener Form wiederkehrende Forderung Jesu an seine Jünger, die Pflichten gegenüber ihrer Familie hintanzustellen, indem es vielmehr darum geht, ihm nachzufolgen. Die zentrale Aussage steht bei Mt 10 37 mit der Parallele Lc 14 26, beidemale in ungefähr dem gleichen Zusammenhang. Voraus geht das erregende Wort Jesu: ich bin nicht gekommen, um Frieden zu bringen, sondern Schwert und Zwietracht selbst innerhalb der Familien. Und es folgt bei Lukas (der überhaupt einer inneren Verknüpfung der Gedanken größere Sorgfalt zuwendet) die bedachtsam vorbereitete Mahnung, daß, wer sein Leben zu erhalten sucht, es verlieren wird, aber wer es verliert um Jesu willen, der wird es recht eigentlich finden. Dieses

---

[24] Über ihn vgl. W. KROLL RE II A 1923, Sp. 2061—64. Grundlegend jetzt die vortreffliche Monographie von HENRY CHADWICK in seiner Ausgabe ‚The Sentences of Sextus‘ . . . 1959, S. 97 ff. Dort auf S. 136 f. die treffende Charakterisierung des Sextus durch Maximus Confessor (Migne, P. G. IV 429 B) als ἐκκλησιαστικὸς φιλόσοφος. Daß Sextus Christ gewesen sein muß, hat CHADWICK 112 ff. 134 f. nach den Vorarbeiten anderer gegen die herrschende Meinung, wie sie u. a. HARNACK vertreten hat, bündig erwiesen.

[25] Sextus, Sententiae 13 (Ausgabe von CHADWICK 1959, S. 12 f.), danach auch zitiert von Origenes, Comm. in Mt 19 12 = Werke 10 (Berliner Corpus 48) 1935, S. 354, 17 ff. (s. bei KLOSTERMANN a. O.). Den Anschluß des Sextusspruches an den bibl. Text des Mt.-Ev. vertritt mit Recht auch CHADWICK S. 139.

für die Verkündigung des Herrn entscheidende Wort kehrt bekanntlich noch einmal bei allen drei Synoptikern wieder[26], dort als Auftakt
zu der noch berühmteren Formulierung »Was hülfe es dem Menschen,
wenn er die ganze Welt gewänne und nähme doch Schaden an seiner
Seele?« — ein Wort übrigens, das in der platonischen Apologie des
Sokrates[27] als Ausspruch des Meisters seine von Philologen längst
beachtete Parallele hat, die sogar noch weitere Anklänge einschließt;
es heißt dort nämlich: »Ich habe euch, Athener, von Herzen gern
und lieb, gehorchen werde ich aber mehr Gott als euch« (diese Stelle
wiederum ist zweimal von dem gebildeten Hellenisten Lukas in der
Apg. zitiert)[28]; Sokrates fährt fort, zu einem seiner Landsleute gewendet: »du bist Athener, gehörst der Stadt an, deren kulturelle und
politische Bedeutung die anderen übertrifft; auf möglichst ausgedehn-
ten Gelderwerb bedacht zu sein, scheust du dich keineswegs, ebenso
auf Ruhm und Ehre, aber um Einsicht und Wahrheit und daß deine
Seele möglichst gut sei (mit dem Ev. ausgedrückt: keinen Schaden
nehme), darum sorgst und kümmerst du dich nicht.«[29]

Doch wir kehren zurück zu Jesu Wort über die Einstellung zur
leiblichen Verwandtschaft, dessen Umgebung bei Mt und Lc uns so-
eben beschäftigt hat. Bei jenem lautet es 10 37: »Wer Vater oder
Mutter mehr liebt als *mich*, ist *mein* nicht wert; und wer Sohn oder
Tochter mehr liebt als *mich*, ist *mein* nicht wert.« Der semitische
Parallelismus der Glieder fehlt bei Lukas, wo es in breiterer, zum Teil
noch entschiedenerer sachlicher Formulierung heißt 14 26: »Wenn einer
sich mir anschließt und nicht seinen Vater hintansetzt[30] und seine
Mutter und sein Weib und seine Kinder und seine Brüder und seine
Schwestern, dazu sogar sein eigenes Leben[31], der kann nicht *mein*
Jünger sein.«

---

[26] Mc 8 34f. Mt 16 24f. Lc 9 23f. Vgl. a. Joh 12 25.

[27] Platon, Apologie 29 D f., dazu W. KRANZ, Die Frömmigkeit des Sokrates.
In: Theol. Stud. u. Kritiken. NF 3, 1937/38, 265ff. Ihm folgt auch unsere Übersetzung
z. T.

[28] Platon: πείσομαι δὲ μᾶλλον τῷ θεῷ ἢ ὑμῖν. Lukas a) Act 4 19 ἢ δίκαιόν
ἐστιν .... ὑμῶν ἀκούειν μᾶλλον ἢ τοῦ θεοῦ, κρίνατε — b) Act 5 29 πειθαρχεῖν δεῖ
θεῷ μᾶλλον ἢ ἀνθρώποις. Die »äußere Abhängigkeit« des Lukas von Platon, von
W. KRANZ a. O. 276 noch angezweifelt, wird jetzt vielfach auch von theologischer
Seite angenommen, so von E. HAENCHEN in seinem Kommentar zur Apg. 1957, S. 183 1
und 209.

[29] Vgl. a. Isokr. 2 (An Nikokles), 46 βούλοιντο δ' ἂν τῷ σώματι κακοπαθῆσαι
μᾶλλον ἢ τῇ ψυχῇ πονῆσαι.

[30] Zu dieser Übersetzung von μισεῖ, das hier einen Hebraismus darstellt, indem
שׂנא neben ‚hassen‘ auch 'zurücksetzen' heißen kann, s. O. MICHEL, ThWNT IV
1942, S. 694 m. Anm. 23 u. 24.

[31] Auf diesen Zusatz ἔτι δὲ καὶ τὴν ψυχὴν ἑαυτοῦ wird noch zurückgekommen
werden müssen, s. unten S. 17f.

Nun ein Blick auf weitere verwandte Stellen. Da ist zunächst das bei allen drei Synoptikern[32] sich findende und nach der Geschichte vom reichen Jüngling an die Lohnfrage des Petrus sich anschließende Jesuswort, das in den etwas präziseren Fassungen bei Mt und Lc etwa folgendermaßen lautet: ‚Wahrlich, ich sage euch, wer Haus und Äcker oder Eltern, Brüder, Schwestern, Weib oder Kinder verläßt um *meines Namens* willen, der wird's hundertfältig empfangen in dieser Zeitlichkeit und in der zukünftigen Welt das *ewige Leben* erben‘[33] (überall folgt dann der Spruch: ‚die Ersten werden die Letzten sein, und die Letzten werden die Ersten sein‘). Was die drei Fassungen unterscheidet, ist, von Kleinigkeiten abgesehen, lediglich, daß das matthäische ‚um *meines Namens* willen‘ bei Markus lautet ‚um *meinet-* und des *Evangeliums* willen‘, und bei Lc ‚um des *Reiches Gottes* willen‘.

Auch die isolierte Mahnung Jesu, die sich nur bei Mt 23 8f. dem Weheruf über die Schriftgelehrten und Pharisäer anschließt und die Führung von Titeln wie Rabbi oder Lehrer verbietet, endet v. 9[34] mit einer gleichartigen Warnung, die implicite einer Abwertung des irdischen Vaters nahekommt, »auch Vater sollt ihr niemanden von euch nennen auf Erden; denn einer ist euer Vater, der im Himmel«.

Eine ganz konkrete Situation greifen schließlich Mt 8 21f. Lc 9 59f. heraus, wo bei Lukas in sinnvoller Einordnung des Spruchs in Jesu Reden über Jüngerschaft und Nachfolge, bei Mt dagegen wiederum ganz unzusammenhängend die Bitte eines Jüngers um Urlaub zur Beerdigung seines Vaters[35] den schroffen Bescheid erhält: ‚folge *mir* nach und laß die Toten ihre Toten[36] begraben‘, wobei Lc noch anfügt »du aber mach dich auf und verbreite die Botschaft vom *Reich Gottes!*«

Der Sinn all dieser Worte[37] ist eindeutig und klar: die Nachfolge Jesu beansprucht den Vorrang vor aller Pietät gegenüber Vater,

---

[32] Mc 10 29f. Mt 19 28f. Lc 18 29f.

[33] Manches spricht für eine vorauszusetzende ältere und knappere Fassung »der wird's hundertfältig empfangen« (J. WELLHAUSEN); wenigstens der letzte Zusatz in dem uns überlieferten Wortlaut »und in der zukünftigen Welt das ewige Leben« enthielte aber dann eine richtige Interpretation.

[34] V. 10 ist seit langem als Dublette zu v. 8 erkannt worden.

[35] Neuerdings versteht man stattdessen diese Bitte gern da und dort als Wunsch, beim Vater noch bis zu seinem Tode zu bleiben, um ihn zu pflegen, so A. PLUMMER, An exegetical commentary ... to St. Matthew 1956 zu der Stelle, S. 130 1. Die von uns versuchte Einordnung in einen größeren Zusammenhang, in dem die Stelle als tradierter Topos erscheint, spricht nicht für eine solche Auslegung.

[36] Man pflegt wohl richtig zu erklären, daß das erste νεκρούς die geistlich Toten, das zweite die leiblich Toten bezeichne; vgl. z.B. BILLERBECK I 489. M. HENGEL, Nachfolge und Charisma ... 1968, S, 8f. m. Anm. 23. Das einer solchen Metapher zugrundeliegende Bild verwendet (nach Diog. Laert. 5, 19) in seiner Weise auch Aristoteles: »Auf die Frage, worin sich die Gebildeten von den Ungebildeten unterschieden, sagte er: so wie die Lebendigen von den Toten.«

[37] Er ist präzis erörtert von G. SCHRENK ThWNT V 1954, 982f. s. v. πατήρ.

Mutter, Familie überhaupt, also natürlich auch vor Haus und Acker, ja, nach Lc 14 26 sogar vor dem eigenen Leben. Der Gegensatz ist stets — meist in der Ichform bezeichnet — Jesus selber, dem die uneingeschränkte Nachfolge zu gelten hat, aber — im Sinne der gemeinantiken Anschauung von der »Einheit von Wesen und Namen«[38] — eben auch sein Name, oder das von ihm verkörperte Evangelium oder das Reich Gottes. Als Lohn für den damit gegebenen zeitlichen Verzicht steht in der zukünftigen Welt das ewige Leben bereit. Für all diese Forderungen eines unerhörten neuen Anspruchs, den Jesus für sich und seine Sache erhebt, lassen uns naturgemäß die atl.[39] und rabbinischen Zeugnisse im Stich. Zumal das Versäumen der Bestattung des Vaters muß dem Judentum als ein Verstoß gegen ein unabdingbares Pflichtgebot erschienen sein[40].

III

So bliebe hier die Beschränkung auf eine Exegese rein von der aufrüttelnden Neuigkeit der Botschaft Jesu her, und sie wird theologisch wie verkündigungsmäßig auch das Feld behaupten müssen[41]. Aber es wird für die Texterklärung doch auch von einem gewissen Nutzen sein zu fragen, ob nicht anderwärts und zwar im naheliegenden Bereich der Kultur, deren Sprache das NT spricht, vergleichbare Stimmen zu hören sind und wenn ja, was sie dem Exegeten zu sagen haben, wie sich sein Text zu ihnen verhält und worin er sich von ihnen unterscheidet. Der Untersuchung dieser Frage soll der Rest unserer Betrachtung gewidmet sein.

Die Stelle, die von den meisten Kommentatoren zum Verwandtentopos Mt 10 getreulich angeführt wird, steht bei dem Jungstoiker Epiktet (einem jüngeren Zeitgenossen des Plutarch), Diss. III 3, 3—5. Da heißt es: »Vor jeglicher Verwandtschaft hat das sittlich Gute (τὸ ἀγαθόν) den Vorzug. Mit meinem Vater habe ich nichts zu schaffen, aber mit dem ἀγαθόν.« Und die Erörterung mündet in den sehr prägnanten Kurzdialog: »‚Ich bin doch dein Vater.‘ — Aber kein ἀγαθόν./‚Ich bin doch dein Bruder.‘ — Aber kein ἀγαθόν.« Daß bei Heranziehung bloß dieses einen späten Zeugnisses die ntl. Exegeten sich mit nicht viel mehr als mit einer unverbindlichen, wenn auch

---

[38] BIETENHARD ThWNT V 1954, 272.

[39] Die gelegentlich angeführte ‚Parallele‘ Mi 7 6 hat rein formale Bedeutung; denn daß sich dort der Sohn von seinem Vater abwendet usw., wird ja gerade als Zeichen sittlicher Verwilderung herausgestellt. Noch I Tim 5 8 stellt die Sorge für Verwandte und Angehörige als unbedingte Pflicht, ja als Voraussetzung des Glaubens hin.   [40] BILLERBECK I 487 ff.

[41] Selbst distanzierende Geschichtsschreibung wertet diese Seite der Verkündigung Jesu mit Recht als einzigartiges historisches Faktum, so H. LIETZMANN, Geschichte der alten Kirche 1. 1932 S. 38 f.

bemerkenswerten Parallele konfrontiert sehen, und daß sie der späten Stoa allenfalls die Reverenz eines λόγος σπερματικός, einer Teilhabe vielleicht am Funken göttlichen Geistes zu erweisen bereit sind, läßt sich verstehen. Immerhin bleibt auch so die Verwandtschaft des Gedankens, und wir buchen als Unterschied lediglich, daß das abstrakte ἀγαθόν anstelle des lebendigen Herrn den Rang über den Verwandten beansprucht. Aber die stoische Maxime steht, was man nicht zu beachten pflegt, in einer alten auf Sokrates zurückweisenden Tradition. Wir betrachten ihre ältesten Vertreter.

Der früheste[42] und ausführlichste, wenn auch keineswegs tiefgründigste Repräsentant ist der schlichte Jünger Xenophon im ersten Buch seiner ,Erinnerungen an Sokrates', cap. 2. Da werden Punkt für Punkt die Vorwürfe zurückgewiesen oder entkräftet, die der Rhetor Polykrates von Athen in einer ca. 393/2 verfaßten postumen und rein literarischen Anklageschrift gegen Sokrates erhoben hatte, die wir nur aus den erhaltenen Gegenäußerungen rekonstruieren können[43]. Eine von diesen Beschuldigungen lautete offenbar, der Meister habe seine »Schüler veranlaßt, eher ihm zu gehorchen als ihren Vätern«, Verwandten und Freunden[44]. Xenophon, der hier — selbst nach dem Urteil eines Skeptikers wie OLOF GIGON — zweifellos aus einem echten sokratischen Gespräch schöpft[45], gibt den Inhalt dieses Vorwurfs zu, aber erklärt ihn damit, daß nach Sokrates' Überzeugung verwandtschaftliche und freundschaftliche Bindungen und Sympathien hinter dem Nutzen zurückzutreten haben, den der Sachkenner stiftet, der das Rechte weiß und anderen mitzuteilen versteht[46].

In den Paragraphen 51 bis 55 heißt es wörtlich:

51 Sokrates, so sagte der Ankläger, ließ nicht nur die Väter, sondern auch die übrigen Verwandten in Mißachtung bei seinen Anhängern stehen, indem er sagte, daß

---

[42] Bald nach 390 v. Chr. nach P. Treves RE XXI 1952, Sp. 1741. Die Frühdatierung des ersten Teils der xenophontischen Memorabilien, der wir uns anschließen, ist nicht unbestritten (vgl. z. B. J. H. Kühn, Gnomon 26. 1954, 520f.).

[43] Treves a. O. 1739ff. O. Gigon, Kommentar zum ersten Buch von Xenophons Memorabilien 1953, S. 36 u. ö. E. Gebhardt, Polykrates' Anklage gegen Sokrates und Xenophons Erwiderung. Diss. Frankf. a. M. 1957, hier bes. S. 32ff. 86ff., dazu die grundlegenden Berichtigungen von J. H. Kühn, Gnomon 32. 1960. 97ff., bes. 100. 106f.

[44] Gigon 75ff. E. Gebhardt a. O.

[45] A. O. 78. Dagegen wiederum E. Gebhardt a. O. 90 m. Anm. 253. Zum Grundsätzlichen der Beurteilung Xenophons als Sokratiker handelt gegen Gigon vortrefflich Kühn a. O. und Gnomon 1954, 520f.

[46] Xenophon, Memorabilien I 2, 49ff. Dazu Gigon 73ff., vgl. a. Kühn a. O. 519, dem ich freilich in einem Punkt nicht zustimmen kann, wenn er nämlich in den extremen Beispielen der Paragraphen 54f. sokratische oder gar xenophontische Ironie sieht (s. dazu a. schon Gigon 79); ähnlich gegen Kühn auch E. Gebhardt a. O. 90 251.

die Verwandten (z. B. ja auch) weder den Kranken noch den in einen Rechtsstreit Verwickelten helfen könnten, sondern vielmehr den einen nur die Ärzte, den anderen nur die Rechtskundigen[47].

52 Und auch im Hinblick auf die Freunde sage er, so meinte der Ankläger, daß ihr Wohlwollen keinen Zweck habe, wenn sie nicht auch (wirklich) *Nutzen* stiften könnten. Er sage, nur die seien der Achtung wert, die das *Notwendige* wüßten und es auch auseinandersetzen könnten. Er überrede nun die jungen Menschen, daß *er selbst* am weisesten und besten imstande sei, andere weise zu machen, und so bringe er seine Freunde dahin, daß die anderen bei ihnen nichts gälten ihm gegenüber.

53 Ich weiß durchaus, daß er über die Väter und über die anderen Verwandten und Freunde derart sprach und überdies auch noch hinzufügte, daß man ja, wenn die Seele, in der allein die *Vernunft* (φρόνησις) wohnt, den Leib verlassen habe, diesen schnellstens hinaustrage und bestatte[48], auch wenn es sich um den nächsten Angehörigen handle.

54 So meinte er auch, daß jedermann schon während seines Lebens bei aller Liebe zu seinem Körper doch das *Unnütze* und *Unbrauchbare* entweder selbst entferne oder dies einem anderen überlasse; man entferne nicht nur selber die eigenen Nägel, Haare und Schwielen, sondern lasse auch die Ärzte unter Qualen und Schmerzen schneiden und brennen, und dafür glaube man ihnen noch Dank und Bezahlung schuldig zu sein[49]. Auch den Speichel spucke man ja aus dem Munde soweit wie möglich aus, weil er darin verbleibend einem *nichts nütze*, sondern vielmehr *schade*.

55 Dies sagte er nun allerdings nicht, um zu lehren, man solle seinen Vater noch bei Lebzeiten begraben und sich selbst verstümmeln, sondern vielmehr, um zu zeigen, daß Unverstand keine Achtung verdient, und er ermahnte dazu, sich darum zu bemühen, so verständig und *nützlich* wie möglich zu werden, damit man, wenn man von seinem Vater, von seinem Bruder oder sonst von jemandem geachtet zu werden wünsche, *nicht* im Vertrauen auf *das nahe Verhältnis* nachlässig sei, *sondern* vielmehr versuche, denen *nützlich* zu sein, von denen man geachtet werden wolle. (Die Übersetzung frei nach E. P. JAERISCH, 1962 bei Heimeran).

Die Nähe dieses sokratischen Logos zu den Logien Jesu über die Irrelevanz verwandtschaftlicher Bindungen an sich im Verhältnis zu dem einen was not tut, ist ohne weiteres evident. Was uns dabei besonders erstaunt, ist dies, daß auch der Topos von der Beerdigung des Vaters nicht fehlt und noch mehr, daß jenes andere, im Evangelium ganz getrennt erscheinende Wort vom Abstoßen unnützer bzw. »skandalöser« Glieder des Leibes hier mit dem Gedanken vom Versäumen der leiblichen Verwandtschaft in eine nahe und sinnvolle Beziehung gesetzt ist. Wir ziehen die genaueren Verbindungslinien erst nachher,

---

[47] Dieser Gedanke kehrt ähnlich auch in der xenophontischen Apologie des Sokrates 20 wieder.

[48] Vgl. Heraklit fr. 96 D., wonach die Leichname noch eher weggeworfen werden sollten als Mist; dazu GIGON 78. E. Gebhardt 90.

[49] Auch dieser Gedanke ist schon bei Heraklit (fr. 58 D.) vorgebildet, wenn auch in anderem Zusammenhang. GIGON 79 will darin eine alte Scherzfrage erblicken(?). Besser K. S. KIRK, Heraclitus ... 1954, S. 90f.

betrachten vielmehr zunächst noch die anderen antiken Zeugnisse. Anlaß dazu bietet übrigens schon der Umstand, daß wir bei Xenophons in diesem Punkte etwas knappem Bericht die ausdrückliche Erwähnung der Glieder, also etwa Hand, Fuß und Auge vermissen; denn nur die Beseitigung von derartigem kann gemeint sein, wenn es heißt, daß man den Ärzten für ihr rauhes Handwerk mit Schneiden und Brennen sogar noch Dank und Bezahlung zubillige, was ja im Blick auf die ausdrücklich genannten Abfälle wie Nägel, Haare, Schwielen und Speichel kaum zutrifft[50]. Das Gesuchte findet sich in der Tat in einigen anderen, kürzeren, aber nicht minder wichtigen Zeugnissen dieser Überlieferung, die samt und sonders — mit oder ohne namentliche Berufung — auf Sokrates zurückweisen. Im p l a -t o n i s c h e n ‚Symposion' berichtet der Meister von der ihm durch die begnadete Seherin Diotima zuteil gewordenen Erkenntnis über das Wesen des Eros. Auf des Sokrates Frage »was bringt der Eros dem Menschen für *Nutzen?*« (τίνα χρείαν ἔχει τοῖς ἀνθρώποις;) läßt er die weise Frau antworten (204 C ff.), daß dieser Nutzen sich durchaus auf das *Schöne* und *Gute*, das καλόν und ἀγαθόν beziehe, und daß er Glück, besser göttliche Begnadung (εὐδαιμονία) im Gefolge habe[51]. Und weiter heißt es dann im Verlauf einer gründlichen und auf beträchtlicher Höhenlage sich bewegenden Erörterung des Problems, daß man, um das durch den Eros vermittelte geistige Gut zu erlangen, sich auch eventueller Hindernisse entledigen müsse, selbst wenn diese im Bereich des Allernächsten lägen. Wörtlich fährt Diotima fort (205 E 3 ff.):

> »Lassen doch die Menschen sich sogar ihre eigenen Hände und Füße abschneiden, wenn dieses ihr Eigentum ihnen schädlich erscheint ((δοκῇ ... πονηρὰ εἶναι[52]). Denn nicht die Zugehörigkeit ist das Kennzeichen des Beglückenden, es sei denn, daß einer das ἀγαθόν als sich zugehörig und eigen nennen darf und das Schlechte, das κακόν, als sich wesensfremd. Verlangt es ja doch die Menschen nach nichts anderem als dem ἀγαθόν.«

In derselben Tradition steht A r i s t o t e l e s[53], wenn er in der Eudemischen Ethik 7, 1 gg. E. referiert (1235 a 35 ff.):

---

[50] Vgl. dazu auch GIGON a. O., der jedoch den Gedankengang nicht durchschaut (vgl. a. unten Anm. 52). Ferner E. GEBHARDT 90.

[51] Zum Gesamtkontext dieser Stelle s. J. WIPPERN in: Synusia (Schadewaldt-Festschr. 1965), S. 129 f.

[52] Dem entspricht im Evangelium das σκανδαλίζει u. ä. — O. GIGON a. O. 79 hat die Zugehörigkeit dieser ernsten platonischen Stelle zu Xenophons Bericht Memor. I 2, 54 nicht bedacht, wenn er hier den Topos als sonderbar und übersteigert, vielleicht sogar als scherzhaft empfindet (vgl. a. ob. Anm. 46 u. 49).

[53] Vgl. a. die vielzitierte Stelle Aristoteles, Nikom. Ethik 9, 2, 1164 b 22—1165 a 35, die zwar mit Recht von O. GIGON a. O. 77 mit unserem sokratischen Logos zusammengebracht wird, sich jedoch in der Gedankenführung weiter von ihm entfernt.

»Es gibt welche, denen scheint die Freundschaft (φίλον) lediglich auf dem
Nützlichen (χρήσιμον) zu beruhen. Der Beweis (σημεῖον) wird darin gefunden, daß
in der Tat alle dem *Nützlichen* nachjagen, während man das Unnütze (τὰ ἄχρηστα)
sogar aus der eigenen Person entfernt (ἀποβάλλουσιν), wie der alte Sokrates unter
Hinweis auf den Speichel, die Haare und die Nägel betont hat; ferner, daß wir auch
die *unnützen* Glieder wegwerfen (καὶ τὰ μόρια ὅτι ῥιπτοῦμεν τὰ ἄχρηστα), und
schließlich sogar den Leib, wenn er stirbt; denn der Leichnam ist nichts nütze —
und nur die, denen er noch etwas bedeutet, die bewahren ihn auf, wie z. B. in Ägypten.«

Diese Stelle ist besonders wichtig, weil hier mit aristotelischer
Begriffsschärfe sich eins aus dem anderen ergibt, vielleicht sogar in
Anlehnung an den ursprünglichen sokratischen Gedankengang, jedenfalls aber im allgemeinen Sinn seiner Beweisführung. Also etwa so:
‚Nach der Maßgabe des Nutzens treffen wir unsere Wahl und Entscheidung über das, was wir annehmen bzw. behalten, oder was wir
ablehnen bzw. ausscheiden: so bei den Verwandten und Freunden, so
selbst bei Bestandteilen unseres Ich, angefangen von Speichel, Haaren
und Nägeln bis zu Gliedmaßen und zum ganzen Körper, je nach dem er
lebt und nützt oder aber tot ist und darum unnütz geworden.‘

Wir halten vor allem das immer wieder eingehämmerte Kriterium
des Nützlichen oder Unnützen (des χρήσιμον und ἄχρηστον) fest[54],
das bei Platon als καλόν und ἀγαθόν bzw. als πονηρόν interpretiert
wird.

Als ein spätes Zeugnis dieser Traditionsreihe ist noch Epiktets
Lehrer, der Stoiker Musonios, anzuführen, womit sich im Blick auf
das eingangs bemühte Epiktetwort der Ring schließt. Musonios 16
(p. 86f. Hense) heißt es:

»Dein Vater hindert dich am Philosophieren; doch der gemeinsame Vater aller
Menschen und Götter, Zeus, mahnt und ermuntert dich dazu ... Das Gebot des Zeus
befiehlt dem Menschen, gut zu sein (ἀγαθὸν εἶναι), was identisch ist mit Philosoph
sein ... Aber dein Vater, beim Zeus, wird dich einsperren und abschließen von der
Philosophie ... doch wird er das (letzte) nicht tun (können) gegen deinen Willen.
Denn wir philosophieren ja nicht mit der Hand oder mit dem Fuß oder sonstwie
mit dem Körper, sondern mit der Seele und auch von ihr nur mit einem kleinen Teil,
den wir Denkvermögen nennen (ὃ δὴ διάνοιαν καλοῦμεν).«

Wie hier der ganze gleichwohl noch gut erkennbare sokratische
Logos in die stoische Gedankenwelt eingeschmolzen ist, so ist insbesondere der Topos von Gliedern und Leib völlig umgebogen; aber
er hat doch noch die ursprüngliche Konfrontierung mit dem was
not tut und nützlich ist, hier mit der durch die Seele bzw. das Denkvermögen vermittelten Philosophie, wenigstens im allgemeinsten Sinne

---

[54] Vgl. Franz Dirlmeier z. d. St. (Aristoteles, Eudemische Ethik, übersetzt
1962, S. 374).

bewahrt[55], wie denn auch gerade dieses späte Zeugnis von den ntl.
Exegeten neben dem Epiktetwort gelegentlich zitiert wird[56].

Es bleibt uns nur noch der Hinweis auf einige prägnante Formulierungen des sokratischen Logos, die zwar den Glieder-Topos nicht
mehr enthalten, aber im übrigen den Hauptgedanken gut wiedergeben, woraus wir entnehmen wollen, daß der Gedanke von früh an
auch ohne jenen Glieder-Topos tradiert worden ist. So von Platon
im ‚Lysis‘ 210 C/D:

> Sokrates führt da nach ausführlicher Einleitung[57] folgendes Gespräch mit dem
> jungen Mann: ›Werden wir jemandem lieb sein und wird uns jemand lieb haben im
> Blick auf das, wozu wir unnütz sind (ὦμεν ἀνωφελεῖς)? — Doch nicht, sagte er. —
> Nun also liebt weder dich dein Vater noch sonst einer jemanden, insofern er unbrauch-
> bar ist (ᾗ ἄχρηστος). — Offenbar nicht, sagte er. — Wenn du aber verständig (σοφός)
> wirst, mein Sohn, dann werden alle dir Freunde und Angehörige (φίλοι καὶ οἰκεῖοι)
> sein, denn du wirst brauchbar sein und gut (χρήσιμος καὶ ἀγαθός). Im anderen Fall
> jedoch wird dir keiner Freund sein, selbst nicht dein Vater, deine Mutter und deine
> Verwandten. ‹

Soweit Platon. Hier also hat der Gegensatz vom unnützen Verwandten und vom nützlichen Weisen seine knappe und eindringliche
Ausprägung erfahren, bis zu dialektischer Vertauschung der Begriffe,
so daß letzten Endes der Verwandte zum Fremden, der nicht bluts-
verwandte Weise zum Freund und Verwandten wird.

Noch prägnanter erscheint der Gedanke, wieder eingeschränkt
auf die Eltern, in einem dem Aristoteles zugeschriebenen Apophthegma, das bei Diogenes Laertius 5, 19 überliefert ist: der Philosoph soll
gesagt haben, die Erzieher genössen höhere Achtung als die bloßen
Erzeuger; denn den einen sei nur das Leben, den anderen aber das
sittlich gute Leben (τὸ καλῶς ζῆν) zu verdanken.

IV

Es ist nun an der Zeit, diese ganze hier ausgebreitete sokratische
Tradition mit den eingangs besprochenen Herrenworten zu konfrontieren. Wir können uns eine tabellarische Vergleichung wohl ersparen;
denn es springt auch so ohne weiteres in die Augen, daß der Begriff
des Nutzens, interpretiert als φρόνησις, σοφία[58], καλόν, ἀγαθόν, andeutungsweise verkörpert im Lehrer und Meister selber, mit dem

---

[55] Ähnliches gilt von verschiedenartiger Verwendung des gleichen Topos durch
den Sokratesschüler Aristipp, den Hedoniker, nach den Berichten des Diogenes Laert.
II 81 u. 91. Vgl. dazu GIGON 78f.

[56] So von G. SCHRENK ThWNT V 1954, S. 950 s. v. πατήρ.

[57] Hierbei erscheint 209 E 6ff. auch ein Beispiel, das sich mit dem kranken
Auge befaßt, jedoch in einem anderen Zusammenhang als der uns hier beschäftigt.

[58] Dazu DIRLMEIER a. O.

Gegenbild des Unnützen oder Schädlichen, interpretiert als πονηρόν oder κακόν, den sokratischen Beweisgang ganz und gar beherrscht, wobei der Topos vom Abstoßen der unnützen Glieder organisch sich dem Leitgedanken von der Irrelevanz der leiblichen Verwandtschaft oder freundschaftlicher Bindung gegenüber dem Nutzen des Verständigen und des von ihm vermittelten Gutes verbindet.

Im Evangelium dagegen erscheinen die beiden Bereiche, noch dazu jeweils wenig organisch in ihre Umgebung eingefügt, so voneinander getrennt, wie wir dies gelegentlich auch in der Profanüberlieferung vorgebildet fanden. Daß sie auch im Evangelium dennoch gedanklich zusammengehören, braucht nun aber keineswegs von uns als petitio principii bloß aus der Stringenz der antiken Parallelen behauptet zu werden. Unvoreingenommene theologische Interpretation hat dies vielmehr schon bisher, und ohne dieses Vergleichsmaterial ins Auge zu fassen, rein aus textimmanenten Erwägungen richtig gesehen. So faßt z. B. RUDOLF BULTMANN[59] beide Gruppen von Logien unter dem Oberbegriff der eschatologischen Verkündigung zusammen. Und schon vorher hatte FRIEDRICH HORST bemerkt[60]: »Ebenso, wie Jesus bedingungslose Abkehr ... von der Familie ... fordert, ja die Preisgabe des eigenen Lebens, wenn diese Güter von der Nachfolge abhalten, so selbstverständlich auch die unbedingte Preisgabe der sündigen ... Glieder.«[61]

Stellen wir uns also einmal, dadurch ermutigt, auf den Boden der Zusammengehörigkeit beider Gedankenkreise, so gewinnt es an Bedeutung, daß der antike Oberbegriff des Nutzens und des sittlich Guten gerade auch im ntl. Glieder-Topos wortwörtlich erscheint: Mt 5 29 das συμφέρει γάρ σοι, und Mt 18 8f. (Mc 9 43ff.) das einprägsam mehrfach wiederholte καλόν σοί ἐστιν.

Aber auch die Bekrönung der Klimax — Verzicht auf ‚Freunde, Verwandte, Eltern, Glieder des eigenen Leibes‘ — durch die Preisgabe dieses Leibes (σῶμα) selber als Träger des physischen Lebens (ψυχή), sie begegnet uns hier wie dort: ganz rein und folgerichtig und in aller Nüchternheit bei Aristoteles in der Eudemischen Ethik καὶ τέλος τὸ σῶμα, ὅταν ἀποθάνῃ[62], aber nicht minder deutlich, als Überhöhung

---

[59] Theologie des Neuen Testaments 1953, S. 8f.

[60] ThWNT IV (1942), S. 564 im Artikel μέλος.

[61] Nicht beachtet dagegen ist diese Zusammengehörigkeit im Artikel σκάνδαλον von G. STÄHLIN ThWNT VII (1964), S. 351f.

[62] Aristoteles, EE 7, 1, s. ob. S. 14f. Porphyrios, Epist. ad Marcellam 34 p. 296, 7 Nauck ⟨ἐπὶ σωτηρίᾳ⟩ τῆς ψυχῆς ἕτοιμος ἔσο τὸ ὅλον σῶμα ἀποκόπτειν, s. dazu unten S. 19. Vgl. außerdem noch Seneca, Epist. 51, 13 *proice quaecumque cor tuum lanient, quae si aliter extrahi nequirent, cor ipsum cum illis revellendum erat.* Diese Stelle zitiert (nach Wettstein) z. B. Erich Klostermann zu Mt 5 29; doch besagt sie nicht eben viel, wenn man sie nicht im Zusammenhang ihrer Tradition sieht.

des Verwandtentopos allein, auch bei Lc 14 26 in dem Zusatz ἔτι δὲ καὶ τὴν ψυχὴν ἑαυτοῦ[63]. Dabei kann uns der Blick auf die sokratische Überlieferung davor bewahren, in solcher »Preisgabe des eigenen Lebens« unbesehen (wie es allzu häufig geschieht) das selbstverleugnende Opfer eines hohen Wertes zu erblicken. Nein, nur insofern das eigene Leben und alle anderen irdischen Bindungen und Güter dem Höchstwert der ‚Nachfolge' im Wege stehen und daher ‚unnütz' werden, ist ihre Hingabe fällig und geboten, ein Akt der Vernunft sozusagen[64], der diesen seinen Charakter bei näherem Zusehen auch noch im Rahmen der Predigt Jesu verrät[65].

Es ist hier geboten, auf einen Punkt der Überlieferung hinzuweisen, an dem sich antike Tradition und christliche Neuformulierung sozusagen berühren, womit unser Bemühen, die beiden Stränge einander zu nähern, zugleich eine höchst erwünschte Legitimation erhält. Wir erinnern uns an den Versuch des christlichen Philosophen S e x t u s aus dem 2. Jahrhundert, das Wort des Evangeliums vom Gliederausreißen in die Sprache der Gebildeten seiner Zeit umzusetzen[66]. Derselbe Gewährsmann bringt aber an einer anderen Stelle seiner Sammlung ethischer Maximen noch eine weitere Fassung des gleichen Satzes, die unverkennbar an den uns aus Xenophon bekannten gedanklichen Zusammenhang anknüpft.

Es heißt da[67]: »Du kannst beobachten, wie Menschen, um den übrigen Körper gesund zu erhalten, Glieder von sich abhauen und wegwerfen; um wieviel besser (ist es, dies) um der seelischen Gesunderhaltung[68] willen (zu tun)!«

---

[63] Oben S. 10f. Auch in der Aufzählung bei Fr. Horst, ThWNT IV 564 sind wir demselben Element soeben noch einmal begegnet (»ja die Preisgabe des eigenen Lebens«).

[64] Es wäre reizvoll zu untersuchen, ob in solchen sokratischen Erwägungen nicht letztlich die stoische Rechtfertigung des Selbstmordes gründet. Vgl. einstweilen M. Pohlenz, Die Stoa I 1948, 156. 323. 326f., wo das Kriterium des Nutzens mit Recht betont ist.

[65] Auch dies wiederum ganz richtig gesehen von Fr. Horst a. O.

[66] Sextus, Sententiae 13; ob. S. 8.

[67] Sextus, Sententiae 273: ἀνθρώπους ἴδοις ἂν ὑπὲρ τοῦ τὸ λοιπὸν τοῦ σώματος ἔχειν ἐρρωμένον ἀποκόπτοντας ἑαυτῶν καὶ ῥίπτοντας μέλη · πόσῳ βέλτιον ὑπὲρ τοῦ σωφρονεῖν;

[68] Nichts anderes kann im Rahmen der gebotenen Antithese das σωφρονεῖν (gewiß mit dem Akzent des Philosophen althellenischer Tradition auf dem intellektuellen Bereich) hier meinen. Wir haben den Konträrbegriff des μὴ σωφρονεῖν in dem Spruch 13 oben S. 8 mit ‚Unbeherrschtheit' und das σωφρόνως mit ‚zuchtvoll' übersetzt, wo dies im Zusammenhang der konkreteren Paränese erfordert schien. Aber der lateinische Übersetzer der Sextus-Sprüche, Rufinus von Aquileja, Vertreter des christlichen Mönchsideals um 400 n. Chr., schränkt zweifellos zu stark ein, wenn er in beiden Fällen σωφρονεῖν mit *pudicitia* wiedergibt (Chadwick S. 13 u. 43; vgl. übrigens zur Bedeutungsgeschichte des Wortes σωφρ. Luck ThWNT VII 1964, S. 1094.

Hier sind also in der Tat die beiden Überlieferungen einander genähert und in sinnvolle Verbindung gebracht: ‚wie die Menschen gemeinhin sich unnützer und der leiblichen Gesundheit hinderlicher Glieder entäußern (Sokrates), so sollen sie dasselbe erst recht tun, wenn die Gesunderhaltung der ψυχή dies erfordert (Evangelium).' Origenes, der die beiden Sprüche des Sextus in einem Atem zitiert[69], hat sich also zweifellos eine Interpretation der betr. Evangelienstellen aus sokratischer Tradition zu eigen gemacht, ein Umstand, den wir nicht hoch genug bewerten können.

Es entbehrt nicht eines besonderen Reizes, daß nicht lange danach, gegen 300 n. Chr., der heidnische Neuplatoniker Porphyrios in seinem Trostbrief an die ferne Gattin Marcella das gleiche Wort, sei es aus Sextus, sei es aus dem ihm persönlich bekannten[70] Origenes, aufgreift und in einem geradezu christlich anmutenden Sinne radikalisiert[71]: »oft pflegt man einzelne Glieder zum Heil des übrigen Leibes abzuhauen[72], du aber sollst zum Heil der Seele bereit sein, den ganzen Leib dahinzugeben (wörtl. sogar: abzuhauen).« Hier sind die heidnische und die christliche Überlieferung einmal in knappster Formulierung beinahe bis zur Identität einander genähert. Sonst jedoch zeigen die beiden Stränge ihre charakteristischen Unterschiede.

Daß in der Tat bei näherem Zusehen ganz entscheidende Besonderheiten und Differenzierungen die Herrenworte vor dem sokratischen Logos auszeichnen, ist natürlich nicht minder lehrreich und macht den Vergleich erst eigentlich fruchtbar. So wird aus dem βλάπτειν, der Schädigung durch die unnützen Glieder, im Evangelium das σκανδαλίζειν, der Anstoß zur Sünde, von wo der Weg ohne die empfohlene Radikalkur geradewegs in die Hölle führen muß. Das Beispiel hat überhaupt, indem es sich bei den Synoptikern verselbständigte, an Entschiedenheit gewonnen, und aus der Feststellung von bloßem Sachverhalt ist ein Bußruf von größter Eindringlichkeit geworden. Ganz ähnlich bei dem Motiv von der Bestattung des Vaters;

1097. 1099 ff.). Die Begriffsverengung erklärt sich aus der Zeit und aus dem Zweck der lateinischen Übersetzung der Sprüche des Sextus, die als Brevier für eine fromme Christin gedacht war (CHADWICK 117 ff.; allgemein über Rufinus vgl. a. H. LIETZMANN RE I A 1920, Sp. 1193 ff.).

[69] A. O., s. ob. Anm. 25.

[70] R. BEUTLER RE XXII 1954, Sp. 276. 292 f.

[71] Porphyr., Ad Marcellam 34 (s. bei CHADWICK S. 175; vgl. ob. Anm. 62): πολλάκις κόπτουσί τινα μέρη ἐπὶ σωτηρίᾳ ⟨τοῦ λοιποῦ σώματος, σὺ δ' ἐπὶ σωτηρίᾳ⟩ τῆς ψυχῆς ἕτοιμος ἔσο τὸ ὅλον σῶμα ἀποκόπτειν. Vgl. allgemein auch CHADWICK S. 141 ff.

[72] Ein später (unbewußter?) Nachklang noch in F. V. FILSON's Kommentar zum Mt.-Ev. (London 1960) zu c. 5 29 f., S. 86: whatever in one's life tempts one to sin should be discarded, promptly and decisively, just as surgeons today amputate an arm or leg to save life« (Sperrung zugefügt).

auch hier anstelle der einfachen Konstatierung von mangelndem Nutzen beim entseelten Leichnam vielmehr der fordernde Aufruf, die Konsequenz zu ziehen im Sinne der unbedingten und sofortigen Nachfolge Jesu. Der Herr verfügt ja auch über die ἐξουσία zur Gleichsetzung seiner göttlichen Person und ihres Namens mit dem Evangelium und der βασιλεία τοῦ θεοῦ, während der Vorläufer Sokrates die εὐδαιμονία von φρόνησις, καλόν und ἀγαθόν in den Vordergrund zu stellen hat und diese Werte nur zögernd und zaghaft mit seiner eigenen Person verbindet. Dort philosophische Reflexion, wenn auch gewiß mit starkem sittlichen Anspruch und Aufruf, hier die existenzverwandelnde Predigt vom Reiche Gottes[73].

V

Wenn wir es trotzdem wagen, wenigstens im Sinn einer Arbeitshypothese von einer beide Welten verbindenden Tradition zu sprechen, dann stellt sich uns zum Schluß die dreifache Frage: was berechtigt uns dazu, eine solche Tradition überhaupt zu postulieren; wie könnte sie allenfalls zustande gekommen sein, und wie ließe sie sich verstehen?

Zum ersten Punkt wäre zu sagen: die frappante Ähnlichkeit der beiden Gruppen von Logoi, der sokratischen und der neutestamentlichen im Evangelium, beruht keineswegs bloß auf Allgemeinheiten, wie sie da und dort aufgrund vergleichbarer menschlicher Situationen immer von neuem und unabhängig voneinander wieder konzipiert werden können — also das, was man Konvergenz, Völker- oder Elementargedanke zu nennen pflegt —, sondern die nahe Vergleichbarkeit im Sinne einer Verwandtschaft manifestiert sich in der Wahl der Antithesen und ihrer Begründung ebenso wie in der Bemühung der nicht alltäglichen Beispiele vom Gliederabstoßen und von der Bestattung des Vaters sowie in ihrer Inbeziehungsetzung und Verkoppelung[74].

Zum zweiten Punkt bietet sich die Wahl etwa zwischen folgenden Möglichkeiten: Jesus, dem unsere Betrachtungsweise keineswegs die in seiner Lehre und Person fest verwurzelte Identität gerade mit den hier zur Diskussion stehenden Gedanken streitig machen darf und

---

[73] Zur zentralen Bedeutung der Gottesherrschaft für die Verkündigung Jesu vgl. jetzt Rud. Schnackenburg, Ntle. Theol. 1963, S. 60 mit weiterer Literatur. — Über grundsätzliche Unterschiede zwischen Platonismus und Christentum handelt E. Hoffmann, Platonismus und Mystik im Altertum 1935, S. 100 u. ö.

[74] Zu der sehr wichtigen Frage, auf welche Weise solche ›Kriterien der Aneignung‹ (wie man sie auch genannt hat) zu gewinnen und zu definieren sind, vgl. H. Hommel, Würzburger Jahrbücher f. d. Altertumswiss. 4. 1949/50, S. 157 mit weiterer Literatur = H. H., Symbola I 1976, S. 275f.; dazu jetzt noch W. Theiler, Jachmann-Festschr. 1959, S. 280, 282.

will[75], er hätte zu ihrer Formulierung immerhin auf Topoi zurückgegriffen, die ihm als eifrigem Synagogenbesucher im Schatz jüdischer
Gelehrsamkeit bereitlagen und hier letzten Endes auf sokratische
Überlieferung zurückgehen mochten. Oder die Sammler und Redak-
teure der Herrenworte hätten, aus ähnlichen Quellen schöpfend, diese
Formulierung erst besorgt und damit sozusagen das bezeugte Anliegen
des Herrn in ein Gewand gekleidet, dessen Stoff uns hellenische Herkunft verrät.

Damit sind wir auch bereits beim dritten Punkt unserer Frage
angelangt, wie sich ein solcher Sachverhalt überhaupt verstehen ließe:
Originalität des Gedankens und dennoch formale Abhängigkeit von
einer alten Tradition? Die Frage ist wohl, so gestellt, antiker An-
schauungsweise nicht gemäß (das NT eingeschlossen). Unser heutiger
Originalitätsbegriff verlangt den sauberen Nachweis des Noch-nicht-
Dagewesenen und legt gegebenenfalls sogar die Pflicht des Zitats auf,
womit es dann um die Originalität sowieso bereits geschehen ist.
Läßt sie sich jedoch festhalten, dann erwarten wir auch eine kongeniale eigene Formulierung des betreffenden Gedankens. Ganz anders
zu jenen Zeiten. Hier bürgte die Erlebnisfrische des Augenblicks und
die Überzeugungskraft des Vortrags auch für die subjektive Originalität, die dann, ohne sich das Geringste zu vergeben, zu bereits anderweit geglückten Prägungen greifen konnte, dabei den Urheber gar
nicht zu zitieren brauchte, ja für den Kenner, der die Anleihe durchschaute, gar noch im Lichte eines dankbaren Benützers stand, der
dem ersten Erfinder mit seinem heimlichen Zitat eine artige Reverenz
erwies[76].

Selbst der umgekehrte Fall hatte nichts Anrüchiges, wo ein Gedanke bereits vorgefunden, mitsamt seiner Prägung aufgegriffen und

---

[75] Wäre dies geboten, was, wie gesagt, hier ganz und gar nicht in Betracht
kommt, aber sonst gelegentlich einmal der Fall sein mag, dann müßte an weiter-
wuchernde Anreicherung fremden Gutes an den echten Kernbestand der Überlieferung gedacht werden, wie wir sie etwa in dem Theognideen oder den Monosticha
Menandru kennen und wie sie auch der ntl. Überlieferung nicht fremd ist, wenn wir
die Fülle der sogen. apokryphen Herrenworte bedenken.

[76] Zur Geltung und Bedeutung dieses Prinzips schon für die frühe Epik vgl.
jetzt C. M. Bowra, Heldendichtung (Heroic Poetry) 1964, S. 241. Über den bei den
Griechen verbreiteten ›Verzicht auf Originalität‹ überhaupt s. Alb. Lesky, Gesch.
d. griech. Lit. 1957/58, S. 565 (Anm. 22) – ²1963, S. 637 1, ³1971, S. 662 2 – mit dem Hinweis auf
die wichtige Stelle Isokrates, Panegyr. 8–10. W. Bühler, Beiträge zur Erklärung der Schrift
vom Erhabenen 1964, S. 5 »Dabei zeigt es sich, daß, in antiker Literatur vielleicht mehr noch als
in moderner, Originalität nicht nur kein Gegensatz zu Tradition ist, sondern ohne diese überhaupt nicht denkbar wäre«. Vgl. ferner Ed. Fraenkel, Gnomon 37. 1965, S. 233. Schließlich —
im Blick auf das Verhältnis der Griechen zu den Ägyptern — Emma-Brunnpr-Traut in:
Saeculum 10. 1959, S. 176 »Originalität ist nicht angewiesen auf Priorität.«

unter Einschmelzung weiterer traditioneller Elemente zu einem Neuen, Eigenen erwuchs, das fortan mit dem Namen des Neuerers verbunden blieb, bis es nach Jahrhunderten in die Anonymität versank und von neuem einer elementaren Verkündigung aus neuem Geist das altbewährte Gewand lieh.

Was hier soeben als scheinbar phantasievolle Konstruktion skizziert wurde, läßt sich nun aber in der Tat und zwar gerade an unserem Beispiel in seinen früheren Stadien verifizieren, also, daß wir vielleicht die jüngeren entsprechend ergänzen dürfen. Jene sokratische Formel vom Zurücktreten der leiblichen Verwandtschaft gegenüber dem, was not tut oder nützt, hat nämlich ihrerseits schon vor Sokrates' Auftreten oder mindestens doch gleichzeitig und unabhängig von ihm ihren Ausdruck gefunden in einem Wort des Demokrit (fr. 107 D.) φίλοι οὐ πάντες οἱ ξυγγενέες, ἀλλ' οἱ ξυμφωνέοντες περὶ τοῦ ξυμφέροντος »(Uns) eigentlich angehörig sind nicht die *Verwandten* alle, sondern nur die, welche (mit uns) übereinstimmen in der Beurteilung dessen, was *nützlich* ist.« Mit seinem entschlossenen Zugriff hat Sokrates diese theoretische Maxime in praktische Lebensweisheit umgemünzt und unter Zuhilfenahme der schon vom alten Heraklit bemühten Beispiele vom Unwert des Leichnams und vom Abstoßen lästig gewordener Körperteile[77] einen zugkräftigen Topos geschaffen, der zunächst unter Berufung auf seinen Namen, d. h. als sokratisch weitergegeben wurde, um dann allmählich zum anonymen hellenistischen Gemeinbesitz zu werden. Es dürfte uns nach alldem keineswegs verwundern, wenn sich auch das Evangelium diese geprägte Form angeeignet und mit neuem Leben erfüllt hätte.

Gewiß, der Gedanke mag manchem unerträglich sein, Jesus von sokratischen Anregungen berührt zu sehen. Man sollte aber doch nicht vergessen, daß die frühen christlichen Väter, ganz besonders der palästinensische Märtyrer Justin und der große Kirchenlehrer Clemens von Alexandria, in der ehrwürdigen Gestalt des Sokrates gar das Urbild des leidenden Gerechten erblickten und nicht müde wurden, die verbindenden Züge zwischen ihm und Jesus und zwischen beider Verkündigung herauszustellen[78]. Wir sind hier freilich nüchterner geworden, empfindlicher für feine und doch wesentliche Unterschiede und für das Einmalige der geschichtlichen Erscheinung. Vielleicht helfen

---

[77] Dazu s. ob. S. 13. Vgl. bes. a. E. GEBHARDT a. O. 90 (jedoch hat Platon, Phaid. 115 D 8ff. fern zu bleiben).

[78] E. BENZ, Christus und Sokrates in der alten Kirche. ZNW 43. 1952, 195—224. Vgl. dazu a. schon WILH. NESTLE in: Das humanist. Gymnasium 44. 1933, S. 216f. = ders., Griechische Weltanschauung . . . 1946, S. 394ff. Die Krisis des Christentums 1947, S. 72ff. Ferner WALTER KRANZ, Die Frömmigkeit des Sokrates. ThStuKr 108. 1937/38, 265ff. mit der vergleichenden Gegenüberstellung von Sokrates und Jesus auf S. 277—281.

uns aber Betrachtungen wie die hier angestellte zu einem gerechten Ausgleich zwischen den Extremen, so daß es uns allmählich gelänge, Sokrates zu geben, was Sokrates' und dabei Jesus Christus zu belassen, was ganz und gar sein ist. Wiederum hat unser ἐκκλησιαστικὸς φιλόσοφος Sextus auch hierfür die treffende Formulierung gefunden, die das betreffende Wort des Evangeliums ins allgemeine erhebt: τὰ μὲν τοῦ κόσμου τῷ κόσμῳ, τὰ δὲ τοῦ θεοῦ τῷ θεῷ ἀκριβῶς ἀποδίδου[79].

(Abgeschlossen am 14. Mai 1965)

Nachträge 1981

Zum Allgemeinen vgl. a. oben S. 32 ff. den Vortrag ‚Delphisch-sokratische und neutestamentliche Moral' mit dem Nachwort S. 50.

Zu [S. 2f.] m. Anm. 5:
Das 1976 im Nachdruck wieder erschienene Buch von EDMUND SPIESS, Logos spermaticós [sic!]. Parallelstellen zum Neuen Testament aus den Schriften der alten Griechen . . . 1871 verfolgt, wie schon der Titel andeutet und ein langatmiger Untertitel noch deutlicher ausspricht, einen vorwiegend apologetischen Zweck und ist bei allem aufgewendeten Fleiß zu rasch entstanden und zu flüchtig hingeworfen, begnügt sich auch meist zu sehr mit allgemeinen gedanklichen Anklängen, als daß es wissenschaftlichen Nutzen stiften könnte (vgl. a. des Verfassers Einleitung, S. XXIV u. ö.).

Zu [S. 3], Anm. 7:
Meine hier zitierten Ausführungen s. jetzt unten [‚Harren der Kreatur'] S. 127 ff. und [Römer 7] S. 141 ff.

Zu [S. 7] mit Anm. 22f.:
M. HENGEL, War Jesus Revolutionär? 1970, S. 18 rechnet die von uns besprochenen Bibelstellen zu Jesu ‚paradoxen Bildworten' und führt Anm. 64 „zu den Paradoxologien in der Verkündigung Jesu" einige Literatur an.

[S. 9] oben:
„Schaden an seiner Seele" – durchwegs wäre korrekt zu übersetzen „Schaden an seinem Leben"; s. dazu oben S. 40 [‚Delphisch-sokratische und neutestamentliche Moral' S. 211[18]]

Zu [S. 11] oben:
Zum theologischen Aspekt der Perikope von der uneingeschränkten Nachfolge s. jetzt auch M. HENGEL, Nachfolge und Charisma. Eine exegetisch-religionsgeschichtliche Studie zu Mt 8[21f.] und Jesu Ruf in die Nachfolge. 1968, hier bes. S. 31 ff.

Zu [S. 12], Anm. 45:

In ähnliche Richtung tendiert das Buch des Amerikaners LEO STRAUSS, Xenophon's Socrates 1972, wo auf S. 16 freilich nur ganz kurz auf die uns beschäftigende Partie aus den ‚Memorabilien‘ eingegangen wird.

Zu [S. 13], Anm. 48 u. 49:

Weiteres Material zu der Frage s. ob. [Delphisch-sokratische und neutestamentliche Moral, S. 220₃₂]

Zu [S. 13] unten:

M. HENGEL, Nachfolge und Charisma . . . 1968, S. 13f. (m. Anm. 35) meint dagegen, die „Rede der Ankläger gegen Sokrates bei Xenophon . . . weist in eine andere Richtung". Zurückhaltender dagegen äußert er sich S. 32f. m. Anm. 45f. und 48.

Zu [S. 14] unten:

(Platon, Symposion 205 E 3ff.) Über den Topos allgemein handelt K.-H. ROLKE, Die bildhaften Vergleiche in den Fragmenten der Stoiker . . . 1975, S. 318f.

Zu [S. 14f.]:

In diese ‚heidnische‘ Traditionsreihe gehört es wohl auch, wenn der antichristliche Neuplatoniker Porphyrius, Ad Marcellam 34 davon spricht, daß man manchmal ein Glied abschneidet, damit der Rest des Körpers gerettet werde, und daß man dann bereit sein muß, den ganzen Körper zu opfern, um die Seele zu retten. ALBERT WIFSTRAND, Die alte Kirche und die griechische Bildung 1967, S. 99 meint dagegen, darin liege „eine Erinnerung an das Evangelium", worin ich dem früh verstorbenen feinsinnigen Gelehrten nicht folgen kann.

Zu [S. 16]:

Zum Apophthegma des Aristoteles bei Diogen. Laert. 5, 19 siehe auch M. HENGEL, Nachfolge und Charisma, S. 35f. m. Anm. 58.

Zu [S. 19], Anm. 68:

Eine Analyse und Würdigung der Sextus-Übersetzung des Rufinus bietet jetzt J. BOUFFARTIGUE in dem Sammelwerk Etudes de Littérature Ancienne 1979, S. 81–95. (Presses de l'Ecole Normale Supérieure, Paris).

Zu [S. 20], Anm. 74:

Meine hier zitierten Ausführungen jetzt auch abgedruckt in H.H., Symbola I 1976, S. 275f. Dazu jetzt auch H. HÄUSLE, Das Denkmal als Garant des Nachruhms . . . in lateinischen Inschriften 1980, S. 7f.

Zu [S. 21], Anm. 75:

Statt der oben im Text zur Wahl gestellten Möglichkeiten hat sich mir inzwischen eine eindeutige Interpretation des Sachverhalts ergeben, die ich oben S. 47 kurz als Hypothese vorgetragen habe. [Delphisch-sokratische und neutestamentliche Moral, S. 218]

Der gekreuzigte Gerechte*

Platon und das Wort vom Kreuz

In Platons um die Mitte der ersten Hälfte des 4. vorchristlichen Jahrhunderts, vielleicht noch in den 80er Jahren verfaßtem großem Dialog vom „Staat", Buch II, Kapitel 4 und 5, ist ein Gespräch zwischen Sokrates und Glaukon, dem Halbbruder Platons, dargestellt. Da geht es um das notwendige sich aus dem Wesen der Sache ergebende Schicksal des extrem Ungerechten (der gerecht scheint) und des extrem Gerechten[1], der mit dem Schein der Ungerechtigkeit umgeben ist sein Leben lang. Hier soll uns zunächst nur das Los des Gerechten beschäftigen. Glaukon exemplifiziert folgendermaßen[2]:

„Hat man die beiden so vor sich, dann, glaube ich, ist es nicht mehr schwer, folgerichtig zu entwickeln, was für ein Leben jeden von den beiden erwartet. So soll's denn gesagt sein, und wenn | es sich auch allzu primitiv anhört, so halte dafür, Sokrates, daß nicht ich es so sage, sondern die Lobredner der Ungerechtigkeit gegenüber der Gerechtigkeit. Sie werden folgendes behaupten: Bei solchem Verhalten wird der Gerechte gegeißelt, gefoltert, in Fesseln gelegt, an beiden Augen geblendet werden, um dann schließlich, wenn das Maß des Leidens voll ist, ans Kreuz geschlagen zu werden[3] und zu erkennen, daß man eigentlich sich entschließen müßte, nicht gerecht zu *sein*, sondern zu *scheinen*. "

---

* Theologia Viatorum. Jahrbuch der Kirchl. Hochschule Berlin 4. 1952 (1953), 124–133 = H. Hommel, Schöpfer und Erhalter 1956, 23–32 u. Nachträge 141.

[1] ἀμφότεροι εἰς τὸ ἔσχατον ἐληλυθότες Platon, Staat II 361 D 2. Vorher heißt es 361 C 5 f., daß der Gerechte, von dem hier die Rede ist, die volle Probe der Gerechtigkeit abgelegt haben müsse: ἵνα ᾖ βεβασανισμένος εἰς δικαιοσύνην.

[2] Platon, Staat II 5, 361 D 7 – 362 A 3 ὄντοιν δὲ τοιούτοιν, οὐδὲν ἔτι, ὡς ἐγῷμαι, χαλεπὸν ἐπεξελθεῖν τῷ λόγῳ, οἷος ἑκάτερον βίος ἐπιμένει. λεκτέον οὖν · καὶ δὴ κἂν ἀγροικοτέρως λέγηται, μὴ ἐμὲ οἴου λέγειν, ὦ Σώκρατες, ἀλλὰ τοὺς ἐπαινοῦντας πρὸ δικαιοσύνης ἀδικίαν. ἐροῦσι δὲ τάδε, ὅτι οὕτω διακείμενος ὁ δίκαιος μαστιγώσεται, στρεβλώσεται, δεθήσεται, ἐκκαυθήσεται τὠφθαλμώ, τελευτῶν πάντα κακὰ παθὼν ἀνασχινδυλευθήσεται καὶ γνώσεται, ὅτι οὐκ εἶναι δίκαιον ἀλλὰ δοκεῖν δεῖ ἐθέλειν. Die deutsche Übersetzung frei nach O. APELT, Platon, Der Staat [6]1941 (1923), S. 53f.

[3] Das ἀνασχινδυλεύειν Platons ist für uns ein ἅπαξ λεγόμενον, das aber schon dadurch als attisches Wort gesichert ist, daß mehrere Lexikographen der Kaiserzeit (Phrynichos, Praeparatio sophistica 48 B; Hesych s. v.; Etymologicum Magnum 100, 51) den nicht attischen Ausdruck ἀνασκινδαλεύειν bzw. -υλεύειν damit zu glossieren scheinen (vgl. dazu a. R. HIERSCHE, Untersuchungen zu der Frage der Tenues aspiratae . . . 1964, S. 215–217 über ‚σχίζω‛ etc.). Dazu tritt das Lexikon des Byzantiners Photios, das σκινδαλεύειν mit ἀνασταυροῦν wiedergibt. Es stellt sich zu σκινδύλιον, das auf einer delphischen Inschrift des 2. vorchristl. Jhs., Syll. Inscr. Graec. 671 B 17, begegnet, woraus attisch *σχινδύλη zu erschließen ist: „gespaltenes bzw.

Die ganze Schmach und Erniedrigung des gekreuzigten Gerechten, der Spott und der Hohn, der sein bitteres Leiden umgibt und ihn so zum Allerverachtetsten und Unwertesten macht, erinnert so unzweideutig an die Sprache des alttestamentlichen Propheten wie des Neuen Testaments, daß man sich nur wundern muß, daß wie es scheint kaum einer der Platonexegeten bisher auf die Vergleichbarkeit hingewiesen hat. Dieses Versäumnis der Interpreten hat jetzt Ernst Benz in einer gründlichen Abhandlung „Der gekreuzigte Gerechte bei Plato, im Neuen Testament und in der alten Kirche" gebührend herausgestellt[4]. Danach haben seit den Tagen der | frühen Kirchenväter bisher fast ausschließlich Nichtphilologen der merkwürdigen Stelle in dem uns hier beschäftigenden Zusammenhang Beachtung geschenkt, nämlich Jung-Stilling, Leopold Ziegler und Alois Dempf[5].

Benz betont in seiner Untersuchung mit Recht, daß in Platons Heimatstadt Athen Freien gegenüber die Todesstrafe jeglicher unnützen Grausamkeit entkleidet war, und daß die als besonders schimpflich empfundene Kreuzigung in Griechenland überhaupt nur für Sklaven und Seeräuber, daneben von Tyrannen gegen ihre Feinde, sonst nur von Barbaren angewendet wurde[6]. Andererseits empfindet er richtig, daß Platons Ausführungen über den Tod des wahrhaft Gerechten den Eindruck machen, als seien sie

---

bearbeitetes Stück Holz, Pfahl" (zu *σχίζειν* „spalten", vgl. *σχινδάλαμος* „Holzsplitter"; verwandt unser *Schindel, Scheit*, aber auch *σχέδη*, lat *scheda, schedula, Zettel*). Also *ἀνασχινδυλεύειν* „auf einen Pfahl binden, pfählen, kreuzigen", was sonst für gewöhnlich (so bei Hesych) durch *ἀνασκολοπίζειν* (zu *σκόλοψ* „gespitzter Pfahl") oder durch *ἀνασταυροῦν* (zu *σταυρός* „Pfahl") ausgedrückt wird. Mit eben diesem Wort *ἀνασταυροῦν* bezeichnet Platon den gleichen Sachverhalt schon an einer Stelle des „Gorgias" (28, 473 C), die ihm zweifellos auch im „Staat" vorschwebt (s. dazu unten [S. 26 f.]). Neben diesem geläufigen Ausdruck fehlt der Hinweis auf *ἀνασχινδυλεύειν* in dem sonst vortrefflichen Artikel ,Todesstrafe' von K. Latte, RE Suppl.-Bd. 7, 1940, Sp. 1606. Vgl. im übrigen zuletzt Walde-Pokorny, Vergleichendes Wörterbuch der indogerman. Sprachen II 544. J. B. Hofmann, Etymolog. Wtrbch. des Griech. 1949, S. 348. Hj. Frisk, Griechisches etymologisches Wörterbuch II 1970, S. 839 f. Die Wortgruppe *σχινδύλη* bedürfte einer erneuten gründlichen Untersuchung.

[4] Akademie der Wissenschaften und der Literatur in Mainz. Abhandlungen der geistes- und sozialwissenschaftl. Klasse. Jg. 1950 Nr. 12, S. 1092–1074 (46 S.).

[5] Heinrich Jung-Stilling, Der Graue Mann, 24. Stück 1811. Leopold Ziegler, Von Platons Staatheit zum christlichen Staat, 1948, S. 84 ff. (und schon vorher in der Zs. Merkur, Jg. 1. 1947). Alois Dempf, Frankfurter Hefte 5. 1950, S. 244. Ernst Benz aO., S. 8 m. Anm. 1. S. 45 f. Aus der Zunft weiß ich lediglich den Schulkommentar zu Platons Staat von Otto Maass zu nennen, ²1934 I, S. 33. Vgl. jetzt a. die ganz oberflächlichen Bemerkungen bei Adam Fox, Plato and the Christians. Passages . . . with an Introduction 1957, S. 95, wo nicht einmal zwischen den Stellen aus ,Staat' II und ,Gorgias' eine Beziehung hergestellt ist. Ganz flüchtig auch U. Mann, Vorspiel des Heils . . . 1962, S. 283. Ausführlicher und etwas präziser H. M. Wolff, Plato – der Kampf ums Sein 1957, S. 86 ff. 149 ff. mit dem Hinweis auf Sokrates' „Märtyrertod". Eine knappe Dokumentation, die sich vor allem auf E. Benz und seine Kritiker erstreckt, bietet der Literaturbericht von H. Cherniss in: Lustrum 4. 1959, S. 163 unter Nr. 820. Davon ist vor allem wichtig die äußerst skeptische Benz-Rezension von Albr. Oepke, ThLZ 78. 1953, S. 639 f., der übrigens noch auf seine eigene Erwähnung des Platonzeugnisses im ThWNT IV 1942, S. 617 (Art. *μεσίτης*) verweist.

[6] Benz aO. 9 ff., vgl. Latte aO. 1606 f.

durch die Erfahrungen des Sokratesprozesses bestimmt. Da sich aber seines Lehrers Hinrichtung ganz nach jenen humanen Regeln der attischen Rechtspflege vollzog, so schließt er auf Erinnerungen Platons „an echte historische Gespräche" mit Sokrates, in denen dieser in einer Art „historischer Leidensverkündigung" sich über den möglichen Ausgang seines Lebens im Knechtsschicksal eines straffällig gewordenen Sklaven geäußert habe.

So bestechend diese Hypothese auf den ersten Blick auch sein mag, sie hat eines übersehen: daß sich nämlich Platon mit der Stelle der Politeia an ein älteres Modell anschließt, das er früher (um das Jahr 390) bereits im 28. Kapitel des „Gorgias" (473 B/C) aufgestellt hat und dort, was doch zu denken geben muß, ebenfalls nicht dem Sokrates, sondern wiederum einem seiner Dialogpartner zuweist. Da geht es um die These des Meisters, daß Unrechttun schlimmer sei als Unrechtleiden[7], was von dem jungen Polos energisch bestritten wird. Dieser stellt dabei die Behauptung auf, daß der ungerechte Tyrann vom Schlage des Königs Archelaos von Makedonien | (413–399)[8], der es versteht, sich unangefochten in der Herrschaft zu behaupten, glücklicher sei als einer, der beim Streben nach ungerechter Tyrannis ertappt, infolgedessen

„gefoltert, entmannt und geblendet wird und vielen anderen großen und mannigfachen Schimpf nicht nur über sich selber ergehen lassen muß, sondern auch an seinen Kindern und an seinem Weib mit ansehen muß[9], um schließlich ans Kreuz geschlagen oder in Pech gesotten zu werden"[10].

Hier ist es also der ertappte und bestrafte Ungerechte, der solches in noch grausigerer Variation erleidet als dort im „Staat" der Gerechte. Sokrates antwortet darauf, glücklich sei keiner von beiden, aber der Unglücklichere sei jener, der straflos Tyrann geworden sei, weil der gerecht Bestrafte wenigstens an seiner Seele gebessert und diese von ihrer Schlechtigkeit befreit worden sei[11], während der straflose Ungerechte einem Kranken gleicht, der keinen Arzt aufsucht und sich also nicht heilen läßt, aus Angst vor der „heilsamen" Strafe des Brennens und Schneidens[12]. Wir sehen also,

---

[7] τὸ ἀδικεῖν τοῦ ἀδικεῖσθαι κάκιον εἶναι Platon, Gorg. 473 A. 474 C u. ö., vgl. a. schon 469 B. Auch JOH. LEIPOLDT, Ev.-Luth. Kirchenzeitung 1952, S. 73, 5 hat die Stelle übersehen.

[8] Daß die These als Warnung vor der Tyrannis ausgesprochen ist, wirkt in der Überlieferung nach: bei Plutarch, Dion 5, wiederholt sie Platon selber in einem kritischen Gespräch mit dem Tyrannen Dionysios von Syrakus, der ihm mit bitterem Hohn heimzahlt und ihn der Sklaverei überantwortet, da er ja „als gerechter Mann auch im Sklavenstand glücklich sein werde".

[9] Die Erklärer hat an dieser Stelle von Wichtigerem die interessante Frage beschäftigt, wieso der ungerechte Tyrann dazu noch in der Lage sein soll, wenn er bereits geblendet ist; vgl. dazu a. unt. Anm. 15.

[10] Platon, Gorgias 28, 473 B/C ἐὰν ἀδίκως ἄνθρωπος ληφθῇ τυραννίδι ἐπιβουλεύων, καὶ ληφθεὶς στρεβλῶται καὶ ἐκτέμνηται καὶ τοὺς ὀφθαλμοὺς ἐκκάηται, καὶ ἄλλας πολλὰς καὶ μεγάλας καὶ παντοδαπὰς λώβας αὐτός τε λωβηθεὶς καὶ τοὺς αὐτοῦ ἐπιδὼν παῖδάς τε καὶ γυναῖκα τὸ ἔσχατον ἀνασταυρωθῇ ἢ καταπιττωθῇ, οὗτος εὐδαιμονέστερος ἔσται . . .; Die Übersetzung wiederum nach O. APELT.

[11] Platon, Gorg. 472 E. 473 D/E. 477 A.

[12] Platon, Gorg. 479 A; das κάεσθαι und τέμνεσθαι der Medizin nimmt dabei wirkungsvoll das

in welchen größeren Zusammenhang die Stelle im „Staat" einzuordnen ist: der Gerechte, der notwendig mit dem Schein der Ungerechtigkeit umgeben ist, erleidet fast genau das gleiche Los wie der Ungerechte, | dem es einmal nicht gelingt, den Schein der Gerechtigkeit zu wahren. Dieser aber ist weniger unglücklich als der arrivierte Ungerechte, während – das entnehmen wir ebenfalls dem „Gorgias"[13] – der leidende Gerechte (der ja zugleich der unrecht Leidende ist) auf der Stufenleiter der εὐδαιμονία obenan steht. Wir bemerken dabei, daß der straflose Gerechte in dieser Überschau fehlt: er hat offenbar in der Welt der Erfahrung keinen Platz, auch hier „muß der Gerechte viel leiden"[14].

Aber wir lernen aus dem „Gorgias", vor allem, welcher geschichtlichen Erfahrung Platon jene Stufen des Leidens von der Folterung bis zur Kreuzigung entnimmt[15], die er dann im zweiten Buch des „Staats" wieder verwendet. Denn das, was Archelaos von Makedonien (der übrigens wie nachmals Augustus sich nach grausamster Machtergreifung in den Augen der Welt zum segensreichen Herrscher gewandelt hat), das was dieser arrivierte Tyrann klug vermeiden konnte, hat manch anderer weniger erfolgreiche makedonische Prätendent dieser Jahrzehnte[16] zweifellos erleiden müssen, und daß dabei dergleichen Martern angewendet wurden, entspricht ganz dem Stil der makedonischen „Barbaren"[17]. So ist uns aus wenig späterer Zeit in der Tat die Kreuzigung eines makedonischen Großen überliefert, jenes Pausanias, der im Jahre 336 den König Philipp, Alexanders Vater, meuchlings ermordet hatte[18].

Scheint also zunächst der Benzschen Hypothese von der Spur einer Leidensverkündigung des Sokrates im zweiten Buch des „Staates" der Boden

---

ἐκτέμνηται und ἐκκάηται der Strafen des Übeltäters (473 C) wieder auf. Die Strafe wird so wortwörtlich zur heilsamen Kur. Vgl. über die Strafe als Heilung gegenüber der bis dahin herrschenden Auffassung von der Vergeltungsstrafe W. JAEGER, Paideia II 1944, S. 199. 391. In weiterem Zusammenhang Vergleichbares auch bei Fr. WEHRLI, Ethik und Medizin. In: Mus. Helvet. 8. 1951, S. 60 ff.

[13] Platon, Gorg. 470 E. 478 E.

[14] Ps. 34, 20.

[15] Die „rhetorische Häufung grausamer Strafen", die neben anderen Anstößen (s. ob. Anm. 9) den „Gorgias"-Kommentatoren nahegelegt hat, das Ganze als einen rein rhetorischen Topos aufzufassen, betrifft nur die allerdings den Sophistenschüler karikierende Form, nicht aber den Inhalt der Aussage.

[16] Sicherlich hatte Platon dabei die kurz vor der Abfassung des „Gorgias" stattgehabten mannigfachen Thronwirren im Auge, die nach dem Tode des Archelaos von 399 bis ca. 390 Makedonien erschütterten, und von denen uns Diodor XIV 37, 5. 84, 6. 89, 2 berichtet; vgl. darüber B. NIESE, Gesch. der griech. u. makedonischen Staaten I 1893, S. 26. F. GEYER RE XIV 716 f.

[17] Vgl. FRITZ SCHACHERMEYR, Alexander der Große 1949, S. 17 f. u. ö.

[18] Justinus IX 7, 10 *Pausaniae caput in cruce pendentis*. Dazu TH. LENSCHAU RE XVIII 2399. Vor Heranziehung weiterer Quellen zur Stützung dieser an sich unbestreitbaren Version (U. WILCKEN, Sitzber. d. Preuß. Akad. 1923, S. 151 f.) warnt SCHACHERMEYR aO. 500 nach dem Vorgang F. JACOBY's mit Recht.

entzogen, so spricht doch gerade auch schon im | „Gorgias" manches dafür,
daß nicht nur der Schächer, sondern auch der Gerechte das gleiche grausame
Los zu erwarten hat, und daß hinter der Gestalt des Gerechten der Meister
Sokrates selber auftaucht. Das lag bei der Einschätzung, die Sokrates von
Seiten Platons erfuhr, an sich nahe; es mag aber in der Tat auf gesprächsweise
gegebene Anspielungen des Lehrers zurückgehen. Und schließlich kann
diese Linie bei Platon weiterhin auch noch dadurch verstärkt worden sein,
daß Sokrates im gleichen Jahr 399 den Tod erlitt wie der scheinglückliche
Tyrann Archelaos von Makedonien, womit dann jene Machtkämpfe eröffnet waren, die auch einmal – vielleicht sogar noch im gleichen Jahre – einen
der „ungerechten" Thronprätendenten unter Qualen am Kreuz mochten
endigen lassen[19]. Jedenfalls tritt im weiteren Verlauf des Gesprächs im
„Gorgias" der Sophist Kallikles als Gegner des Sokrates auf und verficht auf
breiterem Grunde wie vorher Polos, schon mehr den Erörterungen im
„Staate" vergleichbar, das „Recht des Stärkeren".
    Da stellt er im 41. Kapitel dem Sokrates vor[20]:

„Wenn nun einer dich oder einen anderen deinesgleichen festnähme und ins
Gefängnis schleppte, indem er behauptet, du tuest ein Unrecht, wo du es doch gar
nicht tust, so wüßtest du dir nicht im mindesten zu helfen, sondern würdest
schwindlig werden und den Mund aufsperren, ohne zu wissen, was du sagen sollst,
und, vor die Richter gestellt und von einem rechten Erzschurken angeklagt, würdest
du nun zum Tod verurteilt werden, wenn er diesen Antrag stellen wollte. Und das
soll klug sein, mein Sokrates? . . . Einem solchen Tropf (wie dir) kann man, primitiv
ausgedrückt[21], einen Backenstreich geben, ohne daß man dafür bestraft wird."

Sokrates aber zahlt es dem Kallikles am Ende des Dialogs heim[22], wo er
ihm und seinesgleichen zu bedenken gibt: |

„Wenn du dereinst vor den Richter im Jenseits kommst und dieser dich packt und
wegführt, dann wirst du dort nicht weniger den Mund aufsperren und schwindlig
werden, als ich hier; und vielleicht wird dir auch einer einen entehrenden Backenstreich versetzen und dir alle erdenkliche Schmach antun."

Und noch einmal prägt daher Sokrates dem Kallikles zum Schluß ein,

---

[19] Diodor XIV 37, 5/6 erwähnt die beiden Ereignisse – Tod des Archelaos und Hinrichtung
des Sokrates – in einem Atem und fügt bei Archelaos hinzu, daß dessen Sohn Orestes gleich
wieder umgebracht worden sei. Hinzuweisen ist auch auf die an Sokrates ergangene Einladung
des Königs Archelaos: Plutarch, Epist. de amicit fr. 14 und dazu J. KAERST RE II 447. J.
HAUSSLEITER im RAC II 612.
[20] Platon, Gorg. 486 A/B und C. Die Übersetzung nach O. APELT. Über die Stelle und ihre
Beziehungen zum 2. Buch des „Staats" handelt gut PAUL FRIEDLÄNDER, Platon II 1930, S. 350f.
(²III 1960, S. 60ff. u. 441).
[21] Das εἴ τι καὶ ἀγροικότερον εἰρῆσθαι an dieser Stelle des „Gorgias" (486 C 2f.) entspricht genau
dem κἂν ἀγροικοτέρως λέγηται im „Staat" (II 361 E 1 f.) und verbindet schon dadurch die beiden
Aussagen unwiderleglich. Sonstige Gemeinsamkeiten zwischen Platons ‚Gorgias' und ‚Staat'
erörtert in allgemeiner Sicht FRZ. DORNSEIFF im Hermes 76. 1941. S. 112.
[22] Platon, Gorg. c. 82, 527 A.

indem er ihn auffordert, ihm auf dem Weg zu folgen, der „auch fürs Jenseits sich nützlich erweist"[23]:

> „Und wenn dich jemand verachtet als Toren und dich schmäht, so laß ihm seinen Willen und laß dir, beim Zeus, sogar getrost den entehrenden Backenstreich geben; denn damit wird dir nichts Schlimmes widerfahren . . ."

Ohne weiteres drängt sich uns hier der Vergleich mit Jesus auf, der nach Ev. Joh. 18,22 und 19,3 als angemaßter Herrscher der Juden („sei gegrüßt, lieber Judenkönig!") die entehrenden Backenstreiche empfängt, der aber nach Ev. Luk. 6,25 auch den Großen vom Schlage der Polos und Kallikles zugerufen hat: „Weh euch, die ihr hier lachet, denn ihr werdet weinen und heulen."

Damit sind wir bei dem immer wieder von Zeit zu Zeit erörterten Thema der Vorwegnahme christlicher Gedanken und Formulierungen in der außerchristlichen Literatur angelangt[24]. Benz, der ja in seiner Untersuchung den „Gorgias" außer acht läßt, hat schon zur „Leidensverkündigung" im zweiten Buch des „Staats" eine Reihe bemerkenswerter Parallelen beigebracht[25]. So entspricht, um nur das Markanteste zu nennen, dem platonischen Fünfklang im „Staat" – „Geißeln, Foltern, Binden, Blenden und Kreuzigen" – bei Lukas 18,32/33 der Fünfklang der Leidensverkündigung „Verspotten, Mißhandeln, Anspeien, Geißeln und Töten". Und das platonische πάντα κακὰ παθών scheint in vergleichbarem Zusammenhang im ὑπόδειγμα τῆς κακοπαθείας „dem Exempel des Leidens" im Jakobusbrief 5,10 wiederzukehren, während das βεβασανίσθαι εἰς δικαιοσύνην Platons – „die volle Probe der Gerechtigkeit" – im II. Petrusbrief 2,8 seine Entsprechung hat, wo es von Lots ungerechter Landsmannschaft in Sodom und Gomorrha heißt, ψυχὴν δικαίαν ἀνόμοις ἔργοις ἐβασάνιζεν, „sie erprobten die gerechte Seele mit ihren ungerechten Werken", bis | der Herr die Frommen aus ihrer Versuchung erlöste, die Ungerechten aber behielt zum Tage des Gerichtes, auf daß er sie bestraf-

---

[23] Platon, Gorg. 83, 527 B.–527 C/D; vgl. hierzu im Blick auf das Folgende auch Ev. Matth. 5, 39. Luk. 6, 29.

[24] Vgl. in neuerer Zeit besonders FRIEDRICH LEOPOLD GRAF ZU STOLBERG, Auserlesene Gespräche des Platon übersetzt. Thl. 1. 1803 in der 1795 verfaßten Vorrede unter Berufung auf Epist. Jacob. 1, 16/17, auf Origenes und auf Klopstock, was den ärgerlichen Widerspruch des Rezensenten GOETHE hervorrief: Plato, als Mitgenosse einer christlichen Offenbarung (Auswärtige Litteratur . . . I Altgriech. Litt., 4. Stück). Neuerdings bewegt sich auf STOLBERGS Spuren LEOPOLD ZIEGLER, Von Platons Staatheit zum christlichen Staat 1948, S. 79ff.; dazu vgl. a. die Anm. 5 u. 32. Vor allem aber ist zu nennen HERBERT WERNER RÜSSEL, Antike Welt und Christentum ²1944, der S. 19 als Ziel seines Anliegens ausspricht, zu verstehen, „inwieweit die Antike prophetisch auf Christus und seine Offenbarung hindeutet". Hier ist als ‚non plus ultra' einzureihen der fragwürdige Versuch von ULR. MANN, Vorspiel des Heils. Die Uroffenbarung in Hellas 1962. Eine behutsame Formulierung des Phänomens hat W. ELTESTER gefunden: „die innere Vorbereitung der hellenistisch-römischen Religiosität auf das Christentum" (ZNW, Beih. 21. 1954, S. 225; vgl. a. schon ZNW 42. 1949, S. 1ff.).

[25] E. BENZ aO., S. 33ff.

te²⁶, wobei wir zugleich wiederum mit Notwendigkeit an das Schlußge-
spräch im „Gorgias" zwischen Sokrates und Kallikles erinnert werden.

Die christlichen Väter, die ihren Platon noch kannten und als lebendiges
Gut bewahrten²⁷, haben sich der Gewalt dieser Parallelen nicht entzogen,
und so konnte denn Ernst Benz²⁸ in den Märtyrerakten des Hl. Apollo-
nius²⁹, der in den 80er Jahren des 2. Jahrhunderts vor dem römischen Senat
enthauptet wurde, ebenso wie um 210 bei Clemens von Alexandrien³⁰, hier
sogar an zwei verschiedenen Stellen, das Platonzitat aus dem „Staat" nachweisen.

Dann reißt die Tradition ab³¹, und erst in neuester Zeit, zum erstenmal bei
dem so unbefangen lesenden Jung-Stilling, hat man dem | merkwürdigen
Phänomen wieder Beachtung geschenkt. Was es uns lehrt, diese Frage hat

---

²⁶ II Petr. 2, 9, vgl. Platon, Gorg. 526/527.

²⁷ Dem Clemens von Alexandrien galt die griechische Philosophie als eine Gabe Gottes;
Belege bei W. SCHMID, Philologus 95. 1942, S. 108 m. Anm. 92.

²⁸ BENZ aO., S. 37 ff.

²⁹ Acta S. Apollonii § 42 im Munde des Apollonius selbst, bei Gelegenheit eines freien
Zitates aus Sap. Salom. 2, 12, „die Gerechten sind dem Ungerechten ein Anstoß" (vgl. a. Jes. 3,
9 f. und dazu die zu weit gehende Kritik von W. G. KÜMMEL, ThLZ 1952, 425). Vgl. jetzt auch
E. BENZ in seiner Abhandlung „Christus und Sokrates in der alten Kirche" ZNW 43. 1952,
S. 223 f.

³⁰ Clemens Al., Stromateis V, 14 § 108, 2 f., wiederum in Verkoppelung mit Sap. Salom. 2,
12, woraus BENZ, S. 41 mit Recht auf eine „exegetische Tradition" der Verwendung des
Platonwortes schließt. Ferner Stromateis IV 7, § 52, 1. 2, hier in Anwendung auf die Christenverfolgungen, verkürzt und übrigens mit merkwürdigem Anklang an den „Gorgias" 473 C
(„Mag der Gerechte auch gefoltert werden, mögen ihm auch beide Augen ausgehöhlt werden,
so wird er doch glücklich sein", vgl. dazu ob. im Text [S. 26]). Zu all dem jetzt auch E. BENZ ZNW
43, S. 210 ff., 213 f., 223 f. D. WYRWA, Die christliche Platon-Aneignung in den Stromateis des
Clemens von Alexandreia 1983, hier bes. S. 247, Anm. 17 (frdlr. Hinweis von O. LUSCHNAT).

³¹ Und zwar sehr bald; das läßt sich, glaube ich, damit belegen, daß schon zu Constantins
Zeit Lactanz, der Inst. divinae V 12 die Übertragung des platonischen Topos durch Cicero, De
re publ. III 27 wörtlich ausschreibt, die Parallele zum Leiden Christi offenbar nicht mehr
empfunden hat (auch Augustin, De civ. dei II 21, wo eine Inhaltsangabe von Cic., De re publ.
III gegeben ist, hätte sich den Vergleich wohl nicht entgehen lassen, wenn er ihm bewußt
geworden wäre). Freilich hatte Cicero in seiner Aufzählung die Kreuzigung durch „Verbannung" und „Darbenmüssen" gemildert *(exterminetur, egeat)*, als hätte ihm gleichsam das Organ
zur Aufnahme des gewaltigen Topos von der Kreuzigung des Gerechten gefehlt. Die Cicero-
stelle lautet: *quaero, si duo sint, quorum alter . . . aequissimus, summa iustitia . . . alter insignis scelere
et audacia, et si in eo sit errore civitas, ut bonum illum virum, sceleratum, facinorosum, nefarium putet;
contra autem qui sit improbissimus, existiment esse summa probitate ac fide, proque hac opinione omnium
civium bonus ille vir vexetur, rapiatur, manus ei denique afferantur, effodiantur
oculi, damnetur, vinciatur, uratur, exterminetur, egeat, postremo, iure etiam optimo,
omnibus miserrimus esse videatur: contra autem ille improbus laudetur, . . . vir denique optimus omnium
existimatione et dignissimus omni fortuna optima iudicetur; quis tandem erit tam demens, qui dubitet,
utrum se esse malit?* Die Worte spricht L. Furius Philus, der die Rede des Skeptikers Karneades
gegen die Gerechtigkeit reproduziert; vgl. dazu V. PÖSCHL, Röm. Staat und griech. Staatsden-
ken bei Cicero 1936, S. 128: „Carneades seinerseits hatte die von Plato geführte Argumentation
zu widerlegen versucht (Lact. Inst. V 14,5) und damit den Streit der Politeia zwischen Sokrates
und Thrasymachos und den des Gorgias zwischen Sokrates und Kallikles erneuert, in dem sich
ein ewiger Gegensatz, eine Antinomie der Politik aller Zeiten gestaltet hat."

Benz zum erstenmal kritisch gestellt und in aller Behutsamkeit etwa folgendermaßen zu beantworten gesucht[32]: die engen inhaltlichen und sprachlichen Beziehungen zwischen der platonischen Rede vom leidenden Gerechten und den neutestamentlichen Schriften, die den Gläubigen der alten
Kirche nicht entgangen sind, deuten auf die in einem flüchtigen Augenblick
geahnte letzte, furchtbare Möglichkeit, die dem wahren Gerechten im Konflikt mit seiner Umwelt widerfahren könnte, die aber gerade dem „gerechten" Sokrates nicht so widerfahren ist. Also ist es nach Benz so, „als würfe
hier das Kreuz" seinen Schatten voraus, einen Schatten, vor dem die
Menschheit dieser Zeit ahnend erzitterte, dessen ungeheuerliche Bedeutung
sie in einem einzigen Lichtpunkt prophetisch erschaute, dessen zukünftige
Wirklichkeit sie aber überdeckte durch eine Form des geschichtlichen Voll-
zuges des Leidens des Gerechten, das ihrem in sich selbst gegründeten
Menschenbild angemessener erschien. Noch stand der Menschheit das
furchtbarste Erlebnis bevor, das dem am Kreuz erhöhten Gerechten auch
den Trost der menschlichen Philosophie versagte, das ihn der Illusion der
Überwindung des Todes durch die Macht des Gedankens beraubte, das ihn
der letzten inneren und äußeren Würde der Menschlichkeit entkleidete, das
in die Todesangst die Verzweiflung der Gottverlassenheit mischte, das ihn
der höchsten Leidenschaft und Wut des entfesselten Mitmenschen ausliefer-
te, das seinem Leiden die Züge qualvollster Mißhandlung gab, das seinen
Tod in die schamloseste Öffentlichkeit des Tages zerrte und ihn zum Gegenstand des Spottes und der Verhöhnung machte. Das Kreuz des leidenden
Gerechten sollte erst auf Golgatha | in Jerusalem errichtet werden". Und
weiter: „Das Bild des leidenden Menschensohnes, des unschuldig verfolgten
Gerechten ist nicht nur in den alttestamentlichen Propheten, es ist auch in
dem Entwurf des philosophischen Menschenbildes der hellenischen Antike
präformiert. Dort, wo in Plato die hellenische Menschheit zum erhabensten
Bewußtsein ihres Menschseins gelangt, in Platos ,Staat', erscheint das Bild
des gekreuzigten Gerechten. Von dieser Tatsache muß auch die heutige
Bemühung um einen christlichen Humanismus und um eine Neubegrün-
dung der abendländischen Gemeinschaft ausgehen."
Ich möchte mich bei aller Achtung vor dem Mut dieser Zusammenschau
doch kritischer verhalten, zumal ja nun wenigstens das historische Vorbild
für das Kreuzigungsmotiv bei Platon aufgedeckt ist. Freilich, die Verbindung von Marter und Kreuzigung mit dem in äußerster Steigerung gesehe-
nen Gerechten wird gerade angesichts jener aus der Sphäre der Ungerechtigkeit stammenden Anregung nur um so erstaunlicher. Soviel darf man vielleicht doch sagen, daß Platon – wie auch sonst in manchem Betracht – auch
hier in einem nicht unwesentlichen Lehrstück seine Bedeutung für ,die
innere Vorbereitung des Christentums' erweist[33].

---

[32] BENZ aO., S. 15. 37. 44. Vgl. schon L. ZIEGLER aO. (Anm. 49), der sich aber noch
wesentlich zuversichtlicher im Sinne einer platonischen Prophetie äußert.
[33] Vgl. dazu oben Anm. 24 am Ende.

Neue Forschungen zur Areopagrede Acta 17*

Joseph Vogt zum 60. Geburtstag

Die folgenden Ausführungen geben, durch Anmerkungen ergänzt, mit nur geringen Änderungen und Strichen (so besonders in der Einleitung) eine Gast- und Abschiedsvorlesung wieder, die vor der Kirchlichen Hochschule Berlin zu Anfang 1955 gehalten wurde. Dabei sollte vom Stand der Forschung über die Areopagrede, vor allem nach den grundlegenden Studien von Martin Dibelius und einigen ihm methodisch nahestehenden Arbeiten berichtet werden[1]; eigene Beobachtungen schließen sich durchgehend an. Der Charakter der Vorlesung ist absichtlich nicht verwischt worden, um die Geschlossenheit der Darstellung zu wahren; denn ein geschlossenes Bild von der Areopagrede und ihrer Problematik zu geben, war die Hauptabsicht des Vortrags, so viele Fragen auch naturgemäß auf diesem vielumstrittenen Felde offen bleiben werden, und so wenig der Verfasser verleugnen kann und will, daß er bei allem theologischen Interesse doch von seinem Fach, der klassischen Philologie, den Blickpunkt nimmt.

I.

Πράξεις τῶν ἀποστόλων, „Taten der Apostel", so lautet der überlieferte Titel der Schrift des neutestamentlichen Kanons, die uns hier | beschäftigt. Dazu bemerkt Dibelius: „aber wie wenig solcher Taten – abgesehen von Petrus – kann das Buch berichten!" (D. 109.) Da dürfen wir, meine ich, nicht vergessen, daß in dem Wort *πρᾶξις* – entsprechend der Doppelbedeutung von

---

* Zeitschr. f. d. neutestamentl. Wissenschaft 46. 1955, 145–178.

[1] Es handelt sich in der Hauptsache um folgende:

1. MARTIN DIBELIUS, Aufsätze zur Apostelgeschichte, herausgegeben von HEINRICH GREE-VEN, ¹1951, ²1953 (weiterhin zitiert: D.). Darin besonders: Der erste christliche Historiker, Heidelberg 1947/48 (wohl die letzte abgeschlossene Arbeit des Ende 1947 abberufenen Forschers). – Die Reden der Apostelgeschichte und die antike Geschichtsschreibung, Heidelberg 1944/49. – Paulus auf dem Areopag, Heidelberg 1938/39. (Weithin zustimmend die Rezensenten R. BULTMANN im Gnomon 16, 1940, S. 335f. und A. D. NOCK ebenda 25, 1953, S. 497–506.)

2. WILHELM SCHMID, Die Rede des Apostels Paulus vor den Philosophen und Areopagiten in Athen, Philologus 95, 1942, 79–120 (Sch.). (W. SCHMID ist in der Frage der Autorschaft der Areopagrede der ‚Advocatus Pauli'.)

3. MAX POHLENZ, Paulus und die Stoa, ZNW 42. 1949, 69–104, hier: 82–98, 101–104. (P.)

4. WALTHER ELTESTER, Gott und die Natur in der Areopagrede, ZNW, Beih. 21 (Neutestamentliche Studien für RUDOLF BULTMANN), 1954, 202–227. (E.) – Zu den Arbeiten von GOTTLOB SCHRENK u. BERTIL GÄRTNER s. u. [S. 172f.]

πράττειν – stets auch ‚Ergehen, Erlebnis, Schicksal, Erfolg' neben der aktiven Tätigkeit mitenthalten ist (vgl. z. B. schon Aisch. Prom. 695 πέψρικ᾽ εἰσιδοῦσα πρᾶξιν ᾽Ιοῦς). Also wohl besser: ‚Taten und Erfahrungen der Apostel' o. ä., kurz und gut eben: ‚Apostelgeschichte'! Fast sind wir versucht zu sagen: ‚Apostel-Geschichten'; denn in der ersten Hälfte Kap. 1–12 stehen zweimal fünf Erzählungen, in deren Mittelpunkt bei aller Vielgestalt, Buntheit und Fülle doch der Apostel Petrus steht. Im zweiten Teil jedoch – Kap. 13–28 –, der von den Taten und Erlebnissen des dem Leser bereits im ersten vorgestellten Apostels Paulus handelt, wird offenbar das dem Verfasser zur Verfügung stehende Quellenmaterial dichter, so viele Fragen auch bezüglich der anderen Apostel offen bleiben, und wir gewinnen mehr den Eindruck wirklich gestalteter Geschichte (D. 109 f., vgl. 150).

Hier drängt sich die einst von Harnack energisch aufgegriffene Frage nach dem Verfasser der πράξεις auf, und nach der *literarischen Eigenart* seines Buches. *Lukas* (Λουκᾶς = Kurzform von Lucanus oder einfach von Lucius = griech. Λούκιος) stammte vielleicht aus Antiochia in Syrien und war ein griechisch gebildeter Arzt, der ums Jahr 90 sein Evangelium – für den literarischen Büchermarkt vielleicht πράξεις ᾽Ιησοῦ betitelt – und als Fortsetzung dazu seine πράξεις τῶν ἀποστόλων schrieb (D. 66 ob. 118. 136. 142. 149). Beide Schriften sind einem Theophilos gewidmet, was sie an sich schon in die Nähe literarischer Gepflogenheiten des Hellenismus rückt (D. 127 m. Anm. 1)². Das erhält, glaube ich, noch sein besonderes Profil durch den Wortlaut der Evangelienwidmung, wo der Verfasser mit der Versicherung des παρηκολουθηκέναι ἄνωθεν πᾶσιν ἀκριβῶς wie mit dem ausgesprochenen Zweck ἵνα ἐπιγνῷς . . . λόγων τὴν ἀσφάλειαν („die Zuverlässigkeit der Überlieferung") das Stehen in griechischer Historikertradition wie sein auffallend rational ausgerichtetes, beinahe distanziertes Interesse zu erkennen gibt. Wir haben hier fast thukydideisch anmutende Wendungen vor uns (Thuk. I 134, 1. Herodian I 1, 3. – Xenoph. Mem. IV 6, 15).

Stil und Form für die Abfassung des *Evangeliums* waren freilich vorgegeben durch eine schon bestehende eigenchristliche Tradition einer festen literarischen Gattung sui generis, sowie durch den vorgefundenen im großen und ganzen unveränderten Bestand des | Quellenmaterials. Aber im *Historienwerk* der πράξεις τῶν ἀποστόλων hatte Lukas sozusagen freie Hand; das spärliche Quellenmaterial zusammenzususchen und zu sichten, war wohl weithin ihm selber zur Aufgabe gestellt (D. 126 ff.). Dazu kam auf lange Strecken Vorteil und Anreiz der Autopsie; denn er hat Paulus gelegentlich auf seinen Reisen begleitet (*nicht* übrigens nach Athen). Dibelius macht es in hohem Grade wahrscheinlich, daß Lukas selber in den betr. Partien eines ihm vorliegenden knappen Itinerars über die paulinischen Reisen und Un-

---

² Zu Einschränkungen rät A. D. Nock aaO. 501 f. Jedoch stimmt er 498 Ds. Auffassung von dem besonderen Charakter der Acta im Gegensatz zum Lukasevangelium zu, wie er übrigens auch in der Autorfrage zur Identifikation des Verfassers mit dem Arzt Lukas neigt (502 f.).

ternehmungen das ‚sie' der Erzählung in ein ‚wir' verwandelt hat (D. 119. 110 u. ö.).

Derselbe Forscher hat in seinem letzten Vortrag „Der erste christliche Historiker" lichtvoll dargetan, wie Lukas in der Apostelgeschichte, im Hinausschreiten über die ihm im 3. Evangelium gestellte Aufgabe, dadurch zum wirklichen Historiker geworden ist, daß er hier „mehr getan hat, als Traditionsgut zu sammeln". Er hat vielmehr „auf seine Weise versucht, das in der Gemeinde Überlieferte und das von ihm selbst noch in Erfahrung Gebrachte in einem bedeutungsvollen *Zusammenhang* zu verknüpfen. Und er hat zweitens versucht, den *Richtungssinn* der Ereignisse sichtbar zu machen" (D. 110, vgl. 120). Wie dieses Programm bei Lukas in der Tat erfüllt ist[3], möge bei Dibelius nachgelesen werden (D. 110–113. 113–116). Nur je ein bedeutsames Beispiel sei zunächst herausgegriffen.

1. Zur Verknüpfung in einem bedeutungsvollen *Zusammenhang* (D. 111): Durch wenige von jenem Saulus handelnde Sätze am Ende des 7. und am Anfang des 8. Kapitels der Acta im Bericht vom Martyrium des Stephanus, und durch die Einfügung der Geschichte von der Bekehrung dieses Saulus bei Damaskus Kap. 9 mitten zwischen die Erzählungen von der Missionstätigkeit der Jünger, des Philippus und des Petrus, wird der Leser schon darauf vorbereitet, daß der Mann, wie es Kap. 9,15 heißt, „ein auserwähltes Rüstzeug" sein wird, den Namen des Herrn „vor die Völker und die Könige und die Kinder Israel zu tragen". So wird der zweite Teil des Buches, der die Paulusreisen behandelt, in den Erzählungen des ersten Teils verankert und ein großer Zusammenhang über das ganze Werk hin hergestellt.

2. Zur Herausarbeitung des *Richtungssinnes* (D. 113f.): „Als Paulus sich (im Jahre 52) zum zweiten Male von dem syrischen Antiochia aus auf eine Missionsfahrt begibt, besucht er zuerst die bereits missionierten Städte im Süden Kleinasiens. Dann wird erzählt, es sei ihm vom Heiligen Geist verwehrt worden, nach der Westküste Kleinasiens zu gehen (d. h. auf der großen Straße durch das | Lykostal in die kleinasiatischen Griechenstädte Ephesus, Smyrna, Pergamon). Infolgedessen zieht er mit seinen Gefährten durch Phrygien und das galatische Land und will nach der Nordküste Kleinasiens, Bithynien, gelangen. Wieder heißt es: ‚Der Geist Jesu ließ es nicht zu'. So bleibt ihnen nur der Ausweg, in Nordwestrichtung über Mysien nach Troas zu gehen. Und hier erfolgt ein dritter göttlicher Eingriff: Paulus sieht in nächtlichem Gesicht einen Mann aus Mazedonien, der ihn bittet: ‚Komm herüber nach Mazedonien und hilf uns!'"

In diesem Abschnitt Kap. 16,6–10 ist es die einzige Absicht des Verfassers, nachdrücklich einzuprägen, „wie dreimaliges göttliches Eingreifen die große Wendung der Mission nach Mazedonien und Griechenland veranlaßt hat". Gott selbst ist es, der die Schritte des Apostels zu seinem geschichtlich

---

[3] Vorbehalte macht Ph. Vielhauer in: Evangel. Theol. 10, 1950/51, S. 202 (dort auch weitere Literatur).

großen Ziel, der auf den Westen ausgreifenden Weltmission, hinlenkt; und eben das ist der „Richtungssinn", den Lukas hier zum Ausdruck bringen will.

Übrigens kann von einer anderen Seite her eine Probe aufs Exempel für die Richtigkeit der von Dibelius herausgearbeiteten Kategorien des ‚Zusammenhangs' und des ‚Richtungssinns' gerade in ihrer Anwendung auf *griechische* Historiographie angestellt werden. Beide Ausdrücke lassen sich unschwer ins Griechische übersetzen und sind dort in bestätigendem Sinne belegbar:

Zusammenhang, das ist bei griechischen Historikern die συνεχὴς ῥῆσις (Thuk. V 85), der συνεχὴς λόγος (Polyb. I 5, 5) oder einfach τὸ συνεχές: Diodor XX 1, 1 und Polyb. III 3, 2 f., dort sogar in Verbindung mit einem bestimmten historischen Ereignis, ὡς ἐπράχθη καὶ διὰ τίνων καὶ τί τὸ τέλος ἔσχε, „wie es geschah und wodurch, und was für einen *Richtungssinn* es hatte"; denn τὸ τέλος τῶν πράξεων, das ist in der Tat hierfür der griechische Ausdruck, wie es schon bei Platon im Gorgias 499 E vom ἀγαθόν heißt, daß es aller Handlungen Richtungssinn sei (τέλος εἶναι ἁπασῶν τῶν πράξεων), und wie es dann mehrfach von Aristoteles in der Ethik und Metaphysik als τὸ οὗ ἕνεκα erläutert wird, als das, um dessentwillen, auf das hin etwas geschieht (Liddell & Scott. New ed. 1940, II 1774a).

Der *Richtungssinn* von Act 17, das τέλος τῶν πράξεων, ist – am Beginn von Paulus' eigentlicher Weltmission – die epochale Begegnung des Evangeliums mit dem griechischen Geist, nur möglich in der Metropole griechischer Bildung, in *Athen* (D. 114), so wie die letzten Kapitel des Buches, vor allem die ausführliche Darstellung der Seereise in Kap. 27, auf jene andere große Begegnung des Evangeliums, mit der politischen Macht in der Metropole des Reiches, in Rom, hinzielen (D. 117 f.).

Und die einzige mitgeteilte Rede des großen Heidenapostels, die er wirklich vor Heiden hält (wenn wir von den wenigen Sätzen an die | Einwohner von Lystra Kap. 14,15–17 absehen), nämlich die Areopagrede, unterstreicht in ihrer Singularität das Epochemachende jener Begegnung (D. 133 u. ö.). Lukas hat, wie wir schon hier feststellen, das Manuskript der Paulusrede in Athen kaum zur Verfügung haben können (Sch. 115)[4]. Wenn er gerade sie, aus all den vielen von Paulus vor Heiden gehaltenen Missionsreden, der literarischen Gestaltung und Mitteilung für Wert hält, so wird dadurch eben ihre wahrhaft historische Bedeutung eingeprägt. Und zwar ‚historisch' in einem tiefen und weitgreifenden, ja beinahe symbolischen Sinn[5], nicht etwa im Sinne eines Faktums von unmittelbarer Wirkung. Denn das Auftreten des Paulus in Athen war, so betrachtet, eigentlich ein Mißerfolg: Spott und

---

[4] B. Gärtners Behauptung (The Areopagus Speech . . . 1955, S. 33), „that he had reliable sources, and that he really gives specimens of the apostolic message", bedürfte näherer Erklärung und Begründung.

[5] Vgl. dazu O. Bauernfeind, Die Apostelgeschichte 1939, S. 214f., und W. Tebbe in: Evangel. Theologie 8, 1948/49, S. 332f.

Skepsis, ein paar Bekehrte in der großen Stadt, kein Boden gewonnen für eine Gemeindegründung, von der wir verbürgt erst etwa 120 Jahre später hören[6]. In dieser Hinsicht war im Herzen Griechenlands vielmehr die Stadt *Korinth* der Platz, wo alsbald „ein großes griechisches Missionszentrum" erblühte (D. 72. 67. 68,2).

Wieso dieser Unterschied? Dibelius meint, dort sei durch den doppelten Hafen nach Ost und West das Tor zur Welt, in Athen dagegen das Tor zur Weisheit gewesen (D. 72. 131), „die ja Gott in *seiner* Weisheit eben durch *ihre* Weisheit nicht erkennt" (I Cor 1,21). Aber war nicht Athen von jeher auch erfolgreiche Handels- und Verkehrskonkurrentin von Korinth, und beklagt sich Paulus mit dem eben zitierten Wort vom Anfang des 1. Korintherbriefes nicht gerade über die Korinther, deren οοφία ihm, wie dieser Briefanfang in aller Breite zeigt, Sorgen und Widerstände genug bereitet hat? Und wie stand es im Norden mit Philippi, Thessalonike und Beröa? Waren sie alle weltverkehrstechnisch so viel günstiger gelegen als Athen? Die Frage stellen heißt sich verneinen. Ich möchte darum eher mit aller Vorsicht vermuten, die junge, erst zu Cäsars Zeit aus der totalen Zerstörung des Jahres 146 wiedererstandene und dann rasch aufblühende Stadt war, ebenso wie die drei Städte im Norden der griechischen Welt im ganzen für die neue Lehre aufnahmebereiter als die uralte Metropole Griechenlands Athen mit ihrer im Geistigen niemals unterbrochenen hellenischen, ja attischen Kulturkontinuität, die bei aller Neugier dem Fremden gegenüber, von der auch Lukas (17,21) spricht, | doch stärker in sich gegründet war und sich in festem eigenem Kreis altüberlieferter Kulte und Schulmeinungen bewegte. Die Situation wäre also derjenigen vergleichbar gewesen, die Herbert Schöffler in seinem Buch über „Die Reformation" (1936) für das Deutschland des Lutherzeitalters so eindrucksvoll skizziert hat, wo der alte Siedlungsboden westlich der Elbe und vollends innerhalb des Limes der neuen Botschaft sich viel zäher und langsamer öffnete als das erst in jüngerer Zeit der geistigen Kultur erschlossene Neuland ostwärts der Elbe mit der jungen Universität Wittenberg als Brückenkopf. Wie dem auch sei, Athen war für Paulus ein Mißerfolg, aber es war ein Symbol, und Lukas hat dieses Symbol ergriffen und ihm seine Darstellung dienstbar gemacht.

Halten wir hier einen Augenblick inne und betrachten wir die *Szenerie* (D. 63 f. 73. 68). Paulus, so wird berichtet, suchte (nach seiner Gewohnheit, wie wir hinzufügen dürfen) in der Synagoge das Gespräch mit den Juden und ihrem gottesfürchtigen Anhang – wo in Athen die Synagoge sich befand, wissen wir nicht. Ebenso diskutierte er aber auch tagelang auf dem Markte mit den anwesenden Athenern, soweit sie sich – wie einst schon gegenüber Sokrates – auf solches διαλέγεσθαι einließen (v. 17). Dann sollen ihn einige von den epikureischen und stoischen Philosophen,

---

[6] G. Schrenk, Studien zu Paulus, 1954, S. 134 sucht mit merkwürdiger Maßstabverschiebung den Erfolg zu retten im Blick auf die Wichtigkeit der Einzelseelsorge in Paulus Wirken.

also Vertreter der Hauptlehren, aus denen der damalige Grieche seine Weltanschauung bestritt, aus einer mit Spott gemischten Neuigkeitensucht und Wißbegier veranlaßt haben, mit ihnen auf den Areopag zu kommen (v. 18–20). Hier ist ein Wort nötig zu dem zweiten der genannten Motive, das Lukas in einem längst als Schriftstellerzusatz erkannten Vers (21) mit typisch attischer Sucht nach Neuigkeiten[7] erklärt (D. 60 m. Anm. 2), wie sie gewissermaßen dem genius loci eigen sei (denn auch die dort anwesenden Fremden werden von ihr ergriffen)[8]. Vorher wird zweimal das ξένον, das *Fremde* und | *Fremdartige* der *neuen* Botschaft (v. 18f. u. 20) als Grund für die Neugier und das Mehrwissenwollen – zweimal steht da γνῶναι! – angegeben (D. 72f.). Man hat in den ξένα δαιμόνια also wohl kaum mit Recht einen versteckten Vorwurf entdecken wollen, der mit der einst gegen Sokrates erhobenen Anklage der Einführung von καινὰ δαιμόνια vergleichbar wäre (Plat. Apol. 24 B. Xen. Mem. I 1, 1). Von einer so gehässigen Anschuldigung, die ja gegen Sokrates nur erhoben war, weil man ihn sowieso als lästig empfand und daher mit allen Mitteln unschädlich machen wollte, kann nach dem Ton des Acta-Berichtes keine Rede sein (gegen D. 60 m. Anm. 4). Vielmehr klingt durchwegs spöttische Überlegenheit und leises Unbehagen, gemischt mit unverhohlener Neugier aus der Schilderung der Szene. Von ξένα δαιμόνια ist die Rede, weil der 'Ιησοῦς in der Tat als ein fremder und fremdartiger Gott empfunden werden mußte, und von ξενίζοντά τινα, weil die neue Lehre (καινὴ διδαχή) von dem von den Toten auferstandenen fremden Gott eben geradezu ‚befremdend‘ wirkte. Werfen wir einen Blick auf den Text! Das ξενίζοντα γάρ τινα εἰσφέρεις . . . in v. 20 ist mit seinem γάρ die Erläuterung zu καινὴ διδαχή v. 19; diese wiederum umschreibt kurz und bündig das ὅτι τὸν 'Ιησοῦν καὶ τὴν ἀνάστασιν (doch wohl scil. αὐτοῦ) εὐηγγελίζετο (gegen D. 62,1).

Viel eher dürfen wir, meine ich, uns erinnert fühlen an das je und je in Athen und überhaupt in der antiken Welt bestehende Interesse für Einführung neuer Gottheiten in den heimischen Kult unter bestimmten Voraussetzungen. So hat Athen im Jahre 420/19 v. Chr. den Kult des Heilands

---

[7] O. Regenbogen, Thukydides’ politische Reden, 1949, S. 52, vergleicht nach dem Vorgang von Wettstein und Norden (Agn. Theos 335) mit Act 17,21 die Vorwürfe, die Thukydides den Kleon gegen diesen athenischen Menschentyp erheben läßt (III 38,4ff. εἰώθατε θεαταὶ μὲν τῶν λόγων γίγνεσθαι . . . καὶ μετὰ καινότητος μὲν λόγου ἀπατᾶσθαι ἄριστοι . . . δοῦλοι ὄντες τῶν ἀεὶ ἀτόπων, ὑπερόπται δὲ τῶν εἰωθότων, καὶ μάλιστα μὲν αὐτὸς εἰπεῖν ἕκαστος βουλόμενος δύνασθαι . . . ζητοῦντές τε ἄλλο τι ὡς εἰπεῖν ἢ ἐν οἷς ζῶμεν . . ., ἁπλῶς τε ἀκοῆς ἡδονῇ ἡσσώμενοι καὶ σοφιστῶν θεαταῖς ἐοικότες καθημένοις . . .). Ja in einem Scholion zu der Thukydidesstelle findet sich sogar ein zweifellos bewußter Anklang an die Formulierung der Acta-Stelle (Norden aaO.): 'Αθηναίους . . . οὐδέν τι μελετῶντας πλὴν λέγειν τι καὶ ἀκούειν καινόν. Der antiken Gelehrsamkeit war die Ähnlichkeit also bereits aufgefallen.

[8] Werden sie von Lukas etwa bloß deswegen mit erwähnt und so benannt, weil die in v. 17 erscheinenden gesprächswilligen Juden in der Synagoge und die mit ihnen zusammen genannten Gottesfürchtigen (καὶ τοῖς σεβομένοις) – wohl die Judenproselyten (vgl. Act 13,43 σεβόμενοι προσήλυτοι, dazu W. Bauer s. v. σεβ.) – naturgemäß der Kategorie der ἐπιδημοῦντες ξένοι angehörten? Eine andere Erklärung bei Norden aaO. 336.

Asklepios ganz neu eingeführt, wobei kein Geringerer als Sophokles entscheidend mitgewirkt zu haben scheint; und so übernahm Rom im Jahr 205/04 den fremdartigen Kult der kleinasiatischen Muttergöttin Kybele in feierlicher Weise[9].

Nach all dem kann also auch die Auffassung nicht richtig sein, wonach das Hinführen des Fremdlings Paulus ἐπὶ τὸν Ἄρειον πάγον (v. 19) und seine dort ἐν μέσῳ τοῦ Ἀρείου πάγου (v. 22), „mitten unter den Areopagiten" gehaltene Rede irgendwie auf eine Zitierung des Apostels vor eine Behörde – sei es richterlicher oder verwaltungsmäßiger Art[10] – hindeuten solle. Dem widerspricht nicht nur die | Ausdrucksweise ἐπὶ τὸν . . . (19) wie ἐν μέσῳ τοῦ . . . (22) – es sind reine, wenn auch personal bestimmte Ortsbezeichnungen –, sondern auch jede verfassungsgeschichtliche Wahrscheinlichkeit, insbesondere die Tatsache, daß in dem Bericht des Lukas, nachdem Paulus seine Rede gehalten hat (v. 32.33), jede Andeutung einer irgendwie gearteten richterlichen oder behördlichen Entscheidung oder auch nur Vorentscheidung fehlt (D. 62f.). Wir stellen die problematische Frage der Bedeutung des Areopags in Act 17 einstweilen zurück.

II.

Die Frage, ob die in Act 17 mitgeteilte Areopagrede auf einen authentisch paulinischen Wortlaut zurückgehen kann, stand bereits mehrfach im Hintergrund unserer bisherigen Ausführungen. Zu ihrer Beantwortung liefert einen wesentlichen Beitrag die Abhandlung von Martin Dibelius „Die Reden der Apostelgeschichte und die antike Geschichtsschreibung" (D. 120ff.)[11]. Auf Grund ausgebreiteten antiken Quellenmaterials wie neuerer Literatur und beraten von Fachkennern zeigt da der Verfasser, daß Lukas in den etwa 24 in die Darstellung der Apostelgeschichte eingefügten ausgearbeiteten direkten Reden sich – wie sollte es auch anders sein? – ganz der antiken historiographischen Tradition anschließt (D. 130)[12]. Die antike Geschichtsschreibung aber hat, bei all ihren, vornehmlich dem Herodot und

---

[9] v. BLUMENTHAL, RE (Realencyclopädie d. class. Altertumswiss.) III A 1044f. SCHWENN, RE XI 2267f.

[10] Beide Funktionen hatte damals der Areopag: als Blutsgerichtshof mit geringer zusätzlicher Gerichtsbarkeit anderer Art tagte er unter freiem Himmel auf dem Areshügel und zwar ohne Publikum (NOCK aaO. 506), als Ältestenrat in der Stoa Basileios, der sog. ‚Königshalle' an der Agora (BUSOLT-SWOBODA, Griech. Staatskunde II 1926, S. 936f., 794f. HOBEIN, RE IV A, 21f.; zur genaueren Lage der Königshalle – ein noch nicht gelöstes Problem – vgl. den Bericht von H. DRERUP in: Gymnasium 62, 1955, S. 154).

[11] Seither ist für die Funktion der Reden im Geschichtswerk des Thukydides vor allem noch zu vergleichen: W. SCHMID, Gesch. d. griech. Literatur I 5, 1948, S. 161ff., und H. HERTER in: Studies presented to D. M. Robinson, S. 613; vgl. jetzt auch die tiefschürfenden Ausführungen von H. STRASBURGER in: Saeculum 5, 1954, S. 411ff.

[12] Das ist auch schon ausgesprochen von WILH. NESTLE im Philologus 59, 1900, wieder abgedruckt in des gleichen Verf. Griech. Studien, 1948, S. 236.

insbesondere dem Thukydides verdankten Fortschritten, niemals ihre Verwandtschaft mit der Rhetorik und der Poesie verloren, wie denn auch von ihr μίμησις (*imitatio* – dramatische Anschaulichkeit) und ἡδονή (*delectatio* – Unterhaltung) ausdrücklich gefordert werden (D. 123,3). Zur μίμησις gehört aber, so möchte ich hinzufügen, nach Aristoteles' klassischer Definition am Anfang des 9. Kapitels seiner ‚Poetik' als Aufgabe (ἔργον) des ποιητής, οὐ τὰ γενόμενα λέγειν, ἀλλ' οἷα ἂν γένοιτο καὶ τὰ δυνατὰ κατὰ τὸ εἰκὸς ἢ τὸ ἀναγκαῖον „nicht das Geschehene zu reproduzieren" – wir denken an das Gegenbild von L. v. Rankes berühmter Forderung, der Geschichtsschreiber solle gerade darstellen, ‚wie es eigentlich gewesen' –, „sondern vielmehr zu sagen, was wohl jeweils geschehen könnte und was nach dem | Gesetz der Wahrscheinlichkeit und Notwendigkeit möglich ist" (Übers. nach Ed. Norden, Kolleg W.-Sem. 1920/21). Auf die Geschichtsschreibung übertragen besagt das uns in dieser Anwendung zunächst so fremd erscheinende Prinzip nichts anderes, als daß der antike Historiker das Typische und das Bedeutsame darstellen will, wobei er das wirklich Gewesene, das natürlich auch ihn zunächst interessiert, ohne Bedenken dem Typischen unterordnen, d. h. „zu einem Teil auslassen, verändern oder verallgemeinern" kann (D. 119), niemals aber tendenziös verfälschen darf. Daß bei näherem Zusehen dieses Gesetz auch in der modernen Geschichtsschreibung zwar in seinem ersten Teil ungern ausgesprochen, aber praktisch weithin doch noch in Geltung ist, liegt offen am Tage.

In einem besonderen Punkte aber unterscheidet sich die Anwendung dieses Gesetzes durch die antiken Historiker von unserer heute geübten Praxis ganz grundlegend: die eingelegten *Reden*, gerade auch die direkt gegebenen, dienen manchen von ihnen dazu, zwar – nach einem Wort des Thukydides I 22, 1 – die ξύμπασα γνώμη des wirklich Gesagten (D. 122), also „seinen aufs Ganze gesehen wesentlichen Sinn" wiederzugeben, niemals aber auch nur entfernt auf Wörtlichkeit Anspruch zu machen; denn immer sind sie zu einem guten Teil – bei Lukas in ganz besonderem Maße – „nicht an die geschichtliche Zuhörerschaft, sondern an die Leser" gerichtet (D. 116, vgl. 155 oben). So kommt es, daß in den eingelegten Reden – genau so bei Thukydides wie bei Lukas – eine unterscheidende Charakterisierung der einzelnen Redner gar nicht gesucht wird (D. 123, vgl. 116) – das hat den großen Vorteil, daß die Redner lebendig werden durch die von ihnen vertretene Sache, nicht durch ihre Charaktereigenschaften (D. 156); und so ergibt sich weiter, daß in den seltenen Fällen, wo wir eine solche Historikerrede durch den überlieferten und dem Autor bekannten Wortlaut der wirklich gehaltenen Rede kontrollieren können, beide keineswegs übereinstimmen, wobei gerade das persönliche Kolorit der originalen Rede völlig verwischt wird: das berühmteste Beispiel dafür liefert die uns inschriftlich erhaltene Rede des Kaisers Claudius über die Verleihung des Rechts, römische Senatsämter zu bekleiden, an den gallischen Adel vom Jahre 48, die Tacitus Ann. XI 24 – nicht lange nach Lukas – in einer solchen erheblich vom

Original abweichenden Überarbeitung mitteilt (D. 121. 157,2)[13]. So hat selbst der gewissenhafte antike Geschichtsschreiber in solchen Fällen, wo ihm der Text der gehaltenen Rede nicht zur Verfügung stand oder gar da, wo er ihre Faktizität nur erschloß oder in jenem ‚typischen' Sinne forderte, von dem wir | berichteten, für ihre Gestaltung sich an jenes aristotelische οἷα ἄν γένοιτο halten dürfen.

Was nun *Lukas* angeht, so hat auch er, je nach Quellenlage und Situation, von dieser für den antiken gebildeten Leser selbstverständlichen Freiheit Gebrauch gemacht, den geringsten natürlich im Evangelium, das dem historischen γένος gar nicht zugehörte[14] und überdies die Aussprüche Jesu in fest überliefertem Bestande formuliert vorfand, auch durch die Kontrolle der anderen umlaufenden Evangelien weithin gebunden war (D. 158). Aber in den Reden der Apostelgeschichte finden wir ihn durchwegs auf dem Boden der antiken Historikertradition. Insbesondere schaltet er an großen Wendepunkten der Gemeindegeschichte *Reden* ein, die im Ganzen des Buches eine deutlich erkennbare Aufgabe erfüllen, indem sie die Bedeutung des Augenblicks erhellen, ja diesem Augenblick erhöhte Bedeutung verleihen und die Kräfte sichtbar machen, die hinter den Ereignissen wirksam sind (P. 97; D. 151. 141 f.): so da, wo die Abkehr des Christentums vom Judentum verständlich gemacht werden soll (Stephanus-Rede, Kap. 7), wo das Recht der Heidenmission verteidigt wird (Reden des Paulus vor dem Volk, Kap. 13), wo gezeigt werden soll, wie Gott selber die Heidenbekehrung herbeiführt (Petri Rede im Hause des Cornelius, Kap. 10), und so auch da, wo deutlich gemacht werden will, wie die christliche Predigt Gedanken der griechischen Geistesbildung aufgreift, wenn die Situation es erfordert: eben in unserer Areopagrede des Paulus, Kap. 17, in der wir unschwer diesen „Richtungssinn" erkennen (D. 151. 143. 141 f.).

Dieses Vorgehen des Autors hat zur Folge, daß die Rede, je freier sie gestaltet ist, desto weniger mit dem sie umrahmenden erzählenden Text in allen Punkten übereinstimmt, desto mehr auch sich von der inneren Art des vorgestellten Redners entfernen kann (D. 151). Und es bewirkt bei Lukas insbesondere häufig eine Technik der einprägsamen Zusammenraffung des Wesentlichen, für die M. Dibelius die treffende Charakterisierung einer „Kleinbildaufnahme" geprägt hat (D. 133. 156); wir könnten auch von „Abbreviatur" reden. Mangelndes Verständnis gegenüber dieser Eigenart und ihrem Autor hat einen Philologen wie W. Schmid verführt, in der Areopagrede einen „Trümmerhaufen" zu sehen, dessen Lücken man ergän-

---

[13] Vgl. jetzt über diese Rede Friedr. Vittinghoff in: Hermes 82, 1954, S. 348ff. mit wertvollen neuen Beobachtungen.

[14] Doch in dem nur von Lukas gebotenen Anfangsbericht Kap. 1 u. 2, welche hohe, am Einbau des Vorläufermotivs bewährte Kunst der Verknüpfung und Vorbereitung! „Zusammenhang" und „Richtungssinn" sind auch hier vortrefflich bedacht. – Weitere das Evanglium u. die Apostelgeschichte des Historikers Lukas verbindende Züge s. bei R. Bultmann, Theologie des NT, 1953, S. 462f.

zen müsse, um daraus eine richtige Rede des Apostels Paulus zu gewinnen (Sch. 115 f.; D. 133,1). |

Daneben fällt als spezifisch lukanisch auf, daß er im Gegensatz zu manchen anderen antiken Historikern, etwa Cäsar, die indirekte Rede fast durchweg verschmäht und – was damit zusammenhängt – mit seinen Reden, aber mit seiner Historie überhaupt, christliche Botschaft, also christliche Predigt, wie er sie versteht, verkünden will: das ist das κτῆμα ἐς ἀεί, „der unvergängliche Besitz" (nach Thukydides berühmtem Wort I 22, 4), den *er*, Lukas, seinen Lesern mitzugeben trachtet (D. 154, 142f.).

Dibelius hat – in einem Anhang zu der zuletzt in groben Zügen überblickten Arbeit – seine These von der Zugehörigkeit des Lukas zu antiker literarischer Tradition dadurch zu unterbauen gesucht, daß er in der Apg. Anspielungen auf Werke des „großen" Schrifttums aufgesucht bzw. bereits vermutete Zitate nachgeprüft hat (D. 159–162). Dabei ist eine angebliche Josephus-Reminiszenz in nichts zerronnen (D. 159f.); ein vermeintliches Dichterzitat in der Areopagrede v. 27 ‚in ihm leben, weben und sind wir', das man nach einem Hinweis des Nestorianers Ischodad von Merw in seinem syrischen Acta-Kommentar des 9. Jhs. auf den Kreter Epimenides um 490 v. Chr. hat zurückführen wollen, hat schon M. Pohlenz zu Fall gebracht, und Dibelius, der einst selbst daran geglaubt hatte, hat sich von ihm belehren lassen (P. 101 ff.; D. 160 m. Anm. 2).

So blieben ganze zwei Anspielungen der genannten Art übrig (D. 160 ff., 49 f.):

1. das τοῦ γὰρ καὶ γένος ἐσμέν (17,28), „wir sind seines Geschlechts" aus dem astronomischen Lehrgedicht ‚Phainomena' (Die Himmelserscheinungen) des *Arat* von Soloi (1. Hälfte des 3. Jhs.) – ein wörtlich zitierter Hexameteranfang – und

2. das σκληρόν σοι πρὸς κέντρα λακτίζειν (26,14), „es wird dir schwer fallen, wider den Stachel zu löcken". Das ist ein altes griechisches *Sprichwort*, das in der Dichtung – bei Pindar und in der attischen Tragödie – mehrfach verwendet wird. Lukas hat es wahrscheinlich als Sprichwort gekannt; daß er es aus Euripides' Bacchen (v. 795) aufgelesen habe, hält Dibelius nicht gerade für wahrscheinlich, aber auch nicht für ausgeschlossen[15].

Also kein Historikerzitat in dem ganzen, doch so stark von den Prinzipien der antiken Geschichtsschreibung geprägten Werke (D. 157)? Zu verwundern brauchte uns das trotzdem nicht, denn Lukas war kein σπερμολόγος, kein „Körneraufpicker" oder wie wir sagen würden keiner, der sich mit fremden Federn zu schmücken | beliebte (D. 60,3. 114; besser: Sch. 82, vgl. unten [S. 174]). Aber auf eine Möglichkeit sei doch wenigstens hingewiesen, und

---

[15] Ähnlich jetzt auch A. Vögeli, Lukas und Euripides, Theol. Zs. 9, 1953, S. 415 ff., der die ganze Frage noch einmal unter kritischer Betrachtung seiner zahlreichen Vorgänger aufrollt und 437 f. eine interessante Liste möglicher literarischer Beziehungen des Lukas überhaupt gibt (skeptisch dagegen Kümmel i. d. Theol. Rundschau, N. F. 22, 1954, S. 205).

zwar um so lieber, als es sich ausgerechnet um ein Thukydides-Zitat handeln würde. In der kurzen Ansprache des Barnabas und Paulus an ihre überschwenglichen heidnischen Verehrer in Lystra Kap. 14,15–17 findet sich in v. 17 die sonst im ganzen NT unbelegte Wendung καίτοι οὐκ ἀμάρτυρον αὑτὸν ἀφῆκεν, „gleichwohl hat sich Gott nicht unbezeugt gelassen" (D. 65,3). Zuerst begegnet uns ein ganz ähnlicher, mit großer Emphase vorgetragener Satz im Gewande der gleichen rednerischen Figur der ,Litotes' und ebenfalls eingeleitet durch καίτοι οὐ bei Thukydides in der perikleischen Leichenrede vom Anfang des peloponnesischen Kriegs II 41, 4 μετὰ μεγάλων δὲ σημείων καὶ οὐ δή τοι ἀμάρτυρόν γε τὴν δύναμιν παρασχόμενοι τοῖς τε νῦν καὶ τοῖς ἔπειτα θαυμασθησόμεθα, „nachdem wir mit so gewaltigen Zeichen und wahrlich nicht unbezeugt unsere Macht dargetan haben, kann uns die Bewunderung der Mit- und Nachwelt nicht fehlen". Sollte Lukas diese Stelle aus einer der berühmtesten Reden des großen Vorgängers im Auge gehabt haben, als er sich einer ganz ähnlichen und durchaus unbiblischen Wendung bediente[16], dann mag er etwa dazu veranlaßt gewesen sein durch eine gedächtnismäßige Assoziation; denn das bei ihm vorangehende καὶ τὴν γῆν καὶ τὴν θάλασσαν καὶ πάντα τὰ ἐν αὐτοῖς v. 15, hier ein Zitat aus Exod 20,11, findet sich ähnlich bei Thukydides an jener Stelle gleich darauf, πᾶσαν μὲν θάλασσαν καὶ γῆν.

Aber wie dem auch sei, wir brauchen auf solche möglichen Einzelanregungen keinen Wert zu legen. Die Tradition der antiken Geschichtsschreibung ist es so oder so, in die sich, von einigen gewiß bemerkenswerten Besonderheiten abgesehen, Lukas mit seiner Apostelgeschichte in allem Wesentlichen einreiht. Und gerade die Funktion der Reden im Gesamtwerk macht es ganz unwahrscheinlich, daß Lukas in der an so bedeutsamer Stelle stehenden Areopagrede einem Konzept des Apostels Paulus folgt. Wer dies gleichwohl annimmt, müßte beweisen können, wieso der Historiker des ausgehenden 1. Jhs. Chr. einen Anspruch sollte erheben können, den erst unsere moderne Geschichtsschreibung – nur für uns Heutige selbstverständlich scheinend – gestellt und durchgesetzt hat. Aber wir werden noch andere – für uns vielleicht noch zwingendere, weil vom Inhalt her gewonnene – Indizien aufspüren, die jene da und dort tief wurzelnde Ansicht zu erschüttern geeignet sein möchten. |

III.

Dazu aber müssen wir uns die Rede selbst ansehen. Ich gebe sie in der hier und da leicht veränderten Übertragung von M. Dibelius (D. 38f.), füge aber den erzählenden Rahmenbericht in meiner eigenen Übersetzung hinzu, wozu wiederum der Urtext zu vergleichen ist.

---

[16] Trifft das zu – und es ist durch die Identität des Formelgutes nahe gelegt –, dann darf wohl auch für 17,21 an eine thukydideische Anregung auf Grund einer ebenfalls berühmten Stelle (III 38,4ff.) gedacht werden; vgl. dazu oben Anm. 7. Ein anderer Herleitungsversuch bei NORDEN, Agn. Theos 335f.

Acta 17,16–34:

16 Als Paulus die Gefährten in Athen erwartete, regte er sich innerlich auf, als er sah, wie voller Götterbilder die Stadt war.

17 Also disputierte er Tag für Tag[17] in der Synagoge mit den Juden und ihrem gottesfürchtigen Anhang, und auf der Agora mit den gerade Anwesenden.

18 Dabei besprachen sich auch einige von den epikureischen und stoischen Philosophen mit ihm, und die einen sagten: ‚was möchte wohl dieser Körneraufpicker damit sagen wollen‘?, andere aber: ‚es scheint ein Prediger fremder Gottheiten zu sein‘. –

Denn er hatte (ihnen) die frohe Botschaft von Jesus und seiner (*τὴν*)[18] Auferstehung verkündigt.

19 Und sie nahmen ihn (bei der Hand) und führten ihn zum Areopag, indem sie sagten:

‚Können wir erfahren (*γνῶναι*), was es mit dieser neuen von dir mitgeteilten Lehre auf sich hat?

20 Denn es ist geradezu befremdlich, was wir da von dir hören; also wollen wir gern erfahren (*γνῶναι*), was das wohl sein mag‘[19].

21 Die Athener allesamt und die dort anwesenden Fremden hatten ja für nichts anderes so sehr Zeit, als Neuigkeiten zu erzählen oder anzuhören.

22 So trat Paulus mitten unter die Areopagiten und sprach: Männer von Athen! Ich sehe, ihr seid bei allem bedacht, die Götter sonderlich zu ehren.

23 Denn als ich durch die Straßen ging und eure heiligen Stätten (*σεβάσματα*) beschaute, fand ich auch einen Altar mit der Inschrift: Einem unbekannten Gott. Nun, was ihr so verehrt, ohne es zu kennen, gerade das tue ich euch kund.

24 Der Gott, der die Welt geschaffen hat und alles[20], was darinnen ist, er, der Herr ist über Himmel und Erde, wohnt nicht in Tempeln von Menschenhand gebaut,

25 noch nimmt er Dienste in Anspruch von menschlichen Händen, als ob er etwas brauche. Er ist es ja selber, der allen Leben und Odem und alles[20] verleiht.

26 Und er schuf aus einem Einzigen das ganze Geschlecht der Menschen, daß sie wohnen sollten auf der ganzen[20] Fläche der Erde. Er bestellte ihnen geordnete Zeiten des Jahres und abgegrenztes Land zum Wohnen, |

27 daß sie Gott suchen sollten, ob sie ihn greifbar fassen und finden könnten; nicht ferne ist er ja von jedem unter uns.

28 Denn in ihm haben wir Leben und Bewegung und Sein, wie ja auch bei euch Dichter gesagt haben: ‚denn wir sind seines Geschlechts‘.

---

[17] *κατὰ πᾶσαν ἡμέραν* steht wohl ‚in Versparung‘ und gehört daher zu beiden Gliedern. Über das rhetorische Kunstmittel der ‚Versparung‘, eine Abart des ‚*ἀπὸ κοινοῦ*‘, orientiert ERICH HENSCHEL in: Theologia Viatorum 1, 1948/49, S. 197ff. (vgl. auch H. HOMMEL ebda, S. 129, 2 = unten 307, u. 2, 1950, S. 188, 2 = oben Bd. I 275, Anm. 19; Gymnasium 62, 1955, S. 359); derselbe in: Gymnasium 60, 1953, S. 52f.

[18] Anders DIBELIUS 62.

[19] Dazu s. unten [S. 175] m. Anm. 64.

[20] Zur Häufung von *πάντα, πᾶσι, πᾶν, παντός, πάντας, πανταχοῦ* v. 24–26. 30, jenen Schlüsselworten mystisch religiöser Sprache, die sich ebenso in der Orphik, früher griechischer Lyrik und Philosophie wie dann vor allem in der religiösen Sprache der Stoa finden, vgl. H. HOMMEL in: Forschungen u. Fortschritte 19, 1943, S. 96f. Theologia Viatorum 4, 1952, 151ff. 5, 1953–54, 333ff. (jetzt H. H., | Schöpfer und Erhalter, S. 50ff., 92ff.). Vgl. auch ED. NORDEN, Agnostos Theos 240ff. u. ö.; DIBELIUS 30ff., 45 m. Anm. 3; ELTESTER 211,13, 219.

29 Als göttliches Geschlecht nun sollten wir nicht wähnen, die Gottheit sei einem Bild gleich aus Gold oder Silber oder Stein, dem Werk menschlicher Kunst und Phantasie.

30 Die Zeiten der Unwissenheit sieht Gott nun nicht mehr an; er tut vielmehr jetzt den Menschen kund, sie sollten umlernen, alle und allenthalben[20].

31 Denn angesetzt hat Gott einen Tag, an dem er in Gerechtigkeit die Erde richten will durch einen Mann seiner Wahl. Ihn hat er vor aller Welt beglaubigt, als er ihn von den Toten auferstehen ließ.

32 Als sie aber von Totenauferstehung hörten, da hatten die einen ihren Spott und die anderen sagten: ,wir wollen von dir davon auch künftig wieder etwas hören'.

33 So schied denn Paulus aus ihrer Mitte.

34 Einige aber schlossen sich an ihn an und wurden gläubig, darunter auch das Areopagmitglied Dionysios, und eine Frau namens Damaris[21], und andere desgleichen.

Nun zunächst zur Rede selbst; die umrahmenden Partien müssen uns dann zum Schluß noch beschäftigen. Die Disposition dieses λόγος παραινετικός, wie die antike Theorie seine Gattung bezeichnet haben würde, gebe ich nach Dibelius (D. 29 f.). Die Rede ist streng symmetrisch aufgebaut. Einleitung, 3 Hauptteile und Schluß umfassen je 2 Verse.

v. 22 und 23 enthalten die Einleitung, das προοίμιον,

v. 24–29 die drei Hauptteile und zwar

v. 24/25 die *„Hauptmotivgruppe"* I: „Gott, Schöpfer und Herr der Welt, braucht keine Tempel; denn er ist bedürfnislos".

v. 26/27 *Teil II:* „Gott hat die Menschen mit der Bestimmung geschaffen, daß sie ihn suchen sollten".

v. 28/29 *Teil III:* „Die Gottverwandtschaft des Menschen – sie ,sind seines Geschlechts' – sollte jede Bilderverehrung ausschließen".

v. 30/31 bilden den *Epilog:* „Gott läßt den Menschen jetzt Einkehr[22] predigen, weil der Gerichtstag bevorsteht. Da wird Gott die Welt richten durch einen Mann, den er von den Toten hat auferstehen lassen".

Also eine monotheistische Predigt (D. 30), in der die offensichtlichen Anklänge an das AT (Sch. 98,65; D. 41) außerordentlich spär|lich sind: abgesehen vom Epilog, wo man an Ps 96,13 und 98,9 erinnert wird, beschränken sie sich auf Teil I (v. 24/25); denn da werden Jes 42,5, Ps 50,12 und Hi 10,12 geradezu zitiert. An anderen Stellen, wie v. 27 („nicht ferne ist er . . .", vgl. Jer 23,23 „bin ich nicht auch ein Gott von ferne her?"), da scheinen, was uns noch wichtig werden wird, wenigstens im Ausdruck alttestamentliche Wendungen gesucht zu sein. Aber damit hat es sich auch im Wesentlichen erschöpft (von einer Ausnahme – v. 26 – ist später noch zu reden). Ganz besonders fällt an der Rede auf, daß erst der Epilogos (v. 30/31) wirklich christliche Botschaft verkündet, aber auch das, ohne den Namen

---

21 Über die Probleme dieses Namens vgl. W. Schmid 118,123f.

22 Dibelius S. 30: „Buße", aber mit einschränkender Interpretation S. 53 u. 55. Vgl. a. unten [S. 159].

Jesu überhaupt zu nennen. Damit ist für den gebildeten zeitgenössischen Leser das Urteil gesprochen bzw. der Haupteindruck bestimmt: das zentrale Anliegen einer Rede kann nie und nimmer im Epilogos stehen![23]

Kein Zweifel also: das ganze ist eine hellenistische Rede von der wahren „Gotteserkenntnis, zu der jeder Mensch gelangen kann; denn die Stellung des Menschen in der Welt und die Gottverwandtschaft seiner Natur muß ihn dazu führen" (D. 54f.). Der angehängte Schluß, der dieser „heidnischen" Predigt sozusagen im letzten Augenblick den christlichen Stempel aufdrückt, läßt nichts davon spüren, daß die wahre Gotteserkenntnis erst durch Offenbarung mitteilbar wird, und leistet durch den Ton des vorangehenden Hauptteils einer achristlichen Interpretation Vorschub, daß nämlich die μετάνοια, von der die Rede ist, „letztlich in der Besinnung auf jene Gotteserkenntnis besteht, die dem Menschen von Natur eigen ist" (D. 55). Wiederum muß sich hier ganz vernehmlich der Zweifel an der Autorschaft des Paulus melden. Wir überblicken die Rede im einzelnen.

Das Prooimion v. 22/23 beginnt, wie auch sonst gelegentlich bei den Reden der Apostelgeschichte, nach gut antikem Gebrauch mit einer ‚captatio benevolentiae', die in einem gewissen Widerspruch steht zu den Worten des einleitenden Berichts (v. 16), wonach Paulus über die Fülle der Götzenbilder in Athen ergrimmt war (D. 61. 147. 152). Dann bedient sich der Autor in Anknüpfung an eine Beobachtung des Sprechenden, die ihrerseits gut zu jenem v. 16 des Berichtes paßt, einer für den Übergang zum Hauptthema vortrefflich geeigneten Assoziation: „ich fand bei euch einen Altar mit der Inschrift ‚einem unbekannten Gott'; nun wohl, was ihr so verehrt, ohne es zu kennen, ich tu's euch im folgenden kund" (v. 23). Zu der so viel umstrittenen Frage des ἄγνωστος θεός, der Eduard Norden 1913 ein berühmt gewordenes Buch gewidmet hat, kann auf die treffliche | kritische Übersicht bei Dibelius verwiesen werden (D. 39ff.)[24]. Wir kennen bloß Weihungen an eine Mehrzahl von ἄγνωστοι θεοί[25]. Mag sein, daß der Singular vom Verfasser absichtlich eingeführt ist, um damit dem alttestamentlichen Ton der folgenden Verse besser gerecht zu werden (D. 41; Sch. 97,60).

Der 1. Hauptteil der Rede v. 24/25 wendet sich unter Verwendung alttestamentlicher Prädikationen (wobei freilich Gott als Schöpfer des Kosmos bereits eine stoische Folie verrät) gegen den auch in späten Teilen des AT bekämpften Gedanken, daß Gott in Tempeln wohne; dabei ist allerdings χειροποίητος, auf Tempel angewandt, wiederum alttestamentlich nicht zu

---

[23] Dagegen G. SCHRENK, Studien zu Paulus 1954, S. 143: „Was der Verfasser aber hier ans Ende setzt, ist gewiß kein nachhinkender Zusatz, sondern zentraler Akzent". Gegen solche Argumentation läßt sich nicht streiten.

[24] Neuerdings hat sich der indische Ministerpräsident Nehru im Gespräch mit Papst Pius XII. als Heiden bekannt und aus dem „unbekannten Gott" der Athener (Act 17,23) seinen Toleranzbegriff entwickelt (Tagespresse vom 11. 7. 55).

[25] Daher hat BLASS an unserer Stelle ἀγνώστων θεῶν lesen wollen; s. dazu W. NESTLE, Griech. Studien, 1948, S. 236.

belegen (vgl. dagegen Philon, Vita Mosis II 88, und Act 7,48). Daß Gott *οὐ θεραπεύεται*, „keine Dienste in Anspruch nimmt", ist ebenfalls spezifisch griechisch gedacht, und die weitere Ausführung des Gedankens von der Bedürfnislosigkeit Gottes ist der alttestamentlichen Frömmigkeit wie dem gesamten NT absolut fremd (D. 41 ff.). Woher das Motiv hier bei Lukas stammt, dahin weisen uns einige von Pohlenz beigebrachte Stellen aus Seneca, epist. 95 den Weg (P. 83)[26]: 50 *est deorum cultus . . . scire illos esse, qui praesident mundo, qui universa vi sua temperant . . .* 48 *deum mente concipere omnia habentem, omnia tribuentem, beneficum gratis . . .* 47 *non quaerit ministros deus. quidni? ipse humano generi ministrat, ubique et omnibus praesto est.* „Götterverehrung heißt . . ., daß man sich dessen bewußt sei, daß sie die Lenker der Welt sind, die alles durch ihre Macht ordnen . . . sich von der Gottheit die richtige Vorstellung zu machen, daß sie alles hat und alles gibt und Gutes tut ohne Entgelt . . . die Gottheit bedarf keiner Diener. Warum nicht? Dient sie doch selbst dem Menschengeschlecht, ist sie doch allenthalben und allen zur Hilfe bereit." (Die Übersetzung nach Apelt.) Daß dieser dem unseren nächstverwandte Text, dem bloß noch keine alttestamentlichen Lichter aufgesetzt sind, aus dem großen, die ganze spätantike Stoa beherrschenden *Poseidonios* von Apameia in Syrien stammt, dem Lehrer Ciceros und vieler anderer, hat Willy Theiler in einem nicht auszuschöpfenden gelehrten Buch, „Die Vorbereitung des Neuplatonismus" 1930, nachgewiesen (S. 106 f.).

Der *2. Hauptabschnitt* der Areopagrede v. 26/27 ist der schon nach seiner Bedeutung und Beziehung am meisten umstrittene. Die frühere Diskussion darüber möge im einzelnen bei Dibelius, bei Schmid | (der sich mit Annahme einer Lücke hilft) und bei Pohlenz nachgelesen werden (D. 30 ff.; Sch. 99 ff.; P. 83 ff.). Zur Übersetzung sei vorausgeschickt, daß ich mich gleich am Anfang des Textes, wie ich glaube mit guten Gründen[27], gegen die von Schmid und Pohlenz verteidigte Luther-Übersetzung entschieden habe: „Gott hat aus *einem* Blut (d. i. natürlich Adam bzw. Noah – also wieder ein alttestamentliches Licht!) aller Menschen Geschlecht auf der ganzen Erdoberfläche wohnen lassen . . ." (Sch. 100 f.; P. 84 f.; vgl. E. 211,13 f.; ähnlich K. Reinhardt, RE XXII 819). Ich möchte vielmehr wie Dibelius die folgende für richtig halten (D. 36 f.): „Gott hat aus einem Einzigen das ganze Geschlecht der Menschen geschaffen, daß sie wohnen sollten . . ." und dann weiter v. 27 „und daß sie Gott suchen sollten . . .", wobei die asyndetische gleichrangige Verbindung der beiden finalen Infinitive *κατοικεῖν* und *ζητεῖν* in

---

[26] Vgl. a. schon W. Theiler, Die Vorbereitung des Neuplatonismus, 1930, S. 108. 131.

[27] Der Streit über diese Stelle reißt nicht ab; ich kann darauf nicht näher eingehen, vermerke bloß als energische Stimme der Gegenseite G. Schrenk, Studien zu Paulus, 1954, S. 139 ff., während Nock im Gnomon 25, 1953, S. 505 die hier vertretene Übersetzung von *πᾶν ἔθνος ἀνθρώπων* zwar ausdrücklich für möglich hält, sich aber dann doch gegen sie erklärt; ähnlich zwiespältig B. Gärtner, The Areopagus Speech . . ., 1955, S. 153 u. 229 gegen S. 171 u. 231. Lehrreich scheint mir der Vergleich mit dem ganz ähnlich konstruierten Satz Aristoph. Ach. 255 f.; über die auch hier entstandene Kontroverse s. H. Erbse in: Eranos 52, 1954, S. 80 f.

diesem Stil nicht im mindesten stört²⁸, während bei der anderen Übersetzung das ἐξ ἑνός den Zusammenhang zerreißt und merkwürdig in der Luft
hängt. Aber diese Frage ist nicht die entscheidende. Vielmehr geht es darum,
ob die 2. Hälfte von v. 26, von ὁρίσας bis αὐτῶν geschichtlich im Sinne des AT
oder *philosophisch* im Sinne des aufgeklärten Hellenismus aufzufassen ist;
also ob entweder gesagt werden will: Gott hat bestimmte historische Zeitab-
schnitte, d. h. etwa Weltreiche, und Völkergrenzen gesetzt – so Schmid und
Pohlenz unter Zustimmung von Kamlah u. a. – (Sch. 101 ff.; P. 85 ff.;
ähnlich auch Reinhardt, RE XXII 819; vgl. E. 205,6 f.); oder ob gemeint ist:
der Kosmosgott hat geordnete Jahreszeiten und klimatisch günstige Sied-
lungszonen für die Menschheit eingerichtet – so Dibelius, dessen Auffassung
mir im Prinzip richtig zu sein scheint (D. 31 ff.; E. 204 ff.).

Hier setzt nun W. Eltester mit einer weitausgreifenden und äußerst scharfsinnigen Untersuchung ein, deren Ergebnisse ich für überzeugend gesichert
halte. Auch er faßt mit Dibelius die καιροί als Jahreszeiten im Sinne von Gen
1,14, was sich bei Philon, beim Apologeten Aristeides, im 1. Clemensbrief
und bei Lukas selber in der Lystrarede 14,17 in wechselnder Breite ausge-
führt findet (E. | 205 ff.)²⁹. Aber für die ὁροθεσίαι τῆς κατοικίας τῶν ἀνθρώπων
weiß Eltester eine ganz neue und überraschende Interpretation wahrscheinlich zu machen, die er mit einer Fülle alttestamentlicher und hellenistischer
Stellen belegt (E. 209 ff.). Er findet nämlich in dem Ausdruck die gedrängte
Abbreviatur oder „Kleinbildaufnahme" einer orientalisch-alttestamentli-
chen Vorstellung, nach der Gott die Ungeheuer der Tiefe besiegt und dem
Meer seine Grenzen gezogen hat, daß die Wasser sein Gebot nicht übertreten
(Ps 74,12–14. 89,9–11. 104,5–9 Hi 38,8–11 Prov 8,28–29 Jer 5,22 usw.). Im
Ps 74,16/17 und Jer 31,35 verbindet sich damit auch jenes erste Motiv von
der Setzung der Jahreszeiten. Einiges besonders Wichtige sei wörtlich ange-
führt (E. 214. 216. 217):

Ps 74,12/13   Aber Gott ist mein König von altersher,
       der Heil vollbracht hat auf Erden.
      Du hast das Meer gebändigt mit deiner Kraft,
       die Häupter der Drachen über den Fluten zerschmettert.
  16/17   Dein ist der Tag, dein auch die Nacht,
       du hast bereitet Sonne und Mond,
      Du hast geschaffen alle Grenzen der Erde,
       Sommer und Frühling, du hast sie geschaffen.
Jer 31,35   So spricht der Herr,
      der die Sonne gesetzt hat zum Licht am Tage,
      den Mond und die Sterne zum Licht für die Nacht;
      der das Meer bedroht, daß seine Wogen sich entsetzen
      – der Herr Allherrscher ist sein Name.

---

²⁸ Vgl. das Beispiel für „Asyndeton zwischen Sätzen" aus Ev. Luc. 6,27 f. bei Blaß-
Debrunner ⁸1949, § 462, 2. Ähnlich auch Ev. Luc. 17,14 (ἐγένετο . . ., ἐκαθαρίσθησαν).
²⁹ Einen weiteren wichtigen Beleg für ὡρισμένοι καιροί bringt Nock aaO. 505 aus Porphyrios
bei.

Darüber hinaus hat Eltester zeigen können, daß auf der Menorah, dem ehrwürdigen siebenarmigen Leuchter im Vorraum des Allerheiligsten im herodianischen Tempel von Jerusalem, den wir aus der Reliefabbildung des Titusbogens in Rom kennen, nicht nur die sieben Lampen (nach Philon) ein Abbild der die Jahreszeiten beherrschenden Planeten darstellen, sondern daß die Seeungeheuer auf seinem Sockel das von Gott gebändigte Meer nach Ps 74,13 repräsentieren (E. 217 f.)[30].

Auch unsere Actastelle 17,26 stellt also jenes alte Motiv von der göttlichen Einrichtung der Jahreszeiten und der Abgrenzung der menschlichen Wohngebiete auf dem festen Land der Erde durch Besiegung und Begrenzung des unheimlichen Meeres vor Augen. Im 1. Clemensbrief 33,3 – also vielleicht in demselben Jahrzehnt, in dem die Apostelgeschichte niedergeschrieben wurde – kehrt die Abgrenzung der Erde von dem sie umfangenden Wasser und die | Bändigung des Meeres eindringlich wieder (E. 222), und im 20. Kapitel des gleichen ersten Clemensbriefes (20,5–8 u. 9) verbindet es sich gar wiederum mit der von Gott geschaffenen Ordnung der καιροί, der Jahreszeiten (E. 221). Diese zweite Stelle steht in einem wichtigen, von Eltester ausführlich untersuchten Abschnitt (E. 220ff.), der von friedlichem Gehorsam der Schöpfung gegenüber Gott handelt und der (ähnlich wie eine Stelle aus der ersten Friedensrede des Gregor von Nazianz, or. 6, 12ff.[31]) zwar ebenfalls mit alttestamentlichem Geist erfüllt ist, aber deutlich umgebildet ist aus stoischen Gedanken über den Frieden des göttlichen Kosmos als Mahnung an die Menschen, von ihrer Zwietracht zu lassen. Den Nachweis dafür hat bereits Harald Fuchs in seinem schönen Buch über Augustin und den antiken

---

[30] Skeptisch äußert sich KÜMMEL in: Theol. Rundschau, N. F. 22, 1954, S. 204f. bei im übrigen weitgehender Zustimmung zu ELTESTERS Thesen.

[31] Darüber handelt HARALD FUCHS S. 96ff. Fuchs findet das Motiv vom Frieden des göttlichen Weltalls einschließlich sogar der Tiere als Vorbild für die in Zwietracht lebenden Menschen am reinsten dargestellt bei Dion Chrysost., or. 40, 35ff. (FUCHS 101–103). Abgewandelt erscheint diese Mahnung zur Eintracht, und zwar in eine solche zur Heiligung des ganzen menschlichen Lebens bei Gregor v. Nazianz aaO. (F. 96–98. 105f.), zum Gehorsam gegen Gott bei Clemens I 19f.–20,1 ἐν εἰρήνῃ ὑποτάσσονται u. ähnl. im folgenden mehrfach – (F. 98–101. 104). Darin ist demnach eine fortschreitende Umbiegung stoischer Lehre in alttestamentlichem Sinne zu erkennen; doch schimmert die hellenistische Mahnung zu Friede und Eintracht allenthalben noch deutlich durch (z. B. bei Clemens I 19,2. 20,9ff.). Also sprechen wir im ganzen doch besser von einer biblischen Überarbeitung stoischen Substrats als von einer „Überkleidung der biblischen Grundlage mit dem Gewande der griechischen philosophischen Terminologie" (so E. 222f., vgl. a. D. 42 oben). (FUCHS 108f. will den stoischen εἰρήνη- und ὁμόνοια-Gedanken über Diatribe und Popularphilosophie letztlich auf die bekannten ὁμόνοια-Erörterungen der Sophistik zurückführen. Ihm gibt H. LEISEGANG, Philol. Wochenschr. 47, 1927, Sp. 1178f. zu bedenken, daß das Motiv auch aus der z. B. noch bei Philon, De gigant. 51 M. 269. De confus. ling. 46 M. 411 begegnenden Feststellung des fortwährenden Krieges im Zusammenleben der Menschen wie in der Einzelseele e contrario gewonnen sein, also letzten Endes in Heraklits berühmtem fr. 53 πόλεμος πάντων μὲν πατήρ ἐστι, πάντων δὲ βασιλεύς wurzeln könnte.)

Friedensgedanken 1926 erbracht[32]. Diese stoische Friedenspredigt lesen wir in der Rede 40 des Dion Chrysostomos von Prusa ‚über die Eintracht' (40, 35 ff. – E. 225), die wiederum etwa der Zeit entstammt, in der Lukas seine Apostelgeschichte geschrieben haben muß, und ich glaube zeigen zu können, daß auch dieser Abschnitt des Dion den Geist des Poseidonios atmet[33]. Wir halten bei all dem insbesondere das eine fest, daß gerade damals stoisches, wahrscheinlich poseidonianisches | Gut vom hellenistischen Judentum auch sonst vielfach übernommen und mit alttestamentlichem Geist erfüllt worden ist.

Nun aber weiter zu v. 27 der Areopagrede. Gott hat den Menschen Jahreszeiten und ein vom Meer abgegrenztes Land zum Wohnen als Lebensbedingungen verordnet, „damit sie ihn *suchen* sollten, ob sie ihn greifbar fassen und finden könnten – ist er ja doch nicht ferne von jedem unter uns". Zunächst zum ζητεῖν τὸν θεόν. Dibelius hat sehr schön gezeigt und vielfältig belegt, daß das *Gottsuchen* im AT eine Sache des *Willens* ist, hier in der Areopagrede dagegen eine Sache des *Denkens* und Begreifens, das aus den von Gott festgesetzten καιροί und ὁροθεσίαι die geforderten Konsequenzen im Sinne eines Gottesbeweises zieht; wie denn Jahreszeiten und bewohnbare Zonen der Erde auch bei Cicero, Tuscul. I 68 einem solchen philosophischen Gottesbeweis dienen (D. 33 ff., vgl. 60,1. 55; Sch. 104,85).

Deum colit qui novit, heißt es an der uns bereits aus anderem Zusammenhang bekannten stoischen Stelle Seneca, ep. 95,47, oder *cognitio dei, e qua oritur pietas* bei Cicero, De nat. deor. II 153 (ebenfalls stoisch): „Gottesverehrung hat Gotteserkenntnis zur Voraussetzung". Ähnlich Clemens Alexandr., Strom. VII 47,3 ὁ ἐγνωκὼς τὸν θεὸν ὅσιος καὶ εὐσεβής, „fromm und gottesfürchtig ist, wer Gott erkennt" (Theiler 103 f. 106 f.). Heute läßt sich der jüngst verstorbene Ernst Penzoldt[34] entsprechend so vernehmen: „Das Atheistische habe ich immer für Mangel an Bildung gehalten" (und fährt allerdings fort: „fast hätte ich gesagt, für Mangel an Kinderstube")!

Mit v. 27 verlegt sich also gleich anfangs der Akzent wieder ganz entschieden auf hellenistisch-stoische Denkweise. Das hat auch für ψηλαφᾶν θεόν, das Betasten und Begreifen Gottes bereits Ed. Norden aufgezeigt, und Theiler wie W. Schmid haben auch hier die Spur des Poseidonios wahrscheinlich machen können[35]. Bei Dion Chrys. in der weithin von dem großen Stoiker

---

[32] Zum poseidonianischen Kern des Abschnitts aus dem I. Clemensbrief vgl. unten Anm. 42.

[33] Das Hervorstechendste ist die Einbeziehung selbst der Tiere in den Frieden des göttlichen Weltalls bei Dion, ja sogar ihre Vorbildlichkeit für den Menschen (Fuchs 101 f.). Dieser Gedanke ist poseidonianisch (vgl. Dion 12, 35 = Fr. 368 Theiler, Bd. I S. 293 vgl. II 275 f., u. dazu P. 92, s. ob. Anm.1, Nr. 3); vgl. allgemein M. Pohlenz, Die Stoa I 234, II 119; Reinhardt, RE XXII 714 ff. u. ö.

[34] Neue Zeitung, Berlin 25. 12. 1954, S. 19.

[35] Norden, Agnostos Theos, S. 15–17. Theiler 101. 102 f. Schmid 104 f. Pohlenz 91 m. Anm. 47. Vorstellung und Vokabular sind jedoch schon vorstoisch, freilich da noch nicht auf die Gottheit bezogen; vgl. die bei Plutarch, Adv. Colot. 3, 1108 E überlieferte Äußerung des

Poseidonios unmittelbar erfüllten olympischen Rede 12 über die ursprüngliche Gotteserkenntnis steht nämlich zu lesen: „allen Menschen wohnt eine starke Begierde inne, das Göttliche aus der Nähe zu verehren und anzubeten, indem sie hinzutreten und es berühren". |

Auf ganz sicherem Boden bewegen wir uns vollends bei dem *οὐ μακρὰν ἀπὸ ἑνὸς ἑκάστου ἡμῶν ὑπάρχειν* Gottes[36]. Hier findet sich die fast wörtliche Entsprechung bei Poseidonios in Dion's eben genannter Rede 12,28, wo es von den Menschen heißt, und zwar wiederum als Voraussetzung dafür, daß sie Gottes Wesen mit dem Verstande (*σύνεσις* und *λόγος*) erfassen können: *ἅτε γὰρ οὐ μακρὰν οὐδ' ἔξω τοῦ θείου διῳκισμένοι καθ' αὑτούς, ἀλλ' ἐν αὐτῷ μέσῳ πεφυκότες, μᾶλλον δὲ συμπεφυκότες ἐκείνῳ*[37] „da sie ja nicht ferne und nicht außerhalb des Göttlichen für sich wohnen, vielmehr von Natur mitten in ihm, ja sogar gemeinsamen Ursprungs mit ihm sind".

Da klingt auch schon der Gedanke der natürlichen Gottverwandtschaft mit an (D. 45 f.), den der Areopagredner gleich nachher mit dem Aratzitat belegt *τοῦ γὰρ καὶ γένος ἐσμέν*, „wir sind seines Geschlechts" (v. 28)[38], und den christlich umzudeuten die Rede nicht die geringste Handhabe bietet. Das verbindet die beiden Abschnitte II und III besonders nahe, wie denn überhaupt zwischen ihnen, also zwischen v. 27 und 28 der Übergang am fließendsten ist, was schon das *γάρ* am Anfang von 28 anzeigt. Dieses *γάρ* bringt aber zunächst noch die auf die Gottverwandtschaft schon hinweisende Wendung heran *ἐν αὐτῷ ζῶμεν καὶ κινούμεθα καὶ ἐσμέν*, „in ihm haben wir Leben und Bewegung und Sein". Leben und Existenz, ja das verstehen wir in diesem Zusammenhang gut[39]; wieso aber auch Bewegung (Norden 19 f.)? Wieder hilft uns eine poseidonianischen Ursprungs verdächtige Stelle (neben manchen anderen ähnlichen) auf den Weg[40], die ich hier im Anschluß an eine bei Ed. Norden (S. 22) abgedruckte Übersetzung von Jacob Bernays (Die heraklitischen Briefe 33) gebe:

Plutarch, Über den Seelenfrieden, Kap. 20, 477 C/D[41]. (Ist nicht jeder Tag für den

---

Epikurschülers Leonteus (CAPELLE, RE XII 2039), sein Lehrer habe den Demokrit verehrt *διὰ τὸ πρότερον ἅπασθαι τῆς ὀρθῆς γνώσεως* (in der oben im Text übersetzten Stelle Dion 12,60 ist ebenfalls *ἅπτεσθαι* gebraucht). Weiteres aus Euripides und Platon s. bei LIDDELL u. SCOTT I 231b oben. B. GÄRTNER aaO., S. 163 f. sucht dagegen das *οὐ μακράν* als einen nichts besagenden Gemeinplatz nachzuweisen.

[36] NORDEN 18 f. THEILER 103. D. 45 f. SCH. 107,90. P. 91.

[37] Dasselbe in gedrängtester Abbreviatur bei Seneca, ep. 41,2: *prope est a te deus, tecum est, intus est* (D. 51,2). Vgl. dazu unten Anm. 42, und H. ERBSE in Festschr. f. Fr. Zucker 1954, S. 134. 149.

[38] Das Wort wurzelt letztlich, was noch nicht bemerkt zu sein scheint, in längst geprägten altgriechischen Gebetsformeln wie Aischylos, Sieben gegen Theben 141 f. *σέθεν γὰρ ἐξ αἵματος γεγόναμεν* (an Kypris, die göttliche Ahnfrau der Thebaner).

[39] Dazu A. OEPKE in ThWNT II 536 s. v. *ἐν*.

[40] THEILER 102,1. 103 m. Anm. 1; vgl. DIBELIUS 46,6 f., POHLENZ 90 f. Nur ganz allgemein an ein „verschleiertes griechisches Zitat" denkt R. BULTMANN im Gnomon 16, 1940, S. 336.

[41] Dazu vgl. zuletzt die Dissertation von HELMUT BRÖCKER, Animadversiones ad Plutarchi libellum *περὶ εὐθυμίας*, Bonn 1954, S. 197 ff. Der Verf. erwägt 197 f. zu Unrecht auch für

guten Menschen ein religiöses Fest? Und was für ein herrliches, wenn | wir's recht bedenken.) Denn der Kosmos ist der heiligste und gotteswürdigste Tempel. In ihn tritt der Mensch durch seine Geburt ein und bekommt darin nicht unbewegliche und von Händen gemachte Statuen zu schauen – sondern mit Platon zu reden – solche Abbilder der Geisteswelt in der Sinnlichkeit, wie die göttliche Vernunft sie mit angeborenem Keim des Lebens und der Bewegung begabt und ans Licht gebracht hat (ἔμφυτον ἀρχὴν ζωῆς ἔχοντα καὶ κινήσεως ἔφηνεν): die Sonne, der Mond, die Sterne, die stets frisches Wasser hinströmenden Flüsse, und die Erde, die für Pflanzen und Lebewesen Nahrung heraufsendet.

Hier wird der Fundort Poseidonios deutlich nicht nur für die Formulierung des Gedankens von Leben und Bewegung und Sein des Kosmos, also auch des Menschen, in Gott, sondern auch für den ursprünglichen Zusammenhang mit einer wohlbegründeten Ablehnung des Bilderdienstes, wie sie in der Areopagrede sich ebenfalls gleich darauf findet (v. 29). Andere Stellen für die beiden zusammengehörigen, bei Plutarch und Lukas etwa gleichzeitig sinnvoll verbundenen Motivgruppen hat man – teils getrennt, teils vereint – in großer Anzahl nachgewiesen (Norden 19ff.; D. 50ff.; P. 90ff.)[42]. Ich füge hinzu Quintilian, Instit. or. X 1, 16 (wiederum etwa gleichzeitig mit Lukas und Plutarch), eine Stelle, auf die in diesem Zusammenhang 1921 mein Lehrer Carl Weyman in einer Quintilian-Übung aufmerksam gemacht hat, und die für mich die erste Anregung zur Beschäftigung mit dem Problem der hellenistischen Hintergründe für die Areopagrede war. Hier überträgt der Rhetor den stoischen Gedanken vom Sein in Gott auf die Ergriffenheit des Hörers durch den *spiritus* des Redners: *excitat qui dicit spiritu ipso, nec imagine et ambitu rerum, sed rebus incendit*[43]. *vivunt omnia enim et moventur.* „Der Redner erregt durch den Geist selber; und nicht durch *Abbild* und *Umriß* der Sache, sondern durch die *Sache* begeistert er. Denn alles lebt und bewegt sich". Auch bei Quintilian fehlt also nicht die Weiter-|führung des Gedankens zur Ablehnung der hier freilich merkwürdig angewendeten ‚Idololatrie'[44].

unseren eingesprengten Abschnitt die Herkunft aus Panaitios *n. εὐθυμ.* (so bereits Norden 22), was schon dadurch unwahrscheinlich wird, daß er in der von Panaitios abhängigen Schrift Senecas De tranquillitate animi (Kap. 17) fehlt. Poseidonianischen Ursprung bedenkt Br. nicht. Vgl. zu der Frage auch K. Ziegler, RE XXI 788.

[42] Besonders wichtig ist davon – neben dem auch hier mit bemerkenswerten Anklängen sich meldenden Poseidonios-Abschnitt Dion Chrys. 12,28ff. (Fr. 368 Th.) – Seneca, ep. 41,1 u. 2 (D. 51 mit Anm. 2), wo die Ablehnung der Bilderverehrung, das Gottnahe- und das Gottverbundensein, sowie die Einschränkung auf den *vir bonus* (wie bei Plutarch 477 C – s. oben) beisammenstehen und deutlich die Quelle Poseidonios verraten. – Der genannte Dion-Abschnitt stellt sich 12,30f. durch den Vergleich der Erde mit einer dem Kinde die Brust darbietenden Mutter zu I Clem 20,10, wo sich ähnliches findet, und erweist so auch dieses so stark christlich überarbeitete Kapitel als im Kern poseidonianisch.

[43] Vgl. Poseidonios (ausdrücklich genannt) bei Aët. 302b 22 (jetzt Fr. 349 Th.); da ist Gott πνεῦμα νοερὸν καί πυρῶδες (*incendit!*) οὐκ ἔχον μὲν μορφήν (*ambitus?*), μεταβάλλον δὲ εἰς ὃ βούλεται καὶ συνεξομοιούμενον πᾶσιν (zitiert von Theiler 96f. im Zusammenhang mit Act 17,28).

[44] Zur „συγκίνησις alles Geistigen" vgl. jetzt auch W. Theiler, Albert Debrunner-Festschrift 1954, S. 434f. mit Anm. 9 u. 11.

Aber die Forschung hat bisher zum Nachteil der Sache versäumt, die (sogar bei Quintilian noch durchschimmernde) auf Poseidonios wirkende platonische Anregung näher zu untersuchen, auf die in der Plutarchstelle ausdrücklich hingewiesen wird. Selbst Pohlenz, der an einer anderen verglichenen Stelle den Hinweis auf die platonische Weltseele bemerkenswert fand (P. 90), ist der Sache nicht nachgegangen. Da heißt es in einem Scholion zu dem mit Lukas gleichzeitigen Dichter Statius, Thebais VI 338 *anima (mundi) dat mortalium animis cunctis species motumque et vitam*, „Die Weltseele verleiht den Seelen aller Lebewesen individuelle Existenz, Bewegung und Leben" (Theiler 97). Damit ist die Äußerung des *Poseidonios* unzweideutig an *Platon* angeschlossen, eine durchgängige Abhängigkeit, gegen die sich die neueste Forschung unter dem Einfluß von K. Reinhardt[45] auch sonst lange hat sträuben wollen. Der Hinweis auf Platon bei Plutarch geht nicht nur etwa allgemein auf die vor allem im ‚Staat' entwickelte Ideenlehre (αἰσθητὰ νοητῶν μιμήματα[46], „die sinnlich wahrnehmbaren Dinge sind Abbilder des Gedachten"), sondern – worauf das Statius-Scholion deutlich hinweist – auf das platonische Alterswerk, den *Timaios*, zu dem Poseidonios einen Kommentar geschrieben haben soll (Sext. Emp., Adv. mathem. VII 93), was wir gern glauben, so oft es auch bestritten worden ist[47]. In diesem wahrhaft tiefsinnigen platonischen Dialog nun, dem Timaios, der eine Naturphilosophie des Kosmos enthält, finden wir die Anschauung von *Leben und Bewegung der göttlichen Weltseele, die sie allen Einzelwesen mitteilt*, in ständigem Blick auf die Ideenlehre eingehend entwickelt.

Es würde hier zu weit führen, das ausführlich nachzuzeichnen, aber einige wesentliche Hauptgedanken Platons und ihre Formulierungen seien doch angeführt. 27 D ff. ist bereits vom Schöpfer und | Vater (28 C 3) des Kosmos (28 B 3) die Rede, der betastbar ist (ἁπτός 28 B 7 – vgl. 32 B 8), und von der Aufgabe, ihn zu finden (εὑρεῖν 28 C 4); schon werden wir an die Areopagrede v. 24 und 27 erinnert. Es folgt dann 28 C 6 ff. die Erwägung, daß diese Welt ein Abbild des Unsichtbaren sein müsse, womit sich in negativer Formulierung unser v. 29 befaßt. Freilich ist der Jude hier vom κόσμος bereits zum θεῖον[48] übergegangen, beide Begriffe sind aber auch schon für Platon (28 B

---

[45] Zuletzt RE XXII 569f., 624f.

[46] Auch hier schon Anspielung auf den (Schluß des) Timaios 92 C, wo es vom κόσμος heißt εἰκὼν τοῦ νοητοῦ θεὸς αἰσθητός (Bröcker aaO., S. 198, nach Pohlenz zu Plut., π. εὐθυμ. 20), vgl. auch 29 B. Aber der Vermittler dürfte eben Poseidonios sein, wie schon der Wechsel des Ausdrucks nahelegt. Übrigens ist der Topos (mit dem Wort μιμήματα, nicht εἰκών, also wie bei Plutarch) auch bei Philon, Vita Mos. 2,74 übernommen (Bröcker 199, wiederum nach Pohlenz), auch da wohl aus Poseidonios. Der Ausdruck μιμήματα steht aber auch bei Platon an anderen, weniger zentralen Stellen, so 40 D, 50 C, 51 B. Vgl. 44 D τὸ τοῦ παντὸς σχῆμα ἀπομιμησάμενοι. 48 E μίμημα παραδείγματος (Bröcker 198f.). Vgl. übrigens hier sogar auch einmal Reinhardt, RE XXII 713.

[47] Vor allem von Reinhardt, RE XXII 569 und mehrfach früher.

[48] Und der Ausdruck τὸ θεῖον von Gott findet sich in der gesamten Bibel nur hier; vgl. dazu auch D. 58 oben.

3 ff.) wie vollends für den Stoiker identisch und fallen nur der mythologischen Darstellbarkeit halber auseinander[49]. So ist denn das θεῖον der Areopagrede, das keinem von Menschen ersonnenen und verfertigten Bilde ὅμοιον ist, noch ein letzter stoisch gefärbter und hier natürlich jüdisch-theistisch verstandener Nachhall des platonischen Kosmosgottes, der – wenn wir es positiv wenden – nur dem Unsichtbaren und Unendlichen ὅμοιος, ,vergleichbar' ist (vgl. Tim. 29 A 3. 5 f.), ja wie Platon weiterhin sagt (33 B 6), wie die Kugel – das platonisch-stoische Symbol der Gottheit und des Kosmos – vollkommen ist und nur sich selber vergleichbar.

Gleich darauf ist bei Platon – in deutlicher Anlehnung an die astronomische Erfahrung – davon die Rede, daß Gott seinem Werk, dem Kosmos, die seiner Gestalt angemessene *Bewegung* zuteilt (34 A 1 f.)[50]; und weiterhin fällt dann in spürbar gehobenem Ton das für uns entscheidende Wort 37 C 6 f. „Als nun der Vater, der es erzeugte, in dem Weltganzen, indem er es in *Bewegung und vom Leben durchdrungen* sah (κινηθὲν καὶ ζῶν), ein Abbild der ewigen Götter erblickte, da ergötzte es ihn, und erfreut sann er darauf, es | seinem Urbilde noch ähnlicher zu gestalten[51]." Wer denkt da nicht zugleich an Gen 1,31: „Und Gott sah an alles, was er gemacht hatte, und siehe da, es war sehr gut"?

Nachdem dann Gott zur Vervollkommnung seines Werkes „als bewegtes Abbild der Ewigkeit (αἰῶνος) noch die Zeit geschaffen" (37 D 5–7)[52] und den Planeten ihre Bahn gewiesen, erschuf er die Götter und befahl ihnen die Hervorbringung der übrigen Lebewesen in der Luft, im Wasser und auf dem Festland, in Nachahmung seiner eigenen Schöpferkraft (39 E 6 ff., 41 C 4 ff.; vgl. 42 E 7 f.), bei welchem Werke alles *lebende Wesen in Bewegung* geriet (ὥστε τὸ μὲν ὅλον κινεῖσθαι ζῷον 43 A 7 f.), wie noch einmal auch hier betont wird.

---

[49] Dazu vgl. v. WILAMOWITZ, Platon I 604 f.

[50] Eine freie Übersetzung der Acta-Stelle v. 28 Anfang müßte sich also eher der Metapher „in ihm leben, kreisen und sind wir" bedienen, anstatt Luthers *„weben"* zu folgen, das – wie am ,Web'stuhl – die Hin- und Herbewegung bezeichnet. – Übrigens ist der Gedanke vom selbstbewegten Beweger ganz spezifisch platonisch und kommt außer im ,Timaios' noch in zwei weiteren Alterswerken, dem ,Phaidros' 245 C ff. und den ,Gesetzen' X 893 B ff. zur Darstellung (vgl. O. REGENBOGEN in: Miscellanea Academ. Berolinensia 1950, S. 204 f., wo zugleich die Spätdatierung des ,Phaidros' nahegelegt wird); Eudoxos von Knidos und Aristoteles sind von da fortgeschritten zur Idee vom unbewegten Beweger (darüber vgl. W. SCHADEWALDT in: Satura, Otto Weinreich dargebracht 1952, S. 103 ff., hier bes. 108 f.). Aber die Areopagrede steht (wie später Lionardo: „keiner kann bewegen, er bewege denn sich selber") unverkennbar in der Tradition ,Timaios' – Poseidonios und bleibt von den knidisch-peripatetischen Gedanken unberührt. Dementsprechend ist D. 46,6 zu korrigieren, wo er den Gott der Stoa „als den unbewegten Beweger" charakterisiert. Vgl. dagegen NORDEN 20 f. M. POHLENZ, Die Stoa I 66 f., 75, 77, derselbe freilich etwas mißverständlich 76 f.

[51] Vgl. NORDEN 21 f. D. 47, Anm., vgl. a. 50,3 (doch ist Plat., Tim. 40 D nicht von der Gottverwandtschaft der Menschen, sondern der Planetengötter die Rede). – Die oben gegebene Übersetzung nach HIERONYMUS MÜLLER, Platons sämtl. Werke 6. 1857, S. 154 m. Anm. auf S. 272 (Hinweis auf Gen. 1,31).

[52] Dazu vgl. H. HOMMEL in: Theol. Viator. IV 1952, S. 165 f. (= DERS., Schöpfer und Erhalter, S. 64 f.)

Schließlich wird auch bei Erschaffung des Menschen, mit dessen runder Kopfform sie die Gestalt des Weltganzen nachbilden sollten (τὸ τοῦ παντὸς σχῆμα ἀπομιμησάμενοι 44 D 3f.), die Teilhabe dieses Lebewesens an der *Bewegungs*möglichkeit nicht vergessen (44 D 8).

Damit ist aus dem platonischen Timaios das Wichtigste von dem verglichen, was uns hier angeht. Daß der Verfasser der Areopagrede unmittelbar aus Platon geschöpft haben sollte, ist an sich ganz unwahrscheinlich. Zudem haben die beigebrachten Parallelen aus hellenistischer Literatur – zumeist mit Lukas ungefähr gleichzeitig – deutlich gemacht, daß sie in großer Zahl – nicht nur für den Topos von Leben und Bewegung in Gott – mit Platons Altersdialog Berührungen aufweisen und daß ihre gemeinsame Quelle Poseidonios sein muß, der nach meiner festen Überzeugung vor allem zu jenem Topos durch eingehendes und fruchtbares Studium des ,Timaios' angeregt war[52a].

Aber obwohl vor allem Pohlenz wiederholt darauf hingewiesen hat, daß in der Areopagrede da und dort geschlossene Gedankengänge des Poseidonios vorliegen (P. 90f. 94f., vgl. schon Theiler 103), hat m. W. noch kein Forscher die Behauptung gewagt, die ich hier aussprechen möchte: daß das Ganze im umfassenden Sinn auf poseidonianischem Boden gewachsen ist. Dann hat der Verfasser aber auch, was wiederum Pohlenz schon als Möglichkeit hingestellt hat (P. 104), den Aratvers τοῦ γὰρ καὶ γένος ἐσμέν (v. 28) schon als von Poseidonios angeführt vorgefunden, und er verdankt seine Kenntnis *ihm*, nicht *eigener* Lektüre des frühhellenistischen Dichters. |

Was die Exegeten bisher davon abgehalten hat, an einen Poseidoniostext als geschlossene Quelle der Areopagrede zu denken, war vielleicht (neben der lange herrschenden Unsicherheit und daher Vorsicht der Theologen und mancher Philologen in der Diagnosenstellung auf diesem viel umkämpften Gebiet) vor allem der deutlich sichtbare alttestamentliche Einschuß im Gewebe der ganzen Rede, auf den auch wir jeweils hingewiesen haben, und der nun vor allem durch die Forschungen von Eltester evident geworden ist. In der Tat macht dieser Befund den Schluß unabweislich – sofern wir uns überhaupt zur Anerkennung *einer* Quelle entschließen –, daß dem Verfasser ein im wesentlichen poseidonianische Gedanke und Formulierungen enthaltender, aber von einem hellenistischen Juden überarbeiteter Text vorgelegen hat, wie wir ihnen im Lauf unserer Untersuchung mehrfach begegnet sind. Daß er selber diese Bearbeitung vorgenommen hat, ist gerade im Blick auf das Vorhandensein einer solchen Literatur höchst unwahrscheinlich. Auch wird es dadurch noch weniger glaubhaft, daß einiges von dem, was wir in diesem Zusammenhang aufzeigen konnten, auch schon bei Philon in seiner Vita Mosis steht (oben [S. 160], vgl. [S. 161] u. Anm. 46). Und schließlich hätte doch der Verfasser der Rede die christologische Botschaft v. 30/31

[52a] Vgl. allgemein zum Einfluß des platonischen ,Timaios' auf Poseidonius jetzt auch H. ERBSE in: Festschrift Fr. Zucker 1954, S. 135f.

wohl kaum so unvermittelt angehängt, vielmehr organischer mit dem Ganzen verbunden, wenn er nicht im wesentlichen einen fertigen jüdischen Text übernommen hätte (vgl. dazu oben [S. 159]).

IV.

Auch wenn wir geneigt sind, all diese Schlüsse anzunehmen, erhebt sich, nun freilich mit verändertem Akzent, die alte Frage von neuem mit Eindringlichkeit: ist derjenige, der sich des jüdisch überarbeiteten Poseidonios-traktats als Vorlage für das Muster einer Heidenpredigt an die gebildeten Griechen bediente, der Apostel Paulus gewesen oder Lukas, der Verfasser der Acta?

Wir sehen zunächst davon ab, daß die Antwort vom literargeschichtlichen Aspekt her durch die Forschungen von M. Dibelius bereits zugunsten des Lukas ausgefallen ist (oben [S. 152 ff.]), werfen vielmehr noch einen raschen Blick auf das, was vom Inhalt her dazu zu sagen ist. Die Pro-Paulus-These von W. Schmid richtet sich selber dadurch als petitio principii, daß sie manches, was man vom Standpunkt der paulinischen Theologie aus vermißt, entweder der Kürze des Ausdrucks zuschreibt, oder aber Lücken im Text annimmt, die eben dies enthalten haben sollen (Sch. 99 f., 107 u. ö.; dazu D. 132 f.). Überhaupt sieht Schmid den Paulus wohl verzerrt, weil er ihn durch die Brille der Clemens und Origenes betrachtet, die ja in vielem gerade die Antipoden des großen Apostels sind. |

Demgegenüber haben vor allem Dibelius und Pohlenz mit Nachdruck betont und durch Vergleichsmaterial belegt, daß Paulus aus seiner ganz anderen theologischen Denkart heraus so niemals geschrieben oder geredet haben könnte (D. 55 ff. 65₂. 70. 132₃; P. 97 f.). Denn nach Rm 1–3 ist er „tief durchdrungen von der Überzeugung, daß der Mensch Gott entfremdet ist" (vgl. Rm 5,10; D. 57); wer vollends das 7. Kapitel des Römerbriefs geschrieben hat, der ist sich über seine eigene Lage so gründlich im klaren[53], daß er sich die Gedanken unserer hellenistischen Predigt niemals würde zu eigen machen können. Und wenn auch Paulus scheinbar von einer Gottverwandtschaft des Menschen redet, so wird diese für ihn nicht anders hergestellt als durch Christus und ist keineswegs von Natur gegeben (Rm 8,21 ff.). Erst der von Christus erlöste Mensch tritt für Paulus in nahe Beziehung zur göttlichen Welt (II Cor 5,19–21; D. 57).

Da wo Paulus Gedanken der stoischen ‚Theologia naturalis' tatsächlich benutzt[54], Rm 1,20, verkehrt er sie sofort in ihr Gegenteil, indem er die von ihr Berührten der Nichtigkeit verfallen, aus eingebildeten Weisen zu Toren werden und dem Götzendienst anheimgegeben sein läßt (v. 21–23), den

---

[53] Richtig in seiner „antihumanistischen" Bedeutung erkannt von JEAN HERING, Die biblischen Grundlagen des christlichen Humanismus, 1946, S. 27.

[54] Dazu vgl. HOMMEL, Theol. Viatorum IV, 1952, S. 108 f. (= Schöpfer und Erhalter, S. 7 ff.).

dieselbe ‚Theologia naturalis' für den Areopagredner gerade zu verhindern imstande ist[55]. Auch die mit unserem v. 31 vergleichbare Stelle I Thess 1,9f. von der Abwendung von den εἴδωλα zum Dienst des lebendigen und wahren Gottes in Erwartung des von den Toten erweckten Jesus, die dem Verfasser unseres Redenschlusses immerhin vor Augen gestanden haben mag[56], steht in einem völlig anderen organischen Zusammenhang (P. 97f.). Dieser Brief des Paulus ist übrigens nicht lange nach seinem Besuch in Athen, wahrscheinlich in Korinth, geschrieben.

Das entscheidende Gegenbild steht, so scheint mir, Gal 3,26 „Ihr seid alle Gottes Kinder durch den *Glauben* an Christus Jesus", und es ist schon von Dibelius mit Recht hervorgehoben worden, daß dagegen die einzige Stelle im NT, wo dieses paulinische Kennwort πίστις in unchristlich-antikem Sinne von ‚beweismäßiger Beglaubigung' vorkommt, eben der Schlußvers 31 unserer Rede ist (D. 54. 58; P. 96), womit sogar dieses sigillum Christianum mit dem vorangehenden | stoischen Gottesbeweis in eigenartiger, aber völlig unpaulinischer Weise verknüpft wird[57].

Scheidet also Paulus auch vom Inhaltlichen her als derjenige aus, der hinter der Übernahme der hellenistisch-jüdischen Predigt steht, ja kommt er selbst als Verfasser des christlichen Schlußpassus nicht in Frage, so läßt sich beides, Übernahme und letzte Bearbeitung, dem Verfasser der Apostelgeschichte schwerlich abstreiten, so merkwürdig auch dann noch der Tatbestand bleibt. Lukas stellt sich gerade durch die Einfügung *dieser* Rede in sein Werk an den Anfang einer Tradition, die fast gleichzeitig auch vom I. Clemensbrief inauguriert wird, und die beide zu den Vorläufern der christlichen Apologeten stempelt (D. 59f.; vgl. 68f. 74, Anm.). Denn sie haben „diese philosophische", im Grunde ganz unpaulinische „Theologie und dieses Bemühen um das Wesen Gottes und seine Erkennbarkeit, um das Erschließen Gottes aus Wesen und Sinn der Welt in den Vordergund gestellt" und damit freilich der Kirche den Weg in die Welt erleichtert. Erst als der äußere Sieg über die Welt errungen war, hat Augustin zur entscheidenden Rückbesinnung auf Paulus aufgerufen, und jede echte Erneuerung der Kirche ist ihm seither darin gefolgt. Aber es genügt natürlich nicht, das Beschreiten jenes anderen Weges etwa als einen Trick des Weltgeistes abzutun, mit dessen Hilfe das Christentum erst einmal in der Welt Fuß fassen sollte, um dann für erneute Vertiefung und Besinnung frei zu sein. Die von Lukas mit der Areopagrede zeichenhaft eröffnete Richtung, mit deren meisterhafter Charakterisierung Dibelius den kirchengeschichtlichen Ort von Act 17 festgestellt hat, sie hat im Plan Gottes vielmehr wohl auch ihren

---

[55] DIBELIUS 56. PH. VIELHAUER in: Evangel. Theol. 10, 1950/51, S. 4f. Bultmann, Theol. des NT 1953, S. 224. Ähnlich KÜMMEL in: Theol. Rundschau, N. F. 22, 1954, S. 203f., 208f.

[56] Vgl. aber BULTMANN aaO. 69, 75, der den unspezifischen Charakter auch der Paulusworte betont (freundlicher Hinweis von ILSE V. LOEWENCLAU).

[57] Andere Kriterien für das Unpaulinische selbst dieser Verkündigung s. bei BULTMANN aaO. 458.

tieferen Sinn, dem hier nachzuspüren nicht unsere Aufgabe sein kann. Es gehört zwar auch nicht mehr zur Sache, soll aber doch hier ausgesprochen werden, daß wohl weder Paulus noch Augustin noch Pascal noch Kierkegaard mit all ihren spezifischen Gaben der christlichen Gemeinde etwas so Köstliches hätten schenken können, wie es die Geburtsgeschichte Jesu nach Lukas ist, der diesen wundervollen Bericht ebenso gerettet, bewahrt und formuliert hat, wie er uns das Skandalon der Areopagrede zur Bewältigung aufgegeben hat.

Hier ist ein nachträgliches Wort am Platz über zwei neue Arbeiten zur Frage der paulinischen Authentizität der Areopagrede, deren Kenntnis mir nach Abschluß meiner Untersuchungen W. Eltester freundlich vermittelt hat (die zweite ist überdies erst erschienen, nachdem dieser Vortrag gehalten wurde): Gottlob Schrenk, Urchristliche Missionspredigt im 1. Jh.[58], und die ausführliche Monographie von| Bertil Gärtner, The Areopagus Speech and Natural Revelation[59]. Beide Abhandlungen unterstreichen und belegen den genuin judenchristlichen Missionscharakter der Areopagrede, der dem Redner eine weitgehende Anpassung an die geistige Haltung seiner Hörer erlaube, was nicht bestritten werden soll; beide auch setzen sich aber für das echt Paulinische des in der Rede geübten Verfahrens ein, wogegen sich im ersten Falle bereits lebhafter Widerspruch erhoben hat[60]. Eine Auseinandersetzung kann hier nicht mehr gegeben werden. Vor allem dem in seiner Art musterhaften Buch von Gärtner ist ohnehin künftig eine lebhafte und gründliche Diskussion zu wünschen; so differenziert der Verf. u. a. mit beachtenswerten Ausführungen die Dibeliussche These von der Zugehörigkeit der Acta zur antiken historiographischen Tradition, und er setzt die in der Areopagrede aufgespürte Überlieferung in Parallele zu Sap. Salom. Kap. 13–15, um nur einiges aus dem reichen Inhalt anzudeuten. Aber man hat – wiederum bei beiden Arbeiten – den Eindruck, daß die verfochtene These am Anfang steht und daß das Fremdkörperartige wie der stoische Gehalt der Rede so sehr bagatellisiert wird, daß ein verzeichnetes Gesamtbild die Folge ist.

V.

Wir haben nun zum Schluß noch zu untersuchen, welche Geschichtlichkeit im pragmatischen Sinne der athenischen Episode im Wirken des Apostels Paulus zuzubilligen ist; denn daß dessen dortiges Auftreten überhaupt frei erfunden wäre, entspräche ganz und gar nicht der Art des Lukas, der bei aller seiner Prägung durch die freieren Regeln der antiken Historiographie sich doch vom γένος des der Antike ebenfalls bekannten und gerade damals

---

[58] Th.-Wurm-Festgabe 1948; wiederabgedruckt in G. Schrenk, Studien zu Paulus 1954, S. 131–148. Vgl. a. Eltester, ZNW 45, 1954, S. 271.

[59] Acta Seminarii Neotestamentici Upsaliensis 21, Uppsala 1955 (289 S.). – N. B. Stonehouse, The Areopagus Adress, London 1949, ist mir nicht zugänglich geworden.

[60] W. G. Kümmel in: Theol. Rundschau, N. F. 21, 1954, S. 202 f. (vgl. a. 205) gegen Schrenk bei Anerkennung der im Titel von dessen Arbeit ausgedrückten These. Zur Areopagrede als „Fremdkörper" in den Acta vgl. a. G. Lindeskog, Studien zum ntl. Schöpfungsgedanken I, 1952, S. 190₂, 204, und schon O. Bauernfeind, Die Apostelgeschichte. 1939. S. 220 f.

aufkommenden Romans[61] – im Gegensatz zu anderen hellenistischen Ge-
schichtsschreibern – absolut fernhielt (Sch. 115). Auch ist uns des Paulus
Besuch in Athen durch diesen selbst ausdrücklich bezeugt (I Thess 3,1; D.
69).

Das in den Acta immer wieder durchschimmernde Itinerar muß gerade
über diese wenigstens symbolisch so wichtige Reisestation einiges enthalten
haben (D. 67ff. 151₁. 167ff.). Die Frage ist, wieviel davon in dem Rahmenbericht des Lukas festgestellt werden kann, und was davon etwa auch in der
Rede anklingt. Nach Dibelius sind nur die vv. 17 und 34, also des Paulus
Auftreten in der Synagoge und auf der Agora sowie sein bescheidener
Missionserfolg mit Sicherheit | dem Itinerar entnommen, vielleicht auch 19
und 20 oder statt dessen 32 dazu zu rechnen (D. 68f. 114. 69₁). Darüber
hinaus erwägt Dibelius sogar den Gedanken, daß die Geschichtlichkeit der
Areopagrede überhaupt anzuzweifeln sei, läßt aber dann diese Frage offen
(D. 141₁).

Ich bin vielmehr zunächst einmal der Ansicht, daß die vv. 16–18 und 34,
freilich auch *nur* diese vier Verse, dem Itinerar zugehören[62], und glaube,
dafür einige Indizien anführen zu können. Wir vermögen, wie schon angedeutet, dem Lukas nirgends nachzuweisen, daß er charakteristische Züge
seiner Erzählung, ohne irgendwelchen wenigstens vermeintlichen Anhalt in
den Fakten, ganz frei erfunden habe. Das scheint mir außer den von Dibelius
als authentisch anerkannten Mitteilungen auch von folgendem zu gelten:

1. Die Erlebnisse und Eindrücke des Paulus in der Zeit, da er in Athen auf
seine Gefährten wartete. Also wäre seine Erregung über die κατείδωλος πόλις
in v. 16 verbürgt, und ebenso wohl die Entdeckung eines Altars an unbekannte Gottheiten, die dann vom Schriftsteller aus diesem Teil des Itinerars
in die Rede selbst als willkommene Anknüpfung übernommen wäre.

2. Die Beteiligung von epikureischen und stoischen Philosophen an dem
Gespräch mit Paulus, insbesondere der markante Einzelzug ihres Spottes,
daß sie nämlich den Apostel als σπερμολόγος bezeichneten (D. 60₃. 114), was
in der Tat seine Eigenart hervorragend trifft (Sch. 82f.): denn auch seine
Briefe sind reich besetzt mit aufgepickten Körnern hellenischen Bildungsgu-
tes, die sich innerhalb seiner darüber nie versäumten zentralen Botschaft für
den heidnischen Hörer um so fremder ausnehmen mußten – also gerade das
Gegenteil von dem, was dann Lukas in der Areopagrede geboten hat, die ja,
wie wir sahen, die *geschlossene* Darstellung einer im wesentlichen hellenistischen Predigt mit alttestamentlichem Einschlag bietet.

Damit zusammen hängt aber auch der Vorwurf der nicht recht verständlichen Verkündigung des fremden Gottes und seiner Auferstehung – lauter

---

[61] Dazu vgl. Franz Zimmermann. Zum Stand der Forschung über den Roman in der
Antike . . . in: Forschungen u. Fortschr. 26, 1950, S. 59ff.

[62] Ebenso, wie ich nachträglich sehe, auch schon R. Bultmann im Gnomon 16, 1940,
S. 336. Es ist bemerkenswert, daß Dibelius 13₃ (d. h. also früher, im Jahre 1923) wenigstens
auch den v. 18 noch zum Itinerar gerechnet hat.

Reaktionen bei der gebildeten Hörerschaft, die den Stempel der Echtheit an sich tragen.

Dagegen halte ich, wie die Rede selbst, auch die nächstumrahmenden Teile des Berichts, nämlich vv. 19–22 Anfang und 32–33 für Zufügungen, wenn man will, für Erweiterungen des Lukas, die aber alle jenem vorhin festgestellten Prinzip entsprechen, daß sie nichts wesentlich Neues oder gar romanhaft Erfundenes bieten. Denn der scheinbar neue Zug, daß Paulus vor den Areopag gebracht wird, ist keine reine Erfindung. Er wird, wie schon Ferd. Christian Baur | gesehen hat, bona fide aus der Mitteilung des Itinerars erschlossen sein, daß der Vornehmste und daher Erstgenannte unter den Bekehrten, Dionysios, ein Mitglied des Areopags gewesen ist (vgl. D. 69)[63]. Alle übrigen Züge aus den vv. 19–22 und 32–33 sind aber, und das scheint mir das Entscheidende und letztlich Beweisende, reine *Dubletten* von schon Berichtetem, zum Teil bis in den Ausdruck hinein. Die „neue Lehre" in v. 19 (καινὴ διδαχή) wiederholt andeutend den Inhalt des Evangeliums von Jesus und der Auferstehung in v. 18; das Befremdliche des Gehörten in v. 20 greift die Wendung vom Prediger fremder Gottheiten aus v. 18 mit fast wörtlichem Anklang auf (ξένα δαιμόνια – ξενίζοντά τινα). Ebenso ist das zweimal ausgesprochene Begehren der Philosophen, den Kern der neuen Botschaft zu erfahren (γνῶναι v. 19 u. 20) ein Wiederaufnehmen der neugierigen Frage aus v. 18, was Paulus wohl mit seiner Verkündigung habe sagen wollen. Dabei bedient sich Lukas in sehr geschickter Weise, die den geschulten Beherrscher rhetorischer Kunstmittel verrät, einer vor allem bei Herodot beobachteten, aber auch schon im Homer sich findenden Figur[64]. Sie besteht darin, daß die am Anfang einer Gedankenreihe formulierte Wendung (δυνά-μεθα γνῶναι . . .; v. 19 Mitte) nach ihrer Begründung oder Ausführung (hier ξενίζοντα γάρ τινα εἰσφέρεις . . . v. 20 Anfang) in leichter Abwandlung, aber mit deutlichem Anklang wiederholt wird (βουλόμεθα οὖν γνῶναι . . . v. 20 Ende). Daher also das zweimalige γνῶναι (gegen D. 69₁), das damit als bewußt angewandte rednerische Figur erkannt ist, dessen Einprägung aber auch, wie wir uns erinnern, ihr inhaltliches Gewicht besitzt (oben [S. 151. 159f. 164. 172])[65]. Über den Schriftstellerzusatz v. 21 ist früher schon

---

[63] Ähnlich A. D. Nock im Gnomon 25, 1953, S. 506 unter Berufung auf J. De Zwaan in: Harvard Theolog. Rev. 17, 1924, S. 134.

[64] Eine Art ‚ringförmige Komposition' im kleinen könnte man dieses Kunstmittel nennen. Ich verweise nur auf zwei Beispiele der weit verbreiteten größeren Form: Homer, Il. 10,4 ~ 9/10 (wiederholter Begriff: das vielfache Bekümmertsein der φρένες); Herodot VII 139, 1 Ende ~ 5 Anfang (das ἀληθές als Inhalt der historischen Darstellung), und auf zwei der hier vorliegen-den kleineren: Herodot I 155, 4; II, 73,3/4. Vgl. zu der Figur im großen A. Peretti in: Gnomon 16, 1940, S. 260f., weitere Literatur bei H. J. Mette ebenda 23, 1951, S. 223. Für die hier bei Lukas vorliegende Kurzform, die noch genauer untersucht werden müßte, vgl. auch Ev. Joh. 13,34 (ἀγαπᾶτε ἀλλήλους); etwas anders zu werten ist wohl Ev. Lc 7,19f. – Über sonstige rhetorische Kunstmittel in der Areopagrede s. Dibelius 45,54 m. Anm. 1,138 (vgl. a. 65₃, 153) und oben Anm. 17 u. [S. 159].

[65] Wilh. Bousset hat mit Recht (Nachr. Gött. Ges. d. Wiss., Ph.-h. Kl., 1915, S. 468) eine

gesprochen worden (oben [S. 150]); v. 22 Anfang ist | ein reiner, von dem einmal eingeführten Motiv der eingelegten Areopagrede erforderter Übergang, dem am Schluß der v. 33 genau entspricht.

In v. 32 aber wiederholt sich der Zwang zum Wiederaufgreifen von Gedanken und Wendungen, die der überlieferte Bericht des Itinerars enthielt (gegen D. 66₂): denn daß die einen spotteten (nämlich den Paulus σπερμολόγος nannten), die anderen Interesse zeigten für die fremdartige Kunde von der Auferstehung, und daß man noch mehr hören wollte, stand dort in v. 18, wenn auch nicht mit so klarer Rollenverteilung, bereits zu lesen, und es war dann von Lukas selber in v. 19 und 20 bereits einmal teilweise dupliert worden, wie soeben gezeigt war.

All das entspricht nicht dem knappen Stil des Itinerars; es verrät vielmehr die vorsichtige Behutsamkeit des Lukas, genauer gesagt, sein Bestreben, für die Rede, deren Faktum ihm gegeben war, die er aber auszuführen für gut hielt, einen Rahmen zu schaffen, der keinerlei romanhafte eigene Zutaten enthalten sollte. Damit scheint mir die lukanische Zufügung von v. 19–22 Anfang und 32–33 zum Itinerarbericht (v. 16–18 u. 34) genugsam erwiesen.

Was umgekehrt dem Lukas durch den Reisebericht des Paulus, z.T. vielleicht auch durch mündliche Überlieferung, als gegeben vorlag, läßt sich nunmehr kurz folgendermaßen zusammenfassen:

Paulus erwartet Silas und Timotheus in Athen und sieht sich solange in der Stadt um; er ergrimmt über den Götterbilderkult in der großen Metropole, findet dabei aber auch einen Altar für unbekannte Gottheiten und behält bei sich diese Entdeckung als willkommene Anknüpfung für sein Missionsanliegen.

Er spricht wiederholt in der Synagoge zu Juden und sonstigen Frommen, und auf der Agora zu weiteren hör- und gesprächswilligen Passanten. Sein Zentralthema ist dabei die Auferstehung Jesu, was die Aufmerksamkeit anwesender Philosophen – sowohl ausdrücklichen Spott und Befremden wie Neugier – erweckt. Sie ziehen ihn in ein näheres Gespräch und suchen Erkenntnis der neuen fremdartigen Lehre. Auf dem Areopag hat Paulus nicht gesprochen.

Gesamterfolg des Wirkens in Athen: einige Bekehrte, darunter – wohl als die Vornehmsten – das Areopagmitglied Dionysios und eine Frau namens Damaris.

Zwei feine Einzelheiten aus v. 18 scheinen mir besonderer Beachtung wert: Diejenigen, denen die Ausführungen des Paulus zu dem Spottnamen σπερμολόγος Anlaß gaben, haben offenbar ihr besonderes Augenmerk auf das hellenistische Bildungsgut gerichtet, mit dessen Aufgreifen, besser Aufpik-

---

„Geschichte des γινώσκειν τὸν θεόν im jüdischen Hellenismus und in der alten christlichen Kirche" gefordert, aber 467 ff. selber nur am Substantiv γνῶσις angeknüpft, anstatt auch (ἐπι-)γινώσκειν und ähnliche verbale Wendungen heranzuziehen, wobei ihn offenbar das Substantiv γνῶσις mit seinem nachher sich | durchsetzenden mystischen Gehalt dazu verführt hat, das rationale Moment dieses γινώσκειν τὸν θεόν als sekundär anzusehen, während es vielmehr wohl seiner hellenistischen Herkunft nach am Anfang steht, um erst nachher mehr und mehr spiritualisiert zu werden (vgl. BOUSSET selber 487 u. ö.). Neuere Forschungen haben inzwischen wesentlich weiter geführt; vgl. vor allem BULTMANN in: ThWzNT I s. ἄγνωστος 120 ff. und s. γινώσκω 688 ff.

ken er seinem Vortrag einen besonderen, | dem Publikum angemessenen Zuschnitt zu geben bemüht war. Die anderen dagegen, denen das Neue und Fremdartige seiner Lehre auffiel, horchten auf das christliche Hauptanliegen der Botschaft.

Sollte Paulus etwa, was jene Spötter anlangt, im Blick auf das Einmalige und Besondere der Begegnung mit dem hellenischen Geiste an seinem Quellbereich, hier des Guten zuviel getan haben, so daß er in Athen nicht viel mehr als einen treffend gewählten Spottnamen gewann? Lukas jedenfalls hat auf seine Weise hier angeknüpft und den Akzent ganz auf das Hellenische in Paulus' Predigt gelegt, als er es unternahm, seine Rede so nachzuzeichnen, wie Paulus sie nach seiner Meinung gehalten haben könnte[66]: als poseidonianische, jüdisch bearbeitete Diatribe im Stile seiner Zeit, in der das Christliche – völlig unpaulinisch – entschieden zu kurz kam.

Das führt uns auf das Zweite, den Kern der christlichen Botschaft des Paulus, den auch Lukas in der Areopagrede noch zu erhalten sich schlecht und recht bemüht. Wenn der Bericht nicht trügt, dann hat also auch der echte Paulus den Auferstandenen gepredigt, nicht den Gekreuzigten. Es mag in der Tat dem Lukas wirklich und glaubhaft überliefert gewesen sein, daß dem so war. So hätte denn der Apostel nach seiner eigenen I Cor 9,22/23 ausgesprochenen Maxime, „jedermann allerlei zu werden, auf daß er allenthalben ja etliche selig mache", auch hier gehandelt und „mit der krassen Erzählung vom gehenkten Heiland" (mit Dibelius zu reden)[67] seine attischen Hörer zunächst einmal verschont.

Müßig zu fragen, ob bei geringerer Anpassung und Zurückhaltung der Erfolg des Paulus in Athen vielleicht ein größerer und durchschlagenderer gewesen wäre. Denn auch die Metropole griechischen Geistes konnte sich auf die Dauer dem christlichen Evangelium nicht verschließen[68]. Daß wir des Paulus Rede, die zu diesem späten Sieg die allerersten Voraussetzungen schuf, nicht in ihrem authentischen Wortlaut kennen, der trotz allem ganz anders gelautet haben wird, als Lukas annahm und ausführte, mögen wir bedauern, müssen es jedoch immerhin dem eingangs skizzierten Prinzip antiker Geschichtsschreibung zugute halten, dem auch der Historiker Lukas unterworfen war.

So wie wir die Rede lesen, lernen wir aber, im Blick auf den echten Paulus der Briefe, jene zwei Grundtypen frühchristlicher Theologie besser kennen und unterscheiden, die fortan und bis heute mit wechselnden Akzenten die Geschichte der Kirche bestimmten. Der eine läßt sich vielleicht kennzeichnen durch das Streben nach Gottes|erkenntnis mit gleichzeitiger starker Empfänglichkeit für die Gemütswerte des Evangeliums, der andere durch Glaubenskraft und Erwählungspathos; beide sind zusammengehalten durch

---

[66] Wir erinnern uns an das *οἷα ἂν γένοιτο* des Aristoteles, oben [S. 152].

[67] DIBELIUS 70 m. Anm. 1, freilich von anderen Voraussetzungen her (vgl. D. 53f., 58f., 69f., 147f.). Wichtig dazu auch sein Rezensent NOCK aaO. 506.

[68] Oben [S. 148]. D. 68₂.

die dankbare Gewißheit göttlicher Gnade und das verpflichtende Gebot des Wiederliebens, da man selbst geliebt ist. Aber wenn wir uns ungeachtet des Verbindenden für den einen oder den anderen dieser Grundtypen entscheiden – und das müssen wir als Christen freilich –, so darf doch wohl sub specie aeternitatis für beide das Wort des Paulus aus dem I Cor 12,4 gelten: „Es sind mancherlei Gaben, aber es ist ein Geist"!

(Abgeschlossen im September 1955)|

Nachträge

[S. 147] oben:
Eine Identität des Verfassers von Evangelium und Apostelgeschichte mit dem gleichnamigen Schüler und Reisebegleiter des Paulus lehnt entschieden ab E. PLÜMACHER, Real-Enc. der class. Altertumswiss. (RE) Suppl.-Bd. 14, 236f.

[S. 149f.]:
Über die Bedeutung Athens zu Paulus' Zeit wichtiges Material bei H. CONZELMANN in seinem Kommentar zur Apgesch. ²1972, 104f.

[S. 150f.], Anm. 8:
Unter den σεβόμενοι sind nicht die Proselyten zu verstehen, sondern die mit der Judengemeinde Sympathisierenden, wie ich in der Zwischenzeit erkannt habe; s. K. G. KUHN in der RE S. IX 1962, Sp. 1253 und vgl. vor allem unten S. 200ff. meinen Aufsatz ‚Juden und Christen im kaiserzeitlichen Milet' [S. 170ff.].

[S. 152], Anm. 10:
Die Lage der Stoa Basileios an der NW-Ecke der athenischen Agora ist durch die amerikanischen Ausgrabungen jetzt geklärt; s. P. SCHMITZ in: Der altsprachl. Unterricht IV 4. 1961, 38ff. und den kurzen Führer ‚The Athenian Agora' 1976, Abb. 6–8 mit Text.

Anm. 11:
Zu den Reden im Geschichtswerk des Thukydides s. jetzt O. LUSCHNAT, Artikel ‚Thukyd'. RE S 12. 1975, 1146–83, zum Einfluß des Thukyd. auf Lukas sehr zurückhaltend ebenda 1300f., i. a. im Anschluß an M. DIBELIUS, aber ohne Hinweis auf meine Ergänzungen.

[S. 152]:
Statt Lukas' Anschluß an die antike historiographische Tradition postuliert der neue Kommentar zur Apg. von J. ROLOFF 1981, 253–268 vielmehr als Lukas' „Ausgangspunkt . . . ein traditionelles missionarisches Schema", dem er bis in Einzelheiten folge. Den Beweis für diese These, die des Lukas individuelle Leistung stark einschränken würde, kann ich nicht für erbracht halten.

[S. 155] Mitte m. Anm. 15:
Auch Apg. 4,19 u. 5,29 „man muß Gott mehr gehorchen als den Menschen" dürfte
auf Platon, Apol. 29 D anspielen (dazu CONZELMANN zu Apg. 5,29 mit weiterer
Literatur). Hier und dort übrigens auch die gleiche Situation, was für Apg. 26,14 und
Euripid., Bakchen 795 ebenfalls gelten darf, so daß unmittelbarer Anschluß an
Eurip. doch nicht auszuschließen ist, wie mir auch W. MARG brieflich als seine
Meinung mitteilt (zurückhaltend aber nach anderen CONZELMANN, Komm. zu 26,14;
DERSELBE ist auch skeptisch gegenüber einer Abhängigkeit der Stelle Apg. 12.6ff. von
Euripid., Ba. 445ff.). In Apg. 5,4 (Petrus zu Ananias) οὐκ ἐψεύσω ἀνθρώποις ἀλλὰ τῷ θεῷ
meint man einen klassischen Trimeter herauszuhören, etwa: ἔψευδεν οὐκ ἄνθρωπον
ἀλλὰ τὸν θεού o. ä.

[S. 156] unten:
zu der Frage grundsätzlich und allgemein wichtig Jos. VOGT in: Gesch. in Wis-
sensch. u. Unterricht, Jg. 1958, S. 51.

[S. 157], Anm. 17:
Siehe jetzt die Monographie meines Schülers G. KIEFNER (Diss. Tübingen 1960),
Die Versparung . . . 1964.

[S. 157f.], Anm. 20:
Jetzt ist allgemein wichtig die Diss. meines Schülers W. KIEFNER (Tübingen 1959),
Der religiöse Allbegriff des Aischylos . . . 1965.

[S. 158f.]:
Gegen die Auffassung von v. 30/31 als ‚Epilog' wendet sich CONZELMANN,
Komm. ²S. 110f., ohne mich überzeugen zu können, Ebenso J. ROLOFF in seinem
Kommentar 1981, 255f.

[S. 159]:
gg.E. (zu v. 22/23). Siehe auch CONZELMANN zu der Stelle; weitere Belege für die
athenische δεισιδαιμονία bei M. DELAGE in: Bull. de l'Assoc. Guill. Budé IV 3, Oct.
1956, 53f. (z. B. Sophokl., OK 260f. 1006f.).

[S. 160] oben:
Bei den bekannten Weihungen an die ἄγνωστοι θεοί denkt M. ZEPF in: Gymnas. 65.
1958 etwa an die Gestirngötter des ‚Pantheon' in Rom. Zu v. 24/25 und 29–31
sammelt M. DELAGE aO. 55f. einiges Material. Für die Polemik gegen den Gedanken, daß Gott in Tempeln wohnen könne, s. meine Abhandlung ‚Kosmos und
Menschenherz' unten S. 231ff., passim.

[S. 160] Mitte:
M. DIBELIUS, Aufsätze zur Apg. ²1953 S. 44 kennt nur zwei Stellen in der LXX mit
dem Hinweis, „daß Gott keines Dinges bedarf" (II Makk. 14,35 und III 2,9). Eine
dritte weist mir mein Schüler P. LEO EIZENHÖFER OSB nach: Ps 15 (16), 2 τῶν ἀγαθῶν
μου οὐ χρείαν ἔχεις, wo eine hellenistische Verfälschung des hebräischen Urtexts
vorliegt. – Zur Bedürfnislosigkeit Gottes weiteres Material aus antiker und spätanti-
ker Literatur bei CONZELMANN zu v. 25.

[S. 160], Anm. 26:
Siehe jetzt auch W. THEILERS große Ausgabe: Poseidonios. Die Fragmente 1982,
Fr. 452, Bd. I S. 372f. mit den Erläuterungen in Bd. II S. 394f.

[S. 161], Anm. 27:
Gegen SCHRENK dann auch W. NAUCK, Zs. f. Theol. u. Kirche 53. 1956, S. 21₇ mit
weiterer Lit.

[S. 164] Mitte:
Sen., ep. 95, 47 = Poseidonios, Fr. 452 THEILER, Bd. I S. 372; Cic., De nat. deor. II
153 = Poseidonios, Fr. 366a THEILER, Bd. I S. 290. Zu *deum colit qui novit* u. ä. vgl. in
ähnlichem Zusammenhang auch das *νοῦν ἔχων* Strabon XVI 2,35 = FGrHist 87 F 70
(p. 264 JACOBY), dort aber auch poseidonianisch beeinflußt, wie es auch REINHARDT
(zuletzt RE XXII 1954, 639f.) vertritt. Die Herkunft aus Poseidonios wird bestritten
von W. ALY, Strabons Geographie 1957, 191ff. Aus einem Briefwechsel mit H.
CONZELMANN 1959 ergibt sich mir die diesem gegenüber vertretene Auffassung, daß
Strabon hier nicht unmittelbar aus Poseidonios geschöpft haben kann, daß ihm
vielmehr eine vergröbernde Zwischenquelle vorlag (ähnlich schon F. JACOBY im
Kommentar zu 87 F 70 [1926] S. 196, 29ff.); vgl. jetzt auch CONZELMANN, Komm.
zu v. 29, S. 110. Grundsätzlich ähnlich ist die Situation des Lukas, bei mir [S. 170]
oben.

[S. 164], Anm. 35:
Dion Chrysost. 12,60 = Poseidonios, Fr. 369 THEILER, Bd. I S. 294.

[S. 165], Anm. 37:
Zu Sen., ep. 41,2 s. jetzt auch THEILER, Poseidonios. Die Fragmente, Bd. II S. 276.
– Dion 12,28 = Poseidonios, Fr. 368 THEILER, Bd. I S. 291.

[S. 165] m. Anm. 38:
Zum Aratzitat *τοῦ γὰρ καὶ γένος ἐσμέν* Apg. 17, 28: das unmittelbare Vorbild des
Arat (Phainomena v. 5), der Zeushymnos des Kleanthes (St. Vet. Fr., fr. 537,4), ist
an dieser Stelle korrupt überliefert *ἐκ σοῦ γὰρ γένος ἐσμὲν ἤχου μίμημα λαχόντες (γένος εἶσ'*
v. ARNIM), was ich selber durch *γένος ἐσμέν, σοῦ* (oder durch *γενόμεσθα πόλου*) zu heilen
geneigt war. Jetzt will den Text ähnlich G. ZUNTZ, Rhein. Mus. f. Philol., N. F. 122.
1979, S. 97f. so herstellen: *γενόμεσθα, σέθεν*, was der von mir zitierten Aischylosstelle
(Sept. 141f.) im Wortlaut nahekommt. Zum Topos vgl. a. schon Tyrtaios, fr. 8,1 D.
Ἡρακλῆος γὰρ ἀνικήτου γένος ἐστέ.

[S. 165] unten u. ff. Seiten:
Zur dreigliedrigen Formel (Leben-Bewegung-Sein) s. jetzt ausführlicher und
weiterführend die im Folgenden abgedruckte Arbeit ‚Platonisches bei Lukas' (ZNW
48. 1957, 193–200), die von J. ROLOFF in seinem Kommentar 1981 ebenso ignoriert
wird wie der vorliegende Aufsatz. Seine eigenen Ausführungen dazu S. 264 zielen
darauf, bei der Formel wie bei den folgenden Dichterworten im Sinn des Lukas die
„Konvergenz mit dem Wort der Schrift . . . als normatives Zeugnis der Wahrheit
über Gott, Welt und Mensch" sichtbar zu machen.

[S. 165f.], Anm. 41:
Vgl. dagegen jetzt THEILER, Poseidonios. Die Fragmente Bd. II S. 279f. Unter die Fragmente im engeren Sinn hat THEILER jedoch die Stelle nicht aufgenommen.

[S. 166] oben:
Weiteres jetzt in meinem unten S. 231ff. abgedruckten Aufsatz ‚Kosmos und Menschenherz', [S. 150] m. Anm. 8 u. 9. Vgl. a. unten S. 120 den Aufsatz ‚Platonisches bei Lukas', Anm. 3 gg. E.

[S. 168], Anm. 50:
Zu Platon, Ges. X 893 B ff.: vgl. bes. 898 A/B.

[S. 168], Anm. 52:
Siehe jetzt oben Bd. I 112.

[S. 171] oben:
Zu den Unterschieden zwischen Paulus und Lukas harmonisierend, aber mit reichem Belegmaterial M. DELAGE aO. (ob. zu [S. 159]) 61ff., 67ff.

[S. 171], Anm. 54:
Siehe jetzt unten S. 127ff.

[S. 173] oben:
Über Gärtner mehr referierend als kritisch H. CONZELMANN im Kommentar ²1972, obwohl er Gärtners Ablehnung stoischen Einflusses auf die ‚Areopagrede' offensichtlich nicht teilt (s. bes. CONZELMANNS Zusammenfassung S. 111–113, mit Literaturübersicht).

[S. 173ff.]:
Die augenfälligen Unterschiede zwischen der in der Areopagrede zutagetretenden Theologie des Lukas und der des Paulus arbeitet knapp heraus J. ROLOFF in seinem Kommentar 1981, 267f.

[S. 174], Anm. 62:
Zweifel bei CONZELMANN, Komm. ²S. 104 unten.

[S. 174f.]:
J. ROLOFF in seinem Kommentar 1981, 267 beurteilt derlei lediglich als „Spekulationen" (vgl. S. 258).

[S. 175], Anm. 64:
Das hier ausgesprochene Desiderat ist inzwischen erfüllt: NORB. SCHMID, Kleine ringförmige Komposition in den vier Evangelien und der Apg., Diss. Tübingen in Masch.-Schr. 1961, zu unserer Stelle Apg. 17, 19ff. s. S. 1 u. 108f. (die Arbeit ist leider nicht gedruckt, vgl. aber das Resümee in der ThLZ 1962, 787). Zu Herodot VII 139,1ff. s. jetzt INGRID BECK-STEININGER, Die Ringkomposition bei Herodot . . . 1971, S. 25 m. Anm. 71 auf S. 105 (beide Arbeiten von mir angeregt). An ntl.

Parallelen zu der Erscheinung nenne ich noch Apg. 27,22–25 und Röm. 7,17–20; zu dieser Stelle s. jetzt unten S. 143 ff.

[S. 176], Anm. 65:
Dazu jetzt besonders auch CONZELMANN, Komm. ²S. 106 f.

Nachwort

Meine Ausführungen sind in der ntln. Literatur wenig beachtet worden. Eine gründliche Auseinandersetzung mit meiner immerhin eingeschränkten Poseidonios-Hypothese (s. dazu bes. [S. 169 f.]) finde ich nirgends. Doch stimmt ihr im wesentlichen zu (und führt im einzelnen mehrfach meine Position an) der ausgezeichnete Kommentar zur Apg. von HANS CONZEL-MANN (Handbuch zum NT 7. 1963, ²1972). Seine wichtige Arbeit zur Areopagrede in der Zeitschrift Gymnasium Helveticum 12. 1958, S. 18–32 ist in ihren Ergebnissen in den Kommentar eingegangen. Ebenfalls auf meine Ausführungen kurz abgehoben hat E. PLÜMACHER in seinem Artikel ‚Lukas' in Pauly-Wissowa's RE, Suppl.-Bd. 14, 1974 Sp. 249 f. Pl. unter-sucht Sp. 244 ff. ausführlich Charakter, Struktur und Stil der Reden in der Apg.; vgl. dazu a. ULR. WILCKENS, Die Missionsreden der Apg. Form- und traditionsgeschichtliche Untersuchungen 1961 (²1963), bes. S. 86 ff., wo von meinen Forschungen keinerlei Notiz genommen ist. Dasselbe gilt i. a. auch von den Neuauflagen der Kommentare zur Apg. von E. HAENCHEN (⁷1977, mit kurzen Erwähnungen immerhin S. 496 u. 504 – E. SCHWEIZER, Neotestamentica 1963, S. 428 zitiert er mich als ‚Hummel') und von O. BAUERNFEIND (1980), wobei freilich der letztere lediglich einen leicht korri-gierten Nachdruck der Ausgabe von 1939 darstellt (in den 1980 begegebenen „Studien zur Apg." bin ich ein einzigesmal S. 309, Anm. 24 kurz vermerkt – mit falscher Jahresangabe 1953 statt 1955 – und zwar zustimmend zur Interpretation der ‚Überschrift' der Apg. – s. ob. [S. 146]). Stoische Einflüs-se auf die Areopagrede lassen sowohl BAUERNFEIND wie HAENCHEN – etwa im Gegensatz zu GÄRTNER – in gewissem Umfang durchaus gelten; aber das ist ja nichts Neues. Ähnliches gilt jetzt auch von dem ausführlichen und förderlichen Kommentar zur Apg. von JÜRGEN ROLOFF 1981 (Das NT deutsch. Neues Göttinger Bibelwerk, Teilbd. 5, Neue Fassung), der das Zugeständnis einer „Häufung von Motiven aus dem Bereich der stoischen Philosophie", wie sie im NT „einmalig" sei, S. 255 u. ff. sogleich wieder stark einschränkt. Poseidonios wird von ihm überhaupt nicht genannt, wie denn auch im Literaturverzeichnis S. 15 f. – von meinen Arbeiten ganz abgesehen (gegen die allenfalls verdeckt opponiert wird) – Namen wie M. POHLENZ, W. THEILER und WILH. SCHMID gänzlich fehlen (es bleibt bei ED. NORDEN und M. DIBELIUS). Ein Kommentar dieser Art birgt bei aller Anerkennung, die man der gedanklichen Durchdringung des Texts und der klaren Formulierung der Ergebnisse zollen wird, große Gefahren in sich. Da er außer gelegentlicher Umschrift griechischer Termini mit lateinischen Lettern kein griechisches Wort enthält, wird er von der heutigen Generation junger Pfarrer und Studenten mit Hingabe studiert werden, ohne daß man sich weiter um den griechischen Text und seine Interpretation durch die Masse nicht genannter Arbeiten kümmern wird, die sich eingehend mit dem hellenischen und hellenistischen Substrat auseinandersetzen.

Schwerer als all das wiegt die kurzgefaßte Zustimmung von W. THEILER in seinem großen nachgelassenen Werk: Poseidonios. Die Fragmente 1982 Bd. II S. 285 („. . . Die Areopagrede ist nicht nur stoisch, sie ist im besonderen poseidonisch beeinflußt").

Ich habe hier einmal den bescheidenen Umfang der Verwertung meiner Forschung genauer dokumentiert, um zu zeigen, daß ein erneuter Abdruck, wie er hier erfolgt, doch wohl zu rechtfertigen ist. Im übrigen verweise ich für das Einzelne auf die voranstehenden kurzen Nachträge zu meinem Kontext.

Platonisches bei Lukas*

Zu Act 17 28a (Leben – Bewegung – Sein)

Meinem Bruder Eberhard Hommel zum 75. Geburtstag

In meinem Aufsatz »Neue Forschungen zur Areopagrede Acta 17« (ZNW 46, 1955, S. 145ff.) wollte nachgewiesen werden, daß dem von Lukas bona fide aber doch recht eigenwillig unternommenen Versuch einer gedrängten Wiedergabe der Predigt des Paulus in Athen letztlich als geschlossene Quelle Ausführungen des Poseidonios[1] zugrundeliegen (siehe bes. S. 169f.). Freilich kann dieser stoische Text dem Verf. der Apostelgeschichte nicht unmittelbar vor Augen gestanden haben, wie die nähere Betrachtung des »deutlich sichtbaren alttestamentlichen Einschusses im Gewebe der ganzen Rede« zeigt, sondern er muß zuvor von einem hellenistisch gebildeten Juden bearbeitet und in dieser Gestalt dem Lukas bekannt geworden sein (S. 170)[2].

---

* Zeitschr. f. d. neutestamentl. Wissenschaft 48. 1957, 193–200.

[1] Ob aus dessen Schrift περὶ ἡρώων καὶ δαιμόνων (so vermutet Wilhelm Nestle brieflich) oder aus περὶ θεῶν oder aus περὶ κόσμου oder sonst aus einer der vielen Schriften, die uns ja beklagenswerterweise sämtlich verloren sind, ist nicht mehr festzustellen. Vgl. dazu auch Anm. 3.

[2] Zustimmung bei W. Eltester, New Testament Studies 3, 2, 1957, S. 100₁f. Erfreuliche Übereinstimmung in den allgemeinen Zügen der Gesamtbeurteilung der Rede ist auch festzustellen bei Wolfg. Nauck, Die Tradition und Komposition der Areopagrede. In: Zeitschr. f. Theol. u. Kirche 53, 1956, S. 11ff., nur daß N. umgekehrt einen hellenistisch überarbeiteten jüdischen Traktat als Quelle annimmt, was mir durch meine gleichzeitig erschienenen Ausführungen (a. a. O.) implicite widerlegt scheint. Besonders verdienstvoll an N.s Arbeit ist der Versuch, den jüdischen Quellen der Areopagrede auf die Spur zu kommen, wobei vor allem der Hinweis auf die Missionspredigt des Aristobul der Beachtung wert ist. Aber der Nachweis eines der Disposition der Rede zugrundeliegenden Dreitaktschemas »Schöpfung-Erhaltung-Heil« scheint mir nicht geglückt, da bei Lukas jeder Anklang an das vor allem für die ersten beiden Glieder »Schöpfung und Erhaltung« damals schon fest ausgebildete Formelgut vermißt wird. Für dieses darf ich auf meine ausführlichen Darlegungen in dem Buch »Schöpfer und Erhalter« 1956 (vermehrt und ergänzt aus Theologia Viatorum IV u. V) verweisen. Frz. Mußner, Bibl. Zeitschr., N. F. 1957, S. 125—130 versucht jetzt das von Nauck vermutete Dreierschema aus den Qumrântexten zu stützen. Das soll auf solche Weise gelingen, daß in der Abgrenzung der Jahreszeiten und Wohnplätze (Act 17 26) die »Erhaltung«, im Ruf zur Buße und in der Ankündigung des Gerichts (v. 30f.) die »Erlösung« erblickt wird, ein mir unbegreifliches Verfahren. Dagegen gewinnt M. 128ff. überzeugende neue Indizien für die Richtigkeit der Interpretation von v. 26 an sich, die W. Eltester, ZNW Beih. 21, 202ff. vorgelegt hat (vgl. jetzt auch denselben, New Testament Studies 3, 2, S. 93—114 mit Taf. 1 und 2).

Das Kernstück meines Beweises hat die Zurückverfolgung der berühmten Wendung in v. 28 gebildet ἐν αὐτῷ γὰρ ζῶμεν καὶ κινούμεθα καὶ ἐσμέν »denn in ihm haben wir Leben und Bewegung und Sein« (S. 165 ff.). Dabei hat sich weiterhin ergeben, daß Poseidonios hier aus dem platonischen Altersdialog ‚Timaios' schöpft[3], wo 27 D ff. in der Stufenfolge alles Geschaffenen der Mensch an bevorzugter Stelle erscheint und in der Nachbildung des »bewegten und lebendigen« Weltganzen auch diese beiden göttlichen Eigenschaften erhalten hat (S. 167 ff.).

Ich habe in meiner Beweisführung das dritte Glied, das εἶναι, zunächst nur nebenbei behandelt (S. 165 mit Anm. 39)[4], da mir keine

---

[3] Zunächst sicherlich in seinem ‚Timaios'-Kommentar, dessen wohlbezeugte Existenz immer wieder gegen K. Reinhardts Zweifel (zuletzt Pauly-Wissowa's RE XXII, 569, 605 ff.) geschützt werden muß (dies von mir versucht a. a. O. 167; ich füge an Literatur hinzu die Diss. von G. Altmann, De Posidonio Timaei commentatore, Berol. 1906, und W. Kroll, RE VIII, 816 f.). — Max Zepf teilt mir brieflich seine Ansicht mit, daß die Quelle des Lukas eher aus Aristoteles' noch stark platonisierenden Jugendschriften (bes. De philosophia, z. B. fr. 18 zu v. 24) gespeist sei, und führt dafür eine Anzahl von Stellen ins Feld, die den lebhaften Wunsch wecken, daß der gelehrte Fachkenner sich ausführlicher zu der Frage äußert. Wenn ich einstweilen mit Entschiedenheit an Poseidonios und Platon als den letzten erreichbaren Ursprüngen für das hellenistische Quellgut in den von Lukas vorgetragenen Gedanken festhalte, so 1. deshalb weil sich die m. E. entscheidende formelhafte (nicht bloß gedankliche) Übereinstimmung mit sicher poseidonischem Gut vielfach in der Areopagrede nachweisen läßt (z. B. vv. 24, 25 ∼ Sen., Epist. 95, 47 ff.; v. 27 ∼ Dion Chrys. XII 28 usw. — vgl. ZNW 46, 163, 166 mit Anm. 33, 43), 2. wegen der guten Bezeugung eines Timaioskommentars des Poseidonios (dies im Blick auf v. 28a), 3. wegen des Aratzitates v. 28b, das sehr wohl aus Poseidonios, nicht aber aus dem viel früheren Aristoteles stammen kann, so daß eine weitere Unbekannte als Zwischenquelle angenommen werden müßte. Aber ich entnehme aus Zepfs Ausführungen den wichtigen Hinweis, daß Poseidonios neben Platon auch den platonisierenden Aristoteles nicht nur gekannt, sondern auch verwendet haben mag, und daß vor allem manche an Poseidonios erinnernden Äußerungen des Hellenismus daneben auch aus Aristoteles geschöpft haben werden. So kann in der von mir a. a. O. 165 f. angeführten Plutarchstelle (De tranquill. animi 20) der Vergleich des Kosmos mit einem Tempel schwerlich aus Poseidonios geflossen sein, erinnert vielmehr an Aristoteles fr. 18 (oder an die ältere Stoa: *mundus deorum domus*, Chrysipp. fr. 1011 bei Cic., De nat. d. III 26 St. Vet. Fr. II, 301 30); denn für Poseidonios ist der Kosmos »ein lebender Leib« (Reinhardt, RE XXII, 655). — Zu Poseidonios als »Aristotelesschüler« vgl. schon W. Jaeger, Nemesios von Emesa 1914, S. 45 (bei Reinhardt 607 f.).

[4] Eine gute Übersicht über die bisherigen Deutungsversuche gibt Bertil Gärtner, The Areopagus Speech … 1955, S. 195 f. Meist wird das ἐσμέν als oberstes (spezifisch menschliches) Prädikat in einer Stufenfolge des organischen Lebens interpretiert. Ich nenne hier nur E. Norden, Agnostos Theos 1913, S. 20: »Das Leben an sich als bloße Eigenschaft wird erst durch die Bewegung zur Wesenheit, zum eigentlichen Sein«, ähnlich O. Bauernfeind, Die Apostelgeschichte, 1939, S. 219:

hinreichenden Belege zur Verfügung standen. Jetzt bin ich in der Lage, das Versäumte nachzuholen und auch dieses Element, das ‚Sein' im Zusammenhang mit ‚Leben und Bewegung', als aus Platon stammend zu erweisen, von dem es ein Kenner wie Poseidonios übernommen haben wird, auch wenn es sich an der zentralen ‚Timaios'-Stelle nicht ausgeführt findet.

Zunächst sind ‚Sein' und ‚Leben' an einer Stelle der ‚Politeia' verbunden, die zur genaueren Interpretation nichts hergibt, aber die Frage dringlich macht, worin sich für Platon diese beiden Begriffe unterscheiden. Da lesen wir II 369 C/D, daß auf Entstehung des Staates einfache Lebensbedürfnisse hingewirkt haben, unter denen das nach Nahrungsbeschaffung das erste und wichtigste ist und zwar τοῦ εἶναί τε καὶ ζῆν ἕνεκα (τὸ εἶναί τε καὶ ζῆν auch bei Aristoteles, De caelo I 9, 279a).

Die Antwort auf die somit angeregte Frage, was Platon unter der Abgrenzung von Sein und Leben versteht, ergibt sich aus einem seiner Spätdialoge, der nicht allzu lange vor dem ‚Timaios' entstanden ist, aus dem ‚Sophistes'. Die Stelle, auf die mich in verwandtem Zusammenhang mein Bruder Eberhard Hommel aufmerksam gemacht hat, steht 248 E f. Auf den Gedankengang, der in subtiler dialektischer Untersuchung einer Antwort auf die Frage zustrebt, ob das absolute Seiende zugleich als bewegt und als unbewegt gedacht werden könne[5], braucht hier nicht näher eingegangen zu werden, obgleich das Thema schon zeigt, daß es um das auch uns hier interessierende Verhältnis von Sein und Bewegung geht. Da heißt es: »Wie denn, beim Zeus! Sollen wir uns etwa leichthin davon überzeugen lassen, daß Bewegung und Leben und Seele und Vernunft (κίνησιν καὶ ζωὴν καὶ ψυχὴν καὶ φρόνησιν) dem vollkommenen Seienden (τῷ παντελῶς ὄντι) nicht zukomme, daß es also weder lebe noch vernunftbegabt sei (μηδὲ ζῆν αὐτὸ μηδὲ φρονεῖν), vielmehr ohne die ehrwürdige und heilige Gabe der Vernunft unbeweglich stehe? (σεμνὸν καὶ ἅγιον νοῦν οὐκ ἔχον, ἀκίνητον ἑστὸς εἶναι)[6].

physisches Leben (Pflanzen) — eigene Bewegung (Tiere) — ∗das seiner selbst bewußte menschliche εἶναι∗. Vgl. auch schon A. Loisy, Les actes des apôtres 1920, S. 675. Gärtner selbst S. 196f. plädiert für völlige Synonymität der drei Glieder im Sinne von ∗leben∗ und erinnert für die Trias an v. 25. Das dort sich findende διδοὺς πᾶσι ζωὴν καὶ πνοὴν καὶ τὰ πάντα, das an Jes 42 5 anknüpft, gibt aber für die Erklärung unserer Stelle nichts aus. — Vgl. zu dem Fragenkomplex auch unten Anm. 15.

[5] Vgl. dazu P. Friedländer, Platon II, 1930, S. 528ff.; Const. Ritter, Die Kerngedanken der platonischen Philosophie, 1931, S. 136ff.; Br. Liebrucks, Platons Entwicklung zur Dialektik, 1949, S. 139ff.; H. Leisegang, RE XX (1950), Sp. 2494ff.

[6] Ähnlich auch Schleiermacher, während Friedländer a. a. O. II, 528 übersetzt, es ∗stehe erhaben und heilig, ohne Geist, unbeweglich da∗ (nicht viel anders auch Liebrucks a. a. O. 142f.). Das scheint mir nicht angängig, da es dann — zumal bei dieser Wortstellung — σεμνῶς καὶ ἁγίως heißen müßte.

Schon dieser Satz zeigt, was alles Folgende bestätigt, daß in der ersten Aufzählung die Doppelung ψυχή und φρόνησις neben den zwei Potenzen der κίνησις und der ζωή als ein Begriff gelten darf. Weiterhin wird dieser 249 A 5 (vgl. B 5f., C 3 usw.) durch νοῦν ἔχειν noch einmal zusammengefaßt und dem einfachen ζωὴν ἔχειν gegenübergestellt, während er A 10 wiederum in der Form νοῦν . . . καὶ ψυχήν das καὶ ζωὴν umrahmt, 249 C 7 aber in der Weise von Platons fließender Terminologie gar dreigliedrig mit ἐπιστήμην ἢ φρόνησιν ἢ νοῦν umschrieben wird. Übergeordnet und beherrschend ist also ihrerseits die Dreiheit der dem absoluten Sein zukommenden Eigenschaften, die in der einfachsten Formulierung κινεῖσθαι — ζῆν — φρονεῖν lautet. Dabei ergibt der ganze Zusammenhang, daß es von den dreien der νοῦς ist (= ψυχὴ καὶ φρόνησις usw.), der dem absoluten Seienden am nächsten zugeordnet [7] geradezu seinen Charakter bestimmt, auch den einzigen Weg bezeichnet, auf dem man sich ihm nähern kann (249 B 5f., C 3ff.).

Also ist es wohl nicht zu kühn geschlossen, wenn wir in dieser Partie des ,Sophistes' das φρονεῖν, νοῦν ἔχειν usw. mit dem Sein schlechtweg identifizieren und umgekehrt. Für φρονεῖν usw. hier an irgend einer Stelle εἶναι oder für νοῦς irgendwo τὸ ὄν zu sagen, verbot sich aber für Platon schon deshalb, weil der zu untersuchende Oberbegriff ja τὸ ὄν selber ist, die Tautologie τὸ ὄν ἔστιν also von vornherein einer sinnvollen Erklärung bedurfte. Schleiermacher [8] bereits hat das Wesentliche klar erkannt, wenn er im Blick auf unseren Abschnitt sagt, »es eröffnet sich auf das bestimmteste die Anschauung von dem Leben des Seienden und dem nothwendigen Eins und Ineinandersein des Seins und des Erkennens. Größeres aber als diese giebt es nirgends auf dem Gebiete der Philosophie«.

Ganz offensichtlich ist, daß Platon, der die entscheidenden Ausführungen einem (wenn auch keineswegs orthodoxen) Eleaten in den Mund legt, dabei den Kernsatz des Parmenides fr. 3 D. im Auge hat: τὸ γὰρ αὐτὸ νοεῖν ἐστίν τε καὶ εἶναι [9]. Wir denken heute dabei

---

[7] Vgl. schon 246 B 8f. νοητὰ ἄττα καὶ ἀσώματα εἴδη . . . τὴν ἀληθινὴν οὐσίαν εἶναι — »das Asomatische . . . zum wahren Sein gestempelt«, paraphrasiert Liebrucks a. a. O. 139.

[8] Einleitung zum Sophistes: Platons Werke II 2 (1807), S. 130. Ausdrücklich positiv zu Schleiermachers Sophistes-Interpretation stellt sich v. Wilamowitz, Platon ²I, 1920, S. 569 m. Anm. 1.

[9] Das spräche für eine Interpretation der parmenideischen Wendung durch Platon im herkömmlichen Sinne. Neuerdings versucht man den Satz ganz anders zu verstehen, indem man konstruiert τὸ γὰρ αὐτὸ ἔστιν (im Sinne von »es ist möglich«) νοεῖν τε καὶ εἶναι »denn dasselbe kann gedacht werden und sein« (= »nur was sein kann, kann gedacht werden« Ed. Zeller; »nur was man denken kann, kann sein« U. Hölscher). Ohne diese scharfsinnige Interpretation, die U. Hölscher in

ferner an das Descartes'sche »Cogito, ergo sum« wie an Goethes Feststellung, daß »des Lebens Leben Geist« ist, die übrigens noch nicht
getroffen war, als Schleiermacher jene Worte schrieb[10]. Mit ihnen
ist aber auch angedeutet, daß im ,Sophistes' eine Grunderkenntnis
Platons vorliegt, die auch anderwärts in seinem Werke ihre Spuren
hinterlassen haben muß.

Machen wir hier zunächst nur die Probe auf oben bereits An-
geführtes, so erhält ,Staat' II 369 D 2 bei Ersatz des εἶναι durch
φρονεῖν o. ä. erst eine sinnvolle Interpretation: die Beschaffung der
Nahrung ist für den Menschen wichtig τοῦ εἶναι (= φρονεῖν) τε καὶ
ζῆν ἕνεκα, »zur Sicherung seiner seelisch-geistigen[11] wie seiner physischen Existenz«[12].

Georg Picht und Hellmut Flashar erinnern mich in verständnis-
vollem Eingehen auf meine Interpretation weiterhin an ,Symposion'
206 C ff., bes. 207 D 4 ff., wo Diotima auseinandersetzt, daß nur das
Göttliche Unsterblichkeit besitzt, während das Sterbliche freilich
durch den Kunstgriff der Zeugung und Geburt vermöge des auf das
καλὸν gerichteten Eros Teil an der Unsterblichkeit bekommt. Dabei
wird von Anfang an (206 C 2/3) beim sterblichen Menschen σῶμα und
ψυχή unterschieden, und es wird im weiteren Verlauf des Gesprächs
darauf hingewiesen, daß bei einem jeden sterblichen Wesen die sogenannte Unveränderlichkeit des Lebens und Seins (ἐν ᾧ ἓν ἕκαστον
τῶν ζῴων ζῆν καλεῖται καὶ εἶναι τὸ αὐτό) eine nur scheinbare ist, und
zwar im Blick auf die stetige Erneuerung des Leiblichen (Haare,

---

einem Tübinger Vortrag am 18. Febr. 1957 erläutert hat, hier diskutieren zu wollen,
muß festgestellt werden, daß auch die Überlieferer des parmenideischen Fragments,
Clemens Alex. und Plotin, den Satz bereits als Behauptung einer Identität von
Denken bzw. Erkennen und Sein verstanden haben; siehe FVS I⁶, S. 231.

[10] West-östlicher Divan, Buch Suleika 1815. — Eine moderne Variation über
das gleiche Thema bietet etwa Siegfr. Strugger, Grundlagenforschung . . ., 1956,
S. 3 ff., der mit dem Gedanken beginnt, daß der »Besitz der Seele und des Geistes«
dem Menschen (gegenüber dem bloß vegetierenden Tiere) eine Ausnahmestellung
verleiht, »welche ihn zu einem besonderen Dasein auf Erden verpflichtet«.

[11] Wir erinnern uns an die Umschreibung des νοῦς durch ψυχὴ καὶ φρόνησις im
,Sophistes' 248 E 8.

[12] Erwünschte Bestätigung dieser Interpretation und zwar aus dem ,Staat'
selber, liefert mir ein freundlicher Hinweis von H. Flashar auf VI 5, 490 A 8 ff.,
wo der wahrhaft Lernbegierige von Natur aus um Erkenntnis des Seienden ringt
und sich mit dem verwandten Teil seiner Seele dem wahrhaft Seienden bis zur
Liebesgemeinschaft nähert, d. h. durch Erzeugung von Einsicht und Wahrheit
Erkenntnis und wahrhaftiges Leben gewinnt (πλησιάσας καὶ μιγεὶς τῷ ὄντι
ὄντως, γεννήσας νοῦν καὶ ἀλήθειαν, γνοίη τε καὶ ἀληθῶς ζῴη). Hier darf also (umgekehrt wie im ,Staat' II, 369 D 2) für γνῶναι = ἀληθῶς ζῆν getrost ein ὄντως
εἶναι eingesetzt werden. Wiederum ist — durch Umschreibung von ὄντως εἶναι —
die Tautologie vermieden.

Fleisch, Knochen, Blut) wie des Seelischen (Neigungen, ethisches
Verhalten, Anschauungen, Begierden, Freuden, Leiden, Ängste)
— κατὰ τὸ σῶμα, ἀλλὰ καὶ κατὰ τὴν ψυχήν —, ja daß auch das geistige
Besitztum (αἱ ἐπιστῆμαι) ohne ständige Erneuerung und Übung dem
Vergessen anheimfallen müßte, kurz, daß eben von Hause aus nur
dem Göttlichen Unveränderlichkeit zukomme (παντάπασιν τὸ αὐτὸ
ἀεὶ εἶναι). In dem klaren Aufbau dieser Darlegungen wird, meine ich,
das ζῆν καὶ εἶναι der sterblichen Wesen (207 D 4) deutlich durch das
κατὰ τὸ σῶμα, ἀλλὰ καὶ κατὰ τὴν ψυχήν (207 E 1/2) interpretiert
(und 207 E 5 durch das καὶ αἱ ἐπιστῆμαι ergänzt), so daß kein Zweifel
darüber besteht: dem ζῆν entspricht das κατὰ τὸ σῶμα, dem εἶναι
das κατὰ τὴν ψυχήν (mit Einschluß der ἐπιστήμη) so scharf und so
genau, wie wir das auch aus jener Stelle des etwa eineinhalb Jahrzehnte jüngeren ‚Sophistes‘ gewonnen haben[13] — nur daß hier
in bedeutsam erweiterter Problemstellung als drittes das κινεῖσθαι
neu hinzugetreten ist (das im ‚Symposion‘ allenfalls im negativen
Sinne aus der menschlichen Veränderlichkeit herausgehört werden
mag).

Daß nun aber im ‚Timaios‘ 37 C 6 u. ö. als dem eigentlichen
Mutterboden von Act 17 28a nur von κινεῖσθαι und ζῆν, nicht auch
von εἶναι (= ψυχὴν καὶ νοῦν ἔχειν, wie wir jetzt also sagen dürfen) die
Rede ist, erklärt sich leicht aus dem dort vorherrschenden Thema von
der Angleichung alles Geschaffenen an die Bewegung des göttlichen
Kosmos. Aber auch dieser ist dort 30 B 7f. als ζῷον ἔμψυχον ἔννουν
charakterisiert, und 47 B 6ff. wird betont, daß das Geschenk des
Auges den Menschen instandsetzt, die himmlischen Umläufe des
göttlichen νοῦς in eigener διανόησις nachzuvollziehen. Verbindungslinien zum ‚Timaios‘ von unserer ‚Sophistes‘-Stelle 248 E f. mit ihrer
Wendung κίνησιν καὶ ζωὴν καὶ ψυχὴν καὶ φρόνησιν hat man mit Recht
gezogen[14].

Also dürfen wir jetzt wohl auch unsere ZNW 46, 165ff. an Hand
zahlreicher Belege auf den platonisierenden Poseidonios zurück-
geführte Stelle Act 17 28a ἐν αὐτῷ γὰρ ζῶμεν καὶ κινούμεθα καὶ ἐσμέν,
indem wir das dort gefundene Ergebnis abrunden, so erklären, daß
in ζῶμεν das physische, in ἐσμέν dagegen das seelisch-geistige Leben

---

[13] Man beachte vor allem, daß dort wie hier ψυχὴ καὶ νοῦς, ψυχὴ καὶ φρόνησις.
ψυχὴ καὶ ἐπιστῆμαι u. ä. jeweils einen Begriff bilden, wobei im ‚Symposion‘ der
Akzent auf der ψυχή, im ‚Sophistes‘ auf der φρόνησις ruht.

[14] Ritter a. a. O. 140f. Dort heißt es (S. 141, zur ‚Sophistes‘-Stelle): ›ich
möchte darin die Weisung erkennen, daß wir das Seiende nicht verstehen …
können, ohne auf das Ganze der Weltwirklichkeit den Blick zu richten, an dem
die zwei Seiten des Körperlichen … und des Unkörperlichen …, wozu
das geistige Sein gehört, zu unterscheiden sind. Jedenfalls entspricht dieser
Weisung die Darstellung des Timaios‹ (Sperrungen zugefügt).

steckt[15], während das Dritte, das κινούμεθα, beides ins Kosmische über-
höht, d. h. solche leiblich-geistige Existenz als Abbild der himmlischen
περίοδοι zu begreifen lehrt. Daß Poseidonios die ersten beiden Glieder
— Leben und Bewegung — einfach aus dem ‚Timaios‘ zu übernehmen
brauchte[16], ist seinerzeit von uns ausführlich gezeigt worden. Nun
sehen wir, daß er aus intimer Kenntnis des ganzen Platon auch noch
das εἶναι im Sinn des geistigen Seins zugefügt hat, was die Reihenfolge der Glieder erklären mag.

Lukas fand die geprägte und tradierte triadische Formel in seiner
Quelle vor. Natürlich haben weder er noch sie diese Trias exakt zu
interpretieren verstanden[17], wie wir annehmen dürfen, sich vielmehr
genau wie später der Übersetzer Luther[18] wohl vor allem an dem

---

[15] Ähnlich schon, wenn auch von ganz anderen Voraussetzungen her, F. Bethge
Die paulinischen Reden der Apostelgeschichte 1887, S. 104f. (siehe bei Gärtner
a. a. O. S. 196[1]): ζῆν ›die Gesamtheit des physischen Lebens‹, εἶναι ›das geistige
Sein des Menschen‹ (während er freilich unter κινεῖσθαι ›die seelischen Erregungen,
Gefühlseindrücke‹ verstehen will). Marc Delage, Résonances grecques dans le dis-
cours de saint Paul à Athènes = Bulletin de l'Assoc. Guill. Budé IV 3, Oct. 1956,
S. 49—69 (hier S. 57ff.) scheint diese (vielleicht auch sonst vertretene) Interpretation zu kennen (›vie du corps, activité de l'âme, vie de l'esprit‹), verwirft sie aber
sogleich zugunsten der merkwürdigen, mit allem Ernst vertretenen These, Lukas
bzw. Paulus sei in v. 28 a abhängig von einer dreigliedrigen Aufzählung bei Isokrates,
Panegyrikos 26f., wo es von der Polis und Mutter Athen heißt, sie sei u. a. Ursache
τῆς ... κατασκευῆς, ἐν ᾗ κατοικοῦμεν καὶ μεθ' ἧς πολιτευόμεθα καὶ δι᾽ ἣν ζῆν δυνάμεθα.
Der an Kuriositäten auch sonst reiche und ohne Kenntnis der neueren Literatur
verfaßte Aufsatz des gelehrten Abbé, auf den mich Ernst Zinn aufmerksam gemacht
hat, bietet, bei erstaunlicher Kritiklosigkeit im Ganzen, doch vereinzelt wertvolles
Material, so S. 53f. zur ›captatio benevolentiae‹ des v. 22 aus profanem griechischem
Schrifttum in Ergänzung von Ed. Norden, Agn. Theos 33f. Weiteres über Delage
jetzt bei W. Eltester in: New Testament Studies 3, 2, S. 101, Anm.

[16] Kaum aus dem ‚Timaios‘ geschöpft, aber auch trotz formaler Ähnlichkeit
überhaupt nicht in die hier besprochenen Gedankengänge einzureihen ist die eigenwillige Konzeption des Plutarch, De gen. Socr. 22, 591 B, wo ζωή und κίνησις differenzierend auf die zwei obersten Glieder einer vierstufigen Ordnung der Welt verteilt
sind, so daß der Ideenwelt die ζωή (platonisch müßte es εἶναι heißen), der Welt
von den Sternen abwärts die κίνησις zukommt. Zur Interpretation siehe die aufschlußreichen Ausführungen von H. Dörrie, Hermes 82, 1954, S. 332ff., 340f. (mit
der früheren Lit.), wo S. 333[4] mit Recht die von K. Reinhardt (Kosmos und Sympathie 237) behauptete Abhängigkeit der Plutarchstelle von Platons ‚Sophistes‘
248 D eingeschränkt wird. Natürlich bedient sich Plutarch der ihm wohlbekannten
Sprache des ‚Sophistes‘ und des ‚Timaios‘, aber er macht sie hier einer Theorie dienst-
bar, die von Platon in keiner Weise mehr gedeckt wird.

[17] Wichtige Hinweise darauf, daß Lukas auch diesen Satz im Sinn des ATs
verstanden haben wird, finden sich in dem inzwischen erschienenen ausgezeichneten
Kommentar zur Apostelgeschichte von E. Haenchen, 1956, S. 472.

[18] Dazu ZNW 46, S. 168[50].

schönen, auch heute noch auf jedes empfängliche Gemüt wirkenden Dreiklang erfreut: in ihm leben, weben und sind wir. Wir hören nicht auf, diese Freude zu teilen, auch wenn wir jetzt den ursprünglich — bei Poseidonios — dem Satz innewohnenden Sinn so zu verstehen meinen: »Im Kosmosgott ist unser natürliches und geistiges Dasein ebenso gegründet, wie wir an seinen Kreisbewegungen teilhaben.«

Nachträge

[S. 193], Anm. 2:
Gegen W. Naucks These von einem hellenistisch überarbeiteten jüdischen Traktat als Quelle für die ‚Areopagrede' hat sich auch H. Conzelmann gewendet in: Gymnasium Helveticum 12. 1958, S. 29. – Die in meinem Buch ‚Schöpfer und Erhalter' 1956 zusammengefaßten Aufsätze aus Theologia Viatorum IV und V sind jetzt, da das Buch vergriffen ist, oben einzeln wieder abgedruckt.

[S. 194], Anm. 3, Z. 8f.:
Siehe jetzt die gedrängten Ausführungen von M. Zepf in: Gymnasium 65. 1958, S. 366ff. mit Anm. 78 und 89.

[S. 194], Z. 8 v. unt. und ff. Zeilen:
Siehe ob. den Nachtrag zu dem Aufsatz über die Areopagrede (zu [S. 166] ob.).

[S. 195] Mitte:
Zu Platon, Soph. 248 E f. vgl. jetzt auch H. J. Krämer, Der Ursprung der Geistmetaphysik in der alten Philosophie 1964, S. 250ff. (Anm. 206 zustimmend zu meiner Passage). O. Wichmann, Platon . . . 1966, S. 396ff.

[S. 196f.], Anm. 9:
Siehe jetzt U. Hölscher, Parmenides, vom Wesen des Seienden . . . 1969, S. 16f. 51. 53. 81ff. mit weiterer Literatur.

[S. 198] Mitte:
Zu Platon, Tim. 47 B 6ff. s. a. Jul. Stenzel (1914), Kl. Schriften zur griech. Philosophie ²1957, S. 22f. (dort S. 17ff., über die platonische Bewegungslehre in den Nomoi X 896 Aff.).

[S. 199], Anm. 15, Z. 7:
Vgl. a. H. Conzelmann in: Gymnas. Helvet. 12. 1958, S. 26 m. Anm. 21 unter Hinweis auf Cic., De nat. deorum II 33f. Im Kommentar zur Apg. ²1972, S. 109f. schließt sich Conzelmann weithin meiner Interpretation an.

[S. 200]:
Vgl. z. B. das ‚Zitat' in Goethes Gedicht
> Was wär' ein Gott, der nur von außen stieße,
> Im Kreis das All am Finger laufen ließe!
> Ihm ziemt's, die Welt im Innern zu bewegen,
> Natur in sich, sich in Natur zu hegen,
> So daß, was in ihm lebt und webt und ist,
> Nie seine Kraft, nie seinen Geist vermißt.

Das Harren der Kreatur*

Römer 1.

Im ersten Kapitel des Römerbriefs schreibt Paulus:

18 Gottes Zorn wird vom Himmel her offenbart über alle Gottlosigkeit und Ungerechtigkeit der Menschen, welche die Wahrheit in der Ungerechtigkeit gefangen halten; 19 denn was an Gott erkennbar ist, das ist unter ihnen offenbar, Gott hat es ihnen nämlich selber offenbart. 20 Denn seine unsichtbaren Eigenschaften, das heißt seine ewige Macht und Göttlichkeit, kann man seit der Weltschöpfung (ἀπὸ κτίσεως κόσμου) an dem Geschaffenen (τοῖς ποιήμασιν) mit der Vernunft erblicken, so daß sie keine Entschuldigung haben. 21 Drum obwohl sie Gott kannten, haben sie ihn nicht als Gott gepriesen (ἐδόξασαν) oder ihm Dank gesagt, sondern sind in ihren Gedanken der Nichtigkeit verfallen (ἐματαιώθησαν ἐν τοῖς διαλογισμοῖς αὐτῶν), und ihr unverständiger Sinn ist verdunkelt worden. 22 Während sie sich einbildeten, weise zu sein, wurden sie zu Toren 23 und vertauschten den Preis (τὴν δόξαν) des unvergänglichen Gottes mit dem Gleichnis eines Bildes des vergänglichen Menschen und von Vögeln und Vierfüßlern und Kriechtieren.

24 Deshalb hat sie auch Gott in den Begierden ihrer Herzen der Unreinheit ausgeliefert (παρέδωκεν αὐτοὺς ὁ θεὸς . . . εἰς ἀκαθαρσίαν), . . ., 25 weil sie die Wahrheit Gottes mit der Lüge vertauscht und Verehrung und Dienst der Schöpfung erwiesen haben anstatt dem Schöpfer (τῇ κτίσει παρὰ τὸν κτίσαντα), . . . 26 Deshalb hat sie Gott schändlichen Leiden|schaften ausgeliefert (παρέδωκεν αὐτοὺς ὁ θεὸς εἰς πάθη ἀτιμίας): . . . 28 Und wie sie es nicht für nötig hielten, die Gotteserkenntnis zu bewahren, so hat sie Gott unedler Gesinnung ausgeliefert, so daß sie das Ungebührliche tun (παρέδωκεν αὐτοὺς ὁ θεὸς εἰς ἀδόκιμον νοῦν, ποιεῖν τὰ μὴ καθήκοντα).

Die Klugen also unter den Heiden, die σοφοί, die Paulus in Korinth, von wo er diesen Brief schrieb, kennen zu lernen reichlich Gelegenheit hatte, und mit denen er sich schon am Anfang des I. Korintherbriefs eingehend beschäftigt, sie waren nach seiner Meinung mit ihren natürlichen Geistesgaben durchaus in den Stand gesetzt, Gottes spezifische Eigenschaften aus den Werken seiner Schöpfung zu erkennen[1]. Aber sie haben aus dieser Erkennt-

---

* Theologia Viatorum. Jahrbuch der Kirche. Hochschule Berlin 4. 1952 (1953), 108–124 = H. Hommel, Schöpfer und Erhalter 1956, 7–22 und Nachträge 140.

[1] Paulus scheint hier „Gedanken der stoischen *theologia naturalis*" zu benutzen; s. dazu R. BULTMANN, Theol. des NT 1. 1948, S. 224. Die Belege in H. LIETZMANN's Römerbriefkommentar (Hdbch. z. NT 8) ⁴1933, S. 31 f. Vgl. übrigens auch Röm. 2, 14–16. Acta 14, 16 f., dazu W. SCHMID, Philologus 95. 1942, S. 94₅₃, der den Gedanken im Blick auf Dion Chrysost. XII

nis nicht die Konsequenz gezogen, ihn zu preisen und durch Dankbarkeit zu
ehren, und so verfiel ihr Denken und Planen der ματαιότης, dem Nihilismus
und seinen bekannten Folgen, vorab dem Götzendienst. Sie meinen wunder
wie klug sie seien, aber statt den unvergänglichen Gott zu preisen[2], erweisen
sie die δόξα vielmehr ihren Götzen in Menschen- und Tiergestalt, Abbildern
also des Geschaffenen, anstatt dem Schöpfer selbst, was gleich durch das
ἐλάτρευσαν τῇ κτίσει παρὰ τὸν κτίσαντα im gleichen Gedankengang verdeutli-
chend noch einmal aufgenommen wird (v. 25). Die Schöpfung (κτίσις) ist uns
demnach erläutert durch den vergänglichen Menschen und die drei verschiedenen Gattungen der Tiere (v. 23), wovon – wie zur Probe aufs Exempel – in
der gleichen Unterscheidung in der Tat der biblische Schöpfungsbericht und
die sich anschließenden Geschichten sprechen (Gen. 1,20 ff. 7,21: Kriechtie-
re, Vögel, übrige Tiere, Menschen).

Natürlich muß Paulus auch die Formen des Götzendienstes gekannt ha-
ben, die etwa Bäume und Gestirne als weitere Bestandteile | der κτίσις in den
Kult mit einbezogen. Und v. 20, wo er von der κτίσις κόσμου spricht, hat er
selbstverständlich die Schöpfung in ihrem gesamten Umfang im Auge, also
Himmel, Meer, Erde, Pflanzen, Himmelskörper, Tiere und Menschen,
ganz entsprechend dem Schöpfungsbericht in Gen. 1. Aber daß er in v. 23–
25 als κτίσις im engeren Sinne nur ihre lebendigen, der φθορά ganz besonders
ausgesetzten Bestandteile, Mensch und Tier, begreift, zeigt schon hier sein
oft beobachtetes spezifisches Interesse an der belebten Schöpfung, die in
augenfälliger Weise vergänglich und dem Tode unterworfen ist. Denn nur
Mensch und Tier können in eigentlichem Sinne sterben. Wir halten diese
hier klar zu Tage liegende Sonderbedeutung der κτίσις fest.

---

27. 39 mit Recht als poseidonianisch anspricht; vgl. a. Schmid S. 85. 104. 109. Vgl. jetzt auch
M. Dibelius, Aufsätze zur Apostelgesch. ²1953, S. 56 m. Anm. 2. Nur allgemein stoische
Anklänge ohne Benützung stoischer Quellen durch Paulus will gelten lassen M. Pohlenz,
Paulus und die Stoa. Z. ntl. Wiss. 42. 1949, S. 69 ff. (bes. 71 f., vgl. 80). Aber auch die
Verwendung der Begriffe ἀίδιος und ἄφθαρτος für die Gottheit (Röm. 1, 20. 32) verrät deutlich
die Kenntnis stoischer Diskussion (vgl. Plutarch, De commun. notitiis adv. Stoicos 31, 1075
A ff., wo die Begriffe ebenfalls nebeneinander erscheinen). Ähnliches gilt weiterhin für die
christlichen Väter, die immer wieder mit Röm. 1 operieren, so z. B. Basilius d. Gr. und Gregor
von Nazianz; vgl. die Auszüge und Übersetzungen bei H. Fuchs, Die frühe christliche Kirche
und die antike Bildung. Antike 5. 1929, S. 112 ff. bes. 114. Jetzt ist dafür maßgebend die
Würzburger Habil.-Schrift von K. H. Schelkle, Paulus Lehrer der Väter. Die altkirchl.
Auslegung von Römer 1–11. 1956. Zu Röm. 1 vgl. dort S. 54–56 (κτίσις), 63 f. 67–69 (παραδιδό-
ναι – mit starker Betonung der menschlichen Willensfreiheit). Zu der ganzen hier wieder
vorgelegten Arbeit ist die Einsicht in E. Käsemann's neuen Römerbriefkommentar (An die
Römer. 1973), S. 29 ff. 215 ff. unerläßlich, da dort die umfangreiche jüngere Literatur genau
vermerkt und weithin auch eingearbeitet ist. Die religionsgeschichtliche Betrachtung tritt mit
dem Recht des Theologen freilich stark zurück.

[2] Das ἐδόξασαν von v. 21 wird durch das δόξαν in v. 23 in genauer Entsprechung wieder
aufgenommen, eine Erkenntnis, die der Exegese verloren gegangen zu sein scheint. Δόξα hat
also den gleichen Sinn wie 11, 36 und 16, 27 αὐτῷ ἡ δόξα εἰς τοὺς αἰῶνας, was in der Vulgata Rom.
1, wo sich *glorificaverunt* und *gloria(m)* genau entsprechen, noch treu bewahrt ist.

Nun auch noch ein Wort zum ματαιοῦσθαι. Römer 1,21 benutzt hier bekanntlich neben anderen alttestamentlichen Stellen den Ps. 94 (93) v. 11 κύριος γινώσκει τούς διαλογισμοὺς τῶν ἀνθρώπων ὅτι εἰσὶν μάταιοι. Wie wesentlich für Paulus diese Formulierung gerade zur Kennzeichnung der σοφοί dieser Welt war, beweist die Wiederholung des Zitats in I Kor. 3,20. Er benutzt also den alttestamentlichen Begriff des הב des „Windigen", Vergänglichen, Eitlen und übersetzt ihn nach dem Vorbild der LXX treffend mit dem griechischen μάταιος etwa im Sinne des Theognisspruches 141 ἄνθρωποι δὲ μάταια νομίζομεν εἰδότες οὐδέν oder des daran anklingenden Euripideswortes aus dem Hippolytos 916 ὦ πόλλ' ἁμαρτάνοντες ἄνθρωποι μάτην[3], woraus unser Matthias Claudius seinen berühmten Vers geschöpft zu haben scheint „Wir stolze Menschenkinder sind eitel arme Sünder und wissen gar nicht viel".

Schließlich haben wir auch noch auf das so einprägsam dreimal geradezu motivisch wiederholte παρέδωκεν αὐτοὺς ὁ θεὸς εἰς . . . unser Augenmerk zu richten. Zwar hat der Mensch durch Unterlassung von Preis und Danksagung gegenüber dem unvergänglichen, ihm in der Schöpfung klar erkennbaren Gott sich selber seinen Weg in die Nichtigkeit gewählt, aber schon der Gebrauch der passivischen Wendungen ἐματαιώθησαν – ἐσκοτίσθη – ἐμωράνθησαν (v. 21–22) zeigt das zwangsläufige Nichtmehrübersichverfügenkönnen, modern gesprochen das „Geworfensein" des einmal Abgeirrten an; und nun | greift gar Gott selber mit an und liefert den von ihm Abgewendeten vollends der Sünde in allen ihren Gestalten aus. Man hat das jüngst folgendermaßen paraphrasiert: „Er geht wohin er selbst will, aber gleichzeitig geht er, wohin Gott ihn sendet. Gott gibt ihn der Sünde preis, überantwortet ihn der Gewalt der Sünde, stellt ihn unter die Sünde als seinen Herrscher"[4]. Ich würde dafür lieber sagen „stellt ihn unter die Sünde als seinen Büttel" oder „als seinen Sklavenhalter". Denn einerseits ist παραδιδόναι, wie man längst bemerkt hat[5], „das übliche Wort für den Spruch des Richters, durch den er die Vollstreckung der Strafe anordnet", andererseits entspricht dem παραδιδόναι das römische *tradere*, das besonders häufig von der Übereignung von Sklaven oder allgemein von Herrenrechten gebraucht wird[6].

Sehen wir von diesem Gleichnis aber einmal ab, so werden wir durch die merkwürdige παρέδωκεν-Formel geradezu an die aischyleische Theodizee erinnert, wo ebenfalls menschliches Verschulden unvermeidbar das göttli-

---

[3] Zu dem ganzen Komplex vgl. a. Gymnasium 62. 1955, S. 336 = H. H., Symbola I S. 295 f. Über einen weiteren sehr bedeutsamen Anklang an eine vielzitierte Stelle aus Euripides Hippolytos (Röm. 7, 14 ff. – Eurip. Hippol. 380 f.) s. meine Ausführungen in: Die Schwarzburg. Akadem. Zeitschrift. N. F. H. 8. 1952, S. 165 f. und jetzt ausführlich unten S. 160 ff.

[4] So A. Nygren (Christus und die Verderbensmächte) in einer Interpretation unserer Stelle: Viva vox evangelii. Hans Meiser-Festschr. 1951, S. 53.

[5] Siehe z. B. A. Schlatter, Gottes Gerechtigkeit, Ein Komm. zum Römerbrief 1935, S. 66 zu der Stelle.

[6] Nach Ausweis von Heumann-Seckel, Handlexikon zu den Quellen des röm. Rechts s. v. (zustimmend Käsemann 1973, S. 43).

che συνάπτεσθαι oder συλλαμβάνειν nach sich zieht (Perser 742) ἀλλ' ὅταν σπεύδῃ τις αὐτός, χὠ θεὸς συνάπτεται[7] „wenn sich einer selbst verrannt hat, gibt ihm Gott noch einen Stoß". Auch hier ist dem Moment der Freiwilligkeit ein Moment der göttlichen Notwendigkeit, also der menschlichen Unfreiwilligkeit innig gesellt.

Römer 8.

Diese aus dem ersten Kapitel des Römerbriefs gewonnenen Prolegomena scheinen wichtig für das Verständnis des 8. Kapitels, v. 14–25. Dort heißt es: |
14 Alle die vom Geist Gottes geleitet werden, sind Söhne Gottes. 15 Denn ihr habt ja nicht einen Geist der Sklaverei empfangen, daß ihr wieder in Angst gerietet, sondern ihr habt einen Geist empfangen, der die Annahme an Sohnes Statt verbürgt, in dem wir ausrufen dürfen: Abba, Vater[7a]! 16 Der Geist selber gibt im Zusammenwirken mit unserm Geist davon Zeugnis, daß wir Gottes Kinder sind. 17 Sind wir aber Kinder, dann zugleich auch Erben: Erben Gottes, Miterben Christi, wenn anders wir mit ihm leiden, um dann auch mit ihm verherrlicht zu werden. 18 Ich stelle dabei in Rechnung, daß die Leiden der gegenwärtigen Zeit nichts bedeuten im Vergleich mit der Herrlichkeit, die sich an uns offenbaren soll.

19 (Sogar) das sehnsüchtige Harren der Schöpfung wartet nämlich auf die den Söhnen Gottes bereitete Offenbarung[8]. 20 Denn unter inhaltsloses Dasein ist die Schöpfung versklavt worden, nicht aus freien Stücken, sondern auf Veranlassung dessen, der sie versklavt hat, weil er ihnen dafür auch eine Hoffnung zugedacht hat, 21 da ja auch sie, die Schöpfung, wieder freigelassen werden soll aus der Sklaverei der Vergänglichkeit in den freien Stand des Ansehens[9] der Gotteskinder. 22 Es ist uns nämlich bewußt, daß die ganze Schöpfung allzumal seufzt und in Wehen kreißt bis auf den heutigen Tag. 23 Aber nicht nur sie, sondern auch wir selber, die wir des

---

[7] Vgl. schon Solon, fr. 1, 13 D. ἀναμίσγεται ἄτη, ferner unt. and. Aischylos, Agamemnon 1505 ff. Herodot VII 12–18. Sophokles, Oid. Kol. 997 f. Euripides, Hippol. 1433 f. ἀνθρώποισι δὲ/θεῶν διδόντων εἰκὸς ἐξαμαρτάνειν. Aristophanes, Wespen 733 ff. Jes. 45, 7. Amos 3, 6. Thren. Jerem. 3, 37. Ev. Mt. 18, 7. m. der Parall. Lk. 17, 1 (dazu auch wichtig Ev. Mk. 14, 21. Acta 2, 23 u. bes. Ev. Lk. 22, 22). Ich hoffe, davon an anderer Stelle ausführlich zu handeln. Vgl. jetzt einstweilen meine Ausführungen in: Wege der Forschung Bd. 465 (Wege zu Aischylos II), S. 233 ff. Über Jes. 45, 7 als ‚wichtige, aber in ihrer Zuspitzung singuläre Stelle' s. jetzt KURT LÜTHI, Gott und das Böse 1961, S. 152 f. Zu Ev. Mt. 18,7 vgl. G. BAUMBACH, Das Verständnis des Bösen in den synopt. Evangelien 1963, S. 114. – Zur theologischen Bewältigung des Problems in Römer 1 vgl. K. G. STECK in: Die Wandlung 1, 1945–46, S. 844 ff. MAX LACKMANN, Vom Geheimnis der Schöpfung. Die Gesch. d. Exegese von Röm. I. 18–23, . . . 1952. E. KÄSEMANN aO., S. 29 ff., hier bes. 33. 46. 73.

[7a] Dazu s. jetzt J. JEREMIAS, Abba 1966, S. 66.

[8] In ἀποκάλυψιν τῶν υἱῶν τοῦ θεοῦ erklärt sich der gen. obi. τῶν υἱῶν aus dem vorangehenden Vers δόξαν ἀποκαλυφθῆναι εἰς ἡμᾶς, vgl. v. 16/17 ἐσμὲν τέκνα θεοῦ κτλ.

[9] τῆς δόξης hier doch wohl das Ansehen der Freien wie 9, 4 das der Adoptierten; vgl. a. Demosthenes 21, 157 οὐσίας (καὶ) δόξης, ὧν ὁ πατήρ μοι κατέλιπεν.

Geistes Erstlingsgabe[10] haben, seufzen ebenso im Stillen voll Erwartung der Annahme an Sohnes Statt (und damit) der Erlösung unseres Leibes[11]. 24 Denn (nur) in Hoffnung ward uns das Heil; eine Hoffnung, die man sieht, ist aber keine Hoffnung – denn was man sieht, wie kann man das hoffen? 25 Sondern nur wenn wir hoffen, was wir nicht sehen, erwarten wir's geduldig.

Es geht uns hier vor allem um die Interpretation der Verse 19 und 20. Was ist unter der *κτίσις* zu verstehen, die auf die *ἀποκάλυψις* | wartet und die nicht aus freien Stücken, sondern auf Veranlassung dessen, der sie versklavt (*διὰ τὸν ὑποτάξαντα*), der *ματαιότης* ausgeliefert worden ist (*ὑπετάγη*)?

Messen wir die Aussage zunächst nur an Römer 1, so fällt die schon durch die teils identische teils ähnliche Terminologie gestützte Vergleichbarkeit des Gedankens deutlich auf. Hier wie dort verfällt jemand der Nichtigkeit und es ist einer, der ihn ihr ausliefert. Der Unterschied ist vor allem der, daß im 1. Kapitel zwei kausal verknüpfte[12] Stadien unterschieden werden: die sträfliche Weigerung des der Nichtigkeit Verfallenden, Gott zu loben und ihm zu danken für die Werke der Schöpfung, und das sofortige Eingreifen Gottes, der den Sünder der Sünde ausliefert. Im 8. Kapitel dagegen ist nur noch vom Auslieferer, vom *ὑποτάξας*, die Rede, der den Betreffenden gegen seinen Willen an die *ματαιότης* versklavt.

Das Blickfeld hat sich also auf das schon im 1. Kapitel durch dreimalige Wiederholung des *παρέδωκεν αὐτοὺς ὁ θεός* stark in den Vordergrund gerückte Moment der Unfreiwilligkeit verengt. Ist die Parallele richtig gezogen, und die terminologischen Anklänge zwingen uns dazu, sie so zu ziehen, dann kann aber auch in Römer 8 der *ὑποτάξας* nur Gott sein[13]; dann meint ferner die *ματαιότης* denselben Nihilismus, dasselbe הבל des Psalms wie dort; und dann drängt sich zum mindesten der Verdacht auf, daß die *κτίσις* auch hier im Rahmen der Gesamtschöpfung den Hauptakzent auf die lebendige Kreatur legt, die der (gleich in 8,21 sogar wiederum genannten) Vergänglichkeit (*φθορά*)[14] in besonderem Maße unterworfen ist, daß also die *κτίσις* den Menschen mindestens einbegreift[15]; wie denn – von der *κτίσις* einmal abgesehen – in Römer 1 gar kein Zweifel sein kann, daß die *ματαιωθέντες* die *ἄνθρωποι* (*οἱ τὴν ἀλήθειαν ἐν ἀδικίᾳ κατέχοντες* v. 18) sind, die sich nichtiger- und törichterweise für *σοφοί* halten (v. 22).

---

[10] Dazu Theol. Wtrbch. z. NT I 474 (BEHM). 484 (DELLING).

[11] BÜCHSEL ThWNT IV 1939, S. 355. Vgl. dazu aber unt. Anm. 22.

[12] Röm. 1, 24 *διό*, 1, 26 *διὰ τοῦτο*. Siehe dazu ob. [S. 9f.]

[13] Siehe dazu a. unt. Anm. 18. Übrigens ist der mildernde Zusatz *ἐπ' ἐλπίδι* an dieser Stelle bemerkenswert; es sieht so aus, als sei hier gegenüber Röm. 1, 24ff. das Mitangreifen Gottes dadurch im Sinn einer Theodizee erklärt, daß ihm die von Anfang an bestehende Absicht der Wiederbefreiung von dem Versklavtsein an die Nichtigkeit zugeschrieben wird.

[14] Vgl. Röm. 1, 23 und dazu oben [S. 9]; s. auch G. SCHLÄGER, Nieuw Theol. Tijdschr. 19. 1930, S. 357f.

[15] Dazu ausführlicher unt. [S. 17ff.].

Aber so verführerisch diese Schlüsse sind, wir dürfen uns die | Erklärung der κτίσις in Römer 8 nicht so leicht machen, indem wir uns bloß auf den naheliegenden Vergleich mit Römer 1 beschränken. Denn die betreffende Partie von Römer 8 hat nicht nur ihre ganz eigenen Akzente, ihren eigenen Zusammenhang, sondern auch ihre eigenen über Römer 1 zum mindesten im Grad der Deutlichkeit hinausführenden Metaphern. Also sehen wir zu:

Offenbar will Paulus eine klare Unterscheidung treffen zwischen denen, die mit den Erstlingsgaben des Geistes beschenkt sind, der ihnen bezeugt, daß sie Gottes Kinder sind[16] und dadurch zugleich Erben Gottes und Miterben Christi (vorausgesetzt daß sie mit ihm leiden wollen, um auch mit ihm verherrlicht zu werden[17]), und zwischen denen, die diesen Vorzug nicht genießen, denen vielmehr noch der Sklavendienst unter dem Joch der ματαιότης verordnet ist[18], die aber ebenfalls in den Freigelassenenstand treten | sollen, der ihnen dann weiterhin das gleiche Adoptivverhältnis[19] der Gottes-

---

[16] I Kor. 15, 23 sind sie οἱ Χριστοῦ genannt.

[17] Darüber handelt jetzt gut A. Nygren, Der Römerbrief. Erklärt . . . 1951, S. 239.

[18] Nicht etwa von Adam, wie zahlreiche Erklärer annehmen (z. B. Foerster, ThWNT III 1030 f.; J. Hering, Die bibl. Grundlagen des christl. Humanismus 1946, S. 17 stützt sich dabei auf apokryphe Literatur; E. Fuchs, Die Freiheit des Glaubens. Römer 5–8 ausgelegt. 1949, S. 109 denkt daneben sogar an den Tod, G. Schläger aO., S. 357 an den Teufel). Siehe dazu ob. [S. 12], ferner H. Lietzmann aO., S. 85 z. d. St.; A. Schlatter aO., S. 272. Man darf im Sinne der eben genannten Erklärer annehmen, Gott ὑποτάσσει hier die Sklaven genau so unter ihren Herrn, wie er nach Röm. 13, 1 jegliches Obrigkeitsverhältnis verordnet: οὐ γὰρ ἔστιν ἐξουσία, εἰ μὴ ὑπὸ θεοῦ, αἱ δὲ οὖσαι ὑπὸ θεοῦ τεταγμέναι εἰσίν (vgl. außerdem auch I Kor. 15, 27 f.: ὑποτάσσειν von Gott). – ὑποτάσσειν und ὑποτάσσεσθαι vom Sklavenverhältnis ganz deutlich auch Tit. 2, 9. I Petr. 2, 18. Kein Wunder, denn ὑποτάσσειν ist die Übersetzung des römischen Rechtsterminus *subicere* „zum Sklaven machen". Vgl. Arrian, Epicteti Dissertationes IV 4, 33 ἐδούλευσας, ὑπετάγης. Die klassische Definition der Sklaverei in den Digesten I 5, 4, 1 stammt aus den Institutiones des Rechtslehrers Florentinus aus dem 2. Jhdt. und lautet: *servitus est constitutio iuris gentium, qua quis dominio alieno contra naturam subicitur*. Gerade die Unterwerfung unter das *alienum dominium*, das *alienum ius* ist auch sonst im Corpus Iuris in solchen Wendungen stereotyp (vgl. a. schon die Definition der Sklaverei bei Aristoteles, Polit. I 2, 1254 a 14 ὁ . . . μὴ αὑτοῦ φύσει ἀλλ' ἄλλου ἄνθρωπος ὤν). Außerdem erscheint bedeutsam, daß an *allen* bisher genannten Stellen der römischen Rechtssprache der ὑποτάσσων in der Anonymität bleibt. So ist auch bei Paulus Gott zwar vielleicht derjenige, der es letzten Endes bewirkt, daß seine Geschöpfe der Sklaverei fremder Mächte unterworfen sind, bis ihnen die Freilassung zuteil wird, auf die sie ängstlich hoffen. Aber die Wendung 8, 20 (οὐχ ἑκοῦσα, ἀλλὰ) διὰ τὸν ὑποτάξαντα geht zunächst weder auf Adam noch auf Gott, sondern ist eine von οὐχ ἑκοῦσα nicht zu trennende polare Ausdrucksweise, die hier lediglich besagen will, daß die κτίσις wie der Sklave sich die ματαιότης nicht freiwillig gewählt hat und nicht freiwillig trägt. Die häufige Verwendung von *subicere* (*praeconi* o. ä.) „zur Versteigerung bringen, unter den Hammer kommen lassen" weist übrigens in die gleiche Richtung; sie bevorzugt ebenfalls ganz auffallend die passivische Ausdrucksweise und betont damit die Anonymität des Versteigerers (z. B. Cicero, Pro Sestio 57). – P. R. Coleman-Norton, The Apostle Paul and the Roman Law of Slavery (in: Studies . . . in Honor of A. Ch. Johnson 1951, S. 155–177 – mit sorgfältiger Bibliographie) behandelt lediglich die expressis verbis auf die Sklaverei bezüglichen paulinischen Stellen und konfrontiert sie mit den einschlägigen Bestimmungen des Corpus Juris.

[19] υἱοθεσία ist als t. t. Äquivalent der römischen *adoptio*. Vgl. a. Lietzmann aO., S. 84 (zu v.

kindschaft eröffnen wird, dessen jene schon gewärtig sein dürfen (*υἱοθεσίαν ἀπεκδεχόμενοι* v. 23).

Der Unterschied zwischen beiden Kategorien ist also gar nicht so bedeutend. Paulus begreift ihn unter dem Bild des ihm als römischem Bürger ganz geläufigen Abstands zwischen dem von Geburt Freien (*ἐλεύθερος* nach v. 21, *ingenuus*), dem jederzeit die Adoption (*υἱοθεσία*) in ein neues erstrebenswertes Sohnverhältnis offensteht, und zwischen dem in dumpfes Dasein, in *ματαιότης*[20], verstrickten Sklaven (*δοῦλος, servus*), dem die Freiheit (*ἐλευθερία, libertas*) ganz ungewiß ist, der sie aber doch „sehnsüchtig erwarten" darf (v. 19 ff.), um dann im Gnadenfall der Freilassung (v. 21) als *ἀπελεύθερος*, als *libertinus* seines Herrn[21], ebenfalls | das Adoptivsohnverhältnis zu Gott, der seinen Leib von den Fesseln befreit (v. 23)[22], antreten zu können[23]. |

---

15 f.). A. Deissmann, Licht vom Osten [4]1923, S. 286[7]. Die Väterstellen zur *υἱοθεσία* sammelt und bespricht K. H. Schelkle, Paulus Lehrer der Väter 1956, S. 284–288. 303.

[20] *μάταιος* geht schon im klassischen Griechisch auf die Vergeblichkeit, die Sinn- und Inhaltslosigkeit einer dem Sklaven- oder Bettlerstand verwandten Existenz, so bei Soph., Antigone 1339 f., wo der völlig vernichtete Kreon sich in dem Augenblick als *μάταιον ἄνδρα* bezeichnet, wo er die Sinnlosigkeit seines Daseins erkannt hat, da er *οὐχ ἑκών* (wie es wortwörtlich auch hier heißt), in sklavischer Abhängigkeit sozusagen, die Antigone getötet habe (vgl. Röm. 8, 20 *τῇ γὰρ ματαιότητι ἡ κτίσις ὑπετάγη, οὐχ ἑκοῦσα* – zum stereotypen *οὐχ ἑκοῦσα, ἄκων* usw. vgl. etwa auch Eurip., Hippol. 1305. 1433). Und in Euripides' Hippolytos klagt Theseus, daß sein Haus die Masse von Sklaven „sinnloserweise" (*μάτην*) aushalte, da sie ihm nicht den erwarteten Dienst leisten. *μάταιοι* sind bei Paulus I Kor. 3, 19/20 ganz folgerichtig auch die *σοφοὶ τοῦ κόσμου τούτου*. An unserer Stelle findet sich also eine Spezialanwendung der Wortgruppe *μάταιος* auf den Sklaven, die bisher übersehen wurde, und die im klassischen Griechisch immerhin Anhaltspunkte hat. Vgl. im übrigen den Artikel *μάταιος* von Bauernfeind im ThWNT IV 525 ff.

[21] Genau so I Kor. 7, 22 *ὁ γὰρ ἐν κυρίῳ κληθεὶς δοῦλος ἀπελεύθερος κυρίου ἐστίν* „wer im Herrn in seinen Sklavenstand berufen ist, der ist ein Freigelassener des Herrn". Vgl. A. Deissmann, aO. [4]S. 277[3]. P. Lagerkvists Barabbas hat heute das Motiv wirkungsvoll wieder aufgegriffen.

[22] Hinter der hier vorwiegend geistlich zu verstehenden *ἀπολύτρωσις τοῦ σώματος* (Büchsel ThWNT IV 355 ff.) spürt A. Deissmann aO. 275[4] wohl richtig den von fern mit anklingenden Doppelsinn des Sklavenloskaufs (*σῶμα* = Sklave, aO. 274 f.), vgl. a. 278. Ja, man könnte versucht sein, die Stelle so zu übersetzen: „auch wir selber . . . seufzen ebenso (wie jene Sklaven) im Stillen voll Erwartung der Annahme an Sohnes Statt, das ist *unser* Sklavenfreikauf"; das hieße dann, daß die Kinder Gottes mit der Erwartung des Adoptivsohnverhältnisses zu Gott auch nichts wesentlich anderes erhoffen als die Sklaven mit ihrem Bangen nach Loskaufung aus der Sklaverei. Das wäre eine sprachlich einwandfreie und dem Sinnzusammenhang entsprechende Interpretation. Aber wir müßten dann in Kauf nehmen, was nicht ausgeschlossen schiene, daß Paulus hier das bisher festgehaltene Gleichnis mit römischen Rechtsverhältnissen bewußt oder unbewußt zugunsten eines Vergleichs mit Gegebenheiten des griechischen Provinzialrechts verlassen hätte. Denn das römische Recht kennt keinen Sklavenloskauf; die Verwendung des (an sich viel eher einer Art Sozialversicherungsbeitrag vergleichbaren) *peculium* als eine Art von Kaufpreis des Sklaven bei der Freilassung *(manumissio)* ist nicht die Regel und keineswegs typisch für die *manumissio*, hat auch keinen entsprechenden Terminus (etwa *redemptio* = *ἀπολύτρωσις*) hervorgebracht. Ich erwähne diese Möglichkeit der Interpretation, weil die theologischen Exegesen der Stelle, wie etwa die von Büchsel ThWNT IV 355, dem römischen Leser des Briefes weit schwierigere Kombinationen zumuten als diese wäre, nämlich Schlüsse aus I Kor. 15, 35 ff. (Hoffnung auf einen neuen Leib) und Phil. 3, 21 (Umwandlung des niedrigen Leibes nach dem Vorbild des herrlichen Leibes des Auferstande-

Am Schluß des Abschnitts (v. 23 ff.) wird es vollends deutlich, wie gering der Abstand zwischen den auf ihre Freilassung aus der ματαιότης hoffenden „Sklaven" und den ebenfalls ganz auf blind vertrauende Hoffnung gestellten „Kindern Gottes" ist[24]; beide verbindet (v. 23 zweimal καὶ αὐτοί!) letztlich die seufzende Hoffnung auf die Erlösung des Leibes[25].

Daß sich hier Paulus, wie mit all dem aufgezeigt werden wollte, in den verwendeten Bildern i. a. streng an das römische Recht hält und nicht wie in vielen anderen Fällen, wo er die von ihm so bevorzugte Sklavenmetapher

---

nen). Nach all dem wird man mindestens befugt sein, aus Röm. 8, 23 τὴν ἀπολύτρωσιν τοῦ σώματος ἡμῶν mit herauszuhören: „Befreiung unserer Person" (zu σῶμα = „Person" nicht nur im klass. Griech., sondern auch auf Inschriften und in Papyri vgl. die Belege bei Liddell & Scott II 1749a unter σῶμα II 2). Vgl. allgemein a. W. Elert, ThLZ 1947, 270 unten.

[23] Daß nach röm. Recht grundsätzlich nur ein Freier (oder Freigelassener), niemals ein Sklave adoptiert werden konnte, ergibt sich zwingend aus dem Brauch, sogar die noch nicht mündigen Haussöhne erst durch höchst umständliche Manipulationen aus der Gewalt des Vaters „freizulassen", bevor sie adoptiert werden konnten: Leonhard, Real-Encycl. der class. Altertumswiss. (RE) I 399 s. v. „Adoption". Danach bedurfte es zur Adoptionsfähigkeit eines unmündigen Haussohnes seines dreimaligen Scheinverkaufs in die Sklaverei mit schließlich unwiderruflicher Wiederfreilassung, so schon nach dem Zwölftafelgesetz: *si pater filium ter venum duit, liber esto*; danach dürfte das von Paulus, Gal. 4, 1–6 gebrachte Bild zu interpretieren sein, wonach A. Deissmann aO. [4]275₉ zu modifizieren ist. Vgl. a. unt. Anm. 24. – Daß der Freigelassene überhaupt zum Bürger wurde, ist spezifisch römisch, ganz und gar nicht griechisch (Thalheim RE VII 97). So wundert sich etwa Philipp V. von Makedonien in seinem Brief an die Larisäer (SIG [3]543, 33 ff.) über die Römer, οἱ καὶ τοὺς οἰκέτας, ὅταν ἐλευθερώσωσιν, προσδεχόμενοι εἰς τὸ πολίτευμα καὶ τῶν ἀρχείων μεταδιδόντες (Steinwenter RE XIII 105. Westermann RE Suppl. VI 976).

[24] Das entspricht übrigens auch ganz dem zunehmend geringen bürgerrechtlichen und sozialen Unterschied zwischen *ingenuus* und *libertinus* seit dem Ende der Republik (vgl. dazu Steinwenter aO. 108, 7 ff. – 110 weitere Literatur –; H. Hommel, Horaz . . . 1950, S. 18. 28; ferner Cic. ad famil. XI 28, 3 gg. E.); das Bild ist von Paulus also treffend gewählt. – Ein bis ins sprachliche Wendungen hinein nah vergleichbarer Abschnitt, auf den mich in diesem Zusammenhang H. Aschermann freundl. aufmerksam macht, findet sich Gal. 3, 23–4, 11. Dort geht Paulus aus vom Bilde des noch nicht vom Glauben Ergriffenen als eines Gefangenen und Eingesperrten, den er (3, 24 ὥστε!) nicht als einen buchstäblich seiner Freiheit Beraubten verstanden wissen will (so z. B. Wilh. Bousset in: Die Schriften des NT . . . hrsg. v. Joh. Weiß [2]II 1908 zu der Stelle), sondern von Anfang an (v. 24) als einen noch unter Vormundschaft stehenden unmündigen νήπιος (4, 1), der sich nach der ausdrücklichen und wiederholten Erklärung des Briefschreibers (4, 1. 3, 23. 4, 5 ἐξαγοράσῃ – dazu oben Anm. 23 –. 4, 7. 8. 9, vgl. 3, 28) von einem seiner Freiheit beraubten Sklaven im Grunde nicht unterscheidet.

[25] Von hier aus fällt auch ein Licht auf den Sinn der ἀποκαραδοκία v. 19. Nicht nur das wiederholte καὶ αὐτοί, sondern auch das ἀπεκδέχεσθαι, das sowohl die ἀποκαραδοκία τῆς κτίσεως wie die ἐλπίς der Kinder Gottes kennzeichnet (v. 23. 25), verbindet beide Gruppen von sehnsüchtig Wartenden. Es scheint aber, daß das seltene, jedoch in der Verbalform καραδοκεῖν im profanen Griechisch immerhin mehrfach belegte Wort gegenüber der ἐλπίς das dumpfe, vielleicht gar unoder halbbewußte *Harren* bezeichnet (richtig gesehen von Emil Brunner, Der Römerbrief S. 66), so in einem Tragikerfragment (?) in der aufschlußreichen Verbindung μάτην ἀδήλους ἐλπίδας καραδοκῶν (Fragm. trag. adesp. 16 N.), wo also erstaunlicherweise sogar die Verbindung der καραδοκία mit der ματαιότης schon vorgebildet ist. In allen Fällen aber wird καραδοκεῖν von beseelten Wesen verwendet.

gebraucht, an das Recht der griechischen Provinzen[26], erklärt sich leicht
daraus, daß dieser Brief ja an | die Römer gerichtet ist und nicht an irgend-
welche griechische Gemeinden. Der Apostel ist hier, getreu seinem bewährten Prinzip der Menschenführung[27], den Römern ein Römer, was ihm um
so leichter fiel, als er ja römischer Bürger war.

---

[26] Wie ich nachträglich sehen, hat A. Deissmann, Licht vom Osten [4]S. 271 ff. mit wünschenswerter Deutlichkeit und auf Grund zahlreicher schlagender Belege die Sklaven-Meta-
phern des Paulus herausgestellt und aus der Terminologie der sakralen Sklavenbefreiung der
griechischen Gemeinden aus des Apostels Zeit und Umwelt interpretiert. Freilich ist dabei die
besondere Situation des Römerbriefes, die eine davon abweichende Exemplifikation mit dem
römischen Recht erforderte, völlig übersehen. Aber das Verdienst Deissmanns, auf den weiteren Zusammenhang solcher Metaphern mit Entschiedenheit hingewiesen zu haben, kann nicht
hoch genug bewertet werden. Denn derartige Einsichten sind nicht nur für die richtige
Übersetzung, sondern dadurch mittelbar auch für die theologische Exegese des Textes unentbehrlich. Die hat gewiß ihren eigenen Rang (Büchsel, ThWNT IV 358₂₃); aber einer sauberen
und erschöpfenden, vordergründigen Interpretation kann sie nicht entraten. Wohin die Mißachtung dieser Methode führt, zeigt etwa E. Fuchs aO. (ob. Anm. 18), S. 108; denn für ihn
sind die *υἱοὶ τοῦ θεοῦ* Röm. 8, 19 „vielleicht ursprünglich die zahlreichen Gestalten der Erlöser,
nach deren Offenbarung die *κτίσις* immer wieder ausspäht"; vgl. dazu vielmehr auch ob.
Anm. 8. – Auf die wertvolle Abhandlung von W. Elert, Redemptio ab hostibus. ThLZ 1947,
265–270 macht mich G. Bornkamm frdlch. aufmerksam. Hier wird der Versuch unternommen, Deissmanns Aufstellungen zu widerlegen und statt des sakralen Sklavenfreikaufs hinter
zahlreichen ntl. Wendungen vielmehr die *redemptio ab hostibus*, d. h. den Loskauf aus Kriegsge-
fangenschaft, als Metapher aufzuspüren. Ich freue mich zahlreicher Übereinstimmungen mit
dem Verf., so in der Betonung eines unbekümmert freien Wechsels verschiedenster juristischer
Anspielungen in der Sprache des Paulus, in der Beurteilung von I Kor. 7, 22; Gal. 3, 28. 4, 1 ff.,
usw.
   Aber nicht durchschlagend scheint mir der Elert'sche Haupteinwand gegen Deissmann, daß
bei dem von ihm angeführten sakralen Rechtsgeschäft der Sklave den Preis für seine Freilassung
faktisch selber erlege, während dabei die Bezahlung durch die Gottheit reine Fiktion sei, und
daß daher die Analogie zu Christus, der ja den Kaufpreis ganz allein aufbringe, nicht stimme.
Diese Erwägung unterschätzt die Kraft der Fiktion im antiken Recht, wie sie z. B. auch in der
römischen Adoption in einer für uns geradezu befremdenden Weise zur Geltung kommt: der
Adoptierte ist der Sohn des Adoptivvaters und erbt damit auch alle seine Ahnen einschließlich
ihrer Traditionen bis ins Biologische. So zahlt auch der delphische Gott den Loskaufpreis für
den Sklaven, wenn ihn dieser auch bereits selber erspart und hinterlegt hat. Nicht übersehen
werden darf dabei auch die nicht nur fiktiv beim Gott liegende Gnade der Freilassung überhaupt: denn was hülfe dem Sklaven sein Spargeld, wenn der Gott nicht bereit wäre, ihn
freizugeben!
   Gegen Elerts Operieren mit dem im Grunde doch spärlich bezeugten Rechtsinstitut der
redemptio ab hostibus (der Name scheint in dieser Form modern) ließe sich mancherlei einwen-
den, so geistreich der Vergleich im Ganzen auch durchgeführt ist. Vor allem bleiben die
Parallelen meist aufs Sachliche und Allgemeine beschränkt und entbehren der außerdem zu
fordernden Übereinstimmung im Formalen und Formelhaften. Näher läge der Schluß, daß die
Kirchenvätergeneration, die für den *σωτήρ* die lat. Übersetzung *redemptor* geschaffen hat, vom
Begriff des *redemptor ab hostibus* beeinflußt gewesen sein möchte.
[27] I Kor. 9, 19 ff. 10, 33. Vgl. a. Röm. 6, 19 *ἀνθρώπινον λέγω διὰ τὴν ἀσθένειαν τῆς σαρκὸς ὑμῶν*,
und ähnliche Stellen.

Die Ktisis und ihre Erwartung

Offen geblieben ist bisher immer noch die Frage, wen wir unter den mit dem Bilde der Sklavenschaft Charakterisierten tatsächlich zu verstehen haben. Bezeichnet werden die Betreffenden durchgängig als κτίσις (v. 19. 20. 21–v. 22 als πᾶσα ἡ κτίσις). Es ist eine viel erörterte Streitfrage, ob mit κτίσις hier die gesamte vernunftlose Schöpfung, belebte wie unbelebte[28], oder die noch nicht zur | Gotteskindschaft befreiten Menschen mit Einschluß des Kosmos[29], oder aber nur diese Menschen der Welt[30] bezeichnet seien, eine Frage, die vom Wortgebrauch her nicht ohne weiteres zu lösen ist. Sie erhält aber Licht, wenn wir uns klar zu machen versuchen, welche Realität Paulus mit der ἀποκαραδοκία τῆς κτίσεως im Auge gehabt oder doch im Leser geweckt haben muß[31]; denn daß es eine Realität war[32], die ihm vorschwebte, dürfen

---

[28] Dies die communis opinio seit Frédéric Godet, Römerbriefkommentar 1880 und R. A. Lipsius, Handkomm. z. NT II ²1892 (frdl. Hinweis meines Schülers W. Werbeck); s. W. Bauer, Griech-dts. Wtrbch. z. d. Schr. d. NT . . . ³1937, Sp. 757. H. Lietzmann aO. (ob. Anm. 1), S. 84f. H. M. Biedermann, Die Erlösung der Schöpfung beim Apostel Paulus . . . Diss. Würzburg 1940, S. 69–78. Jetzt auch R. Bultmann, Th. d. NT 1. 1948, S. 225f., der doch (S. 225) zugeben muß, daß diese „κτίσις eine mit den Menschen gemeinsame Geschichte hat", und „wie sehr für Paulus die kosmologische Betrachtung hinter der geschichtstheologischen zurücktritt". Ganz ähnlich auch schon K. Barth, Der Römerbrief 1919, S. 241 ff. Vgl. a. E. Fuchs aO., S. 109: „Die κτίσις dürfte . . . die Engelmächte mitumfassen, ja wesentlich meinen". Doch auch er gibt zu: „In v. 22 sind freilich alle Menschen eingeschlossen". Vgl. a. unten Anm. 33. Eine eigenwillige Deutung auf die noch nicht „gottversöhnten", dumpf und ungeordnet brodelnden Elemente, die sich zusamt ihrem ihnen von Gott verordneten Meister nach Eintracht, Frieden und Klarheit sehnen, findet sich in Ed. Mörike's Gedicht von 1822 „Die Elemente", dem Paulus ad Rom. 8, 19 als Motto vorangestellt ist. – Nicht zugänglich war mir Roland Potter O. P., The expectation of the creature. In: Scripture. Ldn. IV 9. 1951, S. 256–262 (Erklärung aus Phil. 2, 10 etc.).

[29] So etwa Emil Brunner, Der Römerbrief 1938, S. 66, mit starkem Akzent auf der Menschheit, nicht auf der außermenschlichen Kreatur. Ähnlich G. Bornkamm, Paulus ²1970, S. 139f. Eine sehr interessante, wenn auch nicht eindeutige Stellung nimmt Origenes ein, der sichtlich mit dem Problem ringt: Homil. in Numeros 28, 2 (Berliner Kirchenväter-Corpus, Werke 7. 1921, S. 283, 21 ff.) versteht er unter κτίσις an unserer Stelle die ganze Schöpfung; dagegen Comment. in epist. ad Rom. Lib. VII (Migne, Patrol. gr. T. 14, Sp. 1109ff.) denkt er an die *creatura rationalis* im Sinne des *exterior homo* (dem er den schon erlösten *interior homo* nach Röm. 7, 22 gegenüberstellt), bezieht aber dann wie an der ersten Stelle doch auch Himmelskörper usw. mit ein. Dazu auch K. H. Schelkle, Paulus Lehrer der Väter 1956, S. 298 (Origenes) und überhaupt S. 292ff. zu Röm. 8 (κτίσις), 297f. (ἀποκαραδοκία). Vgl. a. J. Hering aO. (Anm. 18).

[30] Zuletzt und am nachdrücklichsten wohl A. Schlatter, Gottes Gerechtigkeit . . . 1935, S. 270ff. 273ff. Vor ihm vor allem Gustav Schläger, Das ängstliche Harren der Kreatur. Nieuw Theol. Tijdschrift 19. 1930, S. 353ff. Vgl. a. W. Gutbrod, Die paulinische Anthropologie 1934, S. 15ff.

[31] In einer Diskussion der Stelle, für die ich bes. meinen Kollegen Herbert Braun, Günther Harder, Martin Schmidt zu Dank verpflichtet bin, hat vor allem Braun sich energisch für κτίσις = „vernunftlose Schöpfung" eingesetzt. Von seinen Erwägungen scheint mir die beachtenswerteste zu sein, daß man den Paulus zum Vertreter einer Wiederbringung aller stempeln würde (was durch Stellen wie Röm. 8, 28ff. unmöglich gemacht werde), wollte man unter κτίσις hier die heidnische Menschheit verstehen. Ich möchte dem freilich andere Stellen wie

wir angesichts | des so konkret gewählten Vergleiches mit den auf ihre Freilassung wartenden römischen Sklaven mit Entschiedenheit voraussetzen. Andererseits muß uns aber der immerhin allgemein gehaltene, durchgängig gebrauchte Ausdruck κτίσις vor allzu rascher Identifizierung mit der Menschenwelt schlechthin warnen[33].

Den Schlüssel liefert, glaube ich, Vergil in seiner 4. Ekloge aus dem Jahr 41 v. Chr., wo wie nirgends sonst die vor- und außerchristliche sehnsüchtige Erwartung eines welterlösenden Kindes und eines neuen Aions im Blick auf den gesamten Kosmos eindrucksvoll gestaltet ist[34]. Da heißt es v. 50ff.:

> *Adspice convexo nutantem pondere mundum,*
> *Terrasque tractusque maris caelumque profundum;*
> *Adspice, venturo laetentur ut omnia saeclo.*

> „Sieh, wie gewölbten Gewichts das Weltall wanket und schwanket:
> Länder, Fluten des Meers und die Tiefe des Himmels darüber.
> Sieh, wie alles voll Freude erwartet das kommende Weltjahr!"

Hier scheint zwar auch zunächst der unbelebte Kosmos der gesamten Schöpfung Träger der unruhigen Erwartung zu sein. Aber der Zusammenhang macht es uns ohne weiteres klar, daß die Menschen, voran der Dichter selber, an diesem Harren der Kreatur selbstverständlichen Anteil haben. So

---

Röm. 5, 17–19. I Kor. 15, 22. Phil. 2, 10 entgegenhalten. Doch verfüge ich nicht über das theologische Rüstzeug, in diese verwickelte Frage einzugreifen. Braun hält übrigens an unserer Stelle immerhin eine zweigleisige Argumentation des Paulus nicht für ausgeschlossen. Ich möchte bei der Schwierigkeit des Problems bei meinen ob. im Text gegebenen Ausführungen das Schwergewicht weniger auf die Ermittlung der Meinung des Paulus legen, als auf den Sinn, den zeitgenössische römische Leser der Stelle mit Wahrscheinlichkeit entnehmen mußten (sie bestanden vorwiegend aus heidnischen Judenproselyten nach Paul Styger, Juden und Christen im alten Rom, 1934, S. 17ff.). So haben denn weiterhin auch Exegeten, denen das antike Weltbild offenstand, wie Augustin, späterhin auch Thomas von Aquin und Schleiermacher unter κτίσις, wie es scheint, die ganze nichtbekehrte Menschheit verstanden.

[32] Obwohl A. Nygren, Der Römerbrief, 1951, S. 243 von der betont realistischen Betrachtungsweise des Paulus spricht, untersucht er doch S. 241f. die Frage nach dem eigentlichen Substrat der κτίσις und ihres Seufzens überhaupt nicht, so daß der Begriff bei ihm völlig in der Schwebe bleibt. Aber „Schöpfung" im allgemeinen Sinn von „Welt" o. ä. ist keine Realität, sondern eine Idee, ein Entwurf unserer Vernunft, wie schon Kant richtig gesehen hat (Kritik der reinen Vernunft B 265 Anm.); vgl. dazu Ed. Spranger, Archiv für Rechts- und Sozialphilosophie 40. 1952, S. 5. 7.

[33] So richtig Foerster, ThWNT III 1938, 1030ff., der aber schließlich doch auch den Menschen als Glied der Schöpfung entscheidend mit einbezieht (vgl. dazu a. ob. Anm. 28). Auch Kol. 1, 23, wo die Erwähnung der ἐλπίς unmittelbar vorhergeht, eignet der πάσῃ κτίσει τῇ ὑπὸ τὸν οὐρανόν, hier als Missionsbereich des Apostels Paulus verstanden, ganz eindeutig der Begriff der Menschenwelt.

[34] Die Parallele wird jetzt auch anerkannt von E. Käsemann, An die Römer. 1973, S. 222. Vgl. H. Hommel, Vergils ,messianisches' Gedicht. In: Theol. Viatorum 1950, S. 182ff., bes. 184. 201. (= hier, Bd. I 267ff.). Derselbe, Die Geburt des Kindes an der Wende der Zeit. In: Potsdamer Kirche 1951, S. 418; nach der von mir dort abgedruckten neuen Übertragung des Gedichtes von Erika Simon auch die Übersetzung der Verse 50–52 oben im Text.

werden denn in den Prophezeiungen der jüdischen „Ursibylle", jenen in
griechischen Hexametern abgefaßten Weissagungssprüchen[35], von denen
sich Vergil in mancher Hinsicht nachweislich hat anregen lassen und denen
er gerade an | unserer Stelle einige Formulierungen entnimmt[36], neben der
Allmutter Erde, den himmelanstrebenden Bergen, dem Meere, den Fischen,
Landtieren und Vögeln ausdrücklich und mehrfach die Menschen, ja sogar
die *υἱοὶ θεοῦ* genannt[37]. Und der Vers, nach dem Vergil (Ecl. 4,52) die
freudige Erwartung des Alls gestaltet hat, lautet geradezu (Oracula Sibyllina
III 619):

καὶ τότε δὴ χαρμὴν μεγάλην θεὸς ἀνδράσι δώσει
„und dann wird Gott große Freude schenken den Menschen".

Diese ungesucht aus dem Fragen nach den zeitgenössischen Voraussetzungen von Römer 8 sich ergebende Interpretation mündet nun ganz von
selber wieder in den eingangs gegebenen Vergleich zwischen Römer 8 und
Römer 1. Denn die Erwähnung der Fische, Landtiere und Vögel neben den
Menschen in der jüdischen Ursibylle läßt es klar werden, daß hier ebenso
wie in Römer 1 das Vorbild der Schöpfungs- und Sintflutgeschichten obwaltet. Wir dürfen also jetzt zuversichtlicher als vorher den Vergleich von
Römer 1 und 8 gelten lassen und bei Beachtung aller Unterschiede die *κτίσις*
auch an der späteren Stelle des Briefes abschließend so deuten, *daß zwar im
weiteren Sinne die ganze Schöpfung vorschwebt, daß aber doch das Auge des
Betrachters ganz spezifisch auf der „lebendigen" κτίσις, nämlich auf Tier und
Mensch ruht*[38], *und daß hier wiederum der Mensch unausgesprochen im Mittelpunkt
steht.*

Daß Paulus die 4. Ekloge Vergils gekannt hat, ist wahrscheinlich, daß
ihm die jüdisch-hellenischen Sibyllenorakel geläufig waren, so gut wie
sicher[39]. Aber darauf kommt es hier gar nicht an. Der Vergleich wollte nur

---

[35] Oracula Sibyllina III 573–829, dazu Alfons Kurfess, Sibyllinische Weissagungen 1951,
S. 289. 297 ff.

[36] Oracula Sibyllina III 675 ff. 619. In XI 163 ff. wird umgekehrt auch, nicht sehr lange nach
des Dichters Tode, die Benutzung der Sibyllinen durch Vergil ausdrücklich vertreten; dazu
Kurfess, Hist. Jbch. 73. 1954, S. 120$_2$. 122$_7$.

[37] Or. Sibyll. III 678. 702. 743.

[38] Das etwa bleibt auch Röm. 8, 38 f. übrig, wenn wir dort die *κτίσις ἑτέρα* in ihrem
Zusammenhang scharf interpretieren; vgl. a. R. Bultmann, Th. d. NT 1, S. 226. – Einseitige
Beziehung der *κτίσις* in Röm. 8, 22 auf die Tierwelt in der sympathischen Apologie von C. M.
Teutsch, Mitgeschöpf oder Ausbeuter? . . . In: 45. Rundbrief für den Freundeskreis von Alb.
Schweitzer . . . Mai 1978, S. 36 ff.

[39] Insofern möchte in der Vermutung Bultmanns aO. 225, daß die „dunklen Worte" von
Röm. 8, 20 „offenbar auf einen Mythos zurückgehen", etwas Wahres stecken. – Zur hellenischen Bildung des Paulus vgl. W. Schmid, Philologus 95. 1942, S. 81 ff. 94. 97. 106. 110. 115
mit weiterer Literatur. Schon E. Curtius, Paulus in Athen (Sitzber. d. Pr. Akad. d. Wiss.
Berlin 1893, hier S. 928 ff. u. bes. 934 f.) hatte bei Paulus Spuren althellenischer Bildung
erkannt, was P. Wendland, Die urchristl. Literaturformen $^{2/3}$1912, S. 356$_3$ als „abenteuerlich"
bezeichnete. Ähnlich wie E. Curtius hat sich dann R. Reitzenstein, Die hellenistischen
Mysterienreligionen ^{3}1927 (Neudruck 1956), S. 419 f. ausgesprochen und wurde wiederum
von Alb. Schweitzer, Die Mystik des Apostels Paulus 1930, S. 29 scharf bekämpft. Vgl. zu

dies deutlich machen, daß seine *κτίσις* in Römer 8 nach der Auffassung der Zeit, zumal der römischen Leser des Paulus, unter dem groß geschauten Bilde der Schöpfung, des Kosmos, den Menschen ohne weiteres mit einbegriffen haben muß, ja wohl ganz | besonders heraushören ließ. So wie er die *κτίσις* als Sklavenschaft interpretiert und in Gegensatz stellt zu den freien Söhnen Gottes (v. 20f.), mußte man aber dann die noch nicht von Gottes Geist getriebenen Menschen (v. 14f.) darunter verstehen, sei es die Heiden vom Schlage des Vergil, sei es die Juden vom Schlage der Sibyllinendichter, wie Paulus denn auch in den folgenden Kapiteln 9 u. ff. gerade auf dieses sein Volk besonders eindringlich zu sprechen kommt, um es mit den gläubig gewordenen Heiden zu konfrontieren. *κτίσις* wäre dann also in dem Sinne „Welt", wie noch heute vielfach der Christ sich von der ungläubigen „Welt" distanziert und dabei auch mehr die „Menschen" in ihr im Sinn hat als den kosmischen Bezug, der freilich auch da noch mitklingt.

Daß in Römer 8 unter der *κτίσις* in der Tat die „außerchristliche" Menschheit in allererster Linie verstanden worden sein muß, sollte nach all dem klar sein. Die Gegenprobe liefert überdies eine Äußerung des Paulus wie II Kor. 5,17 *εἴ τις ἐν Χριστῷ, καινὴ κτίσις* „ist jemand in Christo, so ist er eine neue Kreatur"[40]. Dasselbe läßt sich aber wiederum auch von der *ματαιότης* her erhärten, an die jene in Sklaverei gekettet ist. Ist doch dieselbe *ματαιότης* I Kor. 3,19/20 wie auch Eph. 4,17 gerade den Heiden zugeordnet, und werden doch Acta 14,15 die heidnischen Abgötter als *μάταιοι* bezeichnet und dem lebendigen Gott gegenübergestellt, der gerade hier als wahrer Herr der *κτίσις* umschrieben ist[41]. Schließlich wird man fragen dürfen, ob die ausdrückliche Betonung der Unfreiwilligkeit (*οὐχ ἑκοῦσα* v. 20) überhaupt einen Sinn gehabt hätte, wenn unter der *κτίσις* ausschließlich der unbelebte *κόσμος* zu verstehen war und nicht vorwiegend sein mit freiem Willen ausgestatteter und zugleich von den Söhnen Gottes unterschiedener Teil. |

Es darf also wohl gelten – und darum geht es uns hier –, daß aus dem 8. Kapitel des Römerbriefes das Wort vom sehnsüchtigen Harren der noch in Sklavenfesseln schmachtenden außerchristlichen Welt auf die den freien Söhnen Gottes, den Christen, bereits nahegebrachte Offenbarung vernommen werden konnte. Wie solche sehnsüchtige Erwartung etwa in Vergils

---

der Frage auch H. HOMMEL, in: Theol. Viatorum 8. 1962, S. 104 m. Anm. 26 = in diesem Bd., unten S. 155.

[40] Vgl. a. Kol. 1, 23 oben Anm. 33.

[41] Wiederum schafft auch ein Blick auf die so nah verwandte Stelle Galat. 4, 8ff. (vgl. ob. Anm. 24) weitere Bestätigung, indem dort die *δουλεύσαντες* und von neuem in die *δουλεία* zurückfallenden dem nichtigen („schwachen und armseligen") heidnischen Gestirndienst ergeben waren und sind; zu *στοιχεῖα (τοῦ κόσμου)* = „Gestirne", also *στοιχείοις δουλεῦσαι* = „Gestirndienst" vgl. W. BOUSSET aO., S. 60 (andere Auffassungen der *στοιχεῖα* s. bei W. SCHMID aO. 108₉₁). Damit rückt auch die *ματαιότης* Röm. 8, 20 in die Nähe der Nichtigkeit speziell des heidnischen Gestirndienstes, der freilich im orientalischen Galatien den Kult stärker bestimmt haben wird als in Rom. – Zur nahen Verbindung der *ματαιότης* mit Heidenschaft und Götzendienst bietet reiches Material G. SCHLÄGER aO. (ob. Anm. 30), S. 356f.

4. Ekloge deutlich zum Ausdruck kommt, ja dort sogar fast zur Bewußtheit erhoben ist, wurde eben schon angedeutet. Und so hat man denn spätestens seit den Zeiten des Lactantius und Constantin in den heidnischen Versen gar eine – sei es bewußte, sei es unbewußte – direkte Prophezeiung auf Christus erblicken wollen, worüber viel zu sagen wäre, auch schon viel dafür und dawider gesagt ist seit den Tagen Constantins, Augustins und Dantes bis heute[42].

Nachwort zu Römer 8

Neuerdings ist in einer gründlichen und umfassenden Mainzer Dissertation von Henning Paulsen, Überlieferung und Auslegung in Röm. 8. 1972 (VI, 459 S.) die theologische Problematik des Kapitels aufgearbeitet worden. Zu v. 14–25 s. dort S. 171–247. Eine Auseinandersetzung mit meiner Studie, die S. 418 im Lit.-Verz. erwähnt ist, findet nicht statt. Immerhin wird auf S. 235$_2$ meine Interpretation der κτίσις v. 19 (oben [S. 20]) zustimmend zitiert (in der gekürzten Buchausgabe von 1974 fehlt auch dieser Hinweis). Nachdrücklich sei zum Schluß noch einmal auf den neuen Römerbriefkommentar von E. Käsemann (1973) hingewiesen, hier bes. S. 215 ff., 220–229, wo verständlicherweise der rein theologische Aspekt vorherrscht.

---

[42] Vgl. darüber zuletzt G. Bornkamm, Christus und Augustus. In: Deutsche Universitätszeitung 4. 1949 Nr. 24, S. 3. H. Hommel, Theol. Viatorum 2. 1950, S. 210 ff. (= oben Bd. I S. 312 ff. 331). A. Kurfess, Sibyllin. Weissagungen 1951, S. 340 ff. mit reichen Lit.-Angaben und mit vorangehendem Abdruck der wichtigsten antiken Texte. Dazu die Äußerungen über den Propheten Vergil bei H. W. Rüssel, Antike Welt und Christentum 1941, S. 125 (vgl. a. 23). Grundlegend jetzt: Antonie Wlosok in: 2000 Jahre Vergil. Ein Symposion 1983, 68 ff., 82 ff. (Frühchristliche ‚Vergilrezeption‘).

Das 7. Kapitel des Römerbriefs im Lichte antiker Überlieferung*

*τεθέασαι τραγῳδούς, οἶδ' ὅτι,
καὶ ταῦτα κατέχεις πάντα
(Menander, Epitrepontes 149 f.).*

Die hier vorgelegte Exegese eines bedeutsamen Kapitels paulinischer Verkündigung erhebt keinen Anspruch auf theologische Durchdringung[1]. Abgesehen davon, daß es sich um philologische Bemühung handelt, bedeutet schon die Themastellung eine Beschränkung auf eine ganz bestimmte Sicht. Wenn ich Rm 7 im Lichte antiker Überlieferung betrachten will, so meine ich damit ein Doppeltes. Zum ersten möchte ich entschlossener als es bisher geschehen ist dieses Dokument griechischer Sprache aus der frühen Kaiserzeit am Maße alter überkommener Denkformen aber auch Forderungen des griechischen Sprachgebrauchs messen, soweit man sie für einen hellenistisch gebildeten Juden als verbindlich wird erachten dürfen, das heißt für einen griechischen Autor mit denkbar ungriechischem Anliegen, der jedoch im Besitz hoher sprachlicher und geistiger Bildung ist, und der schon durch das von ihm gewählte und beherrschte Idiom in einer Tradition steht, die keineswegs ausschließlich aber doch weithin aus hellenischer Quelle gespeist ist.

---

* Theologia Viatorum 3. 1961/62 (1962), 90—116.
  Nach einem für die Kirchliche Hochschule Berlin und den Theologischen Arbeitskreis Berlin-Brandenburg 1958 gehaltenen und später in Stuttgart vor jungen Akademikern wiederholten Gastvortrag. Zugefügt sind die Anmerkungen.
[1] Folgende theologischen Werke vor allem sind eingesehen worden, die gelegentlich dankbar zitiert werden, mit denen aber i. a. keine Auseinandersetzung gesucht ist: ADOLF SCHLATTER, Der Brief an die Römer (1887), Ausg. von 1948, S. 126 ff. — KARL BARTH, Der Römerbrief (1919), Ausg. von 1947, S. 211 ff. — OTTO MICHEL, Der Brief an die Römer . . . (1955), [11]1957, S. 140 ff. — RUDOLPH BULTMANN, Theologie des Neuen Testaments, 1953, passim. — KARL HERMANN SCHELKLE, Paulus, Lehrer der Väter. Die altkirchliche Auslegung von Rm 1—11, 1956, S. 224 ff. — ERNST FUCHS, Die Freiheit des Glaubens. Rm 5—8, ausgelegt 1949, S. 48 ff. — GÜNTHER BORNKAMM, Sünde, Gesetz und Tod. Exegetische Studie zu Rm 7 (1950). In des Verfassers Aufsatzsammlung: Das Ende des Gesetzes, Paulusstudien, 1952, S. 51 ff. Auch auf W. G. KÜMMEL, Rm 7 und die Bekehrung des Paulus, 1929, wurde gelegentlich zurückgegriffen.

Zum andern will ich versuchen, vergleichbare Äußerungen griechischer und römischer Autoren — durchwegs älter als Paulus — mit
unserem Kapitel zu konfrontieren und dabei Ähnlichkeiten wie Abweichungen herauszustellen, sowohl um die Frage eventueller Abhängigkeit zu erörtern, als um hüben und drüben das Verbindende
wie das Spezifische und Eigene deutlich werden zu lassen.

Ich kleide die Erfüllung meines ersten Anliegens wohl am zweck-
mäßigsten in den Versuch einer eigenen Übersetzung, zu der ich einige
Anmerkungen zu geben haben werde, und in eine erläuternde Paraphrase des Inhalts. Dabei schicke ich voraus, daß es mir vor allem
darum geht, logische Brüche und Ungereimtheiten des Gedanken-
gangs, die man bisher hinnahm, ohne Eingriffe in den Text aber durch
schärfere sprachliche Interpretation zu beseitigen, soweit dies philo-
logisch verantwortbar erscheint. Vor allem muß wohl der mit v. 2
und v. 3 so nachdrücklich an den Anfang gestellte eindringliche
Vergleich des Gesetzes mit einem Ehemann in sich und in seiner Bedeutung für das Folgende ernster genommen werden.

Ich gebe also zunächst meine deutsche Übersetzung des
Kapitels:

1. Wisset ihr etwa nicht, Brüder — denn ich spreche zu solchen,
denen das Gesetz bekannt ist —, daß das Gesetz über den Menschen
gebietet, solange es lebendig ist?

2. Denn [hier beginnt der erläuternde Vergleich] die unter der
Gewalt des Mannes stehende Frau ist an den lebenden Mann ge-
bunden als an ein Gesetz; wenn aber der Mann stirbt, ist sie vom
Gesetz, dem Manne, los.

3. Folglich also bei Lebzeiten des Mannes wird sie Ehebrecherin
geheißen werden, sofern sie einem andern Mann zugehörig geworden
ist; wenn aber der Mann stirbt, dann ist sie frei von dem Gesetz
[im Sinne des Gleichnisses nämlich!], so daß sie jetzt keine Ehebrecherin ist, wenn sie einem andern Manne zugehörig geworden
ist.

4. Und so (ὥς τε), meine Brüder, seid auch ihr in die Todeszone
geraten hinsichtlich des Gesetzes durch den Leib Christi, so daß
ihr eines anderen Eigentum geworden seid, nämlich des von den
Toten Erweckten, damit wir Gott Frucht bringen [wieder klingt
das Gleichnis an!].

5. Denn solange wir im Fleische waren, da waren die sündlichen
Leidenschaften, die durchs Gesetz sich erregten, kräftig in unseren
Gliedern, so daß wir dem Tode Frucht brachten [wie oben!].

6. Jetzt aber sind wir aus dem Wirkungsbereich des Gesetzes
entnommen worden, da wir hinsichtlich dessen, in dem wir fest-

gehalten waren, abgestorben sind [vgl. oben v. 4!], so daß wir in
der neuen Bindung des Geistes und nicht in der alten Bindung des
Buchstabens dienen.

7. Was sollen wir also sagen? Ist das Gesetz gleich Sünde [wie
man nämlich nach v. 5 vielleicht annehmen könnte]? Keineswegs!
Sondern die Sünde habe ich (allerdings) erst durch das Gesetz erkannt. Denn auch (τε) von der Begierde wußte ich nichts, hätte
das Gesetz nicht gesagt [Ex 20 17]: ,du sollst dich nicht lassen
gelüsten!'

8. Da erhielt die Sünde ihren Absprung durch das Gebot und
aktivierte in mir jegliche (Art von) Begierde; denn ohne Gesetz war
die Sünde tot [d. h. nur unerkannt, also unbewußt vorhanden
— v. 7].

9. Ich aber hatte vormals ohne Gesetz gelebt [sozusagen in
einem wenigstens scheinbaren Stande natürlicher Unschuld!], als
aber das Gebot (zu mir) kam, da lebte die Sünde auf, ich aber starb
ab,

10. und es erfand sich, daß eben dies Gebot, das mir zum Leben
(dienen sollte), zum Tod gereichte;

11. denn die Sünde nahm ihren Absprung durch das Gebot
[v. 8 a] und betrog mich (solchermaßen) und tötete mich durch
dasselbe (Gebot).

12. So ist also das Gesetz heilig, und das Gebot ist heilig und
recht und gut.

13. Ist mir also das Gute zum Tod geworden? Keineswegs!
Vielmehr die Sünde, damit sie als Sünde entlarvt würde, hat mir
vermittels des Guten den Tod bewirkt, damit die Sünde vermittels
des Gebotes als extrem sündig offenbar würde.

14[2]. Denn wir wissen, daß das Gesetz geistlich ist; ich aber bin
fleischlich, verkauft unter die (Herrschaft der) Sünde.

15. Was nämlich das anbelangt, was ich tue, so weiß ich nicht
Bescheid; denn nicht, was ich will, das tu' ich, sondern was ich
verabscheue, das tu' ich.

16. Wenn ich aber das, was ich nicht will, tue, so gebe ich dem
Gesetz (damit) zu, daß es gut ist.

17. Nun aber bin es nicht mehr ich [d. h. mein denkendes
Ich], der es tut, sondern die in mir einwohnende Sünde.

18. Denn ich weiß, daß nicht wohnt in mir, d. h. in meinem
Fleisch, Gutes; denn das Wollen des Guten steht mir zu Gebote,
das Vollbringen aber nicht.

---

[2] Der griechische Text von vv. 14-25 ist unten auf S. 112 unter Nr. 9 abgedruckt.

19. Denn nicht das Gute, das ich will, tu' ich, sondern das Schlechte, das ich nicht will, das tu' ich.

20. Wenn ich aber (gerade) das, was ich nicht will, tue, so tue nicht mehr ich es, sondern die in mir wohnende Sünde [vgl. v. 17].

21. Ich entdecke also folgendes Gesetz für mich, der das Gute tun will: daß mir (nämlich statt dessen nur) das Schlechte zu Gebote steht.

22. Denn ich stimme freudig überein mit dem Gesetz Gottes nach meinem inneren Menschen,

23. ich sehe aber ein anderes Gesetz in meinen Gliedern, das dem Gesetz meiner Vernunft widerstreitet und mich gefangen nimmt in dem Gesetz der Sünde, das mir in den Gliedern liegt.

24. O ich Unglücklicher! Wer wird mich erretten von diesem Todesleib [d. h. von diesem dem Tod verfallenen Leib]?

25. Dank sei Gott durch Jesus Christus, unseren Herrn! — Nun also diene ich mit der Vernunft einem Gesetze Gottes, mit dem Fleisch aber einem Gesetz der Sünde.

Es soll nun da, wo meine Übersetzung eigene Wege geht, kurz eine Begründung versucht werden:

v. 1-3. Hier scheint es mir untragbar, in v. 1 ὅτι ὁ νόμος κυριεύει τοῦ ἀνθρώπου ἐφ' ὅσον χρόνον ζῇ zu übersetzen „solange er (der Mensch) lebt"[3], da in dem folgenden streng durchgeführten Vergleich der unter dem Gesetz stehende Mensch dem Eheweib, und das Gesetz dem Ehemann entspricht, von dem es zweimal heißt, daß *seine* Lebenszeit die Dauer der Abhängigkeit bestimmt (v. 2 τῷ ζῶντι ἀνδρί, v. 3 ζῶντος τοῦ ἀνδρός), und ebenso zweimal eingeprägt wird, daß *sein* Tod die Grenze der Bindung bedeutet (v. 2 ἐὰν δὲ ἀποθάνῃ ὁ ἀνήρ, gleichlautend v. 3). Auch sprachlich hat das ἐφ' ὅσον χρόνον ζῇ (scil. ὁ νόμος) keine Bedenken. Das Verbum ζῆν wird nach BAUER übertragen von Dingen gebraucht, „die bildlich Personen decken", also genau wie hier nach unserer Übersetzung. Denn auch von Abstrakten kann es stehen, so Rm 12 1 von den Leibern als einem lebendigen Opfer θυσίαν ζῶσαν ἁγίαν τῷ θεῷ (BULTMANN, ThWNT II 863). Speziell unser Gebrauch vom ζῆν eines Gesetzes o. ä. ist im Griechischen altbezeugt: Sophokles, Antigone 453 ff. (BULTMANN a. a. O. 833), wo es

---

[3] Übrigens haben Origenes (dieser mit allem Nachdruck) und ihm folgend die meisten der frühen Ausleger, auch die lateinischen, hier im νόμος das Subjekt von ζῇ gesehen, während Pelagius schwankt und erst Cyrill von Alexandria und ihm folgend u. a. auch Photios von Byzanz als Subjekt ἀνήρ ergänzen, was dann die herrschende Übersetzung bleibt; siehe SCHELKLE a. a. O. 225 ff. und schon W. G. KÜMMEL a. a. O. 37. 39 f. mit Anm. 1.

von den ἄγραπτα θεῶν νόμιμα gegenüber den menschlichen κηρύγ-
ματα θνητὸν ὄντα Kreons heißt 456 f. ἀλλ' ἀεί ποτε ζῇ ταῦτα, oder
Soph., Oid. Tyr. 482, wo die dem Oidipus gewordenen μαντεῖα ihn
ἀεὶ ζῶντα περιποτᾶται. Im gleichen Drama 44 f. ist der Beitrag des
erteilten Rats bei Erfahrenen besonders wirksam ... τὰς ξυμφορὰς
ζώσας ὁρῶ μάλιστα τῶν βουλευμάτων.

Wir dienen ferner der Konzinnität des Vergleichs, ohne den sprachlichen Befund zu vergewaltigen, wenn wir in v. 2 γυνὴ τῷ ζῶντι ἀνδρὶ
δέδεται νόμῳ das νόμῳ prädikativ fassen nach dem Muster εἶχεν
'Ιωάνην ὑπηρέτην (Act 13 5, BLASS-DEBRUNNER § 157), und wenn wir
ebenso am Schluß des v. 2 ἀπὸ τοῦ νόμου τοῦ ἀνδρός das τοῦ ἀνδρός
als Apposition gelten lassen nach dem Schema κύριος ὁ θεός (vgl.
auch Jac 1 25 εἰς νόμον τέλειον τὸν τῆς ἐλευθερίας, BLASS-DEBRUNNER
§ 268. 271).

Erst v. 4 Anfang werden dann freilich die Menschen, die dem Eheweib des Vergleichs entsprechen, mit dem Hinscheiden des Partners
(hier Gesetz, dort Ehemann) selber gleichsam mit in die Todeszone
gerissen[4]; aber dieser Gedanke, der v. 6 wiederholt wird, dürfte der
erst hier einsetzenden theologischen Konzeption des Paulus ent-
springen, daß der durch Christi Tod gleichsam Wiedergeborene zuvor
selber sterben muß (also in die Sphäre des Vergleichs übersetzt hieße
das, daß die für eine neue Ehe freigewordene Frau gleichsam mit dem
ersten Mann der alten Ehe abgestorben ist). Es wäre vom Leser wohl
zuviel verlangt, von hier aus bereits auch das ἐφ' ὅσον χρόνον ζῇ des
v. 1 (nach der üblichen Auffassung) zu interpretieren. Übrigens scheint
mir in vv. 4 und 6 zweimal der in der Koiné so beliebte Dativus der
Beziehung vorzuliegen, der den klassischen Acc. graecus weithin abgelöst hat (BL.-DEBR. § 160. 197; Musterbeispiel Phil 2 7 σχήματι
εὑρεθεὶς ὡς ἄνθρωπος), also v. 4 ἐθανατώθητε τῷ νόμῳ „ihr seid in die
Todeszone geraten hinsichtlich des Gesetzes[4]", oder freier „ihr seid
mit dem Tod des Gesetzes euererseits dem Gesetz abgestorben", das
ja selber durch Christi leibliche Auferstehung tot ist; d. h. im Sinn
des Vergleichs (noch einmal): der Mann, alias νόμος, ist gestorben;
wir — die Witwe — sind ihm damit ebenfalls abgestorben und gehören
jetzt einem andern und bringen *ihm* Frucht. In v. 6 kehrt jene Wendung
nochmals in folgender Form wieder: κατηργήθημεν ἀπὸ τοῦ νόμου
ἀποθανόντες ἐν ᾧ κατειχόμεθα, sprachlich offenbar eine sogenannte
‚unterlassene Attraktion des Relativums' (KÜHNER-GERTH II 409)
statt κατηργήθημεν ἀποθανόντες ᾧ κατειχόμεθα νόμῳ[5], zugleich aber

---

[4] Ähnlich schon Origenes und Augustin; siehe SCHELKLE a. a. O. 227.

[5] Auch die Dative in Rm 6 10 f. (und an anderen Stellen) widerstreiten einer solchen
Erklärung nicht, sind vielmehr geeignet, sie zu unterstützen (vgl. dazu auch unten

verkürzt aus ἀποθανόντες τῷ νόμῳ ἐν ᾧ κατειχόμεθα, nach dem Muster etwa von Euripides, Medea 753 ἐμμενεῖν ἅ σου κλύω „dabei zu verbleiben, was ich von dir vernahm" anstatt ἐμμενεῖν τούτοις, ἅ σου κλύω (vgl. auch Soph., O. K. 988f.).

An einigen Stellen des Kapitels scheint mir bisher nicht genügend beachtet, daß im Griechischen, mehr noch als bei uns, in parallel gebauten Satzgliedern und Sätzen gewisse Satzbestandteile nur einmal zu stehen pflegen, um im Parallelglied sinngemäß oder wörtlich ergänzt werden zu müssen. So dürfte in v. 13 das ἵνα φανῇ ἁμαρτία auf die nachfolgende Erläuterung ἵνα γένηται . . . ἁμαρτωλὸς ἡ ἁμαρτία dergestalt nachwirken, daß das γένηται einem φανῇ gleichkommt; das hieße dann „als sündig offenbar würde" statt einfach „sündig würde". Umgekehrt liegt der Fall in v. 18 gg. E., wo aus dem zweiten Glied das τὸ καλόν als auch fürs erste Glied geltend vorgezogen werden muß, so daß auch bereits τὸ γὰρ θέλειν τὸ καλόν zu verstehen ist, was in Luthers Übersetzung zweifellos richtig gesehen und gemeint ist („Wollen habe ich wohl, aber vollbringen das Gute finde ich nicht"), während die neueren Übersetzungen diese Notwendigkeit meist nicht mehr durchblicken lassen (z. B.: ADOLF SCHLATTER: „Denn das Wollen ist bei mir, dagegen das Vollbringen des Guten nicht"). Die gleiche Erscheinung liegt meiner Überzeugung nach in vv. 22.23 vor, wo das μου von ἐν τοῖς μέλεσιν „in meinen Gliedern "ebenfalls zurückwirkt auf das Parallelglied κατὰ τὸν ἔσω ἄνθρωπον „nach *meinem* inneren Menschen". Es liegt also in den beiden letzten Fällen die rhetorische Figur der ‚Versparung' vor, die der Germanist ERICH HENSCHEL und ich vor Jahren in gemeinsamer Arbeit an Hand von reichem Material aufzudecken und zu erläutern versucht haben[6].

Eine weitere Kleinigkeit sei hier gleich angefügt: v. 24 scheint die Übersetzung „von dem Leibe dieses Todes" unausrottbar, was doch wohl griechisch heißen müßte ἐκ τοῦ θανάτου τούτου σώματος. Aber der vorliegende Text ἐκ τοῦ σώματος τοῦ θανάτου τούτου kann, wie man längst gesehen hat, nur meinen „von diesem Todesleib"[7]. Das-

---

[S. 96f.]). Überhaupt ist der gedankliche Anschluß an Rm 6 10f. unverkennbar und aufschlußreich. Auf die an sich enge Verbindung von Kap. 6 und 7 machen NYGREN und andere mit Recht aufmerksam.

[6] Vgl. ZNW 46, 1955, S. 157[17] mit weiterer Literatur. Dazu jetzt die Tübinger Dissertation meines Schülers GOTTFRIED KIEFNER, Die Versparung. Untersuchungen zu einer Stilfigur der dichterischen Rhetorik . . ., 1960, Masch.-Schr. (demnächst auch als Buch).

[7] Vgl. Ev. Lc 15 30 ὁ υἱός σου οὗτος. Zum Hebraismus der Nachstellung von οὗτος siehe BL.-DEBR. § 292 mit Anhang; zur freien Wortstellung des Genetivattributs ebenda § 473, 2; entsprechend auch MICHEL S. 155 mit Anm. 2. — Wie häßlich würde die „korrekte" Wortstellung sich ausnehmen: ἐκ τούτου τοῦ τοῦ θανάτου σώματος!

selbe wird kurz darauf Rm 8 10 schlichter und einfacher, aber ganz im gleichen Sinne wiedergegeben mit τὸ μὲν σῶμα νεκρόν, eine Stelle, die auch dem Inhalt nach unseren Vers treffend interpretiert, indem sie seine verzweifelte Frage tröstlich und positiv beantwortet.

Es bleibt noch eine sprachlich schwierige Stelle zu erläutern: v. 15 ὃ γὰρ κατεργάζομαι οὐ γινώσκω. Die landläufige Übersetzung und Erklärung, „Ich weiß nicht was ich tue" (LUTHER) oder „Ich erkenne nicht was ich vollbringe" (SCHLATTER, ähnlich MICHEL), kann schon deshalb nicht befriedigen, weil der Sprecher, wie es das Folgende unzweideutig sagt, ganz genau weiß, was er tut, nämlich das was er verabscheut (v. 15), was er nicht will (v. 16), eben das Schlechte (v. 19). So bleibt bei dieser Übersetzung nur eine fatale psychologische Erklärung: „Soll ich das gemacht haben? Ist das mein Werk?" (SCHLATTER), wogegen sich denn auch BULTMANN (zuletzt ThdNT 244) entschieden und mit Recht wendet. Aber was er dann selber vorschlägt, das κατεργάζεσθαι in diesem Abschnitt überhaupt (vv. 15. 17. 20) nach v. 13 (und v. 18!) zu erklären, wo es ‚erwirken, einbringen' heißt, und dann aus v. 13 unter Hinzuziehung von v. 11 überall als Objekt θάνατον dazu zu denken (wonach dann von ihm in einem Atem das καλόν von v. 18 als ζωή interpretiert wird) — also v. 15, denn was ich bewirke (nämlich den Tod), das erkenne ich nicht', das tut dem Text erheblich Gewalt an[8], wie denn dem Ausleger dabei offensichtlich selbst nicht ganz wohl ist[9]. Es hieße dann, wie soeben schon angedeutet, nach BULTMANN, „da der Mensch glaubt, etwas Heilsames zu tun, und doch faktisch etwas Verderbliches tut", so dürfe er sagen, er wisse nicht, was er tut. Letztlich läuft auch diese Interpretation auf eine psychologische Erklärung hinaus und stößt wieder da an, wo ihr Urheber eigentlich ausweichen wollte. Denn rein logisch bleibt bestehen, daß der Sprecher des Satzes genau weiß, was er tut. Es muß also nach einer anderen Auskunft gesucht werden.

Die Lösung ist ganz einfach die, daß das ὃ γὰρ κατεργάζομαι οὐ γινώσκω nach dem grammatischen Muster von Rm 6 10 aufzufassen

---

[8] Ähnlich bereits Pelagius; siehe bei SCHELKLE a. a. O. 253. — κατεργάζεσθαι ist sowohl in vv. 15. 17. 20 wie auch in v. 18 Synonym von ποιεῖν (so auch Rm 2 9 f. ἀνθρώπου τοῦ κατεργαξομένου τὸ κακόν), während es vorher in v. 13 — und schon, was BULTMANN übersieht, in v. 8 κατειργάσατο ἐν ἐμοὶ πᾶσαν ἐπιθυμίαν — die seltenere Bedeutung des Erwirkens hat (vgl. auch II Cor 7 10). Überhaupt liegt zwischen vv. 13 und 14 ein stärkerer Sinneseinschnitt, der also auch dadurch markiert ist, daß von da an κατεργάζεσθαι bis zum Schluß des Kapitels im Gegensatz zu vv. 8 und 13 in landläufiger Bedeutung gebraucht wird. Verkannt auch von FUCHS a. a. O. 70ff., der BULTMANN zustimmt.

[9] Gegen BULTMANNS Deutung auch schon WALTER GUTBROD, Die paulinische Anthropologie 1934, S. 45ff., 151f.

und zu übersetzen ist: ὃ γὰρ ἀπέθανεν, τῇ ἁμαρτίᾳ ἀπέθανεν κτλ. „was sein Sterben betrifft, so starb er hinsichtlich der Sünde (was aber sein Leben anlangt, so lebt er hinsichtlich Gott)"[10].

So ergibt sich also für Rm 7 15 die sprachlich einwandfreie Übersetzung: „Was nämlich das betrifft, was ich praktisch tue, so bin ich nicht einsichtig"[11]. Damit erhalten wir also den guten Sinn: Im Katergastischen, d. h. im Praktischen bin ich nicht einsichtig, wie es dann v. 18 näher ausgeführt wird, woraus auch die Ergänzung zu gewinnen ist: theoretisch (οἶδα) und willensmäßig (θέλειν) weiß ich allerdings Bescheid. Im Sinn des Paulus dürfen wir dabei wohl auch den schon im Evangelium formulierten Gegensatz heraushören: pneumatisch bin ich einsichtig und guten Willens, aber fleischlich nicht[12].

Wir haben also auch hier in v. 15 wieder eine kühne, echt paulinische, geradezu an Sokrates gemahnende Freiheit des Umgangs mit festgelegten Begriffen vor uns, die bis an die Grenze des Jonglierens geht: ‚qua Wollen verfüge ich über Einsicht, qua Handeln fehlt sie mir', wo doch eigentlich, wie wir nachher noch deutlicher sehen werden, Einsicht und Wollen nur auf die theoretische, allein das Handeln dagegen auf die praktische Seite gehören würden. Die Antithese: hier ein durch Einsicht bestimmtes Wollen, dort Vollbringen wird also gleichsam noch einmal unter einen, aus einem ihrer Glieder neu gewonnenen Oberbegriff, nämlich den der Einsicht gestellt, die dadurch ihrerseits in höchst eindringlicher Weise als gespalten charakterisiert wird. Ähnlich hatten wir in v. 4 gesehen, daß aus dem Gegensatzpaar ‚Sterben des einen Partners, Weiterleben des anderen' das Sterben gleichzeitig aus dem einen Glied herausgenommen und als Oberbegriff auch dem anderen zugeordnet wurde, so daß nicht nur der eine stirbt, der andere für eine neue Bindung weiterlebt, sondern daß dieser zunächst gleichsam seinerseits mitstirbt, freilich eingeschränkt stirbt, d. h. nur qua Gesetz stirbt, um dann qua Christus, sozusagen in zweiter Ehe, neues Leben zu gewinnen. Hier in v. 15 ist es freilich durch das Operieren mit der Negation οὐ γινώσκω wesentlich einfacher, indem

---

[10] BL.-DEBR. § 154 mit Anhang, danach z. B. auch II Cor 12 13 τί γάρ ἐστιν, ὃ ἡσσώθητε; „denn was ist es, worin ihr ins Hintertreffen geraten seid?" und Col 2 18 ἃ ἑώρακεν ἐμβατεύων, εἰκῇ φυσιούμενος „in bezug auf das, was er bei seiner Einweihung geschaut hat, grundlos eingebildet".

[11] Zum absoluten (objektslosen) γινώσκειν vgl. etwa Mt 24 39 καὶ οὐκ ἔγνωσαν ἕως ἦλθεν ὁ κατακλυσμός „und sie blieben ahnungslos, bis die Sintflut kam". Freilich ließe sich an unserer Stelle im Blick auf vv. 1 und 7 leicht auch sinngemäß ein νόμον ergänzen, welcher Begriff ja auch in dem neuen, mit v. 14 beginnenden Abschnitt noch einmal ausdrücklich aufgenommen wurde.

[12] Mc 14 38 = Mt 26 41 τὸ μὲν πνεῦμα πρόθυμον, ἡ δὲ σὰρξ ἀσθενής.

der Mensch einsichtig ist qua Wollen, *un*einsichtig dagegen qua Handeln. Die Vergleichbarkeit der beiden Stellen v. 15 und v. 4 beschränkt sich also, was hier gezeigt werden will, auf die Gewinnung eines allgemeinen Oberbegriffs aus einem der beiden Glieder einer Antithese, vermutlich zu dem Zweck, die Komplexqualität des Ganzen anschaulich zu machen und so jeglichem starren Theoretisieren zu entgehen.

Hinzuweisen ist schließlich noch auf den sprachlichen Befund, der die herkömmliche Übersetzung unserer Stelle ὃ γὰρ κατεργά-ζομαι οὐ γινώσκω „denn ich weiß nicht, was ich tue" ebenfalls problematisch erscheinen läßt. Denn was man gemeinhin so wiedergibt, müßte doch wohl griechisch heißen τί γὰρ κατεργάζομαι οὐ γινώσκω nach dem Modell von Lc 23 34 οὐ γὰρ οἴδασιν τί ποιοῦσιν. Gewiß vertritt das Relativum auch in der Koiné nach Verben des Wissens häufig den Fragesatz[13] (BL.-DEBR. § 293, 5, z. B. Mt 6 8 οἶδεν ὧν χρείαν ἔχετε); aber BL.-DEBR. a. a. O. bieten nur Beispiele für εἰδέναι und νοεῖν mit nachfolgendem Relativ- statt Fragesatz, nicht für γινώσκειν, und auch das BAUERsche Lexikon s. v. γινώσκω weiß für dieses Wort in solchem Gebrauch eben nur die Wendung Rm 7 15 zu nennen, die dann in ihrer Isoliertheit gezwungen genug erklärt wird[14]. Danach stünde also unsere Stelle, landläufig übersetzt, in der neutestamentlichen Gräzität offenbar ganz allein, was doch auch nicht gerade für die bisher geltende Auffassung spricht.

*   . *
*

Wir versuchen uns nun nach diesen Einzelerklärungen am
Aufbau und Gedankengang des Ganzen.

Die herkömmliche Exegese des Kapitels, besonders seines zweiten Teils, steht unter der mehr oder weniger bewußten Tendenz, die Ausführungen des Paulus von den heidnischen Zeugnissen antiker Literatur, die schon WETSTEIN gesammelt hat, und die wir nachher betrachten wollen, so stark wie möglich abzurücken. Auch verwahrt sich

---

[13] Und schon im klassischen Griechisch, z. B. Herod. II 121 β, 2 γνωρισθεὶς ὃς εἴη, jedoch i. g. seltener, auch offenbar mehr poetisch und bei negiertem Hauptverb, wie Soph., O. T. 1068 εἴθε μήποτε γνοίης ὃς εἶ, Euripid., Hel. 818 οὐ γνώσεταί γ' ὃς εἰμ' ἐγώ (KÜHNER-GERTH II 438).

[14] BAUER ⁴1952, Sp. 292: γινώσκειν sei hier fast = ‚wollen', wofür Beispiele aus hellenistischem Griechisch zitiert werden, die nichts besagen, weil γιγνώσκειν hier die Infinitivkonstruktion nach sich hat, wo es dann freilich ‚sich entschließen, beschließen' heißt.

z. B. Bᴜʟᴛᴍᴀɴɴ (ThdNT 263, vgl. 243) dagegen, in dem Abschnitt „eine Konfession des Paulus" zu erblicken, „der seinen inneren Zwiespalt von einst unter dem Gesetz schildert", sieht darin vielmehr „das Bild der objektiven Situation des Menschen unter dem Gesetz, wie es vom Glauben aus erst sichtbar geworden ist". Das ταλαίπωρος ἐγὼ ἄνθρωπος· τίς με ῥύσεται κτλ. (v. 24) habe mit dem Individuum Paulus gar nichts zu tun; „sondern der Christ Paulus legt es dem Juden in den Mund und deckt damit dessen ihm selbst nicht sichtbare Situation auf". Diese Diagnose scheint mir weder die Akzente richtig zu setzen noch vor allem erschöpfend zu sein. Statt einer Einzelpolemik will ich versuchen, das vielverschlungene Ganze möglichst fest in den Griff zu bekommen.

Zunächst scheint folgende Feststellung über die Aussageform wichtig. Paulus beginnt nach einer Anrede an die jüdischen Brüder, die sie sogleich als Experten in die Untersuchung mit einbezieht, in den ersten drei Versen des Kapitels damit, daß er objektiv und interpretierend vom Gesetz spricht, wobei die vv. 2 und 3 die Situation durch einen äußerst bildhaften und eindringlichen Vergleich erläutern, wie wir gesehen haben. Danach kehrt v. 4 nach der Art solcher Erklärungen in einer Art Ringkomposition wieder zum Ausgangspunkt zurück, nimmt daher auch die Anrede von v. 1 wieder auf: „Und so (wie es nämlich der Vergleich aufgezeigt hat), meine Brüder, seid auch ihr . . ."¹⁵. Gleich darauf am Ende von v. 4 (καρποφορήσωμεν) bezieht sich Paulus durch den Übergang in die 1. Person Plural mit ein — er war ja selber einmal gesetzestreuer Jude —, und diese Wirform wird bis zum Anfang von v. 7 beibehalten. Dann aber in neuer Steigerung, die von spürbarer Leidenschaft diktiert ist, berichtet der Apostel von seinen eigensten Erfahrungen mit dem Gesetz und gerät damit notwendig in die Ichform schlechthin, die alles Folgende beherrscht, um sich schließlich in v. 24 zu jenem Ausruf ταλαίπωρος ἐγὼ ἄνθρωπος zu verdichten, den die nachvollziehende Wortverkündigung gewiß je und je — wie ich glaube mit Recht — zunächst einmal, wenn auch paradigmatisch, als erschütterndes Bekenntnis einer persönlichen Not des Schreibers verstanden hat. Sie hätte damit die Auskunft einer Exegese vermieden, die hier bloß den mit dramatischen Mitteln unter-

---

¹⁵ Als Muster der knappsten Form solcher Komposition, wie wir ihr gleich in vv. 17-20 nochmals begegnen, diene Ev. Joh 13 34 . . . ἀγαπᾶτε ἀλλήλους, καθὼς ἠγάπησα ὑμᾶς, ἵνα καὶ ὑμεῖς ἀγαπᾶτε ἀλλήλους. Vgl. auch Act 17 19. 20 27 22-25 und schon Soph. Antig. 908—915 usw. usw. Vgl. ZNW 46, 1955, S. 175⁶⁴ und die Tübinger Dissertation meines Schülers Nᴏʀʙᴇʀᴛ Sᴄʜᴍɪᴅ, Kleine ringförmige Komposition in den vier Evangelien und der Apostelgeschichte. Untersuchungen über eine Stilfigur 1961 Masch.-Schr.

nommenen Versuch erblicken möchte, „das Bild der objektiven Situation des Menschen unter dem Gesetz" zu umreißen, wie wir es von BULTMANN formuliert sahen[16]. Gewiß ist das mit darin enthalten, aber es ist bei weitem nicht alles, vor allem nicht das primäre. Paulus selbst hat nur einmal noch ganz dezent daran erinnert, daß er in seine persönliche Erfahrung die angeredeten jüdischen Brüder mit einbezogen sehen möchte: zu Beginn von v. 14, wo am Anfang eines neuen Abschnitts und schon mitten im Bekenntnis persönlichster Art das οἴδαμεν γάρ die Verbindung zum Vorangehenden in diesem personalen Bereich ein letztes Mal ausdrücklich herstellt[17]. Die Wirform kehrt aber von da an bis zum Schluß des Kapitels nicht mehr wieder.

Ich will jetzt versuchen, den *Gedankengang des Kapitels* in knappen Strichen nachzuzeichnen. Das Ganze gliedert sich deutlich in drei Teile, die seit alters in vielen Ausgaben, so auch in unserem Luthertestament, richtig voneinander abgesetzt sind: vv. 1-6. 7-13. 14-25.

I. *v. 1-6.* 1/3 Das Gesetz[18], das ihr jüdischen Brüder genau kennt, bindet den Menschen, solange es wirksam ist. Es ist wie in der Ehe: eine Frau steht unter der Gewalt des Mannes, solange er lebt; gibt sie sich bei seinen Lebzeiten einem andern hin, verdient sie den Namen einer Ehebrecherin; stirbt der Mann, so ist sie frei von der gesetzlichen Bindung und darf, ohne jenem Vorwurf ausgesetzt zu sein, einem anderen angehören.

4 So seid denn auch ihr, was das Gesetz angeht, gleichsam mit diesem in die Todeszone geraten; aber durch den (lebendigen) Leib Christi gehört ihr jetzt ebenfalls einem anderen an, dem von den Toten Erweckten, und wir sollen nun ihm und damit Gott (gleichsam in neuer Ehe) (lebendige) Frucht bringen[19] (und nicht mehr dem toten Gesetz).

---

[16] Sehr aufschlußreich der Bericht von SCHELKLE a. a. O. 242ff. über die Ansichten der Väter zu diesem Punkt. BULTMANN findet hier manchen frühen Bundesgenossen. Aber gewichtige Stimmen wie Eusebios, Ambrosius und der späte Augustin, dem Luther und die altprotestantische Theologie folgt, betonen mit Nachdruck, daß auch der „wiedergeborene" Mensch wie Paulus so von sich klagen konnte.

[17] KARL BARTH und andere trennen hier οἶδα μὲν γάρ, siehe dazu MICHEL a. a. O. 150².

[18] KARL BARTH a. a. O. verallgemeinert zu Unrecht und sagt dafür durchgängig einfach ‚Religion'.

[19] Diese Assoziation, die ja ganz im Sinn des Gleichnisses vv. 2. 3 liegt (vgl. auch Rm 6 21 f., was unmittelbar vorausgeht), konnte den zeitgenössischen Leser nicht befremden, wenn uns auch καρποφορεῖν nur von der Muttererde, von Pflanzen und Tieren belegt ist; vgl. aber ἄκαρπος ‚unfruchtbar' von Sarah, Joseph., Antiqu. II 213, und καρποφόρος von Agrippina d. J. I G XII 2, 212 (Inschrift von Mytilene, wo Nero als Sohn θέας . . . καρποφόρῳ Ἀγγριππίνας bezeichnet wird).

5 Dieses — das tote Gesetz — hat seinerzeit in unserem vorgeist-
lichen Stadium die sündlichen Leidenschaften in uns erst aktiviert,
so daß wir folgerichtig dem Tode Frucht brachten (das mag im Sinne
des Gleichnisses verstanden werden als: daß wir Bastarde oder Miß-
geburten, vielleicht sogar Totgeburten zur Welt brachten?).

6 Aber jetzt wie gesagt hat das Gesetz keine (sozusagen eheliche)
Gewalt mehr über uns, denn wir sind dieser Bindung abgestorben,
leben vielmehr in der Abhängigkeit[20] einer neuen geistlichen Bindung,
nicht mehr in der alten paragraphenmäßigen Verpflichtung.

   II. *v. 7-13.* [Seine Bemerkung von v. 5, daß das Gesetz seinerzeit
die sündlichen Leidenschaften in uns erst aktiviert habe, veranlaßt den Paulus nun, um Mißdeutungen von jüdischer Seite vor-
zubeugen, aber auch um seine Auffassung von der Funktion des
Gesetzes im Heilsplan Gottes darzulegen, zu dem folgenden, in
immer neuem Ansatz sich ergehenden *Exkurs*[21]. Zu bemerken ist
dabei, daß von hier ab der Vergleich aus den vv. 2/3, der bisher
kräftig nachgewirkt hat, mit einemmal zurücktritt.]

7/8 Das Gesetz ist keineswegs der Sünde gleichzuachten, aber
allerdings hat es die unbewußt in mir schlummernde Begierde aktiviert,
der Sünde ihre Aphormé, ihren Start[22] verschafft (wir könnten heute
auch von einem Katalysator, vielleicht auch von einer Initialzündung
reden).

9/10 Vormals hatte ich ohne Gesetz gelebt [wir fügen interpretierend hinzu: also in einem Stande scheinbarer, gleichsam kindhafter
Unschuld, dessen mildernde Umstände freilich nur darin bestanden,
daß ich das Gesetz noch nicht kannte; vortrefflich erläutert von

---

[20] Daß hierfür das Wort δουλεύειν gebraucht wird, das nachher in Kap. 8 15 ff. einen
neuen ausgeführten Vergleich hervorruft (dazu vgl. H. HOMMEL, Schöpfer und
Erhalter 1956, S. 13 ff.), darf nicht verwundern: die Stellung der Frau, die keine
Rechtspersönlichkeit war und wie der δοῦλος eines κύριος bedurfte, war in der
Antike rechtlich je und je dem Sklavenstand genähert. Vgl. dazu etwa Aristoteles,
Politik I 5, 1260a und WALTER ERDMANN, Die Ehe im alten Griechenland 1934,
S. 33 ff.

[21] Der exkursartige Charakter der in sich geschlossenen Partie vv. 7-13 ergibt sich
auch daraus, daß diese Verse wiederum deutlich eine „ringförmige Komposition"
darstellen (vgl. dazu oben S. 99 mit Anm. 15). Sie wird hier durch die Wiederholung von μὴ γένοιτο mit dem diesen Worten jeweils Vorangehenden am Anfang
(v. 7) und am Schluß (v. 13) unmißverständlich markiert.

[22] Nah kommt dieser Auffassung BORNKAMM a. a. O. 55 f. mit ‚Ausgangsbasis,‚
‚Chance'. BARTH übersetzt ‚Hebel', MICHEL sagt einfach ‚Gelegenheit', SCHELKLE
‚Anlaß'. Vgl. auch KÜMMEL a. a. O. 44 („Ausgangspunkt, Anlaß, Gelegenheit").
Paulus selber interpretiert gut, was gemeint ist, mit Rm 4 15 5 13. 20 (zu 5 13 vgl.
auch GERH. FRIEDRICH, ThLZ 1952, 523—528). Gal 3 19 I Cor 15 56 wird der
νόμος von Paulus sinngemäß als δύναμις τῆς ἁμαρτίας bezeichnet.

SCHLATTER, S. 138 [23]]. Als aber das Gebot (des Gesetzes an mich) erging, da lebte die Sünde auf, ich aber starb, so daß mir das Gebot anstatt zum Leben zum Tode diente.

11 Denn die Sünde, die durch das Gebot ihren Start empfing, betrog mich und tötete mich (solchermaßen) vermittels des Gebotes.

12/13 Also haftet am Gesetz selber kein Makel, es ist an sich heilig und gut und recht, trägt auch an meinem Tode keine unmittelbare Schuld, wie sie vielmehr die Sünde trifft, der das gute Gesetz lediglich als Mittel gedient hat, daß ihr Sündencharakter recht offenbar würde.

III. *v. 14-25.* Zum Eingangsvers dieses Abschnitts sind einige ausführlichere Bemerkungen nötig. v. 14 schafft mit dem οἴδαμεν γὰρ ὅτι . . . die Verbindung und den Übergang zu dem nächsten großen Hauptabschnitt, indem das Gesetz nochmals als geistlich bezeichnet und somit abschließend entlastet wird; im Gegensatz dazu erhält die menschliche Natur, durch das ἐγὼ δέ eingeführt, wie schon v. 5 Anfang angedeutet war, die Charakterisierung als fleischlich und unter die Herrschaft der Sünde verkauft (da macht sich zugleich die v. 6 erstmals angedeutete Sklavenmetapher verstärkt bemerkbar). Gleichwohl hätte man nach dem bisherigen Gedankengang vielleicht eher erwartet, daß nach Abschluß des Exkurses, der dem vorher in vv. 1-6 stark abgewerteten Gesetz wieder seine Ehre gab (vv. 7-14), nunmehr das Stichwort von v. 4 aufgegriffen würde und Christus abschließend als Überwinder des Gesetzes charakterisiert und gepriesen würde, wie es denn auch am Anfang des folgenden Kapitels (8, 2) geschieht. Stattdessen hebt mit dem ἐγὼ δέ in 7 14 gleichsam *ein neuer Exkurs* an, der obendrein vor allem an seinem Ende, das zugleich das Ende des Kap. 7 ist, nur so schwach mit dem Folgenden verklammert ist, daß man hier und am Anfang des Kap. 8 mit Eingriffen in den Text — Umstellungen u. dgl. — hat nachhelfen wollen [24].

Doch ist am Anfang dieses neuen Exkurses zweifellos die Anknüpfung eher nachvollziehbar, wenn auch wie gesagt ein Überraschungsmoment bleibt. Man kann die Verbindung etwa so herstellen: wie konnte es zu dem Überhandnehmen der Sünde (v. 13b) kommen, wo doch das Gesetz an sich gut und geistlich ist (vv. 12. 14a)? Antwort: wäre *ich* ungespalten einsichtig, dann hätte mich das Gesetz wohl gehalten und gestützt; so aber bin ich gespalten, und die in mir wohnende Sünde zieht mich von meiner Willensrichtung zum Guten

---

[23] KARL BARTH verweist zur Verdeutlichung auf Michelangelos Bild von der Erschaffung des Adam.
[24] Dazu vgl. FUCHS a. a. O. 82 ff.

ab, nimmt mir sozusagen das Heft aus der Hand und wirkt statt
meiner, wirkt aber eben nicht das Gute, sondern das Böse (vv. 19/20).

Wiederum stellen wir fest, daß das Gedankengefüge des vorangehenden Abschnitts (Oberbegriff: das Gesetz, unter dessen Herrschaft Sünde und Ich miteinander streiten: v. 7 ff., besonders deutlich v. 8 gg. E. χωρὶς γὰρ νόμου ἁμαρτία νεκρά, ἐγὼ δὲ ἔζων χωρὶς
νόμου), daß dieses Gedankengefüge durchbrochen wird, indem Paulus
das eine Glied der Antithese, nämlich das Ich, herausnimmt, es gleichsam einen neuen Oberbegriff bilden läßt und als solchen mit dem bisherigen Oberbegriff νόμος konfrontiert, also beide in eine neue Antithese spannt (v. 14 ὁ νόμος πνευματικός ἐστιν, ἐγὼ δὲ σάρκινός εἰμι).
Dieses neue Gespann νόμος ∼ ἐγώ wird zwar beibehalten (v. 16 σύμφημι τῷ νόμῳ, vv. 22/23 συνήδομαι γὰρ τῷ νόμῳ . . ., βλέπω δὲ ἕτερον
νόμον und das Folgende). Aber es ist nicht zu verkennen, daß der
Partner des ἐγώ nun nicht mehr das jüdische Gesetz von vorher ist,
sondern sich über den νόμος τοῦ θεοῦ zum νόμος τοῦ νοός μου gewandelt
hat (vv. 22/23), dem als Exponent des praktisch handelnden Ich der
ἕτερος νόμος τῆς ἁμαρτίας ἐν τοῖς μέλεσίν μου gegenübersteht. Unter
scheinbarer Weiterverwendung der alten Begriffe (νόμος einerseits,
ἁμαρτία und ἐγώ andererseits) ist also ganz unvermerkt ein neues
Bezugssystem entstanden: ἐγώ als Oberbegriff, gespalten in den νόμος
τοῦ νοός, der das Gute will, und den νόμος ἐν τοῖς μέλεσιν oder σαρ-
κινός, der gleichwohl das Böse tut. Gewiß eine Gedankenführung,
die bei aller künstlichen Verklammerung mit dem Gesamtkontext
doch überraschen muß, und die — im Zusammenhalt mit der besonders
in den Fugen problematischen Verbindung des Abschnitts nach beiden
Seiten hin — schon bisher gelegentlich den Verdacht erweckt hat,
daß Paulus hier eine *Vorlage* eingearbeitet hat, ohne daß es ihm gelungen sei, die Fugen ganz zu verdecken. Wo man sich auf den Boden
dieser Annahme gestellt hat, da dachte man an die ganze Partie vv. 7-25
als aus einer solchen Vorlage entstammend, während unsere Überlegungen dahin führten, das eigentlich Befremdliche erst mit v. 15
beginnen zu lassen, wobei freilich schon v. 14 die Brücke vom genuin
Paulinischen zum Neuen und Fremdartigen bildet. Und glaubte man
bisher in einem solchen von Paulus verwerteten Text „biblische und
jüdische Grundmotive" zu finden[25], so fragen wir nun, ob die Verbindung mit diesen unverkennbaren, auch von uns anerkannten Elementen (νόμος, ἁμαρτία κτλ.) nicht doch erst von Paulus selber bei

---

[25] MICHEL a. a. O. 157f. Ähnlich schon G. HARDER, Paulus und das Gebet 1936,
S. 31f. E. FUCHS a. a. O. 60ff. denkt dagegen an eine gnostische Vorlage (berechtigte Kritik bei G. BORNKAMM a. a. O. 59₂₀).

der Einarbeitung besorgt ist, und ob seine Vorlage, wenn wir eine
solche annehmen wollen, nicht ganz anderen, nämlich griechischen
Bereichen entstammt — Bereichen, deren Einwirkung auf den hellenisierten Juden Paulus gleichwohl nicht zu verwundern brauchte[26].
Dies um so weniger, als wir ihm doch wohl von vornherein zubilligen
werden, daß er das Fremde nur übernommen hätte, weil er sich den
entsprechenden Gedankengängen in seinem Zusammenhang öffnen
konnte, ja vielleicht weil sie seinen eigenen Erfahrungen mutatis
mutandis entsprachen. Ein Operieren mit hellenischem Traditionsgut im Sinne der paulinischen Tendenz des πᾶσιν γέγονα πάντα von
I Cor 9 22 dürfte daneben in einem Brief an die griechisch sprechende
und griechisch gebildete Judengemeinde Roms nicht ganz auszuschließen sein[27].

Um die damit angeschnittene Frage zu untersuchen, fassen wir
zuerst den Gedankengang von vv. 14-25 in einer kurzen Paraphrase
zusammen, und halten dann nach verwandten Texten Ausschau. Von
der bereits besprochenen „Brücke" v. 14 können wir dabei nunmehr
absehen.

15.16.17 Im *Handeln* fehlt mir die Einsicht; denn ich tue nicht was
ich will, sondern was ich verabscheue, und eben damit gebe ich stillschweigend dem Gesetz zu, daß es gut (und richtig) ist. Bei dieser
Sachlage aber ist es klar, daß nicht mehr (wie es der vorher vorhandenen Einsicht entspräche) mein (besseres, geistliches) Ich handelt,
sondern die mir innewohnende (fleischliche) Sünde.

[Ganz deutlich bietet v. 15 die vermutlich übernommene, wenn
auch vielleicht umgeformte oder eigenwillig nuancierte neue These,
während die vv. 16 und 17 dem Einbau dieser These in den Gesamt-

---

[26] Zu den Informationsmöglichkeiten, die dem Paulus im Sinne des antiken Über-
lieferungsgutes in Tarsos zur Verfügung standen, ist mit Nachdruck auf das
ungewöhnlich hohe Lob hinzuweisen, das Strabon, noch ein, wenn auch viel
älterer Zeitgenosse des jungen Paulus, dem Stand der allgemeinen Bildung gerade
unter den Einheimischen dieser Stadt zollt: XIV 13f., p. 673f. τοσαύτη δὲ τοῖς
ἐνθάδε ἀνθρώποις σπουδὴ πρός τε φιλοσοφίαν καὶ τὴν ἄλλην παιδείαν ἐγκύκλιον
ἅπασαν γέγονεν, ὥσθ' ὑπερβέβληνται καὶ 'Αθήνας καὶ 'Αλεξάνδρειαν καὶ εἴ τινα
ἄλλον τόπον δυνατὸν εἰπεῖν ... ἐνταῦθα μὲν οἱ φιλομαθοῦντες ἐπιχώριοι πάντες
εἰσί, κτλ. — ein Dokument, das mit der Hervorhebung von Tarsos, selbst gegenüber Athen und Alexandreia, schwer genug wiegt, das aber in der theologischen
Literatur ohne Grund ignoriert oder abgeschwächt zu werden pflegt (siehe z. B.
M. Dibelius, Paulus 1951, S. 28f.). Vgl. dagegen Ruge in Pauly-Wiss. RE IVA
2423f. und neuerdings W. Aly, Strabon I 181*f. Alexander Rüstow, Menschen-
rechte oder Menschenpflichten?, Frankfurter Allgemeine Zeitung 29. 6. 1960 (erweiterter Sonderdruck, S. 3).

[27] Ein ähnlicher Gedanke, natürlich nicht im Blick auf Übernahme vorgefundenen
fremden Gutes, ist schon von Origenes ausgesprochen; siehe Schelkle a. a. O. 243.

zusammenhang des Kapitels dienen[28]; wir werden aber nachher sehen, daß gerade auch v. 17 seine Entsprechungen in fremdem Gut hat, wobei nur das Vokabular leicht verändert ist.]

18/19/20 [Diese drei Verse, in denen dreimal mit γάρ operiert wird, bringen keinen neuen Gedanken, bieten vielmehr eine ring-förmig komponierte begründende Digression, deren These mit v. 17 gegeben war, wie sie denn auch zum Schluß als ein ‚quod erat demonstrandum' in v. 20 noch einmal wiederholt wird[29]. Der kleine Exkurs im Exkurs macht ganz den Eindruck, als wolle er die von uns vorhin behauptete paulinische Umbiegung eines fremden Ge-dankens in seine Vorstellungswelt, wie sie in v. 17 vor allem mit Einführung des Begriffs ἁμαρτία gegeben ist, interpretierend aus der Vorlage rechtfertigen; also:]

18 Ich weiß, daß in meinem Fleisch, so nenne ich mein schlechteres Ich, nichts Gutes wohnt (vielmehr eben die Sünde, siehe v. 17); denn nur das *Wollen* des Guten (das ja nicht in meinem Fleisch, sondern in meinem Geist vor sich geht) steht mir zu Gebote, nicht das (der Ver-führung meines Fleisches unterstehende) *Vollbringen* des Guten. 19 Denn nicht das Gute, das ich will, tue ich, sondern das Schlechte, das ich nicht will. 20 Wenn ich aber das tue, was ich (nach meiner besseren Einsicht) nicht will, so gilt (die These von v. 17), daß nicht mehr mein (besseres) Ich dies tut, sondern die in mir wohnende Sünde.

21 Ich entdecke demnach das Gesetz für mich, daß mir, obwohl ich das Gute tun will, dennoch (nur) das Böse zu Gebote steht.

[Es fällt schon nach dem schlichten Wortlaut schwer, in diesem Satz etwas anderes zu sehen als das, was die Exegeten so sehr scheuen, nämlich gleichsam die Entdeckung und Formulierung eines psychologischen Gesetzes, dem freilich sofort das Gesetz Gottes in schärfster Antithese gegenübergestellt wird, damit auch diese Erkenntnis sich dem Gesamtzusammenhang des Kapitels füge. Das geschieht jedoch, wie vorhin schon einmal bemerkt, so, daß diese beiden Gesetze alsbald — wiederum gleichsam psycho-logisch — verteilt werden auf die beiden Komponenten des ge-spaltenen Ich, womit offenbar die Darlegung wieder in die Vorlage einmündet:]

22/23 Denn mein innerer Mensch (mein besseres, einsichtiges Ich) stimmt ja freudig dem Gesetz Gottes zu, aber ich entdecke eben (mit βλέπω wird das εὑρίσκω von v. 21 wieder aufgenommen) in meinen

---

[28] Beobachtet auch von E.Fuchs a.a. O.61 (mit einigen Abweichungen, ähnlich im Folgenden).

[29] Zu diesem Kunstmittel vgl. oben S. 99 Anm. 15 und Anm. 21.

Gliedern (d. h. in meinem schlechteren, fleischlichen Ich) jenes andere Gesetz, das dem Gesetz meiner Vernunft widerstreitet, und [so fügt Paulus in seinem Sinn interpretierend hinzu] das mich einfängt in das Gesetz der Sünde, das mir in den Gliedern (scil. im Fleisch) liegt[30].
24 Was bin ich also für ein unglücklicher Mensch! Wer wird mich von diesem meinem dem Tod verfallenen schlechteren Ich erlösen?
[Hier ist zweifellos dem Sinn nach zu ergänzen, was bereits in 7 4 angedeutet war und dann in 8 1 ff. näher ausgeführt ist, ja was manche Erklärer sogar durch Umstellung hierherrücken wollen: das Gesetz des lebendigmachenden Geistes in Christus Jesus ist es, was mich frei gemacht hat von jenem Gesetz der Sünde und des Todes.]
25 (Darum) Dank sei Gott durch (diesen) unseren Herrn Jesus Christus! [Und nun wieder zurückbiegend zur Vorlage, deren Quintessenz zum Schluß zusammenfassend paulinisch formuliert wird:] So dien' ich denn also (αὐτὸς ἐγώ) (mit meinem besseren Selbst, d. i.) mit der Vernunft einem göttlichen Gesetz, mit dem Fleisch aber einem Gesetz der Sünde.

*   *   *

Es ist nunmehr an der Zeit, die *Texte* reden zu lassen, von denen wir Gewinn für die Frage nach jenem Vorbild des Paulus erhoffen, das bei aller seiner Bemühung, es in den großen Zusammenhang seiner Darlegung einzufügen, doch seinen andersartigen Charakter schon bisher so deutlich verraten hat.
Euripides läßt in seinem 431 v. Chr. aufgeführten Drama die unglückliche Medea, die im Begriff ist, ihre Kinder zu töten, um sich für Iasons Untreue zu rächen, auf dem Höhepunkt der Tragödie folgende Worte sprechen:

1. *EURIPIDES*, Medea 1077b—1080

... νικῶμαι κακοῖς.
καὶ *μανθάνω* μὲν οἷα δρᾶν μέλλω κακά,
θυμὸς δὲ κρείσσων τῶν ἐμῶν βουλευμάτων,
ὅσπερ μεγίστων αἴτιος κακῶν βροτοῖς.

---

[30] Das AT scheint keinerlei Beziehung zwischen Fleisch und Sünde zu kennen. Dagegen ist für Epikur die σάρξ Trägerin der Begierde und Mittel des sinnlichen Genusses. Von da dringt diese Anschauung ins hellenistische Judentum ein und wird weitergebildet, d. h. mit platonischen Gedanken vermengt (z. B. Philon, De Gig. 29 αἴτιον δὲ τῆς ἀνεπιστημοσύνης μέγιστον ἡ σάρξ ...). Paulus übernimmt dies und entwickelt daraus seine bekannte Lehre vom Fleisch als dem willenlosen Werkzeug der Sünde (dazu BULTMANN, Th. d. NT 228ff., 234ff.). Vgl. dazu W. BAUER, [4]1952, Sp. 1354f. Anders MICHEL a. a. O. 150f. mit Anm. 1.

„. . . ich werde durch das Böse[31] überwältigt. Und ich begreife es zwar wohl, welche Schlechtigkeit ich zu begehen im Begriff bin, aber meine[32] Leidenschaft ist stärker als meine Überlegungen[33], sie die ja überhaupt für die Menschen Ursache größten Unheils ist."

Diese berühmte Stelle aus der „Medea" dokumentiert nach unserer Kenntnis im griechischen Bereich die Entdeckung vom Gespaltensein der menschlichen Existenz und zugleich die Entdeckung des radikalen Bösen im Menschen[34] (die ἁμαρτία, den ἕτερος νόμος ἐν τοῖς μέλεσιν, den νόμος ἁμαρτίας, dem die σάρξ δουλεύει, wenn wir es in die Sprache des Paulus zu übersetzen versuchen). Wenn man bemerkt hat, daß die Verse Medea 1056—1080 nicht allzu fest im Gefüge des Dramas sitzen, so durfte man daraus nicht auf ihre spätere Interpolation von fremder Hand schließen[35], sondern vielmehr darauf, daß Euripides hier über das gewöhnliche Maß hinaus die Hauptfigur der Tragödie zum Sprachrohr seines eigensten Anliegens gemacht hat.

So haben denn diese Verse aus der Zeit kurz vor 430 auch alsbald eine lebhafte Diskussion entfacht. Kein Geringerer als der damals etwa 40 Jahre alte Sokrates scheint der von Euripides so eindringlich geschilderten Erfahrung vom Widerstreit zwischen sittlicher Einsicht und Leidenschaft zum Bösen seine These einer Koinzidenz von γνῶναι und πράττειν, von Wissen und Danachhandeln, entgegengestellt zu haben. Darauf hat dann weiterhin Euripides im Jahre 428 in seinem „Hippolytos" die unglückliche Phaidra, eine von schlimmer Leiden-

---

[31] Neuere Erklärer wie H.-D. VOIGTLÄNDER, Philologus 101, 1957, S. 232 suchen hier und im folgenden allein mit der Übersetzung ‚Unglück' auszukommen und müssen dann v. 1078 paraphrasieren „welches Unglück ich durch mein Tun schaffen werde" (!). Aber auch die Verse Hippol. 358 f., 375 ff. machen deutlich, daß das Moralische nicht eliminiert werden darf. Zuzugeben ist lediglich, daß der antike Hörer bei κακά neben dem Bösen das Unheil stets mit herausgehört haben dürfte.

[32] τῶν ἐμῶν steht in „Versparung", gehört also sinngemäß auch zu θυμός — zu dem rhetorischen Kunstmittel der Versparung siehe oben Anm. 6.

[33] Zu βουλεύματα vgl. VOIGTLÄNDER a. a. O. 228 f. ALBIN LESKY, der entschieden dafür eintritt, daß das Sittliche hier mit im Spiel ist, verweist auf den Gegensatz zur ἀβουλία = „Unberatenheit" der Antigone („Gymnasium" 67, 1960, S. 18 f.).

[34] Eine Entdeckung, die übrigens im AT längst vollzogen war — vgl. den Sintflutbericht Gen 6 5 8 21: die διάνοια τῶν ἀνθρώπων ist ἐπὶ τὰ πονηρά gerichtet ἐκ νεότητος (bzw. πάσας τὰς ἡμέρας). Bei Euripides entspricht dem außer Med. 1079 f. ziemlich genau die kurz vor 425 v. Chr. anzusetzende Wendung seines Bellerophontes fr. 297, 1 N., in der die Einsicht ausgedrückt ist, ὡς ἔμφυτος μὲν πᾶσιν ἀνθρώποις κάκη „daß allen Menschen die Verderbtheit von Natur aus eingepflanzt ist".

[35] So GERHARD MÜLLER, Studi italiani di filologia classica N. S. 25, 1951, S. 65—82, gut widerlegt von H.-D. VOIGTLÄNDER a. a. O. 217—237.

schaft getriebene griechische Frau Potiphar[36], einige Verse rezitieren lassen (373 ff.), die in noch ungleich stärkerem Maße als es bei den Medeazeilen der Fall war für die eigentliche Handlung irrelevant sind, also eine Erwiderung des Dichters auf den Einwurf des Sokrates bedeuten dürften[37].

Wir bringen im folgenden unter Nr. 2 und 3—5 nur die wichtigsten Belege dieser Diskussion und greifen vor allem aus den zahlreichen Zeugnissen über Sokrates', Tugendwissen' nur einen besonders bedeutenden Abschnitt aus dem platonischen „Protagoras" heraus, den wir, was für unsere Zwecke genügt, in knapper Inhaltsangabe bieten[38].

2. *PLATON*, Protagoras 352 D ff. (nach der Paraphrase von KON-STANTIN RITTER, Die Kerngedanken der platonischen Philosophie, 1931, S. 19 f.[39]).

Sokrates argumentiert etwa folgendermaßen: Ein Mensch tut das Schlechte, das er als schlecht erkennt, ganz gewiß, besiegt von dem

---

[36] Dazu vgl. jetzt die Tübinger Dissertation meines Schülers ROLF PEPPERMÜLLER, Die Bellerophontessage, ihre Herkunft und Geschichte, 1961, Masch.-Schr., S. 105 ff., 115 ff.

[37] Als der eigentliche Entdecker dieses Sachverhaltes muß der heute in diesem Zusammenhang zu Unrecht vergessene Altonaer Oberlehrer THEODOR BARTHOLD gelten, der in seiner erklärenden Ausgabe von Euripides Hippolytos 1880 zu v. 380 (nach einem mit Zitat ausgestatteten Hinweis auf Rm 7 18) bemerkt: „Er (scil. Euripides) beabsichtigt damit wohl einen Einwurf gegen die Behauptung seines Freundes Sokrates, daß die Tugend ein Wissen sei, d. h. daß nur Mangel an richtiger Einsicht die Menschen zu schlechten Handlungen treibe und daß aus der richtigen Erkenntnis des Guten auch das Vollbringen folgen müsse" (im folgenden wird u. a. auch auf Medea 1078 verwiesen). BRUNO SNELL, Das früheste Zeugnis über Sokrates, in: Philologus 97, 1948, S. 125—134 hat die Zusammenhänge dann von neuem und klarer gesehen und in abschließender Weise sachkundig erhellt, indem er alle einschlägigen Zeugnisse gesammelt und erläutert hat. Wiederum darf man zufügen (vgl. oben Anm. 31 und 33), daß — wenn überhaupt einer — kein anderer Gesprächspartner des Euripides als Sokrates (etwa jemand aus dem Kreise der Sophistik) in Frage kommen kann, da nur die beiden das neu erwachte brennende Interesse am Problem des Sittlichen, an der ἐπιστήμη τοῦ ἀγαθοῦ, verbindet, während für die Sophisten die lehrbare Areté sich im „technischen" Bereich des Lebenserfolgs und der Staatskunst erschöpft hat.

[38] Die sokratischen Zeugnisse sind besprochen bei SNELL a.a.O., ebenso weitere Euripidesstellen (fr. 220. 572, 4/5). Zu diesen vgl. auch BARTHOLD a.a.O. D. L. PAGE (1952) zu Medea v. 1080 (v. 1078 f. wird auch zitiert von Epiktet I 28, 7). E. R. DODDS, Class. Rev. 39, 1925, S. 102 ff. W. SCHADEWALDT, Monolog und Selbstgespräch . . ., 1926, S. 109 f., 193 ff. M. POHLENZ, Griechische Freiheit, 1955, S. 73. MANFRED CLASS, Gewissensregungen in der griechischen Tragödie, Tübinger Dissertation in Masch.-Schr., 1961, S. 117 ff.

[39] Vgl. dazu jetzt auch KONR. GAISER, Protreptik und Paränese bei Platon . . ., 1959, S. 42 ff., 133 f.

,,Guten", das ihn zu der Handlung reizt; oder auch: er tut das Un-
angenehme, erkennend daß es unangenehm ist, ganz gewiß, besiegt
von dem Reiz des damit verbundenen Angenehmen. Und es sei klar,
daß wenn hiemit ein verkehrtes Handeln gekennzeichnet sein soll,
der Fehler nur darin liegen könne, daß der Handelnde über die Größen-
und Stärkeverhältnisse der einander entgegenwirkenden, im Grunde
aber gleichartigen Reize sich täusche, ähnlich wie man bei der Größen-
vergleichung von erschauten Gegenständen, die teils nahe teils weit
entfernt sind, sich täuschen könne, und *daß er zufolge solcher Täu-
schung fehlgreife*. Wie nun solche Fehler der äußeren Größenverglei-
chung nur durch die *Kunst des Messens* vermieden werden können,
so brauchen wir eine Meßkunst auch für die Vergleichung der mit verschiedenen zur Wahl stehenden Handlungen verbundenen Gefühls-
werte. Und *nur* weil sie diese Meßkunst nicht gelernt haben, d. h. also
aus Unwissenheit fehlen die Menschen in der Wahl von lust- und
schmerzerregenden Dingen oder von Gütern und Übeln. Was man
gewöhnlich Schwäche gegen die Lockungen der Lust heißt, das sei
mit anderen Worten eben Unwissenheit in der zur Erhaltung des
Lebens wichtigsten Frage. — Dagegen nun aber:

3. *EURIPIDES*, Hippolytos 358—359a

οἱ σώφρονες γὰρ οὐχ ἑκόντες, ἀλλ᾽ ὅμως
κακῶν ἐρῶσι.

,,Denn (selbst) die Verständigen streben nach dem Laster, zwar
unfreiwillig, sie tun es aber doch."

4. *EURIPIDES*, Hippolytos 375—383a

ἤδη ποτ᾽ ἄλλως νυκτὸς ἐν μακρῷ χρόνῳ
θνητῶν ἐφρόντισ᾽ ᾗ διέφθαρται βίος.
καί μοι δοκοῦσιν οὐ κατὰ γνώμης φύσιν
πράσσειν κάκιον· ἔστι γὰρ τό γ᾽ εὖ φρονεῖν
πολλοῖσιν· ἀλλὰ τῆδ᾽ ἀθρητέον τόδε·
τὰ χρήστ᾽ ἐπιστάμεσθα καὶ γιγνώσκομεν,   380
οὐκ ἐκπονοῦμεν δ᾽, οἱ μὲν ἀργίας ὕπο,
οἱ δ᾽ ἡδονὴν προθέντες ἀντὶ τοῦ καλοῦ
ἄλλην τιν᾽.

,,Schon gelegentlich sonst hab' ich in langer Nachtzeit darüber
nachgedacht, wie der Menschen Leben so verderbt ist. Und es
kommt mir so vor, als ob sie nicht nach natürlicher geistiger Veranlagung [d. h. aus angeborner Dummheit, wie Sokrates meint]
sich in ihrem Handeln für das Schlechtere entscheiden; denn die

richtige Einsicht[40] hat man gemeinhin[41]. Man muß es vielmehr so betrachten: (380) *Das Gute wissen und erkennen wir,
aber wir vollbringen es nicht*, die einen aus Trägheit[42], die anderen, weil sie etwas anderes, nämlich die Lust, dem Guten
vorziehen."

5. *EURIPIDES*, Chrysippos (nicht lang vor 405 v. Chr.) fr. 840
und 841 N.

λέληθεν οὐδὲν τῶνδέ μ᾽ ὧν σὺ νουθετεῖς,
γνώμην δ᾽ ἔχοντά μ᾽ ἡ φύσις βιάζεται.

αἰαῖ, τόδ᾽ ἤδη θεῖον ἀνθρώποις κακόν,
ὅταν τις εἰδῇ τἀγαθόν, χρῆται δὲ μή.

„Nichts ist mir verborgen von deinen Ermahnungen, aber obwohl ich die Einsicht habe, zwingt mich doch die („verderbte"[43])
Natur."

„O weh, das ist ja nun dieses gottverhängte menschliche Übel,
wenn man um das Gute weiß, aber keinen Gebrauch davon macht."
Es folgen nun einige mehr oder minder von Euripides beeinflußte
Zeugnisse, die wie sich zeigen wird, nicht nur zeitlich die Brücke zu
Rm 7 bilden, dessen für den Vergleich entscheidende Verse als Ab-
schluß dieser Reihe im Urtext angefügt werden sollen[44].

6. *PLAUTUS*, Trinummus (nach Philemons Thesauros aus dem
ersten Drittel des 3. vorchristlichen Jahrhunderts[45]) 656—658

---

[40] Nicht bloß „common sense", sondern dem „Gewissen" nahekommend, das von
Euripides andernorts mehrfach definiert wird; siehe dazu jetzt die Dissertation
meines Schülers MANFRED CLASS a. a. O. 126 ff.
[41] Diese Wendung besonders scheint gegen Sokrates gerichtet (SNELL a. a. O. 129
oben), der zur Wahrung seiner These Wissen und Areté „aristokratisch" den
Wenigen, Einsichtigen vorbehält, während den Vielen das Nichtwissen und damit
das Unrechttun von Natur aus eigne (v. 377 f.).
[42] ἀργίας ὕπο fast so viel wie „aus Energielosigkeit", womit „ein Moment des Willens"
anklingt (SNELL 127 mit Anm. 2). Erinnert sei auch an den verwandten, im
Hellenismus aufkommenden Begriff der ἀκήδεια = *acedia* (eigentlich ‚Sorglosig-
keit, Indifferenz') im Lasterschema Gregors d. Gr., bekanntlich eine der sieben
Todsünden (dazu siehe JOHS. STELZENBERGER, Die Beziehungen der frühchristlichen Sittenlehre zur Ethik der Stoa, 1933, S. 381).
[43] Vgl. dazu fr. 297, 1 oben Anm. 34.
[44] Bemerkt sei, daß sich auch späterhin — in der abendländischen Literatur — deutliche Nachklänge, sei es des Euripides, sei es des Paulus finden, so in einem Gedicht
von JEAN RACINE („Duell im Herzen"), das in „Christ und Welt" 11, 1958, Nr. 41
vom 8. Oktober in deutscher Übersetzung wiedergegeben ist.
[45] Nach FR. WEHRLIS Datierung; siehe dazu A. KÖRTE in PW XIX, 1938, Sp. 2138,
2143. Philemon scheint geradezu den Hippolytos des Euripides zu „zitieren".

. . . rem patriam et gloriam maiorum foedavi.
Scibam ut esse me deceret, _facere_ non quibam _miser_:
Ita vi Veneris vinctus, otio aptus in _fraudem_[46] _incidi_.

,,Das väterliche Vermögen und den alten guten Ruf der
Familie hab' ich vertan. Ich wußte, wie ich mich hätte verhalten
sollen, aber danach handeln konnt' ich nicht, ich Elender. So bin
ich, von der Macht der Liebesleidenschaft gefesselt, an den Müßig-
gang geraten und in Selbstbetrug verfallen."

7. _DIODOR_, Bibliothek (aus Hekataios' von Abdera Aigyptiaka,
Anfang des 3. Jahrhunderts v. Chr.[47]) I 71, 3

(Αἰγύπτιοι ἐνόμιζον) τοὺς . . . ἄλλους ἀνθρώπους . . . ἀλογίστως
τοῖς φυσικοῖς _πάθεσι_ χαριζομένους πολλὰ _πράττειν_ τῶν φερόντων
βλάβας ἢ κινδύνους, καὶ πολλάκις ἐνίους εἰδότας ὅτι μέλλουσιν ἁμαρτάνειν μηδὲν ἧττον _πράττειν_ τὰ φαῦλα, κατισχυομένους ὑπ' ἔρωτος
ἢ μίσους ἢ τινος ἑτέρου _πάθους_, ἑαυτοὺς δὲ ἐξηλωκότας βίον τὸν ὑπὸ
τῶν φρονιμωτάτων ἀνδρῶν προκεκριμένον ἐλαχίστοις περιπίπτειν
ἀγνοήμασι.

,,Die Ägypter waren der Meinung, daß die anderen Menschen,
indem sie ohne Vernunft den natürlichen Leidenschaften gefällig
nachgäben, vieles täten, was Schaden und Gefahr bringt, und daß
manche häufig zwar wüßten, daß sie im Begriff stünden, sich zu
verfehlen, aber nichtsdestoweniger das Schlechte täten, unter dem
Zwang von Liebesleidenschaft oder Gehässigkeit oder irgend einem
anderen Affekt. Sie selber befleißigten sich dagegen eines Lebens-
wandels, wie er von den verständigsten Männern bevorzugt werde,
und verfielen daher höchstens in ganz geringfügige Irrtümer."

8. _OVID_, Metamorphosen (Anfang des 1. Jahrhunderts n. Chr.)
VII 17—21a (Medea im Zwiegespräch mit sich selber[48])

---

[46] _fraus_ zu _frustra_ (,,trügerisch, vergebens" = griech. μάτην) und zu _trügen, Traum_
(= Trugbild).

[47] Vgl. FEL. JACOBY in PW VII, 1912, Sp. 2754f. (zu unserer Stelle), wo an ,,so-
phistische Gedanken" des 4. Jahrhunderts als Quelle für Hekataios gedacht ist.
Mag auch eine solche Zwischenquelle vorliegen, so geht doch der Gedankengang
mit seiner ausgeprägten Antithese letztlich offenbar auch auf die Auseinandersetzung des Euripides mit Sokrates zurück. Vgl. dazu auch oben Anm. 37
am Ende.

[48] Bemerkenswert ist die meisterhaft knappe und eindringliche Darstellung der
Gespaltenheit des Ichs. Der Zusammenhang ist innerhalb des Medeamythos hier
ein anderer als im Drama des Euripides (oben Nr. 1). Aber die Abhängigkeit
von ihm, was Gedankenführung und Antithese anlangt, ist auch hier evident.
Wiederum ist natürlich ein uns verlorenes Zwischenglied nicht auszuschließen.

Excute virgineo conceptas pectore flammas,
Si potes, *infelix*! — si possem, sanior essem;
Sed trahit *invitam* nova vis, aliudque *cupido*,
Mens aliud suadet: *video meliora proboque,*
Deteriora sequor!

„Wirf aus der Jungfrauenbrust die darin empfangenen [also ihr Inneres bedrohenden] Flammen, wenn du es kannst, Unselige! — Könnt' ich es, wäre mir wohler. Aber mich reißt wider Willen eine fremdartige Macht mit sich fort, und Leidenschaft und Vernunft raten einander Entgegengesetztes. Klar sehe ich[49] das Bessere und erkenn' es als ratsam an, aber ich folge dem Schlechteren."

9. *PAULUS* an die Römer (etwa Herbst 57 n. Chr.) c. 7, v. 14-25

14 οἴδαμεν γὰρ ὅτι ὁ νόμος πνευματικός ἐστιν· ἐγὼ δὲ σάρκινός εἰμι, πεπραμένος ὑπὸ τὴν ἁμαρτίαν. 15 ὃ γὰρ κατεργάζομαι οὐ γινώσκω· οὐ γὰρ ὃ θέλω τοῦτο *πράσσω*, ἀλλ' ὃ μισῶ τοῦτο ποιῶ. 16 εἰ δὲ ὃ οὐ θέλω τοῦτο ποιῶ, σύμφημι τῷ νόμῳ ὅτι καλός. 17 νυνὶ δὲ οὐκέτι ἐγὼ κατεργάζομαι αὐτὸ ἀλλὰ ἡ ἐνοικοῦσα ἐν ἐμοὶ ἁμαρτία· 18 οἶδα γὰρ ὅτι οὐκ οἰκεῖ ἐν ἐμοί, τοῦτ' ἔστιν ἐν τῇ σαρκί μου, ἀγαθόν· τὸ γὰρ θέλειν παράκειταί μοι, τὸ δὲ *κατεργάζεσθαι* τὸ καλὸν οὔ. 19 οὐ γὰρ ὃ θέλω ποιῶ *ἀγαθόν*, ἀλλὰ ὃ οὐ θέλω *κακὸν* τοῦτο *πράσσω*. 20 εἰ δὲ ὃ οὐ θέλω ἐγὼ τοῦτο ποιῶ, οὐκέτι ἐγὼ κατεργάζομαι αὐτὸ ἀλλὰ ἡ οἰκοῦσα ἐν ἐμοὶ ἁμαρτία. 21 εὑρίσκω ἄρα τὸν νόμον τῷ *θέλοντι* ἐμοὶ ποιεῖν τὸ *καλόν*, ὅτι ἐμοὶ τὸ *κακὸν* παράκειται. 22 συνήδομαι γὰρ τῷ νόμῳ τοῦ θεοῦ κατὰ τὸν ἔσω ἄνθρωπον, 23 βλέπω δὲ ἕτερον νόμον ἐν τοῖς μέλεσίν μου ἀντιστρατευόμενον τῷ νόμῳ τοῦ νοός μου καὶ αἰχμαλωτίζοντά με ἐν τῷ νόμῳ τῆς ἁμαρτίας τῷ ὄντι ἐν τοῖς μέλεσίν μου. 24 *ταλαίπωρος ἐγὼ ἄνθρωπος·* τίς με ῥύσεται ἐκ τοῦ σώματος τοῦ θανάτου τούτου; 25 χάρις τῷ θεῷ διὰ Ἰησοῦ Χριστοῦ τοῦ κυρίου ἡμῶν. ἄρα οὖν αὐτὸς ἐγὼ τῷ μὲν νοῒ δουλεύω νόμῳ θεοῦ, τῇ δὲ σαρκὶ νόμῳ ἁμαρτίας.

(Die Übersetzung siehe oben S. 92 f.)

Gehen wir nun an den Vergleich der vorgeführten antiken Zeugnisse mit Rm 7, so fallen — von der Ähnlichkeit der antithetischen Grundkonzeption ganz abgesehen — zunächst die *Übereinstimmungen im Formelhaften* ohne weiteres ins Auge. Ich greife nur das Evidenteste heraus:

---

[49] *vid-eo*: die Nähe zu griech. οἶδα „ich weiß" ist schon von der Etymologie her nicht zu verkennen.

Diodor I 71, 3 τοῖς φυσικοῖς πάθεσι (... μέλλουσιν ἁμαρτάνειν) und
ἤ τινος ἑτέρου πάθους ~ Rm 7 5 τὰ παθήματα τῶν ἁμαρτιῶν
Plautus, Trinummus 658 _vi Veneris vinctus, otio aptus in fraudem
incidi_ ~ Rm 7 11 ἡ γὰρ ἁμαρτία ... ἐξηπάτησέν με
Ovid, Metam. 7, 17 _conceptas pectore flammas_ ~ Rm 7 17 ἡ ἐνοικοῦσα
ἐν ἐμοὶ ἁμαρτία (vgl. dazu wiederum auch Diodors ἁμαρτάνειν)
Euripides, Hippolytos 377/8 οὐ κατὰ γνώμης φύσιν πράσσειν κάκιον
~ Rm 7 19 ὃ οὐ θέλω κακὸν τοῦτο πράσσω
Ovid, Metam. 7, 20f. _video meliora proboque, deteriora sequor_ ~ Rm
7 21 θέλοντι ἐμοὶ ποιεῖν τὸ καλὸν ... τὸ κακὸν παράκειται.

Ganz besonders auffallend ist die Übereinstimmung in den ver-
zweifelten _Selbstanreden_[50]:
Plautus, Trin. 657 _miser_ Ovid Met. 7, 18 _infelix_ ~ Rm 7 24 ταλαίπωρος ἐγὼ ἄνθρωπος.

Schon daraus wäre zu entnehmen: wenn Abhängigkeit vorliegt,
dann entspricht der Text des Paulus einem Formular, das — wie bei
Plautus (Philemon) und Ovid — den klassischen Archetypus des
Euripides bereits steigernd variiert hat, wo aber doch zugleich das
euripideische Urbild noch deutlich durchschimmert.

Doch betrachten wir auch die Unterschiede. Zunächst genügt es
(unter der gleichen Voraussetzung) daran zu erinnern, wie entschlossen
Paulus das tradierte Gut seinem eigenen Anliegen anverwandelt hat,
und wie es nun bei ihm vor allem in einem völlig anderen Bezugssystem steht, das durch die Hauptstücke ‚Gesetz, Sünde — Jesus
Christus, Gnade‘, angedeutet sein mag. Davon haben wir bereits mehrfach gehandelt, und die theologische Exegese wird nicht müde, gerade
dies immer wieder zu betonen, freilich wie ich meine in einer die mut-
maßliche Abhängigkeit über Gebühr verdeckenden Weise.

Aber ein Unterschied scheint mir noch besonders bemerkenswert,
weil er zugleich doch auch wieder das Verbindende zu beleuchten vermag: In den antiken Zeugnissen sieht es so aus, als sei das eine Glied
der Antithese ganz und gar intellektuell bestimmt: γιγνώσκειν, εἰδέναι,

---

[50] Nur von fern wäre auch zu vergleichen Euripid. fr. 841 αἰαῖ. Die Selbst-
apostrophierung fehlt dagegen ganz in den von MICHEL a. a. O. 155 mit Anm. 1
beigebrachten semitischen Parallelen. — Angesichts des in allen einschlägigen
Stellen begegnenden leidenschaftlichen Stils eines erregten Bekenntnisses muß
es als ein Irrweg bezeichnet werden, im Sinne der These, Paulus spreche nicht
für sich selber, nach antiken Beispielen für den „Gebrauch der 1. und 2. Person
singularis zur Bezeichnung einer beliebigen Person" zu suchen, wie dies KÜMMEL
a. a. O. 126ff. auf Anregung von HEITMÜLLER und BULTMANN getan hat. Was er
beibringt, hält denn auch den Vergleich vor allem nach der Lage des Stils in keiner
Weise aus.

μανθάνειν, βουλεύεσθαι, *scire, videre* herrscht durchaus vor, während bei Paulus das θέλειν den Ton angibt[51]. Aber einmal sollte man nicht vergessen, daß in dem vom sokratischen ‚Tugendwissen' stets (und sei es auch unbewußt) bestimmten antiken Vokabular unter dem ‚Wissen' immer gleichzeitig auch das ‚Wollen' mit herausgehört werden darf. Überdies bietet uns Ovid mit seinem *meliora probo* (neben dem an εἰδέναι anklingenden *video*) einen Hinweis auf diesen Tatbestand: *probare* heißt hier ‚als ratsam anerkennen', erhält also deutlich eine moralische Nuance und schlägt so, zusammen mit seinem noch deutlicheren *invitam*, die Brücke zum paulinischen θέλειν, das wir umgekehrt auch als ein ‚sich zu etwas verstehen' interpretieren dürfen. Auf der anderen Seite wird bei Paulus ja doch überhaupt, wie wir sahen, für das θέλειν des Guten auf Schritt und Tritt als Voraussetzung das εἰδέναι, das γινώσκειν und der νοῦς eingeprägt (v. 14 οἴδαμεν, 15 οὐ γινώσκω, 18 οἶδα γάρ, 23 τῷ νόμῳ τοῦ νοός μου, 25 τῷ μὲν νοΐ δουλεύω νόμῳ θεοῦ). Dazu kommt, daß man hat zeigen können, wie fremdartig und isoliert sich die Anwendung dieses menschlichen θέλειν in Rm 7 gegenüber dem entsprechenden paulinischen Gebrauch des Wortes an anderen Stellen ausnimmt, wofür Phil 2 13 den locus classicus bietet: ,,denn Gott ist es, der in euch sowohl das θέλειν wie das ἐνεργεῖν bewirkt (ἐστὶν ὁ ἐνεργῶν)''. Daher konnte SCHRENK (ThWzNT III 52, vgl. auch schon 50ff.) den Unterschied so formulieren: ,,Dies Wollen ist eine Frucht des Geistes im Glaubenden, es ist, unbedingt zusammengehörig mit der wirklichen Erfüllung des Gotteswillens, streng zu sondern von dem kraftlosen θέλειν in Rm 7''.

Messen wir nun abschließend den antiken Rahmen des Topos mit dem paulinischen, so ergibt sich etwa folgendes:

Paulus spricht von einem ursprünglichen Stande relativer Unschuld (vgl. z. B. SCHLATTER a. a. O. 138), wo der Mensch unbekümmert drauflos sündigt, weil ihm das Gesetz die Sünde noch nicht bewußt gemacht hat (v. 7 οὐκ ἔγνων . . ., οὐκ ᾔδειν). Erst die Herrschaft des Gesetzes schafft dieses Bewußtsein (v. 7), aktiviert die Sünde (vv. 8 ff) und macht sie so erst in ihrer ganzen Kraßheit offenbar (v. 13). Der Versuch, auf Grund des neuen Wissens kraft des Willens der Sünde zu entfliehen, scheitert an der Gespaltenheit des menschlichen Ich, das zwar das Gute weiß und will, aber nicht vollbringt (vv. 15 ff). Die Erlösung aus dem tödlichen Dilemma wirkt allein Jesus Christus (7 4 8 1 ff.).

---

[51] Darauf hat schon BARTHOLD a. a. O. 39 zu Eurip. Hippol. 380 hingewiesen (im Anschluß an das Zitat von Rm 7 18): ,,nur daß Eurip. nicht den Widerspruch des Handelns mit dem Wollen, sondern mit dem Erkennen hervorhebt''.

Auch bei den *Griechen* dürfen wir, wie es vielfältig — etwa aus
Homer und Aischylos — zu zeigen wäre, von einem vorbewußten
Stadium des Unrechttuns sprechen[52], eine Stufe die auch bei Euripides
den Hintergrund der Reflexion bildet. Sie wird abgelöst durch das
allmähliche Bewußtwerden des ‚Gewissens‘ im privaten wie im öffentlichen Raum, und am Ende dieses Weges steht in letzter radikaler
Konsequenz die sokratische These vom „determinierten Tugendwissen"[53]: ‚wenn ich das Gute wirklich weiß, dann tu' ich es auch‘.
Diese These scheint sich zugleich im Widerspruch zu der tiefen Einsicht des Euripides gebildet zu haben, der ähnlich wie es Paulus
vv. 21 ff. ausführt seinerseits nach langem nächtlichem Grübeln gleichsam ein neues Gesetz des menschlichen Gespaltenseins entdeckt hat
(Hippol. 375ff.): ‚obwohl ich das Gute weiß und erkenne, tu' ich es
trotzdem nicht‘[54]. Bei Euripides — und wir dürfen getrost sagen, in
der antiken Konsequenz dieser Erkenntnis überhaupt — endet der
Konflikt notwendig im Selbstmord der Phaidra oder in der Verzweiflung der Medea, das heißt in der Katastrophe auswegloser Tragik.
Eine Erlösung ist nicht gegeben.

Gewiß nimmt sich also unser Topos bei Paulus wesentlich anders
aus als in den antiken Zeugnissen. Aber dieser tiefgehende Unterschied verbietet uns keineswegs den Vergleich; er berechtigt uns auch
nicht, wie ich meinen möchte, angesichts der vielen auffallenden Übereinstimmungen einerseits, des Fremdkörperhaften der Aussage im paulinischen Kontext andrerseits, an einer Möglichkeit der Übernahme
des antiken Topos durch Paulus überhaupt zu zweifeln.

Denn daß er bei Paulus so verwandelt wiederkehrt, ist doch nur
ein Zeugnis für dessen Originalität, sein Verpflichtetsein gegenüber
einer ganz anderen, im tiefsten Grunde unhellenischen Welt, und den
dadurch vermittelten völlig andersartigen Aspekt. Aber so weit wie
BULTMANN wird man eben doch nicht gehen dürfen, daß man das
Individuelle, Erlebnisbezogene, das dem Topos wesensmäßig anhaftet,
hier ganz hinausinterpretiert[55] und zwar wesentlich deshalb, weil es

---

[52] JAC. BURCKHARDT ist nicht müde geworden, dies zu betonen; vgl. zu der Problematik etwa O. SEEL, Zur Vorgeschichte des Gewissensbegriffes im altgriechischen
Denken. In: Festschrift Franz Dornseiff . . ., 1953, bes. S. 296f., 309ff. Ich denke
vor allem an Agamemnon im 19. Gesang der Ilias und an Klytaimestra in Aischylos' Agamemnon; dazu jetzt ALBIN LESKY, Göttliche und menschliche Motivation
im homerischen Epos, 1961, S. 40. 52, wo die Vielfältigkeit der wechselnden
Aspekte stark betont wird.

[53] Ein Ausdruck von JULIUS STENZEL, Antike, Jahrg. 1928, S. 296. 302.

[54] Zu diesen beiden Positionen siehe oben S. 107ff.

[55] BULTMANN, Theol. d. NT 263, ähnlich schon KÜMMEL a. a. O. 67. 74ff. 142.

einem anderen Selbstzeugnis des Paulus radikal widerspreche: Phil 3 4-6; dort darf sich der Apostel seiner Unsträflichkeit nach der Gesetzesgerechtigkeit rühmen und wagt es sogar, zu betonen, daß er sich auf sein Fleisch verlassen könne. Denn er kann dies ja auch nur im Glauben an Christus Jesus (v. 3), von woher ihm seine Gerechtigkeit kommt (v. 9, vgl. auch bes. v. 12ff.). Zum andern hieße es den Gnadenstand des Paulus doch wohl in seiner Sicherheit überschätzen, wenn wir ihm nicht Tiefpunkte menschlicher Verzagtheit zubilligten, wie sie in Rm 7 zum Ausdruck kommen, wo aber doch auch die Verzweiflung nicht das letzte Wort hat[56]. Dazu kommt, daß nach Luthers und mancher Neueren Verständnis das von Paulus in Rm 7 gezeichnete Bild der Gespaltenheit und Verzagtheit gewiß auch von denen gilt, die an Christus glauben, und sie, obwohl der Ausweg schon bereit ist, vor tödlicher Selbstsicherheit bewahrt und an ihre „unfertige Doppelgestaltigkeit" gemahnt[57].

Damit sei die Exegese von Rm 7 im Licht antiker Überlieferung geschlossen. Auch wenn es nicht glaubhaft geworden sein sollte, daß Paulus mit seiner Darstellung des zwischen Wollen und Tun gespaltenen Menschen sich an ein antikes Modell angelehnt hat, so haben meine Ausführungen doch *eines* hoffentlich zeigen können: daß sowohl bei ihm wie auch schon in der vorausgehenden Antike aus der tiefen Einsicht in die menschliche Zerrissenheit eine zwingende Aporie erwachsen ist, die auch für uns noch brennend ist, und die, wo sie einmal erkannt ist, den Menschen zu allen Zeiten fordert und fordern wird, er sei ein Grieche oder ein Christ. Der erste aber, der diese Problemstellung — offenbar in der Auseinandersetzung mit Sokrates — gefunden und formuliert hat, ist Euripides gewesen.

---

[56] Auf der anderen Seite gibt es ja auch Zeugnisse des Paulus, sogar im gleichen Römerbrief (1 28, vgl. 8 20), wo wieder eine andere und zwar gleichsam metaphysische Konzeption über die Entstehung der Sünde zugrundeliegt (vgl. dazu H. Hommel, Schöpfer und Erhalter, 1956, S. 8f. 13ff. und bei Euripides fr. 841, 1 oben unter Nr. 5 θεῖον ἀνθρώποις κακόν), und es wäre für die Exegese äußerst gefährlich, hier überall harmonisieren zu wollen.

[57] Vortrefflich darüber Schlatter a. a. O. 144f., Barth a. a. O. 253, dessen Erklärung des Kapitels mit den betreffenden Ausführungen schließt, und Michel a. a. O. 154. 155f. Vgl. dazu auch oben Anm. 16.

Nachtrag zu S. 97f. 103. 105 unten:
Die oben mehrfach bei Paulus festgestellte Besonderheit der Entwicklung eines Gedankens, die sich als gleitende Antithese bezeichnen ließe, bedürfte einer gründlichen Untersuchung auf breiter Materialgrundlage. An Vergleichbarem finde ich bisher nur die Gedankenführung der 1. Ekloge des Vergil, wie sie Frz. Altheim, Römische Religionsgeschichte 2. 1953, S. 134 klar erkannt und beschrieben hat.

Nachträge

[S. 90], Anm. 1:
Die seither erschienene Literatur s. in dem fundamentalen Römerbriefkommentar
von E. KÄSEMANN 1973 (^{3}1974), nach dessen erster Aufl. im folgenden zitiert wird.
Der Verf. arbeitet eine immense Fülle von Literatur auf und nimmt gelegentlich auch
zu meinen Positionen Stellung, in der Regel – wie auch überall sonst – so, daß er
schon der Kürze halber keine ausführliche Auseinandersetzung gibt, sondern bei
abweichender Meinung dem Gewicht seiner eigenen Argumente vertraut. – KÜM-
MELS Diss. von 1929 (mit einer weiteren Studie zum ‚Bild des Menschen im NT‘ nach
Römer 7) jetzt auch als Buch 1974. – Vgl. ferner W. ANZ, Zur Exegese von R 7 bei
Bultmann, Luther, Augustin, in: Theologia Crucis. Festschr. f. E. Dinkler 1979,
1–15.

[S. 90] unten:
Siehe dazu auch die Anm. 26 [S. 104] und die Nachträge dazu.

[S. 91], v. 1:
KÄSEMANN 176 übersetzt in v. 1 im Sinn seiner Interpretation *νόμον* mit ‚Recht‘ (!),
gleich darauf *νόμος* richtig mit ‚Gesetz‘ (vgl. ihn dazu S. 177).

[S. 93–95]:
Zur Ablehnung meiner scharfen Interpretation von v. 1–6 meint KÄSEMANN 177
(vgl. a. 180 Mitte), man dürfe des Paulus Ausführungen nicht pressen, da „der
Vergleich wie zumeist bei Paulus hinkt“, und so werde „um der Analogie willen . . .
schillernd vom *νόμος* gesprochen“. Er vermutet: „Das tertium comparationis liegt
allein darin, daß Sterben sonst lebenslang gültige Bindungen aufhebt.“ Und S. 180:
„Der Vergleich hinkt nicht bloß. Er führt über eine einfache Feststellung inhaltlich
nicht hinaus.“ Mir scheint, solche Argumentation macht es sich zu leicht.

[S. 94 f.]:
Das *ἐν ᾧ* bezieht KÄSEMANN 180 ob. folgerichtig schlicht aufs ‚Gesetz‘ und weist auf
meine Interpretation gar nicht mehr eigens hin.

[S. 95], Anm. 6:
G. KIEFNER, Die Versparung . . . 1964 als Buch erschienen.

[S. 95] unten:
„von diesem Todesleib“ – so auch KÄSEMANN 199.

[S. 96] oben:
„nicht erkenne ich, was ich vollbringe“ übersetzt auch KÄSEMANN 188 – wieder
ohne auf meine Interpretation einzugehen.

[S. 96 f.]:
ALBR. DIHLE (briefl. 31. 12. 1962) äußert sich (im Anschluß an die Floskel, aus
meinem Aufsatz „viel gelernt“ zu haben) folgendermaßen: „Allerdings glaube ich
doch, daß Bauer im Wörterbuch zu Rm. 7, 15 das einzig Richtige gesagt hat, und

zwar im Lichte eines ziemlich umfänglichen Materiales, das ich zur Vor- und Frühgeschichte des Willensbegriffs gesammelt habe. Das Griechische kennt kein Wort, um einen von Trieb wie Intellekt gleicherweise abgesetzten, sittlich relevanten Willen zu bezeichnen. Das, was wir unter Wille verstehen, erscheint im Griech. durchwegs entweder als Triebregung oder als aus Einsicht entspringender – und darum mit demselben Wort der intellektuellen Sphäre bezeichneter – Impuls zum Handeln. Darum gibt es in vorklass., klass. und nachklass. Sprachgebrauch unendlich viele Fälle, in denen γνώμη, γιγνώσκω genau so wie διάνοια einfach die Absicht bezeichnen. Wenn der zwischen Trieb und Intellekt liegende Wille gemeint ist, muß man zu so umständlichen Umschreibungen greifen wie Diokles von Karystos διὰ τὸ ὀρεκτικῶς ἔχειν πρὸς βούλησιν τοῦ φαγεῖν! Paulus könnte einen fixierten Willensbegriff nur zu gut gebrauchen, um seine Anthropologie zu explizieren. Doch verfügt die christliche Theologie erstmals bei Clemens von Alexandrien über dieses Mittel, merkwürdigerweise unter dem ganz und gar nicht passenden, weil im Rahmen eines konsequenten Intellektualismus geprägten Terminus συγκατάθεσις. Aber das Phänomen, das Paulus beschreibt, ist das des *servum arbitrium,* wobei es ganz ungriechisch nicht auf eine wie immer geartete Einschränkung der προαίρεσις durch unzulängliches oder fehlendes Wissen, sondern um eine aus der Spontaneität der Triebe nicht zu erklärende Verkehrtheit der Handlungsimpulse bei voller Einsicht geht. ‚Was ich tue, das beabsichtige ich nicht (auf Grund der Einsicht, die zum sittlich relevanten Entschluß gehört); denn ich tue nicht das, wozu ich disponiert bin (was ich gern möchte o. ä.), sondern das, was ich verabscheue.' Zwischen κατεργάζεσθαι, ποιεῖν, πράσσειν besteht bei Paulus ebensowenig ein Bedeutungsunterschied wie zwischen βούλομαι und θέλω. Diese Verkehrung des Handlungsimpulses wird ihm dann klar am Nomos, und er deutet sie mit Hilfe des Gegensatzes σάρξ/πνεῦμα. Die Stelle ist m. E. deshalb so interessant, weil sie zeigt, wie notwendig die Konzeption eines distinkten Willensbegriffs als Voraussetzung einer philosophischen Formulierung der neutest. Botschaft war."

Ich kann meine Interpretation dadurch nicht als widerlegt ansehen, wollte aber als Anstoß für eine weitere Diskussion die Ausführungen von D. doch im Wortlaut mitteilen. Vgl. zu dem Fragenkomplex auch meine kurzen Bemerkungen [S. 106] Anm. 30 und [S. 113f.].

[S. 97] unten:
Zu der eigenartigen paulinischen Argumentationsmethode, die mir bisher nicht beachtet oder gar gewürdigt zu sein scheint, s. a. ob. [S. 94] (zu v. 4) und vor allem weiterhin [S. 103, 105] unt. und [S. 116] unt. (in der Nachtragsbemerkung).

[S. 98–100] u. ö. (z. B. [S. 96. 105] u. bes. [S. 113], Anm. 50 sowie [S. 115f.]):
Gegen die Interpretation vor allem des zweiten Teils von Römer 7 als ‚Bekenntnis einer persönlichen Not des Schreibers' wendet sich im Sinn der herkömmlichen Exegese und mit z. Tl. neuen Argumenten auch KÄSEMANN 182f., dem hier „jede psychologische Interpretation unangebracht" erscheint (vgl. a. auch die starken Worte 191, ferner 193f. u. 197 unt. sowie mehrfach sonst). Hier scheiden sich nun freilich die Geister, wie meine Abhandlung im ganzen mit der Stellungnahme für stärkstes Selbstengagement des Paulus an entscheidenden Stellen seines Briefwerks an diesem besonders lehrreichen Beispiel darzutun versucht, wobei die Ichform seines Bekenntnisses eine wichtige Rolle spielt. Daß „das Problem offensichtlich

noch nicht ausdiskutiert" ist, und die Exegese daher „mit offenen Fragen" beginnt, gibt auch K. zu. Von „Klage" und „Erlösungsschrei" des Paulus spricht er selber S. 198 im Blick auf v. 24 f. (meint freilich nach S. 188 damit paradoxerweise wiederum nur die „Klage der Versklavten" schlechthin, so daß er S. 199 Paulus' Ausführungen in eine Tradition stellt, wo „ein kosmisches Drama" gespiegelt wird).

[S. 99], Anm. 15:
Ein Resümee der Diss. von Norb. Schmid steht ThLZ 1962, 781.

[S. 100], Anm. 17:
Für οἴδαμεν γάρ auch Käsemann 189.

[S. 101], Anm. 20:
Meine zitierte Arbeit jetzt auch abgedruckt und ergänzt oben („Das Harren der Kreatur"), hier [S. 13 ff.] der Originalfassung.

[S. 101] m. Anm. 21:
Gegen den (auch von anderen vor mir bereits festgestellten) Exkurscharakter von c. 7, v. 7–13 opponiert mit Entschiedenheit K. 182 u. 200. – E. Fuchs in seiner ‚Existentialen Interpretation von R 7₇₋₁₂ & ₂₁₋₂₃' in: Zs. f. Theol. u. Kirche 59. 1962, 285–314 bemerkt S. 286₁, daß er auf meine Ausführungen „leider nicht mehr eingehen" konnte. – Der Erwähnung wert ist, daß Joh. Peter Hebel in seinem ‚Schatzkästlein' die Geschichte von den ‚Pariser Handschuhen' auf das Pauluswort R 7₇ bezieht „Ich wußte nichts von der Lust, so das Gesetz nicht hätte gesagt, laß dich nicht gelüsten!".

[S. 101], Anm. 22:
Käsemann 182 übersetzt ἀφορμήν treffend mit „Anstoß", dazu 185 ob. Daß der Vorgang in der Erzählung des Paulus v. 9–11 sich auf Adam bezieht (ich würde lieber sagen ‚auf Adam anspielt'), betont K. 186 f. nach anderen und führt es unter Hinweis auf R 5₁₂ff. näher aus (vgl. a. S. 196 ob. und 201), wobei wiederum die Ichform in des Apostels Ausdrucksweise unterbewertet wird (vgl. dazu ob. Nachtrag zu S. 98–100).

[S. 102] unt.:
Gegen meine Annahme eines neuen ‚Exkurses' v. 14 ff. wendet sich K. 189. Derselbe 190 gegen eine „bloß oder primär moralische Interpretation des Textes", zumal „gerade der moralische Mensch aufs tiefste von [sic] der Macht der Sünde verstrickt" sei.

[S. 104], Anm. 26:
Socrates, Hist. eccles. III 16 hält im Blick auf I Kor 15₃₃ den Paulus für μὴ ἀνήκοον τῶν Εὐριπίδου δραμάτων τυγχάνοντα (die Stelle bei A. Körte, Menander, Reliquiae II 1953, p. 74). Zu den Literaturangaben am Schluß der Anm. ist noch zu ergänzen: P. Wendland, Die vorchristlichen Literaturformen ²/³1912, 356₃; er wendet sich gegen die freilich überzogenen, aber im Kern genug Richtiges enthaltenden Bemerkungen von E. Curtius, Paulus in Athen (Sitzber. d. Berl. Akad. 1893, 928 ff., hier bes. 934 f.). Jetzt ausgleichend G. Bornkamm Paulus ²1969, 32 f. K. H. Schelkle, Paulus

1981, 43. Bei J. H. WASZINK, Die griechische Tragödie im Urteil der Römer und Christen, Jbch. f. Ant. u. Christentum 7. 1964, 139–148 (Christen 143 ff.) wird Paulus gar nicht berücksichtigt.

[S. 104] Mitte (zu v. 15 ff.):
Wiederum dürfte es sich KÄSEMANN 192 zu leicht machen, wenn er sich dem Urteil Früherer anschließt und sagt: „Die Variation der Verben κατεργάζομαι, ποιῶ und πράσσω ist zweifellos rhetorisch." Vgl. ihn auch [S. 196 f.] und DIHLE ob. zu [S. 96 f.].

[S. 105 f.]:
Zum Problem des „inneren und äußeren Menschen" vortrefflich K. 196 f.; zur rabbinischen Vorgeschichte des Begriffspaares s. H. P. RÜGER ZNW 68. 1977, 132 ff., hier bes. 137.

[S. 106], Anm. 30:
Vgl. a. KÄSEMANN 178 f.

[S. 106] ob.:
K. 201 f. hält zwar „die Eulogie in 25a für gut paulinisch", nimmt aber den Rest des Verses mit Bultmann und anderen als frühe christliche Glosse in Anspruch. Gegen eine Lücke zwischen 24 u. 25 wendet er sich 200 ob.

[S. 106 ff.]:
KÄSEMANN 190 (vgl. a. 198) erkennt im Blick auf meine Forschungen an, daß des Paulus Aussage – vielleicht durch „die jüdische Diaspora" vermittelt – „in einem festen Überlieferungsstrang" steht, „der auf die Kritik des Euripides an der sokratischen Lehre von der Paideia zur Tugend zurückgeht" und „sich in zahlreichen antiken Variationen äußert", von denen K. die Ovidstelle (bei mir [S. 111 f.]) besonders hervorhebt.

Die beiden von mir in den Mittelpunkt der Betrachtung gestellten Euripidespartien Med. 1077 ff. und Hippol. 375 ff. sowie ihr Verhältnis zu Platon, Protag. 352 D ff. sind seit Erscheinen meines Aufsatzes einer lebhaften philologischen Diskussion unterworfen worden (die allerdings von meinen Ausführungen keine Notiz nimmt). Danach ist – vor allem durch scharfsinnige Überlegungen von ALBRECHT DIHLE (Euripides' Medea, Heidelberger Sitzungsberichte 1977,5) – der Zusammenhang von Platons Äußerungen mit der Medeastelle fraglich geworden, während, wie mir und anderen scheint, die Hippolytosverse nach wie vor als Antwort auf Platon zu werten sind. DIHLE dreht die Argumentation in Med. 1079 θυμὸς δὲ κρείσσων τῶν ἐμῶν βουλευμάτων geradezu um, indem er glaubhaft macht, unter βουλεύματα sei der Racheplan Medeas, die Ermordung ihrer Kinder, zu verstehen, während θυμός ihre dagegen sich sträubenden mütterlichen Gefühle und Emotionen bezeichnet. Die ganze Erwägung ist also sozusagen als retardierendes Moment zu verstehen, dem dann alsbald wieder der erneute und nicht mehr widerrufene Entschluß zum Kindermord folgt. Aber schon vorher war sie darin wiederholt wankend geworden; s. DIHLE 32 ff., der es S. 39 nahelegt, daß auch der Chor in dem nachdenklichen Lied v. 1081 ff. Medea im Sinn der gleichen Interpretation verstanden hat. Daß vom Publikum bei der ersten und allen späteren Aufführungen ein gleiches zu gelten habe, erscheint freilich auch DIHLE (S. 31) zweifelhaft, wie er denn zugibt (S. 40), „daß

172 *Das 7. Kapitel des Römerbriefs*

schon die antiken Euripides-Erklärer unter dem Eindruck der gängigen Interpretation der Schlußverse des großen Monologes standen, derzufolge Medea dort den endgültigen Entschluß zur Tat verkündet". Das ist in unserem Zusammenhang das Entscheidende; denn damit ist zugegeben, daß schon ganz früh die Medea-Verse 1077–80 im Sinn von Hippol. 380 f. verstanden wurden – und dies rechtfertigt es, sie nach wie vor an den Anfang der auf Paulus wirkenden Traditionskette zu stellen.

Für den Leser, der in jene philologische Kontroverse genaueren Einblick zu nehmen wünscht, gebe ich hier die wichtigste Literatur (mir z. Tl. vermittelt durch Hinweise von E.-R. Schwinge): E. R. Dodds, The Greeks and the Irrational 1959, 186 f. 199 f.; deutsche Ausgabe, Die Griechen und das Irrationale 1970, 98 f. u. 239 f. (= Anm. 46 ff.).

W. S. Barrett, Hippolytoskommentar 1964 (zu v. 377–381), Rez. H. Lloyd-Jones, JHSt 85. 1965, 164 ff.

Br. Snell, Scenes from Greek Drama 1964, 47–69 (bes. 59, Anm. 15). Rez. A. Lesky, Anz. f. d. Altertumswiss. 21. 1968, Sp. 9 f.

H. Diller, Hermes 94. 1966, 267–275.

Br. Snell, Szenen aus griechischen Dramen 1971, 25–75.

Fr. Solmsen, Hermes 101. 1973, 420–425.

A. Dihle 1977 (s. ob.).

B. Manuwald, Rhein. Mus. f. Philol. N. F. 122, 1979, 134–148.

S. Melchinger, Die Welt als Tragödie. Bd. 2. Euripides 1980, 48 ff. 53. 252, Anm. 26.

[S. 108], Anm. 36:
Ein Auszug von R. Peppermüllers philologischer Diss. erschien in den Wiener Studien 75. 1962, 5–21.

[S. 108], Anm. 38:
Bemerkenswert ist die Äußerung von Goethe, Maximen und Reflexionen 542: „Wer einsieht, der will auch . . . im Durchschnitt bestimmt die Erkenntnis des Menschen sein Tun und Lassen." – Manfr. Class' Diss. jetzt im Druck 1964, hier S. 92 ff.

[S. 108], Anm. 39:
Dazu jetzt auch O. Wichmann, Platon . . . 1966, 85 f.

[S. 110], Anm. 40:
Jetzt M. Class aaO. 95 ff.

[S. 110], Anm. 41:
Vgl. a. Theophrast bei Stobaeus 2, 31, 124 gg. E. = II p. 240 Wachsmuth προαιρεῖται ⟨μὲν⟩ καὶ ἕτερά γε προκρίνει βελτίω, καταζῆ δ᾽ ὅμως ἐν τοῖς εἰωθόσιν (frdlr. Hinweis von K. Gaiser).

[S. 110] (Nr. 5):
Dazu A. Dihle aaO. (1977) 26, Anm. 16 mit weiteren Parallelen.

[S. 110f.] (Nr. 6):
Dazu auch R. Hunter, Mus. Helvet. 37. 1980, 225.

[S. 113] ob.:
Daß Einzelwendungen in Römer 7 auch Anklänge an solche der LXX aufweisen
(v. 5 ἐξηπάτησεν ∼ Gen. 3₁₃ ὁ ὄφις ἠπάτησέν με, v. 24 ταλαίπωρος ἐγώ ∼ Jes. 6₅ ὦ τάλας
ἐγώ), soll nicht geleugnet werden. Doch die Häufung der Ähnlichkeiten zwischen R 7
und Formulierungen jener Traditionskette der Antike scheint mir ausschlaggebend.

[S. 113], Anm. 50 gg. E.:
Dazu vgl. a. E. v. Dobschütz in: Zs. f. systemat. Theol. 10. 1932–33, 270.

[S. 113], vorletzter Absatz:
Bemerkenswerte Ausnahme Käsemann 190f. (s. ob. Nachtr. zu S. 106ff. am
Anfg.)

[S. 115], Anm. 53:
Die betr. Abhandlung von Jul. Stenzel (Das Problem der Willensfreiheit im
Platonismus) ist wiederabgedruckt in seinen Studien zur Entwicklung der platoni-
schen Dialektik . . . ²1935, 181ff., und in desselben Kleinen Schriften zur griech.
Philosophie ²1957, 171ff.

[S. 115], 2. u. 3. Absatz:
Vgl. Käsemann 194 „Pls hat die Sprache und Motivation seiner Umwelt in
unendlicher Vertiefung aufgegriffen."

[S. 115], Anm. 55:
Der Standpunkt von Kümmel und Bultmann ist in der theologischen Forschung
der herrschende; auf katholischer Seite vgl. etwa J. Huby SJ, St. Paul, Epître aux
Romains (Verbum Salutis X) 1957, 255ff., und K. H. Schelkle, Paulus 1981, 62.

[S. 116] ob.:
So mit Entschiedenheit nach anderen auch E. Haenchen, Gnomon 40. 1968, 450
(unter Berufung auf Phil 3₁₅).

[S. 116], Anm. 56:
Meine Ausführungen jetzt auch abgedruckt ob. S. 127f., 132ff.

Tacitus und die Christen*

Der römische Historiker Tacitus lebte von der Mitte der 50er Jahre des I. nachchristlichen Jahrhunderts bis gegen das Jahr 120, also in einer Spätzeit, da der Glaube an die Grundwerte der römischen Lebenshaltung wie *virtus, dignitas, constantia, mos maiorum, religio* und *pietas* — Mannestugend, Geltung von Rang und Würde, Beharrlichkeit, Vätertradition und Sitte, religiöse Bindung —, um nur einiges zu nennen, ins Wanken geraten war; gleichzeitig war aber auch die Staatsform der aristokratischen *res publica*, die jahrhundertelang die Verwirklichung dieses Glaubens zu verbürgen schien, nach schweren Kämpfen abgelöst durch eine weithin nur noch in der Fiktion an jenen Überlieferungen festhaltende Monarchie, das römische Kaisertum. Dieses hatte sich, z. T. von orientalischen Vorstellungen angeregt, mit dem Wachsen des Reiches und der kaiserlichen Macht unvermerkt seine eigenen Wertsymbole geschaffen wie den Gottkaiserkult[1]), die einzige Religionsübung, die dem großen römischen Reich in allen seinen Gliedern, Zungen und Anschauungen gemeinsam war[2]). Dazu war schon seit den letzten Jahrhunderten der Republik griechische Religion, Philosophie, Lebensanschauung und Bildung eingeströmt und hatte das Weltbild des Römers unendlich bereichert und zu eigenen Schöpfungen angeregt, aber auch entscheidend gestört und seiner Geschlossenheit beraubt.

Sittlich haltlose und dem Cäsarenwahn zuneigende Herrscher wie Nero und Domitian machten den Verfall in besonders eindringlicher und spürbarer Weise deutlich, und gerade ihre Regierungszeit 54—68 und 81—96 war es, die mit der Kindheit und ersten Manneszeit des Tacitus zusammen-

---

* Theologia Viatorum 3. 1951, 10—30.

[1]) G. Herzog-Hauser, Artikel „Kaiserkult" in Pauly-Wissowas Real-Encyclopädie der class. Altertumswiss. (RE), Suppl.-Bd. IV. 1924, Sp. 806—853. O. Weinreich, Senecas Apocolocyntosis... 1923, S. 43 ff. Zu weiteren kaiserzeitlichen Symbolen vgl. bes. A. Alföldi, Insignien und Tracht der römischen Kaiser. Römische Mitteilungen 50. 1935, S. 1—171. Derselbe, Die Geburt der kaiserlichen Bildsymbolik. Museum Helveticum 7. 1950, S. 1 ff. H. Hommel, Horaz... 1950, S. 65 ff. (S. 70 weitere Literatur).

[2]) M. Dibelius, Sitzber. d. Heidelberger Akad. d. Wiss. Ph.-hist. Kl. Jg. 1941/42, 2 (1942), S. 51.

fiel und seine Lebensanschauungen entscheidend prägen half. So ward er, der als hoher römischer Staatsbeamter politische Interessen mit einem ausgeprägten moralischen Gewissen und mit einer bildgestaltenden Kraft ohnegleichen verband, von dem Augenblick an, wo mit dem Tode Domitians wieder dem freien Wort Raum gegeben war, zum Künder altrömischer Virtus, und zwar nach der ihm eigenen Gabe auf dem Felde der Geschichtsschreibung[3]). Da Tacitus die Wiederverwirklichung des Virtusideals als einzige Rettung sah, aber illusionslos genug war, um zu wissen, daß sich das Rad der Geschichte nicht mehr würde zurückdrehen lassen, so gewann sein Werk und seine Persönlichkeit einen tragischen Aspekt. Tacitus geriet in eine Art „intellektueller Verzweiflung", und sein „dämonisches Bildnertum"[4]) trieb ihn dazu, sich in seinem Werk mehr und mehr den düstersten Zeiten der voraufliegenden Jahrzehnte des römischen Imperiums zuzuwenden, die glücklichen Zeitläufte unter den freundlicheren Herrschern seiner eigenen reiferen Mannesjahre | gleichsam auszusparen oder doch zu ignorieren. So kam es, daß er die Virtus mehr und mehr am Gegenbilde der Verworfenheit zur Darstellung brachte oder gar dem Laster sein Hauptaugenmerk zuwandte[1]). In den Dienst dieser schwarz malenden Kunst stellte Tacitus — besonders im Spätwerk der „Annalen" — sein hohes Vermögen faszinierender Er-zählungsgabe, die sich ihren eigenen mit sparsamsten Mitteln arbeitenden Stil der Kürze und Prägnanz, des Verschweigens, Andeutens und Ahnen-lassens schuf und so mit eigenwilliger, stets origineller Ausdrucksfähigkeit gerade den anspruchsvollen Leser in seinen Bann zu ziehen, aber auch mit ungeheurer suggestiver Kraft zu leiten und zu lenken wußte[2]).

Wenn der Abendländer heute auf das Werk des Tacitus zurückblickt, wird er gewahr, daß dem römischen Historiker des sich zum Sterben rüstenden Altertums gerade die neuen starken geschichtlichen Kräfte nicht verborgen blieben, die einer sich von Grund auf sich verändernden Welt für die folgenden Jahrtausende ihr besonderes Gepräge geben sollten, das Germanentum und das Christentum. Mit seiner „Germania" hat der Römer, gleichviel aus welchen Antrieben, seinen Landsleuten das Sittengemälde eines jungen, starken, unverbrauchten Volkes vor Augen gestellt, dessen das Imperium bedrohender und gefährdender Macht er sich wohl bewußt war[3]). Weniger prophetisch hat er sich gegenüber dem

---

[3]) Friedrich Klingner, Tacitus (Die Antike 8. 1932, S. 151ff. = Klingner, Römische Geisteswelt 1943, S. 310ff.). H. Hommel, Die Bildkunst des Tacitus (Hosius-Festschrift: Studien zu Tacitus 1936, S. 116ff.). E. Kornemann, Ta-citus 1946.

[4]) Formulierungen von F. Klingner (a. O. S. 164. 167) und Ed. Fraenkel (Neue Jahrb. f. Wissenschaft und Jugendbildung 8. 1932, S. 233).

[1]) F. Klingner a. O., S. 159ff. H. Hommel a. O., S. 136ff.

[2]) H. Hommel a. O., S. 119 mit weiterer Literatur. J. Vogt, Tacitus und die Unparteilichkeit des Historikers (Hosius-Festschr., S. 1ff., bes. S. 13ff.).

[3]) Neuere Literatur bei H. Fuchs, Mus. Helvet. 4. 1947, S. 151f.

jungen Christentum verhalten, ja weder hat der Historiker die künftige
weltumfassende Bedeutung der jungen Bewegung erkannt, noch hat sich
der Aristokrat zu einer auch nur irgendwie positiven Wertung der
proletarischen Sekte verstehen können, geschweige denn, daß es ihm
gegeben gewesen wäre, sich von der Überzeitlichkeit ihrer Erscheinung
ansprechen zu lassen. Aber er hat dem Phänomen immerhin einen gedrängten Abschnitt seiner Geschichtserzählung gewidmet.

Was uns das kurze Christenkapitel, das 44. des 15. Annalenbuches,
bietet, ist in der Tat bedeutsam genug, zumal es sich um eines der
frühesten von den wenigen Profanzeugnissen dieser ersten Zeit der
Christengemeinde handelt[4]). Obwohl über diese Ausführungen des Tacitus
unendlich viel geschrieben ist — allein der Zeitraum der letzten 8 Jahre
umfaßt sechs gewichtige Spezialabhandlungen[5]) —, scheint die Interpretation doch noch nicht abgeschlossen, und so mag es sich auch von
dieser Seite her lohnen, den Bericht des Römers ins Auge zu fassen.
Der Zusammenhang, in dem das Kapitel steht, ist folgender:

In der Nacht vom 18. auf den 19. Juli des Jahres 64, am Vorabend
des Jahrestages des Gallierbrandes, als Tacitus etwa 10 Jahre alt war,
brach in Rom eine verheerende Feuersbrunst aus, die zunächst 6 Tage,
dann noch einmal 3 Tage lang wütete und von den vierzehn Stadt-
bezirken drei fast völlig einäscherte und nur drei ganz verschont ließ.
Tacitus (Ann. XV 38) läßt es offen, ob das Feuer *forte an dolo principis*
„aus ungeklärter Ursache oder durch heimtückische Veranstaltung des
Kaisers" entstanden war — wenn dies letzte zutraf, dann wohl deshalb,
damit Nero Gelegenheit fände, seine anspruchsvollen Baupläne auszuführen. Tacitus hat wohl kaum die Schuld des Kaisers für erwiesen
gehalten, weiß sie aber in feindseliger Tendenz mit raffinierter Kunst
seinen Lesern zu suggerieren. Die Volksmeinung jedenfalls hatte sich
damals alsbald gegen Nero gewendet, der daraufhin alles tat, um den
Verdacht von sich abzulenken. So wandte er hohe Kosten und alle
Energie auf, um in Kürze die zerstörten Stadtteile solider und schöner
wieder erstehen zu lassen, und suchte durch Befragung der sibyllinischen
Bücher die Mittel zu ergründen, mit denen man die offenbar erzürnten
Götter wieder gnädig stimmen könnte. Dies letzte berichtet der Anfang
unseres Kapitels. Den Rest von § 2—5 gebe ich in kritisch bearbeitetem
Text und in deutscher Übersetzung, mit dem Bemühen, die bisher ge-
sicherten Ergebnisse auch der neuesten Forschung zu berücksichtigen.
Wo ich darüber hinaus zu kommen meine, davon soll anschließend
Rechenschaft abgelegt werden.

---

[4]) Die übrigen Nachrichten sind zuletzt besprochen von M. Dibelius, Rom
und die Christen im ersten Jahrhundert. Heidelberg 1942 (a. d. o. S. 11, Anm. 2
a. O.), 54 S.

[5]) Genauer Nachweis bei H. Fuchs, Tacitus über die Christen. Vigiliae Christianae. Vol. 4. 1950, S. 66$_1$. Die ausländische Literatur ist mir großenteils nicht zugänglich. Ich verlasse mich auf das sorgfältige Referat von Fuchs.

So lautet der etwa 50 Jahre nach der neronischen Christenverfolgung abgefaßte Bericht des Tacitus:

Tacitus, Annales
XV 44, 2—5
sec. cod. Medic. 68 II fol. 38 v col. b:

2. sed non ope humana, non largitionibus principis aut deum placamentis decedebat infamia, quin iussum incendium crederetur. ergo abolendo rumori Nero subdidit reos et quaesitissimis poenis affecit, quos per flagitia invisos vulgus Chrestianos[1]) appellabat.

3. auctor nominis eius Christus Tiberio imperitante per procuratorem Pontium Pilatum supplicio affectus erat. repressaque in praesens exitiabilis superstitio rursum erumpebat non modo per Iudaeam, originem eius mali, sed per urbem etiam, quo cuncta undique atrocia aut pudenda confluunt celebranturque.

4. igitur — primum correpti, qui fatebantur, deinde indicio eorum multitudo ingens — haud proinde in crimine incendii quam odio humani generis convicti[1]) sunt. et pereuntibus addita ludibria, ut ferarum tergis contecti laniatu canum interirent aut crucibus affixi [aut flamma *usti*[2]) atque][3]), ubi defecisset dies, in usu⟨m⟩[4]) nocturni luminis urerentur.

5. hortos suos ei spectaculo Nero obtulerat et circense ludicrum edebat, habitu aurigae permixtus plebi vel *curri*culo[5]) insistens. unde quamquam adversus sontes et novissima exempla meritos miseratio oriebatur, tamquam non utilitate publica, sed in saevitiam unius absumerentur.

Tacitus, Annalen
XV 44, 2—5

2. Aber durch keine menschliche Maßnahme, weder durch das Geld, das es sich der Kaiser kosten ließ, noch durch die Veranstaltungen zur Beschwichtigung der Götter, wollte das böse Gerücht verstummen, das dem Glauben Nahrung gab, der Brand sei auf Befehl gelegt worden. Folglich schob Nero, um das Gerede aus der Welt zu schaffen, als mutmaßlich Schuldige vor und belegte mit ganz ausgesuchten Strafen diejenigen, die man, wiewohl sie sich durch Verbrechen verdächtig gemacht hatten, gemeinhin Chrestianer zu benennen pflegte.

3. Der (wahre) Veranlasser dieses Namens, Christus, war unter der Regierung des Kaisers Tiberius durch den Procurator Pontius Pi-

---

[1]) *christianos* ex *chrestianos* correctum littera *i* pro *e* in rasura posita M.
[1]) *coniuncti* M.
[2]) *flammandi* M, *flamma usti* Sulpicius Severus II 29, 3.
[3]) *Ad hunc locum vide infra p.* 29, *adn.* 4.
[4]) *usu* M.
[5]) *curriculo* Agricola, *circulo* M.

latus hingerichtet worden. Dadurch für den Augenblick unterdrückt, brach der verhängnisvolle Aberglaube allmählich wieder auf und zwar nicht nur über das Land Judäa hin, das Ursprungsgebiet dieser Seuche, sondern auch allenthalben in Rom, wo ja von überallher alle Scheußlichkeit und Gemeinheit zusammenzuströmen und Anhängerschaft zu finden pflegt.

4. So wurden sie denn ergriffen — zuerst nur die, die (sich zu der Bewegung) bekannten, dann auf ihre Anzeige hin eine Unmenge (weiterer Anhänger) — und man überführte sie nicht so sehr des Verbrechens der Brandstifung als der schlechthin gemeinschaftsfeindlichen Gesinnung. Und zu ihrem Ende wurde das entehrende Schauspiel gefügt, daß sie mit den Fellen wilder Tiere angetan von Hunden zerrissen den Tod leiden mußten, oder ans Kreuz geschlagen nach Einbruch der Dunkelheit als Kandelaber abgebrannt wurden.

5. Seinen eigenen Park hatte Nero für diese Schaustellung zur Verfügung gestellt und veranstaltete zugleich ein Zirkusspiel, wobei er als Wagenlenker gekleidet sich unter den Pöbel mischte oder selbst einen Rennwagen bestieg. Daher kam es, daß sich gegenüber den Verbrechern, die doch strengste exemplarische Bestrafung verdienten, das Mitleid regte, gleich als büßten sie nicht im öffentlichen Interesse, sondern fielen dem Wüten eines Einzelnen zum Opfer.

Es wird aufgefallen sein, daß Tacitus als Vulgärbezeichnung für die Christen die merkwürdige Denomination Chrestianer angibt oder wie wir sagen würden Chresten, während er selber versichert, ihr *auctor* habe Christus geheißen. In der Tat hat die einzige Handschrift mit selbständigem Wert, die wir für diese Partie der Annalen besitzen und von der alle anderen Codices abhängen, der im 11. Jahrhundert im Kloster Montecassino geschriebene, nachmals in Rom und nun seit langem in Florenz aufbewahrte sogenannte Laurentianus 68, 2, ursprünglich an der ersten Stelle die Lesart chrestianos geboten, die vom gleichen Schreiber oder bald nach ihm in christianos geändert wurde, während im folgenden Satze die Lesung christus eindeutig ist. Diesen längst vermuteten Sachverhalt hat jetzt eine neue, genaue Nachprüfung der Handschrift bestätigt, worüber der in Basel wirkende deutsche Philologe Harald Fuchs im Jg. 1950 der holländischen Zeitschrift „Vigiliae Christianae" ausführlich berichtet[1]). Derselbe Gelehrte hat es, wie mir scheint, zur Sicherheit erhoben, daß Tacitus von der Vulgärbezeichnung *chrestiani* sein eigenes besseres, vielleicht während seiner Statthalterschaft in Asien erworbenes Wissen um die richtige Namensform Christi „auch in der stilistischen Gestaltung seiner Aussage" deutlich abhebt[2]). Aber hier, glaube ich, kann eine scharfe Interpretation, die den Feinheiten taciteischer Stilkunst volle Beachtung schenkt, noch einen Schritt weiter kommen:

---

[1]) S. 65—93, hier S. 69f.
[2]) Fuchs a. O., S. 72ff., ähnlich schon M. Dibelius a. O., S. 32_2.

Wenn einmal der Tenor der Stelle erkannt ist, dann wird man die
wie so oft mit knappen, kaum angedeuteten Antithesen arbeitende
Ausdrucksweise des Tacitus so übersetzen müssen, wie wir es getan:
*... quos per flagitia invisos vulgus Chrestianos appellabat. auctor nominis
eius Christus...*

„... die man, wiewohl sie sich durch Verbrechen verdächtig gemacht
hatten, gemeinhin Chrestianer zu benennen pflegte. Der (wahre) Veranlasser dieses Namens, Christus, ...".

Denn der besonders gefärbte, hier adversative Sinn eines Particips
wie die antithetische Anknüpfung eines neuen Satzes ohne besondere
Partikel wird in Tacitus' mit äußerster Sparsamkeit arbeitender Dar- |
stellungskunst auch sonst vielfach dem Spürsinn des aufmerksamen,
ja oft nur des in die Zusammenhänge eingeweihten Lesers überlassen[1]).
Daß aber Tacitus Grund hatte, angesichts der notorischen Verbrechen,
durch die sich die Christen verdächtig gemacht haben sollen, gerade
den Namen *chrestiani* als befremdend, vielleicht gar als komisch oder
lächerlich hinzustellen und dann aufklärend und belehrend sein besseres
Wissen um die richtige Namensform folgen zu lassen, dies alles erklärt
sich, wenn man nicht übersieht, daß die Bezeichnung *Chrestiani* für den
des Griechischen auch nur einigermaßen Kundigen dasselbe wie etwa
unser Wort „Biedermänner" bedeuten mußte. Bei der verkehrten Benennung mag man zunächst sehr wohl an einen Gründer der Sekte
namens Chrestos gedacht haben, denn das war ein so gewöhnlicher
Name wie sein Gegenstück, der Frauenname Chreste. Auch war nach
Sueton (Claudius 25, 4) unter der Regierung von Neros Vorgänger in
Rom ein jüdischer Aufrührer dieses Namens hervorgetreten, wenn nicht
gar hier schon eine Verwechslung mit Christus vorliegt[2]). Aber Chrestos
war wie unser „Biedermann" eben zugleich ein redender Name, der
entsprechende Assoziationen hervorrufen mußte, vollends da, wo er
zum Gattungsnamen einer Gemeinde wurde.

Das Mißverständnis, durch das aus Christiani Chrestiani werden
konnte, erklärt sich leicht und lag außerordentlich nahe. Der Name
Χριστιανοί, Christusanhänger, ist nach Acta 11, 26 in der hellenisierten
Stadt Antiocheia in Syrien in den 40er Jahren aufgekommen. Damals war aber in der griechisch sprechenden Welt bereits eine mehrere
Vokale betreffende Ausspracheverschiebung oder besser -vereinfachung
im Gange, der sogenannte Itazismus, wonach u. a. das lange η und der
Diphtong οι mehr und mehr wie ι bzw. υ gesprochen wurden, also daß
Χριστιανοί und Χρηστιανοί sich in der Rede nicht wesentlich unter-

---

[1]) Stolz-Schmalz(-Hofmann), Lateinische Grammatik ⁵1928, S. 846. Draeger, Über Syntax und Stil des Tacitus ²1874, S. 53. H. Hommel, Archiv für Religionswissenschaft 37. 1940, S. 146f. (zu Germ. 9, 1). Die erste der beiden Erscheinungen übrigens auch schon bei Homer, Ilias I, 11f. Χρύσην ἠτίμασεν ἀρητῆρα
'Ατρείδης'... obwohl er ein heiliger Mann war'.
[2]) Dibelius a. O. S. 30f.

schieden, indem beide sich wie „Christiani" anhörten. Bei Übertragung des Gehörten in die Schrift konnte es daher leicht geschehen, daß Χριστιανοί als Χρηστιανοί erschien und sich in dieser falschen Form auch im Lateinischen durchsetzte, um so mehr als man sich wie gesagt darunter etwas vorstellen konnte[3]), während der Χριστός, die Über- | setzung des hebräischen Maschiach, den meisten unbekannt war. Tacitus setzt also seine intimere Kenntnis der Zusammenhänge[1]) mit Entschiedenheit gegen die Vulgärmeinung.

Aber wie kam er dazu, die Christen als solche anzusprechen, die sich durch Verbrechen verdächtig gemacht hätten, so daß ihre Kennzeichnung als „Biedermänner" gleichsam wie ein „lucus a non lucendo" abgelehnt werden mußte? Man hat hinter dieser Anschuldigung die den Christen nachmals mehrfach untergeschobenen Greuel „thyesteischer Mahlzeiten" und „oidipodeischer Verbindungen" gesucht[2]). Also Menschenfresserei besonders erschwerender Art und sexuelle Ausschweifungen mit blutschänderischem Einschlag, Vorwürfe, die aus dem Mißverständnis ihrer sakramentalen Mahlzeiten[3]) wie überhaupt ihrer beide Geschlechter umfassenden geheimen Zusammenkünfte[4]) erwachsen waren.

Bei Tacitus ist nachher von der Verurteilung der wenigen[5]) sich zu ihrem Glauben frei Bekennenden[6]), und von der durch Denunziati-

---

[3]) Dies letzte ist das Entscheidende, zumal gerade die Veränderung des η zu ι innerhalb des Itazismus am spätesten einsetzte, uns jedenfalls erst seit Mitte des 2. Jahrh. auf den Papyri belegt ist. Aber angebahnt haben muß sie sich naturgemäß bereits spätestens im 1. Jahrh. Vgl. E. Schwyzer, Griechische Grammatik I 1939, S. 186. 195f. Zurückhaltender Blaß-Debrunner, Gramm. des neutestamentl. Griechisch [8]1949, S. 14. 21 (mit der früheren Literatur); die Gleichung Κυρήνιος Ev. Lc. 2,2 = *Quirinius* (P. Sulpicius Quirinius) ist aber doch nicht wegzudeuten.

[1]) Er hat sie wohl als Statthalter von Asien nicht lang vor Abfassung der „Annalen" gewonnen, wie man seit langem ansprechend vermutet; darüber Fuchs 72[11]. Vgl. oben S. 15.

[2]) Dibelius 34f.; Fuchs 83[32].

[3]) Ev. Jhs. 6,51−57 (53f.): Dibelius 35; vgl. Fuchs a. O.

[4]) Dibelius a. O. und vgl. 38[2]. Man fühlt sich an die Vorwürfe des Senatus consultum de Bacchanalibus v. J. 186 v. Chr. erinnert (Wissowa RE II 1896, Sp. 2721f.).

[5]) Das geht aus dem — freilich wiederum nach der Weise des Tacitus unausgesprochen gelassenen — Gegensatz zu der *multitudo ingens* der anderen klar hervor: R. Reitzenstein, Die hellenistischen Mysterienreligionen [3]1927, S. 119 m. Anm. 2.

[6]) Daß es sich bei dem Geständnis (*fatebantur*) der zuerst Ergriffenen um die Zugehörigkeit zur Gemeinde der *Christiani*, nicht um die Brandstiftung handelte, wird heute mit Recht allgemein anerkannt: Dibelius 31[2]; Fuchs 77ff. wie immer mit erschöpfenden Literaturangaben. Die nach dem Vorgange anderer von Fuchs 80[28]. 82[31] klar gesehene, echt taciteische Kunst des gedrängten Ausdrucks und der Wortstellung am Anfang von Ann. XV 44,4 glaube ich durch meine Interpunktion (Setzung einer Parenthese von *primum* bis *ingens*) noch durchschaubarer gemacht zu haben. Daß das *correpti* in die Parenthese gezogen ist, anstatt gleich auf *igitur* zu folgen, ist eben taciteische Manier, die gewiß der Feinheit nicht entbehrt.

onen[7]) aus den Reihen der bereits Festgenommenen ebenfalls als Christen entlarvten großen Menge anderer die Rede. Dabei wird mit gewohnter Kürze[8]) berichtet, daß es nicht gelang, die Christen auf das ihnen angedichtete Verbrechen der Brandstiftung festzulegen, daß man sie vielmehr wegen ihres nachgewiesenen „*odium humani generis*" verurteilte[1]). Harald Fuchs hat zweifellos richtig bemerkt, daß zwischen dieser Gesinnung und den vorerwähnten „*flagitia*" der Zusammenhang von Ursache und Wirkung, von Voraussetzung und Folge, bestehe[2]), hat sich aber der landläufigen Deutung dieser *flagitia* angeschlossen, so daß nach seiner Interpretation in Tacitus' Sicht aus der menschenhassenden Gesinnung der Christen ihre thyesteisch-oidipodeischen Greuel hätten hervorgehen müssen. Schon Martin Dibelius in seiner vortrefflichen Untersuchung über „Rom und die Christen im 1. Jahrhundert" (Heidelberger Sitzungsberichte 1941/42, 2. 1942) hat zwar — unter Hinweis auf den Briefwechsel zwischen Kaiser Trajan und Plinius d. J. über die Behandlung der Christen in Bithynien aus dem J. 112 — die übliche Auffassung der *flagitia* zu stützen vermeint[3]), aber doch dem Tacitus das Recht bestritten, diese scheußliche Anklage in die neronische Zeit zurückzutragen[4]). Ich möchte noch weiter gehen und nicht einmal glauben, daß jene Auffassung überhaupt auch nur als Meinung des Tacitus mit Sicherheit angenommen werden darf, indem ich um so mehr

---

[7]) Dibelius 31f. spricht im Anschluß an E. P. Klette, Die Christenkatastrophe unter Nero 1907, S. 123 von raffinierter Verhörtechnik und Erpressung.

[8]) Dazu Fuchs 78f.

[1]) Dibelius 32ff. hat im Blick auf das *subdidit reos* nach anderen die Meinung vertreten und zu begründen versucht, daß Nero die Christen gar nicht der Brandstiftung beschuldigt, sondern die Verfolgung der *exitiabilis superstitio* lediglich als „Ablenkungsmanöver" inszeniert habe. Dagegen zuletzt mit guten Gründen Fuchs 67₄f., der vor allem darauf hinweist, daß die von den Christen erlittenen Todesarten durch Feuer und durch Tiere im römischen Strafrecht gerade für Brandstiftung vorgesehen waren. — Es wird wohl so gewesen sein, daß man im Prozeß mit der Anklage auf Brandstiftung nicht durchdrang, daß aber dann die allgemeinere und leichter zu beweisende Beschuldigung des „*odium humani generis*" (dazu s. unten S. 19ff.) herhalten mußte, um die Christen unter dem Vorwand des Rechts auch in jenem eigentlichen Anklagepunkt der Brandstiftung schuldig erscheinen zu lassen, ein Verfahren, das uns Heutigen aus Urteilen von „Volksgerichtshöfen" wieder einprägsam geworden ist. Die Anklage auf Brandstiftung war also ein von der Situation gebotener Vorwand, der dem Kaiser dazu dienen mußte, den Verdacht von sich abzulenken (soviel bleibt von der Hypothese von Dibelius bestehen); der wahre Grund der Christenverfolgung lag tiefer, wenn sie freilich auch ohne jenen Vorwand kaum ausgelöst worden wäre. Ich stimme hier weithin überein mit R. Reitzenstein a. O., S. 118 ob. 120 unt., ohne seine eigentlich seiner eigenen Konzeption widersprechende Interpretation des *fatebantur* als auf die Brandstiftung bezüglich mitzumachen.

[2]) Fuchs 82f.

[3]) Dibelius 34f. nach C. Plini et Traiani epistulae 96f.

[4]) Dibelius 35 unter Hinweis auf 1. Petr. 4, 15 (e silentio).

die Fuchssche Ansicht unterstreiche, daß Tacitus andeuten wollte,
aus der Gesinnung des *odium humani generis* seien jene *flagitia* ge-
flossen, jenes skandalöse Verhalten, wie sich der Ausdruck übersetzen |
läßt[1]), durch das sich die Christen zu „*invisi*", zu „Verdächtigen", gemacht haben[2]). „Verdächtig" also waren sie schon bei ihrer Verhaf-
tung, „überführt" (*convicti*)[3]) wurden sie erst im Prozeß. Im ersten
Falle ist von *flagitia* die Rede, im zweiten vom *odium humani generis*.
Es sieht doch so aus, als sei das verbrecherische Verhalten von Anfang
an evident gewesen, und als habe der Prozeß dann die erschwerende
Feststellung erbracht, daß es sich nicht um zufällige Einzelvergehen,
sondern um planmäßig organisiertes, aus einer vorhandenen Grund-
gesinnung notwendig erwachsendes skandalöses Verhalten gehandelt
haben muß, so daß sich die Überzeugung von der Schuld um so nach-
drücklicher einprägen konnte.

Aber worin bestand nun die Gesinnung des *odium humani generis*,
und was waren die daraus sich ergebenden *flagitia*?

Zunächst zum *odium humani generis*. Daß damit nicht die Christen
als „Abscheu des Menschengeschlechts" bezeichnet sind — das wäre
ja auch eine merkwürdige Urteilsbegründung —, sondern daß ihr
„Haß gegen das Menschengeschlecht" festgelegt werden sollte, darf
durch die Forschungen von Eduard Zeller und Wilhelm Nestle wohl als
endgültig erwiesen gelten[4]). Aber die heute fast allgemein — auch von
Dibelius und Fuchs — angenommene weitere, zunächst bestechende
Ansicht jener beiden schwäbischen Forscher, es handle sich bei dem
Ausdruck *odium humani generis* einfach um eine Übersetzung des griechischen μισανθρωπία, kann mich nicht überzeugen, so sehr sich wiederum Dibelius und Fuchs bemüht haben, sie mit neuen Gründen und
Belegen zu stützen[5]). Wörtliche Anklänge an die Terminologie des Peri-
patos, der Stoa oder der neueren athenischen Akademie besagen an
sich für Tacitus wenig, solange sich Möglichkeiten bieten, ihn und seine
eigenwilligen Wortprägungen aus eigenen oder doch römischen Voraus-
setzungen zu verstehen[6]). Solche Anklänge sollten darum eher zur Vor- |

---

[1]) Ähnlich Sallust, Bellum Iugurth. 85, 42. 44. Tacitus, Ann. III 17. XII 65.
XVI 4.

[2]) *invisus* „verdächtig" auch Cicero, De officiis II 34 *hoc invisior et suspectior
detracta opinione probitatis* (zur Identität der beiden Glieder vgl. Plautus, Rudens
115 *et impudicum et impudentem*). Iustinus XXXVI 2 gg. E. *ne eadem causa invisi
apud incolas fierent*.

[3]) Zu der heute kaum mehr anzuzweifelnden Richtigkeit der Lesart der jüngeren
Hss *convicti* gegenüber dem *coniuncti* des Mediceus vgl. Dibelius 33₁ und —
hoffentlich abschließend — Fuchs 76₁₉.

[4]) E. Zeller, Zeitschr. f. wiss. Theol. 34. 1891, S. 356ff.; W. Nestle, Klio 21.
1926/27, S. 91ff. Dibelius 35. Fuchs 84. Für jenen Gebrauch vgl. etwa Plautus,
Rudens 319 *deorum odium atque hominum*, und im Gegensinn Sueton, Div. Titus 1
amor et deliciae generis humani.

[5]) Dibelius 35ff. Fuchs 84ff.

[6]) Dies gegen Zeller, Nestle, Fuchs a. O.

sicht mahnen, weil sie den gelehrten, allzu belesenen Leser leicht zu Irrwegen verleiten[1]). Denn wenn Dibelius — unbekümmerter als Fuchs — versucht, im Sinne der von ihm akzeptierten Interpretation des *odium humani generis* als μισανθρωπία das römische Kriminalgericht neronischer Zeit zum Sprecher eines kosmopolitischen Philanthropismus zu machen und es zum Schützer der „Voraussetzung alles wahrhaften Menschseins" wie „des besten Geistes der Zeit" zu erklären[2]), so ist das selbst noch für diese Jahrzehnte so unrömisch empfunden wie nur etwas[3]).

Aber eine solche Einstellung der Römer den Christen gegenüber einmal zugegeben: hätte das junge Christentum als Religion der Liebe zum Bruder im weitesten Sinne nicht alles daran gesetzt, durch den Hinweis auf das bei ihm geltende Liebesgebot die ungerechte Anschuldigung der μισανθρωπία zu entkräften[4]), so daß wenigstens Tacitus 50 Jahre später diesem Widersinn nicht mehr erlegen wäre? Um solchem Einwand zu begegnen, hat man darum angenommen, die ganze Verdächtigung des „Menschenhasses" sei von den Juden, denen gegenüber sie mehrfach bezeugt ist, einfach mechanisch und irrtümlich auf die Christen übertragen worden[5]). Aber dann müßte man wiederum fragen: wieso blieb dann den Juden gegenüber der Vorwurf auf der Ebene der Diskussion, während er bei den Christen zur grausamsten Verfolgung führte?[6])

---

[1]) Wo freilich jener andere Weg versagt, da mag die Interpretatio Graeca am Platze sein. Ein überzeugendes Beispiel dafür bietet W. Theiler, Tacitus und die antike Schicksalslehre (Phyllobolia für P. von der Mühll 1946, S. 35—90) zu Ann. VI 22, wo Tacitus aber auch die *sapientissimos veterum quique sectam eorum aemulantur* ausdrücklich apostrophiert.

[2]) Dibelius 36. Bemerkenswert, daß er daneben doch auch „die Abkehr der Christen von allen öffentlichen Pflichten" mit heraushört. S. 37 ist dann von ihrer „dem Staat ... schädlichen Gesinnung" die Rede. Vgl. a. — ganz von ferne — Fuchs 87.

[3]) Man lese nur in der aufschlußreichen Professio medici des Scribonius Largus aus claudischer Zeit 32 ff. nach, wie ängstlich der von hellenischer ärztlicher Standesethik geprägte Verfasser dem Kaiserhof gegenüber seine φιλανθρωπία verteidigen muß, nicht ohne sich zu bemerkenswerten Zugeständnissen zu bequemen, die ihm seine Pflichten als römischer Untertan nahelegen. Dazu die vortreffliche Interpretation von K. Deichgräber, Abh. der geistes- u. soz.-wiss. Kl. d. Ak. d. Wiss. u. d. Lit. in Mainz. Jg. 1950, Nr. 9, S. 856f. 866f. (= 4f. 14f.).

[4]) M. Hitchcock bei Fuchs 8.'₃₃.

[5]) Zeller a. O. 366₁; Nestle a. O. 92f.; Dibelius 35f.; Fuchs 86f.

[6]) Dibelius 36 und Fuchs 87 suchen auch diesem Einwand zu begegnen und zwar durch den Hinweis auf die Religio licita der als geschlossenes Volk durch seltsame Gesetze aus ihrer Umwelt ausgegliederten Juden. Aber ihre Sonderstellung hat, wie die Geschichte des 1. nachchristl. Jahrh. gezeigt hat, den Juden sonst auch nicht allzu viel genützt (Th. Mommsen, Röm. Gesch. V 497ff. 518ff.). So wären sie auch hier kaum von Schwierigkeiten verschont geblieben, wenn μισανθρωπία in dem oben verstandenen Sinne überhaupt als todeswürdiges Verbrechen gegolten hätte. Vgl. a. Reitzenstein a. O., S. 114₄f. Sehr beachtenswert und

Ich glaube, die Lösung des Problems ist auf anderem Wege zu suchen. Wir sind über die neronische Christenverfolgung, der auch der Apostel Petrus zum Opfer gefallen zu sein scheint [1]), noch aus weiteren Quellen informiert, am eindringlichsten durch die bedeutsamen Anspielungen der Apokalypse des Johannes, die in den 90er Jahren während seiner von Domitian verfügten Verbannung auf der Insel Patmos entstanden ist und die in unserem Zusammenhang eine vortreffliche Exegese in Martin Dibelius' erwähnter Abhandlung erfahren hat [2]).

Danach ergibt sich aus den Kapiteln 6 und 7, daß der Verfasser der „Offenbarung" in seiner Schau neben den Opfern der zeitgenössischen Christenverfolgung durch Domitian auch die der früheren unter Nero, von der uns Tacitus berichtet, mit einbezieht. Denn „die Seelen derer, die um des Wortes Gottes willen getötet sind und die unter dem himmlischen Altar Gottes ruhend auf das Ende der Dinge warten", rufen aus (c. 6, 9): 'Wie lange Herr, daß du nicht richtest und nicht rächest unser Blut ?' „Ihnen wird zur Antwort, daß sie ruhen sollen, bis ihre Mitknechte und Brüder vollendet sind, die noch getötet werden sollen. Offenbar sind also diese himmlischen Märtyrer die Opfer der neronischen Verfolgung" [3]). Das Leiden beider Gruppen von Blutzeugen steht nun aber — menschlich-römisch gesprochen — ganz deutlich unter dem von Johannes immer wieder in leicht enträtselbaren Bildern eingeprägten Schuldmotiv der Verweigerung des Kaiserkultes. Das Tier in Kapitel 13, das „aktuell gesehen" nur Rom symbolisieren kann, „fängt Krieg an mit den Heiligen und besiegt sie; alle aber, die nicht im Lebensbuch des geschlachteten Lammes stehen, beten das Tier an. Die Christen unterscheiden sich also dadurch von der übrigen Bevölkerung des Römischen Reiches, daß sie dem Kaiser die kultische Verehrung weigern". Ein zweites Tier treibt die Bewohner der Erde — τοὺς κατοικοῦντας ἐπὶ τῆς γῆς — zur Anbetung des ersten Tieres: (v. 14) '. . . und saget denen, die auf Erden wohnen, daß sie dem Tier ein Bild machen sollen . . .', (v. 15) 'und es ward ihm gegeben, daß es dem Bilde des Tiers den Geist gab, daß des Tieres Bild redete und machte, daß, welche nicht des Tieres Bild anbeteten, ertötet würden'. „Wer es aber anbetet, der erhält einen Stempel auf Hand oder Stirn, und erst der so Gezeichnete hat das Recht, zu kaufen oder zu verkaufen. Man sieht, die Darstellung dieses Tieres gibt die mythische Einkleidung bald auf — und behandelt sehr reale Dinge. Dem entsprechend wird dieses dritte

---

überzeugend sind dagegen die Ausführungen von K. L. Schmidt, Die Judenfrage im Lichte der Kapitel 9—11 des Römerbriefs 1943, S. 18 f. über die Untrennbarkeit jüdischen und frühchristlichen Verhaltens gegenüber den Ansprüchen des weltlichen Herrschers (unter Hinweis auf Esther 3, 8; Tac. Hist. V 5, 1 einerseits, und Ann. XV 44, 4 andrerseits). Vgl. dazu unt. S. 24₂. 26f.

[1]) H. Lietzmann, Petrus und Paulus in Rom [2]1927, S. 228ff. Dibelius 27f.
[2]) Dibelius 44 ff.
[3]) Dibelius 46.

Ungeheuer weiterhin auch gar nicht mehr als Tier geschildert, sondern
erscheint neben Drache und Tier als falscher Prophet (16, 13; 19, 20;
20, 10). Es ist der Prophet des Kaiserkults." Soweit die Paraphrase
von Dibelius[1]). Von der problematischen Identifikation des Propheten,
die vom Verständnis der in der Apokalypse gleich darauf genannten
viel umstrittenen Zahl 666 abhängt[2]), soll hier weiter nicht die Rede
sein. Der Hinweis auf die Offenbarung Johannis mag genügen, um die
ganz zentrale Bedeutung der Verweigerung des Kaiserkults auch schon
für die Märtyrer der neronischen Christenverfolgung zu belegen. Weitere
Stellen aus der folgenden Zeit, auch aus profanen Quellen, hat Dibelius
gesammelt[3]).

Sollte nun von diesem, doch gerade auch für den die Ereignisse
beurteilenden und darstellenden Römer entscheidenden Gesichtspunkt, d. h. von der Verweigerung des Kaiserkultes, in dem Tacitus-
kapitel über die neronische Christenverfolgung überhaupt keine Rede
sein? Um der Frage zu begegnen, müssen wir etwas weiter ausholen.
Die rechtsgeschichtliche Forschung hat erwiesen, daß die *maiestas*
des römischen Volkes, ein unserem 'Prestige' vergleichbarer Begriff,
sich mit dem Wechsel der Staatsform organisch zur *maiestas* des Kaisers
gewandelt hat. In ihr liegt es beschlossen, „daß dem Inhaber der *maiestas*
von allen Menschen ... Ehrfurcht (*reverentia*), Ehrerbietung (*honor*)
und Gehorsam (*obsequium*) geschuldet wird"[4]). „Wenn sich das römische
Volk Majestät beilegte, so wollte es damit sagen, daß es über alle anderen Völker der Welt erhaben sei, und zwar nicht nur durch seine
äußeren Erfolge, sondern durch seine innere, ihm von den Göttern verliehene Tüchtigkeit ... Die Römer hielten sich ebenso für das von Gott
auserwählte Volk wie die Juden."[5]) Dementsprechend wurde das De-
likt der Schändung oder Verletzung dieser Majestät, das *crimen minutae*
oder *laesae maiestatis*, „das alle Fälle der Verletzung der Hoheit des
römischen Volkes und seiner Vertreter umfaßte", schon zur Zeit der
Republik „ein Bestandteil des römischen Strafrechts, nachdem das
römische Volk Italien unterworfen hatte und zu dem Bewußtsein seiner |
Überlegenheit gelangt war"[1]). Mit dem Auftreten der Monarchie wurde
„das Majestätsverbrechen aus einem Staatsverbrechen zum Verbrechen
gegen die Person des Herrschers und seiner Familie"[2]). Aber das Bewußtsein dafür ging niemals verloren, daß mit dem Einschreiten gegen
solche Delikte stets auch der Staat, das Römische Reich geschützt wurde,
nicht bloß das Kaiserhaus. Je mehr sich freilich die Überzeugung von
der Identität des Herrschers mit dem Staate durchsetzte, je mehr andrer-

---

[1]) Dibelius 47 f.
[2]) Dibelius 48₁.
[3]) Dibelius 42. 48 ff. 51 ff.
[4]) B. Kübler, RE XIV (1928/30), Sp. 542 (Artikel „Maiestas").
[5]) Kübler a. O. 543.
[1]) Kübler a. O. 544.
[2]) Kübler a. O. 550.

seits die göttliche Natur des Herrschers Anerkennung fand, desto stärker wurde der Schutz und desto stärker auch das beide wechselseitig verknüpfende Band. Ja die Göttlichkeit des Kaisers ließ das *crimen laesae maiestatis* sich geradezu einem Religionsfrevel annähern[3]). Schon seit Tiberius schließlich wurde „der Schutz der geheiligten Person des Herrschers ... auch auf seine Bildnisse erstreckt; wer ihnen die schuldige Achtung versagte, verlor sein Leben"[4]).

Ein bedeutsames Symbol für die beanspruchte Herrschaft von Kaiser, Staat und Volk über die gesamte Oikumene war der Umkreis der von dieser Herrschaft erfaßten Länder, der „*orbis terrarum*", eine Konzeption, der Joseph Vogt eine lehrreiche Monographie gewidmet hat[5]). Da lesen wir, daß Römer wie der ältere Plinius, übrigens noch Zeitgenosse des jungen Tacitus, „zufolge der ökumenischen Fassung des Reichsgedankens die kulturellen Werte der römischen Herrschaft" über den Erdkreis „als Leistungen für die Menschheit betrachtet" und verherrlicht haben[6]), wodurch diese ganze Menschheit denn auch folgerichtig zu Dankbarkeit und Reverenz angehalten war, andrerseits aber auch an der Machtfülle und den Segnungen des Reiches für beteiligt galt. Die Identität der synonymen Begriffe *orbis terrarum*, *orbis Romanus* und *imperium Romanum*[7]) mit dem *genus humanum* war also danach bereits angebahnt. So haben die Kaiser Galba und Trajan, unter deren Regierung Tacitus gelebt und als Beamter gedient hat, und manche ihrer Nachfolger auf ihren Münzen ausdrücklich die „*salus generis humani*" verkündet. Und spätere Kaiser des 3. Jahrhunderts lassen auf ihren Prägungen dann die übliche Münzlegende „*restitutor orbis*" mit der des „*restitutor generis humani*" wechseln. Ja einmal finden sich sogar die beiden Begriffe zu einem einzigen kontaminiert in der Formel des „*orbis humanus*"[1]).

Die geforderte Reverenz des *genus humanum* gegenüber ihrem Schützer und Wohltäter, von der wir sprachen, fand ihren legitimen Ausdruck im Kaiserkult. Wer ihn weigerte, machte sich damit nicht nur des *crimen laesae maiestatis* schuldig, sondern stellte sich zugleich auch feindselig gegen alle anderen Glieder des das Reich verkörpernden

---

[3]) Kübler a. O. 550 f.

[4]) Kübler a. O. 552 mit Anführung d. Belege.

[5]) Orbis Romanus. Zur Terminologie des römischen Imperialismus 1929. Wiederabgedruckt und ergänzt in J. Vogt, Vom Reichsgedanken der Römer 1942, S. 170 ff., wonach hier zitiert wird.

[6]) Plinius, Nat. hist. III 39 ff. XXVII 2 f. XXXVI 118. Vogt a. O., S. 193 f. Vgl. A. Rüstow, Die römische Revolution und Kaiser Augustus. Revue de la Fac. des Sciences Economiques de l'Univ. d'Istanbul 5. 1944, S. 234. Vorbereitet ist der Gedanke auch schon durch den romaisierenden Heraklesmythos bei Dionys. Halicarn., Antiquitat. I 41, wo es von Herakles heißt καθιστὰς σωφρονικὰ πολιτεύματα καὶ βίων ἔθη φιλάνθρωπα (Hinweis meines Sohnes Peter Hommel).

[7]) Dazu Vogt a. O., S. 184 u. ö.

[1]) Historia Augusta, Trig. tyr. 12, 8 *qui ex diversis partibus orbis humani rem publicam restituant*. Vogt a. O., S. 194 m. Anm. 3.

orbis terrarum, oder wie man nach dem eben Gehörten auch sagen könnte, des *genus humanum*.

Ist es in Anbetracht dieser Zusammenhänge noch zu bezweifeln, daß Tacitus mit dem *odium humani generis* der Christen auf ihre standhafte und gesinnungsmäßig begründete Verweigerung des Kaiserkultes anspielte, die wir ohnehin als in seinem Bericht enthalten postulieren mußten?[2]) Nach den letzten religiösen Motiven der Christen hat Tacitus in seiner knappen Darstellung nicht gefragt, wie ihn ja überhaupt der tiefere Grund ihres befremdlichen Verhaltens nicht gekümmert zu haben scheint. *auctor nominis eius Christus* und die römischen Beziehungsdaten seines Todes wie die weitere Ausbreitung der *exitiabilis superstitio* als einer den Staat bedrohenden Infektion, damit hat sich das Interesse des römischen Historikers erschöpft.

Mit der Gewinnung einer genuin römischen Interpretation des viel umstrittenen *odium humani generis* der Christen rundet sich dieses Bild. Tacitus hat überhaupt in seinem Christenkapitel nur den römischen Aspekt, nur die Bezogenheit der eigenartigen Sekte auf den römischen Staat zu Worte kommen lassen, alles andere dagegen streng aus seiner Darstellung ferngehalten. So werden denn auch die *flagitia*, durch die sich die Christen verdächtig gemacht hatten, und die wir mit Fuchs als Ausfluß des *odium humani generis* verstehen lernten, in nichts ande-

---

[2]) In diesem Zusammenhang verdient Beachtung, daß gerade jüdische Herrscher wie M. Iulius Agrippa I und II auf Inschriften stereotyp als φιλοκαίσαρες καὶ φιλορώμαιοι bezeichnet werden (OGIS I 419. 420. 424), während Herodes I zur Zeit des Augustus noch lediglich als φιλορώμαιος erscheint (OGIS I 414). Weiteres Material ist den Indices zu OGIS zu entnehmen. Vgl. außerdem die Inschrift Syll. Inscr. Gr. II 804, wo der auch bei Tacitus (Ann. XII 61. 67) begegnende kaiserliche Leibarzt Xenophon aus Kos zu Beginn von Neros Regierungszeit die Bezeichnungen φιλονέρωνα, φιλοκαίσαρα,φιλοσέβαστον, φιλορώμαιον etc. führt. φιλορώμαιος scheint genau das positive Gegenbild von dem auszudrücken, was Tacitus mit dem *odio humani generis* umschreibt. (Hingewiesen sei auch auf den Vergleich Neros mit dem den *orbis* betrachtenden *Sol* in Senecas Apocolocyntosis 4, 1 v. 27ff.; s. dazu O. Weinreich, Senecas Apocol. . . . 1923, S. 37ff. E. Stauffer Christus und die Cäsaren 1948, S. 151.) Auch die bekannte Charakterisierung des Kaisers Titus als *amor et deliciae generis humani* (an die mich K. Meister erinnert), die er sich nach Sueton, Div. Titus 1 erst *in imperio* erwarb, kann sich nur auf die dem Kaiser von den Gliedern des gesamten Imperiums, d. h. eben des *orbis Romanus* entgegengebrachte Zuneigung beziehen und ist daher in unserm Zusammenhang von größter Bedeutung und Beweiskraft. — K. L. Schmidt ist (worauf mich H. Aschermann freundlich aufmerksam macht) an dem ob. S. 20₆ a. O. bereits der richtigen Lösung des Problems von Tac., Ann. XV 44, 4 (*odium humani generis*) mit feinem Spürsinn nahegekommen, indem er Stellen wie Esther 3, 8 und Tac., Hist. V 5, 1 vergleicht und mit Recht all diese Äußerungen auf das Verhalten der Juden bzw. Christen gegenüber dem Anspruch göttlicher Verehrung von seiten weltlicher Herrscher bezieht. Eine Heranziehung der griechischen Fassung des Estherbuches hätte ihn freilich noch weiter kommen lassen; s. dazu ob. weiterhin im Text.

rem bestanden haben, als in dem „skandalösen Verhalten"[1]), das mit
der Verweigerung des Kaiserkults von Anfang an gegeben war. Und
die am Schluß des Abschnittes wieder aufgenommene kühle Schmähung
der christlichen Märtyrer als *„sontes et novissima exempla meriti"*, als
Verbrecher, die strengste exemplarische Bestrafung verdienten[2]), ordnet
sich ebenfalls nur dann organisch der Darstellung ein, wenn wir in ihr
noch einmal die Überzeugung des Verfassers ausgedrückt finden, daß
die Staatsräson, ja die *„utilitas publica"* von der er spricht (§ 5), sich
vor den Verletzern ihrer *maiestas* dadurch zu schützen hatte, daß sie
sich ihrer entledigte.

Darin liegt auch schon die Antwort auf die sich aufdrängende Frage
beschlossen, warum sich Tacitus so unbestimmt ausgedrückt hat,
und warum er das Verbrechen der Verweigerung des Kaiserkults nicht
frei beim Namen nannte. Für ihn, der im Grunde Republikaner aristo-
kratischer Prägung war und blieb[3]), konnte der Kaiserkult im Sinne
unserer vorhin zum Begriff der *maiestas* gemachten Ausführungen nur
Symbol für die dem Reich geschuldete Achtung sein[4]); vollends einem
Scheusal wie Nero gegenüber, den er mit den düstersten Farben zu
zeichnen nicht müde wird, durfte er sich selbst vor der Nachwelt nicht
den Anschein geben, als erkenne er des Tyrannen persönlichen Anspruch auf religiöse Verehrung auch nur von ferne an[5]). Denn das ganze
Kapitel ist ja gekennzeichnet durch die doppelte Frontstellung gegen
den Kaiser wie gegen die als Staatsfeinde erkannten Christen, die Tacitus lediglich vor der ungerechten Anschuldigung der Brandstiftung
in Schutz nimmt.

So bot sich dem Historiker das seinem Stil ohnehin gemäße Mittel
verdeckter Aussage an, für die er eine Wendung zur Umschreibung des
Römischen Reiches als des nach seiner Meinung eigentlichen Objektes
des Kaiserkultes zu wählen hatte. Da Tacitus, wie Vogt festgestellt
und belegt hat, stets „unbeirrt an der Anschauung festhielt, das römische Reich umfasse den ganzen orbis terrarum"[1]), so wählte er eine
uns zwar gesucht erscheinende, aber doch nicht ganz seltene Paraphrase
des Reichsbegriffes, eben jene Wendung des *„genus humanum"*, mit der
er immerhin hoffen durfte, von seiner zeitgenössischen Leserschaft ver-

---

[1]) Dazu oben S. 19₁.
[2]) Vgl. dazu auch Reitzenstein a. O., S. 121₁. Fuchs 87.
[3]) Vgl. dazu etwa Kornemann, Tacitus, S. 27f. 46 u. ö. Einschränkungen, die
das hier Entscheidende nicht berühren, s. bei Klingner, Antike 8. 1932, S. 162f.
[4]) Tac., Ann. III 57, 1 *effigies principum ... aliaque solita.*
[5]) Im Blick auf Nero: Ann. XV 74, 3 *nam deum honor principi non ante habetur,
quam agere inter homines desierit.* Vgl. Ann. XIV 31, 3 mit Bezug auf einen dem
Kaiser Claudius schon bei Lebzeiten errichteten Tempel: *specie religionis.* Weiteres
bei G. Herzog-Hauser, RE Suppl.-Bd. IV 835.
[1]) Vogt a. O., S. 198 m. Anm. 1 (Agr. 31. Hist. I 4; III 60; IV 3, 58; Ann. XII 5;
XVI 28). Außerdem gebraucht Tacitus „die Wendung *orbis noster* zweimal im
Sinn von Oikumene" (Agr. 12. Germ. 2).

standen zu werden, wie unsere Ausführungen gezeigt haben möchten.
Wir dürfen also wohl das so lange vergeblich nach seinem Sinn befragte
Wort vom „*odium humani generis*" der Christen getrost dolmetschen
als ihre „schlechthin reichsfeindliche Gesinnung".

Hier steht noch ein anderes Dokument zur Stütze bereit[2]). Wenn
nicht ein unmittelbares Vorbild für des Tacitus Ausdrucksweise, so doch
eine schlagende Parallele besitzen wir in den gegen die Juden von per-
sischer Seite erhobenen Vorwürfen, sie verweigerten den Großen des
Reiches die Proskynesis, so daß sie dafür Tod und Ausrottung verdienten[3]). In der ausführlicheren, etwa aus dem 1. vorchristl. Jahrhundert stammenden griechischen Fassung des aitiologischen Esther-
romans[4]), in dem diese Vorwürfe ihren Niederschlag fanden, und vollends
in der bei Josephus zu lesenden freien Paraphrase dieser Stücke[5]) charakterisiert Haman, der Statthalter des Großkönigs, diesem gegenüber
das renitente Verhalten der Juden folgendermaßen[6]):

ἐν πάσαις ταῖς κατὰ τὴν οἰκουμένην φυλαῖς ἀναμεμεῖχθαι δυσμενῆ[1])
λαόν τινα τοῖς νόμοις ἀντίθετον πρὸς πᾶν ἔθνος τά τε τῶν
βασιλέων παραπέμποντας διηνεκῶς διατάγματα[2]) πρὸς τὸ μὴ
κατατίθεσθαι τὴν ὑφ' ἡμῶν κατευθυνομένην ἀμέμπτως συναρ-
χίαν... ἔθνος μονώτατον ἐν ἀντιπαραγωγῇ παντὶ διὰ παντὸς
ἀνθρώπῳ κείμενον... καὶ δυσνοοῦν τοῖς ἡμετέροις πράγμασιν
τὰ χείριστα συντελοῦν κακὰ πρὸς τὸ μὴ τὴν βασιλείαν εὐσταθείας τυγχάνειν.

Ein über alle Teile der Oikumene verstreutes feindlich gesinntes
Volk, durch seine Gesetze zu aller Welt in Gegensatz gestellt, das
der Statthalter Anordnungen ständig übertritt, so daß das Prestige
(ἀμέμπτως!) der von uns aufgerichteten Herrschaft gefährdet ist...
eine Volksgruppe, die ganz isoliert dasteht in der konsequent gegen
jeden Menschen geübten Feindseligkeit[3])... und in übler Gesinnung
gegenüber unserer Staatsgewalt den schlimmsten Schaden anrichtet,
so daß das Reich nicht zur Ruhe kommen kann.

---

[2]) Vgl. dazu ob. S. 24$_2$ gg. Ende.
[3]) Esther 3, 2.3.5f. 5, 9 und LXX Esther 4, 17d/e. o/p = Stücke zu Esther 2, 4.
3, 7 mit ausdrücklicher religiöser Begründung der Weigerung.
[4]) P. Wendland, Die hellenist.-röm. Kultur in ihren Beziehungen zu Judentum
und Christentum 1907, S. 110, der „starken Einschlag des hellenistischen Hof-
und Kanzleistiles" hervorhebt. Franz Altheim, Weltgesch. Asiens im griech.
Zeitalter. Bd. 1. 1947, S. 19f.
[5]) Antiqu. XI 6, 5f. Die Paraphrase verdankt Josephus wohl „älterem jüdischem
Exegetenfleiß": G. Hölscher RE IX (1916), Sp. 1967.
[6]) LXX Esther 3, 13 d/e (= Stücke zu Esther 1, 3/4).
[1]) Vgl. 13g = 1, 4 οἱ πάλαι καὶ νῦν δυσμενεῖς.
[2]) Vgl. aus taciteischer Zeit Iuvenal. 14, 100f. *Romanas autem soliti contemnere
leges / Iudaicum ediscunt et servant ac metuunt ius.*
[3]) ἀντιπαραγωγή (τινι bzw. πρός τινα) = Feindseligkeit auch bei Polyb. X 37, 2.

Und bei Josephus, Antiquitates XI heißt es:

6,5 ... ἔθνος ... πονηρόν, διεσπάρθαι δὲ τοῦτο κατὰ τῆς ὑπ’ αὐτοῦ βασιλευομένης οἰκουμένης, ... ἐχθρὸν δὲ καὶ τοῖς ἔθεσι καὶ τοῖς ἐπιτηδεύμασι τῷ σῷ λαῷ καὶ ἅπασιν ἀνθρώποις ...

6,6 ... ’Αμάνου ... ὑποδείξαντός μοι, παντάπασιν ἀνθρώποις ἀναμεμῖχθαι δυσμενὲς ἔθνος καὶ τοῖς νόμοις ἀλλόκοτον καὶ τοῖς βασιλεῦσιν ἀνυπότακτον καὶ παρηλλαγμένον τοῖς ἔθεσι καὶ τὴν μοναρχίαν μισοῦν καὶ δυσνοοῦν τοῖς ἡμετέροις πράγμασι ...

6, 5 ... ein böses Volk, und zwar sei es über die von ihm (dem Großkönig) regierte Oikumene verstreut, ... feindselig aber auch nach seinen Sitten und Einrichtungen deinem (des Groß- königs) Volke und allen Menschen ...

6, 6 ... da mich Haman darauf aufmerksam gemacht hat, daß allent- halben unter die Menschen ein Volk verstreut sei, feindselig und fremdartig in seinen Satzungen, den Statthaltern sich nicht unterordnend, von abweichenden Sitten, voll Haß gegen die Monarchie und von übler Gesinnung gegenüber unserer Staatsgewalt ...

Wir sehen, es ist hier so ziemlich alles ausführlich dargetan, was wir bei Tacitus in knapper Andeutung gegen die Christen vorgebracht fanden. Die beiden parallel gebauten Sätze des griechischen Estherbuches in- terpretieren sich jeder für sich und gegenseitig: die konsequente Feind- seligkeit gegen alle Welt und jeden Menschen wird näher erklärt als eine aus gegnerischer Einstellung gegen die Staatsgewalt hervorgehende Übertretung der Anordnungen des Herrschers (gemeint ist nach dem Zusammenhang eindeutig die ihm und seinen Statthaltern verweigerte göttliche Verehrung), so daß das Prestige der Herrschaft geschädigt wird und das Reich nicht zu der Ruhe kommt, die auf der Anerkennung seiner 'Maiestas' gründet. Der Begriff der mit der Oikumene (römisch gesprochen dem *orbis terrarum*) als identisch angesehenen Reichs- herrschaft wird weiterhin noch mehrfach formuliert als βασιλεία (so Esther 8, 12q = St. z. E. 5, 10), oder es werden die Segnungen des ungestörten Reichsfriedens als eine βασιλεία ἀτάραχος τοῖς πᾶσιν ἀνθρώποις μετ’ εἰρήνης paraphrasiert (8, 12h = St. z. E. 5, 6) und die Gnade des über das Recht der Proskynese verfügenden Königs gegenüber seinen Untertanen als eine πρὸς πᾶν ἔθνος φιλανθρωπία bezeichnet (8, 12l = St. z. E. 5, 8). Bei Josephus ist die Ausdrucksweise in klarer Erkenntnis der tieferen Zusammenhänge noch dahin präzisiert, daß die Identität der Oikumene mit dem Machtbereich des Herrschers vollends klar wird. Außerdem erscheint hier im gleichen Sinn deutlich aus- gesprochen der Zusammenfall der Interessen wie des Prestiges von Imperium, Statthalterschaft, Volk und gesamter Menschheit, und die Einstellung der inkriminierten Volksgruppe all diesen Mächten gegenüber als Widersetzlichkeit und Feindseligkeit nicht nur, sondern als Haß.

Beide Stellengruppen — Estherbuch und Josephus — zusammengenommen zeigen hinlänglich an, wie zuversichtlich in der Sprache des dem Gott angenäherten Herrschers Menschenfreundlichkeit und Liebe zu den Untertanen einerseits, Menschenfeindschaft und reichsfeindliche Gesinnung andererseits jeweils in eins gesehen werden.

Wenn wir also schon nach einem griechischen Vorbild für das *odium humani generis* suchen, dürfen wir nicht nach der philosophischen μισανθρωπία greifen, sondern müssen uns viel eher an die δυσμένεια und ἀντιπαραγωγὴ παντὶ διὰ παντὸς ἀνθρώπῳ halten, an jene δύσνοια, die dazu führt μὴ τὴν βασιλείαν εὐσταθείας τυγχάνειν, und die dann bei Josephus als ἔχθρα, δυσμένεια und μῖσος εἰς ἅπαντας ἀνθρώπους charakterisiert wird.

Wir würden die Frage nicht erwägen, ob die taciteische Formel vom *odium humani generis* der Christen von dem hier aufgewiesenen antijüdischen Prototyp beeinflußt ist. Aber einmal hat Tacitus sie — in der Gestalt *adversus omnes alios hostile odium*, εἰς ἅπαντας ἀνθρώπους | ἔχθρα καὶ μῖσος[1]) sind wir in die Sprache des Josephus rückzuübersetzen geneigt — selber auf die Juden angewandt (Hist. V 5, 1), längst bevor er sie auf die Christen übertrug; und zum andern hat er ja, wie aus Ann. XV 44, 3 klar hervorgeht, die Christen als eine jüdische Sekte angesehen, so daß es ihm um so näher liegen mußte, eine Kennzeichnung der Juden, die ihm aus jüdischen Quellen wie Josephus geläufig sein mochte[2]), auf jene zu übertragen.

Tacitus hätte sich also, wie so oft, eines literarischen 'Topos' bedient. Wenn das der Fall war, dann hätten wir ein neues schlagendes Beispiel dafür, daß Tacitus dieses (vielen bei einem Historiker immer wieder fragwürdig erscheinende) Verfahren nur dann angewendet hat, wenn der Topos wirklich paßte[3]). Denn wir haben ja gesehen, wie sehr auf der anderen Seite die Formulierung *odium humani generis* auch römischen Voraussetzungen entsprach und römischem Sprachgebrauch sich fügte, indem auch hier eine Verweigerung der göttlichen Verehrung des Herrschers als Feindschaft gegen die weltumspannende und allverbindliche Herrschaft des Reiches ausgelegt wurde, ohne daß man nach den religiösen Hintergründen der Weigerung fragte.

---

[1]) ἔχθρα καὶ μῖσος (ἀλλήλων) z. B. auch Xenophon, Memorabil. III 5, 17.

[2]) Die herrschende Meinung scheint von Benützung des Josephus durch Tacitus nichts wissen zu wollen, so Ph. Fabia, Les sources de Tacite ... 1893, S. 255ff. Die Utrechter Diss. von A. M. A. Hospers-Jansen, Tacitus over de Joden Hist. 5, 2 — 13. 1949 war mir nicht zugänglich.

[3]) Dies ist nachdrücklich festgestellt von E. Bickel in: Festgabe ... zur 58. Versammlung deutscher Philologen ... zu Trier 1934, Sonderdruck aus den Bonner Jahrbüchern 139, S. 1f. Zustimmend H. Hommel, ARW 37. 1940, S. 149₅.

Von den Problemen, die das eigenartige Stück taciteischer Prosa sonst noch aufgibt — es sind ihrer noch eine ganze Anzahl — will ich heute nicht mehr reden[4]). Es wollte hier vor allem einprägsam gemacht werden, wie radikal verständnislos der römische Staat, selbst in seinen ernstesten und klügsten Vertretern, zu denen wir den Tacitus zählen dürfen, dem jungen Christentum der ersten Zeit gegenüberstand. Daß hinter der Verweigerung der Kaiseranbetung eine entschlossene und konsequente Gesinnung stand, das spürte man wohl; aber diese Gesinnung erfuhr eine rein negative Wertung als Reichsfeindlichkeit, so daß die vulgäre Bezeichnung der Christen als Biedermänner mit beißendem Spott abzulehnen war, um so mehr als sie ja ohnehin auf einem Mißverständnis beruhte. Was der eigentlich tragende Grund der Christengemeinde war, das blieb dem Römer verschlossen, obwohl er das zentrale Wort vom Χριστὸς ἐσταυρωμένος selber ausgesprochen hat: *auctor nominis eius Christus Tiberio imperitante per procuratorem Pontium Pilatum supplicio affectus est.* „Die Verkündigung des gekreuzigten Christus — den Heiden eine Torheit", besser konnte die Wahrheit des paulinischen Wortes am Anfang des 1. Korintherbriefes nicht bestätigt werden, als durch unser Tacitus-Kapitel.

---

[4]) Zu Ann. XV 44, 4 gg. E. bedarf es freilich eines Wortes der Rechtfertigung für meine Streichung von *aut flamma usti* (*flammandi* M) *atque*. Fuchs 87 ff. hat im Blick auf zahlreiche Lücken in unserer Annalenüberlieferung mit scharfsinnigen und gelehrten Darlegungen auch hier eine Ergänzung des Textes — nach Seneca, Epist. 14, 5 (*tunica alimentis ignium et inlita et texta*) — vorgeschlagen, aber zugleich *aut flammandi* in *ut flammandi* geändert, um es dann als in den Text gedrungene Glosse auszuscheiden, so daß folgendes Bild entstünde: ... *aut crucibus affixi* [[a]*ut flammandi*] ⟨*alimenta ignium induerent*⟩ *atque*, ... Aber die gleichzeitige Annahme einer Korruptel, einer Glosse und einer Lücke an ein und derselben Stelle ist etwas viel. Zunächst scheint mir die durch den Auszug in der Chronik des Christen Sulpicius Severus für *flammandi* gebotene Textvariante *flamma usti*, aus der durch paläographisch leicht zu erklärende Verschreibung das *flammandi* des Mediceus werden konnte, klar den Vorzug vor *flammandi* zu verdienen. Sodann ist wohl dieses *aut flamma usti atque* als fremder Zusatz auszusondern (über solche Einschübe im Tacitustext s. Fuchs selber a. O. 93₅₄ mit weiterer Literatur). So entsteht die vortrefflich präzise — gleichwohl nach der Weise des Tacitus nicht pedantische, vielmehr das „Gesetz der wachsenden Glieder" maßvoll erfüllende — parallele Doppelgliederung:

    ut ferarum tergis contecti laniatu canum interirent
    aut crucibus affixi ubi defecisset dies in usum nocturni luminis urerentur.

Der Urheber der Zufügung hat offenbar nicht erkannt, daß die Gekreuzigten mit den lebenden Fackeln identisch sind, d. h. nachts als Kandelaber dienten. Er hat daher im Blick auf das postulierte dritte Glied wohl eine Lücke angenommen, die er schlecht und recht zu ergänzen suchte. Dabei verrät sich vor allem das *atque* als überflüssig; außerdem ist durch den Zusatz der klare Satzbau auch logisch völlig zerstört, weshalb man ja auch an der Stelle mit Recht Anstoß zu nehmen pflegt. Beseitigt man das störende Einschiebsel, dann entsteht ein unerhört eindringliches, in der Knappheit der Darstellungsmittel bewundernswertes und echt taciteisches Diptychon.

Als versöhnendes Licht über dem Schluß des Ganzen gebreitet liegt einzig der Bericht von der miseratio, dem Mitleid des Volkes mit dem grausigen Schicksal der Märtyrer, dem Verhalten jenes Centurio unter Jesu Kreuz[1]) von ferne vergleichbar. Denn wenn der römische Hauptmann durch das gewaltige Geschehen auf Golgatha sich zwar augenblicklich von der Gottessohnschaft des gerechten Christus überzeugen ließ, so lag doch, wie wir wissen, auch in jener miseratio der Römer der Keim zu ihrer Bekehrung beschlossen, also daß es nur noch ein paar Jahrhunderte dauerte, bis das große Römische Reich und sein Kaiser sich der Liebesmacht des gekreuzigten Christus beugten.

Nachwort 1982

Zu keinem der in diesem Band behandelten Themen haben sich seit dem ersten Erscheinen meines Beitrags so viele Stimmen zu Wort gemeldet wie zu diesem umstrittenen Tacituskapitel. Dessen „großartige Komposition" wurde von K. BÜCHNER (1957, 238 f.) und manchen anderen (wie J. MOLT-HAGEN) aufs höchste gelobt. Das schließt aber gerade bei Tacitus nicht aus, daß seine Ausdrucksweise im einzelnen dunkel und zweideutig bleibt, wozu noch kommt, daß einige Passagen textkritisch kontrovers sind. Im Streit der Meinungen vergißt man vielfach, daß dennoch in manchen entscheidenden Punkten heute eine gewisse Einigkeit erzielt ist, während um Einzelheiten, die vielfach wirklich nur von nebensächlicher Bedeutung sind, heftig gekämpft wird. Im Blick auf sie vor allem wird man Zurückhaltung üben müssen und darf seinen eigenen Vorschlägen nicht mehr denn exemplarischen Wert beimessen, der angesichts künftiger besserer Einfälle wieder verblassen mag. Bei dieser Sachlage mutet in einer an sich verdienstvollen Rekapitulation der bisherigen Forschung die Zuversicht naiv an, mit der die eigenen Lösungen mehrfach als endgültig angeboten werden (J. MICHELFEIT 1966), während man dagegen eine Bemerkung von H. HEUBNER (1959, 229₁) nur unterschreiben kann: oft sei der antike Leser durch das Typische der von Tacitus geschilderten Abläufe „und die Konstanz der Ausdrucksweise dafür . . . vor Mißverständnissen geschützt" gewesen, „denen wir ausgesetzt sind und die wir, wie die Geschichte unseres Problems zeigt, nur auf dem Wege über viele Irrtümer und immer erneute Diskussionen beseitigen können".

Für den Leser, der sich genauer über Einzelnes informieren will, als es hier geschehen kann, führe ich die wichtigsten Arbeiten seit dem Beginn der 50er Jahre an, bei deren Auffindung mir EBERHARD HECK in dankenswerter Weise behilflich war. Den Anfang sollen ein paar Literaturberichte bilden, die mir besonders brauchbar scheinen.

---

[1]) Ev. Mc. 15, 39. Mt. 27, 54. Lc. 23, 47.

J. B. Bauer, Anz. f. d. Altertumswiss. 28. 1973, Sp. 136f. (im Rahmen eines Berichts über ‚Christliche Antike‘, hier allerdings nur über die Arbeiten von R. Freudenberger 1967 und A. Wlosok 1970). Weitere Literaturabgaben auch schon bei Bauer, Gymnas. 64. 1957, S. 497₁.

R. Hanslik, Lustrum 17. 1973–74, S. 157–167 (ausgezeichnet informierender Bericht; S. 159f. nüchtern und klar über meinen Beitrag, ohne eigene Stellungnahme, wie sie gegenüber manchen anderen Arbeiten jedoch sehr entschieden formuliert ist).

P. Keresztes, ANRW II 23, 1. 1979, S. 247–257 m. Lit.-Verz. S. 311.

S. Benko, ebenda II 23, 2. 1980, S. 1062–1068 m. Lit.-Verz. S. 1113f. (beide Berichte ignorieren meinen Beitrag fast völlig, der lediglich 1979, S. 311 kurz registriert ist).

K. Büchner, Tacitus über die Christen. Aegyptus 33. 1953, 181–192. Wieder abgedruckt in K. B., Humanitas Romana 1957, 229–239 (danach von mir zitiert).

J. B. Bauer, Tacitus und die Christen (Ann. 15, 44), Gymnasium 64. 1957, 497–503.

A. Wlosok, Die Rechtsgrundlage der Christenverfolgungen der ersten zwei Jahrhunderte, Gymnasium 66. 1959, 14–32. Wieder abgedruckt in: Das frühe Christentum im römischen Staat. WdF 267. 1971, 275–301.

H. Heubner, Zu Tacitus, Annalen 15, 44, 4. Hermes 87. 1959, 223–230.

R. Hanslik, Der Erzählungskomplex vom Brand Roms und der Christenverfolgung bei Tacitus. Wiener Studien 76. 1963, 92–108.

H. Fuchs, Zu Tac., Ann. . . . Mus. Helvet. 20. 1963, hier S. 221–228. Der Aufsatz ist wieder abgedruckt in: Tacitus. WdF 97. 1969, 591–604.

J. Michelfeit, Das „Christenkapitel“ des Tacitus. Gymnasium 73. 1966, 514–540.

R. Freudenberger, Das Verhalten der römischen Behörden gegen die Christen . . . (Diss. Erlangen 1965) 1967 (²1969 mir nicht zugänglich). Das Buch ist im wesentlichen eine Interpretation des Pliniusbriefs X 96. Exkurs IV handelt von „Tacitus über die Christen“ (S. 180–189).

A. Wlosok, Rom und die Christen 1970, hier Kap. I S. 7–26, Literatur S. 75f., Textbeilage S. 3.

J. Speigl, Der römische Staat und die Christen. Staat und Kirche von Domitian bis Commodus 1970. Hier S. 69–72.

G. Fink, Gewissen und Staatsraison. Die Christen im Konflikt mit dem römischen Staat 1978 (²1980 mir nicht zugänglich). Bietet Arbeitsmaterial für die gymnasiale ‚Oberstufe‘, durchsetzt mit Zitaten aus moderner Literatur allgemeinster Art. Hier S. 38–39 (Tac., Ann. 15, 44, 2–5). Der Verf. läßt die von ihm (meist klar formulierten) Probleme offen und mutet im Sinn einer heute vielfach praktizierten gefährlichen Überforderung von Lehrern und Schülern diesen die Lösungsversuche zu.

J. Molthagen, Der römische Staat und die Christen im zweiten und dritten Jahrhundert 1970 (²1975 mir nicht zugänglich). Hier S. 21–27 und 30–33.

H. Nesselhauf, Der Ursprung des Problems „Staat und Kirche" 1975 (Konstanzer Antrittsvorlesung 1968, für den Druck ergänzt).

Ziemliche Einigkeit herrscht vor allem über die offensichtlich christenfeindliche, jedoch dem Nero abgeneigte Tendenz des taciteischen Berichts (dazu s. bes. oben [S. 13 u. 17–19] meines Aufsatzes, sowie A. M. A. Hospers-Jansen, Tacitus over de Joden . . . Diss. Utrecht 1949, S. 107). Davon abgesehen behält das Tacituskapitel als frühestes Profanzeugnis über die Historizität der Hinrichtung Christi und als eine in ihrer Knappheit ergreifende Schilderung der an Christen begangenen Greueltaten eminente Bedeutung.

Kontrovers sind weithin die Lesarten *Chrestianos – Christianos* in § 2, *convicti – coniuncti* in § 4 sowie in dem gleichen Abschnitt gegen Ende die Heilung einer offensichtlichen Korruptel. Doch sind dies durchwegs – bei aller Bedeutung als philologische Einzelprobleme – Quisquilien gegenüber der für das Gesamtverständnis des Kapitels entscheidenden Frage, wie der gegen die Christen nach Tacitus' Bericht erhobene Hauptvorwurf des *odium generis humani* zu erklären sei. Hier reicht der Spielraum von der von mir vertretenen Auffassung, der als ‚reichsfeindliche Gesinnung‘ zu übersetzende Vorwurf habe sich vor allem an der Verweigerung des Kaiserkults entzündet (woran ich festhalten möchte) – bis zu der von Nesselhauf vorgetragenen Meinung, das Christentum habe den römischen Staat keineswegs herausgefordert, sondern die ‚Gesellschaft‘ habe den Christen ihre *flagitia* (Tac. 44,2) vorgeworfen, worauf der Staat dann erst gegen sie eingeschritten sei (s. dazu auch die Rezension von H. Bellen im Gymnasium 84. 1977, 94 f.).

Wie einst meine Ausführungen werden sich auch die nun folgenden Nachträge auf das Grundproblem konzentrieren. Doch soll über die anderen, mehr sekundären Fragen jeweils kurz berichtet werden, wobei ich der leichteren Übersicht halber auch hier meiner Darstellung nach Seitenzahlen folge.

Nachträge 1982

[S. 11$_3$]:
Mein Tacitusaufsatz jetzt auch in H. H., Symbola I 1976, 365 ff.

[S. 12$_5$] und [S. 15$_1$]:
H. Fuchs, Tacitus über die Christen. Vig. Christ. 4. 1950, 65–93 ist jetzt wieder abgedruckt in: Tacitus. WdF 97. 1969, 558–590.

[S. 14]:
Zu meiner Übersetzung von *exitiabilis superstitio* ‚verhängnisvoller Aberglaube‘ und *cuncta undique atrocia aut pudenda confluunt* ‚von überallher alle Scheußlichkeit und Gemeinheit zusammenzuströmen . . . pflegt‘ in c. 44,3 vgl. Speigl (1970) 71 f. –

Vergleich mit der Beurteilung der Christen durch Plinius und andere – dazu auch
MOLTHAGEN (1970) 31 m. Anm. 2.

[S. 15–17]:
Chrestianos . . . Christus (c. 44,2/3). Die seit FUCHS (1950) sich durchsetzende
Lesung *Chrestianos* wird ebenfalls verteidigt von BAUER (1957) 498; WLOSOK (1959)
22$_{24a}$, (1970) 9f. 75; HANSLIK (1963) 100; etwas zaghaft auch von SPEIGL (1970) 69$_{85}$.
An *Christianos* halten dagegen fest BÜCHNER (1957) 230 u. 348$_{118}$; HEUBNER (1959)
226$_1$; FINK (1978) 38 f.

Die Übersetzung ‚Biedermänner‘ von *Chrestiani*, die HEUBNER aO. konsequenterweise ablehnt, haben von mir – vielfach ohne Zitat – übernommen C. BECKER,
Tertullians Apologeticum 1954, 183; BAUER (1957) 498; HANSLIK (1963) 101 (derselbe
führt in seinem Literaturbericht 1973/74, 159 diese Übertragung fälschlich bereits auf
Fuchs 1950 zurück); MICHELFEIT (1966) 518; WLOSOK (1970) 10.

[S. 16$_1$]:
Siehe jetzt die Neubearbeitung von J. B. HOFMANN u. A. SZANTYR, Lateinische
Syntax und Stilistik 1965, S. 829. Mein Aufsatz über Tacitus' Germania ist oben
Bd. I 178 ff. abgedruckt.

[S. 17$_6$]:
Zu *fatebantur* c. 44,4 jetzt auch BÜCHNER (1957) 234; BAUER (1957) 501; HANSLIK
(1963) 105 unten. – Gegen meine Annahme einer Parenthese in c. 44,4 wendet sich
HEUBNER (1959) 228. Daß entgegen dem überwiegenden Sprachgebrauch des Tacitus
multitudo ingens hier pluralisch konstruiert ist, hat bei Fuchs und anderen Anstoß
erregt, so bei HANSLIK (1963) 105, wie ihn BÜCHNER (1957) 232 jedoch (ganz in
meinem Sinn) keineswegs teilt, da *multitudo ingens* „die Vorstellung einer unüberseh-
baren Menge erweckt“. Übrigens kommt der Vorschlag einer Übersetzung des
Satzes von Frau WLOSOK (1970) 16 u. 20$_{55}$ (die hier auf meine Ausführungen nicht
eingeht) meinem eigenen Versuch ganz nahe.

[S. 18ff.]:
Meine Deutung der *flagitia* (Tac., Ann. 15, 44, 2) als „skandalöses Verhalten“ im
Sinn von ‚Reichsfeindlichkeit‘ ist lediglich von BAUER (1957) 498f. übernommen
worden (nahesteht dieser Auffassung auch SPEIGL 1970, 69f.), während die alte
Auslegung im Sinn von *atrocia* und *pudenda* (thyesteische Mahlzeiten sowie Inzest-
handlungen) neuerdings noch von NESSELHAUF (1975) 18f. vertreten wird (vgl. a.
MICHELFEIT 1966, 522 ob.). HANSLIK (1963) bezieht den Vorwurf dagegen auf die
Brandstiftung (vgl. ihn auch S. 106) und das *odium humani generis* im Sinn der
herkömmlichen (doch recht allgemeinen!) Auslegung.

Heute sehe ich die Sache differenzierter. Daß *flagitia*, dem lexikalischen Befund
entsprechend, auf eine aktive Betätigung von abscheulicher Art gehen muß und nicht
für eine quasi passive oder latente Reichsfeindlichkeit stehen kann, legt es in der Tat
nahe, den Begriff auf jene *atrocia* und *pudenda* zu beziehen, von denen bei Tacitus
andeutungsweise, bei Plinius detaillierter die Rede ist. Dieser Vorwurf darf aber nun
gerade nicht mit dem in c. 44,4 erhobenen des *odium humani generis* in enge Beziehung
gesetzt werden, wie es FUCHS annahm, wie auch ich es [S. 18f.] ihm nachtat, und wie
es seither zur Communis opinio wurde (übrigens hat solcher Auffassung bereits TH.

MOMMSEN vorgearbeitet: Der Religionsfrevel nach römischem Recht. Hist. Zeitschr. 64. 1890, 389–429, hier S. 394 – wiederabgedruckt in seinen Ges. Schriften III 3). Vielmehr liegen beide Beschuldigungen auf ganz verschiedener Ebene und gehen nebeneinander her: die eine *(flagitia)* bezieht sich auf angebliche Schändlichkeiten der Christen in ihrem Kult und ihrem privaten Verhalten, die andere *(odium humani generis)* zielt auf ‚gemeinschaftsfeindliche Gesinnung‘, interpretierbar als ‚Reichsfeindlichkeit‘ und wohl hauptsächlich erschlossen aus der Verweigerung des Kaiserkults durch die Christen – eine Erklärung, an der ich weiterhin festhalten möchte, und worüber weiter unten noch zu reden sein wird.

[S. 19] m. Anm. 2:
Zu meiner Übersetzung der *invisi* als ‚Verdächtige‘ (c. 44,2) hat H. FUCHS (1963) 222_{68} f. interessante neue Belege beigebracht (sogar für *invisus* = ‚unerwünscht‘), obwohl er an unserer Stelle diesen Sinn nicht gelten lassen will. Ebenso verhalten sich ablehnend BAUER (1957) 498_2 und FREUDENBERGER (1967) 181_{46}.

[S. 19], Anm. 3:
Meine Hoffnung, die Lesart *convicti* in c. 44,4 habe sich gegenüber *coniuncti* durchgesetzt, hat getrogen, ja ich selber hatte seitdem mit Zweifeln zu kämpfen, die sich jedoch wieder gelegt haben. Eine lebhafte Debatte hat sich an dem Problem entzündet. An *convicti* halten fest HEUBNER (1959) 227 f.; HANSLIK (1963) 105; WLOSOK (1970) 18–20; FINK (1978) 38. Dagegen treten mit Entschiedenheit für *coniuncti* ein BÜCHNER (1957) 231 f.; BAUER (1957) 499 m. Anm. 4; MICHELFEIT (1966) 521–532 (!), der letztlich für den Satz die Lesung vorschlägt: *haud proinde is (= iis) crimine incendi quam odio humani generis coniuncti sunt*, um von dem für manche Forscher anstößigen *in crimine incendii* loszukommen. Seine Lösung insgesamt wird abgelehnt von WLOSOK (1970) 15_{40} – mit dem fatalen Druckfehler *convicti* statt *coniuncti*; ähnlich irreführend ist der Bericht von FREUDENBERGER (1967) 182_{55}.

[S. 19 ff.]:
An der herkömmlichen Deutung des *odium humani generis* als μισανθρωπία im Sinn einer popularphilosophischen Tradition halten nach dem Vorgang von FUCHS uneingeschränkt fest: BÜCHNER (1953 bzw. 1957) 232; C. BECKER, Tertullians Apologeticum 1954, 183 m. Anm. 10; HEUBNER (1959) 229; HANSLIK (1963) 105 f. (s. bes. 106_{41}); NESSELHAUF (1975) 17 ff. (vgl. a. S. 6 f.).
Meine Deutung des Begriffs als ‚reichsfeindliche Gesinnung‘, wie sie aus der Verweigerung des Kaiserkults abgeleitet worden sei, hat lediglich BAUER (1957) 501 m. Anm. 5 u. 6 in vollem Umfang übernommen und durch weitere Indizien zu stützen vermocht. Zögernd folgt ihm L. BEAUJEU, Latomus 19. 1960, 296 f. (der meinen Aufsatz nur aus Bauers Bericht zu kennen scheint). A. WLOSOK (1959) 18 f. m. Anm. 16 u. S. 21 schließt sich mir zwar bis zur Charakterisierung des Begriffs als ‚reichsfeindliche Gesinnung‘ an, lehnt aber die Verbindung mit einer Verweigerung des Kaiserkults ab. Bei noch etwas weitergehender Zustimmung zu meiner These folgt ihr im wesentlichen doch auch FREUDENBERGER (1967) 183, der seinerseits wiederum ein pauschales Lob von MOLTHAGEN (1970) 23_{56} erhält. Im gleichen Jahr hat sich bei A. WLOSOK (1970) 20 ff. (hier bes. 21 u. 26) mein Terminus ‚gemeinschaftsfeindliche Gesinnung‘ für *odium humani generis* (oben S. 14) bereits eingebürgert, ohne daß die einschränkenden Vorbehalte verschwunden wären.

Radikal ablehnend verhalten sich zwei Arbeiten vom Anfang und vom Ende des hier zu referierenden Forschungsabschnitts: C. BECKER, Tertullians Apologeticum 1954, S. 183 m. Anm. 10 gg. E. (weil man das taciteische *flagitia* nicht in meinem Sinn deuten dürfe – was ich ihm inzwischen zugebe, s. dazu oben S. 196 f.). Ähnlich negativ reagiert H. NESSELHAUF (1975) 11. 18 und bes. deutlich 21, wo es heißt, es „ergibt sich . . . mit Sicherheit, daß die Verweigerung des Kaiser- und Götterkults nicht das Motiv für die Beschuldigung und der Grund für die Verurteilung der Christen gewesen sein kann". Das geht ganz offensichtlich gegen M. DIBELIUS und mich (s. bei mir ob. [S. 21 ff.]); NESSELHAUF macht es sich allerdings leicht, indem er sagt (S. 28, Anm. 2), er enthalte sich „der detaillierten Auseinandersetzung mit abweichenden Auffassungen, die auch nur zu rekapitulieren . . . ein lähmendes Geschäft wäre". Immerhin liest man auch bei ihm (S. 13, eingeschränkt S. 14, aber wieder aufgenommen S. 26 ob.): „die ganze Welt, das heißt nach damaligem Sprachgebrauch das ganze römische Reich".

Daß meine auf DIBELIUS' und KÜBLERS Forschungen aufbauende These von der Verweigerung des Kaiserkults als Hauptgrund für die Feststellung eines *odium humani generis* bei den Christen von der Forschung heute noch zumeist abgelehnt wird, scheint zwar zunächst zu beruhen auf der allgemeinen Annahme eines engen Zusammenhangs zwischen den *flagitia* der Verdächtigten (c. 44,2) und ihrem angeblichen *odium humani generis* (c. 44,4) – ein Irrtum, dem ich damals auch erlegen war, und der allerdings mit meiner These schwer vereinbar ist (s. dazu jetzt oben zu [S. 18 ff.], gg. Ende). Doch die Ablehnung meiner Position scheint zu einem Teil auch darauf zurückzugehen, daß man sich scheut, mit M. DIBELIUS die unverkennbaren Anspielungen der Johannesapokalypse auf die Christenverfolgungen auch schon für Neros Zeit gelten zu lassen und daraus die Konsequenzen für den Bericht des Tacitus und vor allem auch für die Interpretation des *odium humani generis* zu ziehen (vgl. z. B. WLOSOK 1959, S. 19, Anm. 16). Ich halte daran unbedingt fest und möchte überhaupt wünschen, daß man den grundlegenden Ausführungen von M. DIBELIUS (die verdientermaßen in R. KLEINS Sammelband ‚Das frühe Christentum im römischen Staat' WdF 267. 1971, 47–105 wieder abgedruckt sind) in der Forschung wieder mehr Beachtung schenkt. Übrigens setzt sich J. MOLTHAGEN (1970) 21 ff. immerhin dafür ein, daß es schon seit dem Jahr 64 ein ‚kaiserliches Mandat' gegen die Christen gegeben habe, das die Christen als solche unter Strafe stellte, und das bis auf Tacitus' Zeit wirksam gewesen sei. In diesem Zusammenhang ist auch von Bedeutung, daß J. SPEIGL (1970) 69 mit Recht betont, daß Tacitus die Zeit Neros vom Standpunkt seiner eigenen Gegenwart aus betrachtete.

Ich behaupte nun keineswegs, das *odium humani generis* erschöpfe sich für Tacitus in dem versteckten Vorwurf der Verweigerung des Kaiserkults, die er gerade gegenüber Nero allen Grund hatte, nicht als todeswürdiges Verbrechen herauszustellen und offen zu benennen (vgl. ob. [S. 25]). Vor allem die Absonderung der Christen von dem übrigen Volk mag zu jener Kennzeichnung beigetragen haben. Aber daß ihre Verweigerung des Kaiserkults ein wesentliches Element solcher Charakterisierung bildete, scheint mir doch unabweisbar.

[S. 24 f.]:
Über die Motive der Christen für die Verweigerung des Kaiserkults handelt dagegen ein Jahrhundert später ausführlich der Christ Tertullian in seinem Apologeticum c. 28 ff.

[S. 28], Ende von Abschn. 1:
Die Tendenz, bei der Apostrophierung einer Volksgruppe (wie hier der Gesamtheit der Römer) ein gleichsam universales Vokabular anzuwenden, bestand je und je. So werden bei Aristophanes im ‚Frieden' 263 und 286 als ἀνθρώπια und βροτοί jene angeredet, auf die sonst mit ἄνδρες Ἕλληνες (292), ὦ Πανέλληνες (302) und allenfals mit ὦ πάντες λεώ (298) eingegangen wird (vgl. a. v. 294. 296ff.). Übrigens bin ich heute nicht mehr so sicher, das *odium* in der taciteischen Wendung schlechthin mit ‚Haß' zu übersetzen, sondern halte ‚Mißachtung' für treffender (s. dazu meine Ausführungen zu Catull 85 *odi et amo* in der Festschrift für S. Lauffer 1984).

[S. 29], Anm. 2:
Frau HOSPERS-JANSEN, deren ausgezeichnete Arbeit ich inzwischen einsehen konnte, urteilt weit vorsichtiger, läßt die Frage jedoch offen (vgl. ihren Bericht S. 158. 167ff. und ihr Resümee S. 181 u. 205). Immerhin haben sich Forscher wie E. SCHÜRER, A. v. HARNACK, FRZ. DORNSEIFF entschieden für eine Josephuskenntnis des Tacitus ausgesprochen (s. HOSPERS-JANSEN, S. 167).

[S. 29], Anm. 3:
Mein hier aufgeführter Aufsatz ist oben Bd. I 178ff. abgedruckt (s. hier S. 183₂₃). Zur Frage der Toposverwertung in der Antike habe ich mich auch in dem eben zitierten Catullaufsatz einleitend nocheinmal geäußert.

[S. 29f.], Anm. 4 (vgl. a. [S. 14]):
Die von mir in c. 44,4 an der korrupten Stelle bevorzugte ‚kleine Athetese' hat sich i. a. durchgesetzt, so vor allem bei A. WLOSOK (1970), 22–26, die der Frage eine ausführliche und reich belegte Erörterung widmet, ähnlich schon HANSLIK (1963) 107 und noch vor ihm bereits HEUBNER (1959) 223–226, der sich mit Erfolg bemüht, dem Zusatz des Interpolators wenigstens einen Sinn abzugewinnen. Weiter gehen BÜCHNER (1957) 349f. und BAUER (1957) 503, die das *[aut crucibus affixi aut flammandi]* athetieren wollen. Mit einem neuen Vorschlag, der nur das *[aut flammandi]* streicht und im übrigen mit einer Lücke rechnet, hat FUCHS (1963) 228 seine frühere Position korrigiert. Am ausführlichsten hat sich mit der Korruptel befaßt J. MICHELFEIT (1966) 532–540, der schließlich (538) mit einer Konjektur aufwartet *aut crucibus adfixi flammandique, ubi defecisset dies,* von der er meint, daß sie „vielleicht Anspruch erheben darf, die endgültige Erklärung des Zusammenhangs darzustellen", was ich bezweifeln möchte, indem ich abschließend nochmals dem bereits oben im ‚Nachwort' betonten Mut zur Vorläufigkeit das Wort rede. Vivant sequentes!

Nachtrag 1984: Bei M. Hengel ist eine Tübinger Dissertation von A. REHN in Arbeit, die sich in größerem Rahmen erneut mit unserer Tacitusstelle und den damit zusammenhängenden Fragen befaßt. Sie bewegt sich z. T. auf meinen Spuren und führt die Diskussion fruchtbar weiter. – *[S. 22]:* Zu allen die *maiestas* betreffenden Fragen vgl. jetzt auch den knappen und gut informierenden Artikel von E. BUND im Kleinen Pauly III 1975, Sp. 897ff.

Juden und Christen im kaiserzeitlichen Milet*

Überlegungen zur Theaterinschrift

1.

Der Gelehrte, dem diese Studie in dankbarer Freundschaft gewidmet ist, hat sich in einem bedeutsamen Vortrag wie kein anderer zuvor der Frage gewidmet, wie weit Judentum und Christentum im Milet der ersten Jahrhunderte unserer Zeitrechnung verbreitet waren, und hat dabei mit Recht sein besonderes Augenmerk auf die vielbehandelte Theaterinschrift — SEG 4 (1930) 75 Nr. 441 — gerichtet[1]. Von ihr vor allem soll daher auch mein Beitrag zu seiner Festschrift handeln, der bestrebt ist, auf seinen Spuren das alte Problem weiter zu fördern.

Die Inschrift lautet (*Tafel 33,1*):

τόπος Εἰουδέων τῶν καὶ Θεοσεβίον

Wie zahlreiche ähnliche Texte[2] weisen auch diese auf einer der Sitzstufen des Theaters in Milet eingemeißelten fünf Worte deutlich darauf hin, daß die betref-

---

* Istambuler Mitteilungen 25. 1975, 167—195 (m. 1 Abb.).

1) G. Kleiner, Das römische Milet (1970) bes. 11 f. und 20 mit Taf. 19. – Für einige Quellen- und Literaturhinweise bin ich Otto Feld, Wolfgang Günther, Eberhard Heck, Martin Hengel, Peter Herrmann und Peter Hommel zu Dank verpflichtet, ebenso Agathe Hommel für die Bereitstellung der beiden Abbildungen.

2) Vgl. Kleiner a. O. 18. Für das Stadion von Didyma s. die Zusammenstellung der Topos-Inschriften durch A. Rehm, Didyma II (1958) 97–103 (101–103 unter Nr. 50 und 50 a insgesamt ca 170 Inschriften, soweit datierbar aus der Zeit bald nach Chr. Geb.). Dort auch der Hinweis auf ca 730 ‚gewöhnliche' Topos-Inschriften aus dem sog. ‚Unteren Gymnasion' von Priene (Fr. Hiller v. Gaertringen, IvPriene 1906, Nr. 313). Es sind zumeist Graffiti, angebracht an den Wänden des mittleren von fünf großen – wohl dem Unterricht dienenden? – Sälen des sog. Ephebeion unweit der betreffenden Plätze auf den Sitzbänken, deren Stützen noch zu erkennen sind; Datierung der Inschriften: ca 1. Jh. v. Chr. (vgl. auch E. Ziebarth, Kulturbilder aus griech. Städten[2] [1912] 58. Kleiner, RE Suppl. IX [1962] 1215, 27 ff.). Die Sitzinhaber-Inschriften aus dem Theater in Athen sind gesammelt und besprochen von H. Gelzer, Monatsschr. d. Kgl. Pr. Akad. d. Wiss. Berlin 1872, 164 ff. Taf. 1–5, jetzt ergänzt in IG[2] II/III 3,1 5083–5164 (Kirchner). Vergleichbar sind auch die in unseren christlichen Kirchen seit alters an den Plätzen der Bänke angebrachten Honoratiorennamen, die meist auf ein Mietverhältnis hindeuten.

fenden Plätze[3] — sei es durch Gewohnheitsrecht usurpiert, sei es durch einmaligen Kaufpreis oder wie unsere Theaterabonnementplätze durch regelmäßig gezahlte Miete legitim beansprucht[4] — für eine bestimmte Gruppe als reserviert zu gelten hatten[5]. Vielfach sind es zunftähnliche Vereinigungen wie ebenfalls bei einigen Beispielen in Milet[6]; hier aber handelt es sich offenbar um die Mitglieder einer Religionsgemeinschaft[7], von der in unserem Fall wohl jeweils nur eine geringe Zahl das Theater zu besuchen pflegte, so daß der verhältnismäßig schmale Platz dafür ausreichte oder auszureichen hatte[8].

Wer nun diese Gruppe eigentlich war, das scheint auf den ersten Blick klar zu sein, und noch bis in jüngste Zeit vertrat etwa Louis Robert[9] die Meinung, es handle sich einfach um „les Juifs", also die Judenschaft bzw. die jüdische Gemeinde von Milet. Aber bei näherem Zusehen zeigt sich, daß der Fall gar nicht so einfach liegt und daß die knapp gefaßte Inschrift eine ganze Reihe von Problemen bietet. Ihre Buchstabenformen weisen auf die ersten Jahrhunderte der

---

3) Im Stadion von Didyma (s. vorige Anm.) begegnet nur fünfmal die Bezeichnung ὁ τόπος (übrigens mit dem Artikel), und zwar wohl bei ‚offiziellen' Topos-Inschriften (s. dazu nächste Anm.). Der Ausdruck τόπος in unserem Milet-Beispiel läßt dennoch wohl kaum auf offizielle Anbringung der Inschrift schließen, da hierfür die Orthographie zu nachlässig scheint (s. dazu u. 169). Auch beginnen die Anm. 2 genannten, ganz gewöhnlichen und oft flüchtigen Graffiti aus Priene wiederum fast alle mit ὁ τόπος (folgt der Gen. des EN).

4) In diesem Sinne unterscheidet Rehm a. O. 101 f. „offizielle Topos-Inschriften" und „gewöhnliche", darunter auch bloße „Graffiti"; beide Kategorien sind im Stadion von Didyma vertreten.

5) Vergleichbar, aber doch einer anderen Kategorie zugehörig sind die Priestern oder höheren Beamten oder sonstigen Privilegierten vorbehaltenen, in der Regel besonders ausgestatteten Ehrenplätze in zahlreichen antiken Theatern wie z. B. der Prunksessel des Dionysospriesters im Theater von Athen und dgl.; s. dazu allgemein Fensterbusch, RE V A (1934) 1388, Art. Theatron; ders., RE XXIII (1959) 114, Art. Prohedrie. Jetzt ist der ganze Komplex für Athen monographisch behandelt und erschöpfend dokumentiert von M. Maass, Die Prohedrie des Dionysostheaters in Athen (1972).

6) Kleiner, Das römische Milet 18, der auf eine zu erwartende Publikation dieser Inschriften durch P. Herrmann hinweist. Vgl. zunächst auch Ziebarth a. O. 74. Rehm a. O. 101 f. Maass a. O. 34 mit Anm. 4, dort auch weitere Literatur.

7) Von fern vergleichbar sind die – freilich eindeutig hochoffiziell – der Arvalbrüderschaft in Rom durch den Kaiser Titus im neuen Amphitheatrum Flavianum angewiesenen Plätze, wie es sich im Protokoll des Jahres 81 dokumentiert findet: CIL VI 2059, 25 ff., und die erneute Behandlung dieser Inschrift durch Hülsen, CIL VI 32363 (1902); danach hatte der zugewiesene Platz eine Breite von insgesamt fast 130 Fuß, halb und halb je auf Holz- und Marmorstufen verteilt. Vgl. dazu auch Wissowa, RE II (1896) 1486 (am Schluß des Art. ‚Arvales fratres') und K. Latte, Röm. Religionsgeschichte 1960 (1967²) 310 (mit fehlerhaftem Zitat der Inschrift).

8) Die Breite der Inschrift selber erstreckt sich über etwa 1 m, was ganzen zwei Sitzplätzen entsprochen haben dürfte. Wenn diese enge Auslegung des räumlichen Geltungsbereichs richtig ist, läßt es sich gut denken, daß eine Gruppe von Menschen sich mit jeweils zwei Plätzen für eine Aufführung zufrieden gab.

9) L. Robert, Etudes Anatoliennes (1937. Neudruck 1970) 411 Anm. 1 und noch entschiedener: Nouvelles inscriptions de Sardes I (1964) 41 ff.

Kaiserzeit[10]; innere Gründe könnten vielleicht genauer auf das Ende des 2. oder den Anfang des 3. Jhs deuten[11]. Die recht üppig wuchernden ‚Itazismen' und ebenso die Nichtbeachtung der Vokallänge in den beiden Eigennamen bieten kein sicheres Indiz, da solche Freiheiten einer phonetisch orientierten Orthographie sich gerade in jüdischen Inschriften seit Beginn der Kaiserzeit auch sonst häufig finden[12].

Ein versteckter Itazismus darf vielleicht in der Tat auch beim letzten Wort unserer Inschrift angenommen werden, so daß sie in korrekter Orthographie folgendermaßen aussähe:

τόπος Ἰουδαίων τῶν καὶ Θεοσεβέων (= -ῶν)

Da sich nachher zeigen wird, daß eine befriedigende Interpretation des Textes überhaupt vorwiegend auf dem Verständnis des letzten Wortes beruht[13], so muß auf dessen Herstellung näher eingegangen werden. Ein zugrunde liegendes θεοσέβιοι vorauszusetzen, was das einfachste wäre und wie es A. Deißmann und ihm folgend einige andere angenommen haben[14], schafft gewisse Bedenken deshalb, weil der damals weit verbreitete und feststehende Begriff der θεοσεβεῖς, von dem gleich noch zu reden ist, sonst stets in dieser letztgenannten Form erscheint. Allen-

---

10) A. Deißmann, Licht vom Osten⁴ (1923) (vgl. u. Anm. 46), der unserer Urkunde eine zwei Seiten umfassende Beilage (Nr. 8) gewidmet hat (a. O. 391 f.: Eine jüdische Inschrift im Theater zu Milet mit Abb. 82), und bei dem die genaue Beschreibung nachzulesen ist, fühlt sich an die Buchstaben der von ihm ebenda 12 f. Abb. 2 behandelten Türinschrift von der Synagoge zu Korinth erinnert, von der nur 7¹/₂ Buchstaben (aus zwei Worten) erhalten sind: [συν]αγωγὴ Ἑβρ[αίων]. Aber nur drei, allenfalls vier Buchstaben kommen hier wie dort vor und stehen daher zum Vergleich zur Verfügung, und davon weist mindestens das E der korinthischen Inschrift (gegenüber dem Є der milesischen) auf frühere Zeit, auch findet sich in ihr keine orthographische Nachlässigkeit. Und auch ihre Zeit (,, 100 v. Chr. bis 200 n. Chr.") kann nur durch Indizien näher präzisiert werden, so daß wir nicht über das hinauskommen, was der allgemeine Eindruck von unserer milesischen Inschrift sowieso vermuten läßt.

11) Kleiner a. O. 20 denkt mit Vorbehalt ans 2. Jh. n. Chr., und zwar wohl an dessen zweite Hälfte, da er die Anbringung der Inschrift vermutungsweise, wenn auch mit einleuchtenden Gründen, in die Zeit des Besuchs der Kaiserin Faustina d. J. in Milet (ca 164 n. Chr.) oder nicht lang danach zu setzen scheint (21 f.).

12) Reiches Material in der Sammlung jüdischer Grabinschriften aus Rom bei H. J. Leon, The Jews of Ancient Rome (1960) 264 ff.; zur Datierung ebenda 62.65 f.

13) Fatalerweise hat das Versehen von Ziebarth, Kulturbilder aus griechischen Städten (1911) 73 (das in der 2. Auflage 1912, 74 korrigiert ist) noch bei Rehm, Didyma II (1958) 101 nachgewirkt; da heißt es: „im Theater [von Milet] haben die Ἰουδαῖοι φιλοσέβαστοι ihren reservierten Platz" (!).

14) So nach Deißmann a. O. 391 f. etwa Schürer (s. u. 177 f.). Ferner Bertram, ThWzNT III (1938) 125. Feldman, Jewish "Sympathizers" in Classical Literature and Inscriptions. Transactions of the AmPhilolAssoc 81, 1950, 204 mit Anm. 20. Zuletzt ausführlicher L. Robert, Neue Inschriften aus Sardes I (1964) 41 mit Anm. 2 und S. 47. Seine Gründe, die sich auf die angebliche Parallele einer jüdischen φυλὴ Λεοντίων von einem Mosaik aus der Synagoge in Sardeis stützen, überzeugen in keiner Weise.

falls könnte sich der Schreibfehler (θεοσεβίōν statt θεοσεβῶν) durch die assoziative Erinnerung an Eigennamen wie Εὐσέβιος[15] eingeschlichen haben, wenn nicht etwa die Bezeichnung Θεοσέβιοι für die sonst Θεοσεβεῖς Genannten einen milesischen Provinzialismus darstellt, was nicht ganz auszuschließen ist[16]. Wenn freilich im Sinne des vorhin Ausgeführten ein Kenner wie K. G. Kuhn das letzte Wort unseres Textes mit θεοσεβ⟨ῶ⟩ν transskribiert[17], so hat man zu fragen, wie dann die Abweichung des Steinmetzen zu erklären ist. Vielleicht so, daß die unkontrahierte Form θεοσεβέων zugrunde lag[18]. Dann könnte etwa auch hier, wie „auf Inschriften häufig, ... dem ε ... vor Vokal ein ι mißverständlich zugelegt" worden sein[19], und aus dem so entstandenen θεοσεβείων wäre weiterhin durch Itazismus jenes θεοσεβίων (bzw. θεοσεβίōν) geworden.

Aber ob nun θεοσεβεῖς oder θεοσέβιοι vorauszusetzen ist, es kann kein Zweifel sein, daß hier ein fester Begriff zugrunde liegt, dem im hellenistisch-kaiserzeitlichen Judentum eine ganz bestimmte Bedeutung zukam. Zwar hat man dies in neuerer Zeit bestritten[20], und soviel ist gewiß an diesem Einwand richtig, daß

---

15) Zu σεβ(αζ)ομαι wie Εὐστόχιος zu στοχάζομαι.

16) So sind σοφοί zu σοφισταί geworden, Κύνες zu Κυνικοί, μύσται zu μυστικοί (Strabon 17,1,29), und es stehen ἐκτημόριοι neben ἐκτήμοροι, παράλιοι neben πάραλοι (vgl. A. Debrunner, Griech. Wortbildungslehre [1917] 25.34.76). Auch an das Nebeneinander der Ethnika Ἴωνες, Αἰολεῖς und der Adjektive Ἰώνιος, Αἰόλιος könnte man dabei denken. – Noch bei der Synode von Ephesos (431) tritt als Bischof der milesischen Nachbarstadt Priene ein Θεοσέβιος auf (M. Le Quien, Oriens Christianus 1740 I Sp. 717).

17) Kuhn so im Artikel ‚Proselyten' RE Suppl. IX (1962) 1266, 39 f.; im Artikel ‚προσήλυτος' ThWzNT VI (1959) 734,12 dagegen θεοσεβ(ῶ)ν (dies nach dem Vorgang von Frey, CIJ II [1952] no. 748). Beide Arbeiten Kuhns sind für das Problem der Θεοσεβεῖς grundlegend. Sie werden weiterhin kurz als Kuhn, Proselyten und Kuhn, προσήλυτος zitiert. Vgl. ferner Leclercq, Dict. d'Archéol. Chrét. 8,1 (1928) Art. ‚Judaïsme', Abschn. X Païens-judaïsants (Sp. 110–119, dort Sp. 110 kurz über unsere milesische Inschrift).

18) Derartige ionische Formen sind freilich in der Spätzeit nur schwach belegt; Maysers Papyrusgrammatik bietet überhaupt nichts; Blaß-Debrunner, Anhg. § 47 verweisen lediglich auf συγγενέων als Textvariante der Hs A im Ev. Lk. 21,16.

19) Kühner-Blaß I 50, wo auf ἐννεία für ἐννέα verwiesen wird.

20) Feldman a. O. 200–208. Die trotz allem wichtige Abhandlung ist nicht verwertet in den beiden oben Anm. 17 genannten Arbeiten von Kuhn. Vorangegangen war G. F. Moore, Judaism in the First Centuries of the Christian Era I (1927) 323–353, bes. 325 und 340 f. mit der Zerstörung des alten Vorurteils, es habe zwei Klassen jüdischer ‚Proselyten' gegeben, Voll-Proselyten und Halb-Proselyten, unter welch letzteren eben jene θεοσεβεῖς zu verstehen wären, die aber in Wirklichkeit von den Proselyten scharf zu scheiden sind; s. auch Kuhn, προσήλυτος 731 Anm. 31 (im Anschluß an Moore, während P. Styger, Juden und Christen im alten Rom [1934] 17 ff. in seinem Kapitel über „Die Proselyten" diese immer noch mit den ‚Gottesfürchtigen' zusammenwirft) und vgl. auch Kuhn, Proselyten 1252. Bellen, Jb. für Ant. u. Christentum 8/9, 1965/66, 172 Anm. 12 mit weiterer Literatur. Ferner H. J. Leon, The Jews of Ancient Rome (1960) 253, der sich freilich auch der Ansicht von Feldman anschließt. Wie ich nachträglich sehe, nimmt in einer wichtigen Auseinandersetzung mit Feldman, Leon und Robert den oben im Text vertretenen Standpunkt auch Lifshitz (Jerusalem) ein, Du nouveau sur les „sympathisants", Journal for the Study of Judaism 1, 1970, 77–84 (ebenfalls mit weiterer Literatur). Er sieht den Fehler von

θεοσεβεῖς immer wieder auch im allgemeinen und nichtspezifischen Sinn von ‚Gottesfürchtigen‘ oder ‚Frommen‘ schlechthin gebraucht werden konnte[21], so daß es jedes einzelne Zeugnis genau zu prüfen gilt[22]. Aber Feldman selber, der jenen Zweifel zuerst angemeldet hat, betont, daß unter dem in der talmudischen Literatur seit dem 2. Jh. n. Chr. verwendeten festen Begriff der „Yire'e Shamayim" (יִרְאֵי שָׁמַיִם = ‚Himmelsfürchtige‘) nichts anderes als ‚Gottesfürchtige‘ zu verstehen sind, da *schamajim* ‚Himmel‘ als die aus jüdischer Scheu vor dem Aussprechen des Gottesnamens verwendete Metonymie für *Adonai* ‚der Herr‘ erklärt werden muß, was ja seinerseits den unaussprechlichen *Jahwe*-Namen ersetzt[23].

‚Gottesfürchtige‘ aber heißen, um es endlich zu sagen, mit ständig wiederkehrenden Bezeichnungen im Griechischen jene mit den Juden ‚Sympathisierenden‘, eine „Gruppe von Heiden, die zwar die Synagogengottesdienste besuchten, sich an den jüdischen Monotheismus hielten[24] und auch einen Teil der Zeremonial-

---

Feldman vor allem in dessen Ignorierung der Zeugnisse des Josephus und der Apg., und er weist jenem Gelehrten ebenfalls eine gewisse Inkonsequenz in seinen Äußerungen zu der Frage nach. Über L. Robert vgl. auch u. 173 ff.

21) Hierher dürfte z. B. Frey, CIJ I 202 gehören Ἰο]υδέα προσή[λυτος ... θ]εοσεβι (= θεοσεβής?) „eine fromme Judenproselytin" (sofern nicht angezeigt werden soll, daß sie vor ihrem Übertritt der Gruppe der ‚Gottesfürchtigen‘ angehört hat!); vgl. dazu Feldman a. O. 204 Anm. 24; Kuhn, Proselyten 1265; L. Robert, Inscr. de Sardes I (1970) 42 f. Vgl. ferner u. Anm. 45.

22) Feldman a. O., der jedoch den Kreis für die spezifische Bedeutung des Worts, wie angedeutet, viel zu eng zieht. Es empfiehlt sich da, wo diese Bedeutung vorliegt, Θεοσεβεῖς (mit großem Anfangsbuchstaben) zu schreiben, was als erster Deißmann a. O. 391 f. getan hat (und zwar speziell in unserer milesischen Inschrift), worin ihm ausgerechnet Feldman a. O. mit Anm. 20 folgt, der doch hier wie in anderen Fällen das Wort nicht als „a technical term" anerkennt. – Über eine gewiß falsche anachronistische Deutung des Begriffs φοβούμενοι κύριον in Ps. 21,24 im Sinne der Θεοσεβεῖς durch die Rabbinen s. u. S. 185 f. Dagegen ist die Bemerkung von Josephus, Ant. XX 195, die Kaiserin Poppaea, Neros Frau, sei Θεοσεβής gewesen, kaum anzuzweifeln (wie es konsequenterweise Feldman z. d. St. in der Loeb Class.Libr. tut; besser Hanslik, RE XXII [1954] 87 f., der jedoch Proselyten und Θεοσεβεῖς verwechselt). Vorsichtig äußert sich Kuhn, Proselyten 1250 und 1264, entschlossen positiv jedoch Lifshitz a. O. 79 und 81 Anm. 1 mit mancherlei Richtigstellungen vor allem gegenüber L. Robert.

23) Feldman a. O. 207; über die gleiche Bezeichnung zuletzt erschöpfend, mit den nötigen Konsequenzen fürs Griechische, Kuhn, Proselyten 1279. Übrigens haben wir einen Niederschlag der Bezeichnung der Juden als ‚Himmelsfürchtige‘ bereits in der 1. Hälfte des 2. Jhs bei Juvenal, Sat. 14,97, wo es – offenbar in irrtümlicher Interpretation dieses Namens – von den Juden heißt *nil praeter nubes et caeli numen adorant* (vgl. Juvenal 6,545, zu welcher Stelle bereits im Kommentar von L. Friedländer [1895] die richtige Erklärung gegeben wird).

24) [Anm. v. H. H.:] Dies ist wohl das Entscheidende, und insofern ist der Name (zumal das θεο- hier als Übersetzung von Adonai gelten darf – vgl. o. im Text) vortrefflich gewählt: er kennzeichnet die betreffende Gruppe als entschiedene Monotheisten, die sich zum Judentum hielten, weil sie hier ihre Überzeugung am besten vertreten fanden, die sich aber im übrigen nicht den von der jüdischen Religionsgemeinschaft verlangten strengen Bindungen unterwarfen oder dies nur teilweise und freiwillig taten. Zur Charakterisierung der ‚Sympathisanten‘ auch gut Lifshitz a. O. (Anm. 20) 80 und 82; ebenso bereits Thraede, Jb. für Ant. und Christentum 2, 1959, 98.

gesetze auf sich nahmen, aber [im Gegensatz zu den ‚Proselyten'] nicht den Schritt des vollen Übertritts zum Judentum ... taten"[25]. Bei den Männern hätte dazu gehört die von den Proselyten geforderte Beschneidung, die eben den ‚Gottesfürchtigen' fehlte, was zu einem Teil das Überwiegen von Frauen in dieser Gruppe erklärt, zumal von diesen auch keine kultischen Opfer verlangt wurden. Aber auch von solcher Differenzierung abgesehen waren die ‚Gottesfürchtigen' den Proselyten an Zahl weit überlegen, wie sie sich auch im Gegensatz zu diesen vorwiegend aus den sozial Bessergestellten rekrutierten[26].

Die Sympathisanten des Judentums begegnen uns in der Überlieferung häufig, sowohl literarisch, und zwar vorwiegend in der Apostelgeschichte des Lukas als σεβόμενοι oder φοβούμενοι τὸν θεόν[27], wie auch inschriftlich, eben als θεοσεβεῖς, während sie im Lateinischen einfach als *metuentes* u. ä. (gelegentlich auch mit dem Zusatz *Deum*) erscheinen[28].

---

25) Kuhn, Proselyten 1260.

26) Ebenda; ferner 1263 f. 1266 f.

27) Ebenda 1249 ff. u. ö. „Φοβούμενοι τὸν θεόν ist dabei die semitisierende, wörtlichere Übersetzung und σεβόμενοι τὸν θεόν die freiere und besser griechische": Kuhn 1279 und ders., προσήλυτος 741. Neben Lukas nennt auch Josephus einmal im technischen Sinn die σεβόμενοι τὸν θεόν (Antiqu. XIV 110 im Anschluß an eine Erwähnung der κατὰ τὴν οἰκουμένην Ἰουδαίων, s. Kuhn, Proselyten 1250. Bellen, Jb. für Ant. und Christentum 8/9, 1965/66, 173 Anm. 19). E. Schürer, Geschichte des jüdischen Volkes⁴ III (1909. Neudruck 1970) 174 f. zieht mit Recht auch Ev. Johs. 12,20 heran, wo Ἕλληνές τινες ἐκ τῶν ἀναβαινόντων ἵνα προσκυνήσωσιν ἐν τῇ ἑορτῇ in Jerusalem Jesus sehen wollen, worauf sich wie ich meine auch die spöttische Bemerkung der Pharisäer (v. 19) bezieht ἴδε ὁ κόσμος ὀπίσω αὐτοῦ ἀπῆλθεν (vgl. dazu oben bei Josephus die σεβόμενοι τὸν θεὸν κατὰ τὴν οἰκουμένην). Zum Gegensatz von Ἰουδαῖοι und Ἕλληνες vgl. auch Apg. 11,19/20, zu den Ἕλληνες s. auch u. Anm. 86.

28) Die inschriftlichen Belege für Θεοσεβεῖς und *metuentes* bei J. Juster, Les Juifs dans l'Empire Romain I (1914) 274 ff. und bei Kuhn, προσήλυτος 734; Proselyten 1266, einiges auch bei Lifshitz a. O. 80 f. Vgl. auch M. Simon, Verus Israel (1948) 330 mit Anm. 1. Den inschriftlichen Zeugnissen würde sich gut einfügen Jos., Ant. XX 195 über die Kaiserin Poppaea als Θεοσεβής (s. dazu oben Anm. 22). Dazu tritt (für die *metuentes*) der wichtige literarische Beleg bei Juvenal, Sat. 14,96–106 aus trajanischer oder hadrianischer Zeit: „Der Vater hält den Sabbath und ißt kein Schweinefleisch; der Sohn läßt sich dann beschneiden und wird ein Fanatiker" (so die Paraphrase bei Kuhn a. O. 1260, vgl. 1266 und Lifshitz a. O. 82 f.). Dabei kommt gewiß nicht von ungefähr, wenn es auch nicht streng terminologisch zu fassen ist, daß der Satiriker für den Vater die Wendung *metuentem sabbata* gebraucht (v. 96), während es von der nächsten Generation heißt *Judaicum ediscunt et servant ac metuunt ius* (v. 101). Dazu die wichtigen Ausführungen von Simon a. O. 326 f. Nachträglich macht mich E. Heck auf einen ausgezeichneten Aufsatz von Thraede aufmerksam (Beiträge zur Datierung Commodians. Jb. für Ant. und Christentum 2, 1959, 90–144 – vgl. auch oben Anm. 24 gg. E.), der in einem Abschnitt „Die ‚Gottesfürchtigen' bei Commodian" (a. O. 96–100) darauf hinweist, daß der christliche Versemacher in zwei von Thraede ins 3. Jh. datierten ‚Gedichten' seiner Instructiones I (25 und 37) jeweils in deren Überschriften die von ihm als *fanatici* bekämpften Sympathisanten des Judentums einmal schlicht als *qui timent* (vgl. oben die *metuentes*), das andremal als *qui iudaeidiant* bezeichnet (hier in I 37 v. 1 wird ein solcher apostrophiert mit der rhetorischen Frage *quid? medius*

Zu den Zeugnissen für Θεοσεβεῖς als „Sympathisanten" des Judentums, die Kuhn aufzählt[29], tritt weiterhin die von L. Robert im Jahre 1937 neu ergänzte Inschrift aus Tralleis in Lydien CIG 2924[30] von einer Καπετωλῖνα ἡ ἀξιόλογ⟨ος⟩ καὶ θεοσεβ⟨ής⟩, die ὑπὲρ εὐχῆς[31] Treppe und Exedra (?) eines Gebäudes gestiftet bzw. ausgeschmückt hat, unter welchem Robert mit Wahrscheinlichkeit die Synagoge von Tralleis vermutet. Er fügt (neben unserer milesischen Inschrift und der oben Anm. 29 genannten Inschrift des Eustathios aus Lydien) ein weiteres Beispiel von einem Epitaph aus Rhodos hinzu: IG XII 1,593 Εὐφρο[σ]ύνα θεοσεβὴς χρηστὰ χαῖρε — wo er zunächst offen läßt, ob es sich um eine *juive* oder eine *judaïsante* handelt. Ich möchte diese Grabinschrift — ebenso wie eine genau entsprechende aus dem nahen Kos[32] — mit Entschiedenheit jeweils für eine Sympathisantin des Judentums in Anspruch   nehmen[33] (und daher das Θεοσεβής mit großem Anfangsbuchstaben wiedergeben[34]). Louis Robert dagegen spricht in diesem Zusammenhang in seinen Etudes Anatoliennes aus dem Jahre 1937 (die 1970 in mechanischem Neudruck wieder erschienen sind)[35] fälschlich von Juden-Proselyten, was nach dem oben Ausgeführten zu korrigieren ist. In seiner in vieler Hinsicht äußerst förderlichen und mit reichem Material belegten Ausgabe der von den Amerikanern neugefundenen Inschriften aus Sardeis hat er sich

---

Iudaeus, medius vis esse profanus?). Thraede hat zu einer Zeit, wo andere Gelehrte von ganz unklaren Vorstellungen über die ‚Gottesfürchtigen' eingenommen waren, diese bereits treffend und richtig charakterisiert. Wichtig sind auch seine Literaturangaben.

29) An den Anm. 28 angegebenen Orten. Es handelt sich um die Inschriften Frey, CIJ I (1936) no. 500 Ἀγρίππας Φούσκου Φαινήσιος Θεοσεβής (aus Phaina in der palästinensischen Trachonitis, südlich von Damaskus; heute in Rom). II (1952) no. 754 Εὐστάθιος ὁ Θεοσεβής (aus der Gegend von Philadelpheia in Lydien) und no. 748 (unsere Milet-Inschrift).

30) L. Robert, Capitolina, Θεοσεβής. Etudes Anat. 1937 (1970) 409–412. Vgl. jetzt Nouvelles Inscr. de Sardes I (1964) 44.

31) Diese Wendung ist nach Robert a. O. 411 den jüdischen Inschriften ebenso geläufig wie den christlichen (ein byzantinisches Beispiel ebenda 215, ein weiteres solches bei Feld, u. S. 204 f.). Sie entspricht nach Greeven, ThWzNT II (1935) 735 (Art. εὐχή) dem lateinischen *ex voto* ‚aufgrund eines Gelübdes', wofür in älteren Zeugnissen meist κατ' εὐχήν steht. Unsere Lexika versagen hier.

32) Die rhodische Inschrift bei Robert a. O. 411 Anm. 5 und in Nouvelles Inscr. de Sardes a. O. 44 f. mit Anm. 7–9, wo zugleich auf die Grabinschrift aus Kos, Paton-Hicks no. 278 verwiesen ist: Εἰρήνη θεοσεβὴς χρηστὴ χαῖρε. Hier in der jüngeren Publikation scheint Robert nur noch an feste Mitglieder der jüdischen Gemeinde zu denken.

33) Schon das χρηστὴ χαῖρε statt der stereotypen Schlußformel jüdischer Grabinschriften ἐν εἰρήνη κοίμησίς σου (bzw. αὐτῆς, o. ä.) sieht eher unjüdisch aus. Zu Charakter und Herkunft der jüdischen Formel s. jetzt E. Dinkler, Eirene. Der urchristliche Friedensgedanke (1973) 12 ff. mit Anm. 17 und Abb. 3 und 4 auf Taf. 2.

34) Siehe dazu oben Anm. 22.

35) Das läßt den Leser nicht ahnen, daß der Verf. sich inzwischen (1964) vielfach in ganz anderem Sinne geäußert hat (s. dazu gleich unten im Text). Ein Beispiel für die daraus entstehende Verwirrung findet sich bei Bellen, Jb. für Ant. und Christentum 8/9, 1965/66, 176 Anm. 33.

die seit den zwanziger Jahren erschienene Literatur[36] zu unserem Problem erschlossen, sich dabei aber ganz und gar die oben von uns besprochene und abgelehnte These von Feldman zu eigen gemacht, die ϑεοσεβεῖς bezeichneten keine
eigene Gruppe, sondern es handle sich dabei um ein einfaches Frömmigkeitsepitheton, wobei der französische Forscher nun noch einen Schritt weiter geht und
ϑεοσεβής schlechthin als jüdisches Äquivalent des gemeingriechischen εὐσεβής erklärt. In manchen Einzelfällen mag das zutreffen, wie wir bereits oben zugegeben
haben und wie auch ein Experte wie B. Lifshitz einzuräumen bereit ist. Aber
aufs Ganze gesehen bezeichnet der mehr und mehr zum Terminus gewordene
Ausdruck Θεοσεβεῖς, woran man heute nicht mehr zweifeln sollte, völlig eindeutig
die Anhänger der jüdischen Gemeinde, die zu ihr nicht in einem festen Verhältnis
stehen, wie es dagegen bei den bereits zum Judentum übergetretenen Proselyten
der Fall ist. Roberts Behandlung der Inschriften krankt vor allem daran, daß er
die Θεοσεβεῖς nicht im Zusammenhang mit den besonders in der Apostelgeschichte
des Lukas immer wieder erwähnten φοβούμενοι und σεβόμενοι τὸν ϑεόν sieht,
deren Charakter als klar umrissene Gruppe nicht mehr zu bestreiten ist[37].

Zwei weitere wichtige Inschriften in Sardeis aus der 1. Hälfte des 3. Jhs, die
Robert bekannt gemacht und besprochen hat, sind nach all dem gegen die Diagnose des Herausgebers zweifellos auch als Zeugnisse für die Gruppe der ‚Gottesfürchtigen‘ zu werten[38]: no. 4 und 5 (Robert I 39 ff. mit Tafel IV), beides Wei-

---

36) Es handelt sich um die reiche neuere jüdische und christliche Forschung, bes. von Moore,
Feldman, Leon, Kuhn (s. o. 169 ff. mit den Anm.). Die von Robert, Etudes Anat. 1937 (1970) 411
Anm. 6 angeführte ältere Literatur ist fast durchwegs durch die genannten Neueren überholt.
Eine ähnliche Verwirrung der Begriffe wie in Roberts erster Arbeit findet sich auch bei dem von
ihm jetzt gelobten Bertram, ThWzNT III (1938) 125 f. (Art. ϑεοσεβής).

37) Vgl. dazu auch oben Anm. 20 gg. E. Inzwischen hat – im gleichen Jahr mit Roberts
Nouvelles Inscriptions de Sardes I (1964) – Romaniuk, Die „Gottesfürchtigen“ im Neuen
Testament. Aegyptus 44, 1964, 66–91 noch einmal klar und bündig die Eigenart dieser Gruppe
herausgestellt, indem er sie vor allem von den φοβούμενοι τὸν Θεόν distanziert, die uns an zahlreichen Stellen des Alten Testaments begegnen. Dort zielt der Ausdruck in der Tat fast ausnahmslos auf die ϑεοσέβεια schlechthin, woraus zu ersehen ist, daß sich erst in neutestamentlicher
Zeit der bekannte spezifische Sinn des Worts befestigt hat, dem sich die Θεοσεβεῖς der Inschriften
aufs beste einordnen. Siehe aber auch u. Anm. 109 gg. E.

38) Dies tut mit Recht auch Lifshitz, Donateurs et fondateurs dans les synagogues juives
(1967) no. 18; dagegen L. Robert, REG 82, 1969, 430. Dieselbe Zuordnung zur Kategorie der
Sympathisanten des Judentums darf gelten für die lateinische Grabinschrift aus Rom, heute im
Thermenmuseum, für eine 55jährige: Frey, CIJ I no. 228 (= Leon, The Jews of Ancient Rome
[1960] 297 no. 228), die sogar Feldman a. O. 204 Anm. 24 inkonsequenterweise als Zeugnis für
eine ‚Sympathisantin‘ anerkennt: *hic posita est Eparchia theosebes . . .* (dazu jetzt auch Lifshitz,
Journal of the Study of Judaism 1, 1970, 77 und 81 Anm. 1). Die Beibehaltung des griechischen
Terminus Θεοσεβής im Lateinischen spricht allerdings deutlich genug für den terminologischen
Gebrauch schlechthin und kann allein schon zur Widerlegung der Robertschen These dienen. –
Ein weiteres inschriftliches Zeugnis für die Θεοσεβεῖς – in auffallend engem Zusammenhang mit
den Ἰουδαῖοι (s. dazu u. Anm. 95) – hat Bellen, Συναγωγὴ τῶν Ἰουδαίων καὶ Θεοσεβῶν . . . im
Jb. für Ant. und Christentum 8/9, 1965/66, 171–176 (hier bes. 173) gewonnen. In einer Frei-

hungen als Erfüllung von Gelübden, im Mosaikboden der Synagoge, den offenbar die zwei dort Genannten gestiftet haben:

4. Αὐρ(ήλιος) Εὐλόγιος Θεοσεβὴς εὐχὴν ἐτέλησα, und
5. Αὐρ(ήλιος) Πολύιππος Θεοσεβὴς εὐξάμενος ἐπλήρωσα.

Robert will nun diese beiden Zeugnisse wie ebenso jetzt die früher von ihm herangezogene Inschrift aus der Synagoge von Tralleis der Καπετωλῖνα ... Θεοσεβής, CIG 2924 (s. o. 173) — die er damals einer Proselytin, jetzt einer Jüdin schlechthin zugewiesen hat — schon deshalb nicht mit Sympathisanten des Judentums in Verbindung bringen, weil er Weihungen von Nichtjuden in einer Synagoge für unmöglich hält. Aber wenn solche heidnischen Anhänger der jüdischen Gemeinde sich wahrscheinlich auch nicht in einer Synagoge bestatten lassen durften — kein Zeugnis dafür ist jedenfalls bekannt[39] —, so stand doch sicherlich nichts im Wege, daß sie ihre Anhänglichkeit durch Stiftungen erweisen und öffentlich an der Stätte ihrer Wohltätigkeit zum Ausdruck bringen konnten[40]. Daß das faktische Verhältnis der Sympathisanten zum Judentum und ihre innere Bindung an diese Religionsgemeinschaft sehr eng sein konnte[41], mag vielleicht auch die folgende Inschrift zeigen, die man zwar bereits früher kurz herangezogen hat[42], die aber keine Beachtung fand und so auch in Kuhns Katalog (s. o. Anm. 29) fehlt:

---

lassungsinschrift des 1. Jhs n. Chr. aus Pantikapaion, Corp. Inscr. Regni Bosporani (1965) no. 71 (im Museum zu Feodosia auf der Krim) für die Hausslavin Elpis, die offenbar zu der Gruppe der ‚Gottesfürchtigen' zählte, übernimmt, wie auch sonst üblich und belegt, die Synagoge den Schutz der Freigelassenen. Hier aber heißt es dabei nach der Wiederherstellung des Textes durch H. Bellen ἐπιτροπευούσης τῆς συναγωγῆς τῶν Ἰουδαίων καὶ Θεο{ν}σεβῶν.

39) Das gilt nicht unbedingt (wie J.-B. Frey, CIJ I S. LXIV und Simon, Verus Israel 331 mit Anm. 1 anzunehmen scheinen) für jüdische Friedhöfe schlechthin. So hat immerhin ein Θεοσεβής aus Venusia in Apulien wenigstens den Wunsch geäußert, auf einem solchen beerdigt zu werden; s. Bellen a. O. 175 f. mit Anm. 34 nach Lifshitz, Les Juifs à Venosa. Riv. di Filol. 90, 1962, 368.

40) Im gleichen Sinne äußert sich Bellen a. O. 175 unten, der in diesem Zusammenhang mit Recht auf die Inschrift Frey, CIJ 754 (oben Anm. 29) hinweist. Vgl. allgemein auch Lifshitz a. O. (Anm. 38 Anf.) und jetzt auch a. O. (Anm. 20) 82. Zweifellos sind beispielsweise auch die Gaben aus aller Welt, die in Jerusalem zusammenflossen, großenteils auf Sympathisanten zu beziehen, Tacitus, Hist. V 5,1 *pessimus quisque spretis religionibus patriis tributa et stipes illuc congerebant, unde auctae Iudaeorum res*, wobei die Kommentare mit Recht unter *stipes* gelegentliche Spenden verstehen, aber kaum richtig bloß an Proselyten zu denken scheinen.

41) Das wird auch betont von Kuhn, προσήλυτος 743 f.; Proselyten 1281, wo als Beispiel der römische Centurio Cornelius Apg. 10, 2. 22 angeführt ist, der übrigens als εὐσεβὴς καὶ φοβούμενος τὸν θεόν bezeichnet wird (man beachte die Trennung beider Begriffe im Blick auf das o. 173 f. gegen L. Robert Ausgeführte).

42) Bertram a. O. (Anm. 36) 126 Anm. 16, dort als ‚Proselyten'-Inschrift gekennzeichnet (vgl. dazu oben Anm. 36 gg. E.).

Gg. Kaibel, Epigrammata Graeca ... 1878 no. 729 (S. 295) = CIG 9852.
Grabinschrift eines 21jährigen aus Lorium westlich von Rom (dem Geburts- und
Sterbeort des Kaisers Antoninus Pius):

ἐνθάδε ἐν εἰρήνῃ κεῖτε[43] Ῥουφεῖνος ἀμύμων[44]
Θεοσεβής ἁγίων τε νόμων σοφίης τε συνίστωρ[45]

Dieses Beispiel ist gewiß nicht mit voller Sicherheit einem Θεοσεβής im terminologischen Sinne zuzuweisen. Aber handelt es sich hier um ein klares Ent-
weder-Oder, das wir mit unseren Mitteln nicht entscheiden können, so liegt der
Fall wesentlich komplizierter bei unserer milesischen Inschrift, zu der wir jetzt
zurückkehren. Auch da haben sich dem historischen Beurteiler längst berechtigte
Zweifel ergeben.

Wenn es bei dem τόπος Ἰουδαίων τῶν καὶ Θεοσεβῶν um Vollmitglieder der
jüdischen Gemeinde geht, wie manche Forscher annehmen[46] (Proselyten kommen

---

43) Vgl. zu der Formel oben Anm. 33.
44) Vgl. dazu die jüdischen Grabinschriften aus Rom bei Leon a. O. (Anm. 38), no. 1
(τέκνῳ ἀμώμῳ ὁσίῳ). no. 93 (πατὴρ συναγωγῆς ὅσιος ἄμεμπτος). no. 154 (ἄμεμπτος νήπιος
ὅσιος). Der Verbindung ἄμωμος ὅσιος u. ä. bei zweifellos echten Juden entspricht in unserer
holprigen Versinschrift das ἀμύμων Θεοσεβής, das also auf einen Sympathisanten deuten könnte.
Ein allgemein und nicht spezifisch zu verstehendes ἀμύμων θεοσεβής ist hier freilich nicht ganz
auszuschließen; dann würde es sich bei der Inschrift aus Lorium eben doch um das Lob eines
Vollmitglieds der jüdischen Gemeinde handeln. Aber gerade die Wahl des Ausdrucks θεοσεβής
für das sonst übliche ὅσιος scheint eher für die erste Lösung zu sprechen. Vgl. auch die nächste
Anm.
45) Auch für das ἁγίων νόμων συνίστωρ gibt es in den jüdischen Grabinschriften Roms
gewisse Parallelen: Leon a. O. no. 111 (νήπιος ὅσιος φιλονόμος). no. 113 (νομομαθής). no. 201
(τῷ νομοδ[ιδασκάλῳ?]). no. 333 (διδάσκαλος νομομαθής). no. 476, 10 (*observantia legis*). Hier
freilich sind die Betreffenden durchwegs Juden im strengen Sinn. Aber ein Sympathisant des
Judentums könnte sehr wohl ἁγίων νόμων συνίστωρ gewesen sein (man beachte das συν-!),
während eine verpflichtende *observantia legis* und vollends die Eigenschaft des νομοδιδάσκαλος
nur dem dieser Religion voll Zugehörigen ansteht. Vgl. die oben Anm. 28 besprochene Stelle
Juvenal 14, 101, wo die soeben Übergetretenen das *Judaicum ius* nicht nur *ediscunt ... ac
metuunt* (= σέβονται), sondern auch *servant*. Danach könnte der 21jährige Rufinus unserer
Inschrift natürlich ebenfalls ein ehemaliger Θεοσεβής gewesen sein, der seinen Übertritt zum
Judentum erst vor kurzem vollzogen hat, woran das zugefügte Epitheton noch erinnern mochte.
Möglicherweise ist auch die viel umstrittene Stelle Apg. 13, 43, wo neben den Juden in Antiochia
in Pisidien auch von den σεβομένων προσηλύτων die Rede ist, in ähnlichem Sinne zu verstehen,
d. h. von Judenproselyten, die aus der Reihe der σεβόμενοι gewonnen waren (bisher hat man das
προσηλύτων als Ungenauigkeit des Lukas oder als spätere Glosse angesehen; s. dazu Kuhn,
Proselyten 1253; Romaniuk, Aegyptus 44, 1964, 81 mit weiterer Literatur, und jetzt auch
Lifshitz, a. O. [Anm. 20] 80). Vgl. auch oben Anm. 21.
46) Vor allem A. Deißmann, Licht vom Osten[4] (1923) 391 f., dem die erste Veröffentlichung
der Inschrift verdankt wird (1. Aufl. 1908). Danach A. v. Gerkan, Eine Synagoge in Milet,
ZNW, 20, 1921, 177 ff., hier S. 181 (durch die Theaterinschrift sei „die Existenz einer staatlich
anerkannten Judengemeinde in der Stadt für die späte Kaiserzeit bezeugt", was freilich, wenn
auch in anderem als dem hier gemeinten Sinn, zutrifft). A. v. Harnack, Mission und Ausbreitung

ja nach dem oben Ausgeführten ohnehin nicht mehr in Betracht⁴⁷), dann war zu
folgern, daß θεοσεβεῖς ‚Gottesfürchtige' — oder auch Θεοσέβιοι⁴⁸ — ein mehr
oder weniger fester Beiname der Juden war, was unserer Kenntnis (nach dem doch
verhältnismäßig reichen Quellenmaterial) absolut widerspricht, zumal wenn wir
die Umschreibungen σεβόμενοι oder φοβούμενοι τὸν θεόν hinzunehmen⁴⁹. Wenn
wir jedoch den Zusatz Θεοσεβῶν beim Wort nehmen und ihn auf die Sympathisanten des Judentums beziehen, dann stört die Wendung Ἰουδαίων τῶν καὶ
Θεοσεβῶν ebenso, weil sich aus ihr zu ergeben schien, man könne diese ‚Juden'
einfach auch Θεοσεβεῖς nennen. Das wäre unter dieser zweiten Voraussetzung so
zu verstehen, daß die Bezeichnung Ἰουδαῖοι schlechthin für die Gruppe der
Θεοσεβεῖς gebräuchlich war, nur daß man sie ‚auch', d. h. wahlweise, mit diesem
letzten Namen belegen konnte. Dies aber schüfe vollends eine Verwirrung, denn
sie werden eben sonst nicht einfach als ‚Juden' bezeichnet, aus dem einfachen
Grunde, weil sie keine waren⁵⁰. So hat denn K. G. Kuhn in seiner neuesten, für
die gesamte Proselytenfrage und ihre Randprobleme maßgebenden Arbeit⁵¹, das
vorsichtige Fazit gezogen: „... unsicher bleibt, ob in diesen Zusammenhang
[scil. der ‚Gottesfürchtigen'] auch Frey II, Inschr. 748 gehört, eine Sitzplatz-
inschrift aus dem Theater von Milet ...".

Hatte schon Deißmann bei seiner ersten Begegnung mit der Inschrift 1906 sich
gewundert, „daß sie nicht lautete ‚Platz der Juden und der Gottesfürchtigen' "⁵²,
so zog E. Schürer⁵³ — wenn auch mit einer gewissen Zurückhaltung — die von

---

des Christentums⁴ II (1924) 625 Anm. 8 („hier hatten die Juden im Theater eigene Sitzplätze").
Bertram a. O. (Anm. 36) 125. Kittel, Forschungen zur Judenfrage 7, 1943, 51 no. 155 (mit
Abb. 4 nach dem Abklatsch der Inschrift bei Deißmann). Feldman a. O. (Anm. 14) 204 oben.
Und natürlich auch L. Robert (vgl. dazu oben Anm. 9), Et. Anat. 1937, 411 Anm. 1; ders.,
Nouvelles Inscr. de Sardes I (1964) 47.

47) Wie etwa noch Schaefer, RE I A (1920) 1541 (Art. Sabazios) für die σεβόμενοι oder
σεβαζόμενοι schlechthin für möglich hält. Doch liegt hier eben noch die fälschliche Identifikation
der Proselyten mit den Sympathisanten zugrunde, die Feldman a. O. 202 Anm. 2 mit Recht an
älteren Autoren wie Bertholet (1896) und Ginzburg (1928) tadelt.

48) Mit Großschreibung, für die sich Deißmann sogar unter dieser Voraussetzung entscheidet.
Ebenso ihm folgend E. Ziebarth, Kulturbilder aus griechischen Städten² (1912) 74, wo die Inschrift ganz schlicht übersetzt wird: „Platz der Juden, die auch Gottesfürchtige heißen" (danach auch Kittel a. O., s. o. Anm. 46).

49) Siehe dazu oben mehrfach, bes. 174 mit Anm. 37.

50) Eine gewisse Einschränkung werden wir freilich gerade für Milet nachher zu machen
haben; s. dazu u. 184 ff.

51) Kuhn, Art. Proselyten, RE Suppl. IX (1962) 1266, 36 ff.

52) Deißmann a. O. 392. Vgl. dazu auch Frey, CIJ II (1952) no. 748 S. 14 f. (hier S. 15).

53) E. Schürer, Geschichte des jüdischen Volkes im Zeitalter Jesu Christi III⁴ (1909. Neudruck 1970) 174 Anm. 70 (vgl. S. 16): „Vielleicht ist aber τῶν καὶ Fehler für καὶ τῶν". Danach
hätte sich also die Inschrift auf zwei Kategorien bezogen: auf die ‚Juden' *und* auf die ‚Gottesfürchtigen', was aus äußeren wie aus inneren Gründen ganz unwahrscheinlich ist (vgl. dazu
o. 168, u. 183 ff.).

Deißmann gewiß nicht beabsichtigte Konsequenz, den Text durch eine gewaltsame Umstellung zu ‚heilen' und einfach zu lesen Ἰουδαίων καὶ τῶν θεοσεβίων — ein Verzweiflungsschritt, den mit Recht nur wenige Forscher nachvollzogen haben[54]. So scheint denn die Lage so gut wie hoffnungslos zu sein. Dennoch glaube ich, aufgrund philologischer Indizien eine Lösung anbieten zu können, die ich hier vortragen will.

2.

Daß in der bekannten deklinierbaren Formel ὁ καὶ ... (τοῦ καὶ ... etc., οἱ καὶ ..., τῶν καὶ ... etc.) stillschweigend καλούμενος, καλουμένου etc. (in unserm Fall καλουμένων) zu ergänzen ist[55], und daß diese spärlich im Hellenismus[56], dann vor allem in der Kaiserzeit, besonders auf Papyri und Inschriften begegnende, übrigens stets einen Eigennamen einleitende[57] Wendung einen Relativsatz vertritt[58], hat man mit Recht angenommen. Diese Vermutung wird auch durch den entsprechenden lateinischen Ausdruck *qui et* ... bestätigt[59], ob er nun fürs Griechische

---

54) Soviel ich sehe, lediglich Romaniuk, Aegyptus 44, 1964, 81 Anm. 2 und Bellen, Συναγωγὴ τῶν Ἰουδαίων καὶ Θεοσεβῶν. Jb. für Antike und Christentum 8/9, 1965/66, 175, in ihren sonst in vieler Hinsicht förderlichen Arbeiten. Gegen die Umstellung wendet sich mit Recht L. Robert, REG 82, 1969, 429 f. in einem Bericht über den Aufsatz von Bellen.

55) Ed. Mayser, Grammatik der griechischen Papyri I 2² (1938) 68, vgl. auch schon II 1 (1926) 60 f. und II 3 (1934) 56 (danach vor allem bei Doppelnamen, Doppeltiteln, Doppeldaten). – Ed. Schwyzer, Griech. Grammatik I (1939) 638 mit Anm. 7 („Musterbeispiel Σαῦλος ὁ καὶ Παῦλος"). Ungekürzt findet sich die Wendung in einem wichtigen, von Wilhelm Schmid, Der Attizismus III (1893) 338 f. beigebrachten literarischen Beleg: Aelian, Var. hist. 134, 20 Ἀντίγονος ὁ καὶ Ἑτερόφθαλμος καὶ ἐκ τούτου Κύκλωψ προσαγορευθείς. – Ein schönes Beispiel für die Deklinierbarkeit der Formel (hier: Vokativ) s. u. Anm. 70.

56) Unsicher nach ihrer Lesung und Datierung ist die Inschrift auf einer schwarzfigurigen Vase Κίττος ὁ καὶ Λυ⟨σί⟩μαχος, CIG IV 8499; s. auch Herzog, Philologus 56, 1897, 35 mit Anm. 3; vgl. Schwyzer a. O. Anm. 7. Immerhin dürfte es sich hier möglicherweise um den weitaus ältesten Beleg überhaupt handeln.

57) Darauf hat schon Deißmann mehrfach hingewiesen; vgl. auch L. Robert, Nouvelles Inscr. de Sardes I (1964) 47 Anm. 1, der ihn nicht zu widerlegen vermag.

58) Mayser a. O. Einen klaren Beweis liefert Pap. Lond. 2, 219 b, 2 wo die betreffende Wendung statt ὁ καὶ vielmehr lautet ὃς καὶ ... (den vollen Wortlaut s. u. 181). Eine weitere Stütze für diese Auffassung erblicke ich auch in der bekannten Gottesepiklese aus der Apokal. Jhs. 1,4 und 8. 4,8 (vgl. auch 11,17 und 16,5) ὁ ὢν καὶ ὁ ἦν καὶ ὁ ἐρχόμενος, wo der Artikel mit ἦν das Partizipium ersetzt, das es ja für das Präteritum von εἶναι nicht gibt, und wo man eigentlich beim Verbum finitum das Relativum erwarten müßte. Die gegenseitige Nähe und Vertretungsmöglichkeit beider Konstruktionen wird hier also ganz deutlich. Vgl. zu der Formel aus der Apokal. die Bemerkungen bei Blaß-Debrunner, Anhang § 143. Fr. Büchsel, ThWzNT II (1935) 397, 8 ff. und H. Hommel, Schöpfer und Erhalter (1956) 65 Anm. 220 (wo ich das ὁ ἦν nicht in ὃς ἦν hätte ändern sollen, obwohl es Apokal. 16, 5 bezeichnenderweise so als Hs-Variante in einem Papyrus erscheint).

(59) Dazu Hofmann-Szantyr, Lateinische Syntax und Stilistik (1965) 483 mit den Beispielen aus Plinius, n. h. 3,25 Oretani, *qui et Germani cognominantur*, und 3,37 Lutevani, *qui*

das Vorbild abgegeben hat, oder ob es sich bei ihm — was wahrscheinlicher ist — um einen Gräzismus handelt[60]. Diese unbezweifelbare Charakterisierung der Kurzform ὁ καί ... als Vertretung eines Relativsatzes bietet den Schlüssel für die richtige Interpretation unserer Inschrift.

Denn wie es zwei grundsätzlich voneinander verschiedene Arten von Relativsätzen gibt, deren jeweiliger Charakter die Interpretation bestimmt, so auch zwei Arten von Partizipien oder entsprechenden Ausdrucksformen, sofern sie wie in unserem Falle einen Relativsatz vertreten. Wenn auch die logische Analyse solcher Satzteile notwendig auf eine solche Unterscheidung führen muß, so drängt sie sich doch um so weniger auf, als unsere Grammatiken diese wichtige Differenzierung nicht betonen oder auch nur erwähnen[61]. Was gemeint ist, finde ich (nach langem Suchen) klar ausgedrückt, sorgfältig unterschieden und zur Gliederung des Materials der Relativsätze erhoben lediglich in dem umfangreichen Werk von Johann Matthias Stahl, Kritisch-historische Syntax des griechischen Verbums der klassischen Zeit[62]. Wenn auch Stahls Unterscheidung in „synthetische und parathetische Relativsätze" terminologisch nicht voll befriedigt[63], so ist seine Definition doch so erschöpfend und gültig formuliert, daß ich sie hier wörtlich wiedergebe. Danach handelt es sich (S. 523) um „synthetische Relativsätze", wenn sie „eine beschränkende und unterscheidende Bestimmung des bezüglichen Nomens enthalten", um „parathetische Relativsätze" dagegen, „wenn das bezügliche Nomen an sich etwas Individuelles benennt, das also keiner weiteren Beschränkung fähig ist". Aus der Fülle der Beispiele, die Stahl bietet[64], greife ich nur ganz wenige heraus, die zur Demonstration dessen, was unserem Zweck dient, besonders geeignet scheinen.

Synthetischer Relativsatz:

Aischylos, Prom. 35

ἅπας δὲ τραχύς, ὅστις ἂν νέον κρατῇ

Jeder ist hart, der neu die Herrschaft ausübt

---

et *Foroneronienses*, sowie mit dem Hinweis auf Thes. l. lat. V 2, 912, 47 ff., wo es Z. 50 heißt: „inprimis de supernomine". Über *signum* = Doppelname und über den Gebrauch von *qui et* ... u. ä. zu seiner Einführung s. auch Kubitschek, RE II A (1923) 2449, 27 ff. (im Art. Signum 2).

60) So Schmid a. O. (Anm. 55).

61) Natürlich konnten von den unzähligen griechischen Grammatiken nicht alle eingesehen werden. Aber weder bei Kühner-Gerth noch bei Schwyzer, Mayser, Blaß-Debrunner oder in vielen sonst zuverlässigen Schulgrammatiken findet sich Einschlägiges, soweit ich feststellen kann.

62) Indogermanische Bibliothek I 4 (Heidelberg 1907) 523–546 (Die Modi in Relativsätzen).

63) Die einzige Andeutung einer Klassifizierung der Relativsätze, die der unsrigen vergleichbar ist, finde ich nebenbei gemacht in der Monographie von P. Monteil, La phrase relative en grec ancien (Thèse Paris 1963) 233, wo von ,exclusiven' und ,inclusiven' Relativsätzen die Rede ist (vgl. 398 die ,individuellen' und die ,kategoriellen' Relativpronomina).

64) Für die synthetischen Relativsätze ebenda 523–540, für die parathetischen 540–546. Vgl. auch die einleitenden ,Grundbegriffe' 35 f.

(d. h. also: nicht jeder Regent schlechthin ist hart, sondern nur derjenige, der neu an die Macht gelangt ist).

Sophokles, Trachin. 715 f.

ὧνπερ ἂν θίγῃ,
φθείρει τὰ πάντα κνώδαλα

das giftige Geschoß vernichtet alle Lebewesen,
die es berührt

(d. h.: es vernichtet nicht schlechthin alle Lebewesen, sondern nur diejenigen, die es streift oder trifft).

Parathetischer Relativsatz:

Philemon, fr. 91,4 = Comicorum Atticorum Fragmenta ed. Kock II 1884, S. 505.

Ἀήρ, ὃν ἄν τις ὀνομάσειε καὶ Δία

Aer, den man auch Zeus nennen könnte

(d. h. also: der Luftgott Aer, der schlechthin mit Zeus identifiziert werden darf).

Dieses Beispiel, das auch kurz zu paraphrasieren wäre als

Ἀὴρ ὁ καὶ Ζεὺς (ὀνομαζόμενος),

bildet die Brücke zu unserer milesischen Inschrift, und es wird jetzt ohne weiteres klar, daß alle Bisherigen den Text nach diesem Muster mißverstanden und daher falsch übersetzt haben:

Platz der Juden, die man auch die Gottesfürchtigen nennen kann.

In Wirklichkeit aber gehört die Inschrift der ersten, d. h. der ‚synthetischen‘ Kategorie an, die sowieso im griechischen Gesamtbefund viel stärker vertreten ist[65], und sie muß demnach so verstanden werden:

‚Platz (nicht der Juden schlechthin, sondern nur) derjenigen Juden, die auch die Gottesfürchtigen genannt werden.‘

Entschuldbar ist der Irrtum, dem alle Interpreten bisher erlegen sind, dadurch, daß die Trennung der Relativsätze oder ähnlicher Satzteile in zwei wesentlich voneinander unterschiedene Kategorien formal nicht auf den ersten Blick erkennbar ist[66], sondern daß der Schnitt durch gleichlautende Formulierungen mitten hindurch geht, indem es nach Stahl vielfach allein „auf den Zusammenhang" ankommt, „in dem der Relativsatz steht"[67] — dabei ist ‚Zusammenhang‘ in unserem Fall

---

65) Das ergibt sich schon aus der Häufigkeitsverteilung; s. die vorige Anm.

66) Vielleicht wird die jetzt heranwachsende Generation vergleichbaren Irrtümern gegenüber künftig besser ausgerüstet sein, da sie schon auf der Schule in die Geheimnisse der sog. ‚Mengenlehre‘ eingeweiht wird, die immerhin den Blick für derartige logische Unterscheidungen schärft und ihrer Unterweisung oft ähnliche Beispiele zugrundelegt.

67) Stahl a. O. 523 im Anschluß an die o. 179 ausgeschriebenen Passagen.

einer kurzen und isolierten Inschrift natürlich ganz allgemein auf die Umwelt und den Sprachgebrauch zu beziehen, wovon wir bereits ausführlich berichtet haben.

Da Stahl sich in seinem Buch ausdrücklich auf die klassische Zeit beschränkt und keine Inschriften und dgl. heranzieht, so bedarf es zur Stützung unserer Interpretation noch weiterer Zeugnisse, die der Zeit und der Kategorie nach näher mit unserem Ausgangsbeispiel vergleichbar sind. Zur Illustration der bisher gängigen Auffassung konnte das berühmte[68] Beispiel aus der Apg. 13,9 dienen Σαῦλος ὁ καὶ Παῦλος[69], das in der Tat „parathetisch" so zu verstehen ist, daß der Jude Saul, wie er es wirklich tat, als römischer Bürger sich ebensogut auch Paulus nennen konnte[70]. Πανίσκος ὃς (!)[71] καὶ Πετεμῖνις Pap. Lond. 2,219 b, 2 aus dem 2. Jh. v. Chr. gehört in die gleiche Kategorie.

Dagegen sind alle diejenigen Fälle, bei denen ein häufiger und deshalb zu Verwechslungen Anlaß bietender Name durch ein Cognomen spezifiziert wird, zur Gruppe der „synthetischen" Relativsätze zu rechnen wie z. B. Ἰούδας ὁ καὶ Μακκαβαῖος Josephus, Ant. Jud. I 3,15[72]. Als weitere Belege dieser Art nenne ich aus Dittenberger, Orientis Graeci Inscriptiones selectae die folgenden[73]:

n. 565 aus Oinoanda in Lykien Ἀπολλώνιον Ἀπολλωνίου τοῦ καὶ Φιλώτους Ἀπολλωνίου Ὀρθαγόρου[74].

n. 583 aus Lapethos auf Cypern Διονυσίου τοῦ Διονυσίου τοῦ καὶ Ἀπολλοδότου.

n. 603,3 ff. aus Athen (zwischen 129 und 138 n. Chr.) ἡ πόλις Ἰουλιέων τῶν καὶ Λαοδικέων τῶν πρὸς θαλάσσῃ τῆς ἱερᾶς καὶ ἀσύλου καὶ αὐτονόμου, ναυαρχίδος, συγγενίδος, φίλης, συμμάχου, κοινωνοῦ δήμου Ῥωμαίων.

Dieses Beispiel ist besonders lehrreich, weil hier in einer hochoffiziellen Urkunde die ganze Titulatur der betreffenden Stadt erscheint[75]. Sie konnte natürlich

---

68) Dazu vgl. o. Anm. 55.

69) Vgl. hierzu schon A. Deißmann, Bibelstudien (1895) 181–186 (Saulus-Paulus).

70) Siehe dazu G. Bornkamm, Paulus² (1970) 28 f. und vgl. auch Fascher, Art. Paulus in der RE Suppl. VIII (1956) 433 ff. Ein genaues Parallelbeispiel aus der 2. Hälfte des 2. Jhs n. Chr. ist mit einer Neuerwerbung des Römisch-Germanischen Zentralmuseums in Mainz jetzt zutage getreten: Grabrelief aus Syrien, mit der Inschrift Νάρδε ὁ καὶ Χάλβε ἄλυπε χαῖρε (Nardos, der du auch Chalbos – d. i. ‚Hund' – heißt und keinem etwas zuleid getan hast, lebe wohl). Siehe die Abb. mit kurzem Text in der Frankfurter Allgemeinen Zeitung vom 16. 8. 1973.

71) Dazu s. o. Anm. 58.

72) Die bisher genannten drei Beispiele finden sich – ohne Unterscheidung – bei Liddell-Scott I 875 b (s. v. καί B 2).

73) Die Fundstellen sind – wiederum ohne Differenzierung von dem übrigen Material – notiert bei W. Bauer, Griech.-deutsches Wörterbuch zu den Schriften des Neuen Testaments, im Art. καί gegen Ende.

74) Auch dies letzte wohl zu verstehen als Ἀπολλωνίου d. Ä. τοῦ καὶ Ὀρθαγόρου?

75) Etwas verkürzt auch in einer von Dittenberger, OGrISel II S. 299 als Parallele zu unserer Urkunde angeführten weiteren, um ca 150 Jahre älteren Inschrift aus Knidos (Gr. Inscr. in the Brit. Mus. IV 1, 17, no. 801): ὁ δῆμος ὁ Ἰουλιέων τῶν καὶ Λαοδ. τῶν πρὸς θαλάσσῃ τῆς ἱερᾶς καὶ ἀσύλου καὶ αὐτονόμου. Dittenberger a. O. 300 Anm. 4 nimmt an, daß nur die auch in der

in der Regel fehlen. Nicht aber der Zusatz gleich zu Beginn τῶν καὶ Λαοδικέων (τῶν πρὸς θαλάσσῃ), weil es mehre griechische Städte gab, denen der neue Name Iulia (᾽Ιουλία oder wie hier πόλις ᾽Ιουλιέων) von Cäsar verliehen worden war[76]. In der Tat tragen nun auch die kaiserzeitlichen Münzen von Laodicea ad mare jahrhundertelang jenen unterscheidenden Zusatz, wenn auch — schon aus Raummangel — lediglich in der verkürzten Form ᾽Ιουλιέων τῶν καὶ Λαοδικέων (s. *Abb. 1)*[77], womit Verwechslungen vorgebeugt war. Der Zusatz τῶν πρὸς θαλάσσῃ

Abb. 1. Rückseite einer Bronzemünze von Laodikeia in Syrien aus der Zeit des Trajan. Kopf der Stadtgöttin. Umschrift: ΙΟΥΛΙΕΩΝ ΤΩΝ ΚΑΙ ΛΑΟΔΙΚΕΩΝ BΞP (= 113/14 n. Chr.). Umzeichnung von Agathe Hommel nach einem Original des Archäologischen Instituts der Universität Tübingen

war angesichts der Fülle von Laodikeia genannten Städten — es waren nach unserer Kenntnis acht oder neun[78] — solange unentbehrlich gewesen, bis die Stadt nach Cäsar Iulia benannt wurde, was nun freilich seinerseits zu Verwechslungen Anlaß bot. Jetzt mußte sie nämlich von anderen Städten des Namens Iulia unterschieden werden, wozu der alte Name Laodikeia sich ohne weiteres anbot. Aber der Zusatz πρὸς θαλάσσῃ konnte von nun an auch fehlen, weil offenbar keine andere von den vielen Laodikeiai den Namen Iulius Cäsars ebenfalls trug.

Warum im einen Fall Λαοδικεία πρὸς θαλάσσῃ das formelhafte ἡ καί fehlte, im anderen (πόλις) ᾽Ιουλιέων τῶν καὶ Λαοδικέων nötig schien, läßt sich kaum erraten: vielleicht hätte an der Form ᾽Ιουλιέων Λαοδικέων (᾽Ιουλία war bei dieser Stadt nicht üblich) das kommentarlose Aufeinandertreffen der beiden Ethnika gestört[79]; umgekehrt war auch vor der späten Republikzeit die Formel ὁ καί u. ä. offenbar noch gar nicht eingebürgert[80]. Möglicherweise dürfen wir bei der Ent-

---

knidischen Inschrift erscheinenden Titel der Stadt bereits von Cäsar verliehen wurden. Vgl. auch seine Anm. 5 und die dort gegebenen Hinweise. Siehe dazu die folgende Anm.

76) Im Fall von Laodicea ad mare geschah dies im Jahr nach der Schlacht von Pharsalus bei Cäsars Besuch in Syrien 47 v. Chr., weil Laodicea wie andere syrische Städte gegen Pompejus auf seiten Cäsars gestanden hatte; s. B. C. Head, Historia Numorum² (1911) 781. Honigmann, RE XII (1925) 714 oben. Andere Städte dieses Namens sind z. B. Iulia Gordos in Lydien, Iulia in Phrygien (= Ipsos); vgl. auch Iulia Libica RE X (1919) 8.

77) Diese Form erscheint durchgehends auf den kaiserzeitlichen Münzen der Stadt bis auf Commodus. – Siehe *Abb. 1* und vgl. Head a. O.

78) Zumeist gegründet von Seleukos I. (312–281) und nach seiner Mutter Laodike benannt; s. Honigmann a. O. 712 f.

79) Das wäre dann örtlich bedingt gewesen; denn die Münzen von Julia Gordos oder Gordos Julia in Lydien tragen neben der Legende Γορδηνῶν wahlweise auch diejenige ᾽Ιουλιέων Γορδηνῶν. Eine Verwechslung mit einem anderen Gordos kam hier freilich nicht in Frage.

80) Siehe dazu o. 178 mit Anm. 56.

stehung solcher voneinander abweichenden Usancen überhaupt nicht nach rationalen Gründen fragen. So führt in der frühchristlichen Zeit Anfang des 2. Jhs beispielsweise der Bischof Ignatius von Antiochia im Präskript seiner Briefe stets die Namensbezeichnung Ἰγνάτιος ὁ καὶ Θεοφόρος (und nicht etwa bloß Ἰγνάτιος Θεοφόρος)[81].

Soviel dürfen wir doch nach allem bisher Ausgeführten und nach dem dabei vorgelegten Material feststellen, daß die Formel ὁ καὶ ..., τῶν καὶ ... u. ä., wo sie sich bei Eigennamen findet, in der überwiegenden Mehrzahl der Fälle dazu dient, das zuerst genannte Nomen einzugrenzen, um es vor Verwechslungen zu schützen.

Wir können also Formeln wie Ἰουλιέων τῶν καὶ Λαοδικέων in gewissem Sinn[82] als eine nahe Parallele zu unserem Ἰουδαίων τῶν καὶ Θεοσεβῶν betrachten, sofern unsere Erklärung richtig ist, es handle sich hier um „solche Juden, die (genauer) auch als ,Gottesfürchtige' bezeichnet werden", d. h. als Sympathisanten des Judentums, die der israelitischen Gemeinde nicht angegliedert sind. Freilich bedarf bei der milesischen Inschrift angesichts dieses Sachverhalts der befremdende Gebrauch des Namens Ἰουδαῖοι noch einer besonderen Erklärung. Wir haben bereits (s. o. 177) angedeutet, und K. G. Kuhn hat es in mehreren Arbeiten betont und belegt[83], daß im hellenistischen Schrifttum, literarisch wie epigraphisch, für die Juden im strengen Sinn der Name Ἰουδαῖοι ohne jeden Zusatz geläufig war, ins-

---

81) Bauer a. O. (Anm. 73), s. v. καί. Daß die Kennzeichnung auf Ignatius selber zurückgeht, darf vermutet werden. Das Beispiel wird hier nur angeführt, weil der Grund der stereotypen Zufügung des redenden Zweitnamens, und zwar speziell durch die Wendung ὁ καὶ ganz wie bei τῶν καὶ Λαοδικέων letzten Endes nicht klar ersichtlich ist. Im Fall des Ignatius dürfte es sich um eine ganz persönliche Stilisierung handeln; später nämlich wird sein Brief an Polykarp gelegentlich ganz schlicht zitiert als von τοῦ ἁγίου Ἰγνατίου τοῦ θεοφόρου stammend (s. J. A. Fischer, Die Apostolischen Väter [1956] 281). Von dieser Einzelfrage abgesehen gehört das Beispiel des Ignatius wohl in die andere, die „parathetische" Kategorie (Schulbeispiel Σαῦλος ὁ καὶ Παῦλος – s. o. 181), da der Name Ignatius für unsere Kenntnis nicht so häufig war, daß er eines unterscheidenden Zusatzes bedurft hätte. Maßgebend für die Führung des Beinamens, der zwar der Bildung nach an die Θεοσεβεῖς erinnern mag, der aber letztlich dem Bereich der heidnischen Religiosität entstammt (Aischyl. fr. 225 und Agam. 1150, hier auf Kassandra bezogen!), war wohl die mystische Einstellung des wahrscheinlich heidenchristlichen Bischofs; s. Fischer a. O. 113. 120. 136 f. 148 f. mit Anm. 37, vgl. auch 161 Anm. 98.

82) Natürlich ist mir klar, daß bei dem einen Beispiel auch an anderen politischen Gemeinden zukommender EN einschränkend auf eine spezielle Stadt bezogen werden soll, während im anderen der Sammelbegriff für eine religiöse Gemeinschaft (s. dazu auch noch gleich unten im Text) auf eine Untergruppe beschränkt wird. Davon abgesehen bleibt jedoch die nahe Vergleichbarkeit bestehen. Sie dürfte sich vor allem darauf beziehen, daß hier wie dort der voranstehende EN eine Art von Ehrentitel darstellt (für den ,Juden'-Namen der Gottesfürchtigen in Milet s. hierzu u. 185 f.), während der mit τῶν καὶ eingeführte Name die eigentliche und vorherrschende Bezeichnung blieb.

83) Kuhn, ThWzNT III (1938) 360 ff. 364 ff. 379 ff. (Art. Ἰσραήλ); ders. ebenda im Art. προσήλυτος VI (1959) 742 unten und noch einmal im Art. ,Proselyten' RE Suppl. IX (1962) 1280.

besondere da, wo sie sich selber ihrer nichtjüdischen Umwelt gegenüber kenntlich machen wollten, oder wo diese von ihnen sprach[84]. Sinngemäß konnten auch die in die jüdische Gemeinde aufgenommenen Proselyten, die in der Regel mit entsprechenden Namen bezeichnet wurden (προσήλυτοι u. ä.), ebenfalls unter dem Namen Ἰουδαῖοι mitverstanden werden, wofür besonders mehrere Stellen aus der Apostelgeschichte des Lukas die Belege bieten[85]. Wohingegen die ‚Gottesfürchtigen‘, d. h. die griechischen Sympathisanten des Judentums[86], als ‚Heiden‘, zu denen sie trotz allem praktisch zählten[87], vom Judentum sinnvollerweise ausgeschlossen waren.

Aus der milesischen Inschrift lernen wir nun, wenn man unserer Interpretation folgen will, daß doch auch die Θεοσεβεῖς gelegentlich als Ἰουδαῖοι — sozusagen in Anführungsstrichen — bezeichnet werden konnten, sofern nur dann gleich die Einschränkung folgt οἱ καὶ Θεοσεβεῖς. Wir glauben dies verstehen zu können, wenn wir uns die Situation dieser offenbar stattlichen und geachteten Gruppe in Milet vorstellen, wozu uns neben allgemeinen Erwägungen eben unsere Inschrift helfen mag. Die Bevölkerung der Stadt, wie sie durch die Theaterbesucher repräsentiert wird, könnte — veranlaßt durch das Bekenntnis der Θεοσεβεῖς zum jüdischen Monotheismus[88] und durch ihre Teilnahme an den jüdischen Gottesdiensten — aus der Distanz des nicht in die feineren Unterscheidungen Eingeweihten diese Gruppe einfach mit den Juden identifiziert und sie dementsprechend benannt haben[89]. Diese ihrerseits hätten dann in der Theaterinschrift — mag sie nun von ihnen direkt angebracht oder nur veranlaßt worden sein — den Milesiern gleichsam die Lehre erteilt, daß sie, wenn auch vielfach Juden schlechthin genannt, doch im Grunde von diesen zu unterscheiden seien und mit genauer Bezeichnung

---

84) Sonst war ihre Selbstbezeichnung יִשְׂרָאֵל = Israeliten, Kuhn, ThWzNT III 361 u. ö. (im Art. Ἰσραήλ).

85) Kuhn, προσήλυτος 744 mit Anm. 170 und fast gleichlautend ders., Proselyten 1281. Vgl. besonders Apg. 13,50. 14,1 f. 17,5 und 17. 18,4.

86) Ἕλληνες Apg. 14,1. 18,4. 19,10. φοβούμενοι τὸν θεόν Apg. 13,16 und 26. σεβόμενοι τὸν θεόν Apg. 16,14. 17,17. 18,7 (vgl. auch Balz, ThWzNT IX 209 mit Anm. 128). σεβόμενοι Ἕλληνες Apg. 17,4. Kuhn a. O. Die Belege für die ‚Gottesfürchtigen‘ nach ihren verschiedenen Bezeichnungen außerhalb der Apg. bei Kuhn a. O. passim (vgl. auch oben Anm. 17). Die Belegstellen speziell für die Θεοσεβεῖς sind o. 172 f. mit Anm. 29 zusammengestellt und besprochen.

87) Kuhn, προσήλυτος 733 mit Anm. 51; ders., Proselyten 1265, 11 ff.; ferner Simon, Verus Israel 323.

88) Zur Ausstrahlungskraft des jüdischen Monotheismus vgl. auch Schürer, SBPrAkWiss (1897) 222 ff.

89) Ähnlich auch Lifshitz a. O. (Anm. 20) 81 ff. Er vermutet, die Inschrift sei von den Behörden angebracht worden, und bei diesen hätte um so eher eine Konfusion zwischen Juden und Theosebeis entstehen können, als vielleicht die Plätze der echten Juden sich nicht weit davon im Theater befunden hätten (!). Unser im Text gebotener Lösungsvorschlag scheint mir demgegenüber den Vorzug der Einfachheit und größeren Wahrscheinlichkeit zu besitzen.

Θεοσεβεῖς heißen müßten, indem sie als eine stark differenzierte Sondergruppe der ‚Juden im weiteren Sinne' zu gelten hätten.

Aber noch eine andere Möglichkeit darf vielleicht in Betracht gezogen werden, aus der sich die Bezeichnung der Θεοσεβεῖς als 'Ιουδαῖοι erklären ließe. Während die christlichen Erforscher des Judentums bis in unsere Zeit dazu neigten, die Einstellung des rabbinischen Judentums gegenüber den ‚Gottesfürchtigen' als im Grund ablehnend einzuschätzen[90], ist die jüdische Forschung teilweise zu einem anderen Ergebnis gekommen. Insbesondere hat der amerikanische Gelehrte William G. Braude in seiner Dissertation auf Stellen in der talmudischen Literatur gerade des 2. und 3. Jhs n. Chr. (also der mutmaßlichen Zeit unserer Inschrift) hingewiesen, die uns zu denken geben müssen[91]. Da werden unter denen, die (nach Deut.-Jes. 44,5) "surname himself by the name of Israel", ausgerechnet die ‚gottesfürchtigen' Sympathisanten verstanden[92], wie ich vermuten möchte doch wohl als Ergebnis einer kühnen anachronistischen Interpretation von Ps. 22 (21), 24, wo es im LXX-Text heißt οἱ φοβούμενοι Κύριον, αἰνέσατε αὐτὸν ... φοβηθήτωσαν αὐτὸν ἅπαν τὸ σπέρμα 'Ισραήλ. Und der palästinensische Rabbi Josua ben Levi des 3. Jhs bestätigt eine solche Auslegung des Psalmverses wenigstens im Blick auf seine Anfangsworte ausdrücklich und weist den also geehrten und anerkannten ‚Gottesfürchtigen' einen Rang bei Gott zu, noch vor den eigentlichen Juden[93]. Sein Zeitgenosse, der palästinensische Rabbi Hanina, wagt vollends eine Beziehung des Weherufes beim Propheten Zephania 2,5 οὐαὶ οἱ κατοικοῦντες τὸ σχοίνισμα τῆς θαλάσσης, die der Prophet als πάροικοι Κρητῶν bezeichnet, auf die Bewohner der am Meer gelegenen Städte schlechthin (wir denken dabei gleich auch an Milet), die er für noch verworfener als die Sintflutgeneration ansieht. Aber, so fährt er fort, sie können gerettet werden, wenn nur *ein* ‚Gottesfürchtiger' in jedem Jahr aus ihrer Mitte hervorgehe, wobei er unter dieser Bezeichnung wiederum deutlich die Sympathisanten des Judentums versteht[94]. Wir können uns, meine ich, eine solche großzügige Aufwertung der Θεοσεβεῖς nur dadurch erklären, daß die Juden

---

90) Zuletzt in diesem Sinn Kuhn (wenn auch mit Einschränkungen), προσήλυτος 741: ders., Proselyten 1279, vgl. auch 1273 f. mit weiterer Literatur.

91) W. G. Braude, Jewish Proselyting in the first five Centuries of the common Era. Brown University, Providence (Rhode Island 1940) 137 f. Ganz kurz zu der Frage auch Lifshitz, a. O. (Anm. 20) 83 f. Simon, Verus Israel 318 ff. unterscheidet nicht genügend scharf zwischen der Stellung des Rabbinats zu Proselyten und ‚Gottesfürchtigen'.

92) Anonyme tannaitische Äußerung in der Mekilta zum II. Buch Mose, ed. J. Lauterbach (Philadelphia 1933), Nezikin 18, Z. 44 ff. Die deutsche Übersetzung bei J. Winter und A. Wünsche, Mechiltha. Ein tannaitischer Midrasch zu Exodus übers. und erläutert (1909) 305 unten („‚und mit dem Namen Israels nennt er sich', das sind die Gottesfürchtigen").

93) Braude a. O. 137 f. mit Anm. 11.

94) Braude a. O. 137 mit Anm. 10. Vgl. auch Simon a. O. 319 f., der jedoch fälschlich von Proselyten spricht.

mit derartiger Schmeichelei sie zum definitiven Übertritt ermuntern wollten[95], und dies wohl um so mehr, weil ihre Gruppe nach wie vor das Hauptreservoir für die christliche Mission im hellenistischen Osten geboten haben wird[96]. Solche Äußerungen könnten aber auch erklären, wieso die gleichzeitigen Θεοσεβεῖς in der ‚Seestadt‘ Milet es wagen konnten, sich zunächst einmal schlechtweg als Ἰουδαῖοι zu bezeichnen, oder wieso sie von anderen als solche deklariert wurden. Denn im Licht jener gleichzeitigen jüdischen Reflexionen betrachtet ist man versucht, unsere Inschrift so zu verstehen, als hätten die Juden auch und gerade in Milet gleichsam das Erstgeburtsrecht ihres stolzen Namens an die ‚Gottesfürchtigen‘ abgetreten oder doch mit ihnen geteilt — eine Art Rückzugsgefecht also, in dessen Verlauf eine wichtige Bastion teilweise aufgegeben worden wäre.

Für diese von den Rabbinen bezeugte und wohl allenthalben sich ausbreitende Tendenz eines stärkeren Entgegenkommens gegenüber den ‚Gottesfürchtigen‘ von seiten des offiziellen Judentums bietet sich aber auch eine Erklärung aus dessen konkreter historischer Situation an. Der Kaiser Hadrian hatte den Juden die Beschneidung untersagt, was als einer der Hauptgründe für den Ausbruch des Aufstandes vom Jahre 132 n. Chr. angegeben wird[97]. Sein Nachfolger Antoninus Pius hat zwar dieses Verbot für die Judenkinder wieder aufgehoben, aber für alle anderen Personen erneut eingeschärft[98]. Damit war den Heiden der volle Übertritt zum Judentum im Sinne des Proselytenstatus unmöglich gemacht, ein schwerer Schlag gegen die jüdische Mission, der andrerseits ein starkes Anwachsen der bloßen Sympathisanten des Judentums zur Folge haben mußte, bei denen ja die Beschneidung nicht in Frage kam. Noch Septimius Severus verbot bei schwerer Strafe das *Iudaeos fieri*[99]: damit wird er nach Mommsens einleuchtender Erklärung nichts anderes gemeint haben als den Übertritt zum Judentum durch Beschneidung[100], was also einer Einschärfung des fortbestehenden alten Verbotes

---

95) Ein isoliertes Beispiel dieser Art aus Pantikapaion schon aus dem 1. Jh. n. Chr. s. o. Anm. 38 gg. E. Auch damals war der Grund für die Aufwertung der Θεοσεβεῖς zweifellos das Bestreben, die ‚Gottesfürchtigen‘ der jüdischen Gemeinde nicht verloren gehen zu lassen. Siehe dazu Bellen a. O. (Anm. 38) 174 f.

96) Dazu s. u. 188 f. mit Anm. 108. Vgl. auch Blumenkranz, Die christlich-jüdische Missionskonkurrenz (3. bis 6. Jh.). Klio 39, 1961, 227–233. Bellen a. O. (Anm. 38) 175 mit Anm. 29.

97) Vita Hadriani 14,2 *moverunt ea tempestate et Iudaei bellum, quod vetabantur mutilare genitalia.* Dazu s. auch Thraede a. O. (Anm. 28) 99.

98) Modestinus in Digest. XLVIII 8,11,1 *circumcidere Iudaeis filios suos tantum rescripto divi Pii permittitur; in non eiusdem religionis qui hoc fecerit, castrantis poena irrogatur* (d. h. sie wird ‚auferlegt‘). Zum ganzen Problem ausführlich W. Hüttl, Antoninus Pius 1. 1936, 315 ff.

99) Vita Severi 17,1 *Iudaeos fieri sub gravi poena vetuit.*

100) Th. Mommsen, Römische Geschichte V (1885 u. ö.) 549 mit Anm. 1 und 2; dort auch die Nennung weiterer Quellen zur ganzen Frage. Vgl. außerdem in neuerer Zeit E. Schürer, Geschichte des jüdischen Volkes⁴ I (1901) 674 ff. (bes. 678 Anm. 83). Simon, Verus Israel 326 f. Kuhn, Proselyten 1273. Vorher, zu Domitians Zeit, hatte man nach Sueton, Domit, 12,2 die vollzogene Beschneidung Erwachsener als Kriterium für die Heranziehung zur Judensteuer benützt, aber dann auch diejenigen zu erfassen gesucht, *qui .. inprofessi Iudaicam viverent vitam.*

gleichkam. Was aber bisher von den Neueren nicht bemerkt oder doch nicht betont wurde, ist neben der natürlichen Folge einer Zunahme des Kreises der ‚Gottesfürchtigen' die daraus hinwiederum sich ergebende Konsequenz, daß für die christliche Mission sich ein erwünschtes Feld zur Gewinnung neuer Mitglieder auftat. Denn aus den bekannten Gründen, auf die im nächsten Kapitel zurückzukommen sein wird, bildete diese Gruppe von Anfang an das Hauptreservoir für den Zuwachs der christlichen Gemeinde, seitdem Paulus sich zur Mission unter den ‚Heiden' entschlossen hatte. So lernen wir erst richtig die Motive für den Wandel in der rabbinischen Einstellung erkennen und verstehen es besser, warum den Sympathisanten nunmehr aus dem Zwang der Lage der volle Judenname zugebilligt wurde[101]. Solche Erwägungen müssen im Blick auf die milesische Theaterinschrift um so ernster genommen werden, als auch sie gerade in dem Zeitraum anzusetzen ist, in dem das Beschneidungsverbot mit allen seinen Folgen nach unserem Wissen in Kraft war, zwischen Antoninus Pius und Septimius Severus, um in etwa die zeitlichen Grenzen zu markieren, die sich uns von Anfang an aus anderen Indizien nahelegten.

Freilich von jenen taktischen Manövern abgesehen gilt unter einem distanzierteren historischen Aspekt — trotz der uns jetzt verständlich gewordenen merkwürdigen Bezeichnung der Θεοσεβεῖς als Ἰουδαῖοι in der milesischen Platzinschrift — durchaus, daß die ‚Gottesfürchtigen' nicht mit den Juden im engeren Sinn identifiziert werden dürfen. Das mag sich schon daraus eindeutig ergeben, daß die Juden sich im allgemeinen „streng von allem Heidnischen absonderten"[102], während regelmäßiger Theaterbesuch bei den Ἕλληνες oder Θεοσεβεῖς nicht verwundern wird[103].

Noch J. Speigl, Der römische Staat und die Christen (1970. 22 mit Anm. 46, vgl. auch 35) bezieht dies fälschlich auf den „jüdischen Proselytismus". Vielmehr hat man die Wendung als eine treffende Umschreibung für die ‚Gottesfürchtigen' anzusehen, wie Eberhard Heck richtig erkannt hat (briefliche Mitteilung vom 9. 10. 1974).

101) Diese Gedankengänge ergaben sich mir aus einem wertvollen Gespräch mit Martin Hengel, der auf die Bedeutung des Beschneidungsverbots für die Veränderung in der Struktur der Judenschaft im römischen Reich hinwies.

102) So Kuhn, προσήλυτος 733; ders., Proselyten 1265, 4 f., vgl. auch Lifshitz a. O. (Anm. 20) 81 f., der dann freilich doch das Anm. 89 berichtete Zugeständnis macht. Für jüdische Verabscheuung des Theaterbesuches mag auch ein Grund gewesen sein, daß dort vielfach der Jude als Possenfigur verspottet wurde, wie uns eine rabbinische Quelle berichtet; s. darüber Kuhn, Forschungen zur Judenfrage 3, 1938, 210 f. Ferner (nach anderen Quellen) Kittel ebenda 7, 1943, 90 f. 171 f. All das schließt natürlich keineswegs aus, daß hellenistisch gebildete Volljuden sich gelegentlich Theateraufführungen, zumal ernsterer Art, angesehen haben mögen, wie ich dies z. B. bei Paulus während der in Tarsos verbrachten Jahre für wahrscheinlich halte (vgl. Theologia Viatorum 8, 1961/62, 104 mit Anm. 26). Der gleichen Meinung war im Blick auf 1. Kor. 15,33 bereits Sokrates, Hist. eccl. XV 33 (Παῦλον) μὴ ἀνήκοον τῶν Εὐριπίδου δραμάτων τυγχάνοντα (s. die Testimonia zu Menandri reliquiae II [1953 Koerte] 74 fr. 187).

103) Über Juden im Theater nach Ausweis der lateinischen Kirchenväter s. H. Jürgens, Pompa diaboli. Die Bekanntschaft der lateinischen Kirchenväter mit dem antiken Theaterwesen. Diss.

3.

Unsere Inschrift wirft aber auch noch ein, wenn auch bescheidenes Licht auf die Verhältnisse der Christen im kaiserzeitlichen Milet oder läßt sich doch wenigstens gut in die bisher bekannten Zusammenhänge einordnen. Freilich wissen wir nicht allzuviel[104]. Schon auf welchem Wege die erste christliche Mission hier Eingang fand, vor allem ob Paulus selber, was durchaus möglich scheint, während seines etwa zweieinhalbjährigen Aufenthalts in Ephesos (wahrscheinlich 52—55 n. Chr.) Milet schon einmal besucht hat oder ob er seine Mitarbeiter dorthin gesandt hat, läßt sich nicht mit Bestimmtheit sagen[105]. Jedenfalls muß er auf der Reise von Griechenland nach Jerusalem zur Überbringung der in den Missionsländern gesammelten Kollekte, wohl im Frühjahr 56, als er aus Sicherheitsgründen den heißen Boden von Ephesos[106] nicht noch einmal berührte, sondern die Gemeindeältesten nach Milet herüberkommen ließ[107], in dieser Stadt eine bereits recht stattliche christliche Gemeinde vorgefunden haben. Sonst hätte ihn Lukas (Apg. 20, 17—38) nicht gerade dort die freilich vom Historiker stilisierte bedeutsame Abschiedsrede vom Missionswerk in der griechischen Welt halten lassen können.

Wir dürfen, wie bereits früher angedeutet, aus vielerlei Anzeichen und Erwägungen schließen, daß die paulinische Mission allenthalben bei den griechisch sprechenden Juden und unter diesen wieder vor allem bei den ‚gottesfürchtigen‘ Sympathisanten des Judentums angesetzt hat[108], die sich zum Monotheismus be-

---

Tübingen 1969 (Masch.-Schr.) 191 (jetzt auch als Buch). Vgl. neuerdings auch W. Weismann, Kirche und Schauspiele. Die Schauspiele im Urteil der lateinischen Kirchenväter (1972). Leider fehlt eine entsprechende Untersuchung für den griechischen Bereich (vgl. einstweilen die knappen Angaben bei Kittel a. O. 51).

104) Kleiner, Das römische Milet 11 f. 20 ff. hat die bekannten Daten kurz zusammengestellt und durch ansprechende Kombinationen vermehrt (vgl. dazu auch o. 167 f. mit den Anmerkungen).

105) G. Bornkamm, Paulus² (1970) 10 (Zeittafel) und 97 ff. 102. Kleiner a. O. 12.

106) Die erlittene Schmach und die mancherlei Qualen, denen Paulus nach seinem eigenen Zeugnis 2. Kor. 11,23 ff. ausgesetzt war, fallen gewiß zu einem großen Teil in die Zeit seines Aufenthaltes in Ephesos; s. Bornkamm a. O. 97 f. Auch den großartigen, auf hymnischen Ton gestimmten Schluß des 8. Kapitels seines Römerbriefes (8,31 ff.) dürfen wir wohl weithin auf die in Ephesos gemachten schmerzlichen Erfahrungen beziehen.

107) Bornkamm a. O. 112. Jedoch beträgt die Entfernung von Ephesos nach Milet nicht, wie dort angegeben, ca 50 km schlechthin, was etwa der Luftlinie entspricht, sondern selbst auf dem von den Ältesten vermutlich benutzten Seeweg etwa 60–65 km, auf dem Landweg noch ein gutes Stück mehr. Ausführlich über die milesische Rede des Paulus an die Ältesten von Ephesos äußert sich M. Dibelius, Aufsätze zur Apg. 1951 (²1953. ³1957) 133 ff., dazu natürlich die Kommentare zur Apg.

108) Kuhn, προσήλυτος 743 f.; ders., Proselyten 1280 ff. Schon Petrus hatte bei der Bekehrung des gottesfürchtigen Centurio Cornelius Apg. 10 nicht anders verfahren (Balz, ThWzNT IX [1973] 209 oben). Vgl. allgemein auch Michaelis, Judaistische Heidenchristen. ZNW 30, 1931, 83–89, während O. Haas, Paulus der Missionar (1971) nichts zu der Frage bietet (die ‚Gottesfürchtigen‘ werden von ihm ebenso wie die Berichte der Apg. völlig ignoriert). Vgl. da-

kannten und für die paulinische, ja ihrerseits weithin am Judentum ansetzende Predigt und die durch sie bezweckte Bekehrung um so empfänglicher gewesen sein müssen, als sie keinerlei formale Verpflichtung an die jüdische Gemeinde band. In Milet kann das nicht anders gewesen sein, und so dürfen wir von vornherein mit einer bedeutenden Gruppe dieser ‚Gottesfürchtigen' rechnen[109], was dann durch unsere Theaterinschrift für die Zeit mindestens hundert Jahre später aufs beste bestätigt wird[110].

Für den dazwischen liegenden Zeitraum schweigen unsere Quellen. Doch geben uns die Briefe des Bischofs *Ignatius von Antiochia,* wie ich glaube, einigen Anhalt. Dieser von frommer Mystik geprägte Gottesmann, der sich außer mit seinem gewöhnlichen Namen, wie wir hörten[111], durch die Zufügung von ὁ καὶ θεοφόρος gekennzeichnet hat, wurde im Verlauf einer Christenverfolgung in seiner Stadt unter Trajan um das Jahr 110 mit militärischer Bedeckung in langsamen Etappen von Syrien nach Rom verbracht[112], um dort den von ihm leidenschaftlich ersehn-

---

gegen Lifshitz a. O. (Anm. 20) 79 f. und 82. Grundlegend jetzt M. Hengel, Die Ursprünge der christlichen Mission. New Test. Studies 18, 1972, 15–38, hier besonders S. 21 Anm. 23 a und S. 29 mit Anm. 49.

109) Seit wann sie bestanden hat, wissen wir natürlich nicht. Doch dürfen wir ganz allgemein seit der Diadochenzeit in der Diaspora mit „Ansiedlung von Juden zu kolonisatorischen Zwecken" rechnen; dazu traten auch „freiwillige Aus- und Einwanderungen", wozu durch die Verleihung von Korporationsrechten, durch Rechtsschutz und Privilegien ermuntert wurde (Ed. Meyer, Ursprung und Anfänge des Christentums II [1921] 353 ff., bes. 356 f. Bornkamm, Paulus² [1970] 28 f., vgl. Kuhn, Proselyten 1258). Gegen Ende des 2. Jhs v. Chr. dürfte der von Josephus, Ant. XIV 245 bezeugte Erlaß eines römischen Statthalters zum Schutz der Juden in Milet anzusetzen sein; s. B. Haussoullier, Etudes sur l'histoire de Milet (1902) 257 f. (mit späterem Zeitansatz); Münzer, RE II A (1923) 1790 f. Die gerade in diesen Randgebieten einsetzende jüdische Mission begnügte sich weithin mit der Gewinnung von Sympathisanten (Kuhn a. O. 1260. 1263. 1266 f. u. ö.). Daß dies schon früh in gewissem Umfang der Fall gewesen sein muß, bezeugt uns die Überlieferung des Alten Testaments durch die LXX an einer wichtigen Stelle: 2. Chron. 5,6 haben diese Übersetzer bei der Erwähnung der πᾶσα συναγωγὴ Ἰσραὴλ καὶ οἱ ἐπισυνηγμένοι (= Proselyten) aus eigenem ein καὶ οἱ φοβούμενοι hinzugefügt (s. dazu Balz, ThWzNT IX [1973] 203, 18–20), was doch offenbar die Verhältnisse um 200 v. Chr. widerspiegelt.

110) Daß die jüdische Mission vermutlich auch und gerade damals noch mit einer ernsten Konkurrenz von seiten der christlichen zu rechnen hatte, haben wir o. 185 f. aus rabbinischen Quellen erschlossen.

111) s. o. 183 mit Anm. 81.

112) Vgl. dazu O. Stählin in Schmid-Stählin, Gesch. der griechischen Literatur⁶ II 2 (1924) 1226. Etwas später setzt diese Ereignisse an Meinhold in seinem ausführlichen Artikel ‚Polykarpos von Smyrna', RE XXI (1952) 1662 ff. (hier 1663), der zu einem Teil den in der RE fehlenden Art. ‚Ignatius' ersetzt (über diesen s. hier Sp. 1663 f. 1677. 1683). Zur theologischen Würdigung des Ignatius vgl. auch Bartsch, RGG³ III (1959) 665–667. Heute maßgebend ist jedoch die ausgezeichnete Edition und Übersetzung der Ignatiusbriefe samt erschöpfender Einleitung von J. A. Fischer, Die Apostolischen Väter (1956 u. ö.) 109–225. Zur Chronologie von Ignatius' Martyrium vgl. jetzt auch P. Steinmetz, Hermes 100, 1972, 68 Anm. 2.

ten Märtyrertod zu erleiden[113]. Sein Reiseweg[114] läßt sich einigermaßen rekon-struieren. Zunächst ging es zu Schiff von Seleukeia nach Kilikien oder wahrschein-licher nach Pamphylien (Attaleia?), von wo der bekannte Landweg nach Norden durch das westliche Kleinasien führt. Apameia Kibotos, Kolossai, Laodikeia in Phrygien sowie Hierapolis mögen berührt worden sein, wie ich annehmen möchte, mit Sicherheit ist dies von Philadelpheia in Lydien bezeugt[115]; von da aus wurde, wohl über Sardeis, Smyrna erreicht, wo es einen längeren Aufenthalt gab. Dort konnte Ignatius in nähere Fühlung mit dem Bischof Polykarp treten, der ihm Jahrzehnte später auf dem Weg des Märtyrers nachgefolgt ist. Zu Schiff ging es weiter nach Alexandreia in der Troas[116], wo wiederum Station gemacht wurde. Der anschließende Weg zur See nach Neapolis in Makedonien und weiter über Philippi, dann vermutlich auf der Via Egnatia zur Westküste und wiederum mit dem Schiff nach Italien beschäftigt uns hier nicht.

Die vier ersten der erhaltenen sieben, von der Forschung heute i. a. als authen-tisch anerkannten und von unechtem Gut geschiedenen Briefe[117] entstanden in

---

113) Darüber hat sich offenbar der Spötter Lukian, De morte Peregrini 13 u. ö. lustig ge-macht (so nach J. B. Lightfoot, The Apostolic Fathers I² [1889] 129 ff. 331 ff. auch H. Lietz-mann, Geschichte der Alten Kirche 1 [1932] 254 f. und neuerdings Fischer a. O. 139 mit Anm. 48). Auf die früher viel umstrittene Frage der Beziehung zwischen dieser merkwürdigen, religions-psychologisch so aufschlußreichen Schrift über eine offenbar historische Figur (dazu v. Fritz, RE XIX [1938] 656 ff.) und zwischen den Ignatiusbriefen kann hier nicht eingegangen werden. Angemerkt sei lediglich, daß man sogar allen Ernstes die Meinung vertreten hat, diese seien von Peregrinus (der einmal Christ gewesen war) verfaßt und später dem Ignatius untergeschoben worden (Dan. Völter, Die ignatianischen Briefe auf ihren Ursprung untersucht [1892] 98 ff. und ders. mehrfach sonst, s. dazu v. Fritz a. O. 662 f.). Vgl. u. Anm. 117.

114) Verhältnismäßig noch am ausführlichsten darüber neuerdings Fischer a. O. 114 f. 119 f.; vgl. auch Text und Übersetzung S. 164 f. 172 f. 222 f. mit Anm. 52.

115) Euseb., Hist. eccl. III 36, 10.

116) In den Briefen des Ignatius wie auch sonst vielfach nur Troas genannt (vgl. Hirschfeld, RE I [1894] 1396. Ruge, RE VII A [1948] 583 f.), was die neuere Literatur fast durchwegs unbesehen aufnimmt. Ein Aufenthalt in der römischen Militärkolonie Alexandria/Troas darf für den von Soldaten begleiteten Gefangenentransport nicht verwundern.

117) Es soll nicht verschwiegen werden, daß neuerdings wiederum (wie einst schon von Paul de Lagarde) versucht worden ist – und zwar diesmal aufgrund einer weit ausholenden Unter-suchung der Überlieferungsgeschichte der Briefe – sie samt und sonders als Produkte einer späten Fälschung zu erweisen, die nicht vor 360 n. Chr. vorgenommen sein könne. Siehe R. Wei-jenborg O. F. M., Les lettres d'Ignace d'Antioche. Etude de critique littéraire et de théologie (1969). Der belgische Gelehrte, der seiner Beweisführung zunächst den Epheserbrief zugrunde gelegt hat, kommt zu dem überraschenden Ergebnis (s. bes. S. 399 ff.), der wahre Verfasser der Briefe sei Euagrius von Antiochia gewesen, der zu der Fiktion durch die Lektüre von Lukians (ca 200 Jahre älterer!) Schrift, De morte Peregrini, angeregt worden sei (zu dieser s. o. Anm. 113). Ich bin nicht befugt und in der Lage, zu dem Buch im ganzen Stellung zu nehmen. Man wird die Auseinandersetzung der patristischen Forschung mit der kühnen Hypothese abwarten müssen, die bisher von jener weithin ignoriert zu sein scheint (z. B. findet sich keine Erwähnung ge-schweige denn eine Stellungnahme in den jüngsten dem Ignatius gewidmeten Ausführungen von

Smyrna. Sie waren an die von Ignatius nicht besuchten Gemeinden von Ephesos, Magnesia am Mäander und Tralleis gerichtet; ein Brief an die Römer voll Sehnsucht nach dem Martyrium schloß sich von Smyrna aus an. Die übrigen drei an die dem syrischen Bischof von der Reise her bekannten Gemeinden in Philadelpheia und Smyrna und an den smyrnäischen Amtsbruder Polykarp gerichteten Schreiben datieren aus (Alexandreia in der) Troas[118]. In Smyrna waren Abordnungen der Gemeinden von Ephesos, Magnesia und Tralleis bei Ignatius erschienen, die ihm offenbar ihre Verehrung bezeigten und zugleich ihre Sorgen und Nöte vortrugen, um seinen Rat zu erhalten. Diesen hat er dann auch schriftlich formuliert, und die betreffenden Briefe liegen uns vor; wie gesagt auch diejenigen an die Philadelphier, Smyrnäer und an den Bischof Polykarp, wo das Eingehen auf die Probleme der Betreffenden sich bis zu einem gewissen Grad auf die eigenen Augenschein des Gefangenen gründen konnte. Uns interessieren in erster Linie die Briefe an die Magnesier und Trallianer, weil diese Bischofsgemeinden nicht allzu weit von Milet entfernt sind. Warum, so fragen wir, haben nicht auch die Milesier eine Abordnung zu Ignatius nach Smyrna entsandt? Wir müssen uns hüten, aus diesem Sachverhalt voreilige Schlüsse auf eine etwaige Uninteressiertheit der Christengemeinde in Milet gegenüber dem Schicksal des Antiochener Bischofs oder gar in Glaubenssachen allgemein zu ziehen[119]. Vielmehr dürfen wir getrost annehmen, daß bei der nach Norden hin abgeschnittenen geographischen Lage von Milet einmal die Nachrichtenverbindung überhaupt erschwert war, und zum andern bei der voraussichtlich kurzen Dauer von Ignatius' Aufenthalt in Smyrna es unsicher sein mußte, ob eine Abordnung, wenn sie geplant war, den Bischof dort noch erreichen würde. Milet war gegen Norden hin durch den tief eingeschnittenen latmischen Meerbusen (der heute im westlichen Teil verlandet ist, im östlichen einen Binnensee bildet) und durch das Mykalegebirge abgeschnitten, das auch auf dem Seeweg nach Smyrna ebenso umschifft werden mußte wie die noch viel umfangreichere Halbinsel von Erythrai

---

v. Campenhausen, ZNW 63, 1972, 241 ff., der dessen Briefe nach wie vor „nicht viel jünger . . . als der Erste Johannesbrief" sein läßt und sie dementsprechend theologiegeschichtlich einordnet). Selbst wenn Weijenborg recht behalten sollte, dann bliebe erstaunlich, mit welcher Sicherheit und mit welcher Einfühlung – offenbar nach uns verschlossenen Quellen? – der Fälscher die Verhältnisse des 2. Jhs gezeichnet hat, die auf seine Zeit – Ende des 4. Jhs – in den meisten Punkten keineswegs mehr zutreffen dürften. So wären auch unter dieser Voraussetzung unsere aus den Ignatiusbriefen oben im Text gezogenen Schlüsse wohl mit nur geringen Einschränkungen weiterhin vertretbar. Siehe dazu auch u. Anm. 125. – Völlig mißverstanden ist offenbar die These Weijenborgs in dem sonst i. a. gut informierenden Aufsatz von Ludwig Bieler, St. Ignatius of Antioch and his concept of the Christian Church, in: Grazer Beiträge 1, 1973, 5–13 (hier 12 f.). Dort 5 Anm. 1 auch noch weitere angelsächsische Literatur zu Ignatius.

118) Dazu s. o. Anm. 116.

119) Jedenfalls hat man dort später das Andenken christlicher Märtyrer durch Errichtung von Kapellen beim Didymaion pietätvoll geehrt, bis der Kaiser Julian ca 362 ihre Zerstörung befahl: Sozomenos, Kirchengeschichte V 20,7 (den Text s. u. 194).

mit dem Mimasvorgebirge. Milet war durch seine Lage eben von vornherein mehr auf weltweiten Seeverkehr hingewiesen (den es schon früh zu ausgebreiteter Kolonisation genutzt hat) als für rasche Kontaktnahme zu Lande im näheren Umkreis geeignet[120]. Von Magnesia dagegen wie von Tralleis aus war Smyrna auf dem Landweg verhältnismäßig leicht und rasch zu erreichen.

Was uns jedoch insbesondere die dorthin gerichteten Briefe des Ignatius, aber bis zu einem gewissen Grad auch die übrigen, in unserem Zusammenhang interessant macht, das ist die zweifellos mit jenen Gemeinden vergleichbare innere Situation Milets, so daß wir, wie ich meine, mit einiger Vorsicht aus den Ignatiusbriefen auch auf die Lage der Christengemeinde in Milet zu Anfang des 2. Jhs Schlüsse ziehen dürfen[121]. So gewinnen wir Einblick in die Praxis des Gottesdienstes mit Gebet, Eucharistiefeier und Predigt und in die Gestaltung der Liturgie[122], wobei man aus einer Wendung der Epist. ad Trall. 9,2 sogar „den Niederschlag ältester kirchlicher Bekenntnisformeln" hat erkennen dürfen[123]. Überhaupt liefern uns die Feststellungen wie die Mahnungen des Ignatius ein reiches Material für die Kenntnis von „Glauben, Ethik, Lehre und Organisation des Christentums und der Kirche" des gesamten kleinasiatisch-syrischen Raumes in jener Zeit[124], was alles naturgemäß auch für Milet seine Geltung hat. Vor allem fällt die starke Betonung einer schon voll ausgebildeten geradezu monarchischen Episkopalverfassung durch Ignatius ins Auge[125], wobei erstmals „der Presbyterat als selbständige hierarchische Stufe zwischen dem Bischof und den Diakonen festzustellen" ist[126].

---

120) Zur „Lage Milets im allgemeinen" vgl. das so benannte treffliche Kapitel bei Philippson, Das südliche Jonien (1936) 19 f. In diesem Zusammenhang ist es auch bezeichnend, daß Milet nach der alten christlichen Diözaneinteilung im Rahmen der asiatischen Diözese nicht wie Ephesos, Magnesia, Tralleis etc. und sogar noch das benachbarte, aber jenseits des latmischen Meerbusens gelegene Priene zur Provinz Asien zählte, sondern zur Provinz Karien (deren Vorort Aphrodisias war); s. dazu M. Le Quien, Oriens Christianus 1740 I passim (zu Milet 917–920).

121) Nur nebenbei sei bemerkt, daß Ignatius, Epist. ad Eph. 14,1 die griechische καλοκἀγαθία aus den christlichen Tugenden der πίστις und ἀγάπη ableitet (dazu Fischer a. O. 153 Anm. 59).

122) Darüber handelt mit Angabe der einzelnen Belegstellen Fischer a. O. 137 f.

123) Fischer a. O. 138. 179 Anm. 37. Dazu jetzt ausführlich mit Material auch aus den anderen Briefen des Ignatius: v. Campenhausen, Das Bekenntnis im Urchristentum. ZNW 63, 1972, 210 ff., hier 241–253 (zu der Stelle aus dem Brief an die Trallianer 245 f.).

124) Fischer a. O. 123 ff. mit reichen Belegen und weiterer Literatur. Epist. ad Smyrn. 8,2 findet sich zum erstenmal die Bezeichnung καθολικὴ ἐκκλησία (Fischer a. O. 126 und 211 Anm. 50).

125) Hier allenfalls wären Einschränkungen zu machen, wenn die Hypothese von Weijenborg (Anm. 117) zu Recht bestünde, da die entwickelte Episkopalverfassung natürlich auch aus dem 4. Jh. übertragen sein könnte.

126) Fischer a. O. 126 ff. in wünschenswerter Ausführlichkeit; das Zitat S. 127. Einige besonders markante Stellen finden sich in Epist. ad Magnes. 13,1. Epist. ad Philadelph., Präskript und 7,1. Epist. ad Smyrn. 12,2. Epist. ad Polycarp. 6,1. Überall werden die drei Säulen der Kirchenverfassung: Bischof, Presbyter und Diakone, hervorgehoben. – Die leider schwer datierbare Inschrift no. 565 aus Didyma bei Milet dient dem Gedächtnis der toten Syntyche (oder

Ein Einzelzug läßt vielleicht ebenfalls den Schluß auf Milet zu. Als Ignatius in Alexandreia/Troas vom Ende der Christenverfolgung in seiner Diözese Antiocheia in Syrien erfährt, rät er sowohl den Philadelphiern (c. 10) wie dem Bischof von Smyrna (ad Polycarp. 7 und 8,2), dem Beispiel anderer Nachbarkirchen zu folgen und in göttlicher Mission (θεοῦ πρεσβείαν) einen Diakon als θεοδρόμος dorthin zu entsenden, um der syrischen Gemeinde Glück zu wünschen und Gottes Namen zu preisen. Nicht ausgeschlossen, daß sich auch die Gemeinde in Milet an einer solchen Aktion beteiligt hat.

Was uns aber endlich zu unserem Ausgangsthema zurückführt, sind zwei Äußerungen des Ignatius über die Juden als Feinde der christlichen Kirche[127]. Epist. ad Magnes. 10,3 heißt es: „Es ist nicht am Platze, Jesus Christus zu sagen und jüdisch zu leben (ἰουδαΐζειν). Denn das Christentum[128] hat nicht an das Judentum geglaubt, sondern das Judentum an das Christentum". Und Epist. ad Philadelph. 6,1 ermahnt der Bischof die jüngst von ihm besuchte Gemeinde: „Wenn euch aber jemand Judentum vorträgt, so hört nicht auf ihn! Denn besser ist es, von einem beschnittenen Manne Christentum zu hören als von einem Unbeschnittenen Judentum"[129]. Das ist nichts anderes als eine Warnung vor den zum Judentum haltenden unbeschnittenen Sympathisanten, die an der ersten Stelle bereits zum Christentum bekehrt scheinen und dennoch nicht aufhören mit dem ἰουδαΐζειν, an der zweiten Stelle aber nicht nur von der christlichen Botschaft nichts wissen wollen, sondern sogar für das Judentum werben (Ἰουδαϊσμὸν ἑρμηνεύειν). Dieser Gruppe nun dürfen wir getrost auch unsere milesischen Θεοσεβεῖς zurechnen, die sich als Ἰουδαῖοι bezeichnen und damit stillschweigend aber eindeutig sich vom Christentum distanzieren, zu dem seit Beginn der christlichen Mission unter Paulus so viele gerade aus ihren Reihen übergetreten sind.

Im Raum von Milet läßt sich am Ende des 3. Jhs eine deutliche Vernachlässigung des berühmten Apollonheiligtums in Didyma feststellen (das freilich bei christlichen Schriftstellern dieser Epoche noch viel genannt wird)[130]. Man hat da-

---

Eutyche?), die vielleicht die Tochter eines Presbyters Justeinos war (Π Ἰουστείνου, s. A. Rehm, Didyma II 309 b f.).

127) Dazu vgl. auch Romaniuk, Aegyptus 44, 1964, 82 mit Anm. 2, wo auf die Bemerkungen des Josephus, Bell. Jud. VII 43 ff. über die Judengemeinde im syrischen Antiocheia und ihre Mission unter den Ἕλληνες hingewiesen wird. Das bildet einen guten Hintergrund für die von eigenen Erfahrungen gespeisten Ausführungen des antiochenischen Bischofs. Vgl. dazu auch L. Bieler a. O. 7.

128) In Antiocheia waren bekanntlich die Anhänger der neuen Religion zum erstenmal Christen genannt worden: Apg. 11,26. Dazu Fischer a. O. 165 Anm. 10.

129) Beide Übersetzungen nach Fischer a. O. 169 und 199. Auf die zweite Stelle weist auch hin Simon, Verus Israel 311 mit Anm. 6, der sie jedoch in unzulässiger Weise mit anderen Äußerungen des Ignatius (aus dem Brief an die Magneten und aus Epist. ad Philadelph. 4) verquickt (vgl. auch seine Bemerkungen 361 mit Anm. 2), an denen es sich ausschließlich um Mahnungen gegen judaisierende Tendenzen innerhalb der christlichen Gemeinde handelt. Ähnlich spricht L. Bieler a. O. III und 9 von ‚beginnenden Häresien‘ in der Gemeinde.

für mit Recht die fortschreitende Christianisierung der Milesier verantwortlich gemacht[131]. Im Jahr 262 lag die Organisation der Verteidigung ganz Milets gegen den Gotensturm in Händen eines Makarios, dessen Gattin Eucharia hieß, beides christliche Namen, wie man bemerkt hat[132]. Vor der diokletianischen Christenverfolgung geschah dann doch noch einmal im Blick auf eben diese Maßnahme eine offizielle Befragung des Apollonorakels durch den Kaiser[133].

Daß nach der Entscheidung Constantins für die christliche Religion in den Unterschriften des Nicänums 325 für Milet der Name des Bischofs Eusebios erscheint[134], ordnet sich der allgemeinen Entwicklung ein. Es erfolgt dann noch einmal ein kurzer Rückschlag unter Kaiser Julian (361—363), für den in Milet damals ein Standbild aufgestellt wurde[135]. Aus dieser Zeit stammt der Befehl des Apostaten, die zu Ehren christlicher Märtyrer beim Apollontempel von Didyma errichteten Kapellen zu zerstören[136]. Der Bericht darüber von Sozomenos in seiner der 1. Hälfte des 5. Jhs entstammenden Kirchengeschichte (V 20,7) soll hier im Wortlaut folgen, um so mehr als er mit seinem Schlußpassus geeignet ist, den Archäologen besonders anzusprechen: ἐπὶ τιμῇ μαρτύρων εὐκτηρίους οἴκους εἶναι πλησίον τοῦ ναοῦ Διδυμαίου Ἀπόλλωνος, ὃς πρὸ τῆς Μιλήτου ἐστίν, ἔγραψε (scil. Julian) τῷ ἡγεμόνι Καρίας, εἰ μὲν ὀροφόν τε καὶ τράπεζαν ἱερὰν ἔχουσι, πυρὶ καταφλέξαι, εἰ δὲ ἡμίεργά ἐστι τὰ οἰκοδομήματα, ἐκ βάθρων ἀνασκάψαι[137]. Aufs Ganze gesehen eine Episode, wie denn freilich auch das Christentum in Milet, wenngleich für mehr

---

130) Rehm a. O. 322 b f. (Clemens Alex. und andere).

131) Ebenda 323 a.

132) Ebenda 138 b.

133) Enßlin, RE VII A (1948) 2484 mit Angabe der Quellen und der Literatur; dazu jetzt auch Rehm a. O. 202 b zu Inschrift no. 306, vgl. auch S. 323 a.

134) v. Harnack, Mission und Ausbreitung des Christentums⁴ II 784; Rehm a. O. 323 a. Als urkundlich belegte Bischöfe von Milet zählt Le Quien, Oriens Christianus 1740 I 917 ff. die folgenden auf: Caesarius (Märtyrer zur Zeit des Decius), Eusebius (s. oben), Ambracius, Hyacinthus, Georgius, Epiphanius, Ignatius, Nicephorus, N. N. (1151), Nicetas, Nicander (1351). Dazu tritt neuerdings nach einem inschriftlichen Beleg aus der Zeit etwa des 9./10. Jhs oder später ein Erzbischof Michael (s. dazu O. Feld, Istanbuler Mittlgn. 25, 1975, S. 204 f.).

135) SIG³ 906 A, dazu Rehm a. O. 139 b.

136) s. dazu Haussoullier, Etudes sur l'histoire de Milet et du Didymeion (1902) S. XXIII und 289. v. Borries, RE X (1919) 51 f., der unrichtig von nur zwei Kapellen spricht. Bei Harnack a. O. 783 könnte der falsche Eindruck entstehen, als habe Julian selber in Milet Christen umbringen lassen und so zu Märtyrern gemacht.

137) Die beiden genannten Möglichkeiten sprechen also von noch in Arbeit befindlichen und von bereits fertigen Bauten (Rehm a. O. 323 a – vgl. ebenda 202 b –, der an eine nicht ganz geringe Zahl von Kapellen denkt, die damals teilweise schon seit Jahrzehnten gestanden haben mögen). Die ἱερὰ τράπεζα dürfte sich auf den Altar, d. h. den eucharistischen Tisch beziehen (s. über diesen allgemein Klauser, RAC I [1950] 336 ff. mit Abbildungen; Goppelt, ThWzNT VIII [1969] 214 f. im Art. τράπεζα). Ganz treffend also die knappe Charakterisierung der ausgebauten Andachtsstätte durch Dach und heiligen Tisch (ὄροφος und ἱερὰ τράπεζα): Decke des Innenraums und Altar sind es, die auch heute noch im vollendeten Kirchenbau unsere Blicke auf sich ziehen.

als ein Jahrtausend bestimmend, doch dann im weiteren Verlauf der Geschichte Episode geblieben ist.

Damit ist mein Beitrag zu Ende. Er hat aufgrund recht spärlichen Materials, ausgehend von einer Inschrift mit nur fünf — bisher stark umstrittenen — Worten, den Versuch gemacht, über Juden und Christen im kaiserzeitlichen Milet etwas mehr Klarheit zu schaffen als es bisher möglich war. Wenn dies auch nur in bescheidenem Maß gelungen sein sollte, dann wäre der Zweck dieser Zeilen erreicht, auf einem von Gerhard Kleiner betretenen Pfad in unwegsamem Gelände ein Stück weiter voranzukommen.

Nachträge

[S. 168]:
JÖRG DIETRICH hat mir brieflich seine Vermutung mitgeteilt, daß es sich bei dem einen reservierten Platz für die jüdische Menschengruppe (für zwei hält er den schmalen Raum schon nicht mehr für ausreichend) um einen offiziellen Vertreter der Betreffenden in der im Theater tagenden Volksversammlung gehandelt habe. Doch müßte man dann ja auch weitere Toposinschriften ähnlichen Verdachts für andere Personengruppen erwarten, wofür bisher kein Anhalt gegeben scheint – so der berechtigte (ebenfalls brieflich geäußerte) Einwand von WOLFGANG GÜNTHER (die in Anm. 6 angekündigte Publikation ist noch nicht erfolgt). Auch wäre eine offizielle Vertretung der am Rande der Gesellschaft stehenden Judengenossen in der Volksversammlung höchst verwunderlich und singulär.

[S. 171], Z. 4ff.:
HEINRICH MARGULIES bestreitet 1980 brieflich diese Erklärung: „die Juden konnten niemals ‚Gott' durch ‚Himmel' ersetzen". Dann lag in der Bezeichnung vielleicht eher eine Art abwehrender Kritik, wie etwa: ‚diejenigen, die bloß vage den Himmel verehren anstatt den einen Gott'? F. SIEGERT (s. den nächsten Nachtrag) [S. 110–119] erörtert den Sachverhalt eingehend, ohne zu einem klaren Ergebnis zu gelangen, aber auch ohne an dem Ausdruck ‚Himmelsfürchtige' Anstoß zu nehmen.

[S. 171f.] m. Anm. 22 u. 24ff.:
Unabhängig von meiner Studie und mir erst nach deren Erscheinen bekanntgeworden hat ein Schüler von MARTIN HENGEL das gleiche Problem allgemein und umfassend in den Griff zu bekommen versucht: FOLKER SIEGERT, Gottesfürchtige und Sympathisanten. In: Journal of Studies on Judaism 4. 1973 (erschienen 1974), 109–164. Trotz mancher fruchtbarer Ansätze (z. B. 140–147 über das Problem des Monotheismus – s. meine Anm. 24) enttäuscht die Arbeit im ganzen. Von den beiden Artikeln K. G. KUHNS zitiert S. lediglich denjenigen im ThWNT einmal ganz sporadisch (S. 119[3]) und führt diese grundlegenden Arbeiten auch im Literaturverzeichnis 109[1] nicht auf. So schafft er sich eine eigene, irreführende Terminologie, indem er zwischen ‚Gottesfürchtigen' und ‚Sympathisanten' unterscheidet; unter diesen letzteren versteht er lediglich und sozusagen wörtlich und eingeschränkt die ganz unorganisiert am Judentum Interessierten, wozu er z. B. auch die Kaiserin Poppaea rechnet (s. ihn S. 160f. – meine Anm. 22). Auch die *metuentes*, selbst bei Juvenal (meine Anm. 28), faßt er in diesem unverbindlichen Sinn (S. 151ff.).

[S. 172], Anm. 27, Anfg.:
Dazu nur kurz SIEGERT aO. 140 m. Anm. 3.

[S. 174]Z. 4f.:
Ganz im gleichen Sinn wie ROBERT auch noch SIEGERT 151 ff. (Besprechung der Zeugnisse für θεοσεβής S. 155 ff.), der S. 157 auch durch das im lateinischen Text jener Inschrift erscheinende *theosebes* (meine Anm. 38) nicht belehrbar ist. So verwundert es auch nicht, daß der französische Forscher in seinem Bulletin Epigraphique (Revue des Etudes Grecques 89. 1976, 540) meine Arbeit nur mit wenigen, im Ton unfreudlichen und ironischen Zeilen abtut, ohne auf meine Argumente einzugehen.

[S. 174 f.], Anm. 38:
Dazu SIEGERT 158 f.

[S. 175], Anm. 41
bietet ein besonders wichtiges Argument gegen SIEGERT.

[S. 176] ob.:
Dazu SIEGERT 158.

[S. 176], Anm. 45 gg. E.:
Auch SIEGERT 139 f. lehnt es ab, aus der „singulären Stelle [Apg. 13₄₃] weitergehende Schlüsse zu ziehen".

[S. 177], Anm. 46:
SIEGERT 159 f. sieht die Inschrift als offiziell an und bezieht sie einfach auf die ‚Juden' schlechthin, die von der Theaterleitung als θεοσέβιοι eingestuft worden seien (!). Wollte man, so schließt er S. 160, diese Bezeichnung = σεβόμενοι τὸν θεόν setzen, so „müßte man schon annehmen, Juden und Gottesfürchtige seien verwechselt worden".

[S. 179 ff.]:
Nachträglich erfahre ich (was ja zu erwarten war), daß doch da und dort bereits die Unterscheidung der beiden Arten von Relativsätzen getroffen worden ist. Der Latinist WILFR. STROH (Brief vom 23. 12. 1975) hatte wie ich „die Grammatiken bisher vergebens nach einer solchen Differenzierung durchsucht" und für seine Stilübungen sich die Termini „eingrenzend und nicht eingrenzend" geschaffen. Der Sprachwissenschaftler HANSJAKOB SEILER, Relativsatz, Attribut und Apposition . . . 1960 (bes. aufs Awestische bezogen) – frdlr. Hinweis von R. BREYMAYER – verweist S. 26 auf O. BEHAGHEL, Deutsche Syntax III 1928, S. 767 ff., der zwischen freien, beschreibenden und notwendigen, unterscheidenden Relativsätzen die Grenze zieht und dafür die Termini „Charakterisierung und Spezifikation" gebraucht. SEILER selber 97 ff. spricht von „charakterisieren oder . . . qualifizieren" und entsprechend von einem „appositiven" und einem „attributiven Typus" (noch genauer präzisierend S. 104). Schließlich hat auch der Anglist HANS BERNHARD DRUBIG in seiner Dissertation 1970 (Untersuchungen zur Syntax und Semantik der Relativsätze im Englischen) S. 311 u. ö. das Phänomen ausführlich behandelt und dafür die Bezeichnungen „restriktive und appositive Relativsätze" gewählt und erörtert.

[S. 185], Anm. 91:
Braudes Arbeit auch zitiert von Siegert 122₃, ohne die von mir S. 185f. gezogenen Folgerungen.

[S. 186] unt.:
Vgl. a. Siegert 164.

[S. 187], Anm. 102:
Hierzu teilt mir H. P. Rüger brieflich folgende Belege mit:
1) Tosephta 'Aboda Zara 2,5 (Zuckermandel 462) „Hinaufzugehen in die Theater der Heiden, ist verboten wegen des Götzendienstes, Worte Rabbi Meirs (um 150). Und die Weisen sagen: Wenn sie opfern, ist es verboten wegen des Götzendienstes, wenn sie nicht opfern, ist es verboten wegen „da die Spötter sitzen"". Das gleiche mit geringfügigen Abweichungen p'Aboda Zara 40a und b'Aboda Zara 18b.
2) b'Aboda Zara 18b „Rabbi Schim'on ben Pazzi (um 280) hat (Psalm 1,1 folgendermaßen) ausgelegt: ,Wohl dem, der nicht wandelt' zu den Theatern und Zirkussen der Götzendiener, ,noch tritt auf den Weg der Sünder', der das Kynegion nicht betritt, ,noch sitzt, da die Spötter sitzen', der nicht in schlechter Gesellschaft sitzt". Nach Jalquṭ Schim'oni II § 613 ist Rabbi Schim'on ben 'Azzai (um 110) Autor dieses Midrasch.

[S. 188f.]:
Vgl. Siegert 140–147 (s. a. ob. Nachtr. zu [S. 171f.]).

[S. 188], Anm. 106 gg. E.:
Merkwürdig zurückhaltend zum biographischen Bezug von Römer 8₃₁ff. E. Käsemann in seinem Kommentar 1973, S. 235ff., wo auch der hymnische Stil dieser Partie geleugnet wird.

[S. 188], Anm. 108:
Zu Cornelius auch Siegert 131.

[S. 190], Anm. 117:
Von der These von Weijenborg distanziert sich in nobel zurückhaltender, aber doch entschiedener Weise die Besprechung von R. Staats, Zs. f. Kirchengesch. 84. 1973, 101–103.

[S. 193], Anm. 127:
Über das Verhältnis des Ignatius zu seiner christlichen Umwelt ausführlich P. J. Donahue, Jewish Christianity in Ignatius' Letters. In: Vigiliae Christianae 32. 1978, 81–93 (S. 92: „Early Christianity was an extremely varied movement"). Über den „komplexen Charakter von Ignatius" selber s. P. Meinhold, Studien zu Ignatius von Antiochien 1979, S. 1 u. ö.; S. 29 u. 39 zu den von uns S. 193, Z. 10ff. ausgehobenen Stellen (vgl. a. S. 37).

[S. 193], Anm. 129 gg. E.:
Zur Epist. ad Magnes. 10,3 jetzt auch Meinhold aO. 39f. (vgl. a. 34).

Die ganze Welt ist Gottes Haus.
Ein jedes fromme Herz ist ein Altar.

Kosmos und Menschenherz*

Vor bald fünfzig Jahren habe ich in München auf der jährlich mehrmals stattfindenden Verkaufsmesse einer im Osten gelegenen Vorstadt, auf der sogenannten 'Auer Dult', ein in Kupfer gestochenes Andachtsbildchen mit darunter gesetztem Spruch erworben (s. die Abbildung)[1]. Das rührende Erzeugnis schlichter Volkskunst entstammt wohl dem Ende des 18. Jahrhunderts. Dem Versuch seiner Erklärung seien die folgenden Seiten gewidmet, die ich dem aus dem einfachen Volke Griechenlands stammenden und seiner Herkunft stets ein warmes Andenken bewahrenden Erforscher religiöser Rede zum 65. Geburtstag darbringen möchte. Das bescheidene Kunstwerk hat mich durchs Leben begleitet und mir allmählich seinen Sinn erschlossen, der erst aus antiker Sicht ganz verständlich wird. Freilich hat er eine bemerkenswerte Umbiegung ins Christliche erfahren, deren früheste Zeugnisse, ja vielleicht sogar Ursprungsdokumente ich nachher hoffe ausbreiten zu können.

Der Spruch, dessen Ausdeutung das Bild gewidmet zu sein scheint

---

* Festschrift f. Konstantinos J. Merentitis 1972, 147–169.

1. Sie ist gegenüber dem Original um die Hälfte verkleinert. Das Bild könnte natürlich auch als Frontispiz oder Abbildungstafel aus einem gedruckten Andachtsbuch stammen, das vielleicht einmal ein Zufall ermitteln hilft.

(und nicht etwa umgekehrt) [2], und der gleich auf den ersten Blick mehr aufklärerisch-erbaulich wirkt als spezifisch christlich, lautet so :

Die ganze Welt ist Gottes Haus.
Ein jedes fromme Herz ist ein Altar [3].

Die bildliche Illustration hat offenbar den Begriff 'Gottes Haus' etwas vordergründig nach dem Modell einer damals und heute verbreiteten Metapher verstanden, für die ich nur ein seinerzeit geläufiges Beispiel zitiere, den Anfang eines Liedes zum sonntäglichen Gottesdienst, von Benjamin Schmolck (1672 - 1737) :

Tut mir auf die schöne Pforte,
Führt in Gottes Haus mich ein !

'Gottes Haus', das wäre also nach dieser Erklärung die im Hintergrund des Bildchens erscheinende Kirche aus Stein [4]. Wenn das richtig gesehen ist, dann dürfte unter der 'ganzen Welt' die ebenfalls im Bilde dargestellte bäuerliche Arbeitswelt verstanden sein, deren Feier-

---

2. Zur «visuellen Rhetorik» allgemein, wie speziell zur «pathetischen Macht des Bildes» und zur Theorie des 'Emblems' .(= Bild und s u b s c r i p t i o bezw. Inschrift und Bild) sowie zur Vieldeutigkeit (Polysemie) des Bildes s. Reinhard B r e y m a y e r, Zur Pragmatik des Bildes..., in der Zeitschrift Linguistica Biblica, H. 13/14. 1972, S. 19 ff., hier bes. 31 ff., 33 ff.

3. Die Prosa ist deutlich rhythmisiert : ein Dimeter aus reinen Iamben mit Caesura media; darauf ein wiederum ganz reiner Blankvers, sofern das in München erworbene Blatt aus Süddeutschland stammt, wo man Altár betont. Andernfalls ergäbe sich ein fünffüßiger Hinkiambus, was an sich stilwidrig wäre und daher keine Wahrscheinlichkeit für sich hat.

4. Sicher ist das — übrigens ganz im Sinn der Aufklärung — so zu verstehen, daß ein von Menschenhand gebautes Haus Gott nicht fassen kann, wofür der älteste Beleg sich immerhin in der Bibel Alten Testaments findet : I Könige 8, 27 in dem Salomon in den Mund gelegten Gebet bei der Einweihung seines Tempels : «Siehe der Himmel und aller Himmel Himmel mögen dich nicht fassen; wie sollte es denn dies Haus tun, das ich gebaut habe?» Vgl. dann auch im Neuen Testament Apg. 17, 24 «Gott... wohnt nicht in Tempeln, von Menschenhand gebaut», wo stoischer Einfluß unabweisbar ist, wie ich ZNW 46. 1955, S. 160, und ebda. 48. 1957, S. 194[3] zu zeigen versucht habe. Vgl. dazu auch M. P e l l e g r i n o im Kommentar seiner Ausgabe von Minucius Felix, Octavia 1947 ([2]1955) S. 235. J. B e a u-j e u desgleichen 1964, S. 146 (zu 32, 1); ferner M. D e l a g e im Bull. de l'Ass. Guill. Budé IV 3. 1956, S. 55 f., und M. Z e p f im Gymnasium 65. 1958, S. 366 ff. m. Anm. 78 u. 89. Dort auf S. 368 f. auch die wichtige Herodotstelle I 131, 1 mit Parallelen (vgl. dazu unten Anm. 10).

abend im Vordergrund mit dem biederen alten Paar dazu angetan wäre, zugleich das 'fromme Herz' zu symbolisieren. Daß damit der Gehalt des Spruches keineswegs ausgeschöpft ist, liegt auf der Hand. Aber wie ist er dann wirklich zu erklären?

Die erste Zeile ist die wortwörtliche Wiedergabe eines stoischen Kernworts [5], das ich am reinsten etwa bei Dion Chrysostomos in seinem Borysthenikos (XXXVI) 36 formuliert finde [6] : οἶκον δοκοῦσί μοι... ἀποφήνασθαι τοῦ Διὸς τὸν ἄπαντα κόσμον, εἴπερ ἐστὶ πατὴρ τῶν ἐν αὐτῷ. Hier wird 'die ganze Welt als Gottes Haus' also zugleich abgeleitet aus der umfassenden Hausvatereigenschaft des Zeus, was bei Chrysipp mehr spiritualisiert erscheint, indem Gott gleichsam als πνεῦμα den Kosmos διοικεῖ bezw. διήκει δι' ὅλου τοῦ κόσμου u.ä. (fr. 416.1027.

---

5. Die Belege — auch für alles Folgende — finden sich zum guten Teil bereits, wenn auch verstreut, da unter anderem Gesichtspunkt betrachtet, in dem als Materialsammlung ausgezeichneten Artikel 'Deus internus' von Johs. H a u ß l e i t e r im RAC III (1957) 794 - 842. Vgl. ferner A. - J. F e s t u g i è r e, La révélation d'Hermès Trismégiste II 1949, 233 ff. Wtr. K r a n z, Kosmos (Arch. f. Begriffsgesch. II) 1955, S. 67₁₉. 74.274. Max Z e p f, Der Mensch in der Höhle und das Pantheon, a. O. (Gymn. 65. 1958), 355 - 382, bes. S. 360 f. m. Anm. 49. 363 f.m. Anm. 64 u.64 a. Weitere Stellen bei M. P e l l e g r i n o a O. 240 f.

6. Zur stoischen, vielleicht poseidonianischen Herkunft dieser Stelle vgl. Herm. B i n d e r, Dio Chrysost. u. Posidonius... Diss. Tübingen 1905, S. 33, Anm. 37 (mit weiterer Literatur) und 54 f.m. Anm. 23. Überhaupt scheint der mittleren Stoa und speziell dem Poseidonios in unserem Zusammenhang eine Schlüsselstellung zuzukommen, wie sich noch weiterhin zeigen wird. Bei Zenon finde ich überhaupt keinen Beleg; er identifiziert vielmehr schlechtweg göttliches Wesen mit dem Kosmos, so StVetFr I 163 (Diog. Laert. VII 148) : οὐσίαν δὲ θεοῦ Ζήνων μέν φησι τὸν ὅλον κόσμον καὶ τὸν οὐρανόν. Vgl. dazu Varro bei Augustin, Civ. Dei VII 6 d i c i t   V a r r o . . .   d e u m   s e   a r b i t r a r i   e s s e   a n i m a m   m u n d i , q u a m   G r a e c i   v o c a n t κόσμον, e t   h i n c   i p s u m   m u n d u m   e s s e d e u m. Weiteres bei F e s t u g i è r e a O. II 238 ff. und bei Z e p f a O. Anm. 64 a m. Literatur. F e s t u g i è r e 233 f. bringt merkwürdigerweise als Beleg aus Dion Chrys. anstelle des klaren ob. im Text ausgeschriebenen Zeugnisses XXXVI 36 vielmehr die in unserem Zusammenhang für sich allein kaum aussagekräftige Stelle XII 33 f. Im übrigen führt auch seine Untersuchung auf Aristot., π. φιλοσ. fr. 14 zurück (s. dazu unt. im Text). Wenn er als stoische Quelle für unsere Metapher den Kleanthes in Anspruch nimmt, so kann er sich (nach dem Vorgang von Bywater) nur auf dessen fr. 538 v.A. berufen, wo aber die Bezeichnung des Kosmos als μυστήριον (von Fest. 235₂ lokal verstanden als Mysterienheiligtum!) auf einer Konjektur von Diels beruht. Wichtig ist jedoch der Hinweis von Fest. 235 auf Cic., De leg. II 26 gg. E., der das berühmte Wort des Thales, o m n i a   d e o r u m   e s s e p l e n a , in stoischem Sinne, vielleicht auch nach stoischer Quelle so erklärt, daß die Menschen bei Betrachtung des Kosmos f o r e . . .   c a s t i o r e s ,   v e l u t i   c u m i n   f a n i s   e s s e n t   m a x i m e   r e l i g i o s i s .

1035) [7]. Jener Topos von der Welt als Haus Gottes führt über die Stoa zurück auf Aristoteles, der in seinem Traktat περὶ φιλοσοφίας [8] fr. 14 R. (überliefert von Plutarch, De tranqu. animi 20) bereits ausdrücklich sagt ἱερὸν μὲν γὰρ ἁγιώτατον ὁ κόσμος ἐστὶ καὶ θεοπρεπέστατον. εἰς δὲ τοῦτον ὁ ἄνθρωπος εἰσάγεται διὰ τῆς γενέσεως οὐ χειροκμήτων οὐδ᾽ ἀκινήτων ἀγαλμάτων θεατής, ἀλλ᾽ οἷα νοῦς θεῖος αἰσθητὰ νοητῶν μιμήματα, φησὶν ὁ Πλάτων, ἔμφυτον ἀρχὴν ζωῆς ἔχοντα καὶ κινήσεως ἔφηνεν, ἥλιον καὶ σελήνην καὶ ἄστρα καὶ ποταμοὺς... καὶ γῆν [9]... Aristoteles verwertet demnach Anregungen seines Lehrers Platon, der im Timaios am Schluß (92 C) und schon 29 A ff. ähnliche Gedanken entwickelt hat, wenn auch noch ohne den Vergleich des Kosmos mit einem Heiligtum.

Die aristotelische Konzeption, nun aber bereits im Sinn der Stoa wie des Judentums monotheistisch artikuliert, findet ihren Reflex bei Philon, Spec. leg. I 66 τὸ μὲν ἀνωτάτω καὶ πρὸς ἀλήθειαν ἱερὸν θεοῦ νομίζειν τὸν σύμπαντα χρὴ κόσμον εἶναι, ebenso wie in Ciceros Somnium Scipionis, De re publ. VI 15 d e u s   e s t   c u i u s   h o c   t e m p l u m   e s t   o m n e   q u o d   c o n s p i c i s [10]. Man

---

7. Vgl. H a u ß l e i t e r   aO. 803. Zu Zeus als Hausvater, der zugleich der Erzeuger und Schöpfer ist, vgl. meinen Aufsatz ‘Der Himmelvater’ in Forschgn. u. Fortschritte 19. 1943, S. 95 ff. und mein Buch ‘Schöpfer und Erhalter’ 1956, S. 122 ff., zum διοικεῖν ebenda S. 87.92.143 (schon bei Heraklit fr. 64 ist vom göttlichen Feuer als διοικήσεως τῶν ὅλων αἴτιον die Rede).— Daß beim «Vergleich der Welt mit dem Haus» die «Techne des Weltbaumeisters» als primäres Analogon zu gelten habe, wie H. J. K r ä m e r in der Zeitschr. Theologie und Philosophie 44. 1969, 494, Anm. 10 annimmt, möchte ich nicht meinen. Vgl. dazu a. unt. Anm. 23. Frz. L ä m m l i , Vom Chaos zum Kosmos 1962 I 127. II 209 erwägt nach anderen orientalische Herkunft der Vorstellung vom Kosmos als Tempel.

8. Entstehungszeit wohl 347/45; s. dazu F e s t u g i è r e   aO. II 221.

9. Also denkt Aristoteles beim Kosmos als Tempel seiner Theologie entsprechend noch an eine Vielzahl von Göttern, an ein Pantheon, wie es in der gleichen Schrift fr. 18 R. (nach Philons Bericht, De aetern. mundi 10) ausgeführt wird (zu beiden Stellen samt Parallelen s.a.M. Z e p f aO. 361 ff.m. Anm. 49 u. 64). Dementsprechend kehrt noch bei Chrysipp fr. 1011 (Cic., De nat. deor. III 26) im gleichen Zusammenhang der Plural wieder m u n d u m   d e o r u m   d o m u m   e x i s t i m a r e   d e b e m u s . Zur Frage der Einheit und Vielheit im aristotelischen Gottesbegriff s. Hz. H a p p, Hyle. Studien zum aristotelischen Materie - Begriff 1971, 414 ff. m. Anm. 514, u. vgl. a.W. P ö t s c h e r , Strukturprobleme der aristotel. Gottesvorstellung 1970, S. 65. Über das gleiche Problem bei der Stoa handelt M. P o h l e n z , Die Stoa I 1948, S. 96. 233.

10. Gelegentlich begegnet auch bei Cicero die ‘polytheistische’ Version dieses Gedankens (vgl. dazu ob. Anm. 9), so De re publ. III 14 in dem Parallelbericht zu Herodot I 131, 1 (s. ob. Anm. 4) : d e o s ,   q u o r u m   d o m u s   e s s e t   o m -

sieht, peripatetische und stoische Gedanken gehen allmählich eine
feste Verbindung ein, und auch Platon ist nicht fern, ja selbst Vorso-
kratisches scheint von weitem anzuklingen [11]. Damit wäre die erste
Zeile unseres Andachtsspruches als antik belegt. Aber auch die zweite
ist — sowohl für sich wie im Zusammenhang mit der ersten — als
Reflex stoischer Weisheit erkennbar.

Am verbreitetsten freilich ist zunächst das Bild, wonach die menschliche Seele oder der menschliche Geist (ψυχή, νοῦς, διάνοια) [12]
als Tempel Gottes schlechthin angesehen sind, ohne daß ein Teil der
Inneneinrichtung des Gotteshauses (Götterbild, Altar o. ä.) dabei
differenzierend hervortritt. Besonders Philon hat den Gedanken mehrfach variiert, so De somn. I 149 σπούδαζε οὖν, ὦ ψυχή, θεοῦ οἶκος
γενέσθαι, ἱερὸν ἅγιον, ἐνδιαίτημα κάλλιστον. Er kehrt wieder bei
Seneca fr. 123 Haase (überliefert von Lactanz, Div. inst. VI 25, 3)
n o n t e m p l a i l l i (= d e o) ...e x s t r u e n d a s u n t : i n
s u o c u i q u e c o n s e c r a n d u s e s t p e c t o r e [13]. Ferner im
Brief des Porphyrios ad Marcellam 19 σοὶ δὲ... νεὼς μὲν ἔστω τοῦ
θεοῦ ὁ ἐν σοὶ νοῦς [14].

---

nis hic mundus, mit Bezug auf die persische Religion (vgl. a. De leg. II 26
Anfg., und zu dem ganzen Fragenkomplex R. B e u t l e r, Philosophie und Apologie bei Minucius Felix. Diss. Königsberg 1936, S. 58 ff.). Aber auch im Blick auf
die stoisch geprägte Theologie der Philosophen heißt es De re publ. I 19 m u n d u s
h i c t o t u s , q u o d d o m i c i l i u m q u a m q u e p a t r i a m d i n o b i s
c o m m u n e m s e c u m d e d e r u n t. Diese Stellen haben nachgewirkt auf
den Christen Minucius Felix, Octavius 33, 1 (weitere Parallelen s. bei J. B e a u j e u
im Kommentar seiner Ausg. 1964, S. 148).

11. Vgl. dazu etwa ob. Anm. 6 gg. E. und Anm. 7. Auch an Euripides fr. 487
N. aus der Melanippe (nach 425?) mag erinnert werden (...αἰθέρ' οἴκησιν Διός), wo immerhin Anaxagoras anklingen könnte. Die Metapher muß als neuartig empfunden worden sein, da Aristophanes sie mehrmals persifliert: Thesmoph. 272, Frö. 100 u. 311.

12. Diese drei Begriffe mit Recht auch zusammengestellt von F e s t u g i è r e,
La révélation... IV 1954, S. 215 unt. Vgl. a. die wichtigen Bemerkungen von Xenja
v. Ertzdorff in: Beiträge zur Gesch. der deutschen Sprache 84. 1962, S. 257 f. m. Anm. 2.

13. Vgl. dazu R. B e u t l e r aO. 56. J. B e a u j e u aO. 146 f. Ausführlich
jetzt zu dem Fragment, zu seinen Parallelstellen und zu seiner Nachwirkung Marion
L a u s b e r g, Untersuchungen zu Senecas Fragmenten 1970, S. 77 ff. Vgl. daraus
bes. Sen. De ira 24, 14 s i t n o b i s d e u s n o n i n t e m p l i s , s e d i n c o r d e
n o s t r o c o n s e c r a t u s. Ferner Epist. 31. 11. 41, 1 f. (dazu s.a. unt. S. 157 f. u.
Anm. 34).

14. Dazu F e s t u g i è r e IV 213 f. und W. P ö t s c h e r in seiner Ausgabe des
Briefes mit Übstzg. u. Komm. 1969, S. 86.— Ein später Nachklang, der im 18. und
19. Jh. weithin Gehör fand, ist der 1732 in Würzburg nach einem französischen Original deutsch herausgegebene Geistliche Sittenspiegel, den der nachmals konvertier-

In Verbindung mit dem Bild der ersten Zeile unseres Leitspruches bringt diese Metapher wiederum Philon in der genannten Schrif mehrfach [15], so De somn. I 215 [16] δύο γάρ, ὡς ἔοικεν, ἱερὰ θεοῦ, ἒν μὲν ὅδε ὁ κόσμος..., ἕτερον δὲ λογικὴ ψυχή [17]. Eine markante örtliche Differenzierung begegnet uns seit der mittleren Stoa. Da ist die Seele des Menschen nicht mehr einfach

---

te katholische Priester Johannes G o s s n e r 1812 erstmals unter folgendem Titel neu bearbeitet hat : Das Herz des Menschen ein Tempel Gottes..., ein danach noch mehrfach aufgelegtes Andachtsbuch (vgl. vor allem S. 22 der Neuausgabe von 1832, wo zahlreiche Bibelstellen zur Bekräftigung dienen, darunter die von uns weiter unten ebenfalls angeführten Verse aus den beiden Korintherbriefen).

15. Vgl. H a u ß l e i t e r aO. 816f. — De somniis I 149 (kurz nach der oben im Text ausgeschriebenen Stelle) spricht Philon von Gott, ὃν ὁ κόσμος ἅπας καὶ σὺ οἰκοδεσπότην σχήσεις ἐπιμελούμενον τῆς ἰδίας οἰκίας. Da ist zwar mit dem σὺ die ψυχὴ angesprochen, aber der Schritt zum ganzen Menschen ist nicht weit, wie er dann bei Paulus, I Kor. 3, 16 f. getan ist ναὸς θεοῦ ἐστε... ὁ γὰρ ναὸς τοῦ θεοῦ ἅγιός ἐστιν, οἵτινές ἐστε ὑμεῖς. An der Parallelstelle II Kor. 6, 16 beruft sich Paulus auf Hesekiel 37, 27 und Leviticus 26, 12, welchen Beleg schon Philon, De somn. I 148 zitiert; doch ist an den alttestamentlichen Stellen das (ἐμ-) περιπατήσω ἐν ὑμῖν o.ä. vielmehr als ein 'Wandeln u n t e r euch' zu verstehen! — Beide Vorstellungen — Gottes Wohnen im Menschen und in seiner Seele — verschmelzen dann mehrfach miteinander bis in unsere Tage, so in dem ob. S. 148 schon einmal zitierten evangelischen Kirchenlied von Benjamin S c h m o l c k, dessen zweite Strophe lautet : «Ich bin Herr zu dir gekommen, Komme du nun auch zu mir! Wo du Wohnung hast genommen, Da ist lauter Himmel hier. Zeuch doch in mein Herze ein, Laß es deinen Tempel sein!»

16. Siehe M. Z e p f aO. 364, Anm. 64 a mit einigen Parallelstellen und Literaturangaben. Ferner Ps.—Cyprian, De idol. 9 und dazu M. L a u s b e r g aO., S. 83 ob.

17. Weitere Zeugnisse für das Wohnen Gottes in der Seele des Menschen, aus Philon wie aus neuplatonischem Umkreis, die man mit Recht großenteils auf Poseidonios zurückgeführt hat, s. bei H a u ß l e i t e r aO. 808 ff. 815 ff. Ebenso bei M. P e l l e g r i n o zu Min. Fel., Octav. 32, 1 (1947. [2]1955, S. 234 f.) mit einer Fülle von z. Tl. auch frühchristlichen Belegen. H a u ß l e i t e r stellt Sp. 817 fest, daß sich die Metapher erstmals bei Philon belegt finde. Ich halte es wie angedeutet mit ihm für möglich, daß sie mindestens auf die mittlere Stoa zurückgeht. Wenn das richtig ist, dann kann übrigens das berühmte, erst von Olympiodor bezeugte Epigramm Platons auf Aristophanes fr. 14 D., das man weithin für echt hält, kaum authentisch sein (vgl. z. B. W i l a m o w i t z, Platon [2]1 1920, S. 36; Hellenistische Dichtung I 1924, S. 131 gilt es ihm dann zusammen mit fr. 16 und 17 D. als «ein Nachhall der Symposien in der Akademie», aber offenbar wiederum als von Platon selber verfaßt, während H. L e i s e g a n g RE XX 1950 Sp. 2537 die Autorschaft Platons bestreitet). Heinz H o f m a n n (Pretoria), der mir aus anderen Gründen (brieflich) seine Zweifel anmeldet, hält als Entstehungszeit frühestens

Gottes Wohnung oder Tempel, vielmehr wird sie unter dem Bilde des im Heiligtum aufgerichteten ἄγαλμα oder s i m u l a c r u m des Gottes verstanden. Es ist wohl kein Zufall, daß die Stelle, die uns am weitesten zurückführt, auf Poseidonios zu weisen scheint [18]. Cicero, De leg. I 59 n a m   q u i   s e   i p s e   n o r i t ,   p r i m u m   a l i q u i d s e   h a b e r e   s e n t i a t   d i v i n u m   i n g e n i u m q u e   i n   s e s u u m   s i c u t   s i m u l a c r u m   a l i q u o d   d i c a t u m   p u - t a b i t . Ob es ausreicht, wie manche Erklärer wollen [19], hier bloß eine Anspielung auf Platon, Symposion 215 B zu sehen, wo in der Rede des Alkibiades auf Sokrates dieser mit den Silene darstellenden Trickbildwerken verglichen wird, die beim Aufklappen ((διοιχθέντες) φαίνονται ἔνδοθεν ἀγάλματα ἔχοντες θεῶν? Freilich könnte bereits Poseidonios, der Kenner und Verehrer Platons, die von Cicero bezeugte Lehre tiefsinnig aus dem Bonmot herausgesponnen haben. Und dieses entbehrt ja auch in seiner Originalform bei Platon nicht eines tiefen religiösen Gehalts. Wahrscheinlicher ist jedoch, daß das neue Bild sich ganz organisch und mit innerer Logik aus jenem früheren, vertrauten vom Menschen als Gottes Wohnung, das wir aus Philon und

---

das 3. Jh. n. Chr. für möglich, da Diog. Laert. die Verse zweifellos zitiert hätte, wenn sie damals schon im Umlauf gewesen wären.

αἱ Χάριτες τέμενός τι λαβεῖν, ὅπερ οὐχὶ πεσεῖται,
ζητοῦσαι ψυχὴν ἠῦρον 'Αριστοφάνους.

Freilich im Blick auf so kühne Äußerungen wie Sympos. 215 B und Phaidr. 252 D (s. dazu unten S. 153ff. und Anm. 26) wäre Platon auch dies zuzutrauen : die Seele des anmutigen Dichters als unvergänglicher Tempelbezirk der Chariten. Aber einmal sind jene beiden platonischen Formulierungen aus Sympos. und Phaidr. doch allenfalls als Keimzellen für unsere Metapher anzusprechen, die in dem Distichon bereits ganz klar erscheint, und zum anderen wäre das Zeugnis für die so handfeste Umsetzung Seele / Tempel, wenn es dem Platon gehörte, auf Jahrhunderte hinaus ganz isoliert. In der Zeit der mittleren Akademie dagegen scheint mir seine Entstehung möglich. Auf wie unsicherem Boden sich unsere Vermutungen jedoch bewegen, und welche Überraschungen noch möglich sind, zeigt ein neuaufgetauchtes, mir nachträglich noch von Heinz H o f m a n n frdl. mitgeteiltes Fragment der Alten Komödie, Pap. Oxyrh. 37, 2806 fr. I col. 2, 7ff. (p. 21) τέμενος μέγα καί... πλατὺ... ἱδρύσασθε φρενῶν ὕπ [ο ?... Also wäre die Metapher doch bereits ein Erzeugnis des 5. Jh.?

18. H a u ß l e i t e r aO., Sp. 805. Seele des Menschen als Tempel der Gottheit (und zugleich ihr Bildnis: e f f i g i e s!) übrigens auch im Kaiserkult: Tac., Annal. IV 38, 2, wo Tiberius einer solchen Vergeistigung das Wort redet. Zum Nachleben des Topos in den USA vgl. A. H e i n r i c h s in: Zeitschr. f. Papyrol. u. Epigr. 4. 1969, S. 150 (frdlr. Hinweis von Hz. Hofmann).

19. z. B. Konr. Z i e g l e r, Heidelberger Texte. Lat. Reihe 20. 1950, S. 47.

Paulus kennen [20], das aber zweifellos älter ist als beide [21], differenzierend entfaltet hat : wenn der Mensch der Tempel Gottes ist [22], dann entspricht die Seele des Menschen als sein vornehmster Inhalt dem Kernstück oder der 'Seele' des Tempels, dem ἄγαλμα des Gottes [23]. Den An-

20. Oben Anm. 15.

21. Erinnert sei an das bekannte Wort des Ovid, Fast. 6, 5 e s t d e u s i n n o b i s , a g i t a n t e c a l e s c i m u s i l l o (mit den Varianten a. am. 3, 549 und Ex Ponto III 4, 93 f., wo H a u ß l e i t e r 806 mit Recht wiederum letztlich den Einfluß des Poseidonios annimmt).

22. Vgl. dazu etwa auch Lactanz, De mort. persec. 15, 7 d e i t e m p l u m q u o d e s t i n h o m i n i b u s. Fragt man sich in unserem Zusammenhang, wie das Bild vom ganzen Menschen als Tempel Gottes sich seinerseits zu jener Metapher von der Welt als Gottes Haus logisch verhält, so kann die Antwort nur lauten : wenn der 'Makrokosmos Welt' Gottes Tempel ist, dann auch der 'Mikrokosmos Mensch'. Zur Gleichung Makro - Mikrokosmos vgl. meine Ausführungen in dem Aufsatz 'Mikrokosmos', Rhein. Mus. 92. 1943, S. 56, dazu jetzt auch W. K r a n z, Kosmos 1955 passim (die Stellen s. im Register S. 272 f.), jeweils mit weiterer Literatur.

23. Das hat offenbar bereits Adolf D u M e s n i l zu Cic., De leg. I 59 (1879), S. 79 richtig erkannt : «s i m u l a c r u m Götterbild. Er wird seinen Leib als einen Tempelraum ansehen, in den der Geist als ein Götterbild hineingesetzt ist». Eine Variante dieses Gedankens findet sich bei Minuc. Fel. Octav. 32, 1 t e m p l u m (dei) ...t o t u s h i c m u n d u s (vgl. 33, 1) — h o m o i p s e s i m u l a c r u m d e i. Vgl. dazu a. unt. S. 158 und 165 sowie M. Lausberg aO., S. 81 f. Es sieht mir übrigens nicht so aus, als ob bei der Erfindung dieses Bildes der Gedanke an die τέχνη des Weltbaumeisters im Vordergrund gestanden hätte, über die H. J. K r ä m e r in der Zeitschr. Theologie und Philosophie 44. 1969, S. 493 ff. (vgl. bes. a. die Anm. 110 auf S. 494) das Material zusammengestellt hat — eine Konzeption, die er auf die alte Akademie, speziell den Frühplatoniker Xenokrates zurückführt. Denn bei unseren Beispielen ist eigentlich stets mehr an das Ergebnis gedacht. Vgl. aber immerhin etwa Philon, De opif. mundi 137, wo Gott sich entschließt τὸν ἀνθρωποειδῆ τοῦτον ἀνδριάντα πλάττειν. Hier mag jener andere, von Krämer beachtete Strom mit eingeflossen sein. Auch die Terminologie, die sich gern solcher Ausdrücke wie τεκταίνειν, ἐνιδρύειν, u. ä. bedient (s. dazu weiter unten passim, wie etwa Anm. 26 u. 29), scheint Krämer recht zu geben. Andrerseits erscheinen diese Verben, wie besonders (ἐν)ιδρύειν, vorwiegend im Passivum (vgl. die Stellen unten Anm. 29); auch sind die Ausdrücke τεκταίνεσθαι und ἐνιδρύειν im übertragenen Sinne ja schon vorxenokrateisch belegt; nach den bei Platon und Xenophon im gleichen Sinn überlieferten Belegen (unten Anm. 26) könnte man vielleicht sogar an bereits vom Bildhauer Sokrates gebrauchte Metaphern denken. Vgl. aber auch das Fragment aus der Alten Komödie oben Anm. 17 gg. E., und vielleicht auch den von Clem. Alex. zitierten Tragödienvers unt. Anm. 29. Zu den Technikvergleichen s.a. Frz. L ä m m l i, Vom Chaos zum Kosmos 1962 I 128. II 126. 209 ff. und die das Problem vertiefenden Darlegungen von B. S c h w e i t z e r, Platon und die bildende Kunst der Griechen 1953, S. 39 u.ö.

stoß zu solcher Bildentfaltung mag dem Poseidonios, oder wer immer der Erfinder des Gedankens ist, gleichwohl das tiefsinnige Gleichnis aus dem platonischen Symposion gegeben haben [24].

Jedenfalls hat das Bild von der menschlichen Seele als dem s i - m u l a c r u m   d e i   reiche Nachfolge gefunden und ist der religiösen Bildersprache der späteren Antike nicht mehr verlorengegangen. Besonders die Neuplatoniker haben es aufgegriffen, so Porphyrios ad Marcellam 11, wo es heißt, daß unter den Menschen speziell die διάνοια τοῦ σοφοῦ dem Gott als Tempel geweiht ist [25], der nocheinmal als der μάλιστα τὸν θεὸν ἐγνωκὼς gekennzeichnet wird. Dann folgen, diesen Sachverhalt unterstreichend und einprägend, die Worte : τοῦτον δὲ εἶναι εἰκότως μόνον τὸν σοφόν, ᾧ τιμητέον διὰ σοφίας τὸ θεῖον καὶ κατακοσμητέον αὐτῷ διὰ σοφίας ἐν τῇ γνώμῃ τὸ ἱερόν, ἐμψύχῳ ἀγάλματι [26] τῷ νῷ ἐνεικονισαμένου ἀγάλλοντα <τοῦ θεοῦ>. Danach hat also «der σοφός vermöge seiner Weisheit in seinem Inneren den Tempel auszuschmücken, indem er ihn mit einem lebendigen Götter-

---

24. Bemerkenswert ist ausserdem der Hinweis von F e s t u g i è r e aO. IV 215 auf Demokrit fr. 171 D. ψυχὴ οἰκητήριον δαίμονος und auf Heraklit fr. 119 D. ἦθος ἀνθρώπῳ δαίμων, was im Blick auf Demokrit ebenso interpretiert werden könnte (vgl. dazu a. H a u ß l e i t e r 801 mit weiterer Literatur). Freilich geht bei Demokrit die εὐδαιμονίη als Leitbegriff voraus, sodaß man den δαίμων hier wohl speziell als Glücks-Zuteiler interpretieren darf. Auch scheinen diese Daimon - Bilder in unserem Zusammenhang ohne Nachfolge geblieben zu sein. Sie beweisen immerhin dies Eine, daß der Vergleich griechischem Denken entsprach, und daß die Metapher vom Inwohnen Gottes längst schon vorbereitet war.

25. Dazu s. unt. S. 157. Zum wiederum poseidonianischen Einfluß gerade auf diesen Abschnitt des Briefs s. W. T h e i l e r , Die Vorbereitung des Neuplatonismus 1930, S. 107.

26. Offenbar bewußter Anklang an Platon, Phaidros 252 D 5 ff. τόν τε οὖν Ἔρωτα τῶν καλῶν πρὸς τρόπον ἐκλέγεται ἕκαστος, καὶ ὡς θεὸν αὐτὸν ἐκεῖνον ὄντα ἑαυτῷ οἷον ἄγαλμα τεκταίνεται καὶ κατακοσμεῖ... Vgl. Xenophon, Sympos 8, 1, wo ebenfalls vom Ἔρως ψυχῇ ἀνθρώπου <ἐν>ιδρυμένος die Rede ist. Vgl. dazu oben Anm. 23 und unt. Anm. 33. Merkwürdig daß F e s t u g i è r e aO. IV 212 ff. bei seiner förderlichen Interpretation der Stelle diese Parallelen nicht erwähnt; stattdessen verweist er 214₁ auf Xenophon, Sympos. 8, 24 und mit besonderem Nachdruck auf Platon, Tim. 90 C 6 ff. τῷ δ'ἐν ἡμῖν θείῳ συγγενεῖς εἰσιν κινήσεις αἱ τοῦ παντὸς διανοήσεις καὶ περιφοραί. Diese und andere von F. herangezogenen Parallelen belegen zwar den D e u s   i n t e r n u s , aber lassen das in unseren Stellen sozusagen als Leitfossil auftauchende gleiche Formelgut — ἱδρύειν bezw. τεκταίνειν eines ἄγαλμα im Innern des Menschen — vermissen.

bild, nämlich seinem νοῦς, verherrlicht, in welchem der Gott sich abgebildet hat[27] ».

Ein ähnliches Bild findet sich bei Proklos in Plat. Cratyl. 77 P., wo ἐν ἡμῖν νοῦς als ἄγαλμα speziell des Dionysos bezeichnet wird[28]. Auch Clemens Alexandrinus spricht mehrfach vom νοῦς des Menschen, in dem Gottes Bild (ἄγαλμα, εἰκών) aufgerichtet ist (ἐνίδρυ-ται)[29].

Daß an all diesen Stellen für den Vergleich mit der Seele oder dem νοῦς des Menschen das Kultbild des Gottes dient, während in unserem Andachtsspruch vom menschlichen Herzen als einem Altar die Rede ist, soll uns nachher beschäftigen. Zuvor jedoch halten wir nach Parallelen für das beigefügte Attribut der Frömmigkeit Ausschau. Sie bieten sich ebenfalls reichlich an, wenn auch mit bezeichnend veschiedener Nuance. Es kommt in den antiken Belegen nämlich verständlicherweise zunächst weniger speziell auf das 'fromme' Herz an

---

27. Der Text enthält am Schluß des Satzes eine Lücke von ca. Wortlänge, die nach dem Vorgange von Jacobs von F e s t u g i è r e IV 216₁ (vgl. 214) zweifellos richtig und am richtigen Platz mit τοῦ θεοῦ ausgefüllt wird, auch wenn dadurch ein starkes Hyperbaton entsteht (Jacobs hatte deswegen τοῦ θεοῦ vor ἀγάλματι ἀ-γάλλοντα einsetzen wollen). Der Satz bleibt überschaubar, wenngleich natürlich das pedantisch verdeutlichende αὐτῷ nach κατακοσμητέον überflüssig ist. Der lange Relativsatz wird durch einen inhaltlich bedeutsamen Nachtrag illustriert, der in der Konstruktion sich dem infinitivisch gegebenen Hauptsatz anschließt, sodaß das ἀγάλλοντα seinen klaren Bezug auf τοῦτον (= τὸν σοφὸν) erhält, während der gen. absol. ἐνεικονισαμένου <τοῦ θεοῦ> diesen Nachsatz noch verdeutlicht : Gott selber ist es, der dem νοῦς sein Bild eingeprägt hat und es damit zum ἔμψυχον ἄγαλ-μα macht. Wenn W. P ö t s c h e r , der den Vorgänger Festugière ignoriert, Wiener Studien 79. 1966, 237 ff. und in seiner Ausgabe der Schrift 1969, S. 18 f. den Text dadurch zu heilen sucht, daß er am Schluß lediglich θεοῦ ergänzt (das ginge noch an) und den Akkusativ des Partizips in ἀγάλλοντος ändert, was eine Korrektur auch der üblichen Interpunktion nach sich zieht (Einschnitt erst nach τῷ νῷ), so zerstört er nicht nur die schöne Figura etymologica ἀγάλματι ἀγάλλοντα, sondern schafft durch die Doppelung des Attributs im Gen. absol. ἐνεικονισαμένου ἀγάλλοντος auch eine unmögliche Satzkonstruktion.

28. H a u ß l e i t e r 799; zur Porphyriosstelle ebenda 810.

29. Strom. III 42, 6 (ἀνισταμένης ἐν τῷ νῷ τῆς θείας εἰκόνος). VII 16, 5 (ἄγαλμα... δικαίου ψυχή... ἐνιδρύεται, mit einem nicht näher identifizierbaren Tragödienzitat, fr. adesp. 117 N. ἄγαλμα θεῖον καὶ θεῷ προσεμφερές !). 29,5 f. (ἀπεικόνισμα... θεῖον καὶ ἅγιον ἄγαλμα ἐν τῇ δικαίᾳ ψυχῇ). Protrept. 59, 2 (vgl. 117, 4). H a u ß l e i t e r 826 f. H. C h a d w i c k, The Sentences of Sextus... 1959, S. 166. Das ἐνιδρύειν wird in diesem und ähnlichem Zusammenhang seit Xenophon (ob. Anm. 26) außerordentlich häufig gebraucht, auch von Stoikern; vgl. dazu H a u ß l e i t e r 798. 807. 809. 827, und oben Anm. 23 gg. E.

als ganz allgemein auf das Auszeichnungsmerkmal, das den der Ein-
wohnung des Gottes Gewürdigten aus der Masse der anderen, offenbar nicht mit solchem Vorzug Ausgestatteten heraushebt [30]. Da war
in der vorhin zitierten Stelle des Porphyrios ad Marcellam 11 vom
σοφός die Rede; ziemlich unmittelbar vor dem von uns (ob. S. 155)
ausgeschriebenen Text heißt es ausdrücklich νεὼν δὲ τούτῳ (scil. τῷ
θείῳ) παρ' ἀνθρώποις καθιερῶσθαι τὴν διάνοιαν μάλιστα τοῦ σοφοῦ
μόνην. Ja die σοφοῦ διάνοια scheint in diesem Zusammenhang stereotyp zu sein; sie begegnet ebenso bei Philon, De praemiis et poenis 123
καὶ γάρ ἐστι τῷ ὄντι... οἶκος θεοῦ σοφοῦ διάνοια wie in der Sentenz
Nr. 144 des christlichen Pythagoreers Sextus, den man wohl etwa
100 bis 150 Jahre nach Philon ansetzen darf [31] : σοφοῦ διανοίᾳ θεὸς
ἐνοικεῖ [32].

Nicht weit davon entfernt ist die Charakterisierung des Auserwählten durch den Logos, wiederum bei Philon an uns bereits bekannten Stellen (s.ob. S. 154 und Anm. 23) : De somn. I 215 δύο... ἱερὰ
θεοῦ, ἓν μὲν ὅδε ὁ κόσμος, ἕτερον δὲ λογικὴ ψυχή, und De opif.
mundi 137 οἶκος γάρ τις ἢ νεὼς ἱερὸς ἐτεκταίνετο [33] ψυχῆς λογικῆς,
ἣν ἔμελλεν ἀγαλματοφορήσειν ἀγαλμάτων τὸ θεοειδέστατον.

Allgemeiner lautet die Kennzeichnung als 'gut' schlechthin (was
ja freilich seit Platon und Aristoteles seinen besonderen Sinn hat und
danach keineswegs des Tiefgangs entbehrt) an einigen weiteren Stellen der frühen Kaiserzeit : Plutarch, De tranquill. animi 20, wo im
Zusammenhang mit dem oben S. 150 ausgeschriebenen Zitat aus Ari-

---

30. Besonders klar ist das ausgedrückt in des Pythagoreers Sextus Sentenzen,
Nr. 35 (ed. H. Chadwick 1959, S. 16) ἐκλεκτὸς ὢν ἔχεις τι ἐν τῇ συστάσει σου
ὁποῖον θεός· χρῶ οὖν τῇ συστάσει σου ὡς ἱερῷ θεοῦ. Die lateinische Version des
Rufinus (Chadwick S. 17) hat die entscheidende Wendung unterdrückt bezw. ver-
wässert (h a b e s i n t e a l i q u i d s i m i l e d e i e t i d e o u t e r e t e i p s o
v e l u t t e m p l u m d e i p r o p t e r i l l u d q u o d i n t e s i m i l e d e i).
Übrigens wäre σύστασις — sonst 'Verfassung', 'Beschaffenheit', 'Wesen' — hier wohl
am besten mit 'Substanz' wiederzugeben, vgl. Ps. - Pythagoras, Carmen aureum
50 f. γνώσεαι ἀθανάτων τε θεῶν θνητῶν τ' ἀνθρώπων / σύστασιν.

31. W. K r o l l RE II A 1923, Sp. 2063. H. C h a d w i c k aO. 135.—
Die Übereinstimmung von Philon und Sextus hat auch H a u ß l e i t e r 801.
816 notiert. In unserem Zusammenhang ist besonders bemerkenswert, daß W. T h e i -
l e r, Vorbereitung des Neuplatonismus 1930, S. 107 als eine wesentliche Quelle
des Sextus den Poseidonios nachweisen kann.

32. C h a d w i c k S. 28; Rufinus (ebenda S. 29) übersetzt wörtlich s a p i-
e n t i s m e n t e m d e u s i n h a b i t a t.

33. Deutlicher Anklang an die ob. Anm. 26 ausgeschriebene Stelle Platon,
Phaidros 252 D.

stoteles der Mensch, von dem hier die Rede ist, im Blick auf eine Dio-
genesanekdote als ἀνὴρ ἀγαθὸς bezeichnet ist, und dementsprechend
auch Seneca, Epist. 41, 2, wo es kurz und gut heißt i n u n o q u o-
q u e v i r o r u m b o n o r u m ... h a b i t a t d e u s [34].

Hier sind wir durch das i n u n o q u o q u e b o n o r u m der
Formulierung unseres Ausgangsdokuments «ein jedes fromme Herz
ist ein Altar» schon ganz nahe, unbeschadet der noch verbleibenden
Unterschiede. Wir können diese aber wiederum ausgleichen durch
Sprüche aus den Sentenzen des Sextus, Nr. 61 ἀγαθὴ διάνοια χῶρος
θεοῦ [35], und vollends durch Nr. 46 a und b :

a) ἱερὸν ἅγιον θεοῦ διάνοια εὐσεβοῦς

b) ἄριστον θυσιαστήριον θεῷ καρδία καθαρὰ [36] καὶ ἀναμάρτητος.
Dazu die Übersetzung des Rufinus [37] :

a) t e m p l u m s a n c t u m e s t d e i m e n s p i i,

b) e t a l t a r e o p t i m u m e s t e i c o r m u n d u m e t
s i n e p e c c a t o.

Kombinieren wir diese Sprüche mit der Senecastelle (i n u n o-
q u o q u e...), so haben wir nun endlich Wort für Wort das antike
Urbild unseres neuzeitlichen Andachtsspruches in seinem zweiten
Teil [38] (Ein jedes fromme Herz ist sein — Gottes — Altar), wobei die
moderne Fassung eine nicht zu überbietende Konzentration des antiken
Erbguts darstellt.

Nicht ohne Grund haben die Herausgeber der Sextus - Sentenzen

---

34. Dazu s. M. D i b e l i u s, Aufsätze zur Apostelgeschichte ²1953, S. 512.
Eine vergleichbare Formulierung Senecas ist oben S. 151 registriert (fr. 123 H.).

35. Mit der mißverstandenen Wiedergabe durch Rufinus : b o n a m e n s
c h o r u s (!) e s t d e i. C h a d w i c k aO. S. 20 f. 166.

36. Für die καρδία καθαρά hat natürlich die Psalmstelle 50, 12 Pate gestan-
den : καρδίαν καθαρὰν κτίσον ἐν ἐμοί, ὁ θεὸς (c o r m u n d u m i n m e c r e a
D e u s). Vgl. außerdem schon Philon, De somn. I 148 f., wo ὁ τῶν ὅλων ἡγεμὼν
ἐμπεριπατεῖ... ταῖς... τῶν... κεκαθαρμένων διανοίαις, und De opif. mundi 137, wo
es (vor dem ob. S. 157 ausgeschriebenen Wortlaut) im Zusammenhang mit der ob.
Anm. 23 zitierten Stelle heißt, daß Gott zur Formung des menschenähnlichen
Bildes den Stoff ἐκ καθαρᾶς ὕλης gewonnen habe. Daß der καθαρὸς νοῦς im
Bereich unserer Formel auch bei Clemens Alexandrinus (Strom. III 42, 6) begegnet,
verwundert nicht.

37. Zeitgenosse des Hieronymus und Augustin. Über ihn findet man Näheres bei H. L i e t z m a n n RE I A 1920, Sp. 1193 ff., hier bes. 1195. Seine Übersetzung der Sentenzen des Sextus entstand wohl zu Anfang des 5. Jh.

38. So wie wir oben S. 149 für den ersten Teil die genaue Entsprechung bei
Dion Chrysostomos 36. 36 fanden.

den Spruch Nr. 46 in zwei Teile zerlegt. Es sind zwei ganz verschiedene Varianten des gleichen Gedankens : in a) figuriert die διάνοια εὐσεβοῦς (m e n s   p i i) schlechthin als Heiligtum Gottes [39], während in b) ihre Entsprechung, die καρδία καθαρά... präziser als θυσιαστήριον (a l t a r e) gefaßt ist. Wir erinnern uns, daß streng genommen der ganze Mensch dem Tempel Gottes zu vergleichen ist, wofür Lactanz, De mortibus persecutorum 15, 7   d e i   t e m p l u m   q u o d   e s t   i n   h o m i n i b u s   das präziseste Beispiel ist [40]. Und die Seele oder das Herz des Menschen entspricht dann folgerichtig dem Herzstück des Tempels, sei es dem ἄγαλμα oder dem Altar, wie es bei Cicero, De legibus I 59 und sonst [41] zu lesen ist, und wie es die zweite Fassung der Sextus - Sentenz 46 b formuliert.

Aber etwas anderes scheint dabei noch auffallender : wieso taucht hier auf einmal statt des   s i m u l a c r u m   d e i   oder ἄγαλμα θεοῦ das θυσιαστήριον oder das   a l t a r e   auf, das uns die erwünschte Entsprechung zu unserem modernen Spruch geliefert hat? Der Beantwortung dieser Frage haben wir uns nun zuzuwenden.

Schon die auszeichnende Prädikation des εὐσεβής im Spruch 46 a verrät deutlich die hellenistisch-christliche Prägung der Formel, umsomehr als uns das Wort bei deren heidnischen Repräsentanten nirgends begegnet ist. Uns ist zwar die altehrwürdige Vokabel aus der klassischen Zeit von Pindar und Theognis an, besonders aus der Tragödie ganz vertraut, aber in der Prosa ist sie erst seit Platon und Isokrates heimisch geworden und nimmt dann vom Hellenismus her im frühen Christentum an Beliebtheit zu, was mit einer eindeutigen Verengung des Begriffs auf das Verhältnis zu Gott einhergeht [42].

Eine noch deutlichere Sprache spricht jedoch wie gesagt die bemerkenswerte Ablösung des uns aus den oben gesammelten Stellen vertrauten ἄγαλμα bezw.   s i m u l a c r u m   durch θυσιαστήριον und

---

39. Vgl. Philon, De somn. I 149, ob. S. 151f. m. Anm. 15.

40. Vgl. ob. Anm. 22. Weiteres ob. Anm. 15.

41. Ob. S. 152 ff. Vgl. dazu a. unt. S. 165f.

42. Εὐσεβής, ganz auf den religiösen Bereich eingeschränkt, begegnet bes. seit Philon, im Neuen Testament dann in den Pastoralbriefen und im 2. Petrusbrief sowie in der Apostelgeschichte des Lukas (s. die Lexika und W. F o e r s t e r im ThW NT VII 1964, S. 175 ff.). Fortan dient es als Hauptbezeichnung für den 'Frommen' schlechthin. Dem entspricht bei dem mit Sextus etwa gleichzeitigen Clemens Alexandrinus die häufig wiederkehrende Kennzeichnung des Frommen als δίκαιος (ob. Anm. 29), was auf den alttestamentlichen Sprachgebrauch der LXX zurückgeht (vgl. dazu S c h r e n k im ThWNT II 1935, S. 187 ff.; weiteres habe ich in : Antike und Abendland 15. 1969, S. 166 zusammengestellt).

a l t a r e in dem christlichen Zeugnis des Sextusspruches. Die Erklärung für das merkwürdige Phänomen, das noch nicht untersucht zu
sein scheint, bietet der Wandel in den Gegebenheiten des Kultus von
der Antike zum Christentum. Es ist dabei keineswegs der Fall, daß
hier ein Neuansatz vorliegt, indem etwa so wie bisher dem Kultbild
des Gottes nunmehr dem Altar die abbildliche Eigenschaft einer göttlichen Person beigelegt worden wäre[43]. Vielmehr spiegelt sich im Wechsel des Vokabulars ganz schlicht und einfach die Tatsache, daß in
der frühen christlichen Kirche an die Stelle des Götterbilds der Altar
getreten ist. In der Antike kam für unsere Metapher vom Inwohnen
des Menschen oder seines geistigen Organs im Heiligtum schon deshalb nur das ἄγαλμα oder s i m u l a c r u m des Gottes in Betracht,
da der Altar aller Regel nach sich außerhalb befand.[44]. Außerdem
kamen ihm ja keineswegs göttliche Eigenschaften zu. Nur das Götterbild war also geeignet, die Metapher hervorzubringen, deren Entstehung und Verbreitung uns eingehend beschäftigt hat[45]. Aber eben
dieses Kultbild hatte, da es den 'Götzendienst' repräsentierte und
jüdisch - christlicher Anschauung von Grund aus widersprach[46], fortan nicht mehr in jener Formel seinen Platz und verlangte nun in ihr,
da sie sonst in ihrem wesentlichen Gehalt zur Übernahme geeignet
schien, nach einem passenden Ersatz.

Dafür daß dieser Wandel sich nicht auf einmal vollzog, sondern
seinerseits seine aufschlußreiche und reizvolle Geschichte hat, besitzen wir einige wertvolle Zeugnisse. Als eines der frühesten von ihnen darf

---

43. Schon für die Antike hat Fr. S c h w e n n, Gebet und Opfer 1927, S.
121 ff. eine «Altarperson» sogar an den Anfang der Entwicklung stellen wollen, wobei eine Trennung von Gott und Altar, die diesen vom Kultobjekt zum Kultmittel
degradiert habe, erst später erfolgt sei. Dagegen hat sich mit guten Gründen L. Z i e-
h e n RAC I 1950, Sp. 327 (im Artikel 'Altar') gewendet.

44. E. R e i s c h RE I 1894, Sp. 1650. L. Z i e h e n RAC I 319 f. «Der
Hauptaltar. . . . stand bei Griechen und Römern vor dem Tempel, nicht in ihm . . .».
C. H. R a t s c h o w RGG ³I 1957, Sp. 251 ff. Von den Sonderformen, der Hestia
im Haus und dem Opfertisch neben dem Kultbild, der vor allem für die Speiseopfer
bestimmt war (Z i e h e n aO. 311 ff.), können wir hier absehen. — Übrigens befand sich auch im jüdischen Tempel sowohl des Salomon wie des Herodes der Brand-
opferaltar nicht im Tempel, sondern in seinem Vorhof, während dem Schaubrot-
tisch im Inneren geringere Bedeutung zukam; s. dazu K. G a l l i n g RAC I 332 f.
RGG ³I 253/5.

45. Vgl. oben S. 152 ff.

46. Der locus classicus steht im Dekalog, Exod. (II Mos.) 20, 4 οὐ ποιήσεις
σεαυτῷ εἴδωλον οὐδὲ παντὸς ὁμοίωμα,...

wohl der Octavius des Minucius Felix gelten, dem der 'Altar' zum
Auswechseln statt des Götterbildes noch gar nicht als fester Einrich-
tungsgegenstand im christlichen Kult zur Verfügung stand. Da heißt
es 32, 1 gegenüber einem von Caecilius (10, 2) erhobenen, aber auch
sonst verbreiteten Vorwurf[47] : P u t a t i s   a u t e m   n o s   o c c u l -
t a r e   q u o d   c o l i m u s,   s i   d e l u b r a   e t   a r a s   n o n   h a -
b e m u s?   Q u o d   e n i m   s i m u l a c r u m   d e o   f i n g a m,   c u m,
s i   r e c t e   e x i s t i m e s,   s i t   d e i   h o m o   i p s e   s i m u l a c -
r u m?   T e m p l u m   q u o d   e i   e x s t r u a m,   c u m   t o t u s
h i c   m u n d u s   e i u s   o p e r e   f a b r i c a t u s   e u m   c a p e r e
n o n   p o s s i t[48]?   Hier wird also das s i m u l a c r u m   in einem
Zuge sowohl abgelehnt wie durch den h o m o   i p s e   ersetzt, aber
es bleibt doch als Bild im Gleichnis noch gewahrt. Ähnlich bei dem
nicht viel älteren Clemens Alexandrinus. Auch er verwendet i. a.
noch das alte Vokabular, seiner assimilierenden Tendenz und Haltung entsprechend sogar meist ohne jede Polemik im einzelnen, wovon eine ganze Anzahl von Stellen Zeugnis gibt[49] :

Strom. VII 16,5 verbindet Clemens jenen uns schon bekannten
Tragikervers (ob. Anm. 29) vom ἄγαλμα θεῖον mit der ἀνθρώπου δικαίου ψυχῇ. ἄγαλμα in Verbindung mit der εἰκὼν τοῦ θεοῦ als Metapher für den ganzen Menschen findet sich dann im Protrept. 59,2,
während Strom. VII 29,5 f. das θεῖον καὶ ἅγιον ἄγαλμα sein ἀπεικόνισμα... ἐν τῇ δικαίᾳ ψυχῇ besitzt. III 42,6 fehlt zwar das ἄγαλμα,
aber es schimmert noch durch, indem es mit Beziehung auf den νοῦς
heißt ἀνισταμένης ἐν αὐτῷ τῆς θείας εἰκόνος[50].

---

47. Siehe B e a u j e u zu der Stelle aO. S. 89.

48. Vgl. 33, 1 d e o   u n a   d o m u s   e s t   m u n d u s   h i c   t o t u s   und
dazu oben Anm. 10 gg. E. (vgl. a. ob. Anm. 4).

49. Sie sind zumeist schon oben Anm. 29 in anderem Zusammenhang zitiert
(vgl. a. Anm. 42). Einiges Wenige auch bei J. M. T s e r m o u l a s, Die Bildersprache
des Klemens von Alexandrien. Diss. Würzburg 1923 (Kairo 1934), S. 91.

50. Ich lasse in unserem Zusammenhang alle diejenigen verwandten christlichen Zeugnisse beiseite, wo im Anschluß an Paulus ad Ephes. 2, 22 speziell Christus als im Innern des Menschen wohnend angesprochen wird (vgl. etwa Augustinus,
De magistro 38 i n   i n t e r i o r e   h o m i n i s   h a b i t a r e   d i c t u s   e s t
C h r i s t u s), was sich auch bei Clem. Alex. findet : Protr. 117, 4 Χριστὸς... ὁ ἐν
ἀνθρώποις οἰκοδομήσας νεών, ἵνα ἐν ἀνθρώποις ἱδρύσῃ τὸν θεόν (wo H a u ß l e i t e r
aO. 827 — zugleich mit Hinweis auf Strom. VII 29, 5 — nicht unter Verwischung
des Unterschieds zu späteren Quellen einfach übersetzen durfte «damit er in den
Menschen Gott einen Altar [!] errichte»).

Lediglich Strom. VII 32,5 taucht, wohl überhaupt als frühestes Zeugnis dieser Art, bei Clem. Alex. in unserem Bild plötzlich der Altar auf. Aber den Anlaß dazu gibt ihm eine Polemik gegen die Griechen, die den ältesten Altar in Delos als besonders rein und heilig preisen, worauf er mit der rhetorischen Frage kontert : βωμὸν δὲ ἀληθῶς ἅγιον τὴν δικαίαν ψυχὴν[51] καὶ τὸ ἀπ᾿ αὐτῆς θυμίαμα τὴν ὁσίαν εὐχὴν λέγουσιν ἡμῖν ἀπιστήσουσιν [52]; «uns dagegen will man nicht glauben, wenn wir sagen, daß der wahrhaft heilige Altar die gerechte Seele und die ihr entströmende Räucherung das fromme Gebet sei[53]?»

Hier begegnet uns in der Tat zum ersten Mal in unserer Formel statt des ἄγαλμα der βωμός. Aber es entspricht der Polemik gegen einen in ganz anderem Zusammenhang geäußerten heidnischen Anspruch auf die besondere Heiligkeit eines bestimmten βωμός, daß Clemens sich ebenfalls dieses Ausdrucks bedient, der den heidnischen Götteraltar bezeichnet[54], während er selber für den christlichen Altar kurz vorher in anderem Zusammenhang bereits das sich dafür einbürgernde Wort θυσιαστήριον gebraucht hat (Strom. VII 31,8).

Die rein christliche Prägung des antiken Spruches findet sich dann doch erst eine Weile später, in der uns bereits bekannten Sentenz des Sextus 46 b[55] ἄριστον θυσιαστήριον θεῷ καρδία καθαρὰ καὶ ἀναμάρτητος. Hier ist die Angleichung an die inzwischen erfolgte Konsolidierung des christlichen Gottesdienstes mit ständigem Versammlungshaus und einer τράπεζα als festes Element der Einrichtung des liturgischen Raumes für den eucharistischen Zweck klar vollzogen[56]. Die Zeit, die man gemeinhin dafür annimmt, ist das Ende des zweiten

---

51. Zur δικαία ψυχή s. ob. Anm. 42. Ohne jeden Erklärungsversuch registriert die Stelle auch T s e r m o u l a s aO. 92.

52. O. S t ä h l i n verweist hierzu auf unsere Sextus - Sentenz 46 a und b, umgekehrt C h a d w i c k aO. 166 von der Sentenz auf Clemens.

53. Die deutsche Übersetzung von O v e r b e c k - F r ü c h t e l 1936, S. 595.

54. L. Z i e h e n RAC I 1950, Sp. 314.— Zur Abgrenzung von ἐσχάρα = 'Höhlung des Herdes, Feuerloch' s. E. R e i s c h RE VI 1909, Sp. 614. L. Z i e h e n RAC I 317 f.— Auch die ἑστία als Mittelpunkt des Hauses, die bei den Pythagoreern als 'Feueraltar' eine eigene, der hier untersuchten vergleichbare Symbolik entwickelt hat, lassen wir hier beiseite. Ich erwähne nur Philolaos FVS ⁶I S. 403, 14 f. πῦρ... ἑστίαν τοῦ παντός... καὶ Διὸς οἶκον... vgl. B 7, S. 410, 12 — von W. B u r k e r t, Weisheit und Wissenschaft 1962, S. 248 f. als «authentisch» anerkannt —; ferner S. 225, 21 ff. 464, 29 f.

55. Siehe ob. S. 158.

56. Dazu und zum Folgenden vgl. Frz. W i e l a n d, Mensa und Confessio I 1906, S. 36 ff. II 1912, S. 29 ff.

Jahrhunderts [57] oder besser noch der Anfang des dritten [58]. Das paßt vortrefflich zu der (aus Zitaten nach Sextus bei Origenes erschlossenen) Abfassungszeit der Sentenzen, die man danach ins zweite Drittel des 3. Jahrhundets hat datieren können [59], während der vor und um 200 n. Chr. schreibende Clemens Alexandrinus, wie wir sahen, den Zustand der Konsolidierung des Kirchenraums im ganzen noch nicht repräsentiert. Denn daß er gegen Ende seiner schriftstellerischen Produktion bereits auf das θυσιαστήριον ἐπίγειον, den «irdischen Altar», als gottesdienstliche Einrichtung anspielt [60], kann in dieser frühen Epoche der jungen Religion nur den christlichen 'Opfertisch' als Tisch des eucharistischen Mahles [61] meinen, den es natürlich auch schon gegeben hat, bevor er zur festen Einrichtung eines ständigen Kirchenraumes wurde. Bezeichnend daß er, um dem Wechsel im Vokabular doch auch eine sachliche Rechtfertigung zu geben, den Altar dann sogleich spirituell ausdeutet als ἄθροισμα τῶν ταῖς εὐχαῖς διακειμένων, d. h. als eine Art 'Unio mystica derer, die sich den Gebetsübungen hingeben', wie man zu übersetzen versucht ist [62]. Wie denn überhaupt die auf den Altar im Tempel von Jerusalem zurückgehende Bezeichnung θυσιαστήριον [63] für den christlichen 'Opfertisch' — durchwegs und in bewußter Opposition gegen die heidnischen Opferaltäre (βωμοί) — in übertragenem Sinn zu verstehen ist [64]. Dasselbe gilt für den Gebrauch von βωμός an jener anderen Stelle des Clem. Alex. (Str. VII 32,5), wo die Wortwahl in Angleichung an das heid-

---

57. J. P. K i r s c h RAC I 1950, Sp. 335, an den sich auch unsere vorangehenden Formulierungen anlehnen.

58. H. C l a u s s e n RGG ³I 1957, Sp. 255 spricht vom 2./3. Jh., was nach den oben im Text gezogenen Schlüssen in der Tat noch wahrscheinlicher ist.

59. H. C h a d w i c k a O., S. 107 ff., bes. S. 116₁.

60. Strom. VII 31, 8; s. dazu S. 162.

61. J. P. K i r s c h RAC I 334 f. H. C l a u s s e n RGG ³I 255.

62. Im Hintergrund steht I Petr. 2, 5, wo die als οἶκος πνευματικός zum heiligen Priestertum erbauten lebendigen Steine aufgerufen sind, Gott wohlgefällige geistliche Opfer (πνευματικὰς θυσίας) darzubringen.

63. Die Belege bei J. B e h m ThWNT III 1938, S. 182. Ebendort Anm. 8 der Hinweis auf I Makkab. 1, 54 u. 59, wo beim Bericht über die Maßnahmen des Königs Antiochos IV. Epiphanes (Dez. 168 v. Chr.) βωμοί (bezw. βωμός) und θυσιαστήριον in scharfer Gegenüberstellung erscheinen (vgl. unten Anm. 67 über a r a e und a l t a r e). Erst Philon und Josephus gebrauchen auch für den Altar des alttestamentlich - jüdischen Kultus in der Regel βωμός (B e h m aO.).

64. Siehe die Belege in W. B a u e r's Griech. - deutsch. Wtrbch. zu den Schriften des NT u. der übrigen urchristl. Literatur, s. v. θυσιαστήριον, und bei J. B e h m im ThWNT III 1938, S. 182 f. 189, Anm. 41.

nische Vokabular erfolgt, was von den Christen dann auch sogleich ins Spirituelle übertragen wird. Es bleibt freilich dem Clemens das Verdienst, als erster in der Geschichte unserer Metapher für das sonst von ihm noch durchwegs beibehaltene ἄγαλμα den Begriff des 'Altars' (βωμός) eingeführt zu haben[65], den dann Sextus in der Sentenz 46 b im gleichen Sinn mit dem offiziellen christlichen Terminus θυσια-στήριον benannte.

Aus den folgenden 100 bis 150 Jahren steht uns, soviel ich sehe, kein weiterer Beleg für das Weiterleben unseres Spruches zur Verfügung. Dann aber — um 400 — zeigt sich, wie zu erwarten, die neue, den christlichen Verhältnissen angepaßte Terminologie voll eingebürgert. Die Zeugnisse entstammen dem lateinischen Bereich. In erster Linie ist die uns bereits bekannte Übersetzung des Sextus - Spruches 46b durch Rufinus (gest. 410 n. Chr.) zu nennen[66]: a l t a r e o p t i m u m e s t e i (scil. d e o) c o r m u n d u m e t s i n e p e c c a t o. Wie der Christ Sextus nicht βωμός, sondern θυσιαστή-ριον sagt, so wählt sein Übersetzer zur Bezeichnung des christlichen Altars nicht das heidnische a r a, auch nicht den im vorchristlichen Bereich überwiegenden Plural a l t a r i a, sondern bedient sich des als christliches Spezifikum inzwischen eingebürgerten Singulars a l-t a r e[67], was dann freilich bei klassisch gebildeten Christen der gleichen Zeit auch wieder durch a r a ersetzt werden konnte[68].

So lesen wir in dem allegorischen Kleinepos des Prudentius (gest. nach 405), der Psychomachie[69], daß der Geist (s p i r i t u s v. 840) a r a m / c o r d i s a d i t c a s t i s q u e c o l i t s a c r a r i a v o t i s (v. 843 f.)[70]. Im Innern des Tempels (868 d o m u s i n t e r i o r), der in dieser Schilderung das Bild für den durch Gott und Christus

---

65. Für beides s. die Zeugnisse ob. S. 161 f.

66. Oben S. 158.

67. Die a r a e d i a b o l i stellt z. B. Cyprian (gest. 258 n. Chr.) dem a l-t a r e D e i gegenüber (Epist. 65, 1, 2, vgl. a. ob. Anm. 63 über βωμοί und θυσια-στήριον); s. J. B e a u j e u aO. S. 146 zu Min. Fel., Oct., 32, 1; vgl. allgemein J. P. K i r s c h RAC I 334 — beide mit weiterer Literatur.

68. Vgl. die gleiche Erscheinung bei θυσιαστήριον und βωμός (Philon und Josephus) ob. Anm. 63.

69. Freundlicher Hinweis meiner Schülerin Monika Balzert.

70. Die a r a erscheint also, um jede heidnische Deutung auszuschließen, ausdrücklich für das Opfer des Gebets bestimmt; vgl. dazu ob. S. 163 m. Anm. 60 (Clem. Alex.) und unten S. 166 m. Anm. 76 (Augustinus).

geheiligten Menschen abgibt [71], wird — wiederum ganz nach antiker
Art, aber in christlicher Verwandlung — durch die F i d e s ein kost-
bares ἄγαλμα aufgerichtet, das die S a p i e n t i a (σοφία) repräsentiert : h o c   r e s i d e t   s o l i o   p o l l e n s   S a p i e n t i a (v.
875). Die letzten Verse des Epyllions schlüsseln die Allegorie vollends
auf, wobei die von der S a p i e n t i a beherrschte a n i m a des
Menschen hinter dem Bild des Heiligtums aufscheint[71a] : C h r i s t u s
(v. 910) ...a u r e a   t e m p l i / a t r i a   c o n s t i t u e n s   t e x a t
s p e c t a m i n e   m o r u m / o r n a m e n t a   a n i m a e ,   q u i b u s
o b l e c t a t a   d e c o r o / a e t e r n u m   s o l i o   d i v e s   S a p i-
e n t i a   r e g n e t (912 - 915). Das erinnert uns unmittelbar an die
διάνοια σοφοῦ, der wir in untereinander beinahe gleichlautenden Beispielen bei Philon, Porphyrios und dem Christen Sextus begegnet sind[72].

Freilich, so organisch sich Prudentius hier im Gedanklichen einfügt, sind wir doch durch seine freie dichterische Verklärung des Sin-
nes von unserer eigentlichen Formel abgekommen. Sie kehrt aber
nocheinmal bei einem Zeitgenossen unverändert wieder und zwar
bei niemand anderem als dem großen Augustin, der wie keiner sonst
prädestiniert scheint, sie an die christliche Überlieferung der folgenden anderthalb Jahrtausende weiterzugeben, Wie zu erwarten, ist das
s i m u l a c r u m auch hier durch den Altar ersetzt, der freilich wie
bei Prudentius mit der klassischen Bezeichnung a r a erscheint. In
der Enarratio in Ps. 94, § 6 [73] heißt es (zu v. 3 des Psalms) — im An-

---

71. I Kor. 3, 16 f. und Ephes. 2, 22 (s. dazu ob. Anm. 15 u. 50) unter Hin-
zutritt wesentlicher Anregungen aus Apokal. Johs. 21 ; s. dazu die Einführung zu
der Ausgabe des Epyllions mit deutscher Prosa-Übersetzung von   U.   E n g e l-
m a n n   OSB (1959), S. 20.

71a. Auch dies natürlich schon antik vorgebildet: vgl. Ovid, Ex Ponto III 6,
25f. (Iustitia in aede mentis), Statius, Theb. XII 493f. (Clementia in mentibus et
pectoribus); Silvae II 3, 64f. (Honos und Virtus in pectore), und gleichzeitig mit
Prudentius der noch dem Heidentum verpflichtete 'Hofchrist' Claudianus, De consul.
Stilich. II 12f. 31. 101f. (Clementia, Fides etc. in pectore, etc.). Diese Stellen gesammelt
und freundlich mitgeteilt von Heinz Hofmann.

72. Oben S. 156f., dazu die Übersetzung des Sextusspruches 144 durch Rufinus,
den Zeitgenossen des Prudentius : s a p i e n t i s   m e n t e m   d e u s   i n h a b i-
t a t, ob. Anm. 32.

73. Migne, Patrol., Ser. Lat. 37, Sp. 1220 unten. Vgl. J.   H a u ß l e i t e r,
RAC III 835 ob. (ohne Bezugnahme auf die a r a - s i m u l a c r u m - Problematik). Wie ich nachträglich bei M.   L a u s b e r g aO., S. 84 unt. sehe, bedient sich
aber Augustin auch — in knappster Formulierung — des spezifisch christlichen Vokabulars (a l t a r e statt a r a): Civ. Dei X 10, 3 e i u s   e s t   a l t a r e   c o r   n o s t r u m.

schluß an das uns wohlbekannte Zitat von I Kor 3, 17 [74] — : S i
e r g o   n o s   s u m u s   t e m p l u m   D e i ,   a r a   D e i   a n i m a
n o s t r a   e s t .   S a c r i f i c i u m   D e i   e s t . . . ,   q u a n d o   D e u m
l a u d a m u s .

Dieser Spruch faßt in wünschenswerter Weise nocheinmal die
ganze Tradition seiner Herkunft zusammen : er bietet den von uns
mehrfach gezogenen logischen Schluß [75], daß aus der Tatsache, der
Mensch sei Gottes Haus, die andere folgt : sein Kernstück, die Seele,
sei Gottes s i m u l a c r u m im Tempel oder, christlichen Verhältnissen angepaßt, eben der Altar. Und er erklärt zugleich die zunächst
befremdende Metapher a n i m a - a r a (ähnlich wie Prudentius)
im Sinn des Gebetsopfers, das der Christ auf dem Altar niederzulegen
pflegt, also ganz ebenso, wie es uns schon bei Clemens Alexandrinus,
Strom. VII 31, 8 begegnet war [76] : als ein ἄθροισμα τῶν ταῖς εὐχαῖς
διακειμένων.

Damit schließt sich der Kreis, und wir könnten unsere Untersuchung hier abbrechen, wenn wir nicht noch einen Blick auf die lange
Überlieferungskette zu werfen hätten, die von der Fassung Augustins
zu dem erbaulichen Spruch führt, von dem unsere Betrachtung ihren
Ausgang nahm. Da ich hier weder vom Fach her kompetent bin noch
auch systematische Nachforschungen angestellt habe, kann ich nur
auf ein paar mehr zufällig aufgesammelte Glieder dieser Kette hinweisen, die immerhin zeigen, daß der doppelte Spruch, wenn auch
meist nach seinen beiden Bestandteilen getrennt, durch die Zeiten
lebendig geblieben ist, bis er dann auf unserem Andachtsbild in sinnvoller Vereinigung wieder erscheint.

Eine leise Spur des Ganzen hat sich in einer Sentenz des Para-
celsus (1493 - 1541) erhalten, die in unseren Tagen Johann Nepomuk
David als Text für eine Vokalkomposition gewählt hat [77] :

«D i e   W e l t   i s t   G o t t e s   H a u s. Wie sie nun geschaffen
ist und geworden, so ist zu wissen, daß sie nicht hingeht, wie sie herge-
kommen ist. Sondern da werden bleiben v o m   M e n s c h e n   d a s
H e r z und von der Welt das Geblühe».

Der neue, uns hier nicht beschäftigende Gedanke von den unver-

---

74. Oben Anm. 15 u. 71. Die Vulgata bietet für I Kor. 3, 17 den Wortlaut :
t e m p l u m   e n i m   D e i   s a n c t u m   e s t ,   q u o d   e s t i s   v o s.

75. Ob. S. 166 Z. 4 v. unt. 153f. und 159.

76. Oben S. 163 m. Anm. 60. Vgl. ob. S. 164 m. Anm. 70.

77. J. N. D a v i d, Die Welt ist Gottes Haus. Motette zu vier gemischten
Stimmen. Werk 34 Nr. 1. 1945. Leipzig, Breitkopf und Härtel.

gänglichen Bestandteilen der Schöpfung [78], in den hier das Wort vom
m u n d u s   d e i   d o m u s   mündet, hat doch immerhin aus dem
zweiten Spruch das «menschliche Herz» bewahrt, freilich ohne das
Altargleichnis anklingen zu lassen.

Die übrigen Zeugnisse beschränken sich auf den Inhalt der zweiten Sentenz, den sie jedoch ganz klar hervortreten lassen. So findet
sich in einer anonymen Sammlung geistlicher Meditationen aus dem
Ende des 12. Jh. von bernhardinischer Prägung der Spruch :

*Altare... cor nostrum, in quo debemus nutrire hunc ignem subjicientes
puras orationes, ...* [79]

Und in der von Eberhard im Bart ausgestellten Stiftungsurkunde der
Universität Tübingen vom 3. Juli 1477 heißt es :

Der beste Tempel Gottes ist d a s   m e n s c h l i c h e   H e r z [80].

Als eine von mehreren Inschriften auf dem Altarleuchter von
1517 in der Danziger Marienkirche präsentiert sich das Distichon :

Fulva nitet variis tibi Virgo lucerna figuris.
　Fac mens autoris emicet ara poli [81].
Golden erstrahlt dir, Jungfrau, der Leuchter mit mancherlei Bildschmuck.
　Gib daß des Künstlers Herz glänze als Himmelsaltar!

Mehr als hundert Jahre später bittet Paul Gerhard (1607 - 1676)
in der letzten Strophe seines Morgenlieds 'Wach auf mein Herz und

---

78. Die Aufteilung des Begriffes 'Welt' in 'Mensch' (hier Menschenherz)
und belebte 'Natur' hat eine Variante gefunden in einer Reflexion von K. Ph. M o -
r i t z (1757 - 1793), Anton Reiser, 3. Thl. (Insel - Ausg. 1960, S. 326), wo sie als
'Menschenwelt' und 'Kosmos' (?) wiederzukehren scheint : «die weite Erde war
sein Bette — die ganze Natur sein Gebiet».

79. J. L e c l e r c q, Revue Mabillon 34.1944, S. 9, vgl. X. v. E r t z d o r f f,
Studien zum Begriff des Herzens... als Aussagemotiv... des 12.Jh. Diss. Freiburg
i. Br. 1958 Maschinenschr., S. 73 m. Anm. 76f. Zu beachten ist die herkömmliche
christliche Metaphorik 'Opfer = Gebet' (vgl. dazu a. ob. S. 162ff. und unt. Anm. 82),
hier sogar speziell auf das Brandopfer angewandt.

80. Siehe Wtr. v. B r u n n, Medizin in Tübingen. In : Attempto H. 18.
1962, S. 16 f.

81. Willi D r o s t, Die Marienkirche in Danzig und ihre Kunstschätze (1963),
S. 144 (in der Anm. dazu auch meine Übersetzung mit dem Hinweis auf die zugrundeliegende Metaphorik).

singe. . .' Gott gewissermaßen, das Opfer seines Gebets anzunehmen [82], indem er sich wünscht

> *Mit Segen mich beschütte,*
> *Mein Herz sei deine Hütte!*

Das klingt schließlich auch an im Text der 34. Kantate von Johann Sebastian Bach (1685 - 1750), geschaffen zum Pfingstfest ca. 1740 :

> *O ewiges Feuer, o Ursprung der Liebe,*
> *Entzünde die Herzen und weihe sie ein. . .*
> *Wir wünschen o Höchster dein Tempel zu sein,. . .*
> *Drum sei das Herze dein — Herr ziehe gnädig ein!*
> *Ein solch erwähltes Heiligtum — Hat selbst den höchsten Ruhm.*
> *Wohl euch ihr auserwählten Seelen* [83],
> *Die Gott zur Wohnung ausersehn!. . .*
> *Erwählt sich Gott die heilgen Hütten,*
> *Die er mit Heil bewohnt,*
> *So muß er auch den Segen auf sie schütten,*
> *So wird der Sitz des Heiligtums belohnt. . .*

Damit sei die Aufzählung von Verbindungsgliedern zwischen der antik-christlichen Sentenz und dem modernen Erbauungsspruch beendet [84]. Die Auswahl mag genügen, um die Tradition aufzuzeigen, deren einzelne Stationen sich freilich zumeist im Dunkel verlieren, so wenig ihre Existenz bezweifelt werden kann.

Wir fassen zusammen. Eine aus peripatetischen Quellen gespeiste stoische Sentenz, die letztlich auf platonische, daneben vielleicht auch auf vorsokratische Anregungen hinweist, hat sich, durch die Hände der Neuplatoniker gegangen und dann christlich umgeprägt, bis in unsere Tage erhalten. Sie besteht aus zwei Gliedern, von denen jedes

---

82. Strophe 5 gibt uns den Hinweis darauf, daß auch hier wie bei Clemens, Prudentius und Augustin (ob. S. 164 ff.) das Gebet als ein im Herzen dargebrachtes Opfer aufzufassen ist, das an die Stelle heidnischer Opfergaben tritt ;

> *Du willst ein Opfer haben.*
> *Hier bring'ich meine Gaben.*
> *Mein Weihrauch, Farr'und Widder*
> *Sind mein Gebet und Lieder.*

83. Zu den 'auserwählten Seelen' vgl. ob. S. 156 f. m. Anm. 30.

84. Vgl. vielmehr jedoch auch noch ob. Anm. 14 u. 15.

auch Eigenleben gewann. Suchen wir ihren Sinn und ihre Entstehung von ihren Ursprüngen her zu ergründen, so kommen wir auf ein dreigliedriges, in sich logisch geschlossenes Schema, das auf die kürzeste Formel gebracht etwa so lautet :

1) Gott wohnt nicht in Tempeln von Menschenhand erbaut. Gottes Haus ist die Welt.

2) Wie der Makrokosmos Welt, so ist auch der Mikrokosmos Mensch eine Wohnstätte Gottes.

3) Daher ist auch dem Herzstück des Tempels, dem Götterbild, das Herz des Menschen vergleichbar.

Im Christentum wird aus verständlichen Gründen das Kultbild ausgemerzt. An seine Stelle tritt, zugleich mit neuer Sinngebung, der Altar, der ja im christlichen Kirchenbau den zentralen Platz des heidnischen Götterbilds einnimmt. Unter Überspringung des zweiten Satzes ergibt sich die Sentenz, von der wir ausgingen, und deren historisch - philologischer Interpretation unsere Betrachtung gewidmet war :

> *Die ganze Welt ist Gottes Haus.*
> *Ein jedes fromme Herz ist ein Altar.*

Nachträge 1981

[S. 147f.]:
Zum Thema im allgemeinen vgl. noch AD. SPAMER, Das kleine Andachtsbild vom XIV. bis zum XX. Jahrhundert 1930. – M. SCHARFE, Evangelische Andachtsbilder . . . 1968. (Frdle. Hinweise von R. BREYMAYER) – H. FLASCHE, Similitudo Templi . . . In: Dte. Vjschr. f. Lit.- u. Geistesgesch. 23. 1949, S. 81–125.

[S. 148$_4$]:
Parallelen zu Apg. 17, 24 auch bei M. MEES in: Vetera Christianorum 1. 1964, S. 87f. (vgl. a. unt. zu [S. 161$_{49}$]). – Meine hier zitierten Aufsätze jetzt auch oben S. 83ff.

[S. 148f.]:
Eine vertiefte und meine kurze Erläuterung korrigierende Interpretation des Andachtsbildchens hat mir HERMANN GLOCKNER brieflich am 29. 3. 1974 geliefert. Ich zitiere daraus die wichtigsten Passagen wörtlich und bin dem 1979 verstorbenen, mir freundschaftlich verbundenen Kollegen hierfür und für vielerlei sonstige Anregung über das Grab hinaus dankbar.

„Es handelt sich meiner Meinung nach um kein altes Paar, sondern nur der Mann ist durch den Stab bezw. Stock, über dessen Krücke er die Arme verschränkt hält, und die gebeugte Kopfhaltung als bejahrt gekennzeichnet. Die Frau macht mir den Eindruck einer eben eingetretenen Besucherin, die durch das nur angelehnte Gatterl kam und nun frei vor dem Alten steht. Sie spricht ihn an; er hört ihr gelassen zu. Dann antwortet er im Sinne des Emblems.

Das Gatterl trennt zwei Welten: die Welt der stolzen Tempel und die Welt der Hütten. Wo wohnt Gott? Die Antwort lautet: nicht nur in der Kirche, in der Monstranz, die auf dem Altare steht, sondern jedes fromme Herz ist ein Altar, in dem er sich gern häuslich niederläßt.

Ich denke mir, daß die Frau zu den Kirchgängern gehörte, von denen das Bildchen zwei Gruppen zeigt: eine obere, die schon fast am Portal angelangt ist, und eine Dreiergruppe auf halbem Wege, der Perspektive entsprechend doppelt so große Gestalten. Sie sind stehen geblieben und haben sich zurückgewendet: dem pflügenden Bauern und (schon nahe bei dem Gatterl, also größten) dem Säenden zu. Offensichtlich sprechen sie über die Arbeitenden, die sich bei dem schönen Wetter nicht dazu entschließen können, den ‚Sonntag zu heiligen‘. Dürfen sie das?

Das aber möchte wohl auch die Frage sein, die unsere Frau an den Alten mit dem Stock richtet, der weder für die Landarbeit noch für den Kirchgang mehr in Betracht zu kommen scheint. Seine Antwort ist doppeldeutig. Mit dem Satz ‚Gottes Haus ist die ganze Welt‘ entschuldigt er es im Sinne der liberalen Aufklärung ganz allgemein, wenn dem Schöpfer durch Pflege des Geschaffenen und Kultivierung des Bodens gehuldigt wird. Aber auch auf das bescheidene Kämmerlein deutet er hin, wo der Herr vielleicht lieber in einem frommen Herzen weilt als in einem prunkvollen Tempel aus Stein. (. . .) Daß der Strich den Gegensatz zwischen der stolzen Kirche und der bescheidenen Hütte betonen will, scheint mir unverkennbar. Bis zu einem gewissen Grad entpricht ihm die verschiedene Haltung der von außen kommenden, stattlich dastehenden Besucherin und des gebeugten Hauptes in sich und sein Inneres versunkenen alten Mannes. Er gehört gewiß zu den ‚Stillen im Lande‘. "

[S. 150$_7$]:
Die einzelnen Teile meines vergriffenen und von der Forschung wenig beachteten Buches ‚Schöpfer und Erhalter‘ sind jetzt oben Bd. I 3ff. und 131ff. wieder abgedruckt; s. hier bes. 164ff., zum διοικεῖν 136, 140 und schon 102 mit Anm. 95.

[S. 150$_7$] gg. Ende:
Jüdische Parallelen zur Metapher von der Welt als Tempel s. bei M. HENGEL, Judentum und Hellenismus (1969) ²1973, S. 308f., Anm. 400.

[S. 152$_{17}$]:
HEINZ HOFMANN ist jetzt Professor in Groningen.

[S. 153]:
Zu Cic., De leg. I 59 jetzt auch W. THEILER, Poseidonios II 1982, S. 320 mit weiteren Parallelen.

[S. 154$_{22}$]:
Mein Aufsatz ‚Mikrokosmos‘ jetzt abgedruckt in meinen Symbola I 1976, S. 226ff.

[S. 154]:
cor oder *pectus* als *templum dei* häufig bei Laktanz, z. B. Inst. div. 6, 25, 15; De ira 24, 14 (frdlr. Hinweis von E. Heck).

[S. 155] und [S. 157 f.]:
In diesen Zusammenhang gehören auch Äußerungen der älteren Stoa wie Zenon fr. 266 v. A. (frdlr. Hinweis von K. Gaiser).

[S. 157$_{30}$]:
O. Luschnat macht mich darauf aufmerksam, daß bei der Sentenz Nr. 35 des christlichen Pythagoreers Sextus in der lateinischen Version des Rufinus die entscheidende Wendung vielmehr „an das Ende der Sentenz 34 verschoben" ist, wohl nach der ihm vorliegenden griechischen Textfassung.

[S. 157 ob.]:
Zur Porphyriosstelle jetzt auch W. Theiler aO. II 277, wo auch auf meine Ausführungen verwiesen ist.

[S. 159$_{42}$]:
Zu εὐσεβής s. a. Kaz. Romaniuk in: Aegyptus 44. 1964, S. 70 m. Anm. 2 und S. 90$_4$ (dort jeweils auch weitere Literatur).

[S. 159 f.] mit Anm. 44:
Auf eine Reihe von griechischen Stellen der klassischen Zeit, wo doch schon ein unserer Herz-Metapher vergleichbares Bild neben dem ἱερόν auf den βωμός bezogen erscheint, macht mich Ewald Kurtz (24. 11. 1973) freundlich aufmerksam. Ich gebe die Stellen aus Aischylos und Euripides um die von den Kommentaren gebotenen Parallelstellen vermehrt, hier im Wortlaut:
> Aisch.
> > Ag. 383 f. λακτίσαντι μέγαν Δίκας
> > > βωμὸν εἰς ἀφάνειαν
> > 385 f. βιᾶται δ' ἀ τάλαινα Πειθώ
> > > προβούλου παῖς ἄφερτος Ἄτας·
> > Eum: 539–41 βωμὸν αἴσεσαι Δίκας·
> > > μηδέ νιν κέρδος ἰδὼν ἀθέῳ ποδὶ
> > > λὰξ ἀτίσῃς· ποινὰ γὰρ ἐπέσται
> Soph.
> > Ant. 854 ὑψηλὸν ἐς Δίκας βάθρον
> > Solon 3,14 σεμνὰ Δίκης θέμεθλα
> > vgl. Aisch. Sept. 409 f. τὸν Αἰσχύνης θρόνον τιμῶντα
> Aristoph.
> > Wo. 995 τῆς Αἰδοῦς . . . τἄγαλμ' ἀναπλάττειν
> > Euripides fr. 170 N. (Antigone)
> > > οὐκ ἔστι Πειθοῦς ἱερὸν ἄλλο πλὴν λόγος
> > > καὶ βωμὸς αὐτῆς ἔστ' ἐν ἀνθρώπου φύσει.

Helena 1002f.
(Theonoë:)
ἔνεστι δ᾽ ἱερὸν τῆς Δίκης ἐμοὶ μέγα
ἐν τῇ φύσει·
[?] Demosthenes 25, 34f.
βωμοὶ καὶ νεῴ πάντων θεῶν . . .
(35) καὶ Δίκης γε καὶ Εὐνομίας
καὶ Αἰδοῦς εἰσὶν ἅπασιν ἀνθρώποις
βωμοί· οἱ· μὲν κάλλιστοι καὶ ἁγιώτατοι
ἐν αὐτῇ τῇ ψυχῇ ἑκάστου καὶ τῇ φύσει·
οἱ δὲ καὶ κοινοί, τοῖς πᾶσι τιμᾶν ἱδρυμένοι·

Wie aus dem Gesamtbefund und besonders aus Dem. 25, 34 (βωμοὶ καὶ νεῴ) hervorgeht, bezeichnet hier freilich βωμός wie ἱερόν und ebenso θέμεθλα, βάθρον, θρόνος das Heiligtum schlechthin, das ja vor allem in älterer Zeit vielfach noch lediglich aus einem Altar bestand (vgl. etwa den alten Zeusaltar in Olympia oder den Poseidonaltar beim Panionion).

Die am vollständigsten bei Demosthenes ausgeführte Metapher lautet also ganz undifferenziert*:

‚Ein jeder Mensch trägt in seiner Physis bzw. Psyche ein Heiligtum der Dike bzw. Eunomia oder Aidos.‘ Daß das Bild alt ist, beweist das Vorkommen bereits bei Euripides mit den gleichen Vokabeln wie bei Demosthenes, wobei der Tragiker es freilich fr. 170 eigenwillig und aufklärerisch von Δίκη auf Πειθώ umgedeutet hat, vielleicht angeregt durch Aisch. Ag. 383ff., wo ebenfalls die Πειθώ im Spiel ist.

[S. 160₄₄]:
Vgl. a. C. G. Yavis, Greek Altars 1949, bes. S. 82 und 208–213 m. Abb. 53 u. 54, sowie S. 229ff. (= Synoptic Tables of Chief Altar Types). – M. P. Nilsson, Gesch. d. griech. Religion I² 1955, S. 74.

[S. 161₄₉]:
Weitere einschlägige Stellen sind angeführt bei Mich. Mees, Der geistige Tempel. Einige Überlegungen zu Clemens von Alexandria. In: Vetera Christianorum I 1964, S. 83–89, hier bes. S. 87f. (Strom. V 75,3. VII 82,2f. – frdlr. Hinweis von V. Buchheit).

[S. 163₅₉]:
Ein früherer Zeitansatz, der sich ebenfalls bei H. Chadwick aO. findet (S. 159f. „about A. D. 180–218“) ist mir weniger wahrscheinlich.

[S. 164₆₉]:
Wichtig zu der ganzen Partie sind die Ausführungen von Chrn. Gnilka, Studien zur Psychomachie des Prudentius 1963, S. 83ff. 125ff. In einem eingeflochtenen Kommentar zu den Versen 823–87 vertritt Gn. teilweise eine andere Interpretation als oben im Text gegeben (so S. 102f. zu v. 840–44), ohne daß sich jedoch das Gesamtbild dadurch verschiebt. Vgl. jetzt auch zur Sache allgemein Gerh. Bauer, Claustrum animae . . . I 1973, S. 14ff. 32ff. 336ff.; auf S. 88 weitere Literatur.

---

* Lediglich bei Aristoph., Wo. 995 wird an den Tempel allein gedacht und daher der Schritt vom βωμός zum ἄγαλμα bereits vollzogen.

[S. 165f.]:

Daß die *ara cordis* bei Augustin insofern spezifisch christlich ist, als ja in der Antike die *ara* i. a. nicht im Tempel stand, sondern außerhalb, hat bereits H. FLASCHE, Similitudo Templi. Zur Gesch. einer Metapher aO. (ob. zu [S. 147f.]) S. 122 m. Anm. 4 erkannt, nur daß ihm Verwandtschaft und Gegensatz zum heidnischen *simulacrum cordis* nicht bewußt geworden ist. Seine Arbeit hat sich auch ganz vorwiegend mit der Tempel-Metapher beschäftigt, für die er reiches Material von der Antike bis zur Gegenwart beibringt; vgl. dazu oben zu [S. 147f.].

[S. 168]:

Aus der Fülle weiterer Zeugnisse für die uns hier beschäftigenden Metaphern erwähne ich noch die folgenden (in Klammern meine jeweiligen Gewährsmänner):

JOHN MILTON, Das verlorene Paradies 1667 (übersetzt von Zachariä)

„o Geist, du Schöpfer erhabner Gedanken,
Der du allen Tempeln ein Herz, das heilig und rein ist,
Vorziehst"   (Peter Hommel)

CHRISTIAN KNORR VON ROSENROTH (1636–1689)

Dies ist mein Andachtsfeur,
Mein Herz ist dein Altar   (Dieter Narr)

FRIEDR. CHPH. OETINGER 1741

im herzen . . ., wo er sein herd und feuer hat,
da ist das heiligtum

(R. BREYMAYER in: Blätter für württembergische Kirchengeschichte 75. 1975, S. 45f.)

FRIEDR. GOTTLIEB KLOPSTOCK 1748ff.

Messias I 13
du, der . . . den Menschen, aus Staub gemacht, zum Tempel sich heiligt
                                                   (P. Hommel)

JEAN PAUL FRIEDR. RICHTER 1800ff.

Titan IV 22
Er hatte . . . den Altar der Religion in seiner Seele hoch und fest gebauet, wie alle Menschen von hoher Phantasie   (P. Hommel)

Beschlossen sei diese Reihe mit ein paar anspruchslosen Versen, die unserem Ausgangsbeispiel besonders nahe kommen:

OTTO SPECKTER, Fünfzig Fabeln für Kinder (o. J.) S. 30

Wo wohnt der liebe Gott?
Die ganze Schöpfung ist sein Haus . . .
Wie ist das Menschenherz so klein!
Und doch auch da zieht Gott herein.

Profectio Mariae*

Zur Ikonographie der „Flucht nach Ägypten"

Die in den Schriften des neutestamentlichen Kanons nur vom Matthäusevangelium (2, 13 ff.) berichtete, uns seit der Kindheit vertraute Erzählung von der Warnung Josephs im Traum, von der Flucht der heiligen Familie nach Ägypten vor dem Kindermord des Herodes und von der Rückkehr in die Heimat nach dem Tod des grausamen Königs ist wie ein bunter Teppich aus mancherlei Motiven gewirkt[1]. Den Haupteinschlag bilden die vom Evangelisten selber zitierten Schriftbeweise[2]; daneben fällt vor allem das Fluchtziel Ägypten ins Auge, das seinerseits die alttestamentliche Erinnerung an die Geschichten von Mose und Joseph hervorruft, vielleicht auch schon das Streben der frühchristlichen Kirche Ägyptens erkennen läßt, einen Anteil an der Lebensgeschichte Jesu zu gewinnen. Sicherlich ist dies der Fall im lateinischen Evangelium Pseudo-Matthaei, wo der Empfang der heiligen Familie in Ägypten mit betont lokalen Zügen ausgestattet ist[3], wie sie dann bald nach dem ephesischen Konzil von 431 auch in der bildenden Kunst begegnen. Der von Papst Sixtus III. 432 inspirierte Mosaikenzyklus der Jugendgeschichte Christi am Triumphbogen von Sta. Maria Maggiore in Rom zeigt das älteste uns

---

* Theologia Viatorum 9. 1963 (1964), 95—112 + 26 Abb. auf Tafeln.

[1] Das Wichtigste bequem zusammengestellt bei CARL SCHNEIDER, Geistesgeschichte des antiken Christentums I 1954, S. 47 f. Vielleicht allzu vereinfachend ist es, wenn O. CULLMANN in: *Hennecke-Schneemelcher*, Neutestamentliche Apokryphen...[3] I 1959, S. 273 die Geschichte von der Flucht nach Ägypten durch die theologische Tendenz eines universalen Königtums Christi bestimmt sein läßt. Aber etwas ganz Wesentliches ist damit doch bezeichnet, wie sich uns im Folgenden zeigen wird.

[2] Hier wiederum besonders Ev. Mt. 2, 15 b ∾ Hos. 11, 1. Vgl. ED. MEYER, Urspr. u. Anfänge des Christentums I 1921, S. 60 „möglich, daß der Aufenthalt in Ägypten... aus dieser Stelle herausgesponnen ist" — auch diese etwas eingleisige Erklärung reicht gewiß nicht aus.

[3] Ankunft der hl. Familie in der Stadt Sotinen c. 22, 2, Empfang durch den Vorsteher Affrodisius (= Aphrodisios) c. 24; etc. Die Entstehungszeit dieses Apokryphons hat man früher vor 400 angesetzt (FRENKEN RGG² III 2008), geht jetzt aber immer weiter herunter: ins 6. Jhdt. datiert es H.-W. BARTSCH RGG³ III 1294, „um das 8./9. Jhdt." gar O. CULLMANN a. a. O. 303, der aber dann 302 mit Recht „eine ältere schriftliche Sonderquelle" postuliert, aus der Ps.-Matth. geschöpft hätte. Dort S. 276. 302 f. die weitere Literatur.

bekannte bildliche Detail der Flucht nach Ägypten, den feierlichen Empfang des Herrn durch Aphrodisios, den weltlichen Vertreter der Stadt,
bei der Ankunft am Reiseziel[4]. Bemerkenswert ist, daß hier die uns aus
den späteren Denkmälern vertraute Typologie noch keineswegs festliegt;
insbesondere fehlt der in Zukunft unentbehrliche Bestandteil aller künstlerischen Darstellungen der Flucht nach Ägypten, der Esel als Reittier für
Mutter und Kind, obgleich er bei Ps.-Matthäus (18, 1 und 19, 2) nebenbei
und wie selbstverständlich erwähnt ist. Er läßt sich also innerhalb der
bildlichen Tradition durchaus nicht etwa als ein sozusagen aus der Reise-
situation einfacher Menschen sich spontan ergebendes Requisit begreifen,
sondern eher als eine sinnvolle Wahl, in welcher sich Schlichtheit im
ganzen und Hervorhebung im einzelnen in glücklicher Weise verbinden.
Übrigens sitzt noch heute vielfach im Vorderen Orient der Mann unter-
wegs auf und läßt die Frau nebenher laufen. So mag in der Tat das Reittier für Maria und das Jesuskind als Bestandteil der bildlichen Darstellung eine Erhöhung der beiden göttlichen Personen bedeuten.

Doch dürfen wir fragen, ob nicht vielleicht daneben oder zugleich
eine künstlerische Anregung eingewirkt hat, hinter der sich wie so oft
auch ein religiöses oder kultisches Motiv verbarg. So trägt beispielsweise
die schon genannte Szene vom Triumphbogen in Sta. Maria Maggiore,
wie man bemerkt hat, „die typischen Merkmale eines klassischen
Adventus"[5]. Damit ist ein Stichwort gegeben, das sich aufzugreifen lohnt.
Denn in der weiteren Ausbildung des Motivs in den folgenden Jahrhunderten wird man immer wieder daran erinnert. Mehr noch allerdings an
den Vergleich mit der nah verwandten und ebenfalls häufig dargestellten
Profectio des römischen Kaisers, der seinerseits dort meist beritten und
fast durchwegs wie Maria und Jesus nach rechts hin in Bewegung ist[6].

---

[4] G. A. WELLEN, Theotokos... Utrecht-Amsterdam 1961, S. 63. 74 (vgl. S. 98 u.
113 ff.) mit Hinweis auf das Ev. Ps.-Mt. als literarische Quelle (dazu oben Anm. 3).
Abb. ebenda auf S. 132.

[5] WELLEN, a. a. O. 114.

[6] Vgl. dazu meinen demnächst in den Verhandlungen des Internat. Numismatiker-
kongresses Rom 1961 erscheinenden Aufsatz über Adventus und Profectio des Kaisers Gordian III., dem auch unsere ersten 4 Abb. entnommen sind, wo ausnahms-
weise immer einmal beim sonst i. a. links gerichteten Adventus die Rechtsrichtung
begegnet (Abb. 2. 3. 5). Die Vermischung der an sich nah verwandten Züge von
Adventus und Profectio findet sich auch dort bereits, wie a. a. O. im einzelnen
nachgewiesen ist. Aber es muß doch von Anfang an betont werden, daß in den
Darstellungen der Flucht nach Ägypten nicht primär der kaiserliche Adventus sondern seine Profectio fortzuleben scheint. Denn auch hier handelt es sich um einen
‚Aufbruch‘, nicht um eine ‚Rückkunft‘; und selbst wo die ‚Ankunft‘ in Ägypten im
Bilde festgehalten wird, ist dies nichts anderes als eine Episode innerhalb der ‚Profectio‘, wie denn auch in all diesen Darstellungen sich die für die spätantike Profectio zur Regel gewordene Rechtsrichtung wiederfindet (Abb. 4).

Und wie jene von Joseph, gelegentlich aber auch von einem Engel, so wird der weltliche Herrscher meist von Mars oder einer anderen bedeutsamen Gestalt geleitet[7], wobei besonders Mars (wie Joseph) den Blick zurückzuwenden pflegt (Abb. 3 u. 4, vgl. Abb. 2) und gelegentlich sogar das Reittier am Zügel zu führen scheint (Abb. 3), wie es bekanntlich alsbald auch bei Joseph zur Regel wird (Abb. 12 ff.). Ganz besonders aber fällt bei dem Vergleich ins Gewicht, daß auch die frühen Darstellungen der ‚Flucht nach Ägypten‘ in der Regel — genau wie meist beim antiken ‚Adventus‘- und ‚Profectio‘-Typ (vgl. Abb. 1 u. 2) — hinter der Gruppe noch eine oder mehrere Figuren zeigen, die dort als militärisches Gefolge des Kaisers ihren guten Sinn erhalten, während sie hier in der Geschichte von der Flucht nach Ägypten biblisch nicht begründbar sind, also doch wohl einfach aus jener Sphäre übernommen sein dürften[7a].

Man wird dergleichen Parallelen kaum als nebensächlich und zufällig abtun dürfen[7b]. Sind sie das aber nicht, dann erhebt sich freilich sogleich die Frage: ist die ‚Profectio Mariae‘ also nicht ‚Flucht‘, sondern ‚Aufbruch‘ zu erhofftem Sieg und Triumph einer universalen Herrschaft? In der Tat verdient es Beachtung, daß in den frühchristlichen Darstellungen der ‚Flucht‘ gerade der feierliche Einzug oder Empfang im ägyptischen Exil besonders gern herausgegriffen wird (ob S. 95 und Abb. 12. 14), also das missionarische wenn nicht gar triumphale Moment betont erscheint.

Gestützt wird die These vom antiken Einschlag in den frühen Darstellungen der ‚Flucht‘ überdies dadurch, daß bei der in ihnen enthaltenen Gruppe von Maria mit dem Kind — vom Esel zunächst freilich abgesehen — die unverkennbare Anlehnung an antike Vorbilder längst evident ist. Und zwar sind es vornehmlich hellenisierte Wiedergaben der ägyptischen Muttergöttin Isis mit dem Horusknaben ‚Harpokration‘[8] in Gestalt von Münzen, Terrakotten[9], Steinplastiken und Malereien, deren Ähnlichkeit

[7] Abb. 3 und 4 (Mars), Abb. 1 (Victoria), Abb. 2 (Felicitas).
[7a] S. dazu a. u. S. 101 mit Anm. 25.
[7b] Zu vergleichen ist die von Albr. DIETERICH, ZNW 3. 1902, S. 1 ff. (Kl. Schr. 272 ff.) zunächst literarisch nachgewiesene, dann von anderen auch ikonographisch aufgezeigte Abhängigkeit der christlichen ‚Anbetung der Magier‘ von der Huldigung des Armenierkönigs Tiridates und seiner Magier vor dem römischen Kaiser Nero (Dio Cass. LXIII 1 ff. Sueton, Nero 13. Plin., Nat. hist. XXX 16 f.). Dazu s. jetzt vor allem G. A. S. SNIJDER, De forma matris cum infante sedentis apud antiquos. Diss. Utrecht. Wien 1920, S. 60 f. C. SCHNEIDER, a. a. O., I 47. G. A. WELLEN, a. a. O., 16. 27 mit weiterer Literatur.
[8] G. A. S. SNIJDER a. a. O., S. 3. 30 f., 44 f., 66 f., G. VANDEBEEK O. F. M., De interpretatio Graeca van de Isisfiguur 1946, S. 38 f. 79 f. 91. 93 (beide Arbeiten leider ohne Abbildungen).
[9] Hier liegt quantitativ eindeutig der Schwerpunkt der Bezeugung durch die Denkmäler. Vgl. vor allem die großen Publikationen ägyptischer Terrakotten: C. MARIA KAUFMANN, Cairo 1913, z. B. fig. 17, 6 auf S. 35. WILH. WEBER, Berlin 1914, z. B.

mit den christlichen Bildern von Maria und dem Jesuskind immer wieder frappiert hat[10].

Ich wähle zum Vergleich zwei kaiserzeitliche Bildwerke, und zwar absichtlich solche, an deren Gegensätzlichkeit die Anpassungsfähigkeit des so stark ausstrahlenden Typs an eine fremde Umwelt und an neue andersartige Verhältnisse deutlich wird. Das eine, ein bisher nur vorläufig veröffentlichtes Fragment eines Marmorsitzbildes[11], stark hellenisiert, stammt aus einer Gegend, die uns nachher noch beschäftigen wird, aus dem von der Apostelgeschichte wohlbekannten Perge in Pamphylien (Abb. 6), das andere wiederum aus Ägypten selber, eine Malerei aus Kom Usim (Karanis) im Fayum, von der Nische eines Hauses, und bis heute gelegentlich als koptisches Erzeugnis christlicher Frömmigkeit mißverstanden (Abb. 7)[12]. Dabei tragen beide als unverkennbares Merkmal den Gewandknoten der Isis oberhalb der r. Brust, das eine sogar die für Horus typische Geste, die an den Mund gelegte r. Hand, sowie die Stützung der l. Brust durch die r. Hand der Mutter. Was sie sonst von den uns vertrauten frühen Marienbildern unterscheidet, ist besonders das zum Trinken an die entblößte Brust gelegte Kind; aber auch dies findet sich ja in der Frühzeit da und dort und gelegentlich weiterhin in der byzantinischen Kunst[13], während im Abendland die ,Maria lactans' dann erst wieder seit den Kreuz-

---

Nr. 25. W. SCHMIDT, Kopenhagen 1919, z. B. fig. 4—6 u. 8. P. PERDRIZET, Paris 1921, z. B. Taf. XVII u. LXXV und Textband, S. 15 f.

[10] Aus der Fülle der Literatur sei hier nur einiges ausgehoben: H. USENER, Götternamen 1896, S. 128. AD. ERMAN, Die ägypt. Religion[2] 1909, S. 244 f. (zitiert auch bei ED. NORDEN, Die Geburt des Kindes 1924, S. 73 f.). C. MARIA KAUFMANN, Ägyptische Terrakotten ... 1913, S. 44 m. Anm. 2 (dort weitere Literatur). WILH. WEBER, Die äg.-griech. Terrakotten 1914, S. 39 (auch bei ED. NORDEN a. a. O. 113₃). G. D. HORNBLOWER, Journ. of Eg. Archaeol. 15. 1929, S. 44 m. Taf. X 1 = Terrakotte des 1. Jhdts. v. Chr. (vgl. a. R. EISLER, 'Ἰησ. Βασιλ. II 1930, S. 784). ALFR. HERMANN, Das Kind und seine Hüterin. = Mittlgn. des Dtn. Arch. Inst. Kairo 8. 1938, S. 171—176 m. Taf. 27—29 (Verschmelzung der Isis mit anderen weiblichen Gottheiten). G. VANDEBEEK a. a. O., S. 80. CARL SCHNEIDER, Hdbch. II 1954, S. 112 u. ö. H. JURSCH RGG³ IV 1960, Sp. 755 f. H. W. MÜLLER, Die stillende Gottesmutter in Ägypten. Hamburg 1963 (bes. S. 3. 21 f.) mit zahlreichen vortrefflichen Abbildungen. — Zurückhaltend äußert sich SNIJDER a. a. O. 63 f.

[11] In der türkischen Zeitschr. Belleten 22. 1958, S. 240 m. Abb. 69 V. A. M. *Mansel* danke ich für die frdle. Erlaubnis, den Fund meinerseits verwerten und abbilden zu dürfen.

[12] FRANCIS W. KELSEY, Comptes rendus de l'Acad. des Inscr. et Belles-Lettres 1927, S. 88 f. zu fig. 1 auf S. 87; Abdruck des Wesentlichen auch bei R. EISLER, 'Ἰησ. Βασιλ. I 1929, S. 434₅ f. mit Abb. auf Taf. 19. Von einer ähnlichen Verwechslung berichtet V. LASAREFF, The Art Bulletin 20. 1938, S. 28₂₃. Zu der Wandmalerei vgl. jetzt auch H. W. MÜLLER a. a. O., S. 16. 20 m. Abb. 14.

[13] Maria mit dem Kind neben dem Propheten Jesaias auf einer Freske der Priscilla-Katakombe aus dem 2. Jhdt. (Abb. 8 nach W. NEUSS, Die Kunst der alten Christen

zügen begegnet[14] und uns etwa von Albrecht Dürer her vor Augen steht[15].
Übrigens scheint auch hier, soviel ich sehe, durchwegs die Entblößung
gerade der linken Brust das altüberkommene Motiv treu zu bewahren
(Abb. 8. 15).

Mag also in der Frühzeit der christlichen Kunst das Bild der säugenden Gottesmutter mehr und mehr als anstößig empfunden und daher eine
Zeitlang gemieden worden sein, wir dürfen es als latent vorhanden und
zum Wiedererscheinen bereit doch stets hinzudenken, wo wir von da den
Blick auf die spätantiken Vorbilder lenken, die den natürlichen Zug nicht
unterdrücken (Abb. 6. 7).

Wie steht es nun aber mit dem Esel? Sein Eindringen in das Motiv,
das gewiß durch die darzustellende Realistik einer Reise einfacher Leute
begünstigt wird, findet in den ägyptischen Darstellungen der Isis mit dem
Horusknaben keinerlei Anhalt, was sich schon daraus erklärt, daß der
Esel als eine der Verkörperungen des dem Isiskreis feindlichen Gottes
Seth[16] in dieser friedlichen Verbindung nichts zu suchen hat.

Es ist aber auch nicht so, daß der Esel als Reittier der Madonna plötzlich und ausschließlich in den bildlichen Darstellungen der Flucht nach
Ägypten auftaucht. Vielmehr scheint sich seiner mindestens gleichzeitig
auch die ebenfalls durch einen Traum Josephs eingeleitete Bildszene von
der Reise nach Bethlehem[17] bemächtigt zu haben, und zwar mit einer nah
an die Identität grenzenden gleichartigen Motivik: auf dem nach rechts

---

1926, Abb. 24). Besprochen ist das wichtige Bild von SNIJDER a. a. O. 50 ff. WELLEN
a. a. O. 15. 164 (m. Abb. auf S. 21), und von V. LASAREFF, The Galactotrophousa
Type (Virgo Lactans) a. a. O. 27 ff., wo die unverkennbar antike Motivik und stili-
stische Durchführung betont wird. Derselbe handelt weiterhin über die byzantini-
schen Denkmäler und legt mit wünschenswerter Deutlichkeit die Abhängigkeit des
Typus von den Darstellungen der Isis und dem Horuskind klar. Weitere christliche
Beispiele aus dem 5. Jhdt. bei H. W. MÜLLER a. a. O., 17 f. 22 m. Abb. 16 u. 17.
Übrigens hat das Protevangelium Iacobi 19, 2 auch literarisch diesen Zug bewahrt
(LASAREFF 29$_{30}$).

[14] Auch innerhalb unseres Themas der Flucht nach Ägypten, wie LASAREFF a. a. O. 34
m. Anm. 57 nachweist (dort nähere Literaturangaben): auf einer Freske in der
Kirche von Le Petit-Quevilly bei Rouen aus dem frühen 12. Jhdt.; s. unsere Abb.
15 nach P. GÉLIS-DIDOT und H. LAFFILLÉE, La peinture décorative en France du
XIe au XVIe Siècle.² Pl. 10 (Ausschnitt).

[15] R. GÜNTHER RGG² III 2006, vgl. H. JURSCH³ IV 756.

[16] Vgl. H. KEES in Pauly-Wissowa's RE II A 1923, Sp. 1899. 1911 ff.

[17] Traum Josephs: Ev. Mt. 1, 18 ff. Reise nach Bethlehem: Ev. Lk. 2, 1 ff. Die beiden
Darstellungen sind kombiniert in zwei untereinander angeordneten Elfenbeinreliefs
von Ravenna auf der Maximians-Kathedra aus der Mitte des 6. Jhdts. (Abb. 9).
Man vermutet als Quelle für die Kombination der beiden Berichte mit Recht das
Protevangelium Iacobi (Mitte des 2. Jahrhdts.?), wo c. 17, 2 f. auch bereits der
Esel erwähnt wird (s. H. LECLERCQ in Cabrol's Dict. d'arch. chrét. ... I 2. 1907,
Sp. 2060 mit Abb. 600 auf Sp. 2059; s. auch bei WELLEN a. a. O., S. 48 f. mit Abb.

schreitenden Esel sitzt Maria, eine Figur geht voran, eine andere folgt, doch so, daß sich die Zentralfigur der Muttergottes auf dem Esel leicht aus der Gruppe herauslösen läßt und dann wie verselbständigt erscheint. Dies besonders deutlich bei dem um 700 anzusetzenden großartigen Fresko aus St. Marien in Castelseprio südwestlich von Como (Abb. 10 und 11), einer der „bedeutendsten abendländischen Fresken zwischen dem 7. und 10. Jahrhundert, die auf uns gekommen sind"[18]. Ein Kenner wie Hubert Schrade, der sich so vernehmen läßt, fügt hinzu: „daß dieser Darstellungsstil aus der Antike kommt, leidet keinen Zweifel"[19]. Er betont außerdem mit Recht die von uns als charakteristisch für diese Darstellungen hervorgehobene kompositionelle Doppeldeutigkeit, indem er feststellt, daß „das junge Weib... die Mitte der Komposition einnimmt", obwohl ganz sinnfällig werde, daß sie mit dem nachfolgenden Joseph zusammengehört[20].

Der von der Situation geforderte Unterschied zu dem gleichen Motiv in der ‚Flucht nach Ägypten' liegt lediglich in dem Faktum des zur Zeit dieser Reise ja noch nicht geborenen Kindes. Aber das Kind fehlt doch auch wiederum nicht; denn die Schwangerschaft der Maria, die es unter dem Herzen trägt, ist in diesen Darstellungen stets unverkennbar deutlich zum Ausdruck gebracht[21]. So ergeben sich denn immer wieder Konfusionen in der Deutung der Gruppe: das älteste uns bekannte Beispiel einer solchen Reise nach Bethlehem, das Elfenbeinrelief aus der Mitte des 6. Jhdts. (Abb. 9), das sich auf der Vorderseite der Kathedra-Rückenlehne des Erzbischofs Maximian von Ravenna befindet, wird im Text zu der vortrefflichen Abbildung in einer repräsentativen Kunstgeschichte der frühchristlichen Zeit fälschlich als „Flucht nach Ägypten" bezeichnet[22].

---

auf S. 62; W. Neuss, Die Kunst der alten Christen 1926, Abb. 147). Unsere Abb. 9 nach W. F. Volbach, Frühchristl. Kunst ... 1958, Taf. 230. Dargestellt ist innerhalb des sich nach rechts bewegenden Zuges doch wohl der vom Protev. Iac. 17, 3 berichtete Einzelzug, wo der links stehende Joseph beim Eintreffen vor der Höhle in Bethlehem, der Stätte der Geburt, der hochschwangeren Maria beim Einsetzen der Wehen vom Esel hilft, wobei auf dem Bildwerk ein Engel voranschreitet und das Tier am Zügel führt. Also auch hier wieder innerhalb eines von der Erzählung vorgegebenen Rahmens die Dreigliedrigkeit nach dem genauen Schema der antiken Profectio- bzw. Adventusdarstellungen. — Zum Protev. Iacobi und seiner Datierung vgl. O. Cullmann a. a. O. 278 f.; ebenda 276 f. weitere Literatur. Vgl. a. ob. Anm. 13.

[18] H. Schrade, Vor- und frühromanische Malerei 1958, S. 27; danach (Taf. 18 a) auch unsere Abb. 10 u. 11. Zur Datierung s. Schrade S. 32.

[19] a. a. O., S. 30.

[20] a. a. O., S. 29.

[21] Von einem fast peinlichen Realismus spricht W. Neuss a. a. O., S. 110.

[22] W. F. Volbach, Frühchristliche Kunst ... 1958, zu Taf. 230 (vgl. a. ob. Anm. 17). Richtig dagegen im Text auf S. 88.

Und wo die Erhaltung zu wünschen übrigläßt, wie bei der Freske in der Kirche Deir Abu Hennis bei Antinoë in Mittelägypten, ebenfalls aus dem 6. Jhdt., da schwankt begreiflicherweise die Deutung zwischen den beiden Motiven[23].

In der Folge treten die Darstellungen der Reise nach Bethlehem mehr und mehr zurück, um bald fast völlig aus dem in der christlichen Kunst behandelten Themenkreis zu verschwinden[24]. Die Muttergottes auf dem Esel bleibt also nunmehr der ‚Flucht nach Ägypten' vorbehalten. Aber die Dreigliedrigkeit der Komposition, die wir mit den antiken Profectio- und Adventusdarstellungen in Verbindung brachten (Joseph; reitende Maria mit dem Kind; als Abschluß eine oder mehrere Begleitfiguren[25]), wird noch eine ganze Weile beibehalten.

Zum Beleg führen wir zwei Denkmäler des frühen Mittelalters an. Zunächst ist jedoch eine grundsätzliche Bemerkung am Platz. Wenn wir bis an die Schwelle des hohen Mittelalters unbedenklich Denkmäler der Kunst vergleichen und zueinander in Beziehung setzen, die räumlich so weit voneinander getrennt sind wie etwa Castelseprio, Ravenna und Rom von Byzanz und Antinoë, so rechtfertigt sich dies aus der Tatsache der während all dieser Zeit immer noch gewahrten Einheit des großen Kulturerbes aus der Antike, dessen lebendige Weiterbildung von den Zentren Byzanz, Kleinasien, Syrien, Ägypten weit nach dem Westen ausstrahlt, auch wenn sich dort allgemach eigene Kräfte regen[26].

Das erste der beiden jetzt zu nennenden Denkmäler ist die Freske vom Kloster St. Joh⸗nn in Münster (Müstair) in Graubünden aus dem Beginn der Karolingerzeit (Abb. 12), eine mittelmäßige Arbeit, in deren gegenüber Castelseprio gröberem Stil Schrade doch wiederum eine deutliche

---

[23] H. LECLERCQ in Cabrol's Dict. d'arch. chrét ... I 2. 1907, Sp. 2057 f. m. Abb. 599 (beide Möglichkeiten). C. A. WELLEN, Theotokos 1961, S. 63 („große Ähnlichkeit mit der Reise nach Bethlehem"). Ebenda Anm. 133 auf S. 88 wird das knappe halbe Dutzend weiterer frühchristlicher Darstellungen der beiden Motive aus vorikonoklastischer Zeit (also bis Mitte des 8. Jhdts.) kurz besprochen, Beispiele, die jedoch z. T. umstritten z. T. schlecht erhalten sind. Vgl. a. Jos. STRZYGOWSKI, Byzantin. Denkmäler I 1891, S. 108.

[24] Letztes vereinzeltes Beispiel wohl auf einem Mosaik der Chorakirche in Konstantinopel um 1300 (Kachrije Tschami, Istanbul).

[25] Sehr bedeutsam (wie bereits angemerkt), daß sie vom Text der Erzählung her gar nicht erfordert ist. Wenn es in dem späten Ev. Ps.-Matthaei 18, 1 dennoch heißt „Mit Joseph waren zugleich drei Knaben und mit Maria einige Mädchen auf der Reise" (vgl. Protev. Iacobi 17, 2 „[Joseph] sattelte seinen Esel und setzte sie [Maria] darauf; sein Sohn zog und Joseph folgte"), so läßt sich der Verdacht nicht unterdrücken, daß hier bereits umgekehrt die antiken Profectiodarstellungen in zunehmendem Maße eingewirkt haben.

[26] Vgl. dazu etwa PH. MEYER RGG² I 1409 f. J. KOLLWITZ³ I 1564 f.

Nähe zur Antike feststellen kann[27]. Zweitens die byzantinische Illustration zu einem Pariser Evangeliar aus dem 11. Jhdt. (Abb. 13 u. 14), deren Verwandtschaft mit den antiken Profectiodarstellungen bis in Einzelheiten besonders einleuchtet[28], wozu übrigens auch die Rückwendung der voranschreitenden Figur zu der übrigen Gruppe zu zählen ist (Abb. 14). Aber auch hier ist die Auslösbarkeit der Zentralfigur, der „Mutter Gottes" (Mētēr Theū), wie die bezeichnenderweise eigens dazugesetzte Sonderbeischrift lautet, ganz evident (Abb. 13). Und ihr gehörte die Zukunft, mit der verständlichen Einschränkung, daß — sozusagen vom Kontext der zu illustrierenden heiligen Geschichte her — der voranschreitende Joseph niemals fehlen durfte und sich daher bis heute forterhalten hat, ohne die Selbständigkeit der Hauptgestalt jemals wesentlich einzuschränken. Freilich verrät das verstümmelte Motiv dem Kenner, der die Ahnenreihe überblickt, ohne weiteres den Verlust des Gleichgewichts, der durch den Wegfall der nachfolgenden Figur entstanden ist. Aber er ist um so leichter zu ertragen, als ja auch in den antiken Profectio- und Adventusdarstellungen bereits die gleiche Verkürzung mehrfach gewagt worden ist (Abb. 3 u. 4)[29].

Für den konsolidierten Typus noch ein paar Beispiele aus der folgenden Zeit: einmal die schon erwähnte Freske des 12. Jhdts. in einer französischen Dorfkirche der Normandie, das einzige Beispiel, in dem sich die ‚Maria lactans‘ in der Verbindung mit dem Typ der ‚Flucht nach Ägypten‘ erhalten hat (Abb. 15). Zum anderen — unter Überspringung unzähliger bedeutender Denkmäler — das aus dem Anfang des 15. Jhdts. stammende Gemälde des Lorenzo Monaco, das Bestand und Gruppierung der alten Profectiodarstellungen besonders treu bewahrt hat (Abb. 16)[30]. Und schließlich ein Erzeugnis der Volkskunst neuesten Datums, ein schwäbisches Springerle-Gebäck aus einem Tübinger Bäckerladen (Abb. 17), dessen Model jüngster Zeit entstammt und alljährlich um die

---

[27] H. Schrade a. a. O. Taf. 18 b mit Text auf S. 24. 28 f. Entdeckt ist die Freske bei Restaurierungsarbeiten i. J. 1947.

[28] Bibliothèque Nationale ... Evangiles avec peintures byzantines du XIe siècle. T. 1 ... Ms. Grec 74 (Paris, o. J.), Taf. 7 mit Text auf S. 4. Das darüber stehende Schriftzitat lautet nach Ev. Mt. 2, 15 b „aus Ägypten habe ich meinen Sohn gerufen" (vgl. dazu ob. Anm. 2). Tafel 8 zeigt als Fortsetzung der Illustration zu der biblischen Erzählung den „Retour d'Egypte à Nazareth" mit Linksrichtung wie in der Regel beim ‚Adventus‘; Joseph geht voran und trägt das Kind auf der Schulter, Maria folgt allein auf dem Esel — ein Zeichen immer noch fortbestehender experimentierender Versuche im Widerstreit mit traditionellen Elementen. Aber dieses Motiv hat sich nicht durchgesetzt, vielleicht gerade weil es sich von der festen Überlieferung zu weit entfernt hat.

[29] Allerdings war dort andrerseits auch der Ausgleich möglich, beide Begleitfiguren, die vordere und die rückwärtige, wegzulassen (Abb. 5), da nicht auf einen ‚Joseph‘ und seine Ansprüche im Bildganzen Rücksicht zu nehmen war.

[30] Nach „Frühe italienische Tafelbilder" (Insel-Bücherei Nr. 630), Abb. 9.

Weihnachtszeit im Gebrauch ist. Es mutet in der photographischen Wiedergabe beinahe wie ein antikes oder doch frühchristliches Relief an und führt so ganz unmittelbar die Macht der nun bereits durch gut ein- einhalb Jahrtausende wirkenden unzerstörbaren Bildtradition vor Augen[31].

Fassen wir das bisher Gewonnene zusammen, so haben sich deutliche Anzeichen dafür ergeben, daß die altchristliche Darstellung der ‚Flucht nach Ägypten‘ aus zwei Elementen bestehen dürfte: aus der ursprünglich dreigliedrigen Gesamtkomposition eines nach rechts sich bewegenden Zuges, der an die antiken Profectio- (und Adventus-)Darstellungen er- innert, ja sie vielleicht zum Vorbild hat; und aus einer nach Selbständig- keit strebenden oder möglicherweise sogar von Haus aus selbständigen Ein- zelgruppe der auf den Esel gesetzten Gottesmutter mit dem Kind, die ihrerseits (zunächst immer noch mit Ausnahme des Reitens auf dem Esel) den weit verbreiteten Denkmälern der den Horusknaben säugenden Isis ihre Anregung verdankt.

Erst jetzt betrachten wir, um dieses Ergebnis abschließend noch ein- mal deutlich zu machen, die älteste uns bekannte eindeutige Gesamtdar- stellung der Flucht nach Ägypten, die der Zeit um 600 angehört (Abb. 19)[32] und nicht nur zeitlich die Brücke zur Antike hin bilden dürfte. Es handelt sich um ein auf der Brust getragenes kreisrundes christliches Amulett, ein sogenanntes Enkolpion[33], das 1882 in Adana in Kilikien aufgetaucht ist und sich im Archäologischen Museum in Istanbul befindet. Das in Gold getriebene Relief der Rückseite zeigt in feiner Arbeit, umrahmt von einem Mäanderornament, drei Bildstreifen, deren mittlerer uns hier angeht. Links ist in äußerster Vereinfachung die Geburtsszene dargestellt, daneben durch einen Baum getrennt, Mitte und rechte Seite des Streifens ausfül-

---

[31] In seiner Weise tut dies auch eine im Jubiläumsjahr 1955 wieder bekanntgemachte Karikatur des 27jährigen Friedrich Schiller aus der unbeschwerten Dresdener Zeit, wo eine Episode aus dem gastlichen Hause Körner dem Bildtypus der „Reise nach Egipten“ zugeordnet und mit den wesentlichen Zügen dieses Motivs ausgestattet ist (Abb. 18). Aus: Humoristische Zeichnungen Schillers … hrsg. v. C. Künzel 1862. Neudruck 1955 mit Nachwort von Hermann Seyboth.

[32] Jos. STRZYGOWSKI, Byzantinische Denkmäler I 1891, S. 101 f. mit Taf. 7 (zur Da- tierung S. 108 ff.). H. KEHRER, Die heiligen drei Könige in Literatur und Kunst II 1909, S. 52 m. Abb. 35 auf S. 51. E. BALDWIN SMITH, Early Christian Icono- graphy 1918, S. 22 f. (vgl. S. 52) m. Abb. auf S. 23, und Tabelle 1 im Anhang. D. T. RICE, Kunst aus Byzanz. Aufnahmen von M. Hirmer (1959), Taf. 66, 1 u. S. 52 (mit weiterer Literatur), wo das Stück ins frühe 6. Jhdt. datiert und nach Leclercq als aus Ikonion stammend angesprochen wird. Danach unsere Abb. 19 und 20.

[33] Über diese Art Enkolpien vgl. STRZYGOWSKI a. a. O., S. 102 ff. Das hier zur Rede stehende ist zweiseitig und mit Öse versehen. Andere sind kapselartig gebildet und zur Aufnahme von Reliquien bestimmt.

lend, die Flucht nach Ägypten: Maria mit dem Kind in der bekannten
Haltung nach rechts auf einem Esel reitend, den der voranschreitende und
durch Beischrift gekennzeichnete Joseph am Zügel führt, übrigens nicht
ohne sich zur Hauptgruppe umzuwenden, wie es der Typus der Profectio
bzw. auch des Adventus verlangt[34], ganz rechts im Bild die uns schon
bekannte Gestalt, die den Zug in Ägypten empfängt, was durch eine am
Stadttor angebrachte Inschrift „Egyptos“ erläutert wird. Der Künstler hat
hier also bereits auf das den linken Abschluß bildende Gefolge verzichtet,
im übrigen den ‚Adventus‘[35] im traditionellen uns von Sta. Maria Maggiore her geläufigen Schema getreu wiedergegeben. Was jedoch unsere besondere Beachtung verdient, ist der Umstand, daß die Gruppe der auf
dem Esel reitenden Maria mit dem Kind ungeachtet des sie mit Joseph
verbindenden Zügels von dem rechtsseitig Dargestellten ebenso durch
einen Baum — hier eine zweistämmige Zypresse? — abgetrennt ist wie
von der links abgebildeten ganz für sich zu betrachtenden Geburtsszene.
Die Abtrennung ist also auffallenderweise nach rechts innerhalb des gleichen Bildes noch schärfer als nach links zu der inhaltlich ganz gesonderten
Geburtsdarstellung[36]. Dadurch wird erreicht, daß der Esel mit seiner heiligen Last sich dem Beschauer beim ersten Betrachten völlig isoliert dar-
bietet (Abb. 20) und überdies klar als Blickfang ins Zentrum des ganzen
Kunstwerks mit seinem dreifachen Aufbau gerückt erscheint (Abb. 19).
Deutlicher könnte also das von uns schon aus den anderen Darstellungen
abgelesene Prinzip gar nicht vor Augen treten, wonach bereits in der
frühen Ausprägung des Motivs die Zentralgestalt zwar als Teil eines
größeren Ganzen — der Profectio- bzw. Adventusgruppe — zu denken
ist, zugleich aber und primär in isolierter Geschlossenheit für sich wirken
soll, so als sei sie erst nachträglich, wenn auch sinnvoll und organisch, zu
jener größeren Komposition ausgestaltet worden.
    Da nun aber für dieses umfassendere Motiv sich das Vorbild in den
antiken Profectio- und Adventus-Darstellungen bereits hat vermuten

---

[34] Vgl. dazu oben S. 97 und S. 102.

[35] Streng genommen geht es bei diesem Motiv um die Endphase der Profectio, während der Adventus sich auf die Heimkehr nach Palästina bezieht; da heißt es denn
auch in der Vulgata Ev. Mt. 2, 21 *et venit* (εἰσῆλθεν) *in terram Israel*, und v. 23 *et
veniens habitavit in civitate ... Nazareth* (vgl. dazu a. oben Anm. 28 gg. Ende).

[36] Wiederum verschlägt es nichts, daß auch diese Bäume innerhalb der Legende ihren
Platz haben: der links dürfte der Sykomore entsprechen, die nach dem arabischen
Kindheitsevangelium c. 24 (CULLMANN bei Hennecke-Schneemelcher a. a. O.[3] S. 305)
eine Station auf dem Wege bezeichnet, wo Maria dem Kind sein Hemd wusch; die
rechte Baumgruppe dagegen ist wohl an die Stelle des Palmbaums getreten, der
nach Ev. Ps.-Mt., c. 20 f. den fast Verhungerten am dritten Reisetag seine Früchte
spendete (CULLMANN a. a. O., S. 307 f.). Hier ist auch wohl der Ursprung zu suchen
für das in der christlichen Kunst später so gern dargestellte Motiv der ‚Ruhe auf
der Flucht‘.

lassen, da bei diesen jedoch durchweg und verständlicherweise die Zentralfigur auf dem Pferd sitzt und nicht auf dem Esel (Abb. 1—5), und da ferner der Prototyp der Maria mit dem Kind, nämlich die den Horusknaben säugende Isis, wie wir sahen, mit dem Esel nicht das Geringste zu tun hat, so erhebt sich zwingend die Frage, ob nicht doch auch die ganze zentrale Gruppe: ‚Mutter und Kind nach rechts hin auf dem Esel reitend' ihr vorchristliches Paradigma besitzt, was einer ‚antiken' Deutung der ikonographischen Herkunft der ‚Flucht nach Ägypten' erst die volle Überzeugungskraft sichern würde, so daß endlich auch die uns von Anfang an beschäftigende Frage nach der Herkunft des Esels ihre befriedigende Antwort fände. Wir sind in der glücklichen Lage, auch hierauf eine positive Auskunft geben zu können.

Es sind, soviel sich ermitteln läßt, einstweilen nur zwei antike Denkmäler, beide bisher unpubliziert, von denen Licht auf unser Problem fällt. Ich gebe zunächst eine kurze Beschreibung.

1. Terrakotte des Britischen Museums in London (Abb. 21)[37]. Erworben 1885. Aus Salamis auf Cypern. Höhe 16,5 cm. Offenbar ist nur die Vs. aus einer (stark abgenützten) Form gezogen. Rs. unbearbeitet, mit rundem Brennloch in der Mitte. Unterseite hohl.

Frau auf nach r. gewendetem Maultier, das den Kopf zum Beschauer gedreht hat. Untere Partie reliefartig vom Hintergrund abgehoben. Sockel mit Rankenornament. Die Frau sitzt auf dem Tier mit Front zum Beschauer, den Zügel in der l. Hand. Sie blickt herunter zu dem Kind auf ihrem Schoß, das sie mit dem r. Arm umfangen hält, und das seinerseits seinen r. Arm nach oben über ihre r. Brust ausstreckt. Ihr Haar ist in der Mitte gescheitelt und gewellt. Sie trägt Schuhe und ein hinten über den Kopf gezogenes Himation, das ihren Körper einhüllt. Das Kind ist nackt[38].

2. Terrakotte in südwestdeutschem Privatbesitz (Abb. 22 u. 23). Aus Antalya in Pamphylien[38ᵃ]. Höhe 19 cm, Breite 14 cm. Ton hell-

---

[37] Kurze Notiz im Arch.Jbch. I 1886 (1887), S. 127 (S. 126—128 Erwerbungen des Brit. Mus. i. J. 1885); danach FRANZ WINTER, Die Typen der figürlichen Terrakotten II 1903, S. 476 (Nachtrag zu S. 197), und OLCK RE VI 1909, Sp. 668, Z. 3—7 (Artikel „Esel"). H. B. WALTERS, Catalogue of the Terracottas in the ... Brit. Museum 1903, S. 65, no. A 428. Für Beschaffung der Abb. und die Genehmigung zur Publikation bin ich den Trustees of the Br.Mus. zu größtem Dank verpflichtet.

[38] Die Beschreibung nach H. B. WALTERS, a. a. O.

[38ᵃ] Dahin angeblich aus Manavgat gebracht, unweit des antiken Side; von daher oder auch aus dem ebenfalls benachbarten, aber noch nicht systematisch erforschten Seleukeia in Pamphylien (RUGE RE II A 1923, Sp. 1205) könnte das Stück also stammen; doch sind diese Angaben ungewiß. Soviel steht aber fest, daß Pamphylien als Herkunftsland angesprochen werden darf.

braun. Gelbliche Farbspuren. Nur die Vorderseite aus einer Form gezogen, breite Schnittnähte längs der beiden Schalen. Glöckchen und Schwanz des Tieres mit der Hand modelliert. Rückseite grob und flüchtig bearbeitet. Der Kopf der Frau war am Hals gebrochen, ist mehrfach wieder angeleimt; am Hals des Kindes und auf der auch sonst leicht beschädigten Rs. einige Sprünge. Am Rücken der Frau rundes Brennloch. Auf der Rs. unten dreizeilige Künstlerinschrift, vor dem Brand eingeritzt:

$$< \ \text{T E X N H}$$
$$< \ \text{A Θ H} \ <$$
$$\text{N I O Y} \ <$$

$< \text{τέχνη} \parallel < \text{'Aθη} < \parallel \text{νίου} <$

„Ein Werk des Athenios"[39] (Abb. 23)

Die seltene Ausdrucksweise τέχνη mit Genitiv statt 'Αθ. ἐποίησεν oder ἐποίει o. ä. ist nicht unbelegt[40]. Als schönste (wenn auch nicht epigraphische) Parallele vermutlich gleicher Zeit nenne ich Pausanias VI 25, 2, wo es von dem Goldelfenbeinbild der Aphrodite Urania in Olympia heißt: τέχνη Φειδίου.

Eine auffallende Besonderheit bieten die rechts offenen Spitzklammern vor und nach jedem der beiden Wörter und bei der Silbentrennung am Ende der zweiten Zeile. Statt sie — vielleicht wegen ihrer symmetrischen Verteilung ∶∶ — als bloße Ornamente anzusprechen, wie G. Klaffenbach brieflich vorschlägt (wo gibt es dafür Beispiele?), möchte ich sie lieber als eine Art von Interpunktion, d. h. eben als Wort- bzw. Silbentrennungszeichen betrachten, wie sie sonst häufig in Form von zwei oder drei übereinandergestellten Punkten auftreten, aber in der Kaiserzeit auch in der vorliegenden Gestalt gelegentlich vorkommen[41].

---

[39] Der Künstler ist sonst nicht bekannt, mag er nun Athenios, Athenias oder Athenaios geheißen haben. Denn auch diese letzte Möglichkeit ist nicht auszuschließen, da in der fraglichen Zeit auch der e-Laut (und als solcher wurde αι damals gesprochen) gelegentlich mit ι wiedergegeben wird, so in der bekannten Inschrift auf einer der Sitzstufen im Theater von Milet: τόπος Εἰουδέων τῶν καὶ θεοσεβίον (= θεοσεβέων) „hier sitzen die Juden, die auch die Gottesfürchtigen heißen"; vgl. dazu BERTRAM ThWNT III 1928, S. 125 f. mit weiterer Literatur.

[40] EM. LOEWY, Inschriften griechischer Bildhauer ... 1885, Nr. 363 (Ägypten, späte Kaiserzeit). 393 Eldschik (vgl. a. 455 aus Rom, wo τέχνη jedoch auf den Redaktor der Inschr. geht). In der begonnenen Neubearbeitung des Themas von J. MARCADÉ, Recueil des Signatures de Sculpteurs Grecs, Lief. 1. 2 1953—57 finde ich noch kein Beispiel verzeichnet; doch werden die Indices abzuwarten sein. Vgl. a. W. LARFELD, Griechische Epigraphik³ 1914, S. 455 f. (dort auch Beispiele für ἔργον m. Genit. u. ä.).

[41] LARFELD a. a. O. 305 bietet 5 Beispiele aus attischen Inschriften des 1. bis 3. Jhdts. (davon 3 aus dem zweiten), also genau aus dem Zeitraum, in den unsere Inschrift

Nun aber zur inhaltlichen Charakterisierung unserer Terrakotte Nr. 2: Frau auf nach rechts gewendetem Esel oder Maulesel, dessen in Seitenansicht sich präsentierender Kopf mit Mähne und Zaumzeug, ohne die Ohren erkennen zu lassen, pferdeartig stilisiert erscheint. Um den Hals trägt das Tier ein Glöckchen[42]. Untere Partie reliefartig gegen den Hintergrund wie bei Nr. 1.

Die Frau atmet mehr eben als das Tier. Sie wirkt freilich wie auf ein Holzpferd gesetzt, während sie bei Nr. 1 wirklich reitet. Sie hält deutlich Front zum Beschauer und blickt geradeaus. Ihr an die entblößte linke Brust gelegtes, auf ihrem l. Knie sitzendes Kind scheint über dem Trinken eingeschlafen. Es stützt das gebeugte l. Bein auf das r. Knie der Mutter und legt seine l. Hand an die kräftig gebildete Rechte der Mutter, mit der diese ihre l. Brust stützend halb verdeckt. Ihr Haar ist gewellt und in der Mitte gescheitelt. Über dem Hinterkopf trägt sie ein herabfallendes schleierartiges Tuch. Das bis zu den Knöcheln reichende und Falten bildende Gewand, das den r. Unterarm freiläßt, zeigt einen Halsausschnitt. Auch das Kind ist gewandet.

Über die kunstgeschichtliche Stellung und zur Datierung der beiden Terrakotten hatte auf meine Bitte Ulrich Hausmann die Freundlichkeit, sich folgendermaßen brieflich zu äußern[43]:

„Die kleinasiatische Statuette ist ein bescheidenes Erzeugnis volkstümlicher Kunst, das sich stilistisch nicht leicht einordnen läßt. Zu dem verhältnismäßig sehr klein gebildeten, stämmigen Reittier (Esel oder Maulesel) in seiner ‚spielzeugartigen‘ steifen Formgebung kontrastiert die doch noch recht lebendig empfundene Frau mit Kind seltsam. Aber auch sie hat an dem Vorgang blockhafter Vereinfachung teilgenommen, der für den Formaufbau des Reittiers charakteristisch ist. Auf einen Zusammenhang mit der Stilstufe des ausgehenden 2. und des 3. Jhdts. n. Chr. im Osten scheinen gewisse Entsprechungen zur Gattung der sog. Oinophoren hinzudeuten, einer Gruppe von Reliefgefäßen, die in der genannten Zeit in Alexandria und im südwestlichen Kleinasien

---

gehört, während in seiner Zusammenstellung nur das als Interpunktionszeichen so häufige Efeublättchen — unterhalb einer Inschrift — auch als Ornament begegnet, wozu es ja auch im Gegensatz zu den häßlichen Klammern geeignet erscheint.

[42] Für die Diagnose ‚Esel‘ spricht außer den Größenverhältnissen und außer der Bildung des Schwanzes auch dieses am Hals getragene Glöckchen; über dies spezifisch antike Motiv vgl. die Zusammenstellung von H. Leclercq in: Cabrol, Dict. d'arch. chrét. I 2, Sp. 2061 m. Abb. 602. Aber auch heute hat in Anatolien der Esel, besonders als Leittier der Kamelkarawane, noch häufig dieses ebenso zweckmäßige wie anmutige Attribut.

[43] Die Anmerkungen sind jedoch von mir zugefügt. Ich kann mich übrigens zu den Darlegungen Hausmanns, soweit mir ein Urteil zusteht, in vollem Umfang bekennen.

hergestellt wurden, jedoch über die gesamte Mittelmeerwelt verbreitet waren; vgl. Athen. Mitteil. 69/70 1954/55 Beil. 43 ff., bes. 49[44]. An die frühere Gruppe dieser Gattung, noch aus dem 2. Jhdt. n. Chr.[45], möchte ich die pamphylische Terrakotta zeitlich anschließen.

Die Frau mit Kind auf Maultier aus Salamis (Cypern) im Brit. Mus. London ist dagegen beträchtlich älter. An der Geschlossenheit der Komposition von Mutter und Kind, ihrer innigen Verbundenheit, hat das Reittier durch seine Wendung des Kopfes starken Anteil. Auch sind die Proportionen der gesamten Gruppe harmonischer. Die verwendete Matrize muß bereits recht flau gewesen sein; die Einzelheiten der Oberflächenmodellierung scheinen nicht erst nach der Ausformung verlorengegangen zu sein. Der stilistische Zusammenhang mit guter hellenistischer Tradition ist noch offenkundig. Die etwas dünn-abstrakte Ranke am Basissockel erinnert von fern an diejenige der Ara von Città Castellana (Röm. Mitteil. 42 1927, 129 ff. Beil. 15—19)[46] aus den Jahren um 40—35 v. Chr.; dies wäre das späteste Datum für die Entstehung der Terrakotta, aber auch die 2. Hälfte des 2. Jhdts. oder das frühe 1. Jhdt. v. Chr. kämen in Betracht[47].

Für die Deutung der Gruppe ließe sich vielleicht der Bogen von der frühen cyprischen Terrakotta zur sehr viel späteren pamphylischen schlagen. Daß in beiden Fällen eine Gottheit gemeint ist und nicht eine einfache Genreszene, scheint mir gewiß zu sein, welche Muttergöttin jedoch, läßt sich kaum eindeutig sagen. Isis mit dem Horusknaben würde man gern klarer bezeichnet sehen. Die keltische Epona ist im Osten nicht zu erwarten[48], auch würde sie für das frühe Stück aus Cypern nicht in Betracht kommen."

Damit sind wir bereits bei der Frage nach der religionsgeschichtlichen Deutung und Einordnung der beiden Terrakotten angelangt, die als Voraussetzung für ihre Verwertbarkeit zur Klärung unseres ikonographischen

---

[44] Dazu Text S. 134 f. von U. HAUSMANN.

[45] Der Ansatz der sonst befragten Experten schwankt vom 1. bis zum Ende des 3. Jhdts. Obwohl der Charakter der Inschrift ebenfalls diese breite Streuung zuließe, hatte ich doch auch von Anfang an das 2. Jhdt. ins Auge gefaßt.

[46] Der Text (S. 130 f.) ist von R. HERBIG.

[47] R. A. HIGGINS vom „Department of Greek and Roman Antiquities" des Brit. Museums in London möchte das Stück um 300 v. Chr. datieren; aus dem Katalog von H. B. WALTERS a. a. O. (ob. Anm. 37) S. XXXV scheint ein Ansatz bis spätestens 200 v. Chr. hervorzugehen. Aber auch Bernh. SCHWEITZER, der nicht über das 1. vorchristl. Jhdt. hinaufgehen möchte, warnt vor einer allzu frühen Datierung.

[48] Was JOSEPH WIESNER (brieflich) nicht ganz ausschließen möchte, da ihr „Kult ja bei den nach Kleinasien gedrungenen Kelten ebenso wie im thrakischen Keltengebiet gepflegt wurde." Aber wo ist Epona mit Kind dargestellt? (Wiesner denkt daher auch an Mitwirkung eines einheimisch-altkleinasiatischen Bildgedankens.)

Problems erörtert werden muß. Die Gleichheit der Aussage scheint mir, bei aller aufgewiesenen Verschiedenheit im einzelnen, doch gegeben: eine auf Maultier oder Esel rechtshin reitende (oder wenigstens im Aufbruch befindliche) Muttergöttin mit Kind, deren Verpflichtetsein gegenüber hellenistischem Stilempfinden, wie es besonders in der genrebildartigen, menschlich unmittelbar ansprechenden Wiedergabe des an die Brust geschmiegten Kindes zum Ausdruck kommt[49], andrerseits doch die ungriechisch-östliche Kulttradition nicht verleugnet. Gehören die beiden aber in eine Reihe, dann ist der Zeitunterschied von mindestens zwei Jahrhunderten von größter Wichtigkeit, weil er die Kontinuität der religiösen Vorstellung verbürgt. Zudem sind die beiden Herkunftsländer Cypern und Pamphylien nicht allzuweit voneinander entfernt (Luftlinie Side— Salamis ca. 320 km)[50].

Während die cyprische Statuette überhaupt eine stärkere Hellenisierung zeigt, so scheint doch auch bei ihr die Göttin mit dem Kind — immer vom Reittier abgesehen — die Abhängigkeit vom Isis-Horus-Typ zu verraten, auch wenn dafür die markanten Einzelmerkmale fehlen, und das Kind statt an der linken vielmehr an der rechten Brust ruht. Auch zeitlich stünde dem nichts entgegen[51]. Bei dem jüngeren Stück aus Pamphylien ist dies vollends evident. Zwar fehlt auch hier der typische Kopfschmuck und der Gewandknoten[52] der Isis; aber die entblößte linke Brust, von der rechten Hand der Mutter gestützt (vgl. Abb. 7), weist unverkennbar auf die ursprünglich zugrunde liegende Vorstellung.

Daß freilich die Isis mit dem Horusknaben niemals auf einem Maultier oder Esel sitzt, haben wir schon bisher immer wieder betont[53]. Aber wie eine Muttergöttin beritten gedacht und dargestellt werden kann, zur

---

[49] Ein schönes Beispiel hierfür bietet eine Tanagrafigur in Stavanger; s. JOSEF FINK, Griechisches Kunsthandwerk 1951, S. 76 ff. mit Abb. 39 (und Umschlagbild).

[50] Dabei erinnern wir uns daran, daß auch das vorhin zuletzt besprochene früheste Beispiel christlicher Kunst für unseren Typus (Abb. 19 f.) aus Adana in Kilikien stammt, das seinerseits von Side etwa 370 km, von Salamis gar nur 240 km abliegt. Mag man darin bei der Spärlichkeit der erhaltenen Denkmäler einen Zufall sehen oder nicht, jedenfalls kommt dieser Sachverhalt der These entgegen, zwischen allen drei Stücken Verbindungslinien zu ziehen.

[51] Das früheste Zeugnis einer Isis sogar im klassisch-hellenischen Bereich gehört bereits der Parthenonzeit an, nicht lange nachdem Athener 462/455 in Ägypten gekämpft hatten; s. K. SCHEFOLD in: Museum Helveticum 20. 1963, S. 59; weiteres zu der Frage bei S. LURIA in: Eos 51. 1961, S. 35 ff.

[52] Vgl. dagegen die kaiserzeitliche Marmorplastik von Isis und Horus aus etwa gleicher Zeit und unmittelbarer Nachbarschaft (Perge in Pamphylien) Abb. 6.

[53] Allenfalls könnte für das Sitzen der beiden auf einem Tier eine Terrakotte der Collection Drovetti nr. 24 p. 262 in Anspruch genommen werden: „Horus et Isis assis sur une oie"; s. W. DREXLER in Roschers Mytholog. Lexikon II 1 (1890—94), Sp. 510.

Möglichkeit einer solchen Vorstellung weist uns das Ursprungsgebiet der beiden Terrakotten, das südliche Kleinasien, den Weg. Wie in Anatolien überhaupt männliche Gottheiten wie Mēn und Sōzōn häufig zu Pferd erscheinen, so ist es insbesondere der in Lykien beheimatete, mit seinem Kult aber von da auch nach Rhodos einerseits, nach Pisidien und Pamphylien andrerseits ausstrahlende wehrhafte Reitergott Kakasbos mit der Keule (daher ‚interpretatione Graeca' gern mit Herakles identifiziert), der auf zahlreichen Reliefs, meist mit Weihinschrift, begegnet, die Louis Robert gesammelt und erläutert hat[54]. Darunter stammen einige aus dem gleichen Antalya (Abb. 24)[55], woher auch die jüngere unserer beiden Terrakotten kommt. Zwar betont Robert[56], daß Kakasbos niemals mit einer weiblichen Gottheit verbunden erscheine; das schließt aber keineswegs aus, daß ein Land, in dem die Verehrung eines männlichen Reitergottes eine so wichtige Rolle gespielt hat, sich nicht auch — gewissermaßen als Pendant — die Muttergöttin als beritten denken konnte und daher auf ein Tier gesetzt hat. Daß dafür Maultier oder Esel herhalten mußten, mochte durch die erstrebte Distanzierung der Frauengestalt vom Streitroß des männlichen Reiters bedingt sein[57], wiewohl es bemerkenswert scheint, daß sozusagen als Brücke oder Übergang zwischen beiden Typen auch bereits Kakasbos einmal nackt auf einem Esel reitend dargestellt ist, wie ihn ein aus Rhodos stammendes Relief des Berliner Museums zeigt, als dessen Ursprungsort L. Robert übrigens auch das kleinasiatische Festland vermutet (Abb. 25)[58].

Ob die weibliche Gottheit mit dem Kind schon auf Esel oder Maultier sitzend gedacht und dargestellt wurde, bevor sie die Züge der hellenistischen Isis mit dem Horusknaben annahm, oder ob umgekehrt erst diese in Anpassung an das männliche Vorbild auf ein Tier gesetzt worden ist, bleibt zunächst offen, obzwar man von vornherein der ersten Möglichkeit

---

[54] L. Robert, Hellenica III 1946, S. 38 ff., 173 f. Dort S. 57 f. u. ö. auch (unter scharfer Abgrenzung von Kakasbos) über Mēn und Sōzōn, mit weiterer Literatur. Dazu G. Klaffenbach, Gnomon 1949, S. 35 f. und früher bereits Oldfather RE X 1919, Sp. 1524. Die Rechtsrichtung des Reiters leidet übrigens auch hier keine Ausnahme, wie schon Robert a. a. O. 61 bemerkt.

[55] a. a. O. 51 ff. und 174 mit den Abb. 22 u. 23 auf Taf. II und III. Nach Taf. III 23 unsere Abb. 24.

[56] a. a. O., 57.

[57] Auf den Esel als Symbol der Zeugungskraft, wie ihn J. J. Bachofen in Verbindung mit Artemis und anderen Gottheiten an zahlreichen Denkmälern erläutert hat, sei daneben wenigstens hingewiesen. Ebenso darauf, daß orientalische Bettelpriester mit dem Bild der Dea Syria auf einem Esel im Land umherzustreifen pflegten (Lukian, Lucius sive asinus 37, vgl. Apuleius, Metamorph. VIII 24 ff., und dazu Fr. Cumont RE IV 1901, Sp. 2238).

[58] L. Robert a. a. O., 72 f., mit bildlicher Wiedergabe auf Taf. IV, danach unsere Abb.

zuneigen möchte. Auf jeden Fall liegt so, wie uns die paar übriggebliebenen Denkmäler die Gestalt präsentieren, bereits ein Synkretismus aus einheimischen und ägyptisch-hellenistischen Göttergestalten vor.

Auf eine verführerische Möglichkeit, unserem Typ — wenn auch mit Pferd statt Esel oder Maultier — eine lange Vorgeschichte zu sichern (weit hinaufweisend über die Zeit, wo Einflüsse von der Isis-Horus-Thematik her angenommen werden dürfen), macht mich Bernhard Schweitzer aufmerksam. Es geht dabei um eine anatolische Bronzefigur geometrischen Stils, die einst als Weihgeschenk nach Samos gestiftet und dort wieder aufgefunden ist (Abb. 26)[59]: Frau mit Kind an der linken Brust, auf einem sesselartigen, aus Holz gefertigt zu denkenden Sattel zu Pferde sitzend, die ganze Gruppe rechts gewendet[60]. Damit eröffnet sich auch für unsere beiden Terrakotten die Spur einer weit zurückreichenden Tradition, für die freilich alle Zwischenglieder fehlen.

Gerne wüßten wir die trotz all der aufgewiesenen Verschmelzungen doch markante Göttin mit Kind zu benennen. Gewiß ist es eine ‚Kurotrophos‘; aber diese für vielerlei weibliche Gottheiten wie Ge, Demeter, Artemis, Hekate, Eirene, Aphrodite belegte Charakterisierung[61] ist doch zu allgemein, als daß wir sie für unsere beiden Figuren mehr als im Sinn eines Epithetons in Anspruch nehmen dürfen, auch wenn sie da und dort den Rang einer selbständigen Gottheit erhalten hat[62].

Auffallend ist, daß in dem für uns nach dem äußerst mageren Fundmaterial zunächst in Betracht kommenden Gebiet unter den weiblichen Gottheiten — neben Isis — besonders Aphrodite (Cypern) sowie Artemis (Pamphylien und Nachbargebiete) dominieren. Aber unsere Muttergöttin mit einem dieser Namen oder dem ihrer besonderen Erscheinungsformen zu belegen, verbietet sich schon deshalb, weil diese samt und sonders auf den erhaltenen Denkmälern in anderer Gestalt und Verbindung

---

[59] Ulf Jantzen, Östliche Reiterin. Arch.Anzeiger 53. 1938, S. 580 m. Abb. 23 (danach unsere Abb.).

[60] Das Hauptmotiv, die auf einem ganz ebenso geformten Sattel (ἐφίππιον) in Rechtsbewegung zu Pferde sitzende weibliche Gottheit (freilich ohne Kind), ist bereits in spätmykenischer Zeit nachzuweisen (13./12. Jhdt.): Doro Levi, Dea Micenea a cavallo (aus einem attischen Grab). In: Studies presented to D. M. Robinson I 1951, S. 108—125 mit Abb. auf Taf. IV, zur Gruppe der mykenischen Idole gehörend.

[61] Prehn RE XI 1921, Sp. 2215 f.

[62] Das wird von Herm. Usener, Götternamen 1896, S. 124 ff. entsprechend seiner bekannten ‚Sondergötter‘—These allzu sehr generalisiert, so daß er 127 f. vereinfachend vorschlägt, alle Terrakotten, auf denen in irgendwelcher Form Muttergöttin und Kind dargestellt sind, als gläubigen Ausdruck einer primär so benannten Kurotrophos zu verstehen (vgl. a. Prehn a. a. O., 2216).

erscheinen[63]. Das gilt von der cyprischen Aphrodite ebenso wie von der Artemis Pergaia oder der artemisverwandten lykischen Eleuthera, für die auch der Name Ereua überliefert ist[64]. Wir müssen also hier einstweilen resignieren, brauchen aber keineswegs die Hoffnung auf eine klare Identifikation aufzugeben, wenn wir etwa bedenken, daß auch der männliche Reitergott dieses Gebiets, der heute in Dutzenden von Exemplaren bekannte und benennbare Kaskasbos-Herakles, sich uns erst vor 80 Jahren namentlich vorgestellt hat[65].

Damit hat sich der Kreis unserer Betrachtung geschlossen. Es wollte gezeigt werden, daß das uns so vertraute christliche Motiv der Flucht nach Ägypten, das vor unserem Auge und Sinn als einheitliches Gebilde in schöner Geschlossenheit dasteht, bei näherer Betrachtung in seinen Elementen durchsichtig wird, und daß sich diese samt und sonders auf antike Vorbilder und Anregungen zurückführen lassen. Römische Profectio- und Adventus-Gruppen, Darstellungen der hellenistischen Isis mit dem Horusknaben, Terrakotten und Reliefs kleinasiatischer Reitergottheiten mit uralten Vorstufen haben sich unter dem Eindruck der Berichte von einer Episode aus der Kindheit Jesu den Künstlern zu einer neuen Einheit verbunden, deren lieblicher Reiz nur noch gewinnt, wenn wir den Geheimnissen ihrer Entstehung nachspüren. In der oft in Gesprächen und auf Reisen bewährten Gemeinsamkeit der einer solchen Betrachtung zugrunde liegenden Einstellung sei dieser Beitrag dem Freunde Friedrich Smend zu seinem 70. Geburtstag gewidmet.

Zahlreichen Helfern habe ich für Anregungen, Hinweise und Auskünfte aus für mich z. T. entlegenen Gebieten zu danken: L. Breitenbruch, H. Brunner, H. Daiber, W. Fuchs, U. Gerber, U. Hausmann, H.-V. Herrmann, H. Herter, R. A. Higgins, L., A. und P. Hommel, G. Klaffenbach, H. Schrade, B. Schweitzer, K. Ulrich, M. J. Vermaseren, G. Weingarth, J. Wiesner.

---

[63] Die von O. GRUPPE, Griech. Mythologie u. Religionsgesch. II 1906, S. 1271, Anm. gemachte Angabe „Die bildende Kunst hat bisweilen Artemis mit einem Kind auf dem Arm dargestellt", weiß ich nicht zu belegen. Über andere Abbildungen und Charakterisierungen der Artemis als Beschützerin der Jugend s. WERNICKE RE II 1346.

[64] Über sie, die stark der ephesischen Göttermutter mit ihren vielen Brüsten (aber eben ohne Kind) angeglichen ist, vgl. JESSEN RE V 1905, Sp. 2344 f.; L. ROBERT a. a. O., S. 46 m. Anm. 6 (dort weitere Literatur). Dazu auch H. USENER a. a. O., S. 372 m. Anm. 20.

[65] L. ROBERT a. a. O., 40 m. Anm. 3.

Nachträge

[S. 95f.]:
Übersehen hatte ich die Heidelberger Diss. (aus der Schule von H. Schrade) von
KARL VOGLER, Die Ikonographie der . . . ‚Flucht nach Ägypten‘ 1930, die jedoch im
ganzen so unbefriedigend bleibt, daß sie mir seinerzeit mein Berater H. Schrade gar
nicht genannt hat. Der vom Verf. verwendete 600 Nummern umfassende Katalog
der Denkmäler ist nicht mit abgedruckt.

[S. 95], Anm. 1 u. 2:
Daß die Geschichte von der Flucht nach Ägypten und ihre Ausgestaltung dem
alttestamentlichen Erfüllungsbeweis dient und „Jesus als den zweiten und letzten
Mose" aufweisen soll (so E. KÄSEMANN), ist heute wohl Allgemeingut der Exegese.
Aber immer wieder findet man in wissenschaftlich sich gebenden Darstellungen
naive Erörterungen über die tatsächliche Reiseroute der heiligen Familie u. dgl., so
zuletzt in dem Bibelatlas von Y. AHARONI und M. AVI-YONAH aus dem Englischen
von W. HERTENSTEIN, bearb. von J. REHORK 1982; s. dazu die treffenden Bemerkungen von L. FLAIG in der Frankf. Allgem. Ztg. vom 22. Okt. 1982.

[S. 96], Anm. 5:
Dazu jetzt noch C. SCHWEICHER und G. JÁSZAI, Artikel ‚Flucht nach Ägypten‘ im
Lexikon der christl. Ikonographie II 1970, Sp. 43–50, wo (unter kurzem Hinweis auf
meine Arbeit) lediglich die Bilder mit Ankunft in Ägypten und dort empfangener
Huldigung als Anregung von den antiken ‚Adventus‘-Darstellungen her erwogen
werden (vgl. dazu auch H. KARPP in der Zeitschr. f. Kirchengesch. 77. 1966, 75–77).
Im übrigen bietet der Lexikon-Artikel eine gute knappe Dokumentation zum
Thema.

[S. 96], Anm. 6:
Mein Vortrag ‚Adventus sive profectio Gordiani III‘ ist erschienen in: Atti del
Congr. Internaz. di Numismatica, Roma 1961, Vol. II 1965, 327–339 (mit Taf.
XXVI); wichtige Ergänzungen dazu bei R. GÖBL, Der Triumph des Sasaniden
Šahpur über Gordian . . . 1974 (Denkschriften der Wiener Akad. d. Wiss. Phil.-hist.
Kl. 116). – Zur „Bedeutung von rechts und links in der römischen Antike" weist
HILDEGARD TEMPORINI in ihrer (ungedruckten) Habilitationsschrift ‚Historische und
archäologische Untersuchungen zu den Nachfolgeregelungen im römischen Kaiser-
tum‘, Ms. 1975, S. 249, Anm. 444 auf folgende Literatur hin: „Thes. linguae Latinae
V 1 (1910) s. v. dexter 917ff.; S. EITREM, Opferritus und Voropfer bei den Römern,
Kristiania 1915, 34; H. GRUNDMANN, Theologisches Wörterbuch II (1935) s. v.
Rechts 37ff.; W. KROLL, Die Kultur der Ciceronischen Zeit, Das Erbe der Alten 13,
Leipzig 1933, 63f.; A. GORNATOWSKI, Rechts und links im antiken Aberglauben,
Diss. Breslau 1936 passim; B. HARTMANN, Biblisch-historisches Handwörterbuch III
(1966) s. v. rechts und links, 1564f. Zu den Darstellungen von Profectio und
Adventus auf den Münzen vgl. jetzt auch GERH. KOEPPEN, Bonner Jahrbücher 169.
1969, 179–185 (Kurzfassung einer Kölner Diss.). Die alte Tübinger Universitäts-
schrift des Juristen GOTTFR. DAN. HOFFMANN von 1775: Profectiones et adventus
Augustorum in nummis bietet lediglich eine rein zufällige kleine Auswahl des
reichen Münzmaterials, ohne jeden Versuch einer tieferdringenden Erklärung.

[S. 97] oben:
Hinzuzunehmen ist als wichtiges Motiv, daß auf zahlreichen verwandten Münz-darstellungen der röm. Kaiserzeit der nach r. schreitende Gott Mars linker Hand waagrecht geschultert eine Trophäe trägt (unsere Abb. 5a nach H. COHEN, Descrip-tion historique des monnaies . . . impériales ²III 1980 Neudruck 1955 S. 133, no. 5: Rs. eines Bronzemedaillons der Kaiser Marc Aurel und Commodus). Im Rahmen unserer Hypothese trägt ganz entsprechend der voranschreitende Joseph auf zahlrei-chen ‚Flucht‘-Darstellungen ebenso sein Gepäck (s. unten Abb. 15) oder Teile da-von, wie etwa ein großes kringelartiges Brot über der linken Schulter (so auf einem Bildfeld der Holztür von St. Maria im Kapitol in Köln von ca. 1060 – s. P. BLOCH, Die Türflügel von St. Maria im Kapitol 1959, S. 24 u. ö. mit Abb. auf S. 25, danach unsere Abb. 15a. Ähnlich Joseph mit Gepäck über der linken Schulter auf einer griechischen Sonderbriefmarke zu Weihnachten 1974 nach einem Evangelienbuch vom Berg Athos aus dem 11. Jh.). Statt der Kringeln oder Brezeln (so BLOCH aaO. 24) denkt meine in Köln ansässige Cousine Renate Dümling geb. Weber eher an die in Köln seit alters beliebten, genau dem Bild entsprechenden Blutwürste, dort ‚Flönz‘ genannt, wie sie auch etwa am Hals von Kölner Fastnachtsfiguren baumeln (s. Kölner Stadt-Anzeiger v. 27./28. 2. 1982).

[S. 97], Anm. 7:
Der Mars wird anders gedeutet von G. KOEPPEN aaO. 181 f. Ähnlich schon T. HÖLSCHER, Victoria Romana 1967, 55₃₂₄.

[S. 97], Anm. 7a:
Wieder zurück auf das „militärische Gefolge" greift unbewußt und mit neuer, zeitbezogener Tendenz ein polnischer Holzschnitzer jüngster Zeit, der die Hl. Fami-lie mit Esel vor stahlhelmbewehrter Soldateska die Flucht ergreifen läßt (unsere Abb. 15b mit frdlr. Genehmigung der Sammlung R. u. H. J. RAU Dreieichenhain, Bergkirche; s. a. Frankf. Allg. Ztg. vom 24. 12. 1981, S. 48 (Stadtbeilage).

[S. 98 f.]:
Vgl. jetzt V. TRAN TAM TINH & Y. LABRECQUE, Isis lactans. Corpus des Monu-ments . . . 1973, und V. TRAN TAM TINH, De nouveau Isis lactans. In: Festschrift f. M. J. Vermaseren 1978 III 1231 ff. Vgl. a. unten den Nachtrag zu [S. 111] (TH. H. PRICE und H. KÜHNE).

[S. 103 f.]:
Eine mindestens ebenso alte, wahrscheinlich aber noch ältere Darstellung der Flucht nach Ägypten vom ‚Profectio‘-Typus fiel mir 1966 bei einem Besuch im Koptischen Museum in Kairo auf: das die Mitte bildende ‚Medaillon‘ eines kopti-schen Teppichs, der bereits 1958 von H. MESSIHA publiziert worden war, Annales du Service des Antiquités de l'Egypte, T. 55 (Inv.-Nr. 10517, unsere Abb. 20a). Da fehlt wie auf dem Enkolpion nicht der Baum hinter der Maria, die jedoch, das Kind im Arm, hier wirklich reitet. Die für dort von uns (S. 104) vermutete ‚Verkürzung‘ einer Vorlage um die ‚Gefolgschaft‘ ist hier nicht eingetreten (2 Gestalten), dafür fehlt – wohl unter dem Zwang der Einfügung in die kreisrunde Umrahmung – vorne der weitere Baum (?), und vor allem fehlt sogar der Joseph (den M. in einer der nachfolgenden Gestalten erblicken will!), vielleicht fehlt auch die ägyptische Emp-

fangsfigur. Jedenfalls scheint mir die Herausnahme und Isolierung aus einer umfangreicheren Vorlage äußerst wahrscheinlich und damit zugleich die Verwandtschaft mit der Darstellung auf dem Enkolpion, wobei sich die beiden Ausführungen vortrefflich gegenseitig ergänzen würden.

Als „Brücke zur Antike hin" (S. 103) darf in gewissem Sinn vielleicht auch ein wohl der Zeit des 5./7. Jhs. angehörendes Kalksteinrelief aus Der Amba Schenute gelten (kopt. Kloster, links des Nils, westl. von Ptolemais in Mittelägypten), unsere Abb. 20b. Da reitet Christus im Damensitz auf einem Maulesel (?) nach rechts und erhebt die r. Hand, bekleidet ist er mit Tunica und Pallium (?). KLAUS WESSEL, der nach J. Strzygowski und anderen das Denkmal ausführlich besprochen hat (KL. WESSEL, Koptische Kunst 1963, S. 21, 156f., 169, 250, 263 u. ö. – unsere Abb. nach S. 20), glaubt in ihr „nichts Antikisches mehr zu verspüren" (S. 21), stimmt jedoch nach Kenntnis meines Aufsatzes von 1964 diesem brieflich im wesentlichen zu. Ursprünglich hatte er an iranische Einflüsse und solche vom thrakischen Reitergott her gedacht, was immerhin für Stil und Einzelausführung gelten mag. Aber das vorherrschende Modell der Profectio-Darstellung, wie wir es vor allem von den römischen Kaisermünzen kennen, dürfte kaum auszuschließen sein, wofür neben der erhobenen Hand des Reiters vor allem auch die begleitenden Engelsgestalten (s. die Victoria auf unserer Abb. 1) und die Rückwendung des vorderen von diesen (s. Abb. 2) ebenso wie die Rechtsgerichtetheit der ganzen Gruppe sprechen.

[S. 105], Anm. 38a:
Eine nähere Untersuchung der Ruinen von Seleukeia in Pamphylien zu Anfg. der 60er Jahre hat an epigraphischem Material ausgerechnet wiederum nur zwei Künstlerinschriften zutagegebracht, was natürlich Zufall sein mag. Siehe G. C. BEAN und T. B. MITFORD in: Denkschriften der Wiener Ak. d. Wiss., Ph.-h. Kl. 85. 1965, S. 4–6 m. Taf. I u. II.

[S. 105] unt. (Nr. 2):
Die Terrakotte ist in meinem Besitz.

[S. 106], Anm. 39:
Über die Theaterinschrift von Milet s. jetzt ausführlich oben, S. 200ff.

[S. 106], Anm. 40:
Offenbar ist von der Publikation von J. MARCADÉ nichts weiter erschienen.

[S. 107], Anm. 41:
Zu den *hederae distinguentes* s. jetzt meine Bemerkungen in der Zeitschr. f. Papyrologie u. Epigraphik 5. 1970, 293–303 und 6. 1970, 287.

[S. 111]:
Zu den ‚Kurotrophoi' vgl. nunmehr die sorgfältige Monographie von THEODORA H. PRICE, Kourotrophos. Cults and Representations of the Greek Nursing Deities 1978, mit der weiterführenden Rezension von ERIKA SIMON, Gnomon 53. 1981, 217–219. Für die altvorderasiatischen Darstellungen (die nicht ägäisch beeinflußt seien) s. HARTM. KÜHNE, Das Motiv der nährenden Frau und Göttin in Vorderasien. In: Dörner-Festschrift 1978, 504–515 m. Taf. CXXXIX-CXLIII Abb. 1–10. In allen

drei hier genannten Arbeiten sind meine Ausführungen zum Thema sowie die von mir verwendeten und z. Tl. erstmals bekanntgemachten Denkmäler nicht zur Kenntnis genommen, was bei der Monographie von TH. H. PRICE besonders zu bedauern ist (bei ihr S. 31 ff. mit Abb. 18–27 ein eigenes Kapitel über die säugenden Göttinnen nach dem Prototyp Isis).

[S. 111], Anm. 62:

Besser als Useners einschränkende Kennzeichnung ‚Kurotrophos‘ ist die generalisierende Verwendung dieses Begriffs als Appellativum, wie sie in der Buchtitelwahl von TH. H. PRICE aaO. zum Ausdruck kommt. Die Verf. hat sehr fein die Aischylosverse Prom. 209 f. als Motto ihrer Monographie gewählt: . . . πολλῶν ὀνομάτων μορφὴ μία.

[S. 112], Anm. 64:

Die vielen ‚Brüste‘ der ephesischen Göttermutter werden jetzt überzeugend als zu einer Kultfeier umgehängte Stierhoden gedeutet von GÉRARD SEITERLE in: Antike Welt 10. 1979, H. 3, S. 3–16 m. 25 Abbildungen.

III. Nachantike

„Zwo kurtze Glosen der alten Christen auff die newen Artickeln der Visitatoren" 1537*

Eine neu entdeckte Schrift des Johannes Cochlaeus

Herzog Heinrich der Fromme, dessen Regierungsantritt in Meißen den Übergang des gesamten albertinischen Sachsen zum Luthertum entschied (1539), hatte noch zu Lebzeiten seines am alten Glauben festhaltenden Vorgängers und Bruders, Georgs des Bärtigen, in seiner Herrschaft Freiberg die Reformation eingeführt. Zur Durchführung dieses schwer erkämpften Entschlusses hatte er am 26. Mai 1537 seinen durch den Antinomistenstreit bald darauf bekannt gewordenen Hofprediger Jakob Schenck zum Visitator und Obersuperattendent zu Freiberg bestellt.[1] Demgemäß wurden von demselben sofort (ebenfalls noch im Mai) unter Mitwirkung anderer eine Reihe von Artikeln ausgearbeitet und unter seinem Namen erlassen, „baß nötigste unb grobste" enthaltend, „so in ben pfarreien sal geenbert ... unb hinfurth also gehalben werben."[2] Außerdem beauftragte Schenck durch zwei Schreiben vom 12. und 14. Juli den Prediger an der Jakobskirche Thomas Schellenberger, die 34 Nonnen des zu dieser Kirche gehörigen Klosters ein evangelisches Glaubensbekenntnis annehmen und unterschreiben zu lassen;[3] Schellenberger hat daraufhin am 20. Juli den Klosterfrauen eine Reihe eigener (wohl von Schenck verfaßter) Artikel gestellt, die jedoch wie die Schreiben Schencks nicht auf uns gekommen sind. Erhalten ist nur die Nachricht, daß die am 14. August wiederholte Aufforderung an die Nonnen nichts fruchtete, ferner ein Briefwechsel zwischen männlichen Verwandten der Priorin Barbara von Schönberg und dem Herzog über die Angelegenheit.[4] Aus einem Briefe Schencks an den sächsischen Kur-

---

* Zentralblatt für Bibliothekswesen 41. 1924, 321—327.

[1] DE WETTE, Luthers Briefe 6 (1856) S. 534, nach J. K. SEIDEMANN, Dr. Jakob Schenk, der vermeintliche Antinomer, Freibergs Reformator etc. Leipzig 1875 S. 20. Übrigens ist Schenck die richtige, von dem Träger des Namens selbst durchgehends angewandte Schreibweise, wie gegen SEIDEMANN WILH. STIEDA im Arch. f. Ref. Gesch. 20 (1923) S. 78 zeigt (Jak. Sch. und die Universität Leipzig). / [2] Diese Artikel nach einem im Weimarer Archiv (Ji. Nr. 65) befindlichen Exemplar abgedruckt bei SEIDEMANN a. a. O. S. 146 ff., außerdem in E. SEHLINGS Ev. Kirchenordnungen des 16. Jahrh. I, 1 (1902) S. 465 ff. / [3] Sammlung vermischter Nachrichten z. sächs. Gesch. 7 (1772) Nr. 61 S. 215 ff. Vgl. auch Der Katholik 72, 2 (1892) S. 427 ff. und SEIDEMANN a. a. O. S. 22. / [4] SEIDEMANN a. a. O. S. 103 S. 22 und S. 184 ff. In Andr. Mollers Chronic. Freiberg. p. 116 werden die standhaften Nonnen „monales quaedam tumultuosae, Polter-Nonnen" genannt, s. Sam. Moller: De religione ab Henrico principe Fribergae

fürsten und noch deutlicher aus Äußerungen von Johann Cochlaeus,[1] dem
erbitterten Gegner der lutherischen Reformation, damals Kanonikus in
Meißen, wußten wir außerdem von einer deutsch abgefaßten Streitschrift,
die dieser selbst gegen die Artikel der Freiberger Visitatoren gerichtet
hatte.   In seinem „Catalogus" führte er unter den deutschen Schriften
des Jahres 1537 den Titel lateinisch an mit „Duae glosae Catholicorum
super nouos articulos uisitatorum Saxoniae". In den „Commentarii" bietet
er in lateinischer Übersetzung auf nicht ganz einer 2^0-Seite einiges daraus,
was man bisher für einen Auszug hielt.[2] Nach seiner brieflichen Äußerung
vom 31. August (s. Anm. 1) zu schließen, in der er den Druck der Schrift
als bevorstehend bezeichnet, muß sie also — wenigstens in dem Teil, der
sich mit den Artikeln an die Klosterfrauen beschäftigt — Ende Juli oder
August abgefaßt und kurz darauf erschienen sein.[3]

    In einem von der Bayerischen Staatsbibliothek in München neuerworbenen
Sammelband in 4^0, der hauptsächlich gegenreformatorische Literatur von
Ende der 30er Jahre des 16. Jahrhunderts enthält, gelang es nun, in der
an dritter Stelle eingebundenen drei Bogen starken Schrift die genannte
Arbeit des Johann Cochlaeus zu erkennen.   Sie verrät den Namen des
Verfassers ebensowenig wie den von Druckort und Drucker; ihr Titel lautet:

    Zwo Kurtze Glo-||sen der Alten Christen auff || die Newen Artickeln || der
Visitato-||ren. || AN. M. D. XXXVII. || Luce XI. || Ist dein aug ein

---

reformata, Freiberg 1731 p. 5a. / [1] J. COCHLAEUS, Commentaria de actis et scriptis
Mart. Luth. 1549 S. 290 (hier erwähnt er übrigens ausdrücklich 'quosdam articulos
specialiter ad sacras Virgines'). Derselbe, Catalogus brevis eorum quae contra novas
sectas scripsit J. C. 1548 p. BIIIb. In einem Brief an Morone vom 31. August (abgedruckt von W. FRIEDENSBURG in der Zeitschr. für Kirchengesch. 18 (1898) S. 273)
erwähnt C. die Schrift als demnächst zu drucken; vgl. MARTIN SPAHN, „Johann Cochlaeus"
1898 S. 262₃ und 360 (= Verz. der Schriften des Cochl. Nr. 126). Außerdem vergleiche
den aufschlußreichen Aufsatz von PAUL VETTER, Lutherana 3.   Luthers Stellung im
Streite Jakob Schencks mit Melanchthon und Jonas 1537 im Neuen Arch. f. Sächs.
Gesch. u. Altertumsk. 30 (1909) S. 76ff., hier besonders zu vergleichen S. 98₂; der oben
erwähnte Brief Schencks an den Kurfürsten (v. 5. Okt. 1537) ist S. 104ff. abgedruckt. /
[2] So SPAHN a. a. O. S. 262₃, obwohl Cochlaeus (Commentaria a. a. O.) ausdrücklich beginnt
mit „sic habet exordium". / [3] Der terminus post quem ist durch die oben erwähnten
Artikel an das Jungfrauenkloster vom 20. Juli gegeben.   Dazu stimmt, daß es in einem
Brief des Wittenberger Buchdruckers Jörg Rhaw an den Zwickauer Stadtschreiber M.
Steph. Roth vom 22. Juli 1537 heißt, daß [Luthers] „donatio Constantini deutsch" eben
erschienen sei (s. Publik. des Börsenvereins des deutschen Bnchhandels 16 S. 166 und
vergl. die Weimarer Lutherausgabe 50 S. 49); die Luthersche Schrift wird von Cochlaeus
in den „Glosen" am Schluß ebenfalls als Neuerscheinung erwähnt. Wir kommen also
mit ziemlicher Sicherheit auf Ende Juli oder Anfang August für Abfassung bzw. Vollendung der Streitschrift des Cochlaeus.

ſchalck / ſo iſt dein gantzer ‖ leib finſter. Darümb ſihe zu / das nicht
das ‖ liecht / ſo in dir iſt / finſternis ſey. ‖ [Titelrückseite bedruckt. 12 Bl.
in 4⁰.]

Der Vergleich mit der oben erwähnten kurzen Übersetzung in den
„Commentaria" ergibt, daß dort nur die ersten zwei Seiten des Schriftchens
ausgezogen sind, wonach also die Wiederauffindung um so willkommener
erscheinen muß. Der Kopftitel des *ersten Abschnitts* von 16 Seiten heißt:

Ein kurtze gloß auff ‖ die newe Artickeln der Viſitatorn / ‖ ſo der Cleriſey
vnd Landtſchafft ‖ auffgeleget ſind. ‖

Cochlaeus glossiert also hier die oben erwähnten Artikel Schencks vom
Mai 1537, und zwar ohne dessen Namen zu nennen, wie sich überhaupt
seine Polemik stets gegen Luther als das Haupt der Bewegung richtet,
dessen eigene Schriften er auch hier zur Entkräftung der Artikel mit Vorliebe
zitiert, um so den Gegner geschickt mit seinen eigenen Waffen zu schlagen.[1]
Bei der Gelegenheit führt er Schencks sämtliche Artikel in sehr gedrängter
Form an, doch im engen Anschluß an den Wortlaut des Originals. Dies
wird wichtig für den *zweiten Abschnitt*, der auf sieben Seiten

Ein Gloß auff die newe Ordnung das Jungfraw Cloſter betreffend
enthält.

Die hier glossierten Artikel sind nämlich wie gesagt verloren, und Cochlaeus'
Schrift dient uns so zur willkommenen Wiederherstellung wenigstens ihres
Gerippes.[2] Denn auch hier führt er Punkt für Punkt kurz an und fügt
daran einzeln seine kritischen Bemerkungen. Daraus können wir die
folgenden Artikel schälen, die freilich nach Wortlaut und Umfang mit dem
verschollenen Original nicht verbürgt übereinstimmen: Erſtlich das die
Junckfrawen inn Clöſtern, ſollen fallen laſſen Bäpſtliche Cerimonien, geleſe vnd
geſenge. Zum andern, das die Cloſterjungfrawen nicht ſollen auff jhren orden
bawen, ſondern allein auff Chriſtum. Der Drit Artickel, Das die Cloſterjunck-
frawen ſollen hinfort nicht Metten vn andere Horas ſingen oder leſen, wie vor,
ſonder allein drey Deutſch Pſalm, mit einē Capitel aus eim Euangeliſten, das
Benedictus vnd eine Collecten halten, Desgleichen für die Veſper, drey Pſalmen,
Ein Capitel aus S. Pauls Epiſteln, das Magnificat vn ein Collecten, alles

---

[1] Herr Oberbibliothekrat Dr. C. SCHOTTENLOHER — ihm und Herrn Oberbibliothekrat
Dr. O. HANDWERKER bin ich auch für mehrere Literaturhinweise zu Dank verpflichtet —
teilt mir gütigst seine Auffassung mit, daß es möglicherweise Cochlaeus' Absicht gewesen
sei, durch diese Art des Angriffs Schenck in Gegensatz zu Luther zu bringen und den
Konflikt zwischen Schenck und den Wittenberger Reformatoren, über den damals schon
allerhand Gerüchte im Umlauf waren (s. VETTER a. a. O. S. 93 und 97 f.), zu verschärfen.
Jedenfalls war das mittelbar der tatsächliche Erfolg von Cochlaeus' Schrift, wie unten zu
zeigen sein wird. / [2] Es handelt sich um die oben erwähnten Artikel, die Thomas Schellenberger auf Schencks briefliche Aufforderung am 20. Juli dem Kloster gestellt hat.

Deutſch halten. — [Ferner verbieten dieſe newe Geſetzſchreiber, die Cloſterkleidung vnd Cloſterleben. Vnd erllauben ehelich zu werden widers gelübb, vñ verheiſſen zu ſolchem Meyneid vnd Gottes verachtung ein gute abfertigung nicht allein vonn freünden, ſonder auch vom fürſten. Darzu ſollen auch helffen jhre newe Prediger vnd Lutheriſche bücher, die man ins Cloſter kauhſen vnd zeügen ſol.] — Des gleichen . . ., das man den Cloſterjungfrawen keine Meſs noch Prebig obder Beichtuäter zulaſſe, denn allein den Lutheriſchen Prediger vñ Superattendenten. — Die Jungfrawen ſollen weder Sommers noch Winters bey nacht Metten oder Cerimonien halten. — Das nu weiter hinfortan kein Jungfraw, ſol in Cloſter-pflicht auffgenomen werden. — Soweit der von Cochlaeus gebotene Extrakt der den Klosterfrauen gestellten Artikel.

Daß des Cochlaeus Streitschrift in Freiberg geflissentlich verbreitet wurde und ihre Früchte trug, geht aus dem oben (s. S. 322 Anm. 1) schon erwähnten Brief Jakob Schencks an den Kurfürsten Johann Friedrich vom 5. Oktober 1537 deutlich hervor. Schenck, der aus Gründen, die mit der Visitation in einigem Zusammenhang standen, in einen Konflikt mit den Wittenbergern, vor allem mit Jonas und Melanchthon, geraten und zu dessen Beilegung auf persönlichem Weg vom Kurfürsten mehrmals vergeblich nach Wittenberg geladen war, entschuldigt sich in diesem Schreiben wegen seines Nichterscheinens. Die Versuche der Meißener „Papiſten . ⸗., die Freibergiſche viſitation . . . anzugreiffen",[1] hätten es ihm als „ſehrlich" erscheinen lassen, aus Freiberg wegzugehen. Vor allem hätten diese Leute „ein büchlein wider unſser lehr gedruckt" und in zahlreichen Exemplaren „heimlich in briffen gen Freiberg" geschickt.[2] Mit diesem Büchlein sind zweifellos unsere „Glosen" gemeint, die also — so dürfen wir vermuten — die Gemüter der Evangelischen in Freiberg so in Zwiespalt und Unruhe brachten, daß Schenck es nicht für ratsam hielt, das mit Erfolg begonnene Reformationswerk auch nur für kurze Zeit durch sein Fernsein diesen Einflüssen preiszugeben. Die Folge davon war — abgesehen von der Störung des angefangenen Werks —, daß sich der Konflikt mit den Wittenbergern, der in persönlicher Aussprache vielleicht noch beigelegt worden wäre, nur verschärfte und auch durch die Vermittlungsaktion des Kurfürsten, die im Oktober erfolgte,[3] nun nicht mehr endgültig begraben werden konnte, sondern bald darauf aus erneut sich bietenden Anlässen wieder erstand und den ehrlichen und ehrgeizigen Kämpfer Schenck aus Freiberg vertrieb, ja ihn schließlich sogar mit seinem bisherigen Gönner, dem Kurfürsten, entzweite.

---

[1] VETTER a. a. O. S. 105; vgl. auch a. a. O. S. 98. / [2] Vom Kurfürsten wurde auf den Rat der Wittenberger Schencks Hinderungsgrund nicht anerkannt. Doch darf man bei Schencks ehrlichem Charakter daraus nicht schließen, er habe die durch Cochlaeus' Schrift in Freiberg geschaffene Sachlage nur als Vorwand benutzt, die ihm an sich nicht genehme Reise nach Wittenberg zu vermeiden. / [3] VETTER a. a. O. S. 101ff.

Gegen Ende seiner Schrift sagt Cochlaeus: „die gloſſ vbers Kirchen rauben vnd Münch auſ iagē ſteckt noch in der ſebbern / ...“ Er scheint aber den hier ausgesprochenen Plan nicht verwirklicht zu haben; jedenfalls ist von einer Schrift dieses Titels oder Inhalts nichts bekannt geworden. Der bald danach ausbrechende Konflikt des Freiberger Visitators mit den Wittenberger Reformatoren, vielleicht auch der Erfolg der „Glosen“, was ja beides, wie wir sahen, lähmend genug auf das Freiberger Reformationswerk eingewirkt haben wird,[1] mag den Cochlaeus von dem Gedanken einer weiteren Gegenschrift gegen Schenck abgebracht haben; vielleicht aber war es auch sein bald darauf wieder ausbrechendes Gichtleiden und allerhand andere Sorgen,[2] was ihn zwang, seine literarische Tätigkeit auf das Vordringlichste zu beschränken.[3]

In dem Sammelband, der unsere Schrift enthält, folgt auf sie die bisher schon bekannte Abhandlung des Cochlaeus aus dem gleichen Jahr: „Von der Donation ‖ des Keyſers Conſtantini / vnd von ‖ Bepſtlichem gewalt / ...“. Im „Catalogus“ folgt der Titel dieser Schrift ebenfalls auf die „Duae glosae“.[4] Auch sie entbehrt der Angabe von Druckort und Drucker, aber der Autor nennt sich in der Widmung an den Leser. Die (Fraktur-)Typen sind bei beiden Schriften die gleichen. Als Drucker kann Nikolaus Wolrab in Leipzig vermutet werden, dessen Werkstätte mit Unterstützung von Cochlaeus und Bischof Joh. Fabri von Wien ein Jahr vorher eingerichtet worden war.[5]

Nur der Tatsache, daß den „Glosen“ eine andere Schrift des Cochlaeus, die seinen Namen trägt, beigebunden ist, ist es zu danken, daß als ihr Verfasser ebenfalls Cochlaeus vermutet wurde, was sich dann tatsächlich bestätigt hat. Es muß also hier nachdrücklich darauf hingewiesen werden, wie notwendig es ist, Sammelbände nicht in ihre Bestandteile aufzulösen, ein an sich ganz unhistorisches Verfahren, das in einem alten Buch das durch Eigenwert und Umwelt gleichermaßen bedingte Individuum mißachtet. Auch über die Geschichte irgendeines wertvollen Buchexemplars, das in einem Sammelband steckt, läßt sich ja meist nur aus dem ganzen Band etwas feststellen. So geben in unserm Fall verschiedene Einträge, besonders auf den ersten und letzten Blättern des Bandes, einige Fingerzeige für seine Herkunft und seine Benutzer. Von den neun in ihm vereinigten

---

[1] Vgl. auch VETTER a. a. O. S. 98. / [2] Siehe SPAHN a. a. O. S. 265 f. / [3] Nämlich auf den mit dem Konzil zusammenhängenden Fragenkomplex. / [4] Vgl. SPAHN a. a. O. S 360 (= Verzeichnis der Schriften des Cochlaeus Nr. 122). / [5] Darüber siehe SPAHN a. a. O. S. 258 f.; die anderen Drucke unseres Sammelbandes sind, soweit der Drucker genannt ist, sämtlich bei Wolrab in Leipzig (1537 und 1538) erschienen. Danach ist WILH. STIEDAs Angabe (a. a. O. S. 85) zu korrigieren, Nickel Wolrabe komme seit 1539 als Verleger vor. In diesem Jahr stellte er vielmehr seinen Verlag, den veränderten Verhältnissen sich anpassend, in den Dienst der protestantischen Sache.

Schriften fällt nur die letzte, eine Würzburger Almosenordnung vom Jahre
1533,[1] aus dem Rahmen der übrigen heraus. Die Vereinigung dürfte also
wohl in Würzburg geschehen sein, wie auch auf einem leeren Blatt am
Schluß sich findende Notizen eines der frühesten Besitzer eingehende Lokal-
kenntnis Würzburgs voraussetzen. Die Zeit der Vereinigung der Schriften zu
einem Sammelband dürfte die Mitte oder zweite Hälfte des 16. Jahrhunderts
gewesen sein, wie die Schrift einer wohl für den Buchbinder bestimmten
Reihenfolge der Titel, die sich auf dem Vorsatzblatt findet, vermuten läßt.
Dieselbe Hand notiert an anderer Stelle „1 ℔. ligaturi Nurmberger."[2] Von ihr
und einigen anderen Händen, die auf die Wende des 16. und 17. Jahrhunderts
weisen, finden sich auch im Text der einzelnen Schriften zahlreiche Rand-
glossen, die allerdings meist nur besonders wichtig scheinende Schlagwörter
herausheben, aber immerhin von fleißiger Lektüre zeugen. Zwei Besitzer-
einträge aus dieser Zeit sind durch Ausstreichen bzw. Überschreiben un-
leserlich gemacht, von dem einen ist noch „. . . bibliotheca (?) N. 5" zu
entziffern. An verschiedenen Stellen findet sich dann der Namenseintrag
eines Thomas Walck[3] aus Radolfzell am Bodensee („Cella Ratholdi"),
zweimal auch mit der Jahresangabe 1631. Dann war laut Eintrag der Band
im Besitz des am Werke der katholischen Restauration in der Diözese
Bamberg rege beteiligten Bamberger Weihbischofs Johann Murmann (geboren
zu Cronach 1573, gestorben 1. Februar 1656 in Bamberg), aus dessen Bibliothek er mit anderen Büchern bei seinem Tode an die Franziskaner in
Forchheim kam.[4] Dort scheint er in der Klosterbibliothek bis zur Säkulari-
sation geruht zu haben. Im Jahr 1830 erwarb ihn der Bamberger Sammler
und Kunstkenner, Zeichenprofessor Martin J. von Reider,[5] der ihn dann

---

[1] Gedruckt von Balthasar Müller nach den Typen zu schließen, wie mir SCHOTTENLOHER
freundlichst mitteilt. Sie ist von SCHAROLD veröffentlicht im Archiv des historischen
Vereins von Unterfranken und Aschaffenburg Bd. 5 Heft 3. Würzburg 1839 S. 136-152,
leider ohne nähere Angaben über das betreffende Exemplar. / [2] Soll vielleicht „ligatori"
heißen; dann wäre Nurmberger etwa der Name des Buchbinders und 1 ℔. die ihm
für seine Arbeit bezahlte Summe. — Von der gleichen Hand geschrieben ist auf
dem rückwärtigen Vorsatzblatt (später verklebt) ein spanisches Wortspiel zu lesen; sollte
man daraus schließen dürfen, daß der Schreiber ein Jesuit war, wozu ja auch der
Inhalt des Buches gut stimmen würde? / [3] Er ist laut Freiburger Universitätsmatrikel
(Bd. 1 S. 865 Nr. 31) unterm 16. November 1628 dort als „logicus" eingeschrieben. Ein
Ratsherr (Johann) Georg Walkh — vielleicht sein Vater — unterzeichnet am 26. Oktober
1632 den Übergabebrief, der die Stadt Radolfzell am Bodensee an die württembergischen
Obrist Hans Michael Rauh ausliefert; die Urkunde siehe bei K. WALCHNER, Geschichte
der Stadt Ratolphzell. Freiburg 1825 (unveränderter Abdruck 1837) S. 314 ff.; vgl. auch
P. ALBERT, Geschichte der Stadt Radolfzell a. Bodensee. 1896 S. 394. / [4] Vgl. SCHOTTEN-
LOHER, Bamberger Privatbibliotheken aus alter und neuer Zeit. ZfB Jahrg. 24 (1907)
S. 439, dort Anm. 2 die Literatur über Murmann. / [5] Über ihn siehe SCHOTTENLOHER
a. a. O. S. 455 f.

im Jahre 1861 mit dem größten Teil seiner reichen Sammlungen an das Bayerische Nationalmuseum in München verkaufte. Von da erwarb den Band vor kurzem durch Tausch die Bayerische Staatsbibliothek.

Nachwort

Wie so oft muß ich auch hier feststellen, daß mein Fund und seine Veröffentlichung in der einschlägigen Forschung unbeachtet geblieben ist. Ich verweise vor allem auf die in Erinnerung an den 500. Geburtstag des J. Cochlaeus erschienene Schrift des streitbaren Freiburger Kirchenhistorikers REMIGIUS BÄUMER, Johannes Cochlaeus (1479–1552). Leben und Werk im Dienst der katholischen Reform 1980, wo die wichtigste frühere Literatur einleitend aufgeführt und von einem streng konservativ-katholischen Standpunkt aus gewürdigt ist. Auf S. 44 u. 84 ist von der literarischen Produktion des C. im Jahr 1537 die Rede, ohne daß die in dem von mir seinerzeit katalogisierten Sammelband der Bayr. Staatsbibliothek in München eingebundenen Schriften des C. aus dem gleichen Jahr erwähnt werden[1], natürlich dann auch nicht mein Bericht darüber. Auch wo S. 95 vom Eintreten des C. für das Fortbestehen der Ehelosigkeit der Nonnen berichtet wird, fehlt der Hinweis auf jene anonyme Schrift von 1537, die doch auf diese Frage ebenfalls eingeht[2]. Eine vom Herausgeber Heinrich Bornkamm in der Vorrede als besonders gründlich gewürdigte postume Arbeit von protestantischer Seite läßt ebenfalls die Kenntnis der Cochlaeus-Streitschrift vermissen: ALBRECHT LOBECK, Das Hochstift Meissen im Zeitalter der Reformation bis . . . 1541 (1971). Dort ist auf S. 82f. von den konfessionellen Verhältnissen in Freiberg 1537/38, auf S. 153f. von den Bedrängnissen der Freiberger Nonnen die Rede, ohne daß auf jene Schrift des Cochlaeus verwiesen wird. Schließlich fehlt auch in der Kurzbiographie des C. VON FRANZ MACHILEK in: Fränkische Lebensbilder 8. 1978, S. 51–59 (mit Literaturliste S. 66–69) jeglicher Hinweis auf die schon 1924 neu entdeckte Schrift.

Als merkwürdiges Zusammentreffen muß es angesehen werden, daß drei der mir ganz unabhängig voneinander zugefallenen Funde aus meiner Bibliothekarszeit mit einem ganz speziellen Bereich der Reformationsgeschichte in Verbindung stehen: dem sogen. ‚Antinomerstreit' zwischen Luther und seinen Gegnern. So vor allem die hier gleich anschließend wieder vorgelegten Spottverse Luthers auf Johann Agricola, ferner bisher unbe-

[1] Über Äußerungen des C. zur Konstantinischen Schenkung (mit der eine jener beiden Schriften des C. befaßt ist, s. bei mir [S. 325]) berichtet BÄUMER nur ganz kurz S. 45, ohne weitere bibliographische Angaben.

kannte Disputationsthesen zu diesem Streit[3], und schließlich auch der Coch-
laeus-Fund, indem nämlich dessen Freiberger Gegner, der sächsische Hofprediger Jacob Schenck, damals ebenfalls in den Antinomerstreit verwickelt
war, woraus Cochlaeus möglicherweise Nutzen gezogen hat (s. S. [323],
Anm. 1).

Nachträge

[S. 321 ff.]:
Über Jacob Schenck s. den knappen Artikel von W. Delius in der RGG [3]V 1961,
Sp. 140 f. Bei seinem Zerwürfnis mit den Wittenberger Reformatoren ging es wie
gesagt um den ‚Antinomerstreit‘, in dessen Verlauf sich Schenck zu dem krassen
Ausspruch hinreißen ließ „Alle die mit Mose umgehen, müssen zum Teufel fahren,
an den Galgen mit Mose!" (siehe dazu Zs. f. bayr. Kirchengesch. 5. 1930, S. 220 m.
Anm. 10).

[S. 325] m. Anm. 5:
Über Nikolaus Wolrab als Drucker des Cochlaeus s. jetzt auch R. Bäumer aaO.,
S. 44 u. 49.

---

[2] Im Corpus Catholicorum sind seit dem Erscheinen meines Aufsatzes mehrfach Schriften
des Cochlaeus wieder abgedruckt worden (Bd. XV 1929. XVII 1931. XVIII 1932), jedoch
findet sich auch hier kein Hinweis auf den Neufund.
[3] Von mir veröffentlicht unter dem Titel: Ein neuer Fund zum Antinomerstreit 1537/40, In:
Zeitschr. f. bayr. Kirchengesch. 5. 1930, S. 209–229.

Ein Spottgutachten Luthers über Johann Agricola*

Bericht über einen Fund und seine Umwelt

Es sind nun etwa 200 Jahre her, daß das als eine Gründung der Reformation 1546 errichtete Gymnasium von Hof, der dem Lande Sachsen nächstgelegenen oberfränkischen Stadt, seine eigene Bücherei erhalten hat. Das geschah durch die Initiative des seit 1735 amtierenden eifrigen, biederen und gelehrten Rektors Paul Daniel Longolius. Zwar war schon einmal gegen Ende des Reformationsjahrhunderts im Zusammenwirken des markgräflich brandenburg-kulmbachischen Landeshauptmanns mit dem Superintendenten der Stadt eine Bibliothek „zu der Schulen zum Hof" eingerichtet worden; doch die geriet in der Notzeit des 30jährigen Krieges in Verlassenheit und Versäumnis, blieb aber wenigstens zum großen Teil in einem Winkel in der Sakristei der Stadtkirche ihrem Bestande nach erhalten. Da sie unvermehrt geblieben und daher inzwischen ganz veraltet war, legte wohl die wiederaufgeblühte Schule keinen Wert mehr auf ihren Besitz, und sie wurde dann in der Aufklärungszeit mit wachsendem historischem Interesse allgemach zu einer Kirchenbibliothek von mehr musealem Gepräge. Als solche bietet sie noch heute eine nicht viele, aber meist gepflegte Bände umschließende Sehenswürdigkeit, die jedoch der feineren Ordnung und des Katalogs entbehrt.

Jene *neue* Schulbibliothek des 18. Jhs. war in den gut zwei Menschenaltern bis zur einstweiligen Aufhebung des zuletzt kgl. preußischen Gymnasiums an der Wende einer anders gearteten Zeit (1811) zunächst rasch gewachsen, mehr durch Schenkungen und Stiftungen als aufgrund besonderer Dotierung. Als die Anstalt dann sechs Jahre später unter bayrischer Herrschaft und in neuem Geiste eigentlich als reine Neugründung wiedererstand, wußte man mit den rund 6000 aus einer entschwundenen Epoche stammenden Bänden für den praktischen Schul- und Lehrbe|trieb begreiflicherweise nichts Rechtes mehr anzufangen: man empfand den Besitz als einen Ballast, dessen mahnende Verpflichtung man immerhin fühlte. Mit dem Auseinanderfallen der alten Ordnungen war aber auch noch die Frage aufgetaucht, wem die doch manches Wertvolle enthaltende Büchersammlung überhaupt rechtmäßig gehören solle: dem bayrischen Staat oder der Stadt Hof, und es ist nur ein Zufall, daß nicht auch die Kirche, die ja freilich schon jene ältere

---

* Otto Glauning zum 60. Geburtstag (Festschrift) 1936, 80–88.

kleinere Bibliothek besaß, ihre Ansprüche anmeldete, wie es andernorts geschah[1]. Hier in Hof nun fiel die Entscheidung zu Anfang dieses Jahrhunderts im Sinne eines wahrhaft salomonischen, vom damaligen Gymnasialrektor dem Ministerium vorgeschlagenen Urteilsspruchs, aber leider so, daß unter den Streitparteien keine echte Mutter sich fand, das Kind vor der Zerstückelung zu bewahren. Die Bibliothek wurde in der Tat grob in zwei Hälften zerschnitten, in eine größere, die philologisch-historischen Fächer enthaltende mit der Mehrzahl der Inkunabeln, die dem Gymnasium und damit dem Staat verblieb, und in eine kleinere, die theologischen und juristischen Bestände umfassende, die der Stadtgemeinde zufiel. Damit war, wenn auch die dergestalt zerteilte Sammlung in der gleichen Stadt blieb, doch ein organisch gewachsenes Ganzes zerrissen. Der klare und selten mehr so zu gewinnende Überblick über die fast unvermehrte und damit im Gesamtbild unzerstörte Bücherei eines deutschen Gymnasiums am Ende des 18. Jh. war damit gewaltsam verdorben, ein Überblick, der doch für die Bildungs- und Kulturgeschichte der Zeit des ausgehenden Absolutismus gleichermaßen wichtig gewesen wäre, wie etwa – wenn auch in kleinerem Verhältnis und Ausmaß – am Beispiel der erwähnten Wunsiedler Bibliothek deutlich werden kann.

Was nach jener Teilung von der alten Hofer Schulbibliothek noch dem bayrischen Staat gehörte, wird in unzulänglicher Ordnung und Verzeichnung beim Gymnasium aufbewahrt. Für die Stadtbibliothek dagegen wirkte das Wunsiedler Vorbild anregend, so nämlich daß man großzügig an eine sachgemäße Ordnung und Katalogisierung ging, die dann dank den günstigeren äußeren Verhältnissen in dem ja auch weit größeren Gemeinwesen rascher und zweckmäßiger zu Ende geführt werden konnte als dort in dem kleinen Wunsiedel. Bestand in Hof ursprünglich der Eindruck, als sei die Stadt dem Gymnasium gegenüber der Teilung schlechter | weggekommen, so mußte sich bei näherem Zusehen das Urteil ändern: war doch durch die Zuteilung der theologischen Bestände an die Stadt, entsprechend der Tradition und Eigenart derartiger evangelischer Schulbibliotheken, eine Fülle wertvoller Kampfliteratur aus der Reformationszeit in z. T. seltenen Drukken mitgekommen. Darüber hinaus aber hat die Sichtung der Stadtbibliothek auch ein halbes Hundert nicht uninteressanter Manuskripte zutage gefördert, deren inhaltlicher Wert da und dort über rein örtliche Bedeutung hinausweist, und die durch Ablösen von pergamentnen Einbänden u. ä. wenigstens in Fragmenten noch bereichert werden konnten[2].

---

[1] So in dem ebenfalls oberfränkischen und ebenfalls vormals markgräflich bayreuthischen Fichtelgebirgsstädtchen *Wunsiedel*, wo 1928 der Streit um die alte Lyzeums-Bibliothek, an dem sich dort der Staat nicht beteiligte, durch Einigung auf gemeinsames Eigentumsrecht an der fortan „Stadt- und Kirchenbibliothek" genannten Sammlung beigelegt wurde. Über diese Bibliothek, deren Katalogisierung nunmehr abgeschlossen ist, siehe Jubiläumsschrift der Stadt Wunsiedel 1928, S. 82ff.; Der Siebenstern Jg. 8. 1934, S. 134ff.

[2] Ein Überblick über die wichtigsten hierbei geglückten Funde wie überhaupt über die Hofer

Vielfach handelt es sich bei den Hofer Handschriften um mehr oder weniger umfangreiche Einträge in gedruckte Bücher. So fand sich am Ende eines Sammelbandes, der u. a. das äußerst seltene erste Druckerzeugnis der Stadt Berlin v. J. 1540 enthält, eine Reihe wertvoller handschriftlicher Dokumente zum Streit Luthers mit dem „Antinomer" Johann Agricola in den Jahren 1537/40, darunter ein bisher unbekannter Brief des Kurfürsten Joachim II. von Brandenburg an Johannes Bugenhagen[3]. Zu dem gleichen Lehrzwist ist nun noch ein weiteres Dokument aufgetaucht, das hier mitgeteilt und besprochen werden soll. In dem Hofer Exemplar des lateinischen Kommentars zum Lukasevangelium von Johann Agricola, Nürnberg 1525[4] findet sich von kaum viel späterer Hand auf beiden Seiten des letzten leeren Blattes aus kräftigem Federkiel folgender Eintrag:

Iudicium Lutheri de Ioanne isleb[io]
præsentium derisor.
Absentium detractor.
Defunctorum calumniator

4   Nocturnus potator
Tibicinarum amator
Bonorum virorum vitili[ti]gator[5]
suarum concionum insig[nis] admirator

8   Somniorum infelix vaticinator|
Muliebrium manuum blandus palpator.
Thesaurorum inventor
principum contaminator.

12   Iudæorum defensor.
Alchimiæ confirmator.
veterum ceremoniarum novus restaurator[6].
verbi Dei subtilis commentator

16   Vvitebergensium Magnus osor
Magnificarum ædium gloriosus ex[s]tructor[7].

Bibliotheksgeschichte steht in der Zeitschrift „Mein Frankenland" 1931, S. 203 ff., daselbst auf S. 206 Angaben über die einschlägige ältere und neuere Literatur. Ein ausführliches, inzwischen freilich noch da und dort ergänzbar gewordenes Verzeichnis der Handschriften der alten Gymnasialbibliothek, soweit sie der Stadt zufiel, ist im Arch. für Schreib- und Buchwesen 1930, S. 47 ff. gegeben (Schramm-Festschrift).

[3] Der Fund ist mit einer Einführung in die Geschichte jenes Streits veröffentlicht in der Zeitschr. f. bayr. Kirchengesch. 5. 1930, S. 209 ff.

[4] Signatur: „8⁰ Frühdr. 3". – Buch und Einband bieten keinerlei Anhaltspunkte zur Feststellung des Vorbesitzers.

[5] In *vitiligator* scheint eine Verschreibung für *vitilitigator* = Splitterrichter vorzuliegen.

[6] Hier ist angespielt auf die durch Luther anfänglich harmlos beurteilten, später aber – wie hier – bekämpften katholisierenden Riten, wie sie in der Brandenburgischen Kirchenordnung vom März 1540 festgelegt waren und von Agricola gehalten wurden (frdlr. Hinweis von R. Stöwesand); vgl. G. KAWERAU, Hauck's Realencyklop. IX 1901, S. 225.

[7] Ob damit der Aufschneider und Erbauer trügerischer Luftschlösser bezeichnet werden soll

Zuvörderst besteht kein Zweifel darüber, daß es sich nicht um Luthers eigene Schriftzüge handelt. Also erhebt sich sofort die Frage: hat der Schreiber recht mit der Behauptung der Autorschaft des Reformators für das kuriose Sündenregister? Die kräftige Sprache, die an grober Deutlichkeit nichts zu wünschen übrig läßt, die Frische und Klarheit des Ausdrucks, der sich fernhält von der prätentiösen Künstelei des üblichen Humanistenlateins und auch dessen Eleganz durchaus vermissen läßt, die Treffsicherheit der Wortprägung und -Verbindung, die unbekümmerte Freiheit in Rhythmus und Reim – kurz der ganze Stil scheint vortrefflich zu Luthers urkräftiger Art zu passen. Aber auch am Inhalt läßt sich zeigen, daß an der Zuweisung kaum zu rütteln sein wird. [8].

So nahe Freundschaft Luther mit seinem gut zehn Jahre jüngeren Landsmann und Schüler ursprünglich verbunden hatte, so sehr war das Verhältnis in sein Gegenteil umgeschlagen, nachdem „Grickel", wie Luther den Agricola oder „Eisleben" erst harmlos freundschaftlich, später verächtlich nannte, die Sache des Evangeliums in des Reformators Augen verfälscht und verraten hatte. Im Jahre 1527 war Agricola (damals Schulrektor und Prediger in seiner Vaterstadt) – wie er ehrlich glauben durfte ganz in Luthers Sinn – erstmals mit betonter Verkleinerung des mosaischen Gesetzes gegenüber Glauben und Gnade hervorgetreten und dabei mit Melanchthon aneinandergeraten[9]. Luther, dessen Kennzeichnung des Gesetzes als „der Juden Sachsenspiegel" | sich Eisleben zu eigen machte[10], nahm damals keinen ernstlichen Anstoß an der Überspitzung seiner eigenen Lehre und der schärferen Herausstellung ihrer Konsequenzen, und auch mit Melanchthon brachte das Torgauer Gespräch vom September 1527 rasche Versöhnung[11]. Der dabei aber doch nur notdürftig überbrückte Gegensatz lebte zehn Jahre später wieder auf, als Agricola nach Wittenberg berufen war und durch seine antinomistische Predigtweise erneut Anstoß gab. Auch hatte er schon in nah und fern Anhänger seines gesetzesfeindlichen Standpunkts gefunden – unter ihnen besonders Jakob Schenck aus Freiberg, von Luther „Jeckel" genannt –, die eine Anzahl scharf gefaßter Antinomer-Thesen von Hand zu Hand gaben, darunter so radikale Formulierungen wie: „Das Gesetz ist nicht wert, daß man's Gottes Wort heißt. – Decalogus gehört aufs Rathaus, nicht auf den Predigtstuhl. – Alle die mit Mose umgehen müssen zum Teufel fahren; an den Galgen mit Mose[12]!" Da erkannte Luther, ähnlich wie seinerzeit im

---

oder ob etwa auf einen das Decorum pastorale verletzenden zu üppigen Hausbau des Agricola angespielt ist, läßt sich nicht ausmachen.

[8] Einige entscheidende Kriterien hat mir freundlichst OTTO CLEMEN nachgewiesen, der seinerseits nicht daran zweifelt, daß es sich in der Tat um eine Äußerung Luthers handelt. Für seine Mitteilungen sei ihm hier aufrichtiger Dank ausgesprochen.

[9] GUSTAV KAWERAU, Johann Agricola von Eisleben . . . Berlin 1881, S. 139 ff.

[10] KAWERAU, S. 143.

[11] KAWERAU, S. 145 ff.

[12] Zeitschr. f. bayr. Kirchengesch. 1930, S. 213 u. 220 m. Anm. 10.

Fall der Bauern- oder Wiedertäuferunruhen[13], die Gefahr einer radikalen Ausdeutung seiner Lehre und schritt energisch ein. Er nannte nunmehr auch jene 1527 von Agricola in Katechismusform niedergelegten Lehrsätze einen üblen „Kakismus" und ging anhand eigener Gegenthesen in mehrfachen Disputationen gegen den Irrlehrer vor. Als das nichts fruchtete, belegte er schließlich – von verschiedenen Seiten kräftig befeuert – am 18. April 1540 mit obrigkeitlicher Unterstützung den Grickel mit Strafhaft in dessen eigenen Hause, aus welcher dieser jedoch im August des gleichen Jahres entwischen konnte[14]. Der Eisleben fand darauf Zuflucht und Schutz beim brandenburgischen Kurfürsten Joachim II. in Berlin, der ihn zu seinem Hofprediger ernannte. Aber die Macht der Wittenberger erforderte doch für Agricola, wollte er unangefochten in dieser Stellung bleiben, rasche Beilegung des Streites. Melanchthon entwarf eine Revokationsschrift, deren letzte Fassung nach manchen Änderungen und nach langem Hin und Her der Verhandlungen, an denen sich auch Joachim beteiligte, schließlich unter Agricola's Namen erschien[15].

Nach diesem für den Eisleben wenig rühmlichen, aber eben unter starkem äußerem Druck erfolgten Ende des Streits war für Melanchthon der Fall erledigt; er nahm künftig sogar wieder die alten freundschaftlichen Beziehungen zu Agricola auf[16]. Luther dagegen, im Lieben wie im Hassen ungleich stärker als sein leisetretender Genoß, konnte dem Grickel auch jetzt nicht verzeihen und berief sich dabei auf das Apo|stelwort Tit. 3, 10/11 „Einen ketzerischen Menschen meide, wenn er einmal und abermal ermahnt ist, und wisse, daß ein solcher verkehrt ist und sündiget, als der sich selbst verurteilt hat."[17]. Aus den über Grickel in jenen Jahren geführten Tischreden wird außerdem deutlich, daß Luther in Agricola's Auflehnung gegen die Wittenbergische, vor allem in Luther und Melanchthon verkörperte Lehrmeinung Undankbarkeit, Besserwisserei und Hochmut erblickte, Eigenschaften, die ihm an dem Schüler, der ihm seine ganze äußere und innere Existenz verdankte, unverzeihlich schienen[18]. Er wurde darum nicht müde, bis zuletzt seine Wittenberger Freunde vor dem gefährlichen Menschen zu warnen: „Sonderlich aber hütet euch vor dem Eisleben, denn er wird nicht allein vom Teufel geritten, sondern der Teufel wohnt selbst in ihm"[19]. Schon früher hatte er ihn als einen „Kopf" bezeichnet, „der seine Ehre sucht

---

[13] Mit Münzer hat er Agricola nachmals oft verglichen.

[14] KAWERAU, S. 204 ff.

[15] Confession vnd be-//kenntnis Johanns Agrico-//lae Eißlebens/Vom Gesetze Gottes.// Gedruckt zu Berlin durch//Hans Weißen M.//D. XL.// – eben jener oben [S. 82] erwähnte Erstdruck der Stadt Berlin (vgl. Bibliothek J. K. F. KNAAKE II 8). Näheres über die letzte Phase des Streits s. bei KAWERAU, S. 212 ff.; ferner Zeitschr. f. bayr. Kirchengesch. 1930, S. 211 ff.

[16] KAWERAU, S. 245 u. ö.

[17] KAWERAU, S. 218.

[18] Die zahlreichen Stellen weist am besten das Register der Weimarer Ausgabe der Tischreden nach, Bd. 6. 921, S. 516.

[19] KAWERAU, S. 243.

und sich in seiner Weisheit bethut"[20], ein unsinnig gewordenes Närrlein, einen zweizüngigen Judas[21]. Auch hatte er ihm unehrliche Kampfesweise vorgeworfen[22] und ihn schließlich zeitweise überhaupt nicht mehr ernst genommen. „Wenn Du wissen willst, was die Eitelkeit selbst sei, so kannst Du sie aus keinem besseren Bilde kennen lernen, als aus dem Eislebens", der es „mit jedem Possenreißer aufnehmen kann" und lieber „für alle Zeit sich des Predigtamts enthalten und sich irgendwo als Hanswurst vermieten sollte", so heißt es in einem Briefe Luthers vom Dezember 1540[23].

Auch moralische Anklagen gegen die persönliche Lebensführung Agricola's wurden im Verlauf des sachlich begonnenen Streites, wie es zu gehen pflegt, vielfach erhoben. Einigen Anhalt mochten sie immerhin in Grickels Neigung zum Wohlleben gefunden haben, wie sie während seiner Tätigkeit am Berliner Hofe begreiflicherweise stark gefördert wurde[24]. Aber alles in allem mußte Agricola – die Fährlichkeiten seiner Veranlagung zugegeben – doch den ehrlichen Eindruck gewinnen, daß ihm vonseiten der Wittenberger, denen er immer wieder bis zur Selbstverleugnung nachgab, fortgesetzt Unrecht geschehe; ganz besonders mußte ihn Luthers Unversöhnlichkeit verbittern. Daß er sie ihm nicht vergolten hat, gereicht ihm zur Ehre; er, der ihn 20 Jahre überlebte, hat sein Andenken hochzuhalten sich redlich gemüht[25]. Und wenn er auch in seiner Einstellung zu der verhängnisvollen Mühlberger Schlacht (1547), für deren Ausgang er einen Dankgottesdienst abhielt[26], und durch seine Mitwirkung am Zu|standekommen des Augsburger Interims (1548)[27] sich am Geist der Reformation versündigt hat, so ist doch Luthers Befürchtung nicht eingetroffen, der Grickel werde nach seinem Tod das Werk der Reformation ernstlich erschüttern oder gar verderben. Daß freilich trotz seiner fortdauernden Bewunderung der überragenden Größe Luthers Agricola den Wittenbergern mehr und mehr Mißtrauen entgegenbrachte, kann nicht erstaunen. Das scheint er sogar die jungen Geistlichen haben spüren zu lassen, die von Wittenberg in die Mark Brandenburg kamen, so daß man ihm den Vorwurf, er sei ein „Witebergensium magnus osor", den wir in unseren Anklageversen lesen, auch sonst in aller Form und fast mit den gleichen Worten gemacht hat[28].

Muß aus all dem Angeführten die Wahrscheinlichkeit schon einleuchten, daß jene in Hof aufgefundenen Spottverse wirklich auf Luther zurückgehen,

[20] KAWERAU, S. 198.
[21] KAWERAU, S. 204.
[22] KAWERAU, S. 200; vgl. S. 195 und Luthers Brief an Nik. Amsdorf v. 2. Mai 1545: ENDERS-KAWERAU, Luthers Briefwechsel Bd. 16, S. 217. Auch Luthers Äußerungen über Agricola in seinen Tischreden werfen ihm ganz besonders immer wieder *simulatio* vor. In diesem Zusammenhang nennt er ihn einmal einen „bunten Molch". Vgl. Luthers Tischred., Weim. Ausg., Bd. 4, passim.
[23] KAWERAU, S. 218.   [24] KAWERAU, S. 224 f., 330 f.
[25] KAWERAU, S. 243 f.   [26] KAWERAU, S. 246 ff.
[27] KAWERAU, S. 249 ff.
[28] So i. J. 1548, s. KAWERAU, S. 238 (frdlr. Hinweis von Otto Clemen).

so läßt sich durch die Untersuchung zweier ganz bestimmter in ihnen enthaltener Anklagepunkte die Autorschaft des Reformators fast zur Gewißheit erheben. In Vers 12 und 13 wird dem Grickel vorgeworfen, für die Juden eingetreten zu sein und die Alchimisten unterstützt zu haben. Es handelt sich dabei um Ereignisse aus der Zeit von 1543–45. Durch den verunglückten Türkenfeldzug Joachims II. v. J. 1542 waren die Geldverhältnisse der Mark zerrüttet und der Kurfürst in großer Bedrängnis. Das nützten kapitalkräftige jüdische Geldmänner weidlich aus, halfen aus der ärgsten Klemme, brauchten aber dafür den Fürsten zum gefügigen Werkzeug einer von ihrem Eigennutz geleiteten Politik; ein Jude Michael wird als sein vertrautester Ratgeber in diesen Jahren genannt[29]. Agricola nahm in einer seinem Herrn erzeigten Untertänigkeit gegen Willen und Stimmung der Bevölkerung, die von starkem Ressentiment geleitet war, die Judenschaft öffentlich in seinen Predigten in Schutz, so daß man ihm sogar vorwarf, er sei von ihr bestochen[30]. Da anscheinend auch der jüdische Kurs in der Finanzwirtschaft in der Mark Brandenburg die Misere nicht beseitigen konnte, nahm der Kufürst zur Goldmacherei seine Zuflucht. Das Schwindeltreiben der offenbar 1544 an den Hof gezogenen Alchimisten wurde im Frühjahr 1545 aufgedeckt, die Hauptschuldigen kamen in Haft, konnten sich aber daraus befreien. Mit ihrer Flucht brachte man Agricola in Verbindung[31]. Sowohl die Judenherrschaft wie die Goldmacherei am brandenburgischen Hof gab nun Luther Anlaß zu wiederholter scharfer Kritik, und in den betreffenden Briefstellen gibt er jeweils deutlich zu verstehen, daß auch er den Eisleben für mitschuldig an diesen | Zuständen hält[32]. Doch scheint er an dem Entkommen der gefangengehaltenen Goldmacher Agricola nicht die Schuld zu geben; in dem schon oben herangezogenen Brief an Amsdorf vom 2. Mai 1545, in dem er sich gegen Grickel ausläßt, bespricht er unabhängig davon die Flucht der Alchimisten[33]. Es ist also durchaus möglich, und der Wortlaut unserer Spottverse 12 u. 13 scheint auch eher dafür zu sprechen,

---

[29] KAWERAU, S. 226f.

[30] Eine Stelle in einem Brief von gegnerischer Seite vom August 1543 lautet: *M. Agricola publice in Marchia pro concione defendit Judaeos, corruptus eorum muneribus et largitionibus;* KAWERAU, S. 272.

[31] KAWERAU, S. 243.

[32] 9. Febr. 1544 an Anton Lauterbach (ENDERS-KAWERAU Bd. 15, Nr. 3371, S. 336, 9ff.) *Quid coquunt in Marchia Grickel und Jeckel, ignoro: Deus sanet eos, Amen. Judei perditi in ea regnant apud Marchionem propter pecuniam.* – 9. März 1545 – noch vor der Aufdeckung des Alchimistenschwindels – an den Kurfürsten Joachim selber in ernster Mahnung wegen beider Mißstände (ENDERS-KAWERAU 16, Nr. 3492, S. 192, 33ff.); in diesem Schreiben ist Grickel nicht ausdrücklich erwähnt, aber das dort seinem aktiv judenfeindlichen Probst gespendete Lob (Z. 42ff.) trifft ihn auch ungenannt schwer. Auch wird in dem Brief (Z. 18ff.) die unter den Fürsten herrschende Zwietracht der Untreue ihrer Räte zur Last gelegt. Vgl. damit V. 11 unseres Iudicium Lutheri: *principum contaminator,* wie hier folgt in dem Brief an Joachim in gleicher Reihenfolge die Glossierung der Juden- und der Alchimistenfrage! (Der Hinweis auf die betr. Lutherbriefe wird Otto Clemen verdankt).

[33] ENDERS-KAWERAU 16, Nr. 3511, S. 217, 13ff. u. 21ff.; vgl. ob. Anm. 22.

daß das „Iudicium Lutheri de Joanne Islebio" schon vorher, als Judenregiment und Goldmacherei am Berliner Hofe noch in Blüte standen, entworfen ist. Wir kommen damit ins Spätjahr 1544 oder in den Anfang des folgenden Jahres für seine Entstehung. Ob in der uns erhaltenen Hofer Fassung, die ja die einzige bis jetzt bekannte darstellt, jedes einzelne Wort und die Reihenfolge der Sätze unmittelbar auf Luther zurückgeht, läßt sich natürlich nicht mehr entscheiden, zumal es ja gar nicht ausgemacht ist, ob Luther sie selber zu Papier gebracht hat oder in der Weise seiner Tischreden mündlich und mehr oder weniger stegreifmäßig zum Besten gegeben hat. Aber daß die Verse alles in allem nach Form und Inhalt auf den Reformator als Urheber weisen, wie ihr Präskript es bezeugt, das mag wohl durch das was hier angeführt werden konnte klar geworden sein.

Den Abschluß dieser Darlegungen bilde der Versuch, die lateinischen Spottverse ganz anspruchslos zu verdeutschen, dergestalt daß sie nach Ton und Sinn einen dem Original ähnlichen Eindruck vermitteln. Gerade Martin Luther gegenüber, dessen Temperament in seinen Tischreden gar oft unvermerkt ein Hinübergleiten aus dem Latein in sein geliebtes Deutsch vollzog, bedarf dieses Unterfangen keiner Rechtfertigung.

Spruch Luthers über Johann von Eisleben

Die gegenwärtig sind verlacht er,
Abwesende herunter macht er.
Von Abgeschiedenen falsch Zeugnis gibt er,
Die Nächte durchzusaufen liebt er. |
Mit leichtem Weibszeug weidlich buhlt er
Und bravem Mann gibt rasch die Schuld er.
Sein eigen Predigtkunst hoch preist er,
Aus Träumen Ungemach verheißt er,
Tät sich an zarter Frauenhand ergetzen
Und sucht verborgnen Orts nach Zauberschätzen.
Der Fürsten Eintracht gern zerstört er
Und auf der Jüden Lügen hört er.
Die Alchimisterei firmiert er
Und alten Formelkram einführt er.
Das Gotteswort nit stehen laßt er,
Die Wittenberger Obern haßt er,
Baut kühnlich einen Babelturm mit seinem Laster. |

Nachwort

Mein auf 1544/45 datierter Fund ist bis 1981 in den Nachträgen zur Weimarer Lutherausgabe noch nicht erschienen; nach freundlicher Mitteilung von H. A. OBERMAN vom 12. Nov. 1970 ist dies jedoch seit langem vorgesehen. Der Bd. 60. 1980, der an sich die Nachträge ab ca. 1530 enthält, bietet das Stück noch nicht, der Nachtragsband 59 steht (ebenso wie der Registerband) noch aus. Da er u. a. die Nachträge zu den ‚Tischreden‘ enthalten soll (s. JOHS. SCHILLING in der Vorrede zu Bd. 60, S. XIX), so werden die Spottverse wohl da ihren Platz finden, zumal sie mit den Tischreden in mehrfachem Bezug stehen, wie von mir [S. 85] ausgeführt und belegt worden ist.

Die wichtigste in der Zwischenzeit erschienene Veröffentlichung zum Thema ist JOACHIM ROGGE, Johann Agricolas Lutherverständnis. Unter besonderer Berücksichtigung des Antinomismus (1960), wo – nach vorangegangener Korrespondenz mit mir – auf S. 231 (m. Anm. 96 auf S. 291) über den Fund berichtet wird, im allgemeinen zustimmend zu meinen Ergebnissen, auch was die Datierung anlangt. Auch sonst werden in dem Buch meine Bemühungen (s. z. B. bei mir [S. 82, Anm. 2] = ob. Anm. 3) mehrfach zitiert (z. Tl. auch kritisch), so S. 277, Anm. 57. 278, Anm. 72. 82. 91. 92. 279, Anm. 94, vgl. a. S. 152 u. Anm. 57; 155 u. Anm. 73; 182 u. Anm. 95 (auf S. 282); ferner das Literatur-Verzeichnis S. 302.

Nachträge

[S. 80], Schluß von Abs. 1:
Die alte Hofer Kirchenbibliothek ist nach Mitteilung des Ev.-luth. Dekanats Hof vom 26. Febr. 1982 „inzwischen archiviert und in Registern festgehalten“.

[S. 82] unten:
Die Verbalsubstantiva, von deren Reihung und Reimung das ‚Gedicht‘ lebt, entsprechen offenbar dem Stil der Zeit, wo es sich um plakative Beurteilungen handelt. So gebraucht Erasmus von Rotterdam ähnlich *aestimator* und *censor* im Blick auf den älteren Seneca; s. dazu W. TRILLITZSCH im Philologus 109. 1965, S. 288.

[S. 82], Anm. 4:
Es handelt sich wohl nicht um ein Versehen, sondern um eine durch sogen. ‚Haplologie‘ verkürzte Form des Wortes *vitilitigator* (zu *vitium* und *litigare*). Vgl. etwa *aritudo* statt *ariditudo* (neben *ariditas*!), *tragicomoedia* statt *tragicocomoedia* etc. (im Deutschen Pazifismus st. Pazifizismus, Zauberin st. Zaubererin etc.). Zur Haplologie im Lateinischen vgl. FERD. SOMMER, Handbuch der lateinischen Laut- und Formenlehre . . . [2/3]1914, S. 285. M. LEUMANN, Lateinische Laut- und Formenlehre 1977, S. 234 f.

Antikes Erbgut im evangelischen Kirchenlied*

Es müßte wohl verwundern, wenn das Kirchenlied, das der Reformation Luthers sein Dasein verdankt, nicht auch Spuren der Anregung trüge, die der großen Bewegung in vielfältiger Weise vom Humanismus her zugeströmt ist. Denn humanistischer Geist, humanistische Bildung, humanistisches Formgefühl waren in vielen dieser Dichter lebendig, mögen auch ihre Lieder zunächst und zuvörderst dem Vorbild des sangesfreudigen Reformators, den Bedürfnissen des Gemeindegottesdienstes und einer neugeweckten und vielfach durch die Versenkung in die alttestamentliche Psalmendichtung belebten unmittelbaren Herzensfrömmigkeit ihr Dasein verdanken. Und mag der deutsche Kirchengesang sogar meist in bewußtem Gegensatz zu der schon in der Sprache das antike Erbe bewahrenden lateinischen Hymnendichtung des Mittelalters wie zu der darüber hinaus auch aus antikem Geiste lebenden Humanistenpoesie der Zeit entstanden sein: das übermächtige, im Bildungserlebnis der Renaissance neu erworbene und neu geformte Erbe der Antike konnte doch überall da zutage treten, wo der Dichter selbst in dieser Tradition wurzelte; ja es konnte selbst da offenbar werden, wo seinem Liede auch nur Vorbilder zur Anregung dienten, die ihrerseits antikes Gut in sich aufgenommen und verarbeitet hatten. Eine gründliche Durchforschung des reichen evangelischen Liederguts der noch unter dem Einfluß des Humanismus und seiner Nachwirkungen stehenden Jahrhunderte bis etwa zum Pietismus hin unter den angedeuteten Gesichtspunkten dürfte sich wohl lohnen. Die Absicht dieser Zeilen ist freilich nur, einige Hinweise auf die Fruchtbarkeit einer solchen Aufgabe zu bieten, um dann anhand eines ausgeführten Beispieles zu zeigen, wie antikes Sprach-, Formel- und Gedankengut gelegentlich auch da noch lebendig ist, wo unser Ohr nur rein christliche Klänge zu vernehmen meint. Dadurch soll einprägsam gemacht werden, wie auch auf diesem

---

* Theologia Viatorum 1948/49 (1949), 122–136.

der christlichen Gemeinde so besonders vertrauten Felde frommer
heimischer Überlieferung, das wir eben darum gern als ganz aus sich
gewachsen ansehen möchten, uns das humanistische Erbe an das Ein-
gebettetsein in den großen antik-abendländischen Zusammenhang erinnern will.

Es ist nicht von ungefähr, daß zwei große Meister des Abendlandes,
deren Stimmen das ganze Mittelalter hindurch als Unterton hörbar geblieben sind, auch hier obenan stehen: der ,,Horatius ethicus"[1]), den
erst neuere Zeit als oberflächlichen Spötter und Genießer mißdeutet hat,
und der fromme Vergil, der Vorausverkünder einer neuen Weltzeit und
der ,,Vater des Abendlandes"[2]).

Daß zwei der beliebtesten horazischen Strophen, die sapphische und
die alkäische, das Versmaß für zahlreiche evangelische Kirchenlieder
abgegeben haben, ist weder der Klassischen Philologie[3]) noch der
Kirchenliedforschung[4]) verborgen geblieben. Freilich hat sich das klassische Metrum dabei die Entstellung durch die paarweise Verwendung
des dem antiken Vers fremden Reimes gefallen lassen müssen[5]), und der
trochäisch-spondeische und daktylische Rhythmus des sapphischen Maßes
wurde dabei gar — unter strenger Beibehaltung der Silbenzahl — in
iambische Verszeilen mit klingendem Ausgang umgegossen, während
das alkäische Maß den einem Auftakt folgenden Wechsel trochäisch-
spondeischer und daktylischer Rhythmen treu bewahrte[6]).

So lautet der Rhythmus der sapphischen Stŕophe, wie ihn unser Ohr
sich hörbar zu machen sucht, bei Horaz etwa:

---

[1]) Eine seit dem 12. Jahrh. geläufige Epiklese des Dichters; siehe dazu M. D.
C h e n u , Horace chez les théologiens. Revue des Sciences Philosoph. 24, 1935
S. 462ff. K. B ü c h n e r , Bursians Jahresbericht Bd. 267, 1939 S. 26f.

[2]) Vgl. Th. H a e c k e r , Vergil der Vater des Abendlandes [2]1933.

[3]) S c h a n z - H o s i u s , Gesch. d. röm. Literatur [4]II, 1935 S. 159 mit weiteren
Literaturangaben.

[4]) Wilh. N e l l e , Gesch. des deutschen ev. Kirchenliedes [3]1928, S. 101 (freundlicher Hinweis von Friedr. S m e n d).

[5]) Dazu tritt gelegentlich die Verwendung des Binnenreims sowie des über-
greifenden Reims vom letzten Wort der Vershälfte im ersten Vers zum entsprechenden des zweiten, dies stets im ersten und zweiten Vers des alkäischen
Versmaßes, wobei dieser Reim genau die Stelle der Zäsur im alkäischen Elf-
silbler bezeichnet.

[6]) Daß diese antiken Maße bei den griechischen Vorbildern des Horaz ursprünglich aus ganz anderen metrischen Elementen entstanden sein dürften, und daß
vielleicht auch Horaz ihnen eine andere Deutung gab, daß ferner der Rhythmus
unserer Sprache mit ihrem dynamisch-expiratorischen Akzent völlig anderen Ge-
setzen untersteht als die quantitierende Metrik der Alten, sei hier nur angedeutet.
Zu dieser letzterwähnten, lange vor Martin O p i t z bekannten Tatsache vgl.
A. K o b e r s t e i n , Grundriß der Gesch. d. deutschen National-Literatur [4]I
1847, S. 321. 568. 570.

íntegér vitaé scelerísque púrus
nón egét Maurís iaculís neque árcu
néc venénatis gravidá sagíttis,
Fúsce, pharétra.   (c. I 22, 1—4)

Die schlichte Vaterunserparaphrase dagegen, wie sie die letzte Strophe des ältesten in sapphischem Versmaß gehaltenen Liedes aus unserem Gesangbuch bietet, gibt sich folgendermaßen:

Váter, dein Náme[1]) wérd von úns gepreíset,
Dein Reích zukómme, deín Will wérd beweíset;
Fríst unser Lében[1]), wóllst die Sünd vergében,
Erlös uns. Ámen[2]).

(Petrus Herbert, gest. 1571; Die Nacht ist kommen, drin wir ruhen sollen, Str. 5.)

In der alkäischen Strophe jedoch herrscht auch im Rhythmus volle Entsprechung:

Nunc ést bibéndum, núnc pede líberó
pulsánda téllus, núnc Saliáribús
ornáre púlvinár deórum
témpus erát dapibús, sodáles.

(Horaz, c. I 37, 1—4)

Er gíbet Speíse reíchlich und überáll,
Nach Váters Weíse sättigt er állzumál;
Er scháffet früh und spáten Régen[3]),
Füllet uns álle mit seínem Ségen.

(Matthäus Apelles v. Löwenstern 1594—1648;
Nun preiset alle Gottes Barmherzigkeit, Str. 4)

Fragen wir nach der Ursache solcher unterschiedlichen Behandlung der beiden antiken Maße im Deutschen, so bietet sich folgende Erwägung an: Offensichtlich herrschte die Tendenz der Silbenzählung, die überall streng eingehalten wird (übrigens auch schon bei Horaz), und das Bestreben, paarweise Reime zu bilden. Die Silbenzählung ermöglichte nun bei der sapphischen Strophe mit ihren 11 + 11 + 11 + 5 Silben die Umgießung in den viel weniger komplizierten iambischen Rhythmus mit durchwegs weiblichen Versschlüssen, so daß der paar-

---

[1]) Gelegentlich steht am Anfang des Verses (wie hier in der ersten und dritten Zeile) statt des iambischen Metrums ein Choriambus (—∪∪— anstatt ∪—∪—). Das rührt von dem Bestreben her, den Daktylos des antiken Versmaßes zu erhalten, der aber von der dritten an die erste Stelle vorversetzt wurde.

[2]) Manchmal, wie in dieser Strophe, unterläßt der Dichter den Reim der dritten und vierten Verszeile und begnügt sich mit Binnenreim in der dritten (*Leben — vergeben*).

[3]) Zu der Wendung „früh und spaten Regen" vgl. unten S. 129, Anm. 2.

weisen Reimung mit klingendem Ausgang nichts im Wege stand. Die alkäische Strophe aber widerstrebte solchem Vorgehen; denn ihre 11 + 11 + 9 + 10 Silben hätten zwar in den ersten beiden Verszeilen eine ähnliche Umformung erlaubt. Aber mit den beiden letzten Zeilen wäre man in unlösliche Schwierigkeiten geraten; denn der Zehnsilbler gab ja nur einen Blankvers mit männlichem Ausgang her, während der Neunsilbler bei Umwandlung in einen iambischen Vers nur weiblich ausklingen konnte. Das hätte den Reim zwischen diesen beiden Versen ausgeschlossen. Dagegen hat das Unverändertlassen des antiken Rhythmus der alkäischen Strophe, wie ihn unser Ohr aufnimmt, in den ersten beiden Zeilen einen männlichen, in den beiden letzten einen weiblichen Reim ermöglicht, eine Abwechslung, die dem Rhythmus des Ganzen gerade seinen besonderen Reiz verleiht. Freilich blieb damit der Charakter des Fremdartigen auch in der reimenden Umbildung noch spürbar erhalten. Das mag der Grund dafür sein, daß sich fortan die beinahe bis zur Unkenntlichkeit eingedeutschte sapphische Strophe[1]) weit größerer Beliebtheit erfreute als die den Stempel ihrer Herkunft bewahrende alkäische. Denn der Liederschatz der evangelischen Kirche birgt die mehrfache Anzahl von Dichtungen in der sapphischen Strophe gegenüber von solchen im alkäischen Versmaß. Eine kurze Überschau mag dies belegen:

Das Evangelische Gesangbuch für Brandenburg und Pommern von 1931 enthält an Liedern im eingedeutschten sapphischen Versmaß außer dem schon genannten des Petrus Herbert (gest. 1571)[2]):

> „Herr, unser Gott, laß nicht zu Schanden werden" und
> „Herzliebster Jesu, was hast du verbrochen"
>   von Johann H e e r m a n n (1585—1647)[3])

---

[1]) Ihren wahren Ursprung verrät freilich dem Kundigen immer noch deutlich genug der kurze *versus Adonius* am Schluß.

[2]) Eine ebenfalls noch aus dem 16. Jahrh. stammende „geistliche Ode" von Zacharias R i c h t e r in sapphischem Maß („Laßt uns Gott danken, loben, ehr'n und preisen") findet sich abgedruckt bei W. W a c k e r n a g e l, Deutsches Lesebuch ³II Sp. 269f. Auf einige noch ältere Beispiele verweist der lehrreiche Aufsatz von Horst R ü d i g e r, Das sapphische Versmaß in der deutschen Literatur, der mir erst während der Korrektur durch einen freundlichen Hinweis von E. H e n s c h e l bekannt geworden ist (Zeitschrift für deutsche Philologie 58, 1933, S. 140ff., hier S. 148ff.).

[3]) Heermann war seit 1608 *Poeta laureatus Caesareus*; er hat auch in lateinischer Sprache gedichtet (Z s c h a r n a c k, RGG ²II, 1928, Sp. 1678), was die Verwendung der sapphischen Strophe auch in seinen deutschen Dichtungen nur um so erklärlicher macht. Nach A. F i s c h e r und W. T ü m p e l, Das deutsche ev. Kirchenlied des 17. Jahrh. Bd. I, 1904, S. 284 und 304 richten sich die beiden „sapphischen" Lieder Heermanns „im Thon" nach den älteren Gesängen „*Dicimus grates tibi, summe rerum*" und „Geliebten Freund', was thut ihr so verzagen?".

„Christe, du Beistand deiner Kreuzgemeine"
  von Matth. Apelles v. L ö w e n s t e r n (1594—1648)[1])
„Herr, stärke mich, dein Leiden zu bedenken"
  von Christian Fürchtegott G e l l e r t (1715—1769)[2])
„Das sollt ihr, Jesu Jünger, nie vergessen"
  nach Johann Andreas C r a m e r (1723—1788)
„Ach, mein Herr Jesu, wenn ich dich nicht hätte"
  von Christian G r e g o r (1723—1801)·
„Jetzt, da die Zeit sich nähert deiner Leiden"
  von Conrad Ferdinand M e y e r (1825—1899) und
„Du mächtger Freund der Trauernden und Armen"
  von Renate P f a n n s c h m i d t - B e u t n e r (geb. 1862).

Im alkäischen Versmaß gehaltene Lieder finden sich dagegen nur
drei in unserem Gesangbuch:
  „Nun preiset alle Gottes Barmherzigkeit"
    von M. A. v. L ö w e n s t e r n (siehe oben)
  „Ich hab von ferne, Herr, deinen Thron erblickt"
    von Johann Timotheus H e r m e s (1738—1821) und
  „Weit durch die Lande und durch die Inseln weit"
    von Karl Bernhard G a r v e (1763—1841).

Zieht man dabei in Erwägung, daß die späteren Dichter (des 18. und
19. Jahrhunderts) sich in den genannten Liedern an die geprägte Form
einmal eingebürgerter Versmaße halten konnten und sich — vielleicht
von Gellert und dem späten Humanisten C. F. Meyer abgesehen — wohl
kaum mehr der Verwendung antiker Metren bewußt geworden sind, so
bleiben als Initiatoren der Einbürgerung horazischer Maße im evangelischen Kirchenlied noch Petrus Herbert und die Schlesier Heermann

---

[1]) Auch er hat sich in lateinischen Versen versucht (A. K o b e r s t e i n,
Grundriß d. Gesch. d. dtn. Nat.-Litt. ⁴I S. 738). — Bei F i s c h e r - T ü m -
p e l a. a. O. I finden sich noch folgende weitere Kirchenlieder des 17. Jahrhs.
in der sapphischen Strophe verzeichnet, sämtliche von schlesischen Dichtern verfaßt: S. 349f. „Wie könnt' ich schweigen in der Morgenstunde" und 350f. „Das
große Licht der Welt hat sich geneiget" (Morgen- und Abendlied, beide von Heinrich K l o s e, gest. 1651). — S. 353f. „Gott, der du bist ein Freund der Menschenkinder" (Friedrich v. L o g a u 1604—1655). — S. 390f. „Als der betrübte Tag zu
Ende kommen" (Andreas G r y p h i u s 1616—1664). — S. 401ff. „Kommt her
und schaut, kommt, laßt uns doch von Herzen" (Michael B a b z i e n 1628—1693).

[2]) Das Gesangbuch für die Ev.-Lutherische Kirche in Bayern von 1932 bietet
außerdem noch: „Herr, mein Versöhner, der du für mich littest" von Joh. Sam.
D i t e r i c h (1721—1797).

und Löwenstern übrig. In der Tat scheinen geistliche Humanisten ihres Schlages jene Rhythmen in deutscher Poesie überhaupt zuerst verwendet zu haben[1]).

*   *   *

Aber der horazische Einfluß, dem das evangelische Kirchenlied sich öffnete, betrifft nicht nur die Form der Dichtung. Eines unserer bewährtesten und verbreitetsten Lieder: „Wer nur den lieben Gott läßt walten" von Georg N e u m a r k (1621—1681) scheint in seiner sechsten Strophe einen Gedanken aus einer alkäischen Ode des Horaz aufzugreifen und zu

---

[1]) K. E. P. W a c k e r n a g e l, Das deutsche Kirchenlied Bd. II Nr. 168 und S. 870a. 874; W. W a c k e r n a g e l, Deutsches Lesebuch ³II 1876, Sp. 133ff.: Tüdtsche Sapphica (Geistliche Oden) von Johannes K o l r o ß, Basel 1532; Aug. K o b e r s t e i n a. a. O. ⁴I S. 321. 571. Vor allem H. R ü d i g e r a. a. O., S. 148ff. 152. 154ff. 158. Die antikisierenden Rhythmen im deutschen ev. Kirchenlied, deren sich über die sapphische und alkäische Strophe hinaus viele finden, bedürften dringend einer gründlichen Untersuchung. Hier sei nur anmerkungsweise noch auf die augenfälligsten Beispiele hingewiesen: L u t h e r s Trutzlied von 1529 „Ein feste Burg ist unser Gott" (iambisch-dochmisch). — Das späterhin mindestens ein dutzendmal nachgeahmte Lied von Philipp N i c o l a i 1599 „Wie schön leucht't uns der Morgenstern" (iambisch-trochäisch). — Der höchst kunstvolle, ob seiner Anonymität vielfach fälschlich als „geistliches Volkslied" bezeichnete Gesang, Regensburg 1637 „Es ist ein Schnitter, der heißt Tod" (iambisch-anapästisch mit dochmischer Klausel). — Drei Lieder von Paul G e r h a r d t: 1653 „Fröhlich soll mein Herze springen", 1666 „Warum sollt' ich mich denn grämen" (beide trochäisch-kretisch; vgl. dazu W. C h r i s t, Metrik der Griechen und Römer ²1879, S. 306, und Karl R u p p r e c h t, Griechische Metrik ²1933, S. 47); 1670 „Gib dich zufrieden und sei stille" (iambisch-trochäisch mit Adonius als Klausel). — Joachim N e a n d e r 1680 „Wunderbarer König, Herrscher von uns allen" (trochäisch-kretisch; in der Folgezeit verschiedentlich nachgeahmt). — Johann Heinrich S c h r ö d e r „Eins ist not! Ach Herr, dies eine" (trochäisch-anapästisch, nach einem weltlichen Lied des Leipziger St. Nikolai-Organisten Adam K r i e g e r von 1657) und 1698 „Jesu, hilf siegen, du Fürste des Lebens" (daktylisch; nachgeahmt von Christian Ludwig E d e l i n g „Christen erwarten in allerlei Fällen"). — Johann Eus. S c h m i d t 1704 „Fahre fort, fahre fort" (kretisch-trochäisch). — Schließlich die im Aufbau den Chorliedstrophen einer griechischen Tragödie vergleichbare dichterische Paraphrase des 146. Psalms von Joh. Dan. H e r r n s c h m i d t 1714 „Lobe den Herren, o meine Seele" (Hipponacteum in Form des alkäischen Zehnsilblers, abwechselnd mit choriambisch-iambischen Dimetern, mit einem iambischen Dimeter als Klausel). Das Lied ist nach Melodie und Text angelehnt an des Nördlinger Kantors Leonhard S t u r m kunstlosere Liedparaphrase des 150. Psalms „Lobet den Herren aller Herren" (New vermehrte christliche Seelenharpf. Onolzbach 1664/65, Fernere Zugabe S. 1); vgl. dazu Joh. Z a h n, Die Melodien der deutschen ev. Kirchenlieder III 1890, S. 260f.; VI 1893, S. 224. F i s c h e r - T ü m p e l a. a. O. V 1911, S. 194.

variieren, was bei dem in humanistischer Tradition aufgewachsenen gelehrten Weimarer Bibliothekar und Hofpoeten keineswegs verwundern darf:

> Es sind ja Gott sehr schlechte Sachen
> Und ist dem Höchsten alles gleich,
> Den Reichen klein und arm zu machen,
> Den Armen aber groß und reich.
> Gott ist der rechte Wundermann,
> Der bald erhöhn, bald stürzen kann.

Horaz c. I 34, v. 12—16 lautet:

> *valet ima summis*
> *mutare et insignem attenuat deus,*
> *obscura promens: hinc apicem rapax*
> *Fortuna cum stridore acuto*
> *sustulit, hic posuisse gaudet.*

„Gott ist mächtig, das Niedrigste zum Höchsten zu kehren und umgekehrt: er läßt den Vornehmen dahinschwinden und zieht das Unscheinbare ans Licht; dem einen nimmt die Schicksalsgöttin raffgierig seine Königskrone weg mit schwirrendem Flügelschlag und beliebt, sie dem anderen aufs Haupt zu setzen."

Die zweimal wiederholte, jeweils zweigliedrige Argumentation, deren die Sentenz hier wie dort sich bedient, wobei der horazischen Antithese *deus-Fortuna* bei Neumark die Gegenüberstellung von „dem Höchsten" und „Wundermann" entspricht, die der Christ durch die jedesmalige Zufügung des Gottesnamens miteinander zu verbinden nicht unterläßt[1]), all das macht die Abhängigkeit des frommen Späthumanisten von dem römischen Sänger in hohem Maße wahrscheinlich; strikt beweisen läßt sich dergleichen naturgemäß nicht.

Aber auch der Römer hat offenbar den Gedanken und seine antithetische Formulierung bereits übernommen, um ihm dann jene doppelgliedrige Form zu geben[2]), die wie es scheint noch bei Georg Neumark nachwirkt. Denn von dem den Horaz seit Jugendtagen zu schöpferischer Nachahmung begeisternden Griechen Archilochos von Paros sind uns die trochäischen Verse erhalten:

> τοῖς θεοῖς τέλεια[3]) πάντα· πολλάκις μὲν ἐκ κακῶν
> ἄνδρας ὀρθοῦσιν μελαίνῃ κειμένους ἐπὶ χθονί,
> πολλάκις δ' ἀνατρέπουσι καὶ μάλ' εὖ βεβηκότας
> ὑπτίους κλίνουσ'· ἔπειτα πολλὰ γίγνεται κακά.

(Archilochos, fr. 58, v. 1—4 Diehl)

---

[1]) Bei Horaz ist die Verbindung für den antiken Leser dadurch hergestellt, daß Fortuna die Tochter des Jupiter, bzw. Tyche die Tochter des Zeus ist: παῖ Ζηνὸς ... Τύχα Pindar, Olymp. 12, 1f.

[2]) Dabei mag auch eine Reminiszenz an Hesiod, Erga 6 mitgespielt haben: ἀρίζηλον μινύθει καὶ ἄδηλον ἀέξει ... Ζεὺς ὑψιβρεμέτης.

[3]) S. 129, Anm. 1.

„Den Göttern ist alles vollendbar oft richten sie Männer, die am
Boden liegen, aus dem Elend auf, oft stoßen sie um und beugen
rücklings solche, die recht stolz einherschreiten[2]), und dann entsteht großes Elend."

Trifft unsere Vermutung zu, dann fließt ein ununterbrochener Strom
der Tradition von dem im 7. vorchristlichen Jahrhundert lebenden
Archilochos über Horaz zum Liede des Georg Neumark und verbindet
hellenische, römische und evangelisch-deutsche Dichtung in der Ver-
kündung einer religiös gedeuteten Lebensweisheit[3]).

*   *   *

Nun aber von Horaz zu Vergil[4]). Paul G e r h a r d t hat, wie wir wissen,
das dem Bernhard von Clairvaux zugeschriebene siebenfache Passions-
Salve an die Gliedmaßen des leidenden Christus (*Ad singula membra
Christi patientis rhythmus*) in den fünfziger Jahren des 17. Jahrhunderts
in sieben evangelische Kirchenlieder umgegossen. Zwei von diesen Gesängen, „An die Füße" (Sei mir tausendmal gegrüßet) und „An das
Angesichte" (O Haupt voll Blut und Wunden) sind noch heute lebendig,
ja das letzte ist zum Karfreitagslied der evangelischen Gemeinde schlechthin geworden. Die Autorschaft des im Grunde unmusischen Bernhard
an den lateinischen Vorbildern hat — zuerst 1690 bei dem Vater der
modernen kirchengeschichtlichen Quellenkritik, dem Benediktinerpater
Jean Mabillon — berechtigte Zweifel ausgelöst. Heute neigt man zu
der Annahme, daß eine Handschrift aus dem Jahre 1320 im Recht ist,

---

[1]) Überliefert ist τοῖς θεοῖς τ' εἰθεῖα πάντα. Die ausführliche Begründung meiner
Herstellung der seit Humanistentagen viel erörterten Textverderbnis hoffe ich
an anderer Stelle zu geben.

[2]) Die Wendung ἀνατρέπουσι καὶ μάλ' εὖ βεβηκότας ὑπτίους κλίνουσι, in der
das zum zweiten Verbum (ὑπτίους) κλίνουσι gezogene Objekt μαλ' εὖ βεβηκότας
auch zum ersten, ἀνατρέπουσι, gehört, bietet ein Beispiel für die im Griechischen,
Lateinischen und Altdeutschen verbreitete Figur der „Versparung", über die
E. H e n s c h e l in diesem Jahrbuch handelt. Eine „Versparung" der Flexions-
endung im Neuhochdeutschen liegt in der oben S. 124 angeführten Liedzeile vor:
„er sendet f r ü h u n d s p a t e n Regen".

[3]) Horazische Einflüsse auf das katholische Kirchenlied der Aufklärungszeit
untersucht Paul K e s e l i n g , Horaz im Kirchenlied, in: Theologie und Glaube,
13. Jg. 1921, S. 40ff. 229ff.

[4]) Erst kürzlich hat Wolfgang S c h a d e w a l d t , Von Homers Welt und
Werk 1944, S. 77. 312 festgestellt, daß der Anfang des Johann M e n t z e r s c h e n
Liedes „O daß ich tausend Zungen hätte . . ." von Vergil, Georg. II 43f. Aen. VI
625f. angeregt sein wird, der seinerseits wieder durch Homer Il. II 488ff. beeinflußt ist.

wenn sie die ersten fünf Hymnen des Salve, darunter auch die beiden den erwähnten Gerhardtschen Liedern zugrundeliegenden, dem 1250 gestorbenen Zisterzienserabt Arnulph von Löwen zuschreibt[1]).

Der lateinische Text des Vorbilds von Paul Gerhardts klassischem Passionslied, das uns hier beschäftigen soll, lautet folgendermaßen[2]):

Ad Faciem.

Salve, caput *cruentatum*,
totum spinis coronatum,
conquassatum, *vulneratum*,
arundine sic verberatum,
255 facie sputis illita.

salve, cuius dulcis *vultus*,
immundatus[3]) et incultus,
immutavit suum florem,
totus versus in pallorem,
260 *quem* coeli tremit curia.

Omnis vigor atque viror
hinc recessit, non admiror,
mors apparet in *adspectu*,
totus pendens in defectu,
265 attritus aegra macie.

sic affectus, sic despectus,
propter me sic interfectus,
peccatori tam *indigno*,
cum amoris in te signo
270 appare clara facie.

In hac tua passione
me agnosce, pastor bone,
cuius sumpsi mel ex ore
haustum lactis ex dulcore
275 prae omnibus deliciis.

non me reum asperneris
nec *indignum* dedigneris,
morte tibi iam vicina
tuum caput hic inclina,
280 in meis pausa brachiis.

Tuae sanctae passioni
me gauderem interponi;
in hac cruce tecum mori
praesta crucis amatori,
285 sub cruce tua moriar.

morti tuae iam amarae
grates ago, Jesu care,
qui es clemens, pie deus,
fac quod petit tuus reus,
290 *ut* absque *te* non finiar.

---

[1]) Ältere Literatur bei U. C h e v a l i e r, Repertoriur₁ hymnologicum II 1897, S. 501; V S. 352; — vgl. auch Dictionnaire d'histoire et géogr. ecclésiast. IV 611 s. Arnoul de Louvain (dankenswerte Hinweise meines Schülers P. Dr. Leo E i z e n h ö f e r O. S. B.). — B. H a u r e a u, Des poèmes latins attribués a Saint Bernard 1890. — Rudolf G ü n t h e r, O Haupt voll Blut und Wunden. In: Die Christl. Welt, 38. Jahrg., 1924, Sp. 213ff. — G l a u e RGG ²III 1929, Sp. 914.

[2]) Nach Karl B a r t s c h, Bibl. d. ges. Dtn. National-Literatur, Bd. 37, 1858, S. XXXIXf. Vgl. auch Ph. W a c k e r n a g e l, Das deutsche Kirchenlied I 1864, S. 124. W. W a c k e r n a g e l, Deutsches Lesebuch II 1876, S. 547f. — Die Ziffern beziehen sich auf die Zählung der Verse innerhalb des ganzen Salve. Zu den Sperrungen vgl. weiter unten.

[3]) *immutatus* bieten die Handschriften. Vgl. dazu unten S. 132, Anm. 2.

Dum me mori est necesse, cum me iubes emigrare,
noli mihi tunc deesse, Jesu care, tunc appare,
in tremenda mortis hora o amator amplectende,
veni, Jesu, absque *mora*, temet ipsum tunc ostende
295 tuere me et libera. 300 in cruce salutifera.

Es scheint bisher nicht beobachtet zu sein, daß dem gelehrten Verfasser dieser lateinischen Verse eine Szene aus dem 2. Buch von Vergils Äneis vor Augen gestanden haben muß.

Zu gleicher Zeit, da die Griechen dem trojanischen Pferd entsteigen, erscheint dem schlafenden Äneas der tote Hektor im Traum, nach antiker Auffassung genau in der Gestalt, in der er aus dem Leben geschieden, oder vielmehr in der er bei der feierlichen Bestattung endgültigen Abschied vom Licht nahm und in den Hades einging. Denn er trägt all die häßliche Entstellung, die Staubbesudlung, die Striemen und die Wundmale, die sein Leichnam bei der Schleifung um die Mauern Trojas durch Achill empfangen hatte[1]).

Tempus erat, quo prima quies mortalibus aegris
incipit et dono divum gratissima serpit.
270 in somnis, ecce, ante oculos maestissimus Hector
visus adesse mihi largosque effundere fletus,
raptatus bigis ut quondam, aterque *cruento*
pulvere perque pedes traiectus lora tumentis.
ei mihi, qualis erat, quantum *mutatus* ab illo
275 Hectore, *qui* redit exuvias indutus Achilli,
vel Danaum Phrygios iaculatus puppibus ignis;
squalentem barbum et concretos sanguine crinis
*vulnera*que illa gerens, quae circum plurima muros
accepit patrios. ultro flens ipse videbar
280 compellare virum et maestas expromere voces:
'o lux Dardaniae, spes o fidissima Teucrum,
quae tantae tenuere *morae*? quibus Hector ab oris
exspectate *venis*? *ut te* post multa tuorum
funera, post varios hominumque urbisque labores
285 defessi *adspicimus*! quae causa *indigna* serenos
foedavit vultus? aut cur haec *vulnera* cerno?'
ille nihil, nec me quaerentem vana *moratur*,
sed graviter gemitus imo de pectore ducens,

---

[1]) Freilich könnte, wie man bemerkt hat, das *pedes* ... *tumentis* Verg. Aen. II 273 auch daraus schließen lassen, daß der Dichter im Gegensatz zu Homer, Ilias 22, 367ff. einer Version der Sage folgt, nach der Hektor noch lebend geschleift wurde (vgl. auch Sophokles, Aias 1029ff.).

'heu fuge, nate dea, teque his' ait 'eripe flammis.
290 hostis habet muros; ruit alto a culmine Troia ...'
(Vergil, Äneis II v. 268—290)

Die Entsprechungen zwischen dem vergilischen Bericht von der Traumerscheinung des entstellten Hektor sowie seiner Begrüßung durch Äneas und zwischen dem mittelalterlichen Passions-Salve *Ad faciem Christi* sind so zahlreich und bis in die Wahl des Ausdrucks so genau, daß die Abhängigkeit des christlichen Dichters von dem heidnischen unabweislich scheint[1]). Es handelt sich um folgende Parallelen und Übereinstimmungen in der vom Hymnus (Arnulf = A) gewiesenen Reihenfolge (Vergil, Äneis II = V):

A			V		
251	*cruentatum*		272	*cruento*	
253	*vulneratum*		278	*vulneraque*	286 *vulnera*
256	*vultus*		286	*vultus*[2])	
258	*immutavit*		273	*mutatus*	
(263	*adspectu*		285	*adspicimus*)[3]	
(268	*indigno*	277 *indignum*	285	*indigna*)	
(283	*ut te*		290	*ut . . te*)	
294	*veni . . .*		283	*venis*[4])	
	absque mora		282	*quae tantae tenuere morae?*	
			(287	*moratur*).	

Noch schwerer als diese an formalen Kriterien ablesbaren Entsprechungen wiegen die inhaltlichen. Zunächst ist, menschlich gesprochen, die Situation der Hinwendung und feierlichen Anrede eines gequälten und geängstigten Gemüts an die in der Vision geschaute tröstliche Erscheinung des Raters und Helfers in entscheidender Not hier wie dort vergleichbar. Sodann ist sich in beiden Fällen der Rettung Suchende seiner '*vanitas*' und Unwürdigkeit bewußt:

A 276f. *non me* reum asperneris nec indignum dedigneris
V 287 *nec me* quaerentem vana . . .[4]).

---

[1]) Zum Grundsätzlichen der Frage, ob in derartigen Fällen jeweils gegenseitige Abhängigkeit oder unabhängige Entstehung angenommen werden muß, und wie entsprechende Kriterien gewonnen werden können, hoffe ich mich demnächst an anderer Stelle zu äußern.

[2]) Die Paraphrase des vergilischen *quae causa indigna serenos foedavit vultus* 285f. durch Arnulfs *cuius dulcis vultus, immutatus et incultus ...* 256f. drängt die Vermutung auf, daß das *immutatus* der Hsn, das nach dem sonst in dem Hymnus gewahrten, Wiederholungen meidenden Stil unmittelbar vor dem *immutavit suum florem* an sich Zweifel erweckt, geändert werden muß in *immundatus*.

[3]) Eingeklammert sind in unserer Zusammenstellung die Parallelen, die sich auf den Ausdruck beschränken, ohne zugleich eine inhaltliche Entsprechung mit einzuschließen.

[4]) Beobachtung meines Schülers stud. theol. et phil. Hans A l t m a n n , Berlin.

Schließlich aber, und das ist das Entscheidende, kann schwerlich bloßer Zufall walten, wenn zu der aufgewiesenen sonstigen Ähnlichkeit der beiden Stücke nach Form und Inhalt noch ein so wenig alltäglicher Topos tritt wie der Hinweis auf den bejammernswerten Wechsel, den der Vergleich der jetzigen Schmach mit der ehemaligen Herrlichkeit des Schimpfierten ins Bewußtsein ruft. Denn dem 2. Teil der 1. Strophe[1]) des Hymnus entsprechen inhaltlich bei Vergil genau die Verse 274ff.

> quantum mutatus ab illo
> Hectore, qui redit exuvias indutus Achilli
> vel Danaum Phrygios iaculatus puppibus ignis.

Die Verwendung eines Relativsatzes hier wie dort (A 260 *quem...*, V 275 *qui...*) unterstreicht die Parallelität auch im Formalen. Freilich wird an dieser entscheidenden Stelle zugleich auch der Unterschied der beiden Welten, der heidnisch-antiken und der christlichen, in einprägsamer Weise offenbar: dort die stolze Macht des weltlichen Kriegsmannes, der seines großen Gegners Achilleus Rüstung erbeutet hat und der den troischen Feuerbrand auf die Griechenschiffe schleudert — hier die Herrlichkeit des Mensch gewordenen Gottes, vor dem die Veste des Himmels erzittert.

Noch eine Formulierung des Passions-Salve bleibt zu erklären, die dann auch Paul Gerhardt übernommen hat, und die keine Entsprechung bei Vergil besitzt: A 255 *facie sputis illita* („wie bist du so bespeit"). Es scheint, daß dem mittelalterlichen Sänger hier eine Wendung antiker Dichtersprache vorgeschwebt hat, wie sie sich in Euripides' Troerinnen v. 1024 in einer erregten Anrede Hekabes an Helena findet: ὦ κατάπτυστον κάρα „o du bespeites Haupt"!

Die hymnologische Forschung will festgestellt haben, daß das mittelalterliche Gedicht „*Ad Faciem Christi*" ursprünglich nicht mit dem „*caput cruentatum*" begonnen habe, sondern daß es in der ersten Halbstrophe eine allgemeine Anrufung Jesu enthielt, um erst in der zweiten zur Begrüßung des heiligen Antlitzes überzugehen. Der anfängliche, später durch die uns geläufige Fassung verdrängte Wortlaut sei mit einigen Änderungen auch in den Hymnus „An das Herz" aufgenommen worden[2]). Diese These, die also innerhalb des ursprünglichen Passions-Salve eine Dublette feststellen will, findet in unserer Annahme vom vergilischen Einfluß auf den Hymnus „*Ad Faciem*" keine Stütze. Denn

---

[1]) Da jeweils die 5. und 10. Verszeile reimen, bilden 10, nicht 5 Verse in dem Hymnus eine Strophe; er besteht danach aus insgesamt 5, nicht 10 Strophen.

[2]) R. G ü n t h e r aO. Sp. 216. — Vgl. a. F. J. E. R a b y, A History of Christian-Latin Poetry from the Beginnings to the Close of the Middle Ages 1927, S. 440f. (Hinweis von P. Leo E i z e n h ö f e r O. S. B.)

schon die erste Halbstrophe in der von Paul Gerhardt benützten und in den meisten Handschriften vorliegenden Fassung zeigt in gleichem Maße wie das Folgende die Spuren antiker Beeinflussung, was von dem angeblich älteren Eingang nicht gilt. Die ganze Strophe scheint also so, wie wir sie lesen und wie sie Paul Gerhardt vorlag, aus einem Gusse zu sein und von dem gleichen Verfasser herzurühren. Die erwähnte Auffassung bedürfte daher zum mindesten einer genauen Überprüfung, wie sie hier nur gefordert, nicht gegeben werden kann.

Was sich an vergilischen Ausdrücken und Wendungen über die Mittelquelle noch bis in den Wortlaut der Paul Gerhardtschen Dichtung gerettet hat, bleibt im Wesentlichen auf die zwei ersten Strophen seines Passionsliedes beschränkt, das ja überhaupt gegen Ende zu mehr und mehr an eigenem Glanze gewinnt, indem es sein Licht aus unmittelbarer evangelischer Frömmigkeit empfängt und sich weit über mittelalterliche Christusmystik wie über antike Bildhaftigkeit erhebt. Aber am Anfang sind die vergilischen Anklänge nicht zu übersehen:

> O Haupt voll Blut und Wunden,
> Voll Schmerz und voller Hohn,
> O Haupt zum Spott gebunden
> mit einer Dornenkron,
> O Haupt sonst schön gezieret
> Mit höchster Ehr und Zier,
> Jetzt aber höchst schimpfieret —
> Gegrüßet seist du mir!
>   Du edles Angesichte,
> Davor sonst schrickt und scheut
> Das große Weltgewichte,
> Wie bist du so bespeit!
> Wie bist du so erbleichet,
> Wer hat dein Augenlicht,
> Dem sonst kein Licht nicht gleichet,
> So schändlich zugericht't?

Dem Gerhardtschen „voll Blut und Wunden" entspricht bei V 272 *cruento* und 278. 286 *vulnera*. Das „O Haupt sonst schön gezieret ..., jetzt aber höchst schimpfieret" und nochmals in der folgenden Strophe „Wer hat dein Augenlicht, dem sonst kein Licht nicht gleichet, so schändlich zugericht't?" paraphrasiert so augenfällig die Äneis-Stelle V 285f. *quae causa indigna serenos foedavit vultus?*, daß die Vergilerklärer, auch ohne den Zusammenhang zu ahnen, zu diesen Versen auf die in dem Passionslied sich findende Parallele hinweisen konnten. Ja, ein Blick auf unsere oben gegebene Zusammenstellung von A und V zeigt, daß hier, vor allem durch die getreue Wiedergabe des vergilischen *foedavit,* die Ähnlichkeit des Gerhardtschen Liedes mit dem Römer sogar stärker ist als die der Zwischenquelle, des mittelalterlichen Hymnus, mit Vergil. Ist das ,,Zufall'' oder sollte der evangelische Sänger sich der Abhängigkeit seiner Vorlage von Vergil bewußt gewesen sein und daher diesen seinerseits mit herangezogen haben? Oder war es etwa so, daß Paul Gerhardt, ähnlich wie es u n s heute geschieht, beim Lesen des Passions-Salve einfach an jene ihm zweifellos ganz geläufige Partie der Äneis erinnert wurde, so daß sich dann aus ihr die und jene Wendung spontan mit in sein Lied verwob? In der Anerkennung dieser zuletzt erwogenen Möglichkeit möchte man bei näherer Betrachtung der gleichen Liedstelle noch bestärkt werden, indem nämlich dort das ,,Augenlicht, dem sonst kein Licht nicht gleichet'' in so eindringlicher Weise apostrophiert wird. Im Passions-Salve ist etwas Ähnliches nicht zu finden. Dagegen wird wiederum bei Vergil V 281 die Traumerscheinung des toten Hektor von Äneas *o lux Dardaniae* angerufen, eine Wendung, die vom Tragiker Accius vorgebildet ist, während der von ihr eingeleitete Gedanke dem Dichter wohl von Ennius eingegeben war: *o lux Troiae, ... quid ita cum tuo lacerato corpore miser es aut qui te sic respectantibus tractavere nobis?*[1]).

Zur Gewißheit erhoben aber wird ein unmittelbarer vergilischer Einfluß auf den Eingang von Paul Gerhardts Passionslied durch die merkwürdige Form, in der die kosmische Vorstellung vom erniedrigten Christus erscheint, ,,davor sonst schrickt und scheut das große Weltgewichte''. Wiederum bietet der mittelalterliche Hymnus, die Hauptvorlage des evangelischen Liederdichters, keinerlei Anhalt. Aber die Vergilerklärer haben suo loco bereits angemerkt, daß eine Stelle der berühmten messianischen vierten Ekloge v. 50 *aspice convexo nutantem pondere mundum* (,,sieh, wie das runde Weltgewichte schwankt'') mit jener Wendung in Paul Gerhardts Passionslied wieder aufgenommen ist. Der große evangelische Sänger hat also in der Tat seinen Vergil so gut gekannt und sich manche seiner prägnanten Formulierungen so gegenwärtig gehalten, daß sie sich ihm mit seiner eigenen religiösen Dichtung verbanden[2]). Aber diese intime Kenntnis der klassischen rö-

---

[1]) A c c i u s , Trag. Rom. Fragm. I 181 nach F e s t u s s. v. *tammodo.* — E n n i u s , Alex. 720 (TRF I 25 = J. V a h l e n , Ennianae poes. reliquiae[2] 1903, S. 129); beides von den Vergilkommentatoren seit langem vermerkt.

[2]) Man hatte früher bereits angemerkt, daß der berühmte Liedanfang Paul G e r h a r d t s ,,Nun ruhen alle Wälder, Vieh, Menschen, Städt und Felder, Es schläft die ganze Welt'' eine Reminiszenz an Vergil, Äneis IV 522—528 darstelle: *Nox erat et placidum carpebant fessa soporem Corpora per terras silvaeque et saeva quierant*ʼ*Aequora, ...;* vgl. a. Ovid, Metamorph. VII 185ff. (Carl Leo C h o l e v i u s , Gesch. d. deutschen Poesie nach ihren antiken Elementen I 1854, S. 357).

mischen Dichtung ging auch hier über Vergil hinaus. Denn in der nächst-
folgenden Strophe des gleichen Passionslieds heißt es: ,,Des blassen
Todes Macht hat alles hingenommen". Die Vorstellung vom ,,blassen
Tod" geht zwar dem Leser ohne weiteres ein, aber sie ist in dieser Formulierung bis dahin der deutschen Literatur doch keineswegs geläufig[1]).
Dagegen findet sie sich in einer berühmten und vielzitierten Ode des
Horaz (c. I 4, 13f.), deren lebendige Kenntnis bei Paul Gerhardt anzu-
treffen nach dem bisherigen nun schon nicht mehr verwundern wird:
pallida Mors aequo pulsat pede pauperum tabernas
      regumque turris[2]).

*   *   *

Wir sind damit am Ende unserer Darlegungen, die zeigen wollten,
wie mächtig die horazische und die vergilische Dichtung noch im 16. und
17. Jahrhundert gewirkt hat, so daß auch das Evangelische Kirchenlied aus dem reichen Born ihrer Anregungen schöpfte. Gerne hören wir
den leisen Unterton antiker Klänge in dieser uns so vertrauten Poesie,
verrät er uns doch, daß auch hier die humanistische Überlieferung bei
aller Ungunst der Zeit sich kräftig genug erwies, um in der Vermählung
mit dem ganz Anderen evangelischer Religiosität von der selbst in der
Antithese offenbaren Einheit heidnisch-antiken und christlich-abend-
ländischen Wesens lebendiges Zeugnis abzulegen.

---

[1]) G r i m m s Deutsches Wörterbuch II 73 bietet als ältesten Beleg einen
Romanpassus aus dem 18. Jahrh., der sehr wohl bereits von Paul Gerhardt beeinflußt sein könnte. Recht häufig dagegen, auch schon in mittelhochdeutscher Literatur, sind Wendungen wie ,,der grimme Tod", ,,der üble Tod", ,,der bittere Tod",
siehe Grimms Wörterbuch II 54; IV 1, 6, 344f.; M ü l l e r - Z a r n c k e , Mittel-
hochdeutsches Wörterbuch III 1861, S. 63ff. (freundlicher Hinweis von E. H e n -
s c h e l).

[2]) Vorangegangen ist mit der klassischen Reminiszenz vom ,,bleichen Todt", soviel
ich sehe, dem Paul G e r h a r d t im Jahre 1639 der Schlesier Ad. B y t h n e r in
einer höchst künstlichen, wenig verbreiteten Trauerelegie (,,*rhythmometrica ad
latinorum poetarum imitationem elegia*"), die sich abgedruckt findet bei Wilh.
W a c k e r n a g e l , Gesch. des dtn. Hexameters und Pentameters . . . 1831, S. 43.
Paul G e r h a r d t hat sich wohl davon unabhängig von Horaz unmittelbar anregen lassen.

Nachträge 1982

[S. 122], Z. 6–10 v. unten:
Das Desiderat scheint bis heute nicht erfüllt zu sein; verstreute Hinweise finden sich da und dort.

[S. 123], Anm. 2:
Haeckers Vergilbuch erschien zuerst 1931; 5. Aufl. 1947.

[S. 123 ff.]:
Zu dem hier behandelten Problem sind – besonders was die sapphische Strophe anlangt – seither mehrere beachtliche Beiträge erschienen, von denen ich die wichtigsten nenne (ein paar ältere, von mir damals übersehene bzw. erst spät entdeckte [s. S. 125$_2$] schicke ich voraus):

E. BROCKS, Die sapphische Strofe und ihr Fortleben im lateinischen Kirchenliede des Mittelalters und in der neueren deutschen Dichtung. Jahresber. des Gymnas. zu Marienwerder 1890 (4^0 32 S.)

E. BROCKS, Das Fortleben der alkäischen Strophe im lateinischen Kirchenliede des Mittelalters und in der neueren deutschen Dichtung. In: Germanisch-Romanische Monatsschrift 13. 1925, 363–382.

H. RÜDIGER, Das sapphische Versmaß in der deutschen Literatur. In: Zeitschr. f. deutsche Philologie 58. 1933, 140–164,

Handbuch zum Evangelischen Kirchengesangbuch I 1. 1954 (^{3}1970). 2. 1965. II 1. 2. 1957. III. 1. 1970. Sonderband 1. 1958. Bietet für unsere Fragestellung so gut wie nichts.

O. SEEL (u. E. PÖHLMANN), Quantität und Wortakzent im horazischen Sapphiker. Ein Beitrag zum Iktus-Problem. In: Philologus 103. 1959, 237 ff. (hier bes. 257–264).

R. HOSSFELD, Die deutsche horazische Ode von Opitz bis Klopstock. Eine metrische Untersuchung. Diss. Köln 1961 (in Bezug auf die sapphische Ode überholt durch P. DERKS – s. unt.; jedoch ist bei HOSSFELD das Kirchenlied stärker berücksichtigt als bei DERKS, auch finden sich bei ihm vielfach Hinweise auf zu Unrecht vergessene ältere Literatur).

W. BENNETT, German Verse in Classical Metres 1963 (deutsch: Antike Versmaße in der deutschen Poesie 1963) – vorwiegend statistisch, von W. Stroh als „überholter Versuch der Synthese" bezeichnet. Darin: The sapphic strophe 116–122, The alcaic strophe 123–126.

P. DERKS, Die sapphische Ode in der deutschen Dichtung des 17. Jhs., . . . 1970 (Diss. Münster 1969). Die ausgezeichnete Arbeit bedürfte dringend einer Buchausgabe, dann aber mit ausführlicheren Registern.

G. STORZ, Der Vers in der neueren deutschen Dichtung 1970 (hier bes. S. 182–184. 188–193).

CHRN. WAGENKNECHT, Weckherlin und Opitz. Zur Metrik der deutschen Renaissancepoesie 1971.

W. STROH, Der deutsche Vers und die Lateinschule. Vortrag auf der Tagung der Mommsengesellschaft, Augsburg 1976, gedruckt mit reichen Anmerkungen und guter Literaturübersicht in: Antike und Abendland 15. 1979, 1–19. Der Untertitel der ausgezeichneten Arbeit sagt mehr aus: ‚Wie werden die quantitierenden antiken Versmaße im Deutschen nachgebildet?' (zur sapphischen Strophe S. 8–11).

Meine etwas kurzschlüssige, aus praktischen Gründen der Verdeutlichung formulierte Diagnose: ‚iambische Umformung' des antiken Maßes, welcher die sapphische Strophe entgegenkam, da sie aus lauter Versen mit Silben in ungerader Zahl besteht, indes die alkäische einer entsprechenden durchgängigen Umformung sich widersetzt, hat die Billigung von Derks 11 f. gefunden (ähnlich Stroh 11$_{41}$ mit ergänzender eigener Erklärung), während Seel 258 ff. meine Ausführungen lebhaft bekämpft hat (derselbe auch schon brieflich 4. 10. 1949). Sie bedürfen in der Tat der Modifizierung, wie denn eine solche auch mit den Ergebnissen von Derks übereinstimmt.

Schon 1921 hatte U. v. Wilamowitz in seiner Griech. Verskunst, S. 6 den „iambischen Gang" in Johann Heermanns Lied ‚Herzliebster Jesu, . . .' festgestellt und ihn auf ausschließliche Beachtung des Wortakzents zurückgeführt, wobei nach ihm der deutsche Dichter sich freilich „an dem lateinischen Verse versündigte". Noch schärfer war bereits A. Heusler, Deutscher und antiker Vers . . . 1917 mit solchen ‚kranken Versen' ins Gericht gegangen (Stroh 1–3 u. 8$_{29}$), der dann jedoch in seiner Deutschen Versgeschichte 1925 ff. – ^{2}1956 – § 956 zu nüchternerer Betrachtung überging (dazu knapp und klar Wagenknecht 9 f.). E. Zinn, Der Wortakzent in den lyrischen Versen des Horaz 1940, 11–13 hat sodann in lichtvollen Ausführungen der weiteren Forschung den Weg geebnet, und Seel 259 hat von neuem betont, daß sich der ‚iambische' Tonfall in den barocken Übertragungen der sapphischen Strophe (die, wie Derks 12 betont, und wie es das bes. von Brocks vorgelegte reiche Material ausweist, darin bereits die mittelalterliche lateinische Dichtung zum Vorbild hatte) einfach daraus erklärt, daß man sich an den Wortakzent und nicht an den ‚Iktus' hielt (dessen allmähliche Entstehung und Beachtung nach W. Stroh erst zu Beginn des 17. Jhs. zögernd ihren Anfang nahm). So entstand fürs Ohr in der Tat (was auch Seel 259 f. zugibt) ein vorwiegend iambischer Rhythmus. Freilich steht stattdessen am Anfang mehrfach, wie auch unsere Beispiele S. 125 f. zeigen, ein ‚Choriambus' —∪∪—[1], oder schlicht gesagt, der Vers beginnt mit einem Daktylus —∪∪. Doch findet dies, wie mir erst jetzt bewußt wird, ebenfalls im Wortakzent des horazischen Vorbilds seine Rechtfertigung, wie ich im folgenden kurz zeigen möchte (zugleich als Ergänzung zu Stroh 8 f., wo mit „weithin" und „etwa" einige dieser Fragen offengelassen werden):

In dem uns immer wieder vor Augen stehenden Mustergedicht c. I 22 verträgt schon in den ersten drei Versen der Anfang – dem Wortakzent entsprechend – jeweils auch daktylische Messung —∪∪ (Ínteger . . ., Nón eget . . ., Néc vene- . . .), und in den folgenden Fällen ist dies vollends gar nicht anders möglich: v. 5 Síve per . . ., 6 Síve fact- . . ., 7 Caúcasum . . ., 9 Námque me . . ., 11 Términum . . ., 12 Quále pro- . . ., 13 Daúnias . . ., 17 Póne me . . ., 18 Árbor aes- . . ., 21 Póne sub . . ., 22 Sólis, in . . ., 23 Dúlce ri- . . .). Dagegen drängt sich in den Fällen, wo der Vers mit einem Einsilber beginnt (außer den genannten v. 2 u. 3 noch v. 10, 15, 19), iambische Lesung auf oder liegt noch wesentlich näher. Im weiteren Verlauf des Verses dagegen stellt sich bei Betonung nach dem Wortakzent ohne weiteres durchwegs der iambische Rhythmus ein, wie jedes laute Lesen sogleich deutlich werden läßt. Aus dieser

---

[1] Unbewußt haben diese Dichter (wenn man in der Betrachtung ihrer Neuerung vom iambischen Schema ausgeht) mit dem Einsatz des ersten iambischen Metrums ∪́—∪— durch den Choriambus —∪∪— eine Lizenz angewandt, die schon im Sprechvers der griechischen Tragödie in gewissen Fällen statthaft war und sich in iambischen Versen bis heute erhalten hat, bei Rilke z. B. geradezu zur Manier geworden ist.

Sachlage hat sich schon im lateinischen Mittelalter, meine ich, ein ‚sapphisches' Maß herausgebildet, das ganz ausgesprochen dem iambischen Rhythmus den Vorzug gab und allenfalls statt der ersten beiden iambischen Füße gelegentlich den Choriambus —⏑⏑— verwendete, also mit einem Dyktykus —⏑⏑ begann. Dieser stand dann also, wo er begegnete, durchwegs an erster Stelle im Vers (—⏑⏑—⏑—⏑—⏑—⏓), während er bei Horaz bekanntlich strikt die dritte Stelle einzunehmen hatte (—⏑—⏑—⏑⏑—⏑—⏓). Das hat man natürlich immer wieder registriert, ohne sich Gedanken über den Ursprung dieser wiegesagt bereits neulateinischen Variante zu machen (BROCKS 25ff., RÜDIGER 148ff., BENNETT 116f.). Die Poetiken der Barockzeit, vor allem Johann Peter Titz und Philipp von Zesen, haben dann als Grund für Übernahme dieser Neuerung gegenüber den von Martin Opitz bevorzugten reinen Iamben (DERKS 17ff.) angegeben, daß dadurch die Verse adonisch anlauten —⏑⏑—⏑, und so die erwünschte Beibehaltung der Zäsur nach der 5. Silbe möglich wird (DERKS 32f.). In der Praxis war mit dem daktylischen Versbeginn bereits Johannes Plavius (1630) vorangegangen (DERKS 109ff.).

Daß die musikalische Vertonung dabei maßgebend gewesen sei, hat man von RÜDIGER bis SEEL und DERKS immer wieder vermutet (vgl. a. E. ZINN aaO. 88ff. STROH 10₃₅ u. 17). Doch scheint es mir ebenso möglich, daß diese sich umgekehrt dem Leserhythmus der Verse angepaßt hat. Freilich hat dann etwa die 1640 von Joh. Crüger nach älterem Vorbild[2] geschaffene Melodie zu Joh. Heermanns berühmtem Passionslied ihrerseits sich dem Ohr so eingeprägt, daß sie für die Folgezeit bei der Einbürgerung des Daktylus am Versanfang[3] zweifellos mitbestimmend war (DERKS 44. 49f.). Doch kann dies eben nur für den Versbeginn gelten, da die Melodie Crügers sich im Innern der Verse freier bewegt und durchaus nicht dem gängigen iambischen Rhythmus der Dichtungen entspricht. Dies gilt auch von einer 1653 von Crüger geschaffenen Melodie für ein anonymes sapphisches Lied von ca. 1575 ‚Lobet den Herren, denn er ist sehr freundlich' (dazu unten Nachtrag zu S. 124 u. zu 125). Sie entspricht rhythmisch genau der Vertonung von 1640. Dagegen folgt dem iambischen Rhythmus (außer am Anfang) ziemlich exakt die viel ältere Melodie zu Petrus Herberts sapphischem Lied ‚Die Nacht ist kommen, . . .' (s. ob. [S. 124]). Sie stammt von 1566, entstand aber in den Grundzügen bereits einige Jahrzehnte früher, zu einer Zeit also, wo es bereits deutsche Sapphiker gab (s. hierzu RÜDIGER 149, und unten Nachtrag zu S. 125f.).

Besonders aus den reichen von BROCKS in extenso vorgelegten Beispielen geht nun weiterhin hervor, daß verschiedene Dichter das vorherrschende barocke Schema des sapphischen Verses ⏑—⏑—⏑—⏑—⏑—⏓ mit der Variante —⏑⏑—⏑—⏑—⏑—⏓ entweder so umwandelten, daß sie diese Variante zur Regel machten wie M. Apelles v. Löwenstern, dessen sapphische Verse durchwegs mit dem Daktylus beginnen (Christe du Beistand deiner Creutz-Gemeine Eile mit Hülff und Rettung uns erscheine usw., BROCKS 25, DERKS 117), oder daß man den Daktylus an die zweite Stelle rückte wie bei Fr. v. Matthisson in dem von Beethoven vertonten Gedicht ‚Adelaide' (BROCKS 31), während etwa Klopstock den Daktylus in

---

[2] Von dem Calvinisten Louis Bourgeois 1547; s. Ev. Kirchengesangbuch für Württbg. 1953, S. 70 u. Anhang S. 49 u. 96, u. vgl. schon P. EICKHOFF in: Siona 17. 1892, 203f.

[3] Der Daktylus am Versanfang in der 1. Strophe von J. Heermanns Lied ist verkannt von G. STORZ 190 ob. in sonst trefflichen Ausführungen über die sapphische Strophe in der deutschen Dichtung.

den ersten drei Versen der sapphischen Strophe seinen Platz von der ersten über die zweite zur dritten Stelle wechseln ließ (BROCKS 29, dort als Beispiel abgedruckt das Gedicht ‚Die todte Clarissa'). Daneben fehlt durchaus nicht die Rückbewegung zum reinen Iambus nach Opitzscher Manier, vertreten etwa durch Paul Fleming und Simon Dach, der aber auch gelegentlich (vielleicht durch Crügers Melodie veranlaßt, DERKS 50) sich in alternierender Weise vernehmen ließ (DERKS 104 ff. 107). PAUL DERKS, der all diese Dinge durch mühsame Sichtung des Materials der Poetiken und der Gedichte sowie durch mustergültige Interpretation erhellt hat, spricht von einer lebendigen und interessierten „Spielfreudigkeit der Sprachorganisten, immer neue Formen zu erproben, um sie den antiken Vorbildern gegenüber zu stellen" (DERKS 212).

Dagegen begann der Nürnberger Johannes Klaj in den 40er Jahren des 17. Jhs. – vielleicht ganz ohne theoretische Überlegungen – damit, den reinen sapphischen Vers des Horaz mit dem Daktylus an dritter Stelle wieder zu Ehren zu bringen (DERKS 166. 212), womit er lange Zeit fast allein blieb. Erst die Genossen des Hainbundes, L. H. Hölty und Gg. Chrn. Graf Stolberg haben die reine Form wieder aufgegriffen (BROCKS 30). Seitdem sind ihnen viele bis heute darin gefolgt, so R. A. Schröder mit seiner Übersetzung horazischer Oden in diesem strengen Versmaß (STORZ 193)[4].

Was *die alkäische Strophe* anlangt, so trägt zu ihrer Seltenheit im Kirchenlied wie in deutscher Dichtung überhaupt schon der Umstand bei, daß sich das lateinische Mitelalter dem Gebrauch dieser Versform versagt hat, daß also keine Tradition vorlag, an die man anknüpfen konnte. Aber warum diese Zurückhaltung der mittel-alterlichen Dichter gegenüber einem so noblen, von Horaz bevorzugten und von ihm in berühmten Mustern meisterhaft gehandhabten Versmaß? Sollte auch hier schon der von mir fürs evangelische Kirchenlied vermutete, auch von Derks für möglich gehaltene Widerstand im Spiel gewesen sein, den diese Strophe in den beiden letzten Versen der Umsetzung in flüssige Iamben entgegensetzte, wobei freilich dort der Reimzwang noch keine Rolle spielte? Eher möchte ich meinen, daß die mittelalterlichen Dichter die Ungleichheit der Maße in den beiden letzten Versen in sich und gegenüber den ersten beiden abgeschreckt hat, während im sapphischen Versmaß die ersten drei Verse metrisch identisch sind und der letzte eine dem Schema leicht sich einfügende Klausel darstellt. Jedenfalls scheint M. Apelles v. Löwenstern der erste Kirchenliedverfasser nicht nur, sondern der erste deutsche Dichter über-haupt gewesen zu sein, der das (gereimte) alkäische Maß gebraucht hat (BENNETT 123. 152, STROH 11 m. Anm. 41). Daß hier schon bei Horaz Wortton und Iktus fast völlig zusammenfielen, hat dann späterhin der alkäischen Strophe wachsende Be-liebtheit gesichert, doch hat davon das evangelische Kirchenlied nicht mehr profitiert (über die Vorliebe von Klopstock und Hölderlin für die alkäische Strophe s. STORZ 182 ff. 190).

[S. 124], Anm. 2:
Darin ist dem Petrus Herbert auch Paul Gerhardt in seinem einzigen sapphischen Lied in gewisser Weise gefolgt. Er reimt, da der Adonius am Schluß bei ihm

---

[4] Als Kuriosität sei vermerkt, daß man bis in unsere Tage noch solche reimlosen Sapphiker gedichtet hat, die rein iambisch gebildet sind, so die deutsche Übersetzung einer 17strophigen ‚Ode' des englisch schreibenden Spaniers George Santayana durch Karl Berisch, abgedruckt in der Berliner Neuen Zeitung vom 17. 12. 1950.

durchwegs vom Refrain ‚Lobe den Herren' gebildet wird, den zweiten mit dem dritten Vers und stattet den ersten Vers mit Binnenreimen aus. Das älteste – anonyme – Lied unseres Gesangbuchs im sapphischen Maß, Nürnberg ca. 1575, ‚Lobe den Herren, denn er ist sehr freundlich', das bereits den gleichen durchgehenden Refrain ‚Lobet den Herren' aufweist, reimt in den ersten drei Strophen überhaupt noch nicht; in der vierten und fünften reimen die ersten beiden Verse, während die sechste lediglich in Vers 3 mit dem Binnenreim arbeitet. All diese etwas krampfhaften Varianten werden mit der sich durchsetzenden Einbeziehung des Adonius in die Reimpaare überwunden, die diesem letzten kurzen Vers den ermüdenden Refraincharakter eines bloßen Echos nimmt (vgl. zu dem Problem A. KELLETAT in: Der Deutschunterricht 16. 1964, H. 6, S. 56. Siehe auch unten den Nachtrag zu S. 125 f., zweite Anmerkung).

[S. 125], Anm. 3:
Das sechsbändige Werk von FISCHER-TÜMPEL 1904–16 ist 1964 nachgedruckt worden. 1967 folgte ein Neudruck von desselben A. F. W. FISCHER zweibändigem Kirchenlieder-Lexikon 1879, nunmehr in einem Band. – Über Joh. Heermanns sapphische Lieder vgl. a. E. ZINN, Der Wortakzent in den lyrischen Versen des Horaz 1940, S. 11. 13. 91; dort Verweis auf R. A. SCHRÖDER, Dichtung und Dichter der Kirche 1936, S. 53 ff. (= ²1964, 64. 114 ff., jetzt auch in: Aufsätze und Reden, Bd. 2 = Ges. Werke III 1952, 548 ff.) und auf desselben Neuausgabe von Heermanns ‚Sonntags- und Festevangelia' von 1654. Vgl. ferner zu dem Passionslied BROCKS 24 f. RÜDIGER 154. S. FORNAÇON RGG³ III 1959, Sp. 113 f. DERKS 48 f.

[S. 126], Anm. 1:
Zu M. Apelles v. Löwenstern vgl. auch BROCKS 25. RÜDIGER 154. DERKS 117 ff.

[S. 125 f.]:
Von den hier verzeichneten Kirchenliedern im sapphischen Versmaß ist in dem seither für die Evangelische Kirche in Deutschland (EKiD) geltenden ‚Evangelischen Kirchengesangbuch' von 1951 nicht mehr vorhanden: Christian Gregor, Ach, mein Herr Jesu (das sich jedoch in der Ausgabe für Württemberg 1953 anhangsweise unter Nr. 420 findet). Ferner ebenso die Lieder von C. F. Meyer und R. Pfannschmidt-Beutner. Von den im alkäischen Maß abgefaßten Liedern fehlt jetzt dasjenige von K. B. Garve (den BENNETT 153 u. 242 mit dem älteren Christian Garve verwechselt; zu Bennetts „Verwechslungen" s. a. STROH 5₁₅ mit weiterer Literatur).
    Da ich seinerzeit in meiner Übersicht einige sapphische Kirchenlieder in unseren Gesangbüchern übersehen hatte, gebe ich hier nochmal ein vollständiges Verzeichnis der im Ev. Kirchen-Gesangbuch der EKiD von 1951 sich findenden sapphischen und alkäischen Lieder und setze jeweils die dort ihnen zukommende Nummer voran:

356. Die Nacht ist kommen, drin wir ruhen sollen
     PETRUS HERBERT (gest. 1571)
199. Lobe den Herren, denn er ist sehr freundlich
     (Nürnberg, um 1575)[5]

---

[5] Fälschlich dem Paul Gerhardt zugeschrieben von W. NELLE, Die Versmaße in Paul Gerhardts Liedern. In: Siona 26. 1895, S. 153–162 (hier S. 154). Zugrunde liege der lateinische Hymnus ‚Dicimus grates tibi, summe rerum' (vgl. dazu a. ob. [S. 125], Anm. 3), eine von

209. Herr, unser Gott, laß nicht zu Schanden werden
und 90. Herzliebster Jesu, was hast du verbrochen
      JOHANN HEERMANN (1585–1647)
212. Christe, du Beistand deiner Kreuzgemeine
      M. APELLES V. LÖWENSTERN (1594–1648)
347. Lobet den Herren alle, die ihn ehren
      PAUL GERHARDT (1607–1676)[6]
71. Herr, stärke mich, dein Leiden zu bedenken
      CH. F. GELLERT (1715–1769)
159. Das sollt ihr, Jesu Jünger, nie vergessen
      nach JOH. ANDREAS CRAMER (1723–1788)

Nun noch die beiden übriggebliebenen ,alkäischen' Lieder:

380. Nun preiset alle Gottes Barmherzigkeit
      M. APELLES V. LÖWENSTERN (1594–1648)
573. Ich hab von ferne, Herr, deinen Thron erblickt
      JOH. TIM. HERMES (1738–1821)

HOSSFELD 55 f. bietet übrigens noch ein in alkäischem Versmaß abgefaßtes geistliches Lied von Georg Neumark (1621–1681), das nicht in unsere Gesangbücher eingegangen ist.

Es sei jedoch noch eines ,alkäischen' Liedes gedacht, das zwar in keinem kirchlichen Gesangbuch steht, das aber zu seiner Entstehungszeit und lange danach durch seine aufklärerische Frömmigkeit, in empfindsamer Manier dargeboten, viele Anhänger gefunden hat, bei Beerdigungen noch in unserem Jahrhundert von Männerchören erklang[7] und zahlreiche Übersetzungen und Nachdichtungen hervorrief. Das 1779 entstandene, im Leipziger Musenalmanach auf das Jahr 1780 erstmals gedruckte Gedicht schlägt insofern den Bogen zurück zu den Anfängen frommer Liederdichtung in antiken Maßen, als es sich des Reims enthält. Überschrieben war es ursprünglich ,Der Gottesacker' – hier der Wortlaut:

> Wie sie so sanft ruhn, alle die Seligen,
> Zu deren Wohnplatz jetzt meine Seele schleicht.
>   Wie sie so sanft ruhn in den Gräbern,
>   Tief zur Verwesung hinabgesenket.
> Und nicht mehr weinen, hier wo die Klage flieht,
> Und nicht mehr fühlen, hier wo die Freundschaft blüht,
>   Und mit Cypressen sanft umschattet,

Philipp Melanchthon abgefaßte Dichtung (s. Handbuch zum Ev. Kirchengesangbuch, Sonderband 1. 1958, 109 und 185).

  [6] Dazu DERKS 51 ff. R. A. SCHRÖDER Theol. Literaturztg. 74. 1949, Sp. 540 (= Ges. Werke III 1952, 375) hatte dem Dichter Lieder in sapphischem Maß abgesprochen, ist also zu korrigieren. Nach frdlr. Mitteilung von E. ZINN hat Schröder das Gerhardtsche Lied anderwärts mehrfach erwähnt (so noch in ,Dichtung und Dichter der Kirche' [2]1964, 153, wo er von einem Lied „im Stil der großen Hymnen" spricht); er hat also offenbar darin das sapphische Maß nicht erkannt. Über die metrischen Unregelmäßigkeiten des Liedes s. ob. Nachtr. zu [S. 124], Anm. 2.

  [7] Aber nicht nur von Männerchören; das zugleich jüngste mir bekannte Beispiel hat mir ANTONIE WLOSOK freundlich mitgeteilt. Sie hat 1949 in Westfalen in einem Schülerchor bei der Beerdigung eines alten Musiklehrers das Lied noch mitgesungen.

Bis sie der Engel hervorruft, schlummern.
Wie wenn bei ihnen schnell, wie die Rosenpracht,
Dahingesunken, modernd im Aschenkrug,
   Spät oder frühe, Staub bei Staube,
     Meine Gebeine begraben liegen,
Und ging im Mondschein, einsam und ungestört,
Ein Freund vorüber, warm wie die Sympathie,
   Und widmete dann meiner Asche,
     Wenn sie's verdiente, noch eine Zähre –
Und seufzete dann, der Freundschaft eingedenk,
Voll frommen Schauers, tief in dem Busen: Ach!
   Wie sie so sanft ruhn! Ich vernähm' es:
     Säuselnd erschien ihm dafür mein Schatten.

Der Verfasser ist AUGUST CORNELIUS STOCKMANN (1751–1821), nochmals Professor der Rechte in Leipzig.

Alsbald erhielten die Verse ihre Melodie durch den Pastor FRIEDRICH BURKHARD BENEKEN (1760–1818), sie erschien in Sockmanns Sammlung ‚Lieder und Gesänge für fühlende Seelen' 1787. Unter den Übersetzungen ist die des Amerikaners H. W. LONGFELLOW (1807–1882) hervorzuheben, der sich gleich manchen anderen nicht vorstellen konnte, daß das Poem von einem Geringeren als Klopstock herrühren könne („The Dead, from Klopstock"). Im 19. Jahrhundert waren es 22 Komponisten, die es für Männerchor bearbeiteten. Doch der rationalistische Ton der Verse erregte im Kreis der ‚Erweckten', die jene aufklärerische Epoche ablösten, schweren Anstoß, so daß der sächsische Pfarrer SAMUEL DAVID ROLLER (1779–1850), der Lehrer Theodor Körners und Wilhelm v. Kügelgens[8], i. J. 1827 die Ode umdichtete. Dabei übernahm er in kluger Berechnung die erste Verszeile wörtlich und sicherte sich so von vornherein einen Anteil an der Popularität des Liedes, was ihm in weitem Umkreis kirchlicher Frömmigkeit auch gelang. So hat sein Text seinerzeit auch in evangelische Gesangbücher Eingang gefunden (z. B. in Sachsen und in der Provinz Schlesien), wozu neben dem allgemeinen Tenor auch der leise Anklang an Bibelstellen wie den 126. Psalm beigetragen haben mag:

Wie sie so sanft ruhn, alle die Seligen,
Von ihrer Arbeit, die sie in Gott getan,
   Und ihre Werke folgen ihnen
     Nach in des ewigen Friedens Hütten.
Von ihren Augen wischt er die Tränen ab,
Sie kommen freudig, bringen die Garben ein,
   Die weinend gingen, edlen Samen
     Trugen in Hoffnung, in Lieb und Glauben.
Wenn einst die Stimme wieder sie auferweckt
Des Menschensohnes, die durch die Gräber dringt,
   Dann wird, was irdisch und verweslich,
     Himmlisch und jugendlich auferstehen.
Preis, Ruhm und Ehre sei dir, o Gott, gebracht

---

[8] Über Roller handelt kurz S. FORNAÇON in der RGG ³V 1961, Sp. 1152.

Für deine Werke, die du an uns getan:
Daß wie in einem alle sterben,
Also in einem sie wieder leben.

Aber die Oberhand behielt trotz allem die Urfassung Stockmanns. Noch vor
Rollers frommer ‚Parodie' hatten Jean Paul (im Hesperus 1795 und im Titan 1800/03)
sowie Clemens Brentano (1817 in seinem Gedicht ‚O schweig nur, Herz!') auf das
Lied in einer Weise angespielt, die seine allgemeine Kenntnis voraussetzt (Brentano:
„Wo man dir singet ‚wie so sanft sie ruhn, Die Seligen', dahin wird man dich
bringen")[9]. Und noch 1883/84 läßt, wenn auch in ironischer Weise, Wilhelm Raabe
im Roman ‚Pfisters Mühle' (Sämtl. Werke III 2, 244) eine seiner Figuren beim Gang
über einen von der Industrialisierung bedrohten Friedhof ausrufen „Wie sie so sanft
ruhn, alle die Seligen!"

Es gibt eine in unverdiente Vergessenheit geratene, ja fast verschollene, dabei
äußerst sorgfältige und vor allem theologisch fundierte Monographie über das
denkwürdige Gedicht, von GEORG HOFFMANN, Wie sie so sanft ruhn! Die Geschichte
eines Liedes, Liegnitz 1913[10]. Der Verfasser bietet in fesselnder Darstellung auch eine
Geschichte der Vertonung und der mannigfachen Umdichtungen des vorigen Jhs.
mit antirationalistischer Tendenz. Dabei spart er trotz aller Reserve gegenüber der
Stockmannschen Fassung doch auch nicht an vorwiegend theologisch begründeter
Kritik gegenüber den ‚frommen' Versionen, besonders auch derjenigen von ROLLER.

Seinerzeit hat ANTON ZEHETER der Arbeit von G. HOFFMANN allerhand wertvolles
Material entnommen, zunächst in einem damals von mir gehörten ausgezeichneten
Vortrag mit musikalischer Umrahmung ‚Jean Paul und die Musik' (Bayreuth 20. 9.
1930), der dann im Druck erschien: Jean Paul Blätter 5. 1930, 69–84, hier S. 76f.[11].
Weitere Informationen verdanke ich brieflichen Mitteilungen von A. THIERFELDER
6. 4. 1951 (dem bloß die Rollersche Fassung des Liedes bekannt war) und P. DERKS
1. 8. 1970 (im Blick auf W. RAABE).

[S. 127] oben m. Anm. 1:
Für die Sapphiker muß man noch weiter hinaufgehen, wofür H. RÜDIGER 148ff.
die Beispiele gesammelt hat. Sein ältester Zeuge, der Salzburger Mönch Johannes,
dichtet Ende des 14. Jhs. in Strophen, deren erste drei rein iambisch gebaut sind und
Binnenreime aufweisen. Über die vorangehende spätantike und frühmittelalterliche
Verwendung des Versmaßes in lateinischen Gedichten handelt er 142ff. Eines der
frühesten Beispiele, die erste ebenfalls rein iambische Strophe eines Hymnus De S.

---

[9] Das war zur Zeit seiner großen Liebe zu Luise Hensel (der Verfasserin von ‚Müde bin ich,
geh zur Ruh'), der er sein Gedicht übersandte, nicht lang bevor sie seine Werbung abwies und
bevor sie beide zum Katholizismus übertraten. Siehe HANNS GRÖSSEL in der Frankf. Allg. Ztg.
vom 19. 6. 1982, der in seiner Interpretation der Verse nicht auf das Zitat hinweist, vielleicht es
gar nicht mehr erkannt hat.

[10] Aus: Correspondenzblatt des Vereins für Geschichte der evangel. Kirche Schlesiens, 13.
Bd., H. 1. 1912, 188–245 (vorhanden in der Deutschen Staatsbibliothek in Ost-Berlin). Die
Buchausgabe von 1913 war nirgends mehr aufzufinden. Ein xerokopierter Abdruck aus der
Zeitschr. jetzt in der UB Tübingen.

[11] Zu korrigieren ist lediglich ZEHETERS Irrtum S. 77, in dem Gedicht Stockmanns spreche
die Seele des Verstorbenen aus dem Grab, es handle sich also dabei um die alte Sitte, nach der
Einsenkung des Sargs in die Gruft einen sogen. ‚Widerruf' zum Vortrag zu bringen, in dem
gleichsam der Tote die Hinterbliebenen tröstet. Davon kann aber hier keine Rede sein.

Joanne des Paulus Diaconus aus dem 8. Jh. (der übrigens da und dort schon Reimspuren aufweist) hat insofern auch musikgeschichtliche Relevanz, als jeweils die Anfangsbuchstaben der Halbverse seit Guido von Arezzo die Benennung der Töne für die italienische Tonleiter hergaben: *Ut-re-mi-fa-so-la-si* (s. dazu auch schon BROCKS 13),

> *Ut* queant laxis   *Re*sonare fibris
> *Mi*ra gestorum   *Fa*muli tuorum,
> *So*lve polluti   *La*bii reatum,
> Sancte Joannes.

Das monumentale Werk von K. E. P. WACKERNAGEL, in 5 Bänden bei Teubner in Leipzig 1864–1877 erschienen (Bd. II 1867 – Nachdruck des Ganzen 1964), war in erster Auflage einbändig 1841 von meinem Urgroßvater S. G. Liesching in Stuttgart verlegt worden.

Die von mir geforderte gründliche Untersuchung der antikisierenden Rhythmen im deutschen evangelischen Kirchenlied, wozu ich skizzenhaft einige Anmerkungen bot, ist bis heute noch nicht geleistet. Das oben angeführte Buch von W. BENNETT 1963 behandelt das Kirchenlied nur ganz sporadisch und lückenhaft. Und die kurze „Übersicht über den Strophenbau der Lieder" im Handbuch zum Ev. Kirchengesangbuch I 1. 1954, 241–259 (³1970, 252–260) ist rein schematisch angelegt und gibt so gut wie nichts aus.

K. RUPPRECHT, Griechische Metrik erfuhr in 3. Auflage 1950 eine gründliche Neubearbeitung unter dem Titel: Einführung in die griechische Metrik – das Zitat jetzt dort S. 41.

[S. 127], Anm. 1, Z. 18f.:
Für Paul Gerhardts Lied ‚Gib dich zufrieden' hat R. A. SCHRÖDER mehrfach (so Theol. Lit.-Ztg. 74. 1949, Sp. 540) auch eine nahe inhaltliche Beziehung zur Antike vermutet, indem er es als „christliche Parodie" oder „geistliche Kontrafaktur einer berühmten Ode des Horaz" empfand, nämlich als Antwort auf dessen c. II 16 *Otium divos rogat.* Im einzelnen vergleicht er besonders noch v. 27f. *nil est ab omni parte beatum* mit der 11. Strophe des Gerhardtschen Liedes ‚Wo ist ein Glück so klar und reine, dem nicht etwas fehlen sollte? . . .' Doch sind die Grundgedanken der beiden Gedichte so allgemein menschlich, daß man eher allenfalls da und dort in dem Kirchenlied neben dem aus der Zeit geborenen Hauptanliegen an eine vage horazische Reminiszenz denken möchte, wie sie bei Paul Gerhardt nie auszuschließen ist (eine Ansicht, in der mir E. ZINN in mündlichem Gespräch beistimmt; er konnte mir nachtragsweise die Erstfassung der betreffenden Ausführungen von R. A. SCHRÖDER nachweisen, wo dieser sich zu der Frage weit zurückgehaltender äußert als in der ThLZ 1949, und noch Dichtung und Dichter der Kirche ²1964, S. 68, also unserer Ansicht noch ganz nahesteht: Festgabe für Theoph. Wurm 1948, S. 330).

[S. 127]:
Im folgenden können sich diese Nachträge kürzer fassen, obwohl es sich um die in diesem Aufsatz ganz im Mittelpunkt stehenden inhaltlichen Beziehungen des ev. Kirchenlieds zur Antike handelt. Aber hier bietet die wissenschaftliche Literatur der jüngstvergangenen Jahrzehnte kaum Anknüpfungspunkte. Denn es ist ja ein Kennzeichen unserer Epoche, daß formanalytische und strukturelle Probleme weit mehr

im Vordergrund des Interesses stehen als konkrete interpretatorische Fragen des Sachgehalts. Immerhin gibt es noch einiges Wenige nachzutragen und anzumerken.

[S. 127–129]:
Im Rahmen einer Rezension von 1977, die oben unter dem Titel „Der bald erhöhn, bald stürzen kann" abgedruckt ist, habe ich zu dem Thema dieses Abschnitts wesentliche Ergänzungen teils referiert und zum guten Teil selber beigebracht. J. DALFEN hat nämlich in seiner Salzburger Antrittsvorlesung 1973 (Wandlungen einer antiken Deutung menschlicher Existenz . . . 1974) weiteres Material für den griechischen Ursprung des Überlieferungsstrangs und für seine noch älteren semitischen Parallelen zutagegefördert. Daß dabei freilich seine Interpretation vielfach in ganz falsche Richtung führt (wobei er von der Nachwirkung im Kirchenlied keine Notiz nimmt), habe ich dort des näheren ausgeführt.

[S. 129], Anm. 1:
Die hier in Aussicht gestellte Begründung ist von mir im Gymnasium 58. 1951, 218–220 mit den Anmerkungen 1–8 auf S. 223f. gegeben. Der ganze Aufsatz ‚Cetera mitte' aaO. 218–227 ist oben Bd. I 334–346 wieder abgedruckt und ergänzt.

[S. 129] oben, Abs. 2:
Man darf nach den Ausführungen von J. DALFEN und mir den Traditionsstrom nunmehr bereits mit Homer und Hesiod beginnen lassen (vgl. a. schon ob. [S. 128, Anm. 2]).

[S. 129], Anm. 2:
Der wichtige Aufsatz von E. HENSCHEL, der an einen Spruch Walthers von der Vogelweide anknüpft, steht in: Theologia Viatorum I 1948/49, S. 192–203. Seither hat auf meine Anregung GOTTFRIED KIEFNER diese „Stilfigur der dichterischen Rhetorik am Beispiel der griech. Tragödie" (so der Untertitel seines Buchs) eingehend untersucht und mit seinen Beispielen vielfach weit ausgegriffen: Die Versparung . . . 1964 (S. 164 ist die Archilochosstelle vermerkt).

[S. 129], Anm. 4:
W. SCHADEWALDT, jetzt 4. Aufl. 1965, S. 77 m. Anm. 3 auf S. 427. Vgl. auch den späten Nachklang [Aischines], Epist. 10. 1 οὐδ' εἴ μοι δέκα γλῶσσαι δυναίμην ἂν ἀρκέσαι λέγειν. Schon vorher hatte Persius, Sat. 5,1f. den Toposcharakter solcher Wendungen betont: *vatibus hic mos est centum sibi poscere voces, centum ora et linguas optare in carmina centum.* Der Wunsch versteigt sich also von 10 über 100 bis zu 1000 Zungen. Im Persius-Kommentar von G. NÈMETHY, Budapest 1903 wird zu der Stelle außer unseren Vergilpassagen auch noch der Epiker Hostius des 2. vorchristl. Jhs. angeführt, bei Macrobius, Saturnalia VI 3,6 (= fr. 3 Morel): *non si mihi linguae Centum atque ora sient totidem vocesque liquatae* (dazu W. KROLL RE VIII 1919, Sp. 2516; ILSE BECHER im Kleinen Pauly II 1967, Sp. 1239), ja selbst Lukrez soll – nach Servius zu den Vergilstellen – die Wendung schon gebraucht haben, wenn da nicht eine Verschreibung für Lucilius vorliegt, aus dem Vergil eher geschöpft haben könnte, wie L. Müller vermutet hat – s. JOS. MARTIN zu Lucrez, fr. 1. Vgl. ferner Claudian 1, 55 *non mihi centenis pateant si vocibus ora.* Jedenfalls fußt der Liederdichter auf einer reichen antiken Tradition.

[S. 132], Anm. 1:
Jetzt H. H. in: Studium Generale 13. 1960, 296 ff., abgedruckt in H. H., Symbola I
1976, 274 ff. (hier bes. 275–277). Vgl. a. oben: Cetera mitte, Bd. I 338 u. 343),
Anm. 12 u. 29, sowie „der bald erhöhn, bald stürzen kann", Anm. 2 mit Nachtrag
(ob. S. 4 u. 9).

[S. 133], vorletzter Absatz:
Den euripideischen Einfluß bezweifelt A. THIERFELDER brieflich 6. 9. 1951; er
glaubt an zufälligen Anklang, „zumal der Sinn des Adjektivs bei Euripides ein
verächtlicher ist" – aber ist er das etwa bei Paul Gerhardt nicht? Überhaupt möchte
ich gerade für P. Gerhardt die Lektüre der griechischen Tragiker nicht ausschließen.
So ist nach Gedanken und Formulierung die Ähnlichkeit von Passagen seines Mor-
genliedes ‚Wach auf mein Herz und singe' mit Stellen aus einem Chorlied der
aischyleischen Choëphoren auffallend; zu

> ‚Dein Wort das ist geschehen.
> Ich kann das Licht noch sehen.
> Von Not bin ich befreiet,
> Dein Schutz hat mich erneuet'
> etc.

vgl. Choephoren 953 ff. und das nachher nochmals eingeprägte πάρα τε φῶς ἰδεῖν (v.
961 u. 972), ferner zu ‚Mein Haupt und Glieder, Die lagen danieder, Aber nun steh'
ich, . . .' Aischyl. Ch. 963 f. πολὺν ἄγαν χρόνον χαμαιπετεῖς ἔκεισθ' ἀεί.

[S. 135] oben:
Zum „doppelten, vom zweiten auf das erste Glied einer Reihe zurückgreifenden
Zitieren" vgl. HARALD FUCHS in: Westöstliche Abhandlungen (Festschr. f. Tschudy)
1954, S. 44, Anm. 12, und schon W. WIMMEL im Hermes 81. 1953, 319 ff.

[S. 135], Anm. 2:
Dazu jetzt auch E. v. CRANACH-SICHART in der Einleitung zur Vollständigen
Ausgabe der Lieder des Paul Gerhardt (1949), S. 9.

[S. 136], Anm. 2:
Zum deutschen (und lateinischen) Hexameter s. a. RUD. HILDEBRAND, Beiträge für
den deutschen Unterricht 1897, 402 f. A. KELLETAT, Zum Problem der antiken
Metren im Deutschen. In: Der Deutschunterricht 16. 1964, 50–85 (hier S. 54–78) mit
weiterer Literatur. G. STORZ (1970) 162–171. Aber trotz dieser und anderer förderli-
cher Bemühungen ist nach dem Urteil von W. STROH die Arbeit von W. WACKER-
NAGEL bis heute „unersetzt".

[S. 136], letzter Absatz:
Natürlich sind mit meinen Nachweisen die antiken Einflüsse aufs evangelische
Kirchenlied keineswegs erschöpft, wie schon zu Beginn meines Aufsatzes angedeu-
tet. Vor allem *Cicero* ist eine ergiebige Quelle, wie man zeigen konnte. Schon
WILHELM SÜSS, De Ciceronis Hortensio, in der Festschrift Stohr (Jahrbuch für das
Bistum Mainz 5. 1950) S. 295 f. hat darauf aufmerksam gemacht, daß der Beginn der
2. Strophe von J. M. Meyfarts Lied ‚Jerusalem, du hochgebaute Stadt' deutlich an
Cicero, Cato maior. De senectute 84 anklingt: ‚O schöner Tag' *o praeclarum diem.*

Und wenn diese Basis allzu schmal erscheinen möchte, so konnte KURT MENARD (Lateinisches im Kirchenlied . . ., Jahrbuch für Liturgik und Hymnologie 16. 1971, 170 f.) zeigen, daß in Strophe 1, 2, 4 und 5 eine ganze Reihe weiterer Übereinstimmungen und Anklänge die Abhängigkeit des gelehrten Rektors des Gymnasiums Casimirianum in Coburg von jener Schrift Ciceros wahrscheinlich macht (Str. 3, in der MENARD ebenfalls ‚lateinische‘ Elemente zu erkennen glaubt, ist im Ev. Kirchen-Gesangbuch der EKiD weggeblieben).

Schließlich hat R. REITZENSTEIN in einer berühmten Abhandlung, Die Formel ‚Glaube Liebe Hoffnung‘ bei Paulus, in: Nachrichten der Göttinger Gesellschaft der Wissenschaften, Philos.–hist. Klasse 1916, S. 371$_1$ darauf hingewiesen, daß Paul Gerhardt in seinem Lied ‚Ist Gott für mich, so trete Gleich alles wider mich‘ mit der 2. Strophe

> Nun weiß und glaub ich feste,
> Ich rühms auch ohne Scheu,
> Daß Gott der Höchst und Beste
> Mir gänzlich günstig sei (so die Urfassung)

in den ersten beiden Zeilen sich wohl von der Wendung beim alten Cato, Or. fr. 1 (fr. 23 Malcovati; 21 Malcovati ²1955) habe anregen lassen *scio ego atque iam pridem cognovi atque intellexi atque arbitror.* Das Fragment ist überliefert bei Charisius, Ars grammatica p. 297, 11 – ein in der Barockzeit weit verbreitetes Lehrbuch, das dem Paul Gerhardt sehr wohl bekannt, ja geläufig gewesen sein mag.

Die beiden folgenden Liedzeilen mit ihrem Preis des Allerhöchsten (s. ob.) haben den gelehrten Philologen R. Reitzenstein zur Rückübersetzung ins Lateinische herausgefordert, ohne daß er freilich eine bestimmte Quelle hätte angeben können: *deum optimum maximum mihi plane propitium esse.* Auch der Thesaurus Linguae Latinae kann keinen Nachweis erbringen, was doch umso erwünschter wäre, als das ‚Cato-Zitat‘ auf schwachen Füßen steht (so auch in einer freundlichen Auskunft Ursula Keudel vom Thes. L. Lat., unter Hinweis auf die viel vagere Bedeutung von *arbitror* und die auch anderwärts begegnende Verbindung von *cognoscere* und *intellegere*).

Ferner hat H. DAHLMANN im Hermes 105. 1977, 350 darauf aufmerksam gemacht, daß sich beim ‚Angelus Silesius‘ Johannes Scheffler (1624–1677) in seinem Lied ‚Mir nach, spricht Christus, unser Held‘ mehrfach (Strophe 1,5 u. 7) unverkennbare Anklänge an Seneca, Epist. 107, 9 f. finden.

Das Madenhausener Gustav Adolf-Bild des Meisters LS*

Im Sommer 1931, als man sich in Würzburg zum 300jährigen Gedächtnis
an das siegreiche Vordringen Gustav Adolfs in Franken anschickte, da
tauchte in dem mainfränkischen Dörfchen *Madenhausen* bei Schweinfurt ein
bisher völlig unbekanntes, mit Blei und Rötel gezeichnetes Bild des Schwedenkönigs auf, das sich bei näherer Prüfung als eine ganz hervorragende,
unzweifelhaft nach dem Leben gezeichnete Porträtskizze des „Löwen aus
Mitternacht" aus seinem letzten Lebensjahr erwies (Abb. 1)[1]. An der ra-
schen anspruchslosen Arbeit wäre doch bei aller Flüchtigkeit der Ausführung offensichtlich kein Strich zuzufügen oder zu bessern. Mit dem einfachen Handwerkszeug, das seinerseits die drängende Ausnutzung einer
großen Stunde verrät, ist soviel herausgeholt, daß im Original beispielsweise das Blau der königlichen Augen unmittelbar hervorzuleuchten scheint,
ohne daß eine Spur von blauer Farbe verwendet ist. Die Untersuchung der
Beischrift A. 1632 LS, die natürlich nicht auf den Dutzendwarenzeichner
Lukas Schnitzer führen durfte, leitete bei vergleichender Heranziehung
identifizierter Werke auf den damals 78jährigen Nürnberger Künstler Lorenz *Strauch*, dem offenbar der König am letzten Märztag seines Todesjahrs,
als er das erstemal in Nürnberg einzog, zu kurzer, einprägsamer Sitzung
stillgehalten hatte[2]. Damals sei nach dem Bericht des „Theatrum Europae-
um"[3] „solche Freud, Frolocken und Glückwünschen bey den Inwohnern
gewesen, daß es mit Worten nicht mag außgesprochen werden, indem den
Leuthen, als sie der Heroischen Person Ihrer königlichen Majestät ansichtig

---

* Die Frankenwarte. Beilage zum Würzburger General-Anzeiger 1938, Nr. 10 v. 12. Mai
(3 Seiten).
[1] Das Bild war von uns erstmals veröffentlicht worden in „Mein Frankenland" 1931 vor
S. 289; ausführlich besprochen und erläutert ist der Fund in einem Aufsatz des Verfassers „Das
Madenhausener Gustav-Adolf-Bild des Meisters LS." in der Zeitschrift Die Evangelische
Diaspora 1932 S. 7ff. (vgl. a. Schweinfurter Heimatblätter 1932 Nr. 4). Die dort vorgetragenen Ergebnisse, vor allem die geglückte Enträtselung des Künstlernamens, haben einer Reihe
von Forschern zum Ausgangspunkt neuer Feststellungen gedient. Vor allem ist dabei zu nennen
SIXTEN STRÖMBOM, Iconographia Gustavi Adolphi 1932, eine hervorragende Arbeit, die leider
gerade für unsere Frage durch einige Druckirrtümer und durch Unvollständigkeiten des
Registers entstellt ist.
[2] An Gustav Adolfs längeren Nürnberger Aufenthalt im Sommer 1632 zu denken, wie es
noch Ev. Diasp. 1932 S. 8 in Erwägung gezogen und von STRÖMBOM S. 49 übernommen ist,
verbietet sich durch die unten zu erörternde frühzeitige und starke Nachwirkung des Bildes, die
schon im Frühjahr 1632 eingesetzt haben muß.
[3] Bd. II 1679 p. 631.

werden, für Freuden die Zähren über die Backen abgeflossen". Das in diesen festlichen Stunden entstandene schöne Porträt wurde auf den Gustav-Adolf-Jubiläumsausstellungen von Würzburg (1931), Nürnberg (Sommer 1932) und Stockholm (Herbst 1932) gezeigt und fand allenthalben Bewunderer[4].

Alsbald erwies sich durch das zusammenwirkende Bemühen deutscher und schwedischer Forscher, daß die sonst für die zeitgenössische Gustav-Adolf-Darstellung beobachtete Tatsache auch hier ihre Geltung hatte, eine Erscheinung, die sich aus der jener Zeit zur Verfügung stehenden Reproduktionstechnik ergibt und darum geradezu zum Gesetz werden mußte: Die ganz wenigen nach dem Leben gefertigten Originalporträts nämlich, die der König überdies zu verschenken liebte, blieben unbekannt im Hintergrund. Ungeheure Verbreitung fanden dagegen Kupferstiche, die bestenfalls nach einem solchen Original, aber ohne persönliche Kenntnis des Dargestellten gezeichnet waren. Je mehr Nachzeichnungen genommen wurden, desto gröblicher wurde das meist schon im Stadium der ersten Kopie verdorbene Konterfei entstellt. Im Fall Gustav Adolfs wirkte der frühe Tod des Königs, dabei die rasch wachsende Verehrung, die er in der ganzen evangelischen Welt | genoß, natürlich noch steigernd auf das Mißverhältnis, das zwischen der Nachfrage nach seinem Bild und der geringen Zahl vorhandener Originalporträts bestand. So sind selbst so berühmte und verbreitete Abbildungen des Königs wie der Stich Van Delffs[5] und das in Augsburg aufbewahrte Gemälde Van Dycks[6] nichts weiter als idealisierende Nachschöpfungen aus zweiter und dritter Hand. Auch unser Madenhausener Gustav-Adolf-Porträt war, wie sich nun ergab, in seiner Nachwirkung nicht verschollen: der Augsburger Stecher Lukas *Kilian*, ein gewandter aber keineswegs genialer Routinier, kann seinen bekannten Kupferstich Gustav Adolfs (dessen Züge er noch 1630 in ganz anderer Auffassung wiedergegeben hatte)[7] nach keiner andern Vorlage gefertigt haben (Abb. 2)[8]. Die Zufügung von Gewand, Rüstung und ornamentalem Beiwerk darf uns an dieser Feststellung nicht irre machen: der alte Lorenz Strauch hatte in der knapp bemessenen Zeit, die ihm zur Verfügung stand, all das beiseite gelassen; der für die breite Öffentlichkeit bestimmte Stich konnte und wollte diesen Rahmen nicht entbehren und so hat ihn Kilian mit ganz geringen Änderungen von seinen eben erwähnten früheren Blättern vom Jahre 1630 übernommen, nur daß dort die Darstellung des Königs gegengleich war; sogar die Handhaltung ist die

---

[4] Das Nationalmuseum Stockholm hat 1933 einen vortrefflichen Farbenlichtdruck in Originalgröße herstellen lassen.

[5] 1633, STRÖMBOM Nr. 218 Abb. 19.

[6] STRÖMBOM Nr. 137 Abb. 54.

[7] STRÖMBOM Nr. 85 Abb. 7 (jeweils wieder völlig anders hatte der rührige Kilian den König schon einmal 1625 dargestellt: STRÖMBOM Nr. 9 Abb. 6, und noch einmal 1630: STRÖMBOM Nr. 113 Abb. 120).

[8] Darüber ausführlicher in dem genannten Aufsatz Ev.¸Diasp. 1932 S. 9f. = Schweinfurter Heimatblätter 1932 S. 16. Der Stich ist bei STRÖMBOM unter Nr. 175 (Abb. 24) aufgeführt.

gleiche geblieben. Aber wie muß beim Vergleich zwischen Kilians Kupferstich und Strauchs Skizze die Achtung vor dem Meister der Vorlage steigen,
die sich zugleich endgültig als nach dem Leben gezeichnet erweist! Denn
alles, was hier kraftvoll, eigenartig, eindringlich, überzeugend und wahr
erscheint, das hat der Stecher durch im einzelnen kaum merkliche Änderungen mit großer Routine ins Glatte, Nichtssagende, Elegante umzuwandeln
verstanden: Aus der kühnen Nase ward eine wohledel geformte, aus der
natürlichen Wiedergabe der markanten Bart- und Haarform ward ein Para-
destück zeitgenössischer Barbierkunst, aus dem strengen Augenpaar voll
klaren, edeln, unbeugsamen Willens ohne Falsch ward ein klug wägender,
beinahe abwartender Blick aus biederem Auge, aus dem lebensnahen Bild
eines Königs und Helden ward, um es im ganzen zu sagen, das ferngerückte
Konterfei eines glatten, schönen, selbstgefälligen Potentaten.

Kilians weitverbreiteter Stich scheint dann die Vorlage abgegeben zu
haben für eine ganze Reihe von Ölporträts des Königs, die wir noch besitzen, die aber – das versteht sich nach dem Gesagten ohne weiteres – samt und
sonders ohne künstlerischen und von nur abgeschwächtem dokumentari-
schem Wert sind. In der Treue der Nachbildung, wenn auch nicht an
künstlerischem Range, steht dabei an erster Stelle ein im Nürnberger Rathaus befindliches, seinerzeit auch in der dortigen Gustav-Adolf-Ausstellung
gezeigtes Brustbild des Königs[9]. Es ist eine Ölmalerei, die in der Beischrift
wohl richtig das Alter des 1594 geborenen Königs mit 38 Jahren anzugeben
gedachte[10], jedoch die Jahres|zahl fälschlich um ein Jahr (auf 1631) zurückda-
tiert hat, wohl um den Eindruck der Priorität gegenüber den vielen anderen
Nachzeichnungen des Strauchschen Werkes, wenn nicht gar diesem selber
gegenüber zu erwecken.

Bemerkenswert durch seine Geschichte ist ein im Städtischen Museum
Memmingen aufbewahrtes, den schwedischen Forschern entgangenes
Brustbild gleichen Typs von 1632, das bis in alle Einzelheiten den kilianschen Stich als seine Vorlage verrät; vielleicht ist es im Frühjahr 1632 in
Augsburg entstanden, als Gustav Adolf dort einzog. Jedenfalls schenkte
nach einer mündlichen Tradition der König das Bild bei seinem Aufenthalt
in Nördlingen kurz danach dem dortigen Pfarrherrn Stephan Wechsler, der
ihm durch seine Predigt tiefen Eindruck gemacht hatte. In dessen Familie
vererbte sich das kostbare Erinnerungsstück durch die Jahrhunderte und
kam mit einem Zweig des Geschlechts nach Memmingen, wo es erst in

---

[9] STRÖMBOM Nr. 168 (leider ohne Abbildung). Dieses Bild allenfalls, das sich früher auf der
Nürnberger Burg befand, könnte, wie mir scheinen will – vielleicht sogar als einziges unter
allen erhaltenen des gleichen Typus – von Lorenz Strauchs Zeichnung unmittelbar beeinflußt
sein; bei den meisten anderen dürfte die Annahme der Mittlerrolle Lukas Kilians und seines
Stichs doch wohl näher liegen, wie ich gegen STRÖMBOM (S. 200) behaupten möchte. Vgl. noch
unt. Anm. 12.
[10] Die Angabe der Beischrift Aetatis suae XXXIII ist sicherlich nur Verschreibung für
XXXVIII.

neuerer Zeit von einer Nachfahrin jenes Pfarrers Wechsler dem Museum zum Geschenk gemacht wurde[11].

Noch heute in privaten Händen (auf Schloß Dennenlohe bei Wassertrüdingen) ist ein anderes Gustav-Adolf-Proträt unverkennbar gleichen Typs, das 1632 von Matthäus Merian d. Ae. signiert ist, ein die ganze Figur des Königs darstellendes Ölbild, das auch auf der Nürnberger Ausstellung im Jahre 1932 zu sehen war[12]. Da es als Hintergrund die Eroberung der Stadt Augsburg durch Gustav Adolf zeigt, läßt sich vermuten, daß es gleichfalls im Umkreis des Lukas Kilian nach der Vorlage seines Stiches entstanden ist, etwa so, daß der in Frankfurt ansässige Merian in einem Augsburger Auftrag gemalt hat und sich von dort seine Anregung holte.

Ein wiederum in Nürnberg (im Bürgermeisterzimmer des Rathauses) bewahrtes Hüftbild des Königs eröffnet die Reihe derjenigen Gemälde, die sich zwar unverkennbar an das Strauch-Kiliansche Vorbild anschließen, die aber ihre eigene Auffassung seiner Gestalt dabei doch nicht unterdrücken wollten oder konnten. Das Nürnberger Bild symbolisiert in seiner Darstellung etwas aufdringlich den Glaubensretter mit Schwert und Bibelbuch, deutet dabei aber seine Züge auffallend ins Väterlich-Altkluge um und verleiht ihnen gleichsam das Gesicht des allgemach behäbig gewordenen Nürnberger Patriziertums[13].

Sichtlich in den gleichen großen Zusammenhang des Strauchschen Typus gehören eine Reihe im Ausland befindlicher Gemälde, so die zwei prunkvollen – beide von ein und demselben Künstler stammenden – Ölbilder des Königs in ganzer Figur, die sich im Nationalmuseum Helsingfors und im Empfangszimmer des Museumsdirektors des Versailler Schlosses finden[14], und ein wesentlich später gemaltes großes Proträt aus den schwedischen Staatssammlungen (im Rathaus von Umeå)[15], wo der ins Ritterlich-Galante übersetzten Figur des Königs gar ein großer Federhut[16] aufs Haupt gesetzt ist[17].

---

[11] Es ist abgebildet im Evangelischen Gemeindeblatt in Memmingen 1933 Nr. 1 S. 3. Ebendort sind von J. M(IEDEL) die Schicksale des Bildes beschrieben.

[12] STRÖMBOM Nr. 158 und S. 50. Das gleiche Bild taucht auf einem Flugblatt über die Einnahme Augsburgs vom 11. Apr. 1632 von GEORG WALCH auf: STRÖMBOM Nr. 159 Abb. 107. Für beide Darstellungen ist eine gemeinsame Vorlage wahrscheinlich, die den Kilianschen Typus des Königsporträts verwertete, wenn nicht gar Merian sich das Flugblatt zur Vorlage seines Ölbildes gewählt hat.

[13] STRÖMBOM Nr. 170 Abb. 60, dazu S. 50, wo das Bild – mir nicht überzeugend – dem Nürnberger Maler Gabriel Weyer zugeschrieben wird.

[14] STRÖMBOM Nr. 246. und Nr. 247 Abb. 68.

[15] STRÖMBOM Nr. 266 Abb. 64, dazu die treffenden Bemerkungen auf S. 50.

[16] Mit einem Hut geschmückt ist der König auch auf einem im Stadtmuseum Nördlingen aufbewahrten Ölbild (STRÖMBOM Nr. 179 Abb. 59), als dessen Vorbild ich ebenfalls Strauchs Skizze annehmen möchte. Jedenfalls ist es ganz befremdlich, wenn Strömbom, dem sich diese Vermutung offenbar nicht aufgedrängt hat, das Bild dem gleichen Typ zuweist wie einen schlechten Gustav-Adolf-Kopf ganz anderen Gepräges auf einem interessanten Nürnberger

Ein Schlaglicht auf die überzeugende Lebensähnlichkeit sowohl wie auf den vorbildhaften künstlerischen Wert unseres „Nürnberger" Gustav-Adolf-Bildes von Lorenz Strauch wirft die Beobachtung der Tatsache, daß es gar nicht das letzte nach dem Leben gemalte Porträt des großen Königs gewesen ist, also nicht aus solch äußerem Grunde besondere Nachahmung zu finden brauchte. Der Nördlinger Stadtarchivar Gustav Wulz hat aus einem Rechnungsbeleg von dem in der Dinkelsbühler Kriegergedächtniskapelle befindlichen Gustav-Adolf-Bild festgestellt[18], daß es der aus Nürnberg gebürtige Dinkelsbühler Maler Sebastian Reigel Anfang Oktober 1632 bei dem vier Tage währenden dortigen Aufenthalt des Schwedenkönigs verfertigt hat[19]. Aber dem wahrscheinlich nicht lang vorher zum Katholizismus übergetretenen, damals 24jährigen Porträtisten fehlte neben den künstlerischen Qualitäten wohl auch das innere Verhältnis zu seinem Objekt, das Gefühl für die Größe des Dargestellten. So ist eine seelen- und ausdruckslose Auftragsarbeit entstanden, die der Rat der Stadt mit 24 Gulden honoriert hat und die im Gegensatz zu der Strauchschen Skizze ohne nennenswerte Nachwirkung blieb. Eine einzige, glättende und verschönernde Kopie des Gemäldes hat sich in schwedischem Privatbesitz gefunden[20].

Mit all dem wird klar geworden sein, wie sehr der Madenhausener Fund – und seine Festlegung auf eine große Stunde in der Geschichte der Stadt Nürnberg – dazu angetan war, in der Kunstgeschichte des Gustav-Adolf-Porträts Epoche zu machen. In der Lorenz Strauchschen Zeichnung ist das Urbild des fortan in Süddeutschland und weit darüber hinaus herrschenden Gustav-Adolf-Porträts aus der Verschollenheit emporgetaucht. Durch seine Auffindung begannen mit einem Male die verschlungenen Fäden sich zu ordnen, sagt ein schwedischer Forscher, „ungefähr so, wie wenn das richtige | Wort in eine planlose Diskussion geschleudert wird"[21].

Musterschutzbild von 1632 aus Privatbesitz (Strömbom Nr. 164 nach Walter v. Zur Westen, Reklamekunst aus zwei Jahrtausenden 1925, Abb. 138 und S. 146 f.).

[17] Außer dem in vieler Hinsicht endgültigen, schon mehrfach erwähnten Tafelwerk von Sixten Strömbom, Iconographia Gustavi Adolphi, Stockholm 1932 vgl. bes. auch den ausgezeichneten Aufsatz von Karl Erik Steneberg, Sydsvenska Dagbl. Snällposten v. 17. April 1932 mit Abbildungen auch der beiden Kilianstiche und des Versailler Ölbildes. – Durch diese trefflichen Arbeiten ist die sorgfältig nachprüfende Sichtung, Abbildung und Gruppierung aller auf unsere Skizze zurückgehenden bekannten Gustav-Adolf-Bilder erst möglich geworden. Diese wirklich abschließende Monographie des Madenhausener Gustav-Adolf-Bildes ist ein dringendes Bedürfnis.

[18] Darüber berichtet ein Aufsatz im Dinkelsbühler „Wörnitzboten" Nr. 260 vom 6. Nov. 1931 S. 2.

[19] Strömbom, Nr. 208 Abb. 67.

[20] Strömbom, Nr. 209 Abb. 66.

[21] K. E. Steneberg aaO. Derselbe wies auf eine weitere verwehte Spur hin: der Katalog der 1825 in Nürnberg versteigerten v. Derschauschen Sammlungen verzeichnet als Nr. 45 eine heute verschollene gemalte Miniatur Gustav Adolfs von Georg Strauch, die dem Katalog zufolge im Sommer 1632 „nach dem Leben gemalet" sei. Wenn nicht eine Verwechslung vorliegt, hat der damals erst 19jährige Künstler, über dessen Verwandtschaft mit unserm

Über das Schicksal des Blattes sei noch angemerkt, daß es vor gut zwei Menschenaltern von einem Glied der weitberühmten Schweinfurter Industriellenfamilie Sattler (vielleicht von Jens Sattler 1810–1880) im Kunsthandel erworben worden zu sein scheint und der Gemeinde Madenhausen wohl zur Erinnerung geschenkt worden ist. Denn in dem Dörfchen hatte Gustav Adolf auf seinem Vormarsch nach Franken vom 11./12. Okt. 1631 kurz vor der Einnahme Würzburgs genächtigt.

Nachwort

Der Aufsatz, unter dem Titel ‚Die Bedeutung des Madenhausener Gustav Adolf-Bildes. Ein Bericht über neuere Forschungen' aaO. erschienen, ersetzt und ergänzt meine frühere in der Anm. 1 genannten Arbeiten über das Bild. Wesentlich neuere Literatur seit 1938 ist mir trotz mehrfacher (z. Tl. unbeantwortet gebliebener) Umfragen nicht bekannt geworden. In einem reich illustrierten Werk ‚Würzburg. Geschichte in Bilddokumenten. Hrsg. v. Alfred Wendehorst' 1981 ist das Porträt im Bildteil unter Nr. 205 mit kurzer beigefügter Erläuterung einfarbig wiedergegeben (Verfasser des Textes W. M. Brod). Danach befindet sich das Original als Dauerleihgabe des Ev.-luth. Pfarramts Madenhausen nunmehr im Mainfränkischen Museum auf der Festung Marienberg oberhalb Würzburgs. Allerdings war bis 1976, wo ich das Bild dort sah, von Geschichte und Bedeutung des kostbaren Werks der Museumsleitung nichts bekannt geworden, so daß ich ihr die frühere Literatur zugänglich machte, andrerseits nun im Wiederabdruck meines Berichts bestärkt bin.

Zur genaueren Dokumentation gebe ich noch einige Ergänzungen: Nicht lang vor 1931 hat man das Bild in dem Dorf Madenhausen bei Schweinfurt aus altem Speicherkram hervorgezogen. Der Lehrer des Orts hielt es der Beachtung für wert und schmückte damit zunächst die Wand seines Schulzimmers. Als ich 1931 zusammen mit dem damaligen Würzburger Archivdirektor Hermann Abert den Auftrag erhielt, eine Gustav Adolf-Gedächtnisausstellung im Schauraum der Universitätsbibliothek vorzubereiten, kam mir über den Verlag des Würzburger General-Anzeigers die von einer Zeitungsausträgerin dorthin gelangte Nachricht zu, in dem Dörfchen befinde sich ein Originalporträt Gustav Adolfs. Eine Beratung mit dem Verlagsprokuristen Hans Schabert und dem Pfarrer der evangelischen Deutschhaus-Gemeinde Wilhelm Sebastian Schmerl, dem Verfasser zahlreicher historischer Skizzen und Romane, hatte zum Ergebnis, daß der Verlag ein Auto zu

---

Lorenz Strauch wir nichts Sicheres wissen, doch wohl ebenfalls des älteren Namensvetters Zeichnung als Vorlage benutzt. Vgl. a. H. Mahn, Lorenz und Georg Strauch 1927 S. 46, 53, 77. Strömbom S. 49, Anm. 5.

einer Besichtigungsfahrt zur Verfügung stellte, obwohl wir im günstigsten Fall eigentlich nur auf eine mehr oder weniger wertlose Lithographie gefaßt waren. Aber der Augenschein war dann so verblüffend, daß wir sogleich erwirkten, das Bild für die geplante Ausstellung als Leihgabe zu erhalten. Eine nähere Untersuchung brachte mich bald auf den vollen Namen des Künstlers und führte zu einer Erstveröffentlichung des erstaunlichen Fundes, dessen Ruf rasch auch nach Nürnberg und Stockholm drang, wo das Kunstwerk in der Folge ebenfalls im Original gezeigt werden konnte.

Man wird mir nachfühlen können, daß mir die Entdeckung eines ‚Archetypus' – wenn auch nicht in meinem eigenen Fachgebiet, auf dem Felde der Textphilologie – eine große Befriedigung gewährt hat.

Nachträge

Anm. 9:
Das Ölbild ist nach Auskunft der Nürnberger Städtischen Kunstsammlungen (in dessen Inventar es die Nummer Gm. 14 trug) 1945 in der Kaiserburg verbrannt.

Anm. 11:
Das Memminger Bild ist erhalten, hat aber nach Auskunft des Heimatpflegers der Stadt seither keine literarische Behandlung mehr erfahren.

Anm. 13:
Auch dieses Bild ist nach Auskunft aus Nürnberg (s. ob. zu Anm. 9) im letzten Krieg verbrannt.

Anm. 17:
Über eine neuere Monographie des Bildes war auch aus Schweden nichts in Erfahrung zu bringen.

Anm. 18:
Der hochverdiente Nördlinger Stadtarchivar Gustav Wulz, mit dem mich eine lebenslange Freundschaft verband, die bis auf die Volksschuljahre 1906–09 zurückgeht, starb am 6. Febr. 1981 in Nürnberg.

Die Tagebücher von Friderich Hommel (geb. 1813)
1828—1892*

Aus dem Kreis der ,Erweckten' um Wilhelm Löhe

Der Kirchenhistoriker Martin Schmidt ist mir seit den gemeinsamen Berliner Jahren an der Kirchlichen Hochschule in Zehlendorf (1948—55) mit
der unvergessenen Graeca[1] freundschaftlich verbunden. Ihm mit einem
Beitrag zu seiner Festschrift Glück zu wünschen und Dank zu sagen, dieser ehrenvollen Aufforderung komme ich mit Freuden nach. Als Klassi-
scher Philologe bin ich mir freilich bewußt, daß ich den fachlichen Rang
der übrigen Beiträge nicht erreichen werde, ja auch gar nicht anstreben
kann. Zwar glaube ich mit meinem Thema dem von dem Gefeierten gepflegten und geförderten Bereich des fränkischen Pietismus um Wilhelm
Löhe nahezukommen und diesem an verfügbaren wie an unerschlossenen
Quellen reichen Komplex durch manchen Hinweis zu dienen. Aber die
kirchengeschichtliche und theologische Beleuchtung und Auswertung des
bescheidenen neuen Quellguts, das damit zugänglich gemacht werden
soll, muß ich Berufeneren überlassen und kann nur hoffen und wünschen,
daß sie sich seiner mit Gewinn für die Forschung bedienen, und daß ihnen
meine vorwiegend biographischen Erläuterungen dazu einige Hilfe leisten.[2]
Es handelt sich um die handschriftlich erhaltenen Tagebücher, die mein
Großvater Friderich Hommel, der Landsmann, Freund und Mitstreiter
Löhes, von seinem 15. Jahr bis zu seinem Tod — über 64 Jahre lang —
fast ununterbrochen geführt hat. Sie befinden sich nach pietätvoller Auf-

---

* Der Pietismus in Gestalten und Wirkungen. Festschrift Martin Schmidt 1975, 245—285.
[1] Sie besteht noch heute mit meinem Nachfolger Otto Luschnat als Moderator.
[2] Ich benutze immerhin diesen Anlaß, meine gelegentlichen, mehr laienhaften
Ausflüge ins Feld der Kirchengeschichte hier anzuführen (sie fanden während
meiner Bibliothekarszeit 1923—35 statt, durchwegs aus Anlaß kleiner Neufunde,
die sich zufällig um die beiden Schwerpunkte Luther und Gustav Adolf grup-
pierten):
»Zwo kurtze Glosen ... « (1537). Eine neuentdeckte Schrift des Johannes Cochlaeus. Zentralblatt für Bibliothekswesen 41. 1924, 321—327.
Ein neuer Fund zum Antinomerstreit 1537/40. Zeitschr. f. bayr. Kirchengesch. 5.
1930, 209—229.
Ein Spottgutachten Luthers über Johann Agricola. Bericht über einen neuen
Fund und seine Umwelt. Festgabe für Otto Glauning 1936, 80—88.
Das Madenhausener Gustav Adolf-Bild des Meisters LS (= Lorenz Strauch) Die
Ev. Diaspora 14. 1932, 7—10.
Die Bedeutung des Madenhausener Gustav Adolf-Bildes. Ein Bericht über neue-
re Forschungen. Die Frankenwarte (Beil. z. Würzburger Gen.-Anz.) 1938, Nr. 19.

bewahrung und nur gelegentlicher Nutzung durch die Nachkommen[3] seit 1964 im Hommelschen Familienarchiv in Tübingen und sind dem Ev. Landeskirchlichen Archiv Bayerns in Nürnberg zugedacht, damit sie dort künftig erhalten bleiben und der Forschung zugänglich gemacht werden können.

Die Tagebücher beginnen — nach kurzen Anläufen vom Januar, April und Juni 1827 — am 17. Januar 1828, dem 15. Geburtstag des Schreibers, um dann mit erstaunlicher Regelmäßigkeit und Durchhaltekraft bis wenige Tage vor dem am 6. Februar 1892 erfolgten Tod fortgeführt zu werden. Sie sind durchwegs in Quarthefte mit steifem Umschlag eingetragen, deren Seitenzahl meist um einiges über 100 liegt. Das Kleid der älteren Bände leuchtet in biedermeierlichem Grün[3a], mit fein ausgeschnittenen, wappenartig geformten Aufklebeschildchen, später wird für den Einband schwarz bevorzugt. Die mit bewußter Absicht ›teutsche‹ Schrift ist i. a. gut leserlich, wird später freilich enger und flüchtiger und mehr und mehr mit Abkürzungen durchsetzt. Schon sehr bald herrscht Kleinschreibung vor. Der Umfang der von Tag zu Tag eingetragenen Aufzeichnungen nimmt zusehends ab; das Jahr der Verheiratung 1853 bildet hier einen spürbaren Einschnitt — der Schreiber ist jetzt nicht mehr so wie bisher weithin auf die Zwiesprache mit sich selber angewiesen. So umfassen die Aufzeichnungen von 1828—53 im ganzen 36 Bände, die danach nur noch

---

[3] 1892—1936 waren sie im Besitz des einzigen Sohnes Dr. Fritz Hommel (31. 7. 1854—17. 4. 1936), o. Prof. der Semitischen Sprachen an der Univ. München (theol. Ehrendoktor von Erlangen seit 31. 10. 1917); 1936—1964 hat sie deren ältester Sohn Eberhard H. (geb. 6. 7. 1882), Dr. phil. und Pfarrer in Obermögersheim bei Gunzenhausen, verwahrt und benutzt, seit 1950 im Ruhestand in Wassertrüdingen und Rummelsberg (er starb in Nürnberg am 6. 1. 1964). Vor allem in den 30er und 50er Jahren hat E. H. einzelne Bände mehrfach ausgeliehen, so an Pf. Klaus Ganzert, den Herausgeber von Löhes Werken, und an seine Tante Cäcilie Hommel in Neuendettelsau (1869—1957), die jüngste Tochter des Tagebuchschreibers. Die einzige mir bekanntgewordene literarische Verwertung fanden die Aufzeichnungen durch Pf. **Gustav** *Braun* in Burk bei Ansbach, der dem Verfasser noch persönlich nahegestanden hatte: Zur Geschichte der bayrischen Generalsynode von 1849. In: Bl. f. by. Kirchengesch. 6. 1900, 259—270 (zitiert in der noch unveröffentlichten Abhandlung von **Fr. W.** *Kantzenbach*, Die »befreundeten Gegner«. Ekklesiologische Konzepte rund um Wilhelm Löhe — in deren Ms. mir der Verf. freundlich Einblick gewährte). Dazu trat die Benutzung der Tagebücher durch ihren eifrigsten Leser **Eb.** *Hommel* in illustrierten Aufsätzen für weitere Kreise, so: Alte Beziehungen der bayerischen und württembergischen Landeskirchen zu einander. In: Corr.-Bl. der ev.-luth. Geistlichen in Bayern 1936 (45) 455 ff. (46) 468 ff. — Die frühesten Anfänge der nordamerikanischen Mission Wilhelm Löhes. In: Concordia Nr. 74—78 1937/38 (Einzelabdruck, 23 S.).

[3a] Man darf vergleichsweise auch an die mit Gottfried Kellers (geb. 1819) ›Leibfarbe‹ grün eingebundene tagebuchartige Niederschrift denken, die zur Keimzelle von des Dichters ›Grünem‹ Heinrich wurde; s. dazu Wtr. *Muschg* in: Gfr. Keller, Das Tagebuch und das Traumbuch. 2. Aufl. 1945, 11 f.

14, wobei freilich auch die bis zum Telegrammstil reichende Straffung des Textes der späteren Jahre in Rechnung zu setzen ist. Erst vom August 1883 an (bis zum April 1891) bietet der Verfasser am Schluß der einzelnen Bände jeweils eine Übersicht der wichtigsten »Vorkommnisse« sowie höchst aufschlußreiche Register seiner Korrespondenz. In manchen Bänden der früheren Zeit (mit besonderem Schwerpunkt in den 30er Jahren) hat der älteste Enkel Eberhard Hommel am Schluß eines Bandes jeweils ihm wichtig scheinende Ereignisse und Personen vermerkt, womit ganz sporadisch auch schon der Sohn Fritz Hommel begonnen hatte.

Manche Bände tragen Feuchtigkeitsspuren mit geringem Textverlust; am Zerfallen ist das Faszikel 1829 II. Kann so i.a. der Zustand der Tagebücher als gut bezeichnet werden — auch die Tinte hat sich erstaunlich lesbar erhalten —, so fehlen leider einige Bände (etwa 2, höchstens 4), die Jahre 1841 und 1842 umfassend. Ihr Verlust scheint erstmals 1943 bemerkt worden zu sein.

Ich gebe eine kurze Übersicht des Erhaltenen, die zugleich anzeigt welche Jahre oder Zeiträume jeweils in einem Band zusammengefaßt sind:

(1827—) 1828	1834 II		1857—61
1829 I	1835 I		1862—64
1829 II	1835 II	1843—44 I	1865—67
1830 I	1836 I	1844 II—45 I	1868—70
1830 II	1836 II	1845 II	1871—74 I
1831 1	1837 I	1846	1874 II—77
1831 II	1837 II	1847—48 I	1877 II
1832 I	1838 I	1848 II	1878—79
1832 II	1838 II	1849	1880—83 I
1832 III—33 I	1839 I	1850	1883 II—86 I
1833 II	1839 II—40 I	1851—52	1886 II—88
1833 III	1840 II	1853	1889—91 I
1834 I	1840 III	1854—56	1891 II—92

Eine sowohl die sparsame Genauigkeit des Schreibers charakterisierende wie vor allem auch einen Einblick in seinen sozialen Stand und in die Wirtschaftsverhältnisse seiner Zeit im Kleinen gewährende Ergänzung bietet eine Reihe von »Einnahmen- und Ausgaben-Büchlein«, die sich erhalten haben. Sie umfassen — in 4° — die Zeit von 1844—24. 8. 1848, in klein-8° vom Juli 1865—Jan. 1867, von 1882—1889 und von 1890—1892.[4] Eines dieser Hefte trägt das bezeichnende Motto »Gott lasse alles ehrlich und ordentlich zugehen!«.

---

[4] Sie werden ergänzt durch einige Haushaltbücher seiner Gattin Therese geb. Liesching, die sich ebenfalls erhalten haben.

Im folgenden soll ein kurzer Überblick über Vorfahren, Herkunft und Umwelt meines Großvaters versucht werden, dem sich dann ein biographischer Abriß anschließt, mit dem Bestreben, dabei insbesondere die Einflüsse aufzuzeigen, die vorwiegend auf dieses in der Frühzeit an Entbehrungen und Sorgen, aber auch an bedeutenden Anregungen reiche, später i. a. ruhig dahinfließende Leben gewirkt haben. Wenn auch — neben mündlichen und schriftlichen Überlieferungen der Familie — die Tagebücher selber hierfür die meisten Aufschlüsse bieten, so muß doch bemerkt werden, daß meine Lektüre dieser umfangreichen Quelle im Verhältnis zum Ganzen sehr begrenzt ist und auch zum Zweck dieser Einführung nur sporadisch ergänzt werden konnte, da alternde Augen dadurch überfordert wären. Das meiste, gerade auch das auf die kirchengeschichtliche Bedeutung der Bände Abzielende muß, wie schon einleitend betont, überdies künftiger Forschung jüngerer und fachlich geschulter Kräfte vorbehalten bleiben und verspricht noch manchen nicht unbedeutenden Aufschluß.

Die Hommel tragen ihren Familiennamen in dieser Form erst seit dem Ende des 18. Jahrhunderts. Denn Friderich Hommels Großvater Georg Wilhelm Friedrich H. war ein natürlicher Sohn des Reichserbmarschalls Grafen Friedrich Ferdinand von Pappenheim (1702—1793) und dort im Altmühltal im Haus des Juden Abraham Nathan Reutlinger, genannt Fromme[5], am 17. 8. 1757 geboren. Die Mutter Agathe Hummel (1723—61), deren Vorfahren während des 30jährigen Krieges vor der Pest aus Trommetsheim im Ansbachischen geflohen waren, hatte einen Pappenheimer Bader und Chirurgen zum Vater, der gelegentlich am Hof Kammerdienerfunktion ausübte. Sie war im Lauf der Zeit nicht die einzige Mätresse des Grafen,[6] aber gewiß die seinem Herzen am nächsten stehende; denn sie lebte 9 Jahre in enger Gemeinschaft mit ihm und gebar ihm von 1753 an alljährlich ein Kind, bis sie 38-jährig im Wochenbett starb. Der Graf, der sie um ein gutes Menschenalter überlebte, ließ sich nicht bei seinen

---

[5] Beliebter Judenname seit alter Zeit, in Pappenheim schon einmal im 14. Jh. belegt. Er bezeichnet jeweils einen Träger des Namens Ephraim bzw. wohl eher den Sohn oder Nachfahren eines solchen. Die etymologische Herleitung verdanke ich einem frndl. Hinweis von Prof. Dov Sedan in Jerusalem (die Angabe in *Fischer's* Schwäb. Wrtrbch. 2, 1779, Fromme sei eine Kurzform des Namens Abraham, wäre danach zu berichtigen). Vorangegangen ist dann wohl eine Form *Främmle,* aus der durch naheliegende Volksetymologie Frömmle bzw. *Fromme* wurde. — Das Geburtshaus des nachmals angesehenen Juristen Gg. Wilh. Fr. H., später eine Zeit lang Gasthof zum Deutschen Haus, trägt heute die Bezeichnung Deisingerstr. 42. Für Aufhellung der Zusammenhänge bin ich dem ehemal. Gräfl. Hausarchivar Hans Navratil in Pappenheim zu Dank verbunden.

[6] Bes. aus der Zeit danach sind mehrere Namen und die Kinder aus diesen Verbindungen bekannt. Einer davon entstammt eine Tochter, die dann in die bekannte fränkische Theologenfamilie Buchrucker einheiratete.

Ahnen, sondern auf dem Friedhof an ihrer Seite bestatten, von wo man
seine Gebeine rund 100 Jahre später in die Familiengruft überführte. Von
den 9 Kindern aus dieser Verbindung überlebten drei Söhne[7], von denen
der zuletzt geborene in jugendlichem Alter im österreichischen Militär-
dienst verschollen ist. Der älteste von ihnen, der 1757 geborene Gg. Wilh.
Friedr. H., hatte auf Kosten des gräflichen Vaters in Erlangen Theologie
und Philologie studiert[8], bekam durch dessen Vermittlung bereits 1779
die Bischöflich Eichstättische Patronatspfarrei Bubenheim bei Treucht-
lingen, die er dann »wegen eines Fehltritts« (im Sinne des gräflichen Er-
bes, jedoch vielleicht absichtlich provoziert, um dem ungeliebten Beruf zu
entkommen) bald wieder verließ, um sich in Jena dem Studium der Juris-
prudenz zu widmen, das der Vater nur zögernd und widerstrebend finan-
zierte. Von Ende 1781 an gelang es dem jungen hochbegabten Juristen
allmählich in Fürth, wo er sich als Rechtsanwalt niedergelassen hatte,
Fuß zu fassen und sich zunächst als Advokat des Bambergischen Dom-
probstei-Gerichtes und als Kaiserlicher Notar zu etablieren. Da in dem
letztgenannten Amt Adlige unerwünscht waren[9], und — wie die Familientradition zu berichten weiß — auch aus erwachtem Bürgerstolz und einer
von den Zeitströmungen genährten liberalen Gesinnung lehnte er zusammen mit seinem Bruder den vom Vater für die illegitimen Söhne von
Reichsgrafen üblicherweise vorgesehenen Freiherrnstand ab[10], ließ sich

---

[7] Weiteres über die ältere Geschichte der Familie H. s. bei Hermann *Hommel*,
Geschichte der Familien Hommel, Maeulen, Schaefer. Mainz 1920 (als Ms. gedruckt). Der Verfasser, Begründer der Mannheimer Hommel-Werke (Werkzeug-
fabrik), ist wie sein Vetter, der bedeutende Münchner Botaniker Karl Ritter
v. Göbel, und wie sein noch lebender Enkel, der ehemalige Reichsminister Albert Speer, seinerseits Nachkomme des jüngeren Sohnes des Grafen v. Pappenheim, Ludwig Friedrich Ferdinand Hommel (1758—1833), Förster in Schlierbach
bei Kirchheim/Teck. — Eine Ehe »zur linken Hand« zwischen dem Grafen und
der »Madame Hummlin«, wie sie Haupt Graf zu *Pappenheim*, Gesch. des gräfl.
Hauses zu P. 1739—1939 (1940, S. 3 f.) postuliert, bestand in Wirklichkeit nicht,
da seinerzeit die rechtmäßige Gattin noch lebte.
[8] Er war dort der Schüler des Klass. Philologen Gottl. Chph. Harles (1738—
1815), des Großvaters von Adolf Glb. Chph. v. Harleß (1806—79), dem bayr.
Oberkonsistorialpräsidenten, der mit Hommels Enkel Friderich wie mit Löhe in
naher Verbindung stand.
[9] Bemerkung des Rechtshistorikers Karl S. Bader, Zürich in der Diskussion nach
einem von ihm gehaltenen Vortrag über die Geschichte des Notariats.
[10] In Pappenheimischen Kanzleireskripten wird in der Tat bereits mehrfach von
den beiden Brüdern als den »jungen Herren Baronen« gesprochen. Vorgesehen
war der Name v. Calden, den einst die Pappenheimer Grafen in der Stauferzeit
geführt hatten. Siehe dazu auch Haupt Graf zu *Pappenheim*, Regesten der
frühen Pappenheimer Marschälle ... 1927, 2 ff. und ders., Versuch einer Gesch.
der fr. Pappenh. Marsch. ... 1927, 15 ff. — Man pflegte mit der umständlichen
und kostspieligen Verleihung des nächstniederen Adelstitels (bei Grafen also
des Baronsstands) an illegitime Sprossen der Familie — angesichts der szt. hohen Kindersterblichkeit — zu warten, bis diese erwachsen waren.

aber gern von ihm in der Folge den Titel eines Pappenheimischen Rats verleihen und nannte sich, um wie er sagte eine bürgerliche Dynastie zu begründen, fortan ausschließlich Hommel, in leichter Abänderung des mütterlichen Namens Hummel, und zwar wie es scheint aus Verehrung für den damals soeben verstorbenen berühmten Leipziger Juristen Karl Ferdinand Hommel (1722—81), mit dem aber keine Verwandtschaft bestand.[11]

Der Notar erwirkte bereits 1782 durch eine von dem dazu befugten Hofpfalzgrafen Franz Christoph Ludwig Lang auf Muttenau ausgestellte, heute noch vorhandene Pergamenturkunde vom 16. Januar die offizielle Legitimierung seiner Geburt und begründete 1783 mit der Fürther Chirurgentochter Marie Helene Heerdegen (1762—1837) seinen eigenen Hausstand. Im Marktflecken Fürth, einem alten Königshof, der erst 1818 zur Stadt erhoben wurde, und wo man sich gern auf alte freiheitliche Tradition berief[12], war seit alters die Einwohnerschaft unter je eigenen Bürgermeistern dreigeteilt in Bambergische, Ansbachisch-Brandenburgische und Nürnberger Untertanen. Das Appellationsgericht, bei dem G. W. Fr. Hommel als Advokat zugelassen war, stand in erzbischöflich-bambergischem Besitz[13], übte gegen den Widerstand der neuen Regierung auch in der preußischen Zeit Fürths 1792—1806 seine Funktionen aus und wurde nach seiner Verlegung nach Bamberg (1806) und Amberg (1808) allmählich vom Kgl. bayrischen Appellationsgericht in Ansbach abgelöst, an dem der bewährte Advokat dann ebenfalls noch wirkte.[14]

1803 war im aufgeklärten Fürth eine Freimaurerloge »Zur Wahrheit und Freundschaft« gegründet worden, der Hommel 1804 beitrat und der er von 1806 bis zu seinem Tod 1824 als Meister vom Stuhl vorstand.[15]

Von den 12 Kindern des Rechtsanwalts und Notars sind 6 früh verstorben; auch von den überlebenden drei Söhnen starben zwei in jüngeren Jahren, der eine Karl (1785—1812), Freimaurer wie sein Vater, als praktischer Arzt in Fürth, der andere Jakob (1790—1816) als bairischer Artillerie-Premierleutnant in Salzburg, nachdem er den russischen Feldzug Napoleons

---

[11] Die Form Hommel hatte er schon früher bevorzugt, wie denn auch umgekehrt beim damaligen Schwanken der Schreibweise von Namen noch in seiner Spätzeit die Klienten gelegentlich die Form Hummel gebrauchten.

[12] Mitteilung des Stadtarchivs Fürth vom 22. 3. 1974. Vgl. a. Fürth ... (Erinnerungsbuch) 1950, S. V.

[13] Zu seiner älteren Geschichte vgl. die Erlanger Diss. von Rudolf *Brunner*, Das älteste Fürther Gerichtsbuch ... 1948; Teilabdruck in: Fürther Heimatblätter N. F. 1951, 2—16 (hier bes. 4 f.).

[14] Die alleinige Zuständigkeit des Ansbacher Obergerichts datiert von 1817 (von da an war sein Präsident der berühmte Paul Johs. Anselm Ritter v. Feuerbach) oder 1818. Mittlg. des Stadtarchivs Fürth vom 9. 4. 1974.

[15] G. *Grillenberger*, Festschrift zum 100jährigen Jubiläum der Loge ... 1903, passim.

und die anschließenden Campagnen heil überstanden hatte.[16] Der mittlere
von den dreien, Friedrich Wilhelm (10. 3. 1787—20. 8. 1848) war der Vater
unseres Löhefreunds. Er hatte mit einer aus dem Hohenloheschen stammenden Fürther Dienstmagd Eva Margaretha Wirth (20. 11. 1789—21. 8. 1832)
noch vor der am 12. 4. 1813 in Fürth erfolgten Eheschließung zwei Kinder,
eine Tochter und einen Sohn gezeugt, die dann mit der Verehelichung der
Eltern legitimiert wurden. Der Sohn war Friderich Hommel, geboren in
Fürth am 17. Januar 1813 im Haus Nr. 167, jetzt Mühlstr. 12,[17] nicht weit
von der befreundeten alteingesessenen Familie Löhe, der das Geburtshaus des 1808 zur Welt gekommenen Wilhelm Löhe durch Einheirat gehörte (Königstr. 27). Der damals 1813 sechsundzwanzigjährige Vater Hommels war als Skribent in der Rechtsanwaltskanzlei seines Vaters tätig
und erhielt danach eine bescheidene Schreiberstelle bei der Stadt, in der
er es in langsamem Aufstieg bis zum Magistratssekretär brachte. Da ihm
in zwei Ehen (er heiratete als Witwer am 27. 6. 1837 zum zweiten Mal)
insgesamt 14 Kinder heranwuchsen, von denen die meisten ein bescheidenes Lebensziel erreichten, so waren die wirtschaftlichen Verhältnisse
der Familie äußerst beengt. Man mußte, wohl der steigenden Kinderzahl
wegen, mehr als ein halbes Dutzend mal die Wohnung wechseln, und das
schmale Einkommen reichte oft kaum zum Nötigsten. Als nach dem Tode
des Notars 1824 dessen Witwe in den Hausstand aufgenommen wurde, be-
deutete dies eine gewisse auch materielle Hilfe. Vor allem ihr ältester Enkel, unser Friderich, rühmt des öfteren in seinem Tagebuch ihre besondere
Fürsorge um sein leibliches Wohl wie um sein Fortkommen überhaupt.
Daß ihm als einzigem unter seinen Geschwistern ein akademisches Studium ermöglicht werden konnte, verdankte er neben seinen hervorragenden Leistungen auf dem Gymnasium, wo er schon früh durch Nachhilfe-
stunden mitverdienen mußte, zum Teil auch dem glücklichen Umstand,
daß Ende 1830 eine Pappenheimische Erbschaft von mehreren Tausend
Gulden eintraf, die freilich mit dem schwäbischen Hommelstamm[18] geteilt werden mußte, aber der ärmlichen Familie, die bald auch die Mutter
verlieren sollte, eine bedeutende Erleichterung verschaffte.[19] Wahrschein-

---

[16] Von ihm sind einige köstliche Feldpostbriefe mit streiflichtartigen Schilde-
rungen seiner Erlebnisse vorhanden, in deren einem in gemütvoller Weise auch
des kleinen Neffen Aléxander Erwähnung geschieht, wie damals unser Friderich H. mit einem seiner drei Taufnamen (Heinrich Friedrich Alexander) noch
genannt wurde.
[17] Wie Löhes Geburtsstätte steht auch dieses Haus heute noch. — Daß F. Hommel Jahrgangsgenosse von Georg Büchner, Friedrich Hebbel, Gius. Verdi und
Richard Wagner war, verdient Erwähnung, da es erlaubt, die bescheidenere Gestalt in einem größeren Rahmen zu sehen.
[18] s. ob. Anm. 7.
[19] Bezeichnend für den noch nicht Achtzehnjährigen, daß er seinen Vorschlag
durchsetzt, als erste Anschaffung von dem Geld das Erbauungsbuch des Joh.
Friedr. Starck für 54 Kreuzer zu erwerben, das fortan regelmäßigen Hausan-

lich handelte es sich dabei um den Erlös aus jenem für die Stammutter Agathe Hummel kurz vor ihrem Tod 1761 vom Grafen Pappenheim erworbenen Judenhaus, in dem sie schon vorher eingemietet war, und wo sie die Besuche des Grafen empfing und ihre Kinder gebar.[20] Warum die Auszahlung an die Erben fast 70 Jahre auf sich warten ließ, war bisher nicht zu ermitteln.

Doch nun nach der Schilderung von Herkunft und Umwelt zurück zum Tagebuchschreiber Friderich Hommel selber, dem diese Studie vornehmlich gewidmet ist. Über die Zeit vor Beginn der täglichen Einträge sind wir verständlicherweise nur spärlich unterrichtet. Nach einer Familientradition soll er bis zur Krankheit und zum Tode des Großvaters (1823/24) eine Zeit lang, wohl spätestens seit dem Besuch der Lateinschule in Fürth[21], in dessen Haus gelebt haben, wo sich die hohe Verehrung befestigt haben muß, die er dem Familienoberhaupt entgegenbrachte. Als ihn einmal, wie er im Tagebuch vom 22. 10. 1828 erzählt, ein tiefer Weltschmerz aus dem Gefühl der eigenen Unzulänglichkeit, gemischt mit dem ersten Liebeskummer um die von fern angebetete Nachbarstochter Magdalena Riessner[22] befiel, da flüchtete er zum Grab des geliebten Großvaters. Dessen Vorbild als eines allgemein geschätzten und erfolgreichen Anwalts wird es wohl auch gewesen sein, das ihn ohne Schwanken zur Wahl der juristischen Laufbahn bestimmt hat, wo doch bei seiner frühen Hinwendung zu entschiedenem Christentum und beim Vorhandensein mannigfacher geistlicher Gaben ein theologisches Studium nahegelegen hätte, das (wie er selber mehrfach betont) auch günstigere Stipendienmöglichkeiten bot. Ja, man könnte sogar annehmen, daß der Großvater nach dem Scheitern berechtigter Erwartungen in der eigenen Familie alle Hoffnung auf den begabten Enkel setzte, der stets zu den Ersten in der Klasse zählte, und daß er in ihm überdies die eigene Berufslaufbahn fortgesetzt zu sehen wünschte, was dem gewissenhaften und pietätvollen Erben solcher juristischen Tradition eine Verpflichtung bedeuten mußte[23].

---

dachten dienen soll, um »das unchristliche Wesen bei uns abzuschaffen« (6. 11. 1830, vgl. 28. u. 31. 12.) Dem Vater dagegen war es in erster Linie darum zu tun, die Familie neu einzukleiden, und auch der Sohn Friderich ließ sich dies für seinen Teil nicht ungern gefallen.
[20] Siehe ob. S. 248 m. Anm. 5.
[21] Es war die gleiche Schule, in die 5 Jahre zuvor *W. Löhe* eingetreten war, und von der er in seinen Erinnerungen lebendig erzählt; s. die Sonderausgabe aus J. Deinzers Biographie Löhes Bd. 1: Löhes Jugend 1808—1826. Neuen-Dettelsau 1932, 25 ff. 44 f.
[22] Ende 1832 teilt die ältere Schwester Karoline dem Bruder nach München die Verlobung des Mädchens mit, was nocheinmal zu resignierten Betrachtungen im Tagebuch Anlaß gibt.
[23] Eine gewisse Bestätigung findet sich nachträglich im Tgbch. v. 26. 4. 1833. Da war in München ein Brief des Vaters aus Fürth eingetroffen, wonach dort das

Daß er sich 1832, also mit 19 Jahren und kurz vor Beginn des Studiums, eingehend mit freimaurerischer Literatur beschäftigt, ja sich vom Vater, der ebenfalls der Loge angehörte, einiges davon schenken läßt, wird ebenfalls mit der Verehrung des Großvaters zu tun haben. Eine Weile mag ihn der Freundschaftskult, das Mysterium der Verbrüderung und die rituelle Form der Zusammenkünfte wie mancher romantische Zug des Bundes angezogen und ihm seinen eigenen Wünschen und Idealen verwandt erschienen sein. Aber er stand doch damals bereits so sehr unter Löhes und anderer ähnlich gesinnter Vorbilder Einfluß, daß letztlich ein Beitritt zur Loge nicht für ihn in Frage kam.

Der Einfluß des Vaters konnte ohnehin hier wie sonst am wenigsten bestimmend sein[24]; denn ihm, dem er sich zwar ebenso wie der geliebten Mutter unter dem vierten Gebot kindlich zugetan wußte, stand er schon als Schüler äußerst kritisch gegenüber. Dessen unkomplizierte biedermeierlich-lebensfrohe Bürgerlichkeit, die sich in den Freuden und Sorgen des Berufs und der Familie sowie bescheidener Geselligkeit erfüllte, kam dem Sohn früh oberflächlich vor und forderte ihn zu häufigem Widerspruch[25], ja alsbald auch zu Bekehrungsversuchen heraus.

Schon mit dem Beginn der Tagebücher 1827/28 fällt dem Leser (auf den er übrigens gelegentlich zu reflektieren scheint) gesammelter Ernst und frühe Reife auf. Selbstbespiegelung, aber auch Einsicht in die eigenen Fehler[26] und das Bestreben sich zu bessern wechseln mit der Pflege hoher

---

Gerücht umgehe, der »mystiker« Hommel »wolle ein geistlicher werden, was um so mehr mißfalle, da man sich in mir einen nachfolger meines großvaters dachte ... so muß ich armer bursche einen brief an ihn schreiben, worin ich ihm versichere, daß ich mich mit leib und seel und haut und haaren dem rechtsfache verschrieben habe. diesen wird er dann als ehrenrettung für mich aufweisen ... «. Die Vermutung, daß sich Hommels Berufswahl vom Vorbild des Großvaters her erklärt, findet sich bereits bei dem Neffen seiner Frau, Wilhelm Eichhorn im »Freimund« 59. 1913, S. 14 (vgl. a. unt. Anm. 74 u. 89).

[24] Dieser hatte schon am 4. 12. 1830 die Hoffnung geäußert, der Sohn werde nach Abschluß der Schule in die Loge aufgenommen werden.

[25] So am 21. 11. 1830, wo er anläßlich des Französischunterrichts, den die zwölfjährige Schwester Friederike neben Klavierstunden von Frl. Schilffarth erhält, und den der Vater lebhaft verteidigt, gegen »dieses heillose Verderben, was mich, den abgesagten Feind alles Wälschen, gewiß sehr verdrießen muß«, erregt loszieht, ja überhaupt gegen alle Mädchenbildung, die über »rechte, christliche Kinderzucht« hinausgeht, sich ereifert. Eine ähnliche Einstellung ist übrigens bei seinem Gymnasialrektor Roth festzustellen, der schon 1818 in einer pädagogischen Schrift u. a. »das Recht der Frauen an dem Lehrstuhl« (auch dem der Volksschule übrigens) grundsätzlich und energisch bestritten hatte. Über Roth ausführlicher weiter unten.

[26] Hierzu gehörte eine Veranlagung zu jähzornigem Aufwallen, die er später mehr und mehr in christlicher Zucht hielt, gelegentlich wohl auch durch nörgelnde Pedanterie verdrängte. Ein Beispiel dafür, das zugleich den (nicht immer so knappen) Stil der Eintragungen charakterisieren mag, findet sich im Tagebuch unterm 7. 9. 1832 (es handelt sich um die geliebte zwei Jahre ältere Schwe-

Ideale, was alles die sorgsam aufgezeichneten kleinen Dinge des täglichen Lebens weit überwiegt. Humor, auch gelegentliche Selbstironie, selten Ausgelassenheit und unbeschwerte Daseinsfreude, zusammen mit den Kameraden erlebt und genossen, offenbaren sich zusehends seltener. Auch eine gewisse burschikose Art sich zu geben, wie sie sonst im Studentenalter in Blüte steht, ist schon in den letzten Gymnasialjahren überwunden. Bestimmend ist vielmehr zunächst eine heiße (manchmal wohl auch überhitzte) Liebe zum Vaterland, die sich in die Form einer vor allem in der Sprache hervortretenden Deutschtümelei kleidet. Gottesthum für Religion, Heidenbekehrung für Mission, Übungsschule für Gymnasium, Riege für Schulklasse, Vorstand für Rektor, lustwandeln für spazierengehen, Gesatz für Strophe, ja sogar bereits Zupfgeige für Gitarre[27] sind nur einige Proben aus einem reichen Vokabular, wie denn auch die Monatsnamen sich die Eindeutschung gefallen lassen mußten (Wintermond, Hornung, etc.).[28] Das Bestreben, auf der ganzen Linie ›teutsch‹ zu sein, führt denn auch zu Decknamen, mit denen die Gleichgesinnten sich untereinander benennen[29]: er selber heißt Männerhort, und als ihm seine von fern glühend verehrte Thusnelda erscheint, tritt dafür Hermann ein. Der Freund Max Hirz, mit dem er während der Nürnberger Gymnasialjahre in Einvernehmen und gelegentlichem Streit zusammenwohnte, und dem er auch später verbunden blieb[30], heißt dementsprechend Segest. Wo

---

ster, die später mit dem Lehrer Christian August Schüßler verheiratet war): »gegen meine Karline sehr jähzornig handeln, indem ich ihr sogar eine ohrfeige gab, wodurch sie freilich zu groben schimpfworten veranlaßt wurde, die eine aussöhnung hinderten, welche ich zustande zu bringen mir vorgenommen hatte. ich habe gesündigt; doch durch Christi gnade ist mir auch dies vergeben. auf- und abgehen. den brief an Wilhelm Löhe neu abschreiben und einen an den bruder Allwin — als Karline schon im bette lag, ging ich hinaus und versöhnte mich mit ihr«.

[27] Diese Eindeutschung, vom Freund Theobert (= Karl Häckel 1814—36) eingeführt, ist also weit älter als die Wandervogelzeit. *Grimm* DWB XVI 1954, Sp. 633 bietet dafür lediglich Belege aus P. Rosegger und H. Löns.

[28] Vollends verpönt waren auch später in der eigenen Großfamilie die ja vielfach als fein geltenden französischen oder halbwelschen Bezeichnungen Papa und Mama, Großpapa und Großmama — eine Aversion, die heute noch unter den Nachkommen weiterwirkt. Die jetzt üblichen häßlichen Abkürzungen und Koseformen, vom Paps und Opa bis zum Uromile (wie man in schwäbischen Todesanzeigen lesen kann) wären ihm ein Greuel gewesen.

[29] Diese harmlose Marotte war freilich nicht nur von nationalem Ressentiment genährt. So erscheint in den frühen Tagebüchern die Heimat Fürth als Freudenheim, der Schulort Nürnberg als Zwingstadt. Vgl. dazu auch W. *Löhes* Bekenntnis in seinen Erinnerungen aO. (ob. Anm. 21) 39: »In Fürth war alles am schönsten, Nürnberg war nichts dagegen«.

[30] Maximilian Hirz (1812—84) war Fürther Lehrerssohn und nachmals Pfarrer in verschiedenen Gemeinden, zuletzt ab 1868 in Forst bei Schweinfurt (diese und andere Personalangaben im folgenden verdanke ich der Freundlichkeit von Pf. Gg. Kuhr vom LK Archiv in Nürnberg).

er dann wieder zu seinem Taufnamen zurückkehrt, da wählt er nun den deutschesten von den dreien und schreibt ihn fortan in der altdeutschen Form Friderich, die er zeitlebens beibehält.[31] Die in jener frühen Zeit häufigen hymnischen Ergüsse des Tagebuches finden dann und wann auch in eingestreuten Gedichten ihren Niederschlag, die — mehr und mehr an Klopstock orientiert—in teilweise verschiedenen Fassungen auch in zwei Oktavheftchen gesammelt vorliegen. Trinklieder und familiäre Gelegenheitspoesien fehlen darunter nicht, wie denn Abschied und Wiedersehen im Verwandten- und Freundeskreis mit Kuß und Tränen im Stil der Zeit, aber auch leichtere Geselligkeit (gelegentlich mit Schachspiel und Billard) wenigstens anfangs noch, ihre Rolle spielen. Ein »Seidel Bier«, ebenso Zigarre und Tabakspfeife dienen regelmäßiger Entspannung, ohne dem Ernst des späteren Lebens zu weichen.

Die religiöse Ergriffenheit tritt jedoch bei all dem früh hervor. Ein in Gebetsform an den »gütigsten Vater im Himmel« gekleidetes Bekenntnis, am Geburtstag dem 17. 1. 1829 niedergeschrieben, läßt den Sechzehnjährigen seine geheimen Wünsche zusammenfassen. Sie gipfeln in Freundschaft, Minne und Vaterlandsliebe, die in der Ausschau nach einem würdigen Herrscher der Deutschen auf dem Thron Karls des Großen ihren Ausdruck findet. In der mit Ernst ergriffenen Tugend halten sich die deutsche und die christliche Komponente noch die Waage.[32] Dies alles entspricht den Träumen und dem Streben der deutschen Jugend jener Epoche, der Zeit ungestillter und vielfach unterdrückter Sehnsüchte nach einer Verwirklichung der burschenschaftlichen Ideale.

Aber schon wird bei dem Gymnasiasten ein neuer Ton hörbar, der bald die Dominante abgeben soll, die Hinwendung zu einem entschiedenen Christentum. Ablesbar ist dies an einem umfangreichen, am 1. 1. 1828 begonnenen Exzerptenbuch, das bis 1832 regelmäßig und von 1836 bis in die 40er Jahre sporadisch geführt wird und oft umfangreiche Abschriften von Gelesenem enthält. Stehen am Anfang lange Auszüge aus Christian Schubarts Vaterlandschronik, aus A. W. Schlegels Gedichten, Musaeus' Volksmärchen und Beckers Taschenbuch zum geselligen Vergnügen, so überwiegen alsbald — schon von 1829 an — Klopstock und Herder[32a], und alte

---

[31] Der Übergang von Alexander zu Friderich (vgl. ob. Anm. 16) dürfte vom Erwachen des ›teutschen Gefühls‹ etwa 1825/26 datieren. In dem sehr aufschlußreichen handschriftlichen Catalogus der damals schon über 100 Bände umfassenden Bibliothek des Elfjährigen vom August 1824 nennt er sich noch Alexander. Er vermag da bereits leidlich korrekt griechische Buchtitel abzuschreiben, von den vielen lateinischen ganz abgesehen.

[32] Er spricht von »Tugenden, wie sie einen Christen zieren und einem Teutschen wohl anstehen«.

[32a] Nicht lange vorher, am 9. Nov. 1824, hatte *Goethe* zu Eckermann sich vernehmen lassen: »Ein junger Mensch, der heut zu Tage seine Cultur aus Klopstock und Herder ziehen wollte, würde sehr zurückbleiben.«

geistliche Hymnen zeigen bereits die spätere eigene Forschungsrichtung
an. Aber was besonders aufschlußreich für den sich ankündigenden Wandel ist, das sind die — offenbar ca. 1830 — häufig am Rand mit Blei zugefügten Verdammungsurteile gegenüber früheren Einträgen, wie ›nugae‹,
›damno‹ oder gar ›damno ad inferos‹.

Wie ist dieser Wandel zu erklären, dem das Elternhaus wenig entgegenkam? Gewiß wäre da die wohl auf die frühere Kinderzeit zurückgehende,
in ihren Anfängen nicht belegbare, aber lebendig wirkende und sich dann
zusehends festigende und vertiefende Freundschaft[33] mit dem 5 Jahre älteren Nachbarssohn Wilhelm Löhe in erster Linie zu nennen — eine
Freundschaft, in der dem Älteren, schon entsprechend der überragenden
Persönlichkeit, die beherrschende Rolle zukam. Dieser hatte bereits seit
Ende 1827 in Fürth in seinem ›Missionskränzlein‹ die Freunde um sich gesammelt und stets neue dazu gewonnen. Zu den frühesten Mitgliedern
mag der junge Hommel gehört haben, wie er denn später seine Teilnahme
im Tagebuch ausdrücklich bezeugt.

Nächst Löhe war es wohl vor allem der Lehrer und Rektor des Gymnasiums Nürnberg, der Schwabe Karl Ludwig Roth[34], der die religiöse Entwicklung von Friderich Hommel am frühesten und am nachhaltigsten beeinflußt hat. Roth wirkte 1821—43 in der fränkischen Stadt, hat also des
Fürthers ganze dort verbrachte Schulzeit (1826—32) geleitet und begleitet. Vorher lehrte er am Stuttgarter Gymnasium (wo Eduard Mörike sein
Schüler war) und ist als 53-jähriger wieder in die Heimat zurückgekehrt,
um in Schöntal, Stuttgart und Tübingen sein stets an Erfolgen und
Kämpfen reiches Wirken fortzusetzen und zu beenden. Roth war ein überzeugter Christ konservativer Prägung. Er unterrichtete in der Hauptsache
Latein und Religion in den höheren Klassen. Wiewohl er ein glänzender
Lateiner war und einige Philologica verfaßt hat, galt sein ganzes Streben
der pädagogischen Theorie und Praxis und der religiös-sittlichen Festigung seiner Schüler[35] sowie seinem straffen Regiment als Scholarch. Er

---

[33] Verständlicherweise war F. H. in jungen Jahren vor allem mit dem nur zwei
Jahre älteren Max Löhe, dem Bruder Wilhelms, befreundet, der später Kaufmann wurde; auch diese Freundschaft blieb bestehen. Über ihn s. die Charakteristik durch W. *Löhe* in seinen Jugenderinnerungen (ob. Anm. 21), S. 12.
[34] Zu seinem Leben siehe: M. *Planck* in der ADB 29. 1889, 333—338. — Eb. *Teuffel*, K. L. Roth 1790—1868. Ein schwäbisches Lebensbild. 1947 (Manuskr. im Seminar Schöntal, mir frdl. mitgeteilt von meinem Schüler Dr. Andreas Breuninger), — dasselbe gekürzt in Mittlgn. des Ver. f. d. Gesch. d. Stadt Nürnberg 41.
1950, 427—442. — Bernh. *Zeller*-Marbach, K. L. Roth, Vortrag beim Zellertag in
Schöntal 1. 6. 1972 (Manuskr., mir gütigst in Xerokopie überlassen vom Verf.,
dem Ururenkel von Roth).
[35] Sehr aufschlußreich in dieser Richtung sind die beiden auf die Nürnberger
Zeit bezogenen Schriften von K. L. *Roth*, Vier Amtsreden beim Schlusse des
Schuljahrs 1826 .1830. 1832. 1833 (Nürnberg 1833) — wovon die beiden mittleren
auch in F. H.'s Tagebuch kurz reflektiert sind — und: Das Gymnasialschulwesen

hat das nach G. W. Fr. Hegels Weggang 1816 stark herabgekommene Gymnasium in Nürnberg, wohin er durch Vermittlung seines Bruders Karl Friedrich Roth[36] berufen war, und wo er seine erste Frau fand, gegen mancherlei Widerstände zu beachtlicher Höhe geführt. F. H. erhielt aus seiner Hand jeweils am Ende des Schuljahres den verdienten Buchpreis mit handschriftlicher Widmung[37] und hat sich oft auch außerhalb der Schule um Rat und Zuspruch an ihn gewandt. Die beiden waren in vieler Hinsicht wesensverwandt, aber ebendarum konnte der mit charismatischen Gaben gesegnete und geniale Löhe unserem Hommel im Grunde weit mehr zur Ergänzung seiner nüchternen Art bieten.

Von ganz anderem Holz geschnitzt als Roth war der weitaus bedeutendste Lehrer des Nürnberger Gymnasiums in jener Zeit, der nachmalige Erlanger Philologieprofessor Karl Friedrich Nägelsbach (1806—59), den Hommel zwar nur aushilfsweise als Lehrer hatte, bei dem er aber von 1830 an menschliche und geistliche Führung in hohem Maße fand. Bei diesem Mann standen — ganz anders als bei dem im Grunde trockenen und vom Geist der Antike unberührten Roth[38] — die von ihm entscheidend geförderten klassischen Studien und der Impuls vom Evangelium her in einer

---

in Bayern zwischen 1823 und 1843 (Stuttgart 1845, bei S. G. Liesching, dem nachmaligen Schwiegervater von F. H.).

[36] Dieser, der Jurist K. Joh. Fr. Roth (1780—1852), von 1828—48 Präsident des bayr. Oberkonsistoriums, u. a. mit B. Gg. Niebuhr befreundet (der Briefwechsel ist erhalten und veröffentlicht), war ganz zweifellos der bedeutendere von den beiden Brüdern, ein eminent gebildeter weitschauender Geist, in dem sich Frömmigkeit und Toleranz eindrucksvoll verbanden. Siehe die enthusiastische Würdigung von Ad. v. *Stählin* in der ADB 29. 1889, 317—33. Dort wird berichtet, daß Leopold v. Ranke bei einem Besuch in München in dem Präsidenten Roth den »damals bedeutendsten Mann« in der bayrischen Landeshauptstadt gesehen hat. Auf Empfehlung des Bruders war F. H. während seiner vier Münchener Semester 1832—34 auch bei ihm freundlich aufgenommen. Ja er erhielt dort zweimal wöchentlich einen Freitisch und lernte mit Staunen in der Hausfrau (geb. Merkel aus Nürnberg) erstmals eine wahrhaft gebildete und zugleich mütterliche Frau kennen und verehren (vgl. dagegen ob. Anm. 25). Über den Präsidenten Roth vgl. a. die feinsinnige Studie von Georg *Merz*, Friedrich v. Roth. Ein Beitrag zu der Frage »Luthertum und Humanismus«. In: Gg. Merz, Ausgewählte Aufsätze (Um Glauben und Leben nach Luthers Lehre... hsg. v. F. W. Kantzenbach 1961, 161—182); ferner *F. W. Kantzenbach*, Gestalten und Typen des Neuluthertums 1968, 225 ff. mit weiterer Literatur.

[37] Zwei davon sind erhalten, 1828: Livii historiarum libri (3 Bde.); 1830: Aeschinis orationes (beide Ausgaben stehen beim Verf. dieses Aufsatzes noch im Gebrauch). Einige Jahre vorher hat W. Löhe von ebendaher seiner Mutter »immer die ersten Preise... vorlegen« können (*Löhe*, Jugenderinnerungen aO. — s. ob. Anm. 21 — S. 39).

[38] W. *Löhe* aO. 33 ff. hat zwar dessen höchstes Lob gesungen, aber ebenfalls in äußerst aufschlußreichen Ausführungen betont, daß ihm auf der Schule die Schönheit und der Bildungswert der klassischen Autoren in keiner Weise nahegebracht wurde. Eine Ausnahme macht er bei Tacitus, dem Roth sich offenbar geistig verwandt fühlte.

in allen Tiefen durchlebten spannungsreichen Harmonie, sodaß man in
ihm mit Recht den führenden Kopf und Geist des Erlanger »christlichen
Humanismus« in der Jahrhundertmitte gesehen hat.[39]
Als sich gegen Ende 1830 in einem Kreis von untereinander gleichgesinnten Schülern, offenbar unter Führung Hommels, ein vaterländisch-christ-
licher Bund, der seine Glieder auf Lebenszeit zusammenschließen sollte,
gebildet hatte, da nahm Nägelsbach, »ein starker Eiferer im Glauben«,
diesen von Ideen Ernst Moritz Arndts und Friedrich Ludwig Jahns genährten Plan in einem langen Gespräch (vom 16. 11.) »mit Freuden auf
und lobte uns« und »wünschte uns Gottes Segen zu unserem Werke«. Die
Vereinigung blühte im stillen mehr als ein Jahr und gewann dann festere
Gestalt, in der sie auf den Rat der Lehrer in jener Zeit einer ängstlich be-
sorgten Staatsaufsicht obrigkeitlicher Genehmigung bedurfte, um die
dann auch nachgesucht wurde. Aber am 26. 7. 1832 mußte der Rektor Roth
dem jungen Hommel zu dessen tiefem Schmerz ein amtliches Schreiben
aushändigen, dessen Wortlaut hier wiedergegeben sei:
»Im Namen seiner Majestät des Königs [Ludwigs I. von Bayern]. Die
gegenwärtigen Zeitverhältnisse sind nicht dazu geeignet, schon unter Schülern förmliche Vereine entstehen zu lassen, dergleichen eine
nach dem Berichte des k. Gymnasialrectorats in Nürnberg v. 21. v.
Mts. sich unter einigen Schülern der Gymnasialoberclasse in Gemeinschaft mit dem Gesanglehrer Thomas als Gesellschaft zur Förderung
des wahren apostolischen Christenthums und einer ächt deutschen
vaterländischen Bildung begründen will. Es kann daher die nachge-
suchte landesherrliche Bestätigung nicht ertheilt noch eingeholt werden, und zwar um so weniger, als die angegebenen Zwecke solchen
Vereins der Leitung erfahrener Männer bedürfen, wenn das Streben
darnach nicht für den Staat getährlich werden soll.
Ansbach den 18. July 1832. Kgl. Regierung des Rezatkreises,
Kammer des Innern. v. Stichaner. Kahr.
An das Kgl. Gymnasialrectorat Nürnberg, Errichtung einer neuen
Gesellschaft unter den Schülern zu Nürnberg betreffend.«
In der gleichen Unterredung erteilte Roth dem kurz vor der Abschlußprü-
fung stehenden Primaner Hommel — gleichsam als Trostpflaster — den
Auftrag, bei der allgemeinen Preisverteilung die feierliche Abiturientenrede zu halten. In den letzten Schultagen starb dessen Mutter, sodaß eine
seiner Prüfungen verlegt werden mußte, und an der Feier selber, am 30. 8.
1832, litt er an einer Kiefergeschwulst, weswegen das Kollegium befand,
man könne dem Auditorium den Anblick der geschwollenen Backe des
Redners nicht zumuten, und die wohlvorbereitete Deklamation somit aus-
fallen mußte. Hommel gab sie dann einige Tage später im Kreise der Mit-

---

[39] Zum »christlichen Humanismus« allgemein s. die wichtigen Bemerkungen von
Gg. *Merz* aO. (Anm. 36), 174f. 188. 195 (ausgehend von Fr. Roth und Adolf
Harleß), ferner die Münchner Rektoratsrede 1930 von Albert *Rehm*, Neuhuma-
nismus einst und jetzt.

abiturienten bei Beginn einer fröhlichen internen Abschiedskneipe zu Gehör und erhielt uneingeschränkten Beifall.

Unter denen, die seines künftigen Weges Ziel und Richtung im Sinn eines entschiedenen Christentums bestimmten, waren neben ein paar anderen Lehrern einige Fürther und Nürnberger Pfarrer, deren Gottesdienste er regelmäßig besuchte und deren Seelsorge er in Anspruch nahm. Genannt sei von ihnen der von 1829—30 in Fürth als Vikar wirkende Lorenz Kraußold (1803—81), der dann 1835—54 dort Pfarrer war, und dem Hommel trotz mancher späterer Meinungsverschiedenheiten[40] in Freundschaft verbunden blieb. Auch des seit 1829 als Hauptpfarrer von St. Sebald in Nürnberg tätigen Karl Fikenscher (geb. 1798), zugleich Hommels wie schon vorher Löhes Geschichtslehrer, wird mehrfach gedacht.[41] Von stärkerem Einfluß war zunächst jedoch der seit 1817 bis zu seinem Tode an St. Ägidien in Nürnberg amtierende Leonhard Hering (1781—1841), der zum Kreis der Erweckten gehörte und dessen Name in den Tagebüchern oft begegnet. Als F. H. am 30. 8. 1830 zusammen mit dem Freund Max Hirz den Pfarrer besuchte, da trafen sie dort zufällig das von rätselhafter Tragik umwitterte, 1828 in Nürnberg aufgetauchte ›Kind von Europa‹.[42] Die Schilderung davon lautet:

»mit Segest (begab ich mich abermals) zum Pfarrer Hering, bei dem wir uns für die Reichung des Heiligen Abendmahles bedankten; der gute Mann aber wollte von Dank gar nichts wissen. Da hatten wir Gelegenheit den berühmten Kaspar Hauser kennenzulernen, dessen Schicksale aufzuzählen hier weder Zeit noch Ort ist. Er ist ein sehr artiger, guter Mensch, voll Freundlichkeit und Herzlichkeit, so daß man ihn nur sprechen und liebgewinnen muß. Was für Absichten mögen danach bei den furchtbaren Schicksalen desselben und den Nachstellungen gegen ihn zu Grunde liegen! Wir sahen die Narbe von dem Pistolenschusse, der an seinem Schlaf [= seiner Schläfe] vorüberstreifte und durch Gottes unverkennbar über diesem Menschen ruhende Hand ihm nur eine geringe Verletzung verursachte. Als er nämlich einst von oben ein Buch herabthun wollte und vom Stuhle auszuglitschen in Gefahr war, in welchem Falle er sich leicht an der nahen Bettstatt die Hirnschale hätte zerschlagen können, so griff er in der Angst an eines der 2 daneben hängenden Pistolen, er drückte

---

[40] Darüber s. F. W. *Kantzenbach*, Die »befreundeten Gegner« aO. (ob. Anm. 3) Ms., S. 5 u. 17 ff.
[41] Auch er gehörte später zu Löhes »befreundeten Gegnern«; s. über ihn in diesem Zusammenhang *Kantzenbach* aO. 14 ff. — Er versteht sich, daß auch viele andere Erwecker und Erweckte jener Zeit, z. Tl. von bedeutendem Rang, in den früheren Tagebüchern von F. H. mehrfach aufscheinen, so etwa Th. Lehmus (1777—1837) und Chr. Krafft (1784—1845). Über sie vgl. F. W. *Kantzenbach*, Die Erweckungsbewegung... 1957, 53 ff. 73 ff.
[42] Pfarrer Hering dürfte demnach also in der Nürnberger Zeit (wie danach in Ansbach Pf. H. Fuhrmann) der Seelsorger des unglücklichen jungen Mannes gewesen sein, was in der Hauserforschung bisher nicht bekannt zu sein scheint.

aber gerade an den Griff, das Pistol ging los und so bekam er die Verletzung.[43] Beim Abschied reichte ich ihm die Hand. — Zu Hause wartete mein Vater schon auf mich.«

Mehr eine bedeutende Symbolfigur als ein unmittelbarer Anreger war
für Hommel und seine Freunde der für die damalige junge Generation
Deutschtum und Christentum in idealer Weise verkörpernde Ernst Moritz Arndt (1769—1860). Am Sonntag 29. 8. 1830 verfertigte der Tagebuchschreiber auf den Namen des »herrlichen« Mannes ein akrostichisches
Gedicht in drei Strophen zu je fünf Zeilen, wobei ihm die Fünfzahl der
Buchstaben jedes der drei Namensbestandteile entgegenkam. Die Verse,
die hier im Facsimile wiedergegeben werden,[44] preisen zwar ausschließlich den großen Deutschen, atmen aber doch zugleich religiösen
Geist. Nach beseligter Vollendung dankt der Verfasser innig seinem
Gott für das Gelingen und ist entzückt von dem »Gefühl, der erste zu sein,
der jenen teutschen Helden besungen hat«. Später nach den ersten vier in
München verbrachten juristischen Semestern[45] wendet er sich zum Wei-

---

[43] Die Schilderung des Unglücksfalls, der sich am 3. 4. 1830 ereignet hatte,
stimmt mit einem von P. J. A. v. Feuerbach gegebenen Bericht überein; s. H.
Pies, Kaspar Hauser 1973, 333. K. H. wohnte damals in Nürnberg bei seinem der-
zeitigen Vormund Gottlieb Frhrn. v. Tucher, dem späteren Freund v. F. H. Man
hat nachmals den Findling mehrfach verdächtigt, sich die Verletzungen wie
auch diejenigen der beiden Attentate auf sein Leben (17. 10. 1829 und 14. 12. 1833,
das nach drei Tagen zu seinem Tod führte) aus Wichtigtuerei selber absichtlich zugefügt zu haben. Aber schon der genannte hochberühmte Kriminalist A. v.
Feuerbach (1775—1833) gelangte vielmehr zu der Überzeugung, daß dem als badischen Erbprinzen am 30. 4. 1812 geborenen Opfer höfischer Intrigen mit stei-
gender Popularität erneut nachgestellt wurde. F. H. soll später im Familienkreis
gelegentlich geäußert haben, er kenne die wahren Zusammenhänge, sei aber
als Staatsdiener gebunden, das Geheimnis nicht zu lüften. Vgl. über das heute
noch viele Gemüter (und die Federn der Poeten) bewegende Rätsel die Arbeiten des seit langem die ›Prinzentheorie‹ vertretenden ausgezeichneten Kenners
des Materials Hermann *Pies,* K. H. — eine Dokumentation 1966, und: K. H. —
Fälschungen, Falschmeldungen und Tendenzberichte 1973 (auch die Familientradition der Feuerbachs weist bis in unsere Zeit in die gleiche Richtung und
hält sogar v. Feuerbach selber für das Opfer eines Giftmordes in diesem Zusammenhang; s. dazu K. Al. v. Müller, Im Wandel einer Welt. Erinnerungen Bd.
3. 1966, 116 f.). Die gegnerische Auffassung, K. H. sei ein Hochstapler und Be-
trüger gewesen, wurde von Julius Mayer, Ant. van der Linde, Ed. Engel und
anderen vertreten, neuerdings z. B. auch von G. *Vesper* FAZ 8. 12. 1973.
[44] Siehe dazu unten S. 262 f mit Anm. 47.
[45] Die ersten davon wurden als eine Art »philosophisches« Einführungsjahr ab-
solviert (das am 24. 10. 1833 durch eine mündliche Prüfung in 5 Fächern abgeschlossen wurde — in Homer und Sallust examinierte der Platoniker G. A. Fr.
Ast). Über die allgemeinen Voraussetzungen und die Geschichte dieser philosophischen Semester handelt eine Erlanger akademische Rede von Ludw. *Döderlein* vom 20. 7. 1844 (abgedruckt in seinen Reden und Aufsätzen . . . 2. Sammlung 1847, 50 ff.). Da hörte Hommel u. a. die Vorlesungen F. W. J. Schellings und des

terstudium nach Bonn. Für die Wahl dieser Universität war der Wunsch
bestimmend, dem großen Mann (der damals noch vom Lehramt suspen-
diert war) endlich auch persönlich zu begegnen, was ihm zum bedeutenden Erlebnis wurde (1. 11. 1834). Beim Abschiedsbesuch am 9. 9. 1835

Philologen Friedrich Thiersch (1784—1860), des ›Praeceptor Bavariae‹ — hievon
auch eine Nachschrift vorhanden (als Thiersch 1838 den Nürnberger Philolo-
gentag, den ersten in einer über fast 100 Jahre sich erstreckenden Reihe, einbe-
rief, war F. H. am Eröffnungstag, dem 1. Okt., zugegen und berichtet kurz über
die Vorträge von Döderlein und anderen, findet auch seinen ehemaligen Gönner
K. Fr. Nägelsbach als Protokollführer vor; über Fr. Thiersch s. A. *Baumeister*,
ADB 38. 1894, 7—17, vgl. a. F. W. *Kantzenbach*, Gestalten und Typen des Neuluthertums 1968, 224 ff mit weiterer Literatur). Bei dem Germanisten Hans Ferdinand Maßmann (1797—1874) profitierte Hommel in fleißigen und regelmäßigen
Übungen vor allem an dessen in München errichteter Turnhalle, hörte bei ihm
aber auch Einführungen ins Nibelungenlied und ins Gotische. Er erwarb die
ausführliche und teure Deutsche Grammatik von Jakob Grimm zum herabgesetz-
ten Preis von 15 Gulden und gewann zur Einweisung in ihren Gebrauch den
hervorragenden bairischen Philologen und Bibliothekar, den Aufklärer Joh.
Andr. Schmeller (1785—1882) als Berater (über Maßmann s. *Scherer* ADB 20.
1884, 569 ff., über Schmeller ebda. Edw. *Schröder* 31. 1890, 786 ff., ferner Herm.
Kunisch, J. A. Schmellers geistesgeschichtliche Stellung. In: Hist. Jbch. 62. 1949,
431 ff. R. J. *Brunner*, J. A. Schmeller, Sprachwissenschaftler und Philologe 1971,
über Schmellers Verhältnis zu Maßmann ebda. 23 f.) Die Vorlesung von Jós.
v. Görres über Christliche Mystik im W.-Sem. 1833/34, deren Beginn H. außerordentlich fesselte, verließ er auf Fr. v. Roths Rat wieder zugunsten eines inten-
siveren Studiums der Pandekten. Doch kam er zu Görres Freund Clemens v.
Brentano, »dem wackeren herzlichen manne«, in menschlichen Kontakt, und dieser schenkte ihm am 26. 11. 1833 seine soeben erschienenen »Betrachtungen der
gottseligen Anna Katharina Emmerich«, die den jungen Leser stark beeindruck-
ten; der wiederum machte Görres und Brentano das Gedicht Albert Knapps auf
Goethes Tod in der »Christoterpe« 1833, 16 ff. zugänglich.
Der erste juristische Lehrer war dann des Präsidenten Roth enger Freund Gg.
Friedr. Puchta (1798—1846), der in seiner religiösen Einstellung von Chr. Krafft
bestimmt war und 1842 als Nachfolger Savignys nach Berlin berufen wurde
(über ihn s. *Eisenhart* ADB 26. 1888, 685 ff.). — Bei mehrfachen leichten Erkran-
kungen wurde Hommel von dem ebenfalls mit Roth befreundeten bedeutenden
Mediziner Joh. Nep. Ringseis (1785—1880), dem Leibarzt König Ludwigs I., persönlich behandelt, auf seinen keck vorgetragenen Wunsch vornehmlich nach
homöopathischer Methode (über Ringseis s. seine Tochter Emilie R. ADB 28.
1889, 635 ff.). Als das junge Studentlein, von der Schule her noch burschen-
schaftlich angehaucht (dazu s. ob. S. 258) mit langen Locken und im »teutschen
Rock«, welcher Aufzug in München unliebsames Aufsehen erregte, zum ersten
Besuch beim Präsidenten Roth erschien, da ließ dieser sogleich den Bader in
seine Wohnung kommen und dem verdutzten Jüngling mit dessen zögernder
Einwilligung kurzerhand die Haare schneiden, wobei der also bediente immerhin
von dem für ihn kostenlosen Verfahren beeindruckt war (am 14. 6. 33 fiel dann
auch der stolze Bart, worüber das Tagebuch in launiger Weise berichtet). Übri-
gens erlebte F. H. kurz danach den Abmarsch der bayrischen Truppen nach
Griechenland und den bewegenden Abschied des jungen Königs Otto vor der
Abreise dorthin, was alles Roth durch seine intime Kenntnis der Vorgänge am
Hof lebendig zu erläutern wußte.

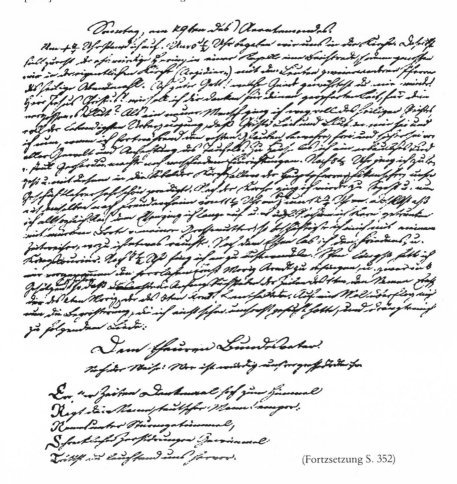

(Fortsetzung S. 352)

Abb. 1 Zwei Tagebuchseiten von Friderich Hommel, 29./30. August 1830
(mit dem Akrostichongedicht auf E. M. Arndt).

schreibt ihm der damals 66-jährige ein Gedicht ins Stammbuch.[46] Da es
noch nicht veröffentlicht zu sein scheint, sei es hier mitgeteilt (Abb. 3).
Bei der klaren Handschrift des Verfassers genügt die Reproduktion des
Originals. Zur Ergänzung diene die ebenfalls photographische Wieder-

---

[46] Ein Reflex im Tagebuch fehlt, da dieses vom 4.—9. 9. 1835 aussetzt. Übrigens wa-
ren neben Arndt in Bonn nach Ausweis des Tagebuchs auf F. H. drei führende
Männer der evangelischen Bewegung von bedeutendem persönlichem Einfluß:
K. Imm. Nitzsch (1787—1868), M. A. v. Bethmann-Hollweg (1795—1877) und Cl.
Th. Perthes (1809—1867).

gabe des Briefes von E. M. Arndt an Friderich Hommel vom 17. 6. 1831 auf
die Übersendung des erwähnten Akrostichons (Abb. 2), sowie der Seiten
des Tagebuchs, die jenes Gedicht enthalten (Abb. 1).[47]

---

[47] Damit erhält der Leser zugleich eine Probe von der Hand des jungen Hommel
und vom Aussehen seiner frühen Tagebücher. Ganz überschwenglich reagiert
dieser im Tagebuch vom 20. 6. 1831 auf den Erhalt des Briefes von E. M. Arndt:
»guter Gott! ist es nun Traum oder wache ich? ... Ich konnte kaum das unend-
liche Wonnegefühl ertragen, das meine Brust mit freudigen Schauern durch-
bebte ... solche Güte trifft einen Unwerthen. Aber du selbst, mein Vater! wirst
mich ihrer würdig machen.«

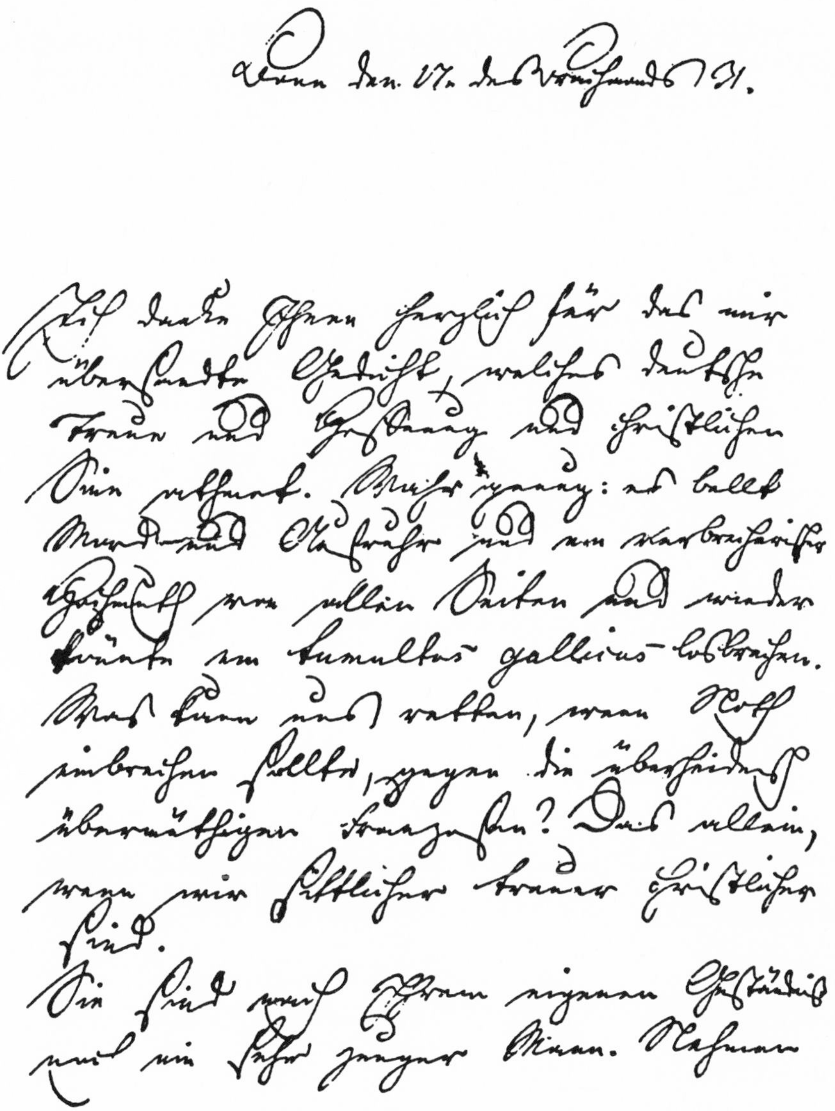

Bonn den 27n des Brachmonds 1831.

Ich danke Ihnen herzlich für das mir übersandte Gedicht, welches deutsche Treue und Gesinnung und christlichen Sinn athmet. Nicht genug: es hallt Mord und Verbrechen und ein verbrecherisches Geschrei von allen Seiten und wieder drohte ein tumultus gallicus losbrechen. Was kann uns retten, wenn Noth einbrechen sollte, gegen die überheidnisch übermüthigen Franzosen? Das allein, wenn wir sittlicher treuer christlicher sind.
Sie sind nach Ihrem eigenen Geständniß noch ein sehr junger Mann. Nehmen

Abb. 2 Brief von E. M. Arndt an Fr. Hommel vom 27. Juni 1831 (Antwort auf die Übersendung des Gedichts).

Einen ungleich stärkeren Einfluß als Arndt hat jedoch auf Hommel, seit seiner Erlanger Studienzeit, vor allem im letzten Studienjahr 1836, der Mann ausgeübt, dessen Haus ein Mittelpunkt evangelischen Lebens war, Karl v. Raumer (1783—1865).[48] Als Professor der Mineralogie, die er in Erlangen als Fach vertrat, ist er in seiner erstaunlichen Universalität nur ungenügend gekennzeichnet. Vielmehr stand er allen Bestrebungen der Zeit aufgeschlossen gegenüber, freilich mehr und mehr solchen, die auf ein aktives Christentum im Sinn der Erweckung ausgerichtet waren. So wurde sein gastliches Haus zum Treffpunkt aller entschiedenen jungen Christen jeglicher Berufsrichtung, und auch Friderich Hommel ging mit seinem Freund und damaligen Stubengenossen Adolf v. Scheurl (1811—93)[49], der sich in jener Zeit (1836) in der Juristischen Fakultät habilitierte, dort fast täglich ein und aus. Der Einfluß auf beide, zumal auf Hommel, war tief und bestimmend und kann für ihn nur mit dem Löhes verglichen werden. Da Raumer, der mit der Tochter Friederike des Liederkomponisten Johann Friedrich Reichardt (1752—1814) verheiratet war, sich selber nachdrücklich für die Pflege des evangelischen Kirchenlieds und Choralgesangs einsetzte[50], so empfing sein junger Freund hier wohl die entscheidenden Impulse für das später immer mehr in den Vordergrund seines Interesses tretende Wirken im Dienste der Liturgie und des Kirchengesangs sowie der Pflege des geistlichen Volkslieds. Musikalisch war Hommel von Haus aus, und an der Raumerschen Hausmusik, deren Seele Frau Friederike war, beteiligte er sich als Geiger und im Chorgesang, gelegentlich auch mit der Gitarre, bildete sich daneben wohl auch im Klavier- und Harmoniumspiel weiter.[51]

---

[48] Siehe die reiche Literatur über ihn jetzt bei Horst *Weigelt,* Erweckung, Bewegung und konfessionelles Luthertum im 19. Jh. Untersucht an Karl v. Raumer (1968). Ganz besonders ist auf »K. v. *Raumers* Leben von ihm selbst erzählt« hinzuweisen, das 1866 in Stuttgart im Verlag von Fr. Hommels Schwiegervater S. G. Liesching erschienen ist (damals war der Verlag bereits in Händen von H.'s Schwager Theodor Liesching). Das Buch handelt vorwiegend von der früheren Zeit, u. a. auch von dem engen Verhältnis Raumers zum Feldmarschall Gneisenau. Raumers Porträt ist abgebildet bei Eberh. *Hommel* in der Concordia 1938 (s. ob. Anm. 3), S.-Dr., S. 8.

[49] Über ihn handelt knapp und präzise E. *Sehling* in der ADB 54. 1908, 3—6.

[50] Dazu s. die Selbstbiographie 319 f.; *H. Weigelt* aO. 101 ff.

[51] Ein lebendiges Bild von der Raumerschen Hausmusik, wie sie schon Anfang der 20er Jahre in Blüte stand, gibt Joh. Val. *Strebel,* Ein musikalisches Pfarrhaus ... 1886, 20 ff. Dort auch aufschlußreiche Bemerkungen über G. H. Schubert, Heinr. Ranke, K. L. Roth (S. 23 fälschlich als C. Fr. Roth bezeichnet) und das Nürnberger Haus Harleß, aus dem sich Strebel seine Frau holte.

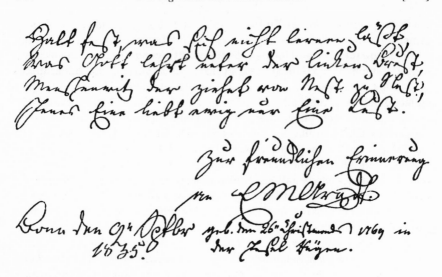

Abb. 3 Eintrag von E. M. Arndt im Stammbuch von Fr. Hommel,
9. Sept. 1835.

Es gab überdies kaum eine ihn bewegende Frage geistlicher, beruflicher und allgemein menschlicher Art, bei der ihm nächst Löhe nicht auch Raumer wirksame Lebenshilfe bot. Hatte schon der Rektor Roth bei der ersten Durchsicht seines Manuskripts für die Abiturientenrede allzu lehrhafte und allzu richterliche Formulierungen zu mildern empfohlen, so mahnte ihn Raumer ernstlich, seinem Fachgenossen und Freund v. Scheurl gegenüber bei den seelsorgerlichen und moralischen Vorhaltungen, mit denen er ihn unermüdlich bedrängte, und die er dann und wann sogar Scheurls Mutter in Nürnberg vortrug, sich doch größere Zurückhaltung aufzuerlegen und die Reife und Selbständigkeit des ja auch um einige Jahre älteren Freundes zu beachten. Diese pastorale Art des Jüngeren gegenüber dem Älteren, ja sogar im Verkehr mit seinen eigenen Eltern, wozu der von glühendem Eifer für Christi Sache beseelte Jünger des Herrn sich stets berufen fühlte, begegnet in den Tagebüchern immer wieder. So wenn er die geliebte, schwer an der ›Auszehrung‹ erkrankte, aber noch ganz dem Leben hingegebene Mutter zum Entsetzen der Angehörigen über die Nähe des Todes aufklärt und sie zur Buße mahnt, oder wenn er dem Vater vor dessen Wiederverheiratung 1837 mehrfach seinen unchristlichen Lebenswandel vorhält und sich über dessen Leichtfertigkeit in religiösen Dingen beklagt. Diesen vielen als pharisäisch erscheinenden missionarischen Zug hat er nie ganz abgelegt. Aber die Tagebücher zeigen in oft ergreifender Weise, daß er mit sich selber nicht minder streng ins Gericht ging und über die Mahnungen der ihn zurückhaltenden älteren und von ihm als Autoritäten anerkannten Männer wie Roth, Raumer und Löhe mit geradezu naiver Offenheit berichtet, sie sich auch weithin zu Herzen nimmt.[52]

Erst nach Abschluß dieser Skizze kam mir aus einem Nachlaß von Verwandten der Brief des Rektors Karl Ludwig Roth an seinen ehemaligen Schüler F. H. in die Hand, der nach dem ersten Münchner Semester aus Nürnberg dahin gerichtet ist. Obwohl er die späte Antwort auf einen Brief Hommels darstellt, ist er zweifellos auch zu einem guten Teil von des Rektors Bruder, dem Präsidenten Friedrich v. Roth, inspiriert, mit dem der Student gelegentliche Auseinandersetzungen hatte, von denen auch das Tagebuch berichtet. Wenn diese auch wieder bereinigt wurden, gewann der junge Mann zu dem Grandseigneur, dem er so reiche Förderung verdankte und dessen Gattin er hoch verehrte, doch nie ein so nahes und herzliches Verhältnis, wie es allezeit ungetrübt zu dem milden und väterlichen Gotth. Heinr. Schubert bestand.[53] Der Brief des Rektors Roth, der von dessen pädagogischem Eros und der fortdauernden Fürsorge für den ehemaligen Primus seiner Schule ebenso eindringlich zeugt wie von seiner auf Prinzipien festgelegten einseitigen Grundeinstellung und von seiner mangelnden Menschenkenntnis,[54] ist in vieler Hinsicht aufschlußreich genug, um hier im Wortlaut eingeschaltet zu werden.

---

[52] Gelegentlich entdeckt er selber, daß letztlich doch Gott die Herzen lenkt, und daß es auf die krampfhaften Bemühungen der Menschen wenig ankommt. So heißt es im Tagebuch vom 20. 12. 1832 in München nach Empfang beglückender Nachrichten von zuhause: »Ach! Herr Gott! welche Gefühle erregten diese briefe in mir, vorzüglich die von Karline und Johannes [seinen Geschwistern]. ich sehe da recht, daß es nicht auf unser rennen und laufen ankommt, sondern allein auf die gnade des Herrn. wie hab ich mich im väterlichen hause immer abgemüht und abgerungen, und mit gewalt die herzen bekehren wollen! vorzüglich im anfang meiner bekehrung. ich dachte fast, es könnte ohne mich gar nicht gehen, gar nicht besser werden. aber des herrn wege sind nicht unsere wege und seine gedanken sind nicht unsere gedanken. siehe! er hat wunderbar geholfen.« Karline war vor allem durch ihre Freundin Doris, die Schwester von W. Löhe, für den Glauben geöffnet worden.
[53] Dazu s. a. Anm. 64.
[54] So hat Roth von seinem Schüler W. Löhe nach dessen eigenem Bericht beim Abgang vom Gymnasium befürchtet, »er werde wohl als Stubengelehrter versauern« (s. dazu Gg. *Merz* aO. — ob. Anm. 36 — 226).

Liebster Hommel, Ihr freundlicher Brief ist nicht von meinem Schreib-
tisch gekommen, damit ich immer an seine Beantwortung erinnert
werden möge, und dennoch ist eine so lange Zeit vergangen, bevor
ich antworte. Denn selbst auch meine Osterferien, von denen ich nur
einen einzigen Tag auf eine Landpartie verwendete, waren fast mit
lauter amtlichen Dingen angefüllt. Um so mehr können Sie meine
Antwort, da diese so lange verzogen hat, als Resultat einer längeren
Überlegung ansehen; denn ich denke oft an Sie und Ihr Wohl ist mir
werth und wichtig. Es wird mir jederzeit eine Freude seyn, denken
zu dürfen, daß ich mit ein Werkzeug gewesen bin, Ihre Lage auf der
Universität zu erleichtern, und mein Bruder hat mir auch mit Vergnügen darüber geschrieben, daß er Ihnen einigermaßen dienen kann.
Um so offener glaube ich Ihnen sagen zu können und zu müssen, daß
mein Bruder einiges an Ihnen anders wünschte, und daß ihr Brief
selbst, so edel die darin ausgesprochenen Gesinnungen und Empfin-
dungen sind, in mir denselben lebhaften Wunsch erneuert hat. Wir
wünschen beyde, daß Sie nach dem Verhältniß, das durch Ihre natürlichen Anlagen und Ihre Willenskraft gegeben ist, schneller vorrük-
ken, namentlich in der Scheidung des Wesentlichen vom Unwesentlichen bald eine gewisse Sicherheit gewinnen, Ihren Geist von jugendlicher Pedanterie losmachen möchten. Es ist nur ein scheinbares
Oxymoron, wenn man die Jugend pedantisch nennt, während diese
es dem Alter nachzusagen pflegt. Die Pedanterie besteht zunächst in
der Wichtigkeit, welche man auf Formen und Äußerlichkeiten zu legen pflegt, und so wäre es wahr, wenn man behauptete, die Corps
unter den Studenten leben in der miserabelsten Pedanterie, weil sie
ihr ganzes Comment, ihre Unsitte selbst, für wesentliche Dinge ansehen, deren Entbehrung ein Abgang vom Lebensglück und deren
Nichtbeachtung ein Mangel am Studententhum sey. Durch eine Pedanterie, möchte ich sagen, durch eine Periode, wo man von jener
beherrscht ist, muß wohl jeder junge Mann hindurchgehen, ja nicht
darin verweilen und leben. Denn jene andre Pedanterie, welche man
von uns älteren prädiciert, ist wieder eine andere und gewiß völlig
unerträgliche, Geist und Herz tödtende, wenn sie schon auf der Universität angefangen hat, und nicht einer freyeren Periode nachgefolgt ist.
[S. 2] Sie, lieber Freund, haben Ihren Kurs der jugendlichen Pedanterie zeitig angefangen; um so eher könnten Sie auch damit fertig
seyn. Und das ists, was ich Ihnen im eigenen wie in meines Bruders
Namen ans Herz legen möchte. Als Sie noch hier waren, ertrug ich
jene Eigenheiten, weil ich Ihren trefflichen Kern erkannte, und
meynte, man müsse Ihnen Zeit lassen, und hoffte, der weitere Gesichtskreis der Universität werde auch Ihren Gesichtskreis erweitern.
Auch weiß ich ja nicht, wie Sie jetzt stehen. Aber Ihr Brief ist noch
ganz, wie wenn Sie ihn im strengsten Dienste aller jener imaginären
Pflichten geschrieben hätten, die Sie sich selbst auferlegt haben. Ich
bitte Sie, von mir, nicht mit Auktoritätsglauben, sondern nur zur reif-
lichen Überlegung, folgendes anzunehmen: Der junge Mann, welcher
kein Amt und überhaupt noch keine Stellung hat, braucht nichts, als
die allgemeinen Pflichten zu repräsentiren. Er ist ganz frey in seiner
Bewegung. Sie sind z. B. freyer, als ich, weil Sie noch nicht verpflichtet sind, andern einen Haltpunkt zu gewähren. Sie können daher immer noch unbedingt von anderen annehmen, an andre sich anschlie-

ßen, andre, wenn Sie wollen, nachahmen, noch versuchen, ob dieses, ob jenes das Rechte sey, was ich z. B. nicht mehr kann, da man von mir mit Recht verlangt, daß ich darüber im Reinen sey. Diese Periode der Bildsamkeit sollte meines Erachtens bey Ihnen noch fortdauern, oder wiederkehren, während Sie dagegen als ein solcher erscheinen, der allerdings zwar mit einem edlen Streben schon ein für einmal [sic!] seine Partie ergriffen hat und solche Dinge, die so oder anders seyn können, ohne daß der Mensch selbst anders ist, z. B. medicinische Ansichten, deutsche Rechtschreibung und Purismus, gesellige Formen, für immer bey sich festgestellt hat, und sie so streng, wie moralische Grundsätze in Anwendung bringt. Dieß trifft mit dem, was ich oben von jugendlicher Pedanterie gesagt habe, wieder zusammen: es ist das, was Ihre Wirksamkeit unter Ihren Mitschülern so sehr beschränkte und auch edlere Naturen von Ihnen ferne hielt, und was Sie auch jetzt noch keinen Freund hat finden lassen. Ich wills nicht in Anschlag bringen, daß es mir selbst oft schwer geworden ist, diese Ihre Eigenthümlichkeit zu ertragen. Aber bedenken Sie selbst, lieber Freund, ob denn solche [S. 3] Dinge so viel werth sind, daß man, um sie festzuhalten, lieber allein als in einer Gemeinschaft mit andern steht, wonach Ihr liebreiches Herz so großes Verlangen trägt. Sie glauben Ihrem System untreu zu werden, wenn Sie Cicero statt Zizero schreiben, und wenn Sie das Wort Student aussprechen. Solche Dinge sollten freylich keinen abhalten, Ihr Freund zu werden. Aber die Pedanterie, womit Sie dabei beharren, und namentlich auch im Unrichtigen beharren — denn c ist nicht z — muß gleich von vorne herein jedem die Meynung beybringen, daß Ihnen die Freundschaft weniger wichtig sey, als dergleichen quisquiliae, die man dulden kann, wenn man sie kennt, wie ich Sie kenne, die aber der Annehmlichkeit des Umgangs auf mehr als eine Art hinderlich sind. Glauben Sie mir, der ich doch gewiß wünsche, daß Sie ein rechter Christ seyn mögen: Sie begehen keine Untreue, indem Sie sich vorerst in solchen Dingen nach uns andern Menschenkindern richten. Lernen Sie doch ja das Wesentliche wohl unterscheiden! Alle jene Sachen, an denen Sie so streng sich halten, bleiben Ihnen unverrückt stehen. Wenn Sie etwa in meinem Alter für nöthig finden, dergleichen mit Genauigkeit einzuhalten, so können Sie jeden Augenblick anfangen. Wenn Sie jene Sachen an den Ort hinstellen, wo sie hingehören, so werden Sie viel mehr Zeit zu Ihren Studien gewinnen, noch neben dem Vortheil, den Sie im Umgang mit Menschen davon finden werden.
Betrachten Sie die Sache auch noch von einer andern Seite! Man kann in solchen Besonderheiten sich nicht mit Lust ergehen, ohne sich selbst zum beständigen Mittelpunkte seiner Betrachtung zu machen, was für uns schwache Menschenkinder eine der gefährlichsten, ja nach der Fleischeslust die gefährlichste Klippe ist. Ich weiß das aus eigener vielfältiger Erfahrung, und andrer Beyspiele sind stets in meiner Nähe. Daumer ist so gefallen und in Ruchlosigkeit versunken, und Detzers mehr als kindische Eitelkeit, welche bis zur wirklichen Verrücktheit fortgeschritten ist, hat keinen anderen Ursprung gehabt. Bey Ihnen, lieber Freund, ist ein guter, ja der allerbeste und einzige Grund gelegt, der gelegt werden kann. Aber der gute Same kann, wenn er mit und unter dem Unkraut aufgeht, nur eine Zeit lang mit demselben wachsen, und wird weiterhin von demselben erstickt. [S. 4] Die Beschäftigung mit unserer eigenen Person ist wirklich eine gar

gefährliche Sache. Sie kann in die Länge nicht stattfinden, ohne daß uns diese Spiegelbeschauung gefällt, und wir alles mehr und mehr in Gedanken so um uns her stellen, daß wir das Centrum des Ganzen ausmachen. Die Folge davon ist eine ganz unglaubliche Verhärtung gegen die Wahrheit, deren Art und Weise ich erst neuerlichst wieder an dem unseligen Detzer gesehen habe. Lernen Sie, lieber Freund, sich selbst mehr vergessen! Sehen Sie zu, ob ich nicht wahrhaft prophezeye, wenn ich Ihnen verspreche, daß Sie dann auch gesünder seyn werden.

Übrigens bitte ich Sie, fortwährend meiner herzlichsten Freundschaft versichert zu seyn, und auch meine Ermahnungen als einen Ausfluß derselben anzunehmen. Wo ich Ihnen nach Ihrer eigenen ernstlichen Prüfung Unrecht gethan habe, bitte ich Sie, mirs wegen meiner guten Absicht zu vergeben. Die beiden Hebart scheinen mir auf gutem Wege zu seyn. Ihr Zögling Heinrich Schrag tritt nach dem schnellen Tod Roßteuschers wieder bey uns ein. Sein Äußeres gefällt mir recht wohl. Leben Sie wohl, herzlich von mir gegrüßt

Nürnberg 20 Mai 1833.   (gez.:) *Roth*

Über diese Epistel, so wohlgemeint sie war, und so starken Eindruck sie auf den Adressaten gemacht hat, wäre manches zu sagen. Vor allem widerlegen die Tagebücher sowohl der Nürnberger wie der Münchner Jugendjahre ganz eindeutig, daß Friderich Hommels Art ihn keine Freunde habe finden lassen. Er war vielmehr stets von Männern aller Altersstufen umgeben, die ihm in verschiedenem Grade bis zur engsten Freundschaft zugetan waren und ihm sein Verlangen nach Mitteilung, Herzenserschließung und freilich auch nach einer an »Pedanterie« grenzenden und oft kleinlichen Einwirkung auf andere mehr oder weniger stark befriedigten. Er schränkte allerdings den Kreis stets bewußt auf solche ein, die seine Grundanschauungen teilten oder ihnen zugänglich schienen.[55] Wenn K. L. Roth ihn mit nach seiner Meinung gescheiterten Existenzen aus seiner eigenen Umgebung vergleicht, so schießt er damit weit übers Ziel hinaus, ja trifft in mehrfacher Hinsicht weit daneben. Einmal war Hommel selber, auch bei schwankenden Stimmungen und vielerlei Anfechtungen, so fest an seinen Glauben gebunden, daß sein völliges Abgleiten nie zu befürchten war; und zum anderen war der von Roth ins Feld geführte Georg Friedrich Daumer (1800—1875) — auch der zweite,

---

[55] In München fand F. H. Aufnahme in den Kreis der kleinen Fürther ›Kolonie‹, die fest zusammenhielt. Zu ihr gehörte auch der bald danach jung verstorbene Kunstmaler Joh. Jac. Metzler (1804—1839, Bäckerssohn aus Fürth), ein in klassizistischer Tradition geschulter Porträtist, Historien- und Genremaler, dem Hommel zu einem Porträt saß (das seit je verschollen ist), und der — wie er von tiefer Religiosität geprägt — sich seinerseits in »einem engen Zirkel gewählter Freunde« bewegte, wie der Nachruf feststellt; über Metzler, der von 1836 an in München eine eigene Zeichenschule unterhielt, s. Neuer Nekrolog der Deutschen 17, 2 (1839) 1841, S. 847 f. (Nr. 287) und Thieme-Beckers Lexikon der Bildenden Künste 24. 1930, 448 mit weiterer Literatur.

Joh. Andr. Detzer, muß ein Mann weit über Durchschnitt gewesen sein —,[56] der als Professor am Nürnberger Gymnasium wegen Differenzen mit dem Rektor soeben zwangspensioniert worden war, bei aller Widersprüchlichkeit seines Wesens keineswegs »in Ruchlosigkeit versunken«, sondern gehört — später zum Katholizismus konvertiert — als Dichter, Denker und Freigeist zu den interessantesten Gestalten des 19. Jahrhunderts, überragt jedenfalls den Rektor Roth, aus der Distanz gesehen, um ein bedeutendes.[57]

In der ausführlichen Reaktion auf Roths Brief im Tagebuch vom 23. 5. 1833 deckt Hommel seinerseits die Schwächen an Roths Beurteilung auf, ist im übrigen sowohl angerührt wie erschüttert von den Mahnungen seines verehrten Lehrers, auf die er bis an den Rand der Selbstaufgabe einzugehen sich entschließt. Auch hier also die ihn kennzeichnende Mischung von starkem christlichem Selbstbewußtsein und demütiger Aufgeschlossenheit gegenüber Männern, deren Überlegenheit ihm einleuchtet.[58]

Daß Wilhelm Löhe die zentrale Gestalt und die ständig wirkende Kraft für Hommels Erweckung und Festigung im lutherisch-konfessionellen Sinn gewesen ist, daran kann kein Zweifel sein. Und da auch Löhe und sein Werk aus dieser Verbindung vielfachen Gewinn zog, so liegt hier für die Forschung noch ein weites Feld bereit, auf das die Tagebücher ihr Licht werfen. Denn aus der Prägung durch Löhe und aus der Parteinahme für ihn und seine Sache erwuchs nicht nur eine ungetrübte Lebensfreundschaft, sondern auch eine fruchtbare Zusammenarbeit sowohl auf kirchenpolitischem wie auf liturgischem Gebiet. Für den ersten dieser Bereiche hat die Kirchengeschichtsforschung schon Wesentliches erarbeitet, weiteres bleibt, vor allem eben anhand der Tagebücher, noch künftig zu tun.

---

[56] Übrigens gehörte Daumer auch zu den Männern, die sich intensiv um den unglücklichen Kaspar Hauser angenommen haben (zu diesem vgl. ob. [S. 259f]). Über Detzer enthalten die Tagebücher von F. H. möglicherweise genaueren Aufschluß. Unterm 24. 11. 1832 wird er unter denen genannt, die den Schreiber an G. H. Schubert in München empfahlen. Schon nach diesem Umgang zu schließen, kann er so verworfen nicht gewesen sein. Nachträglich teilt mir Gg. Kuhr vom Landeskirchl. Archiv Nürnberg liebenswürdigerweise den Lebensgang Detzers mit. Hier die Hauptdaten: 1800—1873, Handwerkersohn aus Bayreuth, ursprünglich selber Schuhmacher, Erlanger Studium finanziert durch Hauslehrertätigkeit, ab 1824 Latein- und Hebräischlehrer in Erlangen und Nürnberg, Pfarrvikar in Erlangen, 1833 Dr. phil., seit 1838 Pfarrer in Feuchtwangen, Erbendorf und Ahornberg, dreimal verh. mit Töchtern aus angesehenen Familien. Wissenschaftlich tätig in der Luther-, Melanchthon-, Böhme- und Spenerforschung etc.; zur Zeit von Roths Brief Lehrer in der untersten Klasse der Lateinschule Nürnberg (bis 1838): man hat ihn offenbar jahrelang beruflich unter sein Niveau gedrückt, was sein Selbstgefühl forciert haben muß, das dann der Rektor Roth »mehr als kindische Eitelkeit« nannte.

[57] Über Daumer handelt eindringlich Veit *Valentin* ADB 4. 1876, 771 ff.

[58] Vgl. auch das Tagebuch vom 24. 5. 1834.

Daß hier, besonders in den erregenden 40er und 50er Jahren die Meinungen der beiden Freunde, ja des ganzen um Löhe gescharten Kreises, auch vielfach auseinander gingen, dafür hat F. W. Kantzenbach in der letzten zusammenfassenden Studie den von Löhe gebrauchten treffenden Ausdruck der »befreundeten Gegner« aufgegriffen.[59] Was speziell Hommel anlangt, so hat er in den Streitigkeiten jener Jahre, wo es vorwiegend um die Integrität der lutherischen Kirche in Bayern und ihre Bedrohung durch unionistische Bestrebungen ging, den radikalen Standpunkt eingenommen, die Landeskirche habe bereits als eine lutherische aufgehört zu bestehen.[60] Sein alter Freund Adolf v. Scheurl erwiderte ihm in einer noblen, von ruhiger Sachlichkeit getragenen Gegenschrift, die ein schönes Beispiel dafür darstellt, wie Kontroversen unter im Grunde Gleichgesinnten ausgetragen werden sollen.[61] Noch entschiedener auf der Seite des Ausgleichs stand in vorbildlicher Auffassung seines Amtes der Ansbacher Konsistorialrat Friedrich Heinrich Ranke (1798—1876),[62] der nicht lang nach der Generalsynode von 1848—49 in halboffizieller Eigenschaft bei einem seelsorgerlichen Gespräch auf Löhe im Sinn des Verbleibens in der bayrischen Landeskirche eingewirkt hat.[63] Auch er stand während dieser seiner Ansbacher Zeit (1845—66) Friderich Hommel in einer die Familien verbindenden Freundschaft nahe.[64]
Die menschlichen Beziehungen zwischen Hommel und Löhe gestalteten

---

[59] s. ob. Anm. 3 und 40.
[60] Fr. *Hommel,* Die wahre Gestalt der bayerischen Landeskirche und die bayerische Generalsynode von 1849 (Nördlingen 1850); und: Recht der Kirche, Union und die bayerische protestantische Landeskirche (Stuttgart 1853, b. Liesching). Dazu zuletzt F. W. *Kantzenbach* aO. (Anm. 3) 1 ff. 22.
[61] Ad. v. Scheurl, Ueber die lutherische Kirche in Bayern. Eine kirchenrechtliche Erörterung 1853. Auch der Freund Lorenz Kraußold war in dem Streit lebhaft engagiert; s. dazu *Kantzenbach* aO. 17 ff.
[62] Er war der Bruder des berühmten Historikers Leopold (1795—1886) und der Vater des Münchener Anthropologen Johannes Ranke (1836—1916). Vgl. a. *Kantzenbach,* aO. 6 ff.
[63] Fr. H. *Ranke,* Jugenderinnerungen mit Blicken auf das spätere Leben 1877, 415 ff. Über weitere Einwirkungen auf Löhe im gleichen Sinne s. Eberh. *Hommel* an dem ob. Anm. 3 und unt. Anm. 77 a. O., 470.
[64] Mein Vater Fritz Hommel, der nachmalige Konfirmand von W. Löhe (der übrigens später ebenso wie Löhes jüngster Sohn Gottfried in Neuendettelsau an Löhes Hochzeitstag, dem 25. Juli, getraut wurde, G. Löhe 1866, Fritz Hommel 1881), befand sich 1864 als Zehnjähriger während einer Reise seiner Eltern mehrere Wochen lang bei Rankes in Ansbach, von der Hausfrau Selma, der Tochter Gotthilf Heinrich v. Schuberts, mütterlich betreut. In dessen Hause wiederum hatte Friderich Hommel als Münchner Student 1832—34 regelmäßig an offenen Abenden teilgenommen. Über Schubert (1780—1860) hat dann Hommels Urenkelin, meine jüngste Tochter Sibylle Meyer, 1970 an der Vanderbilt University in Nashville, Tenn. U.S.A. ihre literaturwissenschaftliche Magisterarbeit verfaßt: »Der Plan des Höchsten« in G. H. v. Schuberts Leben und Schriften (masch.-schr., in deutscher Sprache, 83 S.).

sich immer enger,[65] stets jedoch in naher Verbindung mit dem gemeinsamen geistlichen Anliegen. So hat Löhe seinen Vikar und späteren Nachfolger im Neuendettelsauer Gemeindepfarramt, den Schüler von Franz Delitzsch und bedeutenden Erforscher der talmudischen Theologie[66] Ferdinand Weber (1836—1879), bei der Ablegung seiner beiden theologischen Examina (1859 und 1864) beim Freund Hommel in Ansbach einquartiert, woraus sich Generationen während Verbindungen ergaben.[67] Von Bedeutung für die Neuendettelsauer Arbeit wurde der Umstand, daß F. H. seine Halbschwester Käthe Hommel (1839—1907) dem Freund als Diakonissin und maßgebliche Helferin beim Aufbau seines Werks zuführen konnte.[68] In dieser Eigenschaft hat sie, bald schwer leidend und darum

[65] Als Löhes »Freund im engsten Sinn« bezeichnet ihn H. *Kreßel,* Wilhelm Löhe ... 1960, 85. Vgl. a. ders., Wilh. Löhe als Prediger 1929, 72. Ein Jahr nach Löhes Tod hat F. H. »Wilhelm Löhes erste Predigt zu Neuendettelsau gehalten am ... 6. 8. 1837« mit einem Vorwort an die »Pfarrgemeinde Neuendettelsau« in Druck gegeben (Nürnberg 1873, b. Gottfried Löhe). Schon unmittelbar nach dem Ableben des Freundes hatte Hommels Gattin Therese ihm nahegelegt, dessen »Leben zu schreiben, besonders unter Benützung seiner Briefe«. Eine Zeit lang erwog er, im Zusammenwirken mit Löhes Schwester Dori Schröder, die den Abschnitt über die Jugendzeit beisteuern sollte, den Plan auszuführen, aber dann gewannen doch die Bedenken die Oberhand, »da ich ... weiß, daß Erzählung, Darstellung und Schilderung gerade meine schwächste Seite ist« (Tagebuch vom 15. 1. 1872).

[66] Ferd. *Weber,* System der altsynagogalen palästinensischen Theologie 1880 u. ö. Vgl. über ihn *H. Kreßel* aO. 97 ff., und dens., W. Löhe ... 1960, 63 — jeweils mit weiterer Literatur.

[67] Nach dem frühen Tod Webers 1879 hat mein Vater Fritz Hommel, der schon als Student von Leipzig aus Anfang der 70er Jahre im Großwiederitzscher Pfarrhaus bei Webers Schwiegervater Dr. Hermann Schmid (1811—96) verkehrt hatte, und der damals Beamter der Bayr. Staatsbibl. in München war, seine nachgelassene Bibliothek geordnet, katalogisiert und zum Verkauf vorbereitet. Eine Enkelin Ferdinand Webers, Lotte geb. Schad, ist seit 1924 meine Frau.

[68] So hat sich denn auch die Befürchtung in Segen gewandelt, die F. H. gegenüber der zweiten Ehe seines Vaters gehegt hat, sie sei nicht auf christliches Fundament gegründet (vgl. dazu a. ob. S. 267 f. m. Anm. 52). Die Kinder aus dieser Verbindung waren redliche Leute, die zumeist über die einfachen Verhältnisse des Elternhauses nicht hinauskamen. Die älteste Tochter Margareta jedoch (1838—1908), die später einen Tierarzt heiratete, hatte einen 1858 geborenen unehelichen Sohn Georg, den F. H. in seine Familie mit aufzunehmen sich weigerte, damit sein eigener Sohn Fritz nicht Schaden nehme. Gleichwohl wurden die beiden Vettern später Freunde, und der herangewachsene Georg Hommel, ein hochbegabter und praktisches Christentum vielfach bewährender Mann, hat den Vetter Fritz die einstige Zurückweisung, an der diesen ja auch keine Schuld traf, niemals spüren lassen, auch als er in Straßburg Generaldirektor der dortigen Portland-Zementwerke geworden und auch sonst zu hohen Ämtern gelangt war. Seine Ehe blieb kinderlos, und er hat sich 1917 während unheilbarer Krankheit und in der Voraussicht der deutschen Niederlage das Leben genommen, was freilich seinem Stiefonkel F. H., wie er nun einmal war, wohl als Bestätigung seiner frühen Besorgnis hätte dienen können, wäre er damals nicht längst tot gewesen.

meist vom Krankenbett aus, jahrzehntelang bis zu ihrem Tode das gesamte Kassenwesen der damals schon recht verzweigten Dettelsauer Anstalten umsichtig betreut. Hermann Bezzel hat ihren Dienst und ihre schlichte Frömmigkeit in einer im Druck erschienenen Grabrede gewürdigt.[69]
Als besonders aufschlußreiches Zeugnis des schon früh zwischen Löhe und
Hommel bestehenden innigen Verhältnisses sei der Bericht im gekürzten
Wortlaut wiedergegeben, den der Jüngere anläßlich seines Besuchs bei
dem schwer Niedergedrückten in Neuendettelsau nach dem frühen Tod
von dessen Frau Helene geb. Andreä[70] seinem Tagebuch anvertraute. Er
mag zugleich als Bestätigung und Ergänzung von Löhes eigenen Tage-
buchnotizen und Briefen aus jener Zeit dienen, in welchen er sich dankbar an des Freundes treuen Zuspruch in den Jahren nach Helenens Tod
erinnert.[71]

> Samstag 25. (Nov. 1843) . . . wurde mir die so unerwartete als erschüt-
> ternde nachricht gebracht, daß die liebe Helene gestern nachm. ½ 3
> uhr gestorben sei. Gott tröste den unglücklichen gatten! — . . . nun
> rieth mir Max L. hinauszugehen, weil es seinem bruder tröstlich sein
> könne, und da mich mein herz selber trieb, so war ich gleich ent-
> schlossen.
> Sonntag 26. . . . schon auf dem gestrigen wege kam mir der traurige
> verlust der Helene nicht aus dem sinn ,und der gedanke daran erhielt
> mich in beständiger wehmut, die sich oft in thränen luft machte . . .
> denn sie war mir eine liebe theure freundin; schon frühe hatte ich
> ihre vorzüge, ihr lauteres, edles, kindliches, frommes gemüth kennen
> und lieben lernen; ich pries den mann glücklich, der sie zur gefährtin
> auf seinem wege durch dies land des elends hatte, und wünschte zu
> Gott meines lebens, daß er mir auch eine solche gnade verleihe, um

---

[69] Vgl. a. den Aufsatz zu ihrem 100. Geburtstag in der Neuendettelsauer Chronik 31. 1939, 15 f. von ihrer Nichte, der jüngsten Tochter von F. H., Cäcilie Hommel (1869—1957).
[70] Vgl. die schöne und sorgfältige Würdigung durch Hans *Kreßel*, Helene Löhe.
Ein Lebensbild 1956.
[71] Löhes Tagebuch vom 2. und 3. 1. 1844; s. [J. Deinzer], Wilhelm Löhe's Leben
. . . II 1. 1877, S. 49 (wo überall das H. zu Hommel zu ergänzen ist) und Brief an
die Tochter vom 2. 8. 1848 (ebenda S. 69 f.), wo er die damals erfolgte Verset-
zung Hommels vom nahen Heilsbronn als Assessor an das Landgericht Hilpolt-
stein aufs tiefste beklagt und dieser Freundschaft, insbesondere ihrer Bewährung in den vergangenen fünf Jahren, ein ergreifendes Denkmal setzt.
Im Gegensatz zu diesen schönen Spontanzeugnissen Löhes, der ja gewiß unter
die Heiligen der Evangelischen Kirche gerechnet zu werden verdient, steht der
viel stärker reflektierende »Lebenslauf einer Heiligen Magd Gottes aus dem
Pfarrstande« (als Manuskript gedruckt 1844; vermehrt und neu herausgegeben
1866, ³1867, ⁴1904). Hier gerät das Denkmal für die edle Frühvollendete, vor allem
in den Zusätzen der Neubearbeitung, zu einem erbaulich-apologetischen Traktat, in dem die *sancta simplicitas* der schlichten Seele in plumper Weise verteidigt und manche peinliche Indiskretion begangen wird. Sogar das ›Hohelied‹
kommt dabei mit verklemmten Passagen ins Spiel — alles in allem geradezu
eine Herausforderung für den Psychoanalytiker, wie sie freilich auch so mancher andere der großen Heiligen bietet.

so mehr, als auch ihre äußerliche erscheinung eine ganz liebliche war. das schöne, seltene, herzinnige zusammenleben der beiden ehegatten machte mir den aufenthalt bei ihnen besonders angenehm und traulich, und wäre ich auch nur ein stummer zuschauer gewesen, so müßte schon die erinnerung hieran zu den freundlichsten in meinem leben gehören. eben deshalb konnte ich aber Löhes verlust in seiner ganzen schwere ermeßen und fühlen, und der gedanke an ihn war mir überaus schmerzlich, je mehr ich auch ihn liebhabe; eben so auch der gedanke an die lieben waislein, so sie zurückläßt. ach! die wege des herrn sind unerforschlich! dieses weib schien nothwendig auf erden, um ihren mann und ihre familie glücklich zu machen, und alle, so mit ihr umgingen, zu erfreuen; — ich sehe mich auf erden ziemlich überflüßig, sehne mich mit unbeschreiblicher sehnsucht dieses leibes der sünden und alles elends dieser erden los zu werden, und der herr erwählt jene statt meiner! o hätte ich ihr leben mit meinem tode erkaufen können! aber sie ist daheim in den ewigen hütten, schaut ihren heiland in ewiger freude, ... so in tiefer wehmuth kam ich um ½ 11 in neuendettelsau an: ach! wer hätte dies gedacht? im trauerhause umarmte mich der tiefgebeugte ehegatte unter einem strome von thränen, zu denen sich die meinigen ergoßen. ich war unfähig viel zu reden, da mein schmerz immer auszubrechen drohte. dem bruder Löhe aber that es wol hie und da von seiner liebsten und seinem schmerze zu erzählen. es war auch seine schwester Dori da, die in der vorvorigen nacht gleich auf die todesnachricht hergeeilt war, und ihre tochter Marie, welche die kranke gepflegt hatte. nach einiger zeit kam der sarg von eichenholz und umfieng die theure hülle der lieben seele. in der untern stube war er ausgestellt. ich gieng mit Löhe hinunter, und sah sie nun so wieder, nachdem ich sie in lebensfrische verlaßen hatte, jetzt in blaßer leichengestalt ... Löhe führte auch seine 2 ältern kinderlein hinunter. einige zeit nach dem eßen giengen wir wieder hin, Löhe stellte sich zu häupten des offenen sarges und hielt eine ergreifende einsegnung, in der er dem herrn auch für alles dankte, was er an ihr und durch sie gethan hatte. ich stund zu füßen des sarges. die leiche hatte in der linken ihr psalterlein an der stelle aufgeschlagen, wo sie zuletzt gelesen hatte, am 147. und 148. psalm. indessen kamen die fremden gäste. sehr ergreifend war es, wie der sarg geschloßen wurde, ohngefähr um ½ 2. darnach fieng das leichenbegräbnis an. ... voran das kreuz, dann der cantor mit der schuljugend und den waisenhauskindern von Windsbach, hinter diesen die mägde mit den kränzen, sodann die geistlichen, Löhe geführt von Brandt und Kindinger, Müller mit Harleß und Ulmer; diesen schloß sich der treue knecht Lorenz an; darauf der sarg von 6 trägern getragen; diesem folgte ich mit Schaller und Hensold, dann Hausleiter der jüngere mit den nordamerikanischen zöglingen, die pfarrersfrauen und die übrigen frauenzimmer aus Windsbach etc. ... auf dem gottesacker wurde der sarg unter dem gesange des 1. gesatzes von Jesus meine zuversicht in die offene gruft getragen, und Löhe verlas mit lauter stimme unter vielen thränen der zalreich versammelten anwesenden den lebenslauf der heimgegangenen. darauf stiegen die nächsten verwandten und freunde (in) die gruft. ach! da lag die tochter neben der lieben mutter im letzten schlafe der fröhlichen auferstehung harrend. dürfte doch mein sarg der dritte in diesem stillen frieden sein! ...

Montag 27.... aber meine zeit steht in deinen händen! ich hoffe auf dich, laß mich nicht zu schanden werden! amen![72] — ...

Die Gründung von Hommels eigenem Hausstand ließ lange auf sich warten, zum Teil wohl dadurch bedingt, daß er nach damaligem Brauch erst eine feste Lebensstellung vorweisen mußte,[73] die der Familie eine ausreichende Versorgung garantierte. Er ging, selber 40-jährig, am 17. 10. 1853 in Neuendettelsau mit der 28-jährigen Tochter Therese des Stuttgarter Verlagsbuchhändlers Samuel Gottlieb Liesching die Ehe ein, die reich gesegnet bis zu ihrem Tod 1879 währte.[74] Die geliebte Gefährtin schenkte ihm vier Kinder, den Sohn Fritz und drei Töchter, von denen eine im Kindesalter starb.[75] Therese Liesching war eine kluge und gebildete Frau von strengen christlichen Grundsätzen und ernster Lebensführung, deren langjähriger Seelsorger der Stuttgarter Pfarrer Wilhelm Hofacker[76] gewesen war. 1878 brach bei ihr ein schweres manisch-depressives Leiden aus, das — von religiösen Wahnvorstellungen begleitet — für den kurzen Rest ihres Lebens eine Überführung in die Erlanger Universitäts-Nervenklinik notwendig machte.

Die Beziehungen zwischen den Erweckungsbewegungen des schwäbischen und des fränkischen Raumes, aus denen auch die Ehe Hommels erwuchs, wurden in der einschlägigen Literatur vielfach behandelt, harren

---

[72] Dieses Stoßgebet aus Ps. 31, 16. 18 kehrt in F. H.'s Tagebüchern, auch als Jahresspruch, immer wieder und lebt in der Familie als sein Vermächtnis fort.

[73] Er, dem schon 1832/33 in München der Präsident K. J. Fr. Roth die Katalogisierung der Bibliothek des Oberkonsistoriums anvertraut hatte, bemühte sich nach Abschluß des juristischen Studiums immer wieder da und dort um eine Bibliothekarsstelle als Lebensberuf, wofür ihn auch Löhe als besonders geeignet ansah. Aber diese Versuche scheiterten, und er mußte sich auf eine lange Vorbereitungszeit für das Richteramt als Rechtspraktikant und Gerichtsassessor mit mehrfachen Zwischenzeiten zermürbenden Wartestands einstellen.

[74] Über diesen Zweig der Familie Liesching s. die ausführlichen Daten bei Martin *Knapp* (einem Enkel von Albert Knapp), Deutsches Geschlechterbuch 71. 1930, 181 ff., bes. 191 ff. und vgl. a. H. *Hommel* in der Zeitschrift Herold 7. 1970, 129 ff. Eine ältere Schwester Thereses namens Agnes (1818—90) war seit 1839 mit dem badischen Pfarrer Karl Eichhorn (1810—90) verheiratet, der 1850/51 als erklärter Gegner der Union die badische Landeskirche verließ und erst 1867 in Corbach/Waldeck einen dauernden neuen Wirkungskreis fand. Einer seiner Söhne war der Nachfolger Hermann Bezzels als Rektor der Neuendettelsauer Anstalten Wilhelm Eichhorn (1846—1923).

[75] Fritz 1854—1936 (s. a. Anm. 3 u. 64). Blandina 1857—1937, die den Vater von 1878 an bis zu seinem Tod versorgte, die ständig leidende Schwester Cäcilie betreute und in Neuendettelsau, wo die beiden von 1892 an lebten, mancherlei Pflichten wahrnahm, und die für die große Familie ihres Bruder immer da war, wenn man ihre Hilfe brauchte (vgl. a. Concordia 18. 1931, S. 1466 f.). Odilie 1865—1866. Cäcilie 1869—1957 (s. ob. u. vgl. Anm. 3 und 69).

[76] Über ihn, den Bruder des frühverstorbenen Ludwig Hofacker, handelt kurz und treffend Fr. W. *Kantzenbach*, Die Erweckungsbewegung 1957, 144 f.

aber noch einer zweifellos lohnenden monographischen Darstellung.[77]
F. H. kam durch den schwäbischen Zweig der Familie Hommel schon als
Gymnasiast auf mehrfachen Reisen[78] von 1830 an in nahe Beziehung zu
Württemberg, wo er bereits am 21. 9. 1832 den Liederdichter Albert Knapp
(damals Pfarrer in Kirchheim unter Teck) besucht hat. Zum Verlag und
dann auch zur Familie Liesching dürfte er durch Wilhelm Löhe in Kontakt gekommen sein, der früh dort verlegt hat und der mit dem schon
1845 verstorbenen Mitinhaber der Firma, dem Sohn Fritz Liesching (geb.
1813), befreundet war.[79]
Hommels Schwiegervater S. G. Liesching (1786—1864), ein weltaufge-
schlossener, weitgebildeter und vielgereister Mann, Kunstexperte ersten
Ranges — besonders auf dem Gebiet der altdeutschen Malerei —, war
schon nach seinem Temperament ganz anders geartet als der strenge und
etwas enge Schwiegersohn; aber beide verband die Zugehörigkeit zum
Kreis der Erweckten, die Liesching u. a. einige Kampfschriften gegen den

---

[77] Einen skizzenhaften Versuch im Blick auf die Familien Liesching und Hommel hat mein ältester Bruder Eberhard *Hommel* unternommen: Alte Beziehungen
... (s. ob. Anm. 3). Die undisponierte, ganz auf Assoziationen angelegte Durchführung läßt kein geschlossenes Bild entstehen; aber der Aufsatz enthält eine Fülle
wertvollen Materials, u. a. auch auf kursorischer Lektüre von F. H.'s Tagebüchern
beruhend.
[78] Die Schilderung dieser fast ausschließlich zu Fuß zurückgelegten Wanderun-
gen gehört zu den anziehendsten Partien der ältesten Tagebuchbände. Im deutschen Vaterland ist Hommel, besonders in den früheren Jahren, überhaupt mehrfach gereist. Ins Ausland scheint er, abgesehen von einer vom Studienort Bonn
aus nach Holland unternommenen Wanderung und von späteren Ferienreisen
nach Österreich, nie gekommen zu sein.
[79] Siehe darüber Eb. *Hommel* in der Concordia 1938 (ob. Anm. 3), S.-Dr., S. 20 f.
Zur engen Freundschaft Löhes mit Fritz Liesching und zu seinen Beziehungen
mit dem Vater S. G. Liesching, die in einem reichen Briefwechsel ihren Niederschlag fanden, vgl. a. *J. Deinzer,* Wilh. Löhe's Leben II 1. 1877, 125, 264 f.
269 f. — Hans *Kreßel,* Löhe als Prediger 1929 (s. S. 371 f.) hat neben 45 Briefen
von Löhe an Hommel aus den Jahren 1834—55 auch die aus 184 Briefen bestehende Korrespondenz Löhes mit S. G. Liesching und seinem Sohn Theodor
(1821—71) von 1844—68 im Löhe-Archiv Neuendettelsau benützen können. —
Löhe war es auch, der Hommels Augenmerk auf Therese Liesching gerichtet
hat, worüber die Tagebücher von F. H. a. d. Jahren 1851 und 1853 mehrfach
Aufschluß geben. Löhes Sohn, der Buchhändler Gottfried L., hat dann 1866 Fritz
Lieschings jüngste Tochter Agnes geheiratet (vgl. a H. *Kreßel,* W. Löhe ... 1960,
83 f. 89). Die z. T. bedeutenden Erzeugnisse des 1835 gegründeten Verlags
Liesching in Stuttgart, der 1869 vom Verlag Bertelsmann in Gütersloh übernom-
men wurde, sind fast vollständig im Liesching-Archiv gesammelt, das sich jetzt
im Württ. Landeskirchl. Archiv in Stuttgart befindet. S. darüber M. *Knapp* aO.
(Anm. 74), 163 f. Übrigens heißt es, daß Löhes eigene Frau, die Frankfurterin
Helene Andreä, die beiden schwäbischen Theologen Jacob und Johann Valentin
Andreä zu Ahnen gehabt habe; s. H. *Kreßel,* Helene Löhe 1956, 6.

›Liberalen‹ Friedrich Theodor Vischer (1807—87) verfassen ließ.[80] Auch er hing in seiner Jugend der deutschen Freiheitsbewegung an, freilich mit weit stärkerem politischem Akzent als F. H.[81] Da beide wie so manche andere aus ihrem Kreis, sie aber völlig unabhängig voneinander, denselben Weg vom begeistert ergriffenen vaterländischen Ideal zum entschiedenen Christentum geführt wurden, so drängt sich die Vermutung auf, daß die Enttäuschung über das Scheitern ihrer Jugendträume unter dem harten Zugriff der Reaktion sie nach einem anderen Feld zur Entfaltung ihrer drängenden Aktivität suchen ließ, das sie im Neuerwachen des christlichen Glaubens fanden.[82] Das ist gewiß nur eine der Triebkräfte, die zur Teilnahme an der jungen Bewegung führten, aber sie darf bei der Beurteilung dieser vielerörterten Frage nicht übersehen werden. Für Hommels eigene Einschätzung solcher Führung stand nach seinen vielfältigen Äußerungen zur allmählich sich vollziehenden Bekehrung sicherlich das unmittelbare Wirken des Heiligen Geistes und das dankbar empfundene Erwähltsein durch Gottes und Christi Gnade vornean, daneben auch die starke und bestimmende Einwirkung der Männer, die ihm auf dem eingeschlagenen Weg voranschritten, vor allen anderen und immer wieder Wilhelm Löhe. Die wohl wichtigsten der zahlreichen übrigen Erwecker sind im Vorangehenden kurz angesprochen worden. Eine Fülle weiterer Begegnungen wird künftige Forschung aus den Tagebüchern ans Licht heben, die fast auf jeder Seite von dem Drang nach der Gemeinschaft mit

---

[80] Es ging um Vischers Rede zum Antritt des Ordinariats in Tübingen v. Ende 1844, die alsbald zu seiner Suspendierung führte. Mindestens zwei der 1845 im Liesching-Verlag zahlreich erschienenen Entgegnungen sind von S. G. Liesching selber verfaßt: 1) Herr Fr. Th. Vischer und die christliche Kirche ... (Jan.) 1845 (15 S.). 2) Zur Orientierung in dem Streit gegen die Absolution (Febr.) 1845 (15 S.), wo auch gegen Ed. Zeller und Alb. Schwegler Stellung genommen wird.
[81] Als Herausgeber des 1822 bis zum Verbot 1823 erschienenen »Teutschen Beobachters« wurde er 1825 verurteilt und auf den Hohen Asperg verbracht, wo er während der Geburt der Tochter Therese inhaftiert war.
[82] Es versteht sich daß die Jugendideale in mancher Hinsicht in dem neu programmierten und ganz anders bestimmten Lebensabschnitt ›aufgehoben‹ waren und in geläuterter Form bis ans Ende weiterwirkten (über Löhe, Liesching und Hommel in diesem Sinne s. H. *Kreßel*, Löhe als Prediger 1929, 192; vgl. dens., W. Löhe ... 1960, 85 ff. F. W. *Kantzenbach*, Gestalten und Typen des Neuluthertums ... 1968, 227 ff. — speziell über Löhes Stellung zur Politik, insbes. zur Revolution des Js. 1848). So fand F. H. Anfang der 40er Jahre, wo er eine Zeit lang dem Frhn. Hans v. Aufseß als Patrimonialrichter diente, durch diesen künstlerisch und wissenschaftlich fruchtbaren Mann (1801—72) seine Vaterlandsliebe in vielfacher Hinsicht bestätigt. Als dieser nach langen Vorbereitungen, Kämpfen und Widerständen 1852 sein Werk der Gründung eines ›Germanischen Nationalmuseums‹ in Nürnberg ins Leben rufen konnte (s. darüber Th. *Hampe*, Das German. Nationalmus. von 1852 bis 1902. Festschr. zur Feier seines fünfzigjährigen Bestehens ...), da reihte sich auch Hommel in die Gründungsmitglieder und »Pfleger« dieser heute weltberühmten vaterländischen Institution ein und blieb ihr bis zu seinem Tod verbunden.

Gleichgesinnten zeugen. Andere, nichtgeistliche Bindungen und Interessen treten dagegen mehr und mehr zurück oder werden in oft erstaunlicher Weise nicht genützt.[83] Die Devise »eins ist not« steht mit der festen Überzeugung, »das gute Teil« erwählt zu haben, als unabänderliche Richtschnur über diesem Leben strenger christlicher Beschränkung.

Es bleibt noch ein Wort zu sagen von der liebsten und mit Ernst betriebenen Beschäftigung Hommels neben seinem ihn nie ganz ausfüllenden Beruf, von seiner Liebe zur geistlichen Musik[84], die ihn zu bedeutenden Leistungen auf dem Gebiet der liturgischen Ausgestaltung des evangelischen Gottesdienstes geführt hat. Auch hier war Löhe, der nach eigenem Zeugnis ganz unmusikalische, aber von liturgischem Eifer besessene Erneuerer gottesdienstlicher Formen, der Hauptanreger[85], neben dem vor allem Karl v. Raumer und Gottlieb Frhr. v. Tucher (1798—1877),[86] der Schwager Hegels, sodann Pfarrer Lorenz Kraußold (1803—81), Pfarrer Dr. Friedrich Layriz (1808—59) und Johannes Zahn (1817—95)[87] zu nennen sind.[88] Hommel, der sich in einer heute schwer vorstellbaren strengen Ausschließlichkeit auf die Musica sacra im allerengsten Sinn beschränk-

---

[83] Man hat oft den Eindruck, daß er bei manchen bedeutenden Zeitgenossen, mit denen er in Kontakt kam, kaum gemerkt hat, mit wem er es zu tun hatte, so sehr war er ganz naiv stets in sein Eigenstes eingesponnen. Doch darf nicht verschwiegen werden, daß sich vor allem während der »philosophischen Semester« in der Münchener Zeit 1832—34 (ob. Anm. 45) literarische und künstlerische Interessen regten, die durch eigene Lektüre — neben Klopstock etwa von Jean Paul, Novalis, Rückert und gelegentlich auch Goethe — und durch den Besuch der Münchener Museen und Kunstausstellungen (einschließlich der Glyptothek) und der Schleißheimer Galerie gefördert wurden. Aber auch hier überwog in Auswahl und Stellungnahme durchaus der christliche Aspekt.

[84] Aus der nachgelassenen Bibliothek von F. H. ging die wertvolle Sammlung kirchlicher Gesangbücher nach seinem Tod an das Straßburger Thomasstift, wo sie sich noch befindet.

[85] J. *Deinzer* hat in dem Abschnitt ›Löhe als Liturg‹ in: Wilh. Löhe's Leben . . . II 1. 1877, 127—139 die förderliche Mitwirkung Hommels nicht erwähnt. Auch in den die Agende und die Liturgie betreffenden Bänden der Löhe-Ausgabe von Kl. *Ganzert* VII 1. 1953 und 2. 1960 ist in den Erläuterungen, soviel ich sehe, Hommel nur einmal VII 2, 685 kurz genannt. Siehe aber die kurzen Hinweise bei Ad. *Späth* in Herzog und Hauck's RE XIV 1904, 208 und bei H. A. *Köstlin*, ebda. XVI 1905, 224. Neuerdings hat H. *Kreßel*, Wilh. Löhe als Liturg und Liturgiker 1952, 45 f. in wenigen Sätzen von »Fr. Hommel, Löhes vertrautestem Freund« und seiner Bearbeitung des Psalters für den Gottesdienst gehandelt. In dem gleichen Buch sind mehrfach Löhes Briefe an F. H. verwertet (s. das Register S. 265). Weiteres s. unt. Anm. 89 und 90.

[86] s. Johs. *Zahn* in der ADB 38. 1894, 767—770.

[87] s. M. *Herold* ADB 44. 1898, 666—668.

[88] Über v. Raumer, Layriz, v. Tucher und Kraußold s. in diesem Zusammenhang auch H. *Kreßel*, Die Liturgie der Ev.-Luth. Kirche in Bayern r. d. Rh. . . . 1935, 101 f. m. Anm. 4 (eine zweite Aufl. erschien 1953). Zu Kraußold vgl. a. ob. S. 259 u. ö.

te, hat nicht nur die reiche Liturgie des Neuendettelsauer Gottesdienstes mitgeschaffen, wovon so manches in die Agende der bayrischen Landeskirche überging und dort heute noch lebendig ist.[89] Vor allem hat er — nach Vorarbeiten anderer und unter Verwendung einer reichen Überlieferung der alten Kirche — den Psalter für Gesang eingerichtet[90] und damit der in Neuendettelsau seit nunmehr 120 Jahren gepflegten Form des Gottesdienstes ihr Gepräge gegeben.[91] Aber auch in vielen der von Wilhelm Löhe ins Leben gerufenen oder betreuten evangelisch-lutherischen Kirchen Nordamerikas wird der Hommelsche Psalter noch heute benützt und gesungen.

Für diese Seite seines Wirkens, die nur von einem Kenner voll gewürdigt werden kann, sei zum Schluß Johannes Zahn das Wort gegeben, der dem Hymnologen, Liturgiker und Komponisten geistlicher Lieder in der Zeitschrift Siona einen das Wesentliche enthaltenden warmherzigen Nachruf gewidmet hat.[92]

Fr. Hommel (Ansbach). † 6. Febr. 1892.

Nekrolog.

Man müßte es wohl als eine undankbare Versäumnis ansehen, wenn die Siona, eine Zeitschrift für Liturgie und Hymnologie, ihre Leser nicht an einen im Lauf dieses Jahres aus diesem Leben abberufenen Mann erinnerte, welcher sich in diesen beiden Gebieten kirchlichen Lebens bleibendes Verdienst erworben hat. Es ist dies der Bezirksgerichtsrat Friderich Hommel in Ansbach.

---

[89] Dazu s. H. *Kreßel*, Die Liturgie ... 1935, 104 (mit dem Rückverweis auf die S. 101 f.) Wilhelm *Eichhorn* hat in Freimunds Kirchl. Polit. Wochenblatt ... 59. 1913, 13—15 (Zum Gedächtnis von Friderich Hommel, geb. 17. 1. 1813), hier S. 15, darauf hingewiesen, daß »das sogen. große Gloria: ›Wir loben Dich, wir benedeien Dich usw.‹ in der jetzt in der ganzen [bayrischen] Landeskirche geläufigen Form von Hommel aus mehreren Vorlagen der alten Kirchenordnungen zusammengestellt« worden ist. — Die Verwertung der Tagebücher verspricht hier noch eine reiche Ausbeute.

[90] Der Psalter nach der deutschen Uebersetzung D. Martin Luthers für den Gesang eingerichtet von Friderich *Hommel* (= Haus-, Schul- und Kirchenbuch für Christen des lutherischen Bekenntnisses, Hrsg. v. Wilh. Löhe, 3. Thl.) Stuttgart 1859 bei S. G. Liesching. Die folgenden Auflagen in Gütersloh b./Bertelsmann, spätere in Neuendettelsau, Buchhdlg. der Diakonissenanstalt ([2]1879, [3]1891, [4]1895, [6]1926, etc.). Dazu die ›Noten-Beilagen‹ (31 S.), ab 1871 u. d. Titel: Antiphonen und Psalmentöne. Musikalische Beilage zum Psalter ... (Nürnberg, Verl. v. Gottfr. Löhe), später jeweils dem ›Psalter‹ beigebunden.

Über Hommels Verdienste um Psalter und Psalmengesang s. die knappen aber treffenden Bemerkungen bei H. *Kreßel*, Die Liturgie ... 1935, 93 f. 101 f. Auch hier sind von den Tagebüchern weitere Aufschlüsse zu erwarten. Eine konstruktive Kritik an Hommels zeitgebundener Methode übt Johannes G. *Mehl*, Einführung in den Psalmengesang der Ev.-lutherischen Kirche 1950, 8 ff.

[91] Erst 1971 wurde unter Leitung von Konrektor Pf. Heinz *Miederer* der Psalter für den Neuendettelsauer Gottesdienst neu bearbeitet herausgegeben und damit der Hommelsche Psalter ergänzt und ersetzt.

[92] Siona. Monatsschrift für Liturgie, Hymnologie und Kirchenmusik. 17. 1892, 223—225. Von mir zugefügt sind die Anmerkungen.

Derselbe, als Sohn eines Magistratsbeamten 1813 in Fürth geboren, besuchte die Lateinschule seiner Vaterstadt und das Gymnasium zu Nürnberg (unter Rektor Roth), studierte in München, Bonn und Erlangen die Rechtswissenschaft, praktizierte, nachdem er 1838 das Staatsexamen rühmlich bestanden hatte, in Erlangen, Nürnberg, Kissingen, Aufseß, Lauf und Heilsbronn, wurde 1848 als Assessor am Landgericht Hiltpoltstein, 1850 am Kreisgericht in Erlangen und 1853 als Rat am Kreis- und Stadtgericht in Ansbach angestellt. In dieser Stellung wirkte er mit großer Treue bis zum Jahr 1879, da er wegen eines Gehörleidens in den Ruhestand treten mußte. Seitdem beschäftigte er sich mit mancherlei Arbeit für Kirche und Mission, bis er am 6. Februar dieses Jahres nach kurzer Krankheit im Glauben an seinen Heiland, dem er mit der ihm verliehenen Kraft treulich gedient, sanft entschlafen ist.

Begeisterte Liebe zum deutschen Vaterland, kindliche Frömmigkeit, treues Festhalten am Bekenntnis der lutherischen Kirche und Freude am geistlichen Gesang sind hervortretende Züge seines Charakters gewesen.

In seinen Gymnasialjahren wurde in ihm durch die Schriften und Lieder von Arndt, Körner und Schenkendorf eine feurige Vaterlandsliebe entzündet und seit jener Zeit erfüllte die Sehnsucht nach einem unter einem Kaiser geeinigten deutschen Reich seine Seele. Gleichzeitig aber wurde er von dem damals im protestantischen Bayern neuerwachten geistlichen Leben tief ergriffen, wobei er wohl durch vertrauten Verkehr mit seinem 5 Jahre älteren Jugendfreund Löhe nicht wenig gefördert wurde. Als Student in Erlangen gelangte er nach mancherlei Anfechtungen zu einem entschiedenen konfessionellen Standpunkt, und stand später in den heftigen Kämpfen innerhalb der bayrischen Landeskirche seinem Freund Löhe insbesondere durch juristischen Beirat treulich zur Seite.

Schon von Jugend an zeigte er Lust zum Gesang, insbesondere zum geistlichen Lied; später lernte er den älteren Kirchengesang des 16. und 17. Jahrhunderts lieb gewinnen, wobei ihm der Umgang mit Freiherrn von Tucher und mit seinem Freund Layritz förderlich war. Im Verkehr mit Neuendettelsau aber wurde in ihm das Streben nach lebendiger Gestaltung der Liturgie im evangelischen Gottesdienst rege. Zu diesem Zweck gab er im Jahre 1851 eine »Liturgie lutherischer Gemeindegottesdienste« heraus, welche bei der Bearbeitung der bayrischen Agende (1854) mehrfach benützt wurde und teilweise gegenwärtig in Neuendettelsau noch in Gebrauch ist. Ferner beschäftigte er sich eingehend mit der Psalmodie und ließ im Jahr 1859 erscheinen: Der Psalter nach der deutschen Übersetzung D. M. Luthers für den Gesang eingerichtet (dritte Auflage 1891), ein Büchlein, welches in Neuendettelsau und wohl auch an andern Orten mit Segen gebraucht wird, und das er mit einer gründlichen Anweisung zum Psalmengesang, sowie mit einer Sammlung von Antiphonen und mit den Psalmtönen im vierstimmigen Satz begleitet hat. Diese liturgischen Arbeiten fanden so viele Anerkennung, daß er bei Redaktion von Gesangbüchern, liturgischen Ordnungen und Agenden öfters um sein Gutachten angegangen wurde.

Die Lust am Singen geistlicher Lieder führte ihn dazu, sich eine Sammlung von solchen anzulegen und zwar wendete er eine Zeit lang seine Aufmerksamkeit vornehmlich auf die geistlichen Volkslieder, welche neben den Kirchenliedern unter dem evangelischen, und in stärkerem Maß unter dem katholischen Volk in Deutschland ohne künstliche Pflege wie Feldblumen aufgeblüht sind. Die Frucht seiner Bemühungen in dieser Hinsicht sind die bei Teubner in Leipzig 1864, und in zweiter Auflage 1871 erschienenen »Geistlichen Volkslieder aus älterer und neuerer Zeit mit ihren Singweisen.« Diese Sammlung enthält 254 Lieder, welche aus 116 handschriftlichen und gedruckten Quellen in sorgfältiger Auswahl geschöpft sind. Als eine dieser Quellen führt Hommel hier auf: »Heimliches Psalterspiel. Handschrift ohne Ort und Jahr,« und teilt aus derselben 29 Melodien mit, welche meist einen volkstümlichen Ton anschlagen, zum Teil auch an Kirchenmelodien anklingen. Diese Melodien sind von ihm selbst erfunden und sind ein Zeugnis von seiner durch liebevolle Beschäftigung mit dem geistlichen Gesang angeregten Erfindungsgabe.

Die Lust und der Trieb, für Lieder, die ihm besonders wert waren, Melodien zu erfinden, wurde bei ihm in seinen letzten Lebensjahren noch stärker rege, und so entstanden nach und nach mehr als hundert Melodien geistlicher Lieder, welche er sich von seinen Freunden mehrstimmig setzen und dann vorspielen und vorsingen ließ. Die Lieder von Joh. Angelus und von Julius Sturm waren es vorzüglich, für welche sich ihm, wie er sagte, ungesucht Melodien aufdrängten. Es wäre recht wünschenswert, daß diese geistlichen Melodien, wenigstens in einer Auswahl, veröffentlicht und dem christlichen Volk zugänglich gemacht würden.

Als Probe von der volkstümlichen ansprechenden Melodienbildung Hommels kann die in der Siona 1885 Seite 126 mitgeteilte Melodie: »Wollt ihr wissen, was mein Preis« dienen, so wie besonders die treffliche Melodie zu Rambachs Lied: »Großer Mittler, der zur Rechten«, welche zuerst in seines Freundes Layriz Kern des deutschen Kirchengesangs[93] und von da in Ritters Choralbuch (für Halberstadt, Magdeburg) 1856, in Cromes Gesangbuch 1861 und in Zimmers Choralbuch 1878 und 1887 übergegangen ist, und die eben so schöne Melodie: »Ich hab von ferne,« welche er mir für mein Kirchenliederbuch 1884 und für mein »Psalter und Harfe« 1886 überlassen hat.[94] Wer diese Melodien kennt, wird sich sagen müssen, daß in denselben der kirchliche Ernst mit volkstümlicher Anmut aufs innigste verschmolzen und der Inhalt der Liedertexte treffend zum Ausdruck gebracht ist.

Vielleicht können die geistlichen Melodien Hommels, die in nächster Zeit in der Siona erscheinen werden, Anlaß geben, daß eine Auswahl aus seinem nachgelassenen »Heimlichen Psalterspiel« durch den

---

[93] Friedrich *Layriz*, Kern des deutschen Kirchenlieds von Luther bis Gellert. Erschien 1844. In den späteren Auflagen (bis 1855) lautet der Titel: Kern des deutschen Kirchengesangs.

[94] Dieses Lied »Ich hab von ferne, Herr, deinen Thron erblickt« ist in Hommels Vertonung noch jetzt im Hessischen Gesangbuch zu finden und wurde im Jahr 1968 bei der kirchlichen Trauung eines Urenkels des Komponisten, des Musikkritikers der Frankfurter Allgemeinen Zeitung Friedrich Ferdinand Hommel, von der Festgemeinde in der Tübinger Pfleghofkapelle (Musikwiss. Institut der Universität) gesungen.

3) Der beste Führer.

Gottfr. Arnold.   Mel.: Fr. Hommel 1851.

So führst du doch recht se=lig, Herr, die Dei=nen, ja se=lig
Wie könn=test du es bö=se mit mir mei=nen, da dei=ne

und doch mei=stens wunder=lich.
Treu nicht kann ver=läugnen sich? Die We=ge sind oft krumm und doch ge=

rad, dar=auf du läßt die Kin=der zu dir gehn, da pflegt es wunder=

selt=sam aus=zu=sehn; doch tri=umphiert zu=letzt dein ho=her Rat.

Harmonisierung: Joh. Zahn.
    Text im bayrischen Gesangbuch Nr. 262, im hannoverschen Gesangbuch Nr. 413,
im Gesangbuch für das Königreich Sachsen Nr. 291.

Abb. 4 Probe einer Liedvertonung von Friderich Hommel.
    Aus: Siona, Jg. 18. 1893.

Druck veröffentlicht werden kann und daß diese Gabe unsres dahin-
geschiedenen Freundes vor dem Geschick der Vergessenheit bewahrt
wird.[95]   J. Zahn.
Wir schließen uns diesem Wunsche durchaus an und verweisen auf
die Musikbeilagen.[96] Man vergleiche auch die bei Brügel und Sohn
(Ansbach) gedruckte Gedächtnisschrift mit Grabrede von Pfr.
F. Kalb.[97]   D. Red.

In dem hier skizzenhaften vorgelegten Versuch des Enkels, das Andenken
seines väterlichen Großvaters zu erneuern, ging es vor allem darum, Herkunft und Umwelt des Mannes aufzuzeigen und die Anregungen hervorzuheben, die auf dieses eigenartig geprägte Leben eines gläubigen Juristen im Bannkreis Wilhelm Löhes vornehmlich in seinen Anfängen gewirkt haben. Besonders aber wollte die kirchengeschichtliche Forschung
angeregt werden, sich des reichen Stoffes für die Zeit der Erweckung im
bayrischen Franken künftig zu bedienen, der in den Tagebüchern Friderich Hommels bereit liegt.
Zu danken habe ich außer den in den Anmerkungen bereits Genannten
meinem Bruder Alt-Stadtarchivar Wilhelm Hommel in Schwäbisch Hall
(der den Großvater noch persönlich gekannt hat) für mündliche Auskünfte, sowie Frau Ruth Balluff vom Archäologischen Institut der Universität Tübingen für die Herstellung der Abbildungsvorlagen.

---

[95] Der Wunsch ist nicht in Erfüllung gegangen.
[96] In der gleichen Nummer der Siona, S. 238—40. Die Beilage enthält 1) das
Abendmahlslied »Jesu, du mein Heiland« 1886 (Text von dem zeitgenössischen
Lieblingsdichters Hommels, Julius Sturm 1816—96; über dessen Bekanntschaft
auch mit Löhe s. H. *Kreßel*, W. Löhe ... 1960, 90). 2) »Selig, wer ihm suchet
Raum« 1886 (Text von Joh. Angelus Silesius). 3) »Wach auf, du traute« 1851
(Geistliches Volkslied). Ferner erschienen noch weitere Vertonungen Hommels
im folgenden Jahrgang der Siona 18. 1893, S. 19 und S. 39 f.: 1) »Wie mich mitten auf dem Meer« 1884 (Volkslied). 2) »Ach, wann werd' ich dahin kommen«
1852 (Text v. Joh. Chn. Kohlhans). 3) »So führst du denn recht selig, Herr, die
Deinen« 1884 (Text v. Gottfr. Arnold). Die Vorliebe für dieses großartige, heute
aus dem »Ev. Kirchen-Gesangbuch« verbannte Gedicht, das auch zu den Lieb-
lingsliedern von Hermann Bezzel gehörte, hat sich auf Hommels jüngsten Enkel
vererbt. Da der Gottfr. Arnold-Forscher Martin Schmidt, dem diese Festschrift
gewidmet ist, sie ebenfalls teilt, sei die Vertonung durch F. H. im Facsimile
wiedergegeben, zugleich als Probe seiner Kompositionsversuche (Abb. 4).
[97] Ein weiterer, außerordentlich warmherziger Nachruf aus der Feder von Hermann Bezzel, dem nachmaligen Oberkonsistorialpräsidenten Bayerns, ist im Correspondenzblatt der Diaconissen von Neuendettelsau 35. 1892, 7 f. erschienen,
wo eine freilich niemals zustandegekommene ausführlichere Würdigung ange-
kündigt wird. F. H. hatte, worüber der letzte Band der Tagebücher mehrfach
berichtet, an der Wahl Bezzels zum Rektor der Neuendettelsauer Anstalten maß-
geblich mitgewirkt und ihm bei seiner Einführung am 2. Okt. 1891 ein Gruß-
wort zugerufen. Bezzel nennt ihn den »getreuen Eckart« der Neuendettelsauer
Anstalten.

Nachträge 1982

[S. 245], Anm. 2:
Meine hier genannten Arbeiten sind mit Ausnahme der zweiten (von 1930) weiter oben wieder abgedruckt.

[S. 246] oben:
Die Übergabe ans Landeskirchliche Archiv Nürnberg geschah im Juli 1976.

[S. 246], Anm. 3:
Aus der Schule von FR. W. KANTZENBACH (jetzt Universität Saarbrücken) sind Arbeiten über Wilh. Löhe und seinen Kreis zu erwarten, die sich z. Tl. auf Friderich Hommels Tagebücher stützen. Sein Aufsatz, der damit den Anfang macht, „Die ‚befreundeten Gegner‘ . . ." ist inzwischen erschienen in: Zeitschr. f. bayerische Kirchengesch. Jg. 44. 1975, 114–142.

[S. 248], Anm. 5:
HEINRICH MARGULIES – Jerusalem teilt mir in einem Brief vom 17. Dez. 1976 frdlch. als seine (wohlbegründete) Auffassung mit, daß der Judennahme Frommle sich doch, wie es das Schwäb. Wörterbuch von Fischer vertritt, von ‚Abraham‘ (und nicht von ‚Ephraim‘) herleitet; Zwischenform ‚Wrummele‘, die abgekürzte, bei deutschen Juden je und je gebräuchliche Koseform für Abraham.

[S. 248], Anm. 6:
Siehe dazu jetzt HANS NAVRATIL, Marschall Friedrich Ferdinand Graf von Pappenheim (1702–1793) und seine Mätressen, In: Genealogie, Jg. 1975, 206–216, wo freilich jeweils nur die betreffenden Nachkommen der ersten Generation verzeichnet sind.

[S. 249], Z. 5ff.:
Über G. W. F. Hommels Erlanger Studienzeit (1775–77) befindet sich einiges Material im dortigen Universitätsarchiv, da er beschuldigt war, an Schlägereien zwischen verschiedenen Landsammnschaften beteiligt gewesen zu sein. Weiteres dazu im Hommelschen Familienarchiv in Tübingen.

[S. 249], Anm. 7:
Albert Speer starb am 1. Sept. 1981 in London.

[S. 256] unten:
SIGMUND TEUFFEL in der Biographie seines Vaters, des Tübinger Philologen Wilhelm Sigmunf Teuffel 1889, 40 berichtet von dessen Bemühungen, „die Philologie aus ihrer Unterordnung unter die Theologie, welche ihren eifrigsten Verteidiger hatte an K. L. Roth, zu befreien" und „dem philologischen Fachstudium eine selbständige Stellung zu erringen".

[S. 259], Z. 7ff.:
Über L. Kraußold s. a. hier in dem gleichen Aufsatz S. 280.

[S. 259], Anm. 40:
In der Drucklegung (ob. zu Anm. 3): S. 118 u. 132 ff.

[S. 259], Anm. 41:
Jetzt ebenda 128 ff.

[S. 260]:
Über G. v. Tucher s. a. im gleichen Aufsatz S. 280.

[S. 261], Anm. 45:
Über J. A. Schmeller reiches Material in der Veröffentlichung seiner Tagebücher 1801–1852 durch PAUL RUF 1924 mit dessen ausgezeichneter Einleitung in Bd. I, S. ★1–86★ über ‚Schmellers Persönlichkeit‘, wo seine durch eine gewisse schwärmerische Anlage leicht gemilderte ‚Aufklärung‘ klar hervortritt, im Zusammenhang damit auch seine kritische Einstellung gegenüber Thiersch, Schelling, Görres, Brentano, G. H. Schubert und Ringseis. Über Brentanos (1778–1842) Verhältnis zu Ringseis, Schubert und Görres sowie zur Kath. Emmerich berichtet in Stichworten die Zeittafel in der Insel-Ausgabe von ‚Gockel Hinkel Gackeleia‘ 1973, 382 ff.

[S. 266], Anm. 48:
Über die Raumers jetzt ausführlich HERM. VON RAUMER, Die Geschichte der Familie von Raumer 1975 (VIII, 264 S., 34 Abb. auf Tafeln), dort 109 ff. 130 ff. über Karl von Raumer; 145 ff. über seinen Sohn Rudolf von R. (1815–1876), der mit Marie Schröder aus Fürth, einer Nichte von Wilh. Löhe, verheiratet war. Er ist als Erforscher der beiden indogermanischen bzw. germanischen Lautverschiebungen hervorgetreten und war der maßgebende Vorläufer von Konrad Duden in der Normierung der deutschen Rechtschreibung.

[S. 268], Anm. 52:
Über Karoline Schüßler geb. Hommel s. a. oben die Anm. 26.

[S. 272] unten:
Vgl. a. den Nachtrag zu Anm. 3.

[S. 273], Anm. 60:
In der Drucklegung des Aufsatzes von FR. W. KANTZENBACH (ob. zu Anm. 3) S. 114 ff. 138.

[S. 273], Anm. 61:
Ebenda 132 ff.

[S. 273], Anm. 62:
Ebenda 119 ff.

[S. 273], Anm. 64:
Sibylle Meyer geb. Hommel starb in Tübingen am 10. Nov. 1975.

[S. 275] oben:
Herm. Bezzel hat in seiner Grabrede die Zuversicht ausgesprochen, daß Schwester Käthe Hommels Andenken in Neuendettelsau nicht erlöschen möge. Aber schon zwei Generationen nach ihrem Tod (1967) hat man ihr Grab auf dem Anstaltsfriedhof eingeebnet und die Grabplatte samt Inschrift beseitigt. Am benachbarten Friderich Hommel'schen Familiengrab wird nun an sie jedoch mit einer Gedenktafel erinnert.

[S. 278], Z. 8f.:
Friedrich Rückert, der einige seiner Werke im Verlag Liesching herausbrachte und mit Fritz Liesching befreundet war, hat ihm bei seinem Tod einige Verszeilen des Gedenkens gewidmet.

[S. 283], Anm. 94:
Friedrich (Ferdinand) Hommel, der zwischenzeitlich von 1976–80 Abteilungsleiter für Ernste Musik beim Südwestfunk in Baden-Baden war und dabei auch die alljährlichen Donaueschinger Musiktage moderierte, ist seit 1981 Direktor des Internationalen Instituts für moderne Musik in Darmstadt.

[S. 285], Mitte:
Wilh. Hommel starb am 20. Apr. 1976 neunzigjährig in Schw. Hall.

[S. 285], Anm. 96:
Friderich Hommels jüngster Enkel ist mit dem Verfasser dieses Aufsatzes identisch.

'ΑΛΗΘΕΥΕΙΝ 'ΕΝ 'ΑΓΑΠΗ'

G. Ebers.

Die
Geschichte meines Lebens.

Deutsche Verlags-Anstalt.
Stuttgart, Leipzig, Berlin, Wien.
1893.

Ἀληθεύειν ἐν ἀγάπῃ
‚Wahrhaftigsein in Liebe‘(?)

Zum Nachleben eines Bibelworts

Eugen Mundinger und Frau zur Goldenen Hochzeit gewidmet.

Als die Gründer der deutschen christlichen Studentenverbindung Nicaria in Tübingen im Jahr 1893 sich die nicht nur wegen ihres sprachlichen Gewands auffallende Devise wählten, wird ihnen wie dann auch so manchem anderen aus der Gründergeneration, die sich zum großen Teil aus Theologen zusammensetzte, bewußt gewesen sein, daß es sich um ein freies Zitat aus dem Epheserbrief handelt (c. 4, v. 15 ἀληθεύοντες ἐν ἀγάπῃ). Ja, man durfte bisher annehmen, der Spruch sei unmittelbar von daher bezogen. Es bietet sich jedoch auch eine andere Erklärung an, auf die im folgenden hingewiesen werden soll.

Zwar entsprechen die beiden Hauptbegriffe des Wahlspruchs ‚Wahrheit (oder Wahrhaftigkeit) und Liebe‘ durchaus einem über das gewöhnliche Niveau studentischer Kernsprüche sich erhebenden Ideal, zumal dann wenn man die Worte im Sinn ihrer Herkunft christlich zu deuten bereit ist. Aber hier beginnen schon die Schwierigkeiten. Ein seinerzeit viel benützter ausführlicher Kommentar des 19. Jahrhunderts zum Epheserbrief von dem Tholuck-Schüler Adolph Harleß (1834, 2. Aufl. 1858) hält es im Gegensatz zur heutigen Manier noch für seine Pflicht, alle vorliegenden Auffassungen zu erörtern, und zählt von Erasmus und Bucer an bis auf seine Zeit eine Unzahl von Erklärungen der schwierigen Stelle auf (1. Aufl. S. 385 ff.). Vor allem betont er richtig, daß die Worte in ihrem größeren Zusammenhang gesehen werden müssen. Also hätten sie, so stellen wir schon jetzt fest, eigentlich überhaupt nicht herausgerissen und für sich allein kolportiert werden dürfen (was denn bis dato auch ihre Verwendung als Sinnspruch erschwert hat). Harleß' unmittelbarer Vorgänger in der Exegese des Epheserbriefs, Leopold Daniel Rückert, war angesichts der Fülle der Deutungen zu dem Schluß gekommen, „daß die Meinung des Apostels uns verborgen bleibt", während Harleß selber schließlich nach seitenlangen Überlegungen in der Richtung paraphrasiert (S. 391), daß es sich | um die wahrhaftige Gesinnung der Gläubigen handle, die auf der Liebe zu Christus ruhe.

Wieder stärker auf eine isolierte Betrachtung tendieren alle neueren Inter-

---

* Die Suche hat nie aufgehört. Die Tübinger Nicaria 1893 bis 1983, 19–25.

preten, ohne den Zusammenhang des Textes aus dem Auge zu verlieren. Danach zielt das der Wahrheit Verhaftetsein an erster Stelle wohl auf die „göttliche Wirklichkeit im Gegensatz zur Scheinwirklichkeit des Irdischen" (vgl. R. Bultmann, Theologie des Neuen Testaments, S. 173), wofür auch die vorangehenden Verse sprechen. Bultmann hatte sich im Theologischen Wörterbuch zum Neuen Testament im Artikel ἀληθεύω (I 251) im Blick auf das beigefügte ἐν ἀγάπῃ noch recht allgemein ausgedrückt „wohl aufrichtig sein in der Liebe", aber doch mit einer gewissen theologischen Akzentuierung hinzugefügt „wenn nicht gemeint ist: des rechten Glaubens in der Liebe leben" und zwar unter Hinweis auf Martin Dibelius' Übersetzung „Die Wahrheit treiben in der Liebe". Dabei bleibt hier wie dort die Agape ohne rechte Inhaltserklärung, dies etwa im Gegensatz zu dem Versuch von Harleß.

Etwas deutlicher wieder die neuesten Kommentare zum Epheserbrief: J. Gnilka 1971 übersetzt (S. 194) „der Wahrheit hingegeben in Liebe" und erläutert dies (S. 217), indem er meint, „hinter der Wahrheit das Evangelium" zu erkennen. Er verweist dabei auf c. 1, 13, wo das Evangelium „Wort der Wahrheit" heißt (übrigens in jenem langatmigen Satzgebilde v. 3–14, von dem Ed. Norden, Agnostos Theos, S. 253₁ sagt „das monströseste Satzkonglomerat, das mir in griechischer Sprache begegnet ist"). Das Reden über das Evangelium soll danach von der Wahrheit bestimmt sein, aber sich dabei nicht selbst verlieren, sondern die Liebe als das Herzstück des Evangliums im Auge behalten. Knapper und präziser H. Conzelmann 1981 mit der Übersetzung (S. 107) „die Wahrheit treiben in Liebe" (s. ob. Dibelius), wobei S. 110 im Blick auf das im Text Vorhergehende (ἐν πανουργίᾳ . . . τῆς πλάνης) die Wahrheit als Gegensatz zum Irrtum, die Liebe als Gegensatz zum Betrug gefaßt wird, so also, daß über die Wahrheit „nicht als reines Wissen abseits vom Zusammensein" (der Menschen) verfügt werden soll. Und R. Schnackenburg im neuesten Kommentar zum Epheserbrief 1982 führt dies im Blick auf Eph. 1,13 und II Kor. 4,2 fort, indem er die gegensätzlichen Begriffspaare an unserer Stelle „unüberhörbar" in einen Chiasmus eingebunden sieht. Nicht ausdrücklich | auf den Epheserbrief Bezug nehmend, aber im Grundsinn des Verses 4,15 trägt die jüngst erschienene Dissertation von M. Albus über die Theologie von Urs Balthasar den Titel: Die Wahrheit ist Liebe (1976).

Gegen all diese gewiß ehrenwerte theologische Spekulation hält das Wörterbuch zum Neuen Testament von Walter Bauer (s. v. ἀληθεύω) an der landläufigen Erklärung fest, die auch der Verwendung des Spruches durch die Nicaria zugrundeliegen mag: „wahrhaftig sein, die Wahrheit reden (zu jemandem)" und zwar so, „daß das Gebot der Liebe nicht verletzt wird". Da dürfte freilich moderne Psychologie mit bürgerlichem Moralbegriff einen Bund eingegangen sein. Das Ergebnis ist die Empfehlung einer Verbindung von Standpunktfestigkeit und schonender Toleranz – als Wahlspruch eines studentischen Bundes wohl in der Tat geeignet, aber dem vom Verfasser des

Epheserbriefs Gemeinten sicher so fern wie möglich, auch wenn man zugibt, daß die gleiche Epistel durchaus auch handfeste Verhaltensregeln bietet, wie gleich darauf c. 4,25 ‚Leget die Lüge ab und redet die Wahrheit, ein
jeglicher mit seinem Nächsten!' und dann weiterhin in der sogenannten
‚Haustafel' (c. 5,22–6,9) mit einer Fülle von nützlichen Vorschriften.

Aber selbst der lexikographische Befund für das relativ selten gebrauchte
Verbum ἀληθεύειν bietet keine Stütze speziell für die landläufige Auslegung
des Spruchs. A. Debrunner hat in seiner griechischen Wortbildungslehre
1917, S. 107f. aufgrund dieses Befundes durchaus verschiedene Überset-
zungsmöglichkeiten registriert.

Angesichts der kontroversen Deutung unserer Wortverbindung ist es
ganz verständlich, daß sie eben gerade nicht zu den Bibelsprüchen gehört,
die in der Schule gelernt werden. Sie ist auch nicht in den geläufigen
christlichen Zitatenschatz eingegangen, selbst nicht bei streng an der Bibel
ausgerichteten Kreisen. Also konnte es vielleicht zu dem Wahlspruch gekommen sein, indem einer der Nicarengründer, wohl ein Theologe, ein
neutestamentliches Fündlein in gleichsam säkularer Auslegung, von der er
beeindruckt war, auch seinen Verbindungsbrüdern einprägsam gemacht
hätte, so daß sie sich überreden ließen, es für Generationen zur Devise ihres
Bundes zu erwählen? So ähnlich könnte es wohl gewesen sein. Aber wir
dürfen hier vielleicht noch genauer differenzieren. |

Einige Monate vor der Gründung der Nicaria, im Dezember 1892, erschien in der Deutschen Verlagsanstalt Stuttgart ein Buch des damals in
akademischen Kreisen allbekannten und hochbeliebten Romanciers Georg
Ebers (einige seiner Buchtitel: Eine ägyptische Königstochter, Uarda, Homo sum, Barbara Blomberg – etc.). Der Titel der Neuerscheinung lautete:
Die Geschichte meines Lebens, enthaltend in fesselnder Darstellung eine
Schilderung seines ersten Lebensabschnittes von der Geburt 1837 in Berlin
bis 1864, dem Jahr seiner Habilitation als Privatdozent der Ägyptologie,
einer jung aufblühenden Wissenschaft, der er dann als Professor in Jena und
Leipzig bis zu seiner frühen durch ein chronisches Leiden bedingten Emeri-
tierung diente, um sich von da an ganz der Schriftstellerei zu widmen. Er
starb 1898 in Tutzing am Starnberger See.

Georg Ebers entstammte einer bereits völlig assimilierten jüdischen Familie (der Urgroßvater war der Hof- und Finanzjude Ephraim Friedrichs des
Großen gewesen), von deren Herkunft und Vergangenheit er nichts berichtet. Nach dem Tode des Vaters geboren, in großbürgerlichem Milieu aufge-
wachsen, genoß er eine von liberalem Geist bestimmte, an nationaler Gesinnung ausgerichtete evangelische Erziehung, der er – nicht ohne Anfechtung
durch den Materialismus Ludwig Feuerbachs – zeitlebens treu blieb. Stark
geprägt war er von früh an durch die von Friedrich Fröbel gegründete, im
Sinne Pestalozzis betriebene private Internatsschule in Keilhau bei Rudol-
stadt. Die ihn dort am meisten beeinflussenden Lehrer waren zwei ehemalige Freiwillige der Befreiungskriege unter den Lützower Jägern, der aus

Westfalen stammende Fichte-Schüler Wilhelm Middendorf und der früh
erblindete Philologe Heinrich Langethal aus Erfurt, auch er ein Schüler von
Fichte, stärker jedoch orientiert an Schleiermacher und Friedrich August
Wolf. Der Wahlspruch Middendorfs, auf den er seinen Schüler hinwies,
lautete ‚Wahr, klar und lebenstreu'. Und wenn Georg Ebers sagt (S. 294):
„Er hätte ihm aber noch beifügen sollen: ‚und mit einem Herzen voll
Liebe'", so deutet er damit schon auf die Devise hin, die ihm | Langethal ins
Stammbuch schrieb (S. 297): ’Αληθεύειν ἐν ἀγάπῃ, und die er sich kurz und
präzise übersetzt hat mit „Wahrhaftig sein in Liebe". Dem Jünger der beiden
miteinander eng befreundeten Lehrer hat sich das Wort so tief eingeprägt,
daß er es zu seinem eigenen Wahlspruch erhob, mit dem er die Schilderung
seines Werdegangs eindrucksvoll abschloß (S. 512). Aber dabei ergibt sich
für den Leser eine neue Überraschung. Der griechische Text enthält jetzt
durch Ebers eine breitere Paraphrase, die den Sinn der Worte wiederum
verändert. Es heißt da, und ich zitiere wörtlich, daß „die Kräfte, mit deren
Hilfe es mir gelang, auch das dichteste Gewölk, das mir die Daseinslust zu
verfinstern drohte, wieder und wieder zu zerteilen, . . . Dankbarkeit heißen, ernste Arbeit, und nach dem Spruche des alten, blinden Langethal: ‚Mit
dem Ringen nach Wahrheit verbundene Liebe'". Wenn man nach der Lektüre dieses Schlußpassus auf das ganze Buch zurückblickt, so kann der Sinn,
den diese letzten Worte jetzt erhalten, nur der sein, daß der Mann der
Wissenschaft und der Dichter in seiner ‚ernsten Arbeit' stets um die Wahrheit bemüht war (wie verschieden diese in den beiden Bereichen auch
akzentuiert gewesen sein mag), aber daß damit verbunden ihm erst die Liebe
zur Sache das wahre Glücksgefühl beschert hat. Wiederum hat also der alte
Spruch eine neue Deutung erfahren, und es bleibt zu fragen, welche von den
vielen Möglichkeiten die Nicaria vorwiegend im Blick hatte, als sie das
griechische Zitat auf ihr Panier erhob. Wie dem auch sei, aber daß dabei die
Lektüre der Lebenserinnerungen von Georg Ebers im Spiel war, ist in
hohem Maße wahrscheinlich.

Da die Urfassung des facettenreichen Stammbucheintrags in ornamenta-
ler Verwendung auch den Umschlagtitel seines Buches ziert (den glückli-
cherweise mein mit Ebers nah befreundeter Vater in sein ihm vom Verfasser
gewidmetes Exemplar hat miteinbinden lassen – s. die Abb.), so konnte sich
dem Leser der auch heute noch fesselnden Lebensbeschreibung der Spruch
leicht bemerkbar machen, noch dazu wenn man – im Gegensatz offenbar zu
Georg Ebers – die neutestamentliche Herkunft erkannt hat. Das hätte dann,
wenn meine Vermutung zutrifft, und mehr als eine solche kann es ja nicht
sein, einen seiner faszinierten Leser veranlaßt, das Wort der gleich danach ins
Leben gerufenen Nicaria mit auf den Weg zu geben. Eine gewisse Stütze
meiner Hypothese mag auch in dem Umstand zu | erblicken sein, daß
gleichlautend bei Langethal-Ebers wie bei der Nicaria die Fassung des Epheserbriefs vom Partizip ἀληθεύοντες in den Infinitiv ἀληθεύειν verändert wurde.
(Zu Georg Ebers' Leben und zu seinem Wirken als Ägyptologe siehe jetzt

Elke Blumenthal, Altes Ägypten in Leipzig . . . 1981, S. 8–11 m. Taf. 2 –
freundlicher Hinweis von H. Brunner – Tübingen.)

Neuere Nachforschungen, die Christoph Weismann/Tübingen vorgenommen hat, widersprechen keineswegs der hier vorgetragenen Vermutung, lassen jedoch den Sachverhalt etwas differenzierter erscheinen. Nach
Ausweis der Protokolle der Studentenverbindung Nicaria hat man sich erst
im Juni/Juli 1898, also kurz vor dem Tod von Georg Ebers (7. August 1898),
dessen an weitere Kreise gerichtete Bücher damals noch zu den Bestsellern
gehörten, für den vieldeutigen Wahlspruch entschieden, ohne daß übrigens
das Protokoll etwas über die Herkunft des Spruches aussagt. Der Vorschlag
stammte von dem Mitglied der Verbindung stud. theol. Christoph Schulz
(aus Obernzell bei Passau) und konkurrierte mit vier anderen Erwägungen:
‚Licht, Liebe, Leben' (die Devise Joh. Gottfr. Herders), ‚Einer für alle, alle
für einen', ‚Durch Nacht zum Licht' und ‚Hinein, hindurch, hinan'. Nach
einiger Bedenkzeit entschied man sich auf Antrag von cand. theol. Felix
Strebel (aus Talheim bei Rottenburg) für ἀληθεύειν ἐν ἀγάπῃ (mit 11 gegen 6
Stimmen, die für den Herderschen Spruch votierten) und hat damit zweifellos die originellste Wahl getroffen, freilich auch den verschiedensten Deu-
tungen den Weg freigegeben. Es besteht also nach all dem die Möglichkeit,
daß erst 1898 oder kurz zuvor die Lektüre von Georg Ebers' Jugenderinnerungen den Anstoß gegeben hat; eine Gesamtausgabe seiner Werke, 1895
begonnen, war soeben 1898 abgeschlossen.

Da der Spruch beim Schwinden der Griechischkenntnisse unter den Studenten heute in Vergessenheit zu geraten droht, so mag dieser Hinweis auf
seinen möglichen Ursprung als Devise der Nicaria und auf seine Vieldeutigkeit zum 90. Geburtstag der Verbindung vielleicht willkommen sein.

Nachtrag 1984

[S. 382]:

Wolfg. Eckle hat mir freundlich nachgewiesen, daß bereits der Jenenser Aufklä-
rungstheologe Joh. Jac. Griesbach (1745–1812) die Bibelworte zu seinem Wahlspruch gemacht hatte; s. K. A. v. Reichlin-Meldegg, Heinr. Eberh. Gottlob Paulus
und seine Zeit II 1853, S. 62 (Paulus über Griesbach: „Sein Andenken bleibt, wie
sein eigener Denkspruch: ᾿Αληθεύειν ἐν ἀγάπῃ"). Griesbach war ca. 20 Jahre älter als
Fichte und Schleiermacher.

Register

zu den Bänden I und II

A. Stellen

1. Griechische Literatur

Aëtios
Aresk.
I 3,3 — I 137

[Aischines]
Epist.
10,1 — II 324

Aischylos
Agamemnon
383 ff. — II 255
632 f. — I 61
973 f. — I 336
1051 — II 11
1060 f. — I 11,12
1486 — I 20
Choëphoren
953 ff. — II 325
Eumeniden
64 f. — I 59
175 — I 63
294 — I 59
297 — I 59
539 ff. — II 255
Hepta
117 f. — I 20,20 (112)
166 f. — I 336
409 f. — II 255
618 — I 235
Hiketiden
118–121 — II 10
524 — I 8 (42)
592–594 — I 109,109 (123)
914 — II 12
Perser
499 — I 35 (201)
Prometheus
35 — II 212 f.
Fr.
44 N. — I 36
70 N. — I 20

Alkaios
Fr.

200 L.-P. — I 343
354 L.-P. = 14 D. — I 209

Alkman
Fr.
7,1 ff. D. — I 219

Anaximenes
Fr.
2 D. — I 136 f.

Anthol. Palat.
VI 60 — I 218
VII 135 — I 345
VII 274,500 — I 347

Apollonios v. Rhodos
Arg.
II 1064 — I 232

Aratos
Phain.
4/5 — I 28 (165)

Archilochos
Fr.
58 D. — I 334; II 5, 8, 306
84 D. — I 336
94,1 ff. D. — I 20

Aristophanes
Ekklesiazusen
623 f. — I 253
Frösche
100 — I 5 (15)
Ritter
74 ff. — I 80
1111 ff. — I 235
1286 — I 253, 253 (91)
Thesmophoriazusen
272 — I 5 (15)
352 ff. — I 336
912 — I 253
Vögel
349 ff. — I 63
1058–1070 — I 20 (110)
Wespen
517 ff. — I 236

2. Römische Literatur

A. Stellen

3. Inschriften

4. Altes Testament

5. Neues Testament

6.　Altkirchliche Literatur (und Philon)

Hippolytus
 Refut.
 I 6,1 ff.   I 137
Ignatius
 Epist. ad Magnes.
 10,3   II 226, 230
 Epist. ad Philadelph.
 6,1   II 226
Johannes Damascenus
 Fid. orth.
 I 1   I 134
Irenäus
 Adv. haeres.
 V 18,3   I 133
Justinus
 Apol.
 I 61   I 168
Ps.-Justinus
 Quaest. gentil. ad
  Chr.
 IV   I 123 (179), 133
Nilus
 Epist.
 I 19   I 133
Origenes
 Princ.
 II 9,1   I 133
 In epist. ad Rom.
 VII 597,89   I 105 (110), 123
Philon
 Praem. et poen.
 123   II 241
 Somn.
 I 149   II 235

I 215   II 236, 241
 Spec. leg.
 I 66   II 234
 Vit. Mos.
 III 31, 238   I 134 (15)
Prosper v. Aquitanien
 Lib. sent.
 278   I 160
Ps.-Prosper v. Aquitanien
 Carm. de prov. div.
 132   I 106, 123 (179), 129,
                          133, 135
Sozomenos
 Kirchengesch.
 V 20,7   II 227
Tertullian
 Apol.
 40,8   I 95
 Nat.
 2,5, p.103,11   I 38 (211)
Ps.-Tertullian
 Adv. Marc.
 V 9,4 ff.   I 156
Thomas v. Aquin
 Summ. theol.
 I 104,2,1   I 163
 I 104,4,3   I 132 (7)
Walafrid Strabo
 In epist. ad Hebr.
 1,3   I 161 f.
Widukind v. Corvey
 Res gest. Sax.
 I 12   I 22
Weitere patristische Stellen
                          I 152–155

7. Sonstiges

Atharvaveda
 IV 16,1–5   I 47 ff., 65 ff.
El-Amarna
 Taf. 264,15 ff.
 (Knudtzon)   I 68

Koran
 Sure
 58,8   I 68

B. Stichwörter

1. Namen, Wörter, Sachen

Aberglaube I 44 ff.
Abwehrzauber I 86
Achilleus I 5, 207 ff.
– Pontarches I 207
– Totengott I 208
Agricola, J. II 289, 291 ff.
Ahuramazda I 51
Aion I 112, 268, 278 (29), 281 (41), 290, 294 f., 301, 303, 305, 309, 314, 323; II 104, 137
Aitiologie I 355, 366 f., 367 (44), 368 f.
Alchimisten II 297
alkäische Strophe II 301 ff., 315 ff.
Allbegriff I 20 f., 22 f., 31 f.
Allgegenwart I 51, 54 f., 60 ff., 65 ff., 79
Allmacht I 51
Altar II 243 ff., 248 f., 253, 256
Amulett I 86
Anagramm I 87, 90 f., 129
Anakreontik I 337, 338 (11), 342 (27)
Anaximander I 137 ff., 149
Andachtsbild II 231 (mit Abb.), 232 ff., 253
anthropomorph I 56
Antinomerstreit II 283, 289 f., 293, 299
AO-Symbolik I 91 f., 96 f., 99, 108 ff., 144 ff.
Apollon I 14, 38, 61, 268, 278 (29), 285 (58), 290, 368
– Lairbenos I 357 ff., 357 (22), 366 (42)
Apostolikum I 32, 158, 164 ff., 176
Apollonorakel
– Didyma I 210 ff.; II 226 f.
– Gryneion I 228 ff.
Apsidenmosaike I 159, 159 (109a), 177
Appius Claudius I 12
Archelaos v. Makedonien II 77 f., 78 (16), 79, 79 (20)
Areopagrede I 218; II 83 ff., 89 (10)
Aschenaltar I 40, 42, 42 (225); Abb. 2 (Himmelvater)
Asiarch I 222, 223 (34)
Asinius Gallus I 271, 291, 295, 297, 302 f., 310 ff., 323, 330

Asinius Pollio I 270 ff., 290 ff., 297, 301 f., 323
Athen II 86 f., 113
Aufseß, H. v. II 368 (82)
Avesta I 71

Beichtinschriften I 357 ff.
Bergpredigt II 33 f., 39, 54, 56 f.
Beschneidung II 219 f., 219 (100)
Bethmann-Hollweg, M. A. v. II 351 (46)
Boghaz-köj I 49 (2), 57, 72
Brandopferplätze I 39 f.; Abb. 1 (Himmelvater)
Bronzefigur aus Anatolien II 274; Abb. 26 (Profectio Mariae)
Bronzemünze von Laodikeia II 215 mit Abb. 1
Buddhismus I 71, 299
Bukolik I 317, 319, 322
»Bumberhans« I 201
Bußformulare I 351 ff.
Bußpredigt I 362 f., 364
bustrophedon I 88, 88 (19), 89, 92 (34), 94 (43), 106, 126 ff., 131
byzantinische Kunst II 261, 262 (13), 264 f.; Abb. 13 f. (Profectio Mariae)

Chelidonius I 36 (205)
Celtis, Conrad I 36 (204)
Chiliasmus I 314
Chlodwig I 183 (21)
Cochlaeus, J. II 283 ff., 289

Deiotarus I 3 (1)
Delphi II 36 f.
Demokrit II 48 f., 239 (24)
Deorix I 3 (1)
Diatribe I 44 ff., 50 (5); II 112
Didyma I 210 ff.; Abb. 1–12 (Apollonorakel); II 201 (3)
Dike I 276 (23)
Dionysos I 300, 353 f., 368
Dodona I 7, 35 (202)

2. Griechische Wörter

ἄγνωστοι θεοί II 96, 111, 114
ἀληθεύειν ἐν ἀγάπῃ II 378 ff.
ἀνασχινδυλεύειν II 75 (3)
ἄξων I 226
ἀοιδὴ παλαιή I 220 f.
ἀφορμή II 152, 152 (22), 170

γνῶθι σαυτόν II 37

Δειπάτυρος I 3, 18, 38
δεισιδαιμονία I 44 ff., 54, 66; II 114
διοικεῖν I 102 (95), 136, 140; II 234 (7), 254
δόξα-ἀλήθεια I 7 (33)

εἶναι I 120 ff., 124 f., 125 (15)
εἰνατέρες I 242
Ἑστία I 239 f., 261; II 246 (54)
ἐσχάρα I 251, 253, 253 (90 f.), 259
εὐδαιμονία I 44, 48, 64, 70, 78
εὔδιος/εὐδιεινός I 5 (14)
εὐσεβής I 242, 243 (42), 255
ζῆν II 121 ff., 124 f., 125 (15)

θεοπρόπος I 210
θεοσεβεῖς I 364 (40); II 202 ff., 203 (17), 204
   (22), 205 ff., 205 (28), 207 (37 f.), 217 ff.,
   226, 229
θεοσέβιοι II 202 f., 210, 229
θοός (Thoas) I 208

Ἰουδαῖοι II 216 ff., 226

καιροί II 98 f., 100
καλόν II 39, 45, 56, 64 f., 66 f., 70
καρβάν/κορβάν u. ä. II 10 ff., 19 ff., 23 ff.
κινεῖσθαι II 122 ff., 125, 125 (15)
κρατεῖν c. acc. I 135 ff., 152 ff., 155 (99), 156,
   159, 163, 166, 166 (126), 168 f..
κτίσις II 128, 131 f., 132 (18), 136 ff.
κύριος I 29 (168), 32

λόγος I 372 ff.; II 241
– παραινετικός II 95
– σπερματικός II 62, 73

– τοῦ θεοῦ I 380 f.

μάντις I 210 f.
ματαιότης II 128 f., 131 f., 132 (18), 133 f.,
   134 (25), 139, 139 (41)
μετανοεῖτε I 362 (34); II 96
μίμησις II 90
μινύθειν II 4
μισανθρωπία II 182 f., 191, 197
μῦθος I 372 ff.

νοῦς II 240, 240 (27), 242 (36)

παγκρατής I 141, 141 (40 f.), 144, 151
παντοκράτωρ I 141 f., 151 ff., 164 ff.
πατήρ I 4 (4)
πολύξενος I 208
Πόντος Εὔξεινος I 208
πρᾶξις II 83 f.
πυρεῖα I 250

σκανδαλίζειν II 39 f., 47, 56 ff., 64 (52), 69
σκάνδαλον II 39, 56 f., 56 (18), 67 (61)
σπερμολόγος II 109, 111
συμφέρει II 39 f., 45, 56, 58, 67
συμφορά II 5 f.
συνέχειν I 104 (106), 134, 134 (16), 138 f.,
   155, 161
σῴζειν I 104 (106), 107, 134, 170 f., 170 (154)
σωφρόνει II 37
σωφροσύνη I 211

τέλος-Prädikation I 336 (6), 343
τέχνη ἀλυπίας I 342
τρύπανον I 251, 254
τύχη II 6
τύχη-φύσις-τέχνη I 340 ff., 340 (21), 344 f.

υἱοθεσία II 132 f., 134 (23), 135 (26)

φρονεῖν II 122

χράω/χράομαι I 210
χρησμογράφιον I 215

3. Lateinische Wörter

adventus II 259, 259 (6), 260, 265 ff., 275 f.;
   Abb. 1, 2, 3, 5

Chrestiani II 177 ff., 195 f.
concedere I 181
continere (tenere) I 104 (106), 107, 134, 155
creatio continua I 150 (82), 171 (155a)

dies I 4
divus I 4 (2)

flagitia II 181 f., 187 f., 195 ff.

genius I 202 (120)

ianitrices I 249
igniarium I 251
incipere c. infinit. I 285 (59), 329
ingenium-ars-fortuna I 341 (21), 345
iudicium domesticum I 246

lignum I 251, 254

metuentes II 205, 205 (28), 228

nascens puer I 293 ff.

odium humani generis II 181 ff., 181 (1), 189,
   191, 195 ff.
omnipotens I 155 f., 156 (102), 157 f., 161
   (112), 162, 164 ff., 177
omnitenens I 156, 156 (101), 157 f., 160
   (109a), 160, 162 f., 164, 165 (121), 177

pater I 4 (4)
pater familias I 11 f., 12 (60a), 245 f., 257
Pater patriae I 17 (93)
pater peccavi I 354, 361 (33)
placare I 181
profectio II 258, 259 (6), 260, 265 ff., 275, 278;
   Abb. 4 (Profectio Mariae)

sator I 99 f.
simulacrum dei II 238 (23), 239, 243 ff.,
   249 f.
sub divo I 4

tabula I 251, 254

virtus II 174 f.
vultus I 4 (8)

C. Neuere Autoren

D. Neuere Namen

Raabe II 322
Racine I 289 (61); II 161 (44)
Ranke II 90, 346 (36), 362 (62)
Reuchlin I 165 (121)
Rosegger II 343 (27)
Rousseau I 346
Rückert I 65 (2); II 369 (83), 377

Scheffler II 326
Schelling II 174 (1), 349 (45), 376
Schiller I 26 f., 235 (1); II 266 (31); Abb. 18
  (Profectio Mariae)
Schlegel, A. W. II 344
Schlegel, F. I 377
Schleiermacher II 32 (1), 122 f., 137 (31),
  382 f.

Schröder II 318
Schubart II 344
Seidel I 124 (180)
Shaftesbury II 32 (1)
Staël I 26 (154)
Stolberg II 80 (24)

Van Delff II 328
Van Dyck II 328

Vico I 31 (177)
Voltaire I 346, 350 (4)

Walther von der Vogelweide II 324
Wilder I 10 (54)

Juden und Christen im Kaiserzeitlichen Milet

Abb. 1

Judeninschrift vom römischen Theater in Milet. Photo Agathe Hommel

Profectio Mariae
Zur Ikonographie der „Flucht nach Ägypten"

Abb. 1

Adventus des Probus. Bronze-Medaillon (nach Cohen[2] no. 33 = Bd.
VI S. 259)

Abb. 2

Adventus des Trajan. Bronze-Medaillon (nach Cohen[2] no. 2 = Bd. II
S. 17)

Abb. 3

Adventus des Septimius Severus.
Sesterz (nach Cohen[2] no. 8 = Bd.
IV S. 4)

Abb. 4

Profectio des Caracalla. Silber-Denar in 2facher Vergrößerung
(Sammlung Hommel; vgl. Cohen[2]
no. 521 = Bd. IV S. 197)

Abb. 5

Adventus des Septimius Severus.
Silber-Denar in 2facher Vergrößerung (Sammlung Hommel; Cohen[2]
no. 6 = Bd. IV S. 4)

Abb. 5a

Mars auf einem kaiserzeitlichen
Bronzemedaillon des 2. Jh. n. Chr.
(nach H. Cohen; s. ob. S. 277)

Abb. 6

Isis mit dem Horusknaben an der Brust. Marmorskulptur des 2. nachchristl. Jhdts. aus Perge
in Pamphylien, Museumshof (phot. H. Hommel)

Abb. 7

Isis mit dem Horusknaben. Malerei
aus Karanis im Fayum (nach Kelsey)

Abb. 8

Maria lactans. Freske der Priscilla-
Katakombe des 2. Jhdts.; Ausschnitt
(nach Neuss)

Abb. 9

Reise nach Bethlehem. Elfenbeinrelief aus Ravenna.
Mitte 6. Jhdt. (nach Volbach)

Abb. 10 und 11
Reise nach Bethlehem. Fresko
aus Castelseprio, um 700
(nach Schrade)

Abb. 12

Flucht nach Ägypten. Freske aus Münster in Graubünden, frühe Karolingerzeit
(nach Schrade)

Abb. 13 und 14

Flucht nach Ägypten, Ankunft am Ziel.
Byzantinisches Evangeliar des 11. Jhdts.
(Paris, Bibl. Nationale)

Abb. 15

Flucht nach Ägypten. Freske aus Le Petit-Quevilly, Anfg. 12. Jhdt.
(nach Gélis-Didot und Lafillée)

Abb. 15a

Flucht nach Ägypten. Bildfeld von der Holztür an St. Maria im Kapitol in Köln,
ca. 1060
(nach P. Block)

Abb. 15b
„Flucht vor . . .". Moderne polnische Holzschnitzerei
(nach R. u. H. J. Rau)

Abb. 16
Flucht nach Ägypten. Tafelbild des Don Lorenzo Monaco, ca. 1400 (Inselverlag)

Abb. 17
Flucht nach Ägypten. Schwäbisches Springerle-Gebäck, 20. Jhdt.
(phot. Arch. Inst. der Univ. Tübingen)

Abb. 18
Reise nach Ägypten. Kolorierte
Zeichnung von Friedrich Schiller
1786, Ausschnitt (Deutsche Verlags-
anstalt)

Abb. 19 und 20
Flucht nach Ägypten auf einem goldenen Enkolpion des 6. Jhdts.
(nach Hirmer)

Abb. 20a
Flucht nach Ägypten auf einem koptischen Teppich in Kairo, ca. 5./6. Jh.
(nach H. Messiha)

Abb. 20b
Reitender Christus mit Engel. Kalksteinrelief aus einem koptischen Kloster, ca. 5./7. Jh.
(nach Kl. Wessel)

Abb. 21

Mutter und Kind auf Maultier reitend. Späthellenistische Terrakotte
aus Salamis auf Cypern (phot. Brit.
Mus. London)

Abb. 22 und 23

Mutter und Kind auf Esel sitzend.
Kaiserzeitliche Terrakotte aus Pam-
phylien (phot. Arch. Inst. d. Univ.
Tübingen)

Abb. 26
Mutter mit Kind auf Pferd. Geometrische Bron-
zestatuette anatolischen Ursprungs aus Samos
(nach U. Jantzen)

Abb. 25
Reitergott Kakasbos auf Esel. Südanatolisches
Relief aus Rhodos im Berliner Museum
(nach L. Robert)

Abb. 24
Reitergott Herakles-Kakasbos. Relief aus
Antalya in Pamphylien
(nach L. Robert)

Das Madenhausener Gustav-Adolf-Bild
des Meisters LS

Abb. 1

König Gustav Adolf von Schweden. Nach einer Rötelzeichnung des Meisters L. S. (= Lorenz Strauch) von 1632 im Besitz der Gemeinde Madenhausen

Abb. 2

Gustav Adolf 1632. Kupferstich von Lukas Kilian-Augsburg, nach Strauchs Zeichnung gearbeitet.